Grenze des deutschen Reiches 1618
Länder unter Habsburg (Span. und Österr. Linien)
Hauptgebiete der Gegenreformation Ausgang 1618
0 100 200 300 400 500 km
Oslo
KGR. SCHWEDEN
Stockholm
OSTSEE
Kopenhagen
Hamburg
Berlin
Hildesheim
Eichsfeld
Erfurt
Bamberg
Glogau
Prag
KGR. BÖHMEN
Brünn
Wien
BM. PASSAU
HZM. München BAYERN
EHZM. ÖSTERREICH
GFT. TIROL
EBM. SALZBURG
Warschau
Praga
KGR. POLEN
Krakau
KGR. UNGARN
Gran
FSM. SIEBENBÜRGEN
MOLDAU
BESSARABIEN
WALACHEI
SCHWARZES MEER
OSMANISCHES REICH
Venedig
REPUBLIK VENEDIG
KIRCHENSTAAT
Rom
ADRIA
KGR. NEAPEL
Neapel
KGR. SIZILIEN
MEER

Hellmut Diwald · Wallenstein

Hellmut Diwald

Wallenstein

Biographie

Ullstein

Ex Libris Ausgabe · November 1987

Mit freundlicher Genehmigung
des Bechtle Verlages, Esslingen

Gesamtherstellung: May & Co, Darmstadt
Printed in Germany 1987
ISBN 3 550 08538 9

Inhalt

I

Wallenstein – Person und Problem

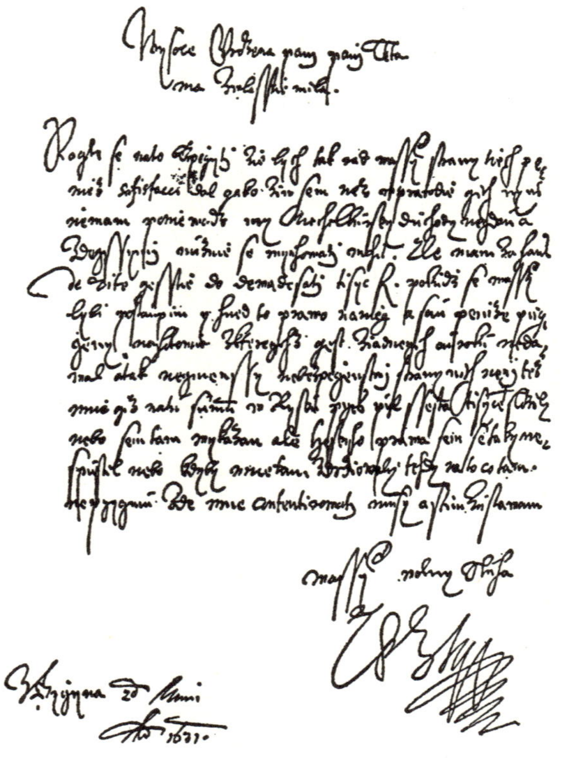

Kaiser Ferdinand II. wußte es noch nicht: War sein Befehl ausgeführt und der bis dahin größte Feldherr des Heiligen Römischen Reiches unschädlich gemacht worden? Die Mordmeldung war noch unterwegs zu ihm, da hatte sich schon ein Feuerwerk von Legenden und Mythen, Haß und Lügen, Flüchen und Verklärung entzündet. Ein Feuerwerk, das über Jahrhunderte hinweg bis heute andauert und die Gestalt des friedländischen Herzogs umlichtert, mit all den charakteristischen Knallkörpereffekten, bengalischen Flammenstreifen und schimmernden Blindgängerbahnen, die nun einmal zu dem solennen Feuerwerk gehören, das die kontroversen Geschichtsdarstellungen um Wallenstein entfesselt haben.

Der Abt von Strahow, Kaspar von Questenberg, bezeichnet Wallenstein nach seiner Ermordung als größten Verbrecher, durch den sich »fast die Grundlagen des Himmels verschoben« hätten. Der katholische Dichter Joost van Vondel hält ihn 1654 für eine Verkörperung des Teufels. 1673 zeigt ein Minister Kaiser Leopold I. in Prag das Wallenstein-Palais und nennt es »das Haus des Rebellen«; der Kaiser antwortet gemessen: »Weißt du es gewiß, daß Wallenstein ein Rebell war?« Zur gleichen Zeit feiert der Jesuit Wenzel Červenka die Unsterblichkeit von Wallensteins Verdiensten und glänzendem Ruhm. Ende des Jahrhunderts schließt sich Pufendorf dem Urteil des Historikers Bogislaff von Chemnitz an, daß der Herzog von Friedland dem Kaiser »sich jederzeit getreu erwiesen und denselben immerfort je größer und größer zu machen sich bearbeitet«. Herchenhahn schreibt dann drei ganze Bände über den gleichen Mann, dessen »rächende Seele nur über Verbrechen lauerte, den Ausbruch brütend«, und Friedrich Förster stilisiert ihn wenige Jahrzehnte später zu einem sanften Unschuldsengel. Zweihundert Jahre schließlich ist der gigantische Generalissimus schon tot, das Haus Habsburg hat mit dem Begründer und Schöpfer der österreichischen Armee, des modernen Heeres schlechthin, längst seinen Frieden gemacht, da besucht František Palacký das Heeresmuseum in Wien. Lange betrachtet dieser größte aller tschechischen Historiker in der Ruhmeshalle die Marmorstatue Wallensteins. Dann dreht er sich um und zischt nur ein Wort: »Schuft!« Wenn schon die Tragödie der ermordeten Vernunft darin besteht, daß sie von der gleichen Leidenschaft gerächt wird, der sie zum Opfer gefallen ist – wie aussichtslos erscheint da erst der Kampf um das Gedächtnis eines Toten, der nicht erst später, sondern schon in seinem Leben für die Umwelt ein reines Rätsel gewesen ist.

Der Herzog von Friedland war für die Nachfahren genauso wie für seine Zeit niemals nur eine Person neben einer Handvoll anderer bedeutender Personen der Epoche. Er war von dem Moment an, in dem er aus dem privaten ins öffentliche Leben wechselte, immer auch ein Problem. Schillers berühmte Sentenz von Wallensteins Charakterbild, das da in der Geschichte schwankt, träfe zu, wenn Wallensteins Charakterbild nicht schon längst vor seiner Ermordung heiß umstritten gewesen wäre und heftiger geschwankt hätte, als es den Urteilsschematismen einfacher Naturen zuträglich ist.

Als zweite Komplikation: Wallenstein hat im 17. Jahrhundert zu den berühmtesten Leuten gezählt. Er spielte eine Hauptrolle auf der politischen Bühne und im »Kriegstheater«, wie man es damals nannte. Trotzdem wäre uns Wallensteins Leben und Ende nicht so vertraut, wenn Schiller den Ruhm des Herzogs nicht dramatisch ausgemünzt und einen Theaterklassiker gebaut hätte, der jedem Intendanten feste Besucherzahlen garantiert und dem toten Feldherrn und Staatsmann ein Abonnements-Gedächtnis, das sich nicht einmal holzschnittgleich mit der Wirklichkeit deckt.

Nirgends ist die geschichtliche Wahrheit schwieriger zu ermitteln als bei Ereignissen oder Personen, die jedermann kennt. Angeblich kennt. Der Historiker hat es hier mit einer janusköpfigen Schwierigkeit zu tun; er muß darstellen, wie das Geschehen, wie die Persönlichkeit war, und er muß diese Darstellung gegen ein Klischee antreten lassen, das schon gesiegt zu haben scheint, noch bevor der Kampf überhaupt begonnen hat.

Diese Zweigleisigkeit macht das Projekt einer Biographie Wallensteins so hoffnungslos und so faszinierend. Ständig blickt bei der Arbeit ein unsichtbarer Begleiter über die Schulter, der nicht bloß informiert, sondern auch korrigiert sein will. Wallenstein, den kennen wir doch alle: ein böhmischer Edelmann durchschnittlicher Abkunft, ein Emporkömmling und Glücksritter, der wie ein Komet aufsteigt, kurze Zeit am Himmel der Geschichte strahlt, auf dem Gipfel durch Wankelmut und Astrologie strauchelt und dessen Bahn ebenso kometenhaft jäh verglüht, ein verratener Verräter, von betrunkenen Söldnern wehrlos ermordet in einer eiskalten Februarnacht, der Wintersturm rüttelt an den Fensterläden der Stadt Eger.

Dieses Ende vor allem kennt jeder von uns, und zwar um so besser, je strittiger sich die Historiker über den ganzen Wallenstein sind, je weniger sie uns deshalb über den ganzen Wallenstein informiert haben. Bis heute konzentrierte sich der Großteil der Forscherenergie in Sachen Wallenstein auf die knapp dreieinhalb Jahre von der ersten Entlassung durch den Kaiser 1630 bis zur Mordnacht des Jahres 1634. Von dieser grell angestrahlten Stelle reflektierte alles Licht und alles Zwielicht zurück auf Wallensteins früheres Leben. Von hier aus wurde seine Entwicklung interpretiert, wurden seine Fähigkeiten als Feldherr abgeschätzt, wurden seine politischen Vorstellungen beurteilt. Im Streit über den angeblichen oder tatsächlichen Verrat des Herzogs, in der Diskussion seiner grundlosen oder berechtigten Ermordung verwandelte sich die Persönlichkeit Wallenstein in den Fall Wallenstein. Der Feldherr war ohne Anklage umgebracht worden und ohne Gelegenheit, sich – gegen die fehlende Anklage – zu rechtfertigen. Besonders belastend für ihn und erschwerend empfand man es, daß er keine einzige Zeile hinterließ, die auch nur den Schein des Verdachts bestätigte, der ihn das Leben gekostet hatte. Je weniger Beweise man für seine Schuld fand, um so stärker häuften sich Verleumdungen und Vorwürfe, bis schließlich die Lautstärke der Argumente ihre einzige Stärke wurde. In dem jahrhundertelangen Für und Wider löste sich die Persönlichkeit Wallensteins allmählich in lauter Worte auf.

Was wir von Wallenstein haben, ist also ein Zerrbild, eine Gestalt, die sich auf dem Gipfel über den Abgrund beugt: wir wissen, daß sie stürzt, aber die Gründe dafür bleiben widersprüchlich und rätselhaft. Wo man auch sein Leben berührt, man hat mit Widersprüchen fertig zu werden, Widersprüchen gegen die Zeit, Widersprüchen gegen die mitgebrachten Erwartungen, Widersprüchen gegen die Sachlogik der Dinge. Und Wallenstein mitten drin, abwägend, überlegend, zögernd – eine Art Hamlet à la Habsburg? Gerade das war er nicht. Weit eher bildet er der Anlage und realen Möglichkeiten nach die einzige ernsthafte Gegenfigur Richelieus.

Ist es mehr als ein laienhafter Verdacht, daß gerade Kriegskunst und Staatshandwerk viel zu ernste Sachen sind, um sie wehrlos dem Urteil der Historiker auszusetzen? Dieser Verdacht wird doch bestärkt durch das postume Schicksal Wallensteins, dessen Persönlichkeit zwischen den Mahlsteinen der gegensätzlichen Auslegungen buchstäblich zerbröselt worden ist. Und zwar auch noch zu einer Zeit, da schon Altmeister Ranke für einen neuen Begriff von Geschichte und Geschichtsschreibung die Parole ausgegeben hat: »Nackte Wahrheit ohne allen Schmuck; gründliche Erforschung des Einzelnen; das Übrige Gott befohlen, nur kein Erdichten, auch nicht im Kleinsten, nur kein Hirngespinst.« Dieses Motto hat tief gewirkt, aber auch viel Verwirrung gestiftet bis hin zu dem respektvollen Irrglauben, die Historiker seien alle nur deshalb so hinter der Wahrheit her, weil sie nackt ist. Man übersah dabei, daß die Geschichtsschreibung wohl den Realismus bis zum Primitiven steigern kann, daß sie damit aber auch die Bedingungen ihrer Existenz aufgibt. Die Historiker dagegen sind diesem Trugschluß nicht aufgesessen. In der Wahl zwischen Urteil einerseits und Suspension des Urteils zugunsten bloßer Fakten andererseits haben sie sich fürs Vorurteil entschieden. Nicht zu Unrecht.

Nicht zu Unrecht deshalb, weil Wissenschaftlichkeit genauso zum Extrem auswuchern kann wie die Unwissenschaftlichkeit. Das eben lehrt der »Fall« Wallenstein: Mit rein wissenschaftlichen Mitteln findet man keine sinnvollen Antworten auf die Hauptfragen. Der Zauberstab moderner Historiographie, die quellenkritische Methode, versagte nirgends so jämmerlich wie beim Wallensteinproblem. Nach einem Forschungsaufwand ohnegleichen erkannte man plötzlich wieder etwas, das die vorkritischen Historiker zu Schillers Zeit auch schon wußten, daß nämlich das Rätsel Wallenstein kein Geheimnis der Quellen ist – vorhandener oder fehlender Quellen –, sondern ein Geheimnis der Person. Das wird sich niemals ändern, immer wird dieser Mann ein Stachel und Ansporn zur Deutung bleiben, einer Deutung, bei der man allerdings stärker denn jemals zuvor auf die Hilfsmittel der Wissenschaft angewiesen bleibt. Ein Paradox? Nein, denn die Weisheit der Wissenschaft ist zwar begrenzt, aber unerschöpflich.

Kein Zweifel, daß dieses Geheimnis »Wallenstein« noch zusätzlich überdeckt worden ist durch die komplizierte Quellensituation. Die selbständigen literarischen Titel zu Wallenstein pendeln um rund viertausend, die Briefe, Akten, Berichte, Dekrete, Dokumente erreichen fünfstellige Ziffern und liegen der Forschung in einer derartigen Unsumme zur Hand, daß ihre Gesamtzahl mehr statistischen als biographischen Sinn hat. Die Konsequenz ist klar. Eine Lebensbeschreibung erhält ihre Ordnungs- und Begrenzungslinien nicht von der Fülle des Materials, sondern vom Schwergewicht der Daten, die für Wallensteins Leben bedeutungsvoll sind. Nicht jener Daten also, die das wechselnde Interesse der Nachwelt koloriert hat.

Aus dem letzten Dezennium von Wallensteins Leben haben wir tausend und aber tausend Dokumente. Aber kein einziges Papier ist darunter, das eine unmißverständliche Antwort gäbe auf zwei, drei Kernfragen, die sich im Zusammenhang mit Wallensteins Plänen in seinen letzten Jahren immer wieder von neuem stellen. Ist es nur das übliche Schicksal historischen Quellenmaterials, daß nach Wallensteins Ermordung so viele Dokumente spurlos verschwunden, teils auch bewußt vernichtet worden sind? Was soll man mit der Nachricht, daß Gallas – einer der Hauptverantwortlichen der Ermordung, einer der Hauptnutznießer des Mordes – dreizehn Jahre nach der Tat auf dem Sterbebett nach dem Kaiser ruft: Er will ihm eine Mitteilung machen, um seine Seele zu retten. Ein Wunsch, der sich nicht erfüllen läßt. Gallas läßt ein Bündel Dokumente bringen und in seinem Zimmer verbrennen. Dann erst findet er die Ruhe, um zu sterben.

Das klingt effektvoll. Aber die Szene reiht sich gleichgültig ein in die lange Kette anderer Nachrichten über die Vernichtung von Dokumenten. Zum Teil noch lange nach Wallensteins Tod. Herzogin Isabella hob die Briefe ihres Mannes in zwei Faszikeln auf. Als sie starb, wurden diese Briefe aus dem Archiv ihres Vaters in der Harrachschen Besitzung Bruck an der Leitha

offiziell den kaiserlich-königlichen Behörden in Wien übergeben. Von diesem Tag an sind sie verschwunden, bis heute. Ein Zufall?
Nicht nur das, was von den Quellen fehlt, gibt Probleme auf. Ebensooft ist das, was man an Quellen hat, mit ähnlichen Problemen beladen. Allerdings wird dabei nur die persönliche Entscheidung provoziert; der Panzer der Fakten ist kein Stützkorsett für den Historiker. Viele Mitteilungen, höchst wichtige Mitteilungen, sind nur ein einziges Mal belegt, sie werden durch keine zweite, unabhängige Quelle bestätigt. Das betrifft auch zahlreiche Daten der frühesten Historiker, die sich mit Wallenstein beschäftigt haben. Solche Historiker gelten heute als Quellen, als sehr zweifelhafte Quellen. Der Brauch, seine Gewährsleute zu nennen, ist erst durch die moderne Geschichtswissenschaft selbstverständlich geworden. Man hat deshalb nur die Wahl, entweder alles fortzulassen, was nicht durch zweite und dritte Aussagen, die unabhängig voneinander sind, gedeckt ist. Oder man muß mit Wahrscheinlichkeiten arbeiten, nach inneren Gründen entscheiden, welche Mitteilung Fantasie und Erfindung ist und welche nicht.

Der Miterlebende und Zeitgenosse ist von der bekannten Dunstschicht des Unhistorischen umgeben, sie hebt sich aber auch für den Nachfahren und Zurückblickenden nur beiläufig und in Flecken. Deshalb ist das Volumen der Erwartung, welches wir in die Fragen an die Vergangenheit investieren, immer größer als der Inhalt der Antworten. Wenn es sich um irgendeinen Feldherrn, einen Haudegen von der üblichen Sorte Metall gehandelt hätte, niemals wäre Wallenstein zu einem Problem geworden. Selbst Schiller hätte sein Genie für ihn nicht vergeblich verschwendet. Der große General Wallenstein war nicht wegen seiner Generalstugenden groß. Sein Format beruhte vielmehr auf dem, was ihn gerade nicht nur zu einer überragenden Figur der reinen Kriegsgeschichte werden ließ. Wallenstein ist zwar der Gründer der österreichischen Armee, er schuf auch die österreichische Artillerie, trotzdem hielt er den Pulverdampf der Kanonen nicht für den Weihrauch des Ruhms. Seine Meriten sind hier begrenzt, bahnbrechend war er nur in der Ermattungsstrategie. Gewiß, als Heerführer ist er von keinem andern Feldherrn des Großen Krieges übertroffen worden, auch nicht von Gustav Adolf, dem Strahlenidol aller protestantischen Historiographen. Aber Wallenstein nur als General des 17. Jahrhunderts ist irgendeine Figur der Geschichte neben anderen Figuren.
Dieses besondere Verhältnis der speziellen Eigenschaften zu seiner ganzen Persönlichkeit wiederholt sich bei jeder seiner Eigenschaften. Wallenstein ist groß als Landesfürst und Wirtschaftsführer, er ragt hier turmhoch über

seine Zeitgenossen hinaus. Doch der Wallenstein als Herrscher und Verwalter eines blendend zusammengetragenen, arrondierten, organisierten, florierenden Dominium Böhmens ist ein Objekt für historische Spezialinteressen. Auch als Mäzen und Bauherr hat er große Verdienste, durchaus, dazu gehören auch seine vielen Stiftungen und Klostergründungen, der Bau von Schulen und Krankenhäusern, seine Sorge für die Waisen und Armen.
So bemerkenswert er auf all diesen Gebieten ist – selbst in ihrer Summe findet sich noch nicht einmal ein Bruchteil desjenigen, was den Herzog von Friedland zu einer der beunruhigendsten Figuren der Geschichte gemacht hat. Man kommt diesem schwer zu fassenden Moment seines historischen und seines übergeschichtlichen Ranges geradezu von der negativen Seite schneller nahe. Als General ist Wallenstein groß, weil er nicht nur General, weil er mehr als ein General ist. Als Politiker ist er einsam überragend, weil er im politischen Feld dilettiert, weil seine Kategorien sich nicht der Struktur des Politischen fügen. Als Opponent des Kaisers hat er säkularen Rang, weil er die Vielzahl der gleichwertigen Tendenzen zu scharf, zu klar überblickt, als daß er einfach das gordische Verfahren der Rebellen imitieren könnte. Er hat ein ungeheures Organisationstalent. Zum Genie wird es aber deshalb, weil es sich um keine selbständige Begabung handelt, sondern weil sich diese Begabung nur anläßlich einer bestimmten historischen Konstellation ausdrückt: der rationale Fachverstand im Dienst einer Weitsicht, die sich nicht an Steinen und Zäunen stößt, im Dienst einer ganz unrationalen Fantasie. Sein Ehrgeiz schultert mit spielender Ironie die Gewichte der Welt, seine größten Dimensionen aber gewinnt er dort, wo ihn auch der unbegrenzte Ehrgeiz nicht an der Erkenntnis von der Vergeblichkeit und Ohnmacht allen menschlichen Strebens hindert.
Sein Verstand agiert leichtfüßig entlang den inneren Linien der Realitätsbedingungen, er sondiert, wägt ab, verwirft das heimlich Erwünschte zugunsten des unheimlich Vordergründigen, wenn es notwendig ist – schnell, treffsicher, verachtungsvoll energisch, damit die Privilegien des Erwünschten wieder ihr Recht erhalten und nicht zum Symbol verkümmern. Welch ein publikumssicherer Irrtum, daß es Nacht sein mußte, wenn Friedlands Sterne strahlen sollten! Wallenstein hat das Gegeneinander seines bestechend klaren Verstandes, seiner prophetischen Weitsicht einerseits und die festgelegte Struktur der Zukunft durch den Sternenstand andererseits außerordentlich genossen. Es war ein intellektuelles Spiel für ihn, sehr ernsthaft betrieben. Der Wallenstein, der ununterbrochen aufs Horoskop starrt und darauf wartet, daß ihm die Sterne mit der Hand winken, wenn er einen Schritt machen soll, ist eine schiefe Bilderbuchfigur.

Eine Lebensbeschreibung des Friedländers wird erst dann zur Biographie, wenn sie nicht nur im Kontext der Zeit steht, sondern wenn sie nichts von den damaligen religiös-politischen Aktualitäten abhäutet. Nach mehr als dreihundert Jahren scheint es auch nicht zu früh zu sein, endlich die sittlichen Allergien der bürgerlichen Geschichtsschreibung sich selbst zu überlassen, die in ungehemmter Eintönigkeit aufzählte, was Tugend war und welches Laster verdammt werden sollte. Aufschlußreich bei diesen sogenannten Demaskierungen sind nur die Handbewegungen, mit welchen den Opfern die angeblichen Masken entfernt werden. Erinnerung ist Sünde, sagen die Araber. Sich an dieses Wort manchmal zu erinnern, ist eine gute Sünde. Und eine noch bessere ist es, nicht zu vergessen, daß es keinem von uns erspart bleibt, selbst an den Sperrgittern zwischen Person und Konvention zu bestimmen, was Moralität ist – und da sollte der Historiker der Vergangenheit gegenüber nicht mindestens denselben resignierten Respekt besitzen?

Die Proportionen von Wallensteins abweisender Verschlossenheit streckten sich bis in den Bezirk des Unheimlichen. Er hat immer um Selbstdisziplin gekämpft, hat versucht, keine Eindrücke und Reaktionen durch die Abdichtungen seiner Seele zu lassen. Was sollte ein Mensch mit seinen jähen Leidenschaften, Antrieben, Gefühlen anderes machen, als erst einmal zu lernen, sie zu beherrschen? Wallenstein hat lange dazu gebraucht. Und er hat es ohnehin nie ganz gelernt.

Mit Vorliebe bezeichnen wir das als zwiespältig, was nicht so sehr in sich selbst gespalten ist, sondern was in uns den Eindruck des Zwiespältigen erweckt. Die Projektion privater Feinempfindungen ist das Königsverfahren der historischen Romanciers. Der Geschichtsschreiber allerdings darf niemals lernen, sich festen Schrittes in diesen trügerischen Sümpfen des Inneren umherzutreiben. Sobald er hier ein starres Wegsystem entdeckt, wird es Zeit für ihn, den Beruf zu wechseln, seine Wissenschaft an den Nagel der Träumerei zu hängen.

Wallensteins Inneres, Wallensteins Seele ist nicht mehr und nicht minder zwiespältig gewesen als die Seele fast jedes großen Menschen. Wohl aber hat er das feinste Gespür für die Zwiespältigkeiten des unsäglichen Ringens gehabt, das seiner Epoche das blutige Zeichen von Widersinn und Gewalt in die Stirne preßte, für die Zwiespältigkeit in allen ihren Formen, den auffälligen und den kaschierten.

So handhabte er auch die Macht, nicht als Machtmensch, sondern mit dem begleitenden Bewußtsein ihrer Vorläufigkeit. Er operierte mit Heeren in einer numerischen Stärke, wie es bis dahin nur fantasierenden Narren auf dem Papier gelungen war. Seine betont zur Schau gestellte Schroffheit, die Geste, mit welcher der unbesiegbar, unverwundbar geltende Feldherr jede sichtbare Devotion seiner Soldaten im Feldlager abwehrte, ließ nicht nur die Legenden von seiner Gefühllosigkeit entstehen, sondern entzog schließlich auch ihn selbst nach und nach den gewöhnlichen Beurteilungskategorien. Er war nicht ehrgeiziger als Hunderte seiner Zeitgenossen, aber er hatte die seltene Fähigkeit, die Kraft seines Ehrgeizes im Labyrinth der Welt nicht auf Umwegen zu erschöpfen. Er war nicht prunksüchtiger als andere, aber er hatte mehr Mittel für den Prunk und außerdem benützte er den Prunk als Vehikel für politische Zwecke.

Und schließlich und vor allem war er körperlich nicht anders als jeder seiner Zeit. Krankheiten hatte er genügend kennengelernt, die Gicht machte ihm früh genug zu schaffen, in den letzten Jahren verschärfte sie sich rapid, oft konnte er vor Schmerzen kaum sprechen, sich nicht bewegen, die Feder nicht mehr halten, man mußte diesen Mann, vor dem Europa zittert, in einer eigens konstruierten Sänfte tragen. Die Umwelt zieht aus dem Kontrast zwischen fantastischem Bild und physischem Detail immer ihren Genuß der mittleren Linie, heute nicht weniger als damals. Der Wallenstein der blutigen Februarnacht in Eger, der kranke Mann, dem die Ärzte noch zwei Jahre geben und nicht mehr, der Gichtiker, der die Welt bewegt hat und sich selbst kaum noch bewegen kann, der vor der Partisane des Mörders die Arme hebt, um Gnade bittet, sein ächzendes »Ah, Quartier!« – also dieser theatralische Gegensatz hat immer schon die Griffel der Kupferstecher und die Stichel der Seelengrafiker beschäftigt. Obwohl es kein sinnvoller Gegensatz ist, sondern eine Selbstverständlichkeit im Leben und Schicksal eines Menschen.

Mitwelt und Nachwelt brauchen ihre stilisierenden Deutungen, und sei es zu Lasten des Gedeuteten. Wallenstein ist dafür ein Schulbeispiel. Auch die Geschichtsschreibung hat hier jahrhundertelang Brückenzoll entrichtet, und sie wird ihn weiterzahlen, solange sie sich nicht entschließt, Sache und Person auseinanderzuhalten und die ungeheuren, ungeheuer vielfältigen Perspektiven der historischen Landschaft samt ihren Auf- und Durchzügen sich nicht vernebeln zu lassen von der zweifellos richtigen Meinung, daß man die Dinge um so klarer sieht, je weniger man von den Dingen sieht.

Wallensteins Leben wurde ungezählte Male mit dem jähen Aufsteigen eines Kometen verglichen, steil anfliegend, noch steiler verlöschend. Das Bild trifft nur für die Geschwindigkeit und die knappe Aufeinanderfolge der Machtetappen zu. Sieht man auf den inneren Zusammenhang, so löst sich das augenfällige Schema der Konsequenz schnell auf, und etwas Zersplittertes, periodisch Widersprüchliches, eine enorme Gleichgültigkeit gegen die Verbindung von Tat und Tat beherrscht das Feld. Das hat nichts mit tiefverwurzelter Unsicherheit zu tun. Es bleibt rätselhaft, ob so vieles, was früher klar und präzis bei Wallenstein gewesen ist, zuletzt verschüttet war von der Verantwortung, der Entschlußlast, dem schweren Druck der Perspektiven, oder ob es andere Gründe hatte. Unverkennbar wird vor seinem Ende das innere Gefüge unregelmäßig, die Dominanten seines Wesens überlagern sich gegenseitig unerträglich und widerspruchsvoll, die Kellertüren des Vulgären springen häufiger auf als jemals zuvor.

Gleichzeitig damit treten in einem auslösenden Echoeffekt Züge einer grenzenlosen Trauer nach vorn, ebenso ein tiefer Widerwille gegen die Aktion, als hätte Wallenstein in weit vorgreifender Gewißheit das Vorläufige eines Handelns in solchen Situationen begriffen, in denen er sich vor seiner Ermordung befindet. Das Moment des Unentschiedenen liegt aber nicht in seiner Natur, sondern in der Natur der Verhältnisse, und Wallensteins Intelligenz ist zu geschult, als daß er das nicht begreifen würde. Was hier nach Handlungs- und Haltungsschizophrenie aussieht, paßt ganz zur Handlungs- und Haltungsschizophrenie seiner Epoche, zu dieser Eigentümlichkeit des ganzen Jahrhunderts, die Gustav Adolf zu dem berühmt gewordenen Ruf hinreißt: »O saeculum ignavum!«

Das zutiefst Unauflösliche in Wallensteins Person, in seinem Leben und seinem Ende entspringt weit mehr denjenigen Kräften der Geschichte, die sich unserem Urteil entziehen, als dem vermeintlich Unergründlichen eines verwirrenden Menschen, der trotz seines auffälligen und im ganzen beispiellosen Charakters eben doch nur – oder auch nur – ein Mensch ist und womöglich ein Objekt für moderne Verhaltensforschung. In Wallenstein konzentrieren sich nicht die hellen Möglichkeiten unserer Geschichte, sondern die gebrochenen Wünsche, das Ausweglose der Existenz, die Vergeblichkeit des Handelns selbst, dessen Faktizität weniger aufdringlich ist als das Auf und Ab zielbewußter Aktivität in den Geleisen der Gedenktage und Geburtsdaten, das ja ebenfalls oft genug als »Geschichte« bezeichnet wird.

Das Glänzende und Verhängnisvolle seines Lebens, Hinfälligkeit und Macht, Größe und Verworfenheit, Sicherheit und Widerspruch, Maßlosigkeit und Trauer – das Düstere der Andeutung machen aus dem Herzog von Friedland diejenige Hieroglyphe unserer Vergangenheit, die um so geheimnisvoller ist, als sie jeder zu verstehen glaubt.

II
Der junge Kavalier und Keplers Horoskop (1583–1609)

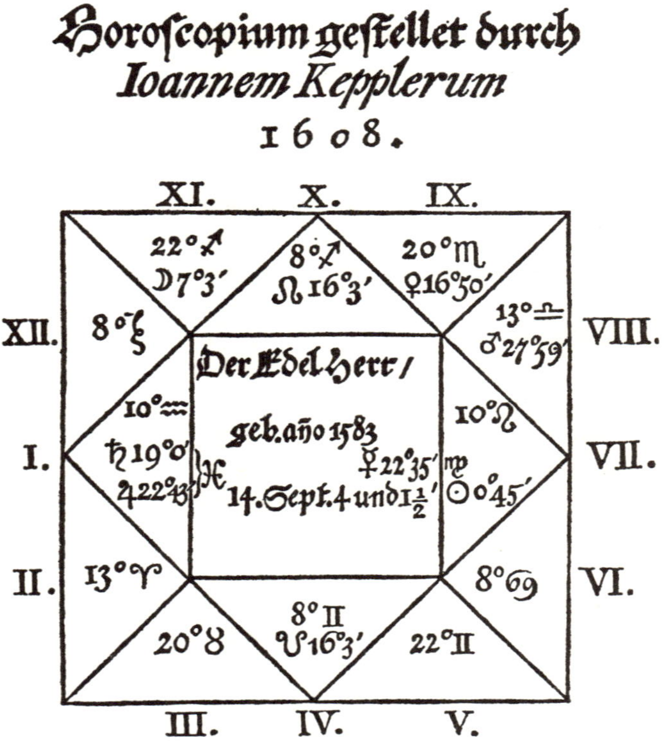

In der anhebenden Moderne, dem 16. und 17. Jahrhundert, entwickeln die Zeitgenossen ein auffälliges Interesse an der eigenen Person. Die Briefe nehmen intimen Charakter an, Tagebücher und Memoiren werden zu einem festen Bestandteil der neuen Tendenz, Rechenschaft von sich zu geben, von der persönlichen Position im Großen Welttheater, aber auch davon, wie sich dieses Theatrum mundi auf der Bühne des Inneren reflektiert. Die Sterne werden jetzt auch in der eigenen Brust entdeckt.

Bei dieser frischen Anteilnahme an sich selbst fällt es um so merkwürdiger auf, wie wenig der Nächste, der Nachbar, Freund, Mitlebende ins Blickfeld kommt, und zwar in der besonderen Autonomie, die doch jeder einzelne für sich besitzt. Die Berichte über alle privaten Umstände und Verhältnisse anderer sind mehr als spärlich, ja oft verblüffend nachlässig und gleichgültig. Nicht, als ob man die andere Persönlichkeit nach Rang und Eigengewicht unterbewertet; im Gegenteil, kaum eine Zeit hat den rivalisierenden Neid und Ehrgeiz derart kultiviert wie diese beiden Jahrhunderte. Die Selbstachtung sichert sich durch einen festen Zirkel der Gehässigkeit. Interesse hat man an anderen überwiegend aus egoistischen Gründen; deshalb dienen vielen dieser Menschen ihre Erlebnisse und Probleme nur als Vorwand, um die Empfindungen anderer auszubeuten. Aber die spitznasige Neugier am privaten Leben des Nächsten ist kaum vorhanden, die Mikroskopiersucht im Raum des Intimen. Wenn sich doch hin und wieder genauere Daten und Mitteilungen über andere finden, sind sie oft sträflich ungenau.

In einem ganz besonderen Maß gilt das für alle Nachrichten über Wallenstein. Daran hat nicht einmal sein hochdramatischer Tod etwas geändert. Seine Ermordung war doch spektakulär genug, selbst in der damaligen Zeit, die weiß Gott nicht über Mangel an Spektakulärem zu klagen hatte und in der das Blut so reichlich floß wie Milch und Honig im verheißenen Land. Trotzdem ist dieser Mann den Zeitgenossen im wesentlichen erst von dem Tage an interessant geworden, da er als öffentliche Figur auftrat, ins Rampenlicht der politischen Bühne kam, also vom Jahre 1625 ab. Wallenstein war damals immerhin schon 41 Jahre alt. Und seinen Tod haben viele überlebt, die ihn schon seit seiner Jugend kannten.

Jede Zeit hat ihre eigenen Merkmale. Das ist eine Binsenweisheit. Die Signaturae temporis entstehen allerdings nicht willkürlich. Deshalb ist es eben doch alles andere als ein seltsamer Zufall, daß auch die frühesten Historiker nur magere Berichte über die ersten Lebensetappen Wallensteins lieferten. Die Quellen waren und sind nun einmal dürftig, sie sind auch denkbar widersprüchlich. Viele Nachrichten aus erster Hand, also von Zeitgenossen des Herzogs von Friedland, gehen nicht auf Orientierungsbedürfnisse zurück, sondern sind bloß deshalb niedergeschrieben worden, um dem Toten noch posthum einen Feindes- oder Freundesdienst zu erweisen. De mortuis nil nisi bene – aber das Gegenmotto strahlt ebensooft: De mortuis nil nisi male.

Immerhin steht nicht nur fest, daß Wallenstein wirklich geboren wurde. Wir haben auch das Datum, auf die Minute genau: Es war der 24. September 1583, nachmittags um 4 Uhr 1,5', in Heřmanitz bei Arnau an der Elbe. Daß wir die Geburtszeit derart exakt wissen, hat nicht nur seine quellenmäßig guten, sondern vor allem seine astrologischen Gründe. Wallenstein glaubte wie das Gros der intelligenten Leute seiner Zeit an die Macht der Gestirne und hat als junger Mann seine Geburtsstunde präzis feststellen und sichern lassen.

Damals hieß es noch Waldstein, dieses Adelsgeschlecht, das zu den ältesten und vornehmsten Häusern Böhmens gehörte. Die Linie geht auf die Herren von Markvartitz zurück, das berühmteste böhmische Geschlecht. Einem der ersten, Zdenko von Waldstein, hatte im 13. Jahrhundert eine Burg gehört, bei Kadeřavitz zwischen Groß-Skal und Turnau in Nordböhmen. Sie lag auf einem Sandsteinfelsen, dicht umgeben von Wald. Die Trümmer der Stammburg Waldstein sind noch heute zu sehen. Nach dieser Burg benannte Zdenko sich selbst und seine Nachkommen. Die tschechische Form Valdštejn hat für die deutsche Aussprache ihre Schwierigkeiten, deshalb änderte sich später der Name in die jetzt übliche Form Wallenstein; allerdings findet sich schon auf einer Urkunde aus dem Jahr 1296 die Schreibart »Waldenstein«. Heute wird die Version »Wallenstein« ausschließlich dem Herzog von Friedland vorbehalten.

Die Waldsteins machten sich seit dem Mittelalter wiederholt einen Namen, im Rahmen der österreichisch-böhmischen Geschichte versteht sich, meist im Dienst der böhmischen Selbständigkeit, also in Opposition zu Wien. Wallensteins Großvater Georg, Herr auf Heřmanitz, Baron von Arnau, verkörperte diese Tradition ein letztes Mal, er verkörperte sie konzentriert und besonders erfolglos. Im Fiasko aber entwickelte er eine ganz unsentimentale Vernunft, einen eminenten Wirklichkeitssinn. Man schreibt das Jahr 1539, Luther lebt noch, Georg von Waldstein ist Protestant. Das heißt, er ist eifrig genug, das Prinzip des späteren Augsburger Religionsfriedens »cuius regio, eius religio« vorwegzunehmen und auch die Einwohner seiner Herrschaften mit fester Hand vor die Altäre der neuen Konfession zu schieben. Damit ihnen das leichter fällt, läßt er für diese Altäre neue Kirchen bauen, er restauriert und erweitert auch das Gotteshaus von Arnau.

Kein Wunder, daß er als Protestant und als Böhme 1546 in den Reihen der aufrührerischen Stände ist, die gegen ihren König ins Feld ziehen. Der Moment scheint günstig. Kaiser Karl V. führt den Schmalkaldischen Krieg gegen Hessen und Sachsen, Böhmen sieht hier eine gute Gelegenheit, die Herrschergewalt des Königs zu reduzieren. Im Frühling 1547 kommt es zu dem großen, folgenschweren Treffen bei Mühlberg an der Elbe, diesem symbolisch beladenen Zweikampf, den der Habsburger König Ferdinand I. mit dem Wort zu den deutschen Schmalkaldern kommentiert: »Ihr wollt mich und meine Kinder von Land und Leuten vertreiben.« Sie wollten es, erfolglos. Der Kaiser zwingt den Kurfürsten Johann Friedrich bei Mühlberg in die Knie, am Abend steht der Sachsenrebell als Gefangener vor ihm und weiß nicht, was aus seinem Stoßgebet kurz vorher wird: »Ach Gott im Himmel, bin ich mit meinem Vorhaben gegen Kaiserliche Majestät ungerecht, so strafe mich, nicht mein Volk!« Der Bruder des Kaisers, Ferdinand I., hat vor der Schlacht den Herzog Alba eindringlich gewarnt, jetzt muß er ihn wegen seiner Zweifel um Verzeihung bitten. Er entschuldigt sich gern, denn durch den Mühlberger Triumph bleibt auch Ferdinand I., seit 1526 König von Böhmen und Ungarn, Sieger.
Im Hochsommer 1547 stellt er seinen eigenen Rebellen die Quittung aus auf dem Bartholomäuslandtag Böhmens, dem »Blutigen Landtag« in Prag, streng nach der alten, ewig frischen Devise des Brennus: Wehe dem Besiegten! Der König hält sich damit an die Tradition seiner böhmischen Residenz, auch die Aufrührer hatten sich schon daran gehalten: Prag, die Stadt der Fensterstürze und Blutgerichte. Georg von Waldstein ist damals noch ein junger Mann. Aber er ist schon alt genug, um sich bei der Wahl zwischen einem gebeugten und einem vom Henker zerhauenen Nacken für das intakte Genick zu entscheiden.
Ferdinand I. läßt ihn darüber im Gefängnis nachdenken. Es dauert nicht lange. Am 20. August erklärt Georg von Waldstein schriftlich: Da er nicht beabsichtigt hätte, »sich mit Ihrer Königlichen Majestät, als einem gnädigen Erbherrn, in einige Disputation oder Rechtsverhandlung einzulassen«, ergebe er sich dem König auf Gnade und Ungnade. Der König akzeptiert das, die Massenhinrichtungen auf dem Altstädter Rathausplatz in Prag finden ohne den Baron Georg von Waldstein statt.
Trotzdem wird er hart bestraft. Er muß seinen Erbbesitz Arnau in ein Lehen verwandeln, wird also praktisch zum bloßen Pächter. Ein anderes Gut in Langenau wird vom König enteignet, außerdem werden alle Forderungen des rebellischen Barons an seinen Herrn bedingungslos kassiert. In der Not lernt der Adel rechnen. Die Entbehrung stachelt die Talente Georg

von Waldsteins, er verwandelt sich in einen Geschäftsmann und vorzüglichen Verwalter seiner restlichen Güter, er kurbelt den Handel an, macht in Holz, Getreide, Eisen, er belebt die Gewerbe, steigert mit allen Finessen und Mitteln den Wohlstand seiner Untertanen, baut Armenhäuser und Spitäler. Das ist ein Novum in dieser Zeit, nämlich die Erkenntnis eines adligen Grundherrn, daß der Besitz um so größeren Ertrag bringt, je besser es den Bauern und den Bürgern geht.
Es geht ihnen immer besser. Nach einer Handvoll Jahren ist auch Georg von Waldstein wieder so reich, daß er sein früheres Allodium Arnau vom König zurückkaufen, daß er überdies die ganze Herrschaft durch zusätzliche Grundstückskäufe arrondieren kann. Das ist nicht nur eine private ökonomische Rache gewesen. Die Geschäfte des Barons müssen blühen und wachsen, seine Felder müssen Samen tragen und Frucht bringen, denn der Herr von Arnau trägt selbst viel Samen und bringt Frucht. Dreimal ist er verheiratet, mit Damen aus dem ältesten Adel des Landes, den Familien der Slavata, Žerotín, Lobkowitz, 13 Söhne bringen seine Frauen zur Welt, die sechs Töchter, die er außerdem zeugt, fallen da gar nicht mehr ins Gewicht.
In Georg von Waldstein lebt noch einmal die sagenhafte Lendenkraft eines seiner Vorfahren auf, des Barons Waldstein aus Dux, der im 13. Jahrhundert für den Přemyslidenkönig Ottokar das Schwert gegen die heidnischen Preußen führte, gemeinsam mit ganzen 24 Söhnen. Ist es ein Zufall oder gehört es zur erotischen Ironie der Weltgeschichte, daß auf dem gleichen Schloß Dux bei Teplitz der Liebesgangster Casanova die letzten dreizehn Jahre seines Lebens als Bibliothekar verbrachte und dort seine Memoiren schrieb? Graf Waldstein zeigte ihm in Dux auch das wohlverwahrte Schwert des Feldherrn Wallenstein, und Casanova hatte Muße genug, um Betrachtungen über die unterschiedlichen Schlachten anzustellen, die der Herzog von Friedland und er geschlagen, und über die Siege zu meditieren, die sie beide errungen hatten – ein Unterschied, der in der Ahnenfigur des ebenso tapferen wie potenten Barons Waldstein unter König Ottokar noch relativiert war.

Bei 19 Kindern konnte der Grundbesitz Georg von Waldsteins gar nicht groß genug sein. Vor allem blieb das, was die jüngeren Kinder erhielten, durchaus überschaubar. Daran mußte sich auch Wilhelm von Waldstein halten, der fünfte Sohn des Barons von Arnau. Er hatte insofern etwas Glück, als er von seinem kinderlosen Onkel Johannes, einem Bruder seines Vaters, das kleine Gut Heřmanitz erbte, im Tal der oberen Elbe. Wilhelm hatte einen ähnlichen Geschäftssinn wie sein Vater, ein ausgeprägtes Wirtschafts-

talent. Er zwirnte den Zufall der Erbschaft dadurch zu einer Glückssträhne aus, daß er sich mit der Baronesse Margarete von Smiřický verheiratete. Die Familie Smiřický von Smiřic – bester böhmischer Adel wie die Waldsteins – gehörte zu den reichsten Gliedern des damaligen Herrenstandes im Land. Wilhelm von Waldstein zählte in kurzer Zeit zu den geachtetsten böhmischen Landständen. Seine Stimme hatte nicht nur durch sein Talent Gewicht, es war schließlich auch die Stimme eines begüterten Adligen. Reichtum stärkt nun einmal die Kraft des Arguments.
Wilhelm von Waldsteins Kinderreichtum hielt sich in Grenzen. Siebenmal lag seine Frau im Wochenbett, viermal mußte bald darauf die Totenglocke geläutet werden. Nur zwei Töchter blieben am Leben und ein Sohn, der jüngste: Albrecht Wenzel Eusebius. Man wird den dritten Beinamen Eusebius frei übersetzen dürfen: der kindlich Geliebte. Wenn auch damals die Kinder leichter starben als die Soldaten und die Schreiner kleine Särge öfter zimmerten als große, so liebten die Eltern Wallensteins ihren Jüngsten doch ganz besonders. Anfangs schien sich auch bei ihm das Schicksal seiner frühgestorbenen Geschwister zu wiederholen. Er kränkelte lange Zeit, war schwächlich, die ungesicherte Nachricht, er wäre ein Siebenmonatskind gewesen, dürfte nicht aus der Luft gegriffen sein. Wohl aber ist die Meinung aus der Luft gegriffen, seine Mutter habe zu ihrem großen Reichtum leider auch ein mäßiges Blutserbe in die Ehe eingebracht, was sich vor allem durch den häufiger auftretenden Schwachsinn in der Familie Smiřický gezeigt hätte. Er war hier nicht häufiger als in anderen Adelsfamilien. Der einzige Fall, der bekannt ist, wäre kaum bekannt geworden, wenn es sich nicht ausgerechnet um den späteren Haupterben des gesamten Besitzes der Smiřický gehandelt und Wallenstein dabei eine besondere Rolle gespielt hätte.

Bei Heřmanitz fließt die Elbe als kleines Flüßchen nach Süden, im Rücken, im Norden, die Schneekoppe, Wahrzeichen der machtvoll grünen Barriere des Riesengebirges mit seinen dichten Wäldern und Schieferhalden. Der Fluß durchquert den Kreis von Königgrätz, er strömt hinab in den weiten flachen Kessel des böhmischen Tieflands mit seiner Kornfelderpracht, den satten Wiesen, den gestreckten Straßen, birkengesäumt; im Sommer vermischt sich der aufwirbelnde Staub mit dem Sonnenglast. Die Hügel sind sanft, sie erschweren nicht die Feldarbeit, seit den frühesten Jahrhunderten gilt dieser nordöstliche Quadrant des Elbgebietes als Korn-, wenn nicht als Schatzkammer Böhmens. Ein wunderbares und unerschöpflich fruchtbares Gebiet, dieser Český Ráj: das böhmische Paradies. Nicht umsonst haben es die Tschechen später in ihrer Nationalhymne besungen.

Gewiß, Heřmanitz ist nur ein kleines Dorf inmitten eines kleinen Guts. Trotzdem bleibt es unverständlich, warum früher wiederholt behauptet worden ist, im Elternhaus Wallensteins, auf Schloß Heřmanitz wäre Schmalhans Küchenmeister gewesen. Es ist eine der vielen Kontrastlegenden, von denen man sich eine zusätzliche Tiefenschärfe des Lebensbildes verspricht; der Gegensatz zwischen armer Jugend und späterem Glanz hat auch in den bekannten Kindermärchen der Romantik seine feste Überhöhungsfunktion.
Wallenstein wurde Protestant wie sein Vater, wie sein Großvater. Den ersten Unterricht erhielt er durch einen Hauslehrer auf dem väterlichen Schloß, das war zeit- und standesgemäß. Sein Erzieher Johann Graf kam aus einer Dienerfamilie, die seit langem bei den Waldsteins war. Graf hatte auf den Gütern als Schreiber und Wirtschafter gearbeitet, bevor er zum Haushofmeister Wilhelm von Waldsteins avancierte und dann zum Lehrer. Wissensvermittlung war nicht seine Stärke. Trotzdem oder vielleicht gerade deshalb verstand er sich gut mit seinem Zögling. Wallenstein ernannte ihn später zu seinem Kammersekretär. Und als er vom Kaiser für sich und seine Nachfahren mit den pfalzgräflichen Privilegien des perpetuum palatinatum auch das Recht erhielt, nach freiem Ermessen andere mit Wappenbriefen und Titeln auszuzeichnen, war der erste, an den Wallenstein dachte, sein alter Lehrer. Johann Graf erhielt den erblichen Adelstitel »von Ehrenfeld«, und weil kaum jemals eine Zeit stärker davon überzeugt war, daß ein Titel erst durch angemessene Mittel geheiligt werde, überschrieb Wallenstein den Ehrenfelds auch das Dörfchen und Gut Klein-Borowitz, das zu der Herrschaft Arnau gehörte.
Ruhm ist ein Vehikel zur Legendenbildung. Wallensteins späteres Feldherrngenie mußte sich – wenn nicht der Wahrheit, dann wenigstens ihm zur Ehre – schon in seiner empfindlichsten Jugend melden; derartiges gehört zwangsläufig zur Logik der Famae und Märchen. Der junge Wallenstein soll also mit anderen nur Kriegsspiele akzeptiert haben, er natürlich immer als Anführer. Dabei wäre jedermann seine ernste Haltung, sein entschlossener Blick, sein festes Gebaren aufgefallen. Später soll er Mitschülern erzählt haben, im Traum hätten sich sogar die Weiden vor ihm verneigt, unter denen er schlief. Solche Berichte gehören endgültig in den Anekdotensack, sie sind um nichts authentischer als eins der freundlichen Gemälde, die Wallenstein als Kind zeigen: verträumte Augen, ein zarter Lockenkopf, auf der kleinen Hand, die Jahre später gefürchtet ist in Europa wegen ihres Griffs, sitzt ein Buchfink.
Wallenstein verwaist früh. Seine Mutter stirbt 1593, am 22. Juli, er ist noch keine zehn Jahre alt. Am 24. Februar 1595 steht der Geistliche auch

am Totenbett des Vaters. Wilhelm von Waldstein wird an der Seite der Gattin beigesetzt, in der Dorfkirche von Heřmanitz. Das imposante Doppelgrab ist noch heute zu sehen, eine erlesen schöne Marmorplatte schließt die Gruft, die wolkenweiße Deckfläche zeigt die Reliefs einer weiblichen und einer männlichen Figur, beinahe lebensgroß. Wallenstein hat seinen Eltern ein Grabmal gesetzt, das mehr ist als nur eine Konzession an die zeitgemäß erforderliche Pietät und Ehrerbietung.

Nach böhmischem Erbrecht fiel der Nachlaß der Eltern zu gleichen Teilen an die Kinder: an Wallenstein und seine beiden Schwestern, Marie Bohunka und Katharina Anna. Neben dem Gut Heřmanitz handelte es sich um ein bedeutendes Vermögen an barem Geld, Silber und Schmuckstücken. Dem verwaisten Jungen ist vom Vater testamentarisch ein Onkel als Vormund bestimmt worden, Heinrich Slavata von Chlum, ein Schwager von Wallensteins Mutter. Der zwölfjährige Albrecht kam auf das Schloß Koschumberg, dort wurde er auch erzogen, und zwar von den Ältesten der Böhmischen Brüdergemeinde aus dem Städtchen Chrast. Heinrich von Slavata war ein glaubensstrenger Herr. In Böhmen verstand sich das bei seinem Bekenntnis fast von selbst, denn volle Glaubensfreiheit hatten die Böhmischen Brüder nur in Mähren. Ihre Forderungen nach königlicher Anerkennung waren 1575 abgeschlagen worden, mehr als eine mündliche Zusage, daß ihre Religionsausübung nicht gestört würde, konnten sie nicht erreichen, und sie hatten genug damit zu tun, daß in der Ära Rudolfs II. diese Zusage auch gehalten wurde.

Wallenstein wurde auf Schloß Koschumberg zusammen mit einem Sohn seines Vormunds unterrichtet. Auch Wilhelm von Slavata, ein Neffe des Herrn von Koschumberg, soll zu dieser Zeit auf dem Schloß gewesen sein. Dieser Vetter Wilhelm wurde später ein Todfeind Wallensteins, gehässig und unversöhnlich bis zur letzten Sekunde. In Böhmen war er als kaiserlicher Rat bald eine berüchtigte und wichtige Figur; er und Martinitz waren die Opfer des Prager Fenstersturzes, als Oberst-Kanzler von Böhmen repräsentierte er später den Kaiser im Land. Wilhelm Slavata hat kurz vor der Ermordung Wallensteins im Winter 1633/34 in einem Pamphlet behauptet, man hätte seinen Vetter Albrecht schon als Jungen gewöhnlich nur »den dollen von Wallstein« gerufen. Er hat das – anonym – mit einem hämisch-bösartigen Unterton notiert, in der sicheren Haltung eines Mannes, der es ja wissen mußte. Er unterstellte dabei die gemeinsame Erziehung in Schloß Koschumberg; das Wörtchen »doll«, dem Jungen Albrecht schon so früh beigelegt, sollte im Mund Wilhelm Slavatas beweisen, daß Wallenstein von Anfang an nicht nur wie jeder normale Junge über die Stränge schlug, sondern durch

ganz besonders üble Eigenschaften, durch eine Art frühe Tollheit, Verrücktheit hervortrat.
Haß ist kein Index für den Wahrheitsgehalt von Nachrichten, Liebe auch nicht. Die Mitteilung Wilhelm von Slavatas ist aber deshalb besonders kritisch abzuwägen, weil der Zögling Albrecht, der da nach Schloß Koschumberg kam, ganze elf Jahre jünger war als sein Vetter. Wilhelm Slavata befand sich zu dieser Zeit schon in einem stattlichen Jungmannsalter, seine Gaben waren keineswegs so dürftig, daß er mit 26 noch immer von den Böhmischen Brüdern hätte erzogen werden müssen. Im August 1597 trat er vom Protestantismus zum Katholizismus über, zu einer Zeit, da Wallenstein sich von Koschumberg schon auf den Weg nach Schlesien machte. Slavatas Konversion wirbelte damals eine Menge religiösen Staub auf. Soviel jedenfalls, daß er in einer eigenen Rechtfertigungsschrift die Gründe für seinen Entschluß erklärte – seine Gegner überzeugte das natürlich nicht. Von einer gemeinsamen Erziehung der beiden Vettern stimmt jedenfalls kein Wort.
Mit Sicherheit ist das empfindliche Temperament des jungen Wallenstein erst etwas später zu belegen. Er wird im Herbst 1597, mit 14 Jahren, auf die evangelische Lateinschule in Goldberg geschickt, jenseits des Riesengebirges, in Schlesien. Heinrich von Slavata scheint das mit dem berühmten Ständeführer Mährens und Glaubensbruder Karl von Žerotín besprochen zu haben. Denn Wallenstein kommt mit ausdrücklicher Empfehlung des alten Erziehers und Hofmeisters Žerotíns, Laurentius Cirkler, nach Goldberg. Ein Hauslehrer und ein Diener begleiten ihn, Präzeptor und Famulus, sie sollen die Studien des jungen Herrn überwachen und fördern. Dieses Gefolge ist keine pädagogische, sondern eine standesgemäße Notwendigkeit. Wenn auch damals beim Adel Erziehung nicht unbedingt identisch ist mit einem hohen Pegelstand des Wissens, so bemühen sich trotzdem beide angestrengt um ihren Schützling.
Zwei Jahre bleibt er in Goldberg, zwei merkwürdige Jahre sind das. Wir haben kaum Details. Die Ergebnisse der Lateinschule sollen nicht gerade so gewesen sein, daß sich ein Humanist gefreut hätte, so haben die Historiker gemeint. Den Tatsachen kann das nicht entsprechen, denn Wallenstein hat später mit Latein nicht die geringsten Schwierigkeiten. Hans Graf, die Böhmischen Brüder auf Koschumberg und die schlesische Lateinschule müssen eine gute Basis gelegt haben.
Ein Ereignis ist peinlich genau überliefert. Es ist Frühling, Mitte Mai, eine brisante Jahreszeit bei einem Fünfzehnjährigen. Wallenstein geht aus der Schule heim, Präzeptor und Famulus begleiten ihn. Auf dem Markt-

platz werden die drei von einem Soldaten des Städtchens angeschrien: »Ihr calvinischen Schelme!« Wallenstein nimmt das hin. Er schluckt es hinunter, er würde den Schimpf nicht weiter beachten, so wenig, wie er sich darüber aufgeregt hat, daß sie schon früher geschmäht worden sind, daß man des Nachts Steine in sein Schlafzimmer geworfen hat. Aber dieser Soldat, Paul Mehnert, ist besonders streitsüchtig, denn als Wallenstein sein Quartier wieder verläßt und sich auf den Weg zum Abendessen bei Kantor Fechner macht, steht Mehnert noch immer am Marktplatz, mit gezogenem Degen, und kaum sieht er den jungen Böhmenbaron, setzt er ihm nach und verfolgt Wallenstein mit dem Rapier bis an die Schwelle des Hauses. Er muß von andern mit Gewalt zurückgehalten werden.

So jung Wallenstein ist, er überläßt die Sache nicht seinem Erzieher und Lehrer, er schreibt am 17. Mai 1598 eine feste, entschiedene Beschwerde an Wenzel von Zedlitz, den Landeshauptmann von Liegnitz: »Bitte aber itzo«, so verlangt Wallenstein am Ende seines Briefs, »Euer Gnaden wolle Amtes und der Freundschaft wegen, so sie mit dem wohlgelehrten Herrn Laurentio Circlero hält, durch welchen ich in diese fürstliche Schule gekommen, mich zu schützen bedacht sein: weil ich hier von niemand Schutz oder Hilfe, wegen des großen Unwillens, bitten kann.« Der Landeshauptmann reagiert prompt, er befiehlt den Soldaten zu sich auf die Burg, ohne Widerrede, zur Not soll er in Fesseln zu ihm geschafft werden. Von da an hat Wallenstein Ruhe.

Goldberg behält er in guter Erinnerung. Für Einzelheiten aus seiner Jugend hat Wallenstein ein überraschendes Gedächtnis. Knapp 30 Jahre später, am 21. August 1626, zieht er als kaiserlicher Generalissimus mit seiner Armee an Goldberg vorbei. Er ist dem Grafen Mansfeld und seinen Regimentern auf den Hacken, die Zeit ist denkbar knapp, Wallensteins Reputation als Feldherr und Stratege steht auf dem Spiel. Und doch schickt er einen Offizier nach Goldberg hinüber. Die Lateinschule besteht zwar nicht mehr, es sind keine Schüler mehr gekommen, man hat sie vor ein paar Jahren auflösen müssen, aber der frühere Vorstand lebt noch, Wallensteins alter Lehrer, der Kantor Georg Fechner. Der Herzog läßt ihn ins Feldlager holen. Die Szene ist bilderbuchgerecht: der zitternde alte Mann mit dem strähnigweißen Haar vor dem mächtigen General des Kaisers. Wallenstein unterhält sich mit ihm über die Goldberger Zeit, er bedankt sich bei seinem Erzieher, er schenkt ihm beim Abschied volle einhundert Golddukaten und gibt ihm vor allem eine Wache mit, die ihn und sein Haus vor Belästigungen schützen soll.

Auf Goldberg folgt Altdorf, die berühmte Reichsstädtische Akademie im Fränkischen, eine streng protestantische Hohe Schule. Sie war das Gegenstück zur katholischen Universität in Ingolstadt. Altdorf wird mit Vorliebe von den Söhnen der Nürnberger Patrizier besucht, für etwa fünfhundert Studenten ist die Akademie gedacht, der Adel ist stark vertreten, die Plätze für arme begabte Studenten sind gezählt und haben im wesentlichen symbolischen Sinn. Aber nicht nur die Nürnberger Patriziersöhne und fränkischen Adelskinder erhalten dort die rechte Unterweisung in der evangelischen Lehre, auch der böhmische Adel schickt seine Söhne am liebsten nach Altdorf und schließlich auch der österreichische nichtkatholische Herrenstand. Georg Erasmus Baron von Tschernembl, der große calvinistische Führer der protestantischen Stände Oberösterreichs, hatte sich am 11. November 1580 in Altdorf immatrikuliert.

Im Hochsommer 1599 passiert Wallenstein das wuchtige Stadttor, auch jetzt begleitet von Präzeptor und Famulus. Es sind nicht die gleichen wie in Goldberg. Ihre Namen stehen in den Matrikeln, in die der neue Student, Albertus à Waldstein Baro Boh., am 29. August eingetragen wird. Sein Hauslehrer ist Johannes Heldreich, er stammt aus Görlitz in der Lausitz. Wallensteins persönlicher Diener ist Wenzel Metrouski.
Hätte es bei diesen Namen nicht bleiben können? Die Aufgabe der beiden ist schwer, Wallenstein steckt jetzt in der Zentrifuge der Pubertät, das Quantum an Sitzfleisch verhält sich bei ihm umgekehrt proportional zum Grad der exzessiven Antriebe. Die folgenden Nachrichten aus Wallensteins Altdorfer Studentenzeit sind so, daß sie besser unbekannt geblieben wären, wenigstens mit Rücksicht auf die Empfindungen der Wallensteinverehrer. Der neue Student steht dicht vor seinem sechzehnten Geburtstag. Altdorf bedeutet für ihn zum ersten Mal Freiheit, bedeutet Selbständigkeit. Er ist ein typischer Vollblutstudent, das heißt, er denkt nicht entfernt daran, wirklich zu studieren. Mit unseren modernen Ausbildungsorganisationen hat das Studium damals nicht viel zu tun, das meiste, was sich bis heute davon noch erhalten hat und wirklich identisch ist, sind die bloßen Bezeichnungen und Titel: Universität, Akademie, Rektor, Professoren, Studenten, Kollegien.
Die Satzungen der Hohen Schulen ordnen nicht nur den Lehrbetrieb, sie berücksichtigen auch den anderen Betrieb, für den die Studenten sorgen, ihr Leben in den Kneipen und Schenken, nachts auf den Straßen, vor den Fenstern und Haustüren der gesetzten Bürger, die sich in Morpheus Armen vom Fleiß ihrer Tage erholen, während die Studiosi unruhig umhertreiben, weil sie andere Wesen brauchen, in deren Armen sie sich fleißig erholen

könnten. In allen Universitätsstädten, nicht nur im damaligen Altdorf, lebt das Gros der Bürger nach der Devise: »Wer schläft, sündigt nicht«, während jeder vernünftige Student davon überzeugt ist: »Wer sündigt, schläft besser.«

Wallenstein zieht in ein Haus am Marktplatz ein. Es steht noch immer, mit seiner fast quadratischen Front der beiden Stockwerke und dem eindrucksvollen Steildach, das durch eine Doppelreihe von drei übereinander gestockten Mansardenfenstern gegliedert ist; heute trägt es Wallensteins Namen. Das ganze Städtchen hat sich nicht sehr verändert. Alle drei Jahre finden die Wallensteinfestspiele statt, Kulissen sind kaum nötig: die Fachwerkhäuser, die Akademie, der Bronzebrunnen Pankraz Labenwolfs mit dem sechseckigen Gitter im inneren Hof der Kollegienhäuser, das Rathaus – alles ist echtes 16. Jahrhundert. Nicht echt ist das, was das Altdorfer Schauspiel von Wallenstein erzählt. Kein Hahn würde danach krähen und kein Dichter hätte die Feder gerührt, wenn von dem blutjungen böhmischen Baron nur das zu berichten gewesen wäre, was er damals in Altdorf getrieben hat.

Man weiß nicht recht, hat der Ruhm der protestantischen Erziehungsstätte weiter gereicht als der Ruhm des Altdorfer Hopfens oder ist es umgekehrt? Dieser Hopfen hat sein gerütteltes Biermaß Schuld an dem turbulenten Leben der Scholaren. Und der Professoren; ein Teil ihrer Besoldung besteht aus zugestandenen Braurechten. Die Ratsherren von Nürnberg haben schon seit Jahrzehnten ihren Kummer mit dieser Radaugemeinschaft, die an der Akademie vor ihren Toren studiert und lehrt. Das stellt den Zweck der Ortswahl auf den Kopf, Altdorf war den Nürnberger Gründern weit genug von ihrer Stadt entfernt erschienen, um den jungen Herren jeden Zivilisationsanlaß zum Radau zu nehmen. 1579, vier Jahre vor Wallensteins Geburt, zieht der Stadtrat Konsequenzen aus dem »wilden Wesen, Schreien und Tumultuieren der studiosi«. Er verstärkt die Wachen in Altdorf, nachts wird ein fester Straßendienst eingerichtet. Jeder betrunkene Student ist »sofort in die Eisen zu sperren und hernach dem Rektor zu überantworten«, so lautet der Text dieser speziellen Habeas-Corpus-Akte der Nürnberger. 1592 müssen sich die Stadtväter zu einem neuen Erlaß entschließen. Finstere Strafen drohen jetzt allen, »welche sich zusammenrotten, gegen die Wache auflehnen, die Bürgerschaft Tag und Nacht leichtfertig antasten und aus boshaftem Fürwitz die Leute quälen«. Das muß also inzwischen Brauch geworden sein in Altdorf.

Die Studenten entwickeln gegen die Nürnberger Strenge ein Mittel, das zweifellos von einer probaten Genialität ist und immer noch, 400 Jahre später, avantgardistische Züge trägt, nämlich die Solidarität mit ihren Professoren, im Idealfall sogar mit ihrem Rector magnificus. Da gibt es in Altdorf den Dr. Scipio Gentilis aus der Mark Antona, Professor der Rechtswissenschaften, ein bedeutender, bekannter Jurist, man wählt ihn zweimal zum Rektor, 1597 und 1613, er hat sogar einen Ruf Papst Clemens' VIII. an die Universität Bologna ausgeschlagen. Unter seinem Prorektorat wird 1610 der spätere Reitergeneral Pappenheim als sechzehnjähriger Student und persona illustris zum Ehrenrektor gewählt. Gentilis ist nicht nur in puncto juristischen Wissen Repräsentant der berühmten Rechtsschulen Italiens, er repräsentiert auch italienisches Temperament. Bei seinen akademischen Hörern ist er genauso beliebt, wie er unbeliebt ist bei denjenigen, die ihn außerhalb seiner Vorlesungen hören, vor allem nachts, wenn er grölend mit den Studenten durch die Gassen torkelt. Einmal ist der Lärm so gewaltig, daß die Altdorfer entsetzt aus den Betten fahren, sie glauben, ein Feuer tobt durchs Städtchen und bedroht alle Häuser; einer reißt das Fenster auf, reckt sich hinaus in die Nacht, der Unglücksmensch, eben zieht Rektor Gentilis mit seinen Schülern vorbei, den Degen in der Faust, er stößt zu, der harmlose Bürger Georg Preringer im Nachthemd wird schwer verletzt, er verliert beinahe ein Auge.

Was soll dann der Befehl der Nürnberger Räte, daß jeder betrunkene Student von den Wachen festgenommen, eingesperrt und dann vor den Rektor kommen muß? Außerdem haben die Nürnberger offenbar selbst nur deshalb ihre Augen, um sie zuzudrücken. Denn ein juristischer Kollege von Rektor Gentilis, der Lehrstuhlinhaber und Professor Busenreuth, beteiligt sich an einem Aufruhr, wird mit Arrest bestraft, kurz darauf beschuldigt ihn eine neue Klageschrift, daß er seine Hörer gegen andere Kollegen aufhetze und »mit Schießen bei nächtlicher Weile fortfahre«, und trotzdem avanciert er schließlich zum Nürnberger Ratskonsulenten. Mit Grund – er ist mit diesem Grund verheiratet, der Tochter Maria des Nürnberger Patriziers Christoph Fürer.

Altdorf ist zwar dafür berühmt, daß die Professoren genauso exzessive Neigungen haben wie die Studiosi, aber so wie an der Altorfina geht es schließlich auf allen Hohen Schulen Europas zu. 1593 wird in Padua der vorjährige Rektor nachts von Studenten überfallen und in Stücke gehauen. Er war nicht der letzte, der im Dienst der Universität – wenn schon nicht in dem der Wissenschaft – sein Leben verlor.

Wallenstein kommt also in eine feste Altdorf-Tradition von Saufgelagen, Schlägereien, Tumulten. Immerhin, er braucht drei Monate, um sich einzuleben. Bis Anfang Dezember 1599 hört man nichts Besonderes von ihm, er studiert wie seine Kommilitonen, er trinkt wie sie, erst in der Adventszeit wird seine Aktivität gerichtsnotorisch. Am 6. Dezember zieht er nachts mit einer Handvoll Studenten vor das Haus eines Mannes, mit dem es schon länger Querelen gegeben haben muß, dem Theologieprofessor Jakob Schopper. Die Tür wird aufgesprengt, sie zerschlagen Fenster, zertrümmern Möbel. Schopper wird beim Abschied angedroht, daß der Kleinholzbesuch am nächsten Abend wiederholt würde. Tags darauf zeigt Prof. Schopper die Sache bei den Behörden an, die Gerichtsakten notieren sachlich dezent nur »nächtliche Ruhestörung«; sie war immerhin so kräftig, daß einer der Krawaller vorsichtshalber aus Altdorf flieht, der Famulus Secolinsky. Wallenstein und drei Kommilitonen werden verhaftet. Sie sitzen allerdings nur kurze Zeit, denn einige Tage vor Weihnachten kommt es zu einer Schlägerei, die schlimmer endet, als man es sogar in Altdorf für normal hält.

Wallenstein und drei, vier Studenten streifen abends durch die Straßen. Sie begegnen einem Fähnrich der Stadtmiliz, Wolf Fuchs, einem alten Bekannten, mit dem sie sich schon öfters in den Haaren gehabt haben. Sie provozieren ihn, im Nu beginnen die Handgreiflichkeiten, schließlich kommt es zu einem heftigen Duell zwischen Fuchs und dem Studenten Hans Hartmann von Steinau. Wallenstein und die andern sehen zu. Sie rühren sich erst, als der Fähnrich tot auf dem Pflaster liegt; Steinau hat ihm den Degen durch die Brust gestoßen. Totschlag, vielleicht sogar mit Absicht? Man weiß es nicht, die Altdorfer sind hell empört, Fuchs gehört zu ihnen, er stammt aus einer guten Familie der Stadt. Einhundert Gulden Belohnung setzt der Nürnberger Rat für die Verhaftung des Täters aus, die Altdorfer Wache wird wieder einmal verstärkt, jedes Haus durchsucht. Sie finden ihn nicht, sie können ihn auch nicht finden, Hans Hartmann von Steinau ist längst daheim, auf dem väterlichen Schloß, er ist der Sohn des Burggrafen von Rothenberg. Wallenstein und seine Freunde haben ihm noch in derselben Nacht über die Stadtmauern geholfen.

Altdorf kommt in diesem Winter der Jahrhundertwende nicht zur Ruhe. Denn der sechzehnjährige Wallenstein kommt nicht zur Ruhe. Bei der Schlägerei mit Fuchs und dem Blutende ist ihm direkt nichts nachzuweisen, in den Akten ist nur verzeichnet, daß er dabei »das seinige getan« hätte. Der Senat der Akademie spricht eine einfache Ermahnung aus, empfiehlt aber Wallensteins Angehörigen, den schwer zu Bändigenden wieder heimzuholen. Die Empfehlung ist gut, aber der erste Vormund, Heinrich Slavata, ist 1598 gestorben, und die Tante, die jetzt zuständig ist, Jitka von Waldstein, scheint selbst der Hilfe zu bedürfen.

Inzwischen inszeniert Wallenstein einen Privatkrieg. Er sammelt bewaffnete Studenten gegen die verstärkte Stadtmiliz, bürgerkriegsähnliche Zustände drohen sich zu entwickeln. Die Nürnberger Räte schicken endlich eine eigene Untersuchungskommission, unter bewaffnetem Schutz. Zwei der Studentenführer werden verhaftet und ins Stadtgefängnis geworfen, Wallenstein allerdings bleibt auf freiem Fuß – frei genug, um am 9. Januar 1600 bei einer neuen Schlägerei seinem Gegner den Degen in den Fuß zu spießen. Es sind erstaunlich exzessive Wochen für Wallenstein. Schon fünf Tage später ist wieder ein Delikt fällig. Am 14. Januar reizt ihn sein Leibdiener, ein Junge aus Altdorf. In einem Ausbruch von Raserei prügelt ihn Wallenstein mit der Peitsche halbtot.

Der Anlaß war läppisch, der Famulus faulenzte, lag im Fenster und träumte auf den Markt hinaus. Der Akademische Senat hatte jetzt genug. Er ließ sich auf keine Ermahnung, Strafgulden und Schmerzensgelder mehr ein, Wallenstein kam in Arrest, das consilium abeundi wurde ausgesprochen, also der schimpfliche Ausschluß aus der Akademie angedroht. Was sollte man anderes machen mit diesem »mutwilligen Unruhestifter«, der sich so »böse, hochmütig, unchristlich, unmenschlich« benahm, ja es fiel sogar das Wort »Verbrecher«.

Wallenstein behielt klaren Kopf. Er dachte nicht daran, die Suppe so heiß auszulöffeln, wie er sie eingebrockt hatte. Noch bevor er in den Karzer abgeführt wurde, wie man es verordnet hatte, schickte er ein Gesuch an die Nürnberger Räte und Bürgermeister: ad Magistratum Noricum. Wallensteins Brief war höflich und devot, vor allem aber war er geschickt. Denn nach einigen Floskeln machte er in geziemender Ehrerbietung die »Edlen, Ehrenfesten, Ehrbaren und Hochweisen Herren Burgermeister und Rathmann der Löblichen Reichsstadt Nürnberg« darauf aufmerksam, daß die Relegation von ihrer Universität nicht nur ihn, seine private Person betreffen und treffen würde, »sondern auch den Wolgeborenen Herren Herrn Caroln und Herrn Adams, beider Herren von Waldstein, Römisch Kayserlicher Majestät (meines allergnedigsten Khunigs und Herren) gehaimbder Räthe, sowohl meinem ganzen Geschlechte zu einem großen despect und nachtheil gelangen mochte«.

Die Nürnberger verstehen die Anspielung auch ohne Trichter. Wallensteins Verwandtschaft ist außerordentlich groß, weitverzweigt, es handelt sich um eines der bekanntesten Adelsgeschlechter im benachbarten Böhmen. Man erinnert sich auch in Nürnberg noch an Johann von Waldstein, den ehemaligen Großkämmerer von Böhmen und bedeutenden Utraquistenführer, man weiß, daß Adam von Waldstein zu denjenigen kaiserlichen Beamten jenseits des Böhmerwalds gehört, deren Stimme in Wien wirklich etwas zählt; nicht umsonst wird er später Oberst-Landhofmeister und dann Oberst-Burggraf von

Böhmen. Die Möglichkeit, mit solchen politisch hochkarätigen Persönlichkeiten in Konflikt zu kommen, steht in keinem Verhältnis zu den Schlägereien und Missetaten des rauflustigen Barons und Studenten, die man bei diplomatischer Toleranz auch leicht als Dumme-Jungen-Streiche durchgehen lassen kann. Außerdem hat Wallenstein versprochen, alle Geldbußen und Entschädigungen korrekt zu bezahlen und sich bis zu dem Tag, an dem er Altdorf aus freiem Willen verläßt, so zu verhalten, wie »es einem Herrn gebühret«.

Das Gentleman's Agreement ist perfekt. Ob Wallenstein die Karzerstrafe absitzen mußte, weiß man nicht, es bleibt bei Vermutungen. Sehr wahrscheinlich ist es nicht. Wallenstein ist noch ein Vierteljahr in Altdorf. Er hält sich an sein Wort, er bezahlt wie versprochen seine Schulden, dann verläßt er endlich im April 1600 das Städtchen durch dasselbe Tor, das sich vor ihm knapp acht Monate früher zu einem merkwürdigen Studiengastspiel geöffnet hat.

Merkwürdig nicht zuletzt deshalb, weil nach diesen frühen, jähen und kurzfristigen Exzessen nichts mehr von Wutausbrüchen oder einer besonderen Aufsässigkeit Wallensteins bekanntgeworden ist. Lange bleibt er nicht daheim. Seine Verwandten schicken ihn noch im gleichen Frühjahr auf die »Große Tour«, die übliche Reise eines jungen Edelmanns durch die greifbare Welt, Höhepunkt und Abschluß der Ausbildung zum Kavalier. Wallensteins Rundreise führt durch Deutschland, Frankreich und Italien. Zwei Jahre ist er unterwegs. Es ist nicht nur eine Fahrt zu Schlössern und Metropolen, zu Adelssitzen, Sehenswürdigkeiten und Fürstenhöfen. Wallenstein läßt sich nicht wie ein geduldiges Lämmchen umherführen. Wir wissen zwar von dieser großen Reise kaum etwas aus erster Hand, aber die Kenntnisse aus zweiter Hand sind oft nicht viel schlechter. Völlig zweifelsfrei steht der Name des Lehrers fest, der ihn beim Aufbruch begleitet: Paulus Virdungus, ein fränkischer Astronom und Mathematiker, der auch durch seine Freundschaft mit Kepler bekannt ist. Anfangs ist noch ein junger reicher Edelmann aus Mähren im Gefolge, Adam Leo Licek von Riesenburg auf Pernstein. Paul Virdung hat Wallenstein bei dieser Gelegenheit auch erstmals in die Astrologie eingeführt. Belege dafür gibt es zwar nicht, aber es ist trotzdem mehr als eine kahle Vermutung. Wer sollte es sonst gewesen sein? Kein Astronom war damals denkbar, der nicht auch die Astrologie umfassend beherrschte. Und die Präzeptoren der jungen Barone und Ritter hatten auf Reisen nicht die Aufgabe, das, was sie gelernt hatten und wußten, bescheiden für sich zu behalten.

Wie gesagt, sonst ist von diesen zwei Jahren der Kavalierstour Wallensteins nichts Genaueres bekannt. Die deutschen Fürstentümer waren für eine Reise das natürliche Durchquerungsgebiet. In Frankreich hat sich die kleine Gruppe nur kurze Zeit aufgehalten. Am längsten ist Wallenstein in Italien geblieben, der Paradegarten des Humanismus hat ihn stärkstens beeindruckt; italienische Bildung, Lebensart, Architektur und Kunst hat er von diesen Jahren an weit über alle andere Bildung, Lebensart, Architektur und Kunst gestellt. Und was den späteren Feldherrn betrifft, so ist es kein Zufall, daß jenseits der Alpen das Land beginnt, wo nicht nur die Zitronen blühn, sondern seit den römischen Zeiten auch die kriegerischen Künste, und zwar in Schwert, Wort und Schrift. Militärwissenschaft wurde dort auf den Hohen Schulen so gelehrt wie im Orient Kalligraphie.

Wallenstein hat zweifellos zwischen 1600 und 1602 an italienischen Universitäten ernsthaft und angestrengt studiert, vor allem in Padua und Bologna. Daß er wirklich auf der venezianischen Hohen Schule in Padua gehört haben soll, dem Athen des damaligen Europa, ist lange umstritten gewesen. Man weiß es auch heute nicht mit letzter Sicherheit. Aber selbst wenn es sich einwandfrei belegen oder widerlegen ließe, hätten wir damit nicht allzuviel gewonnen. Sicher, Padua galt damals als eine der höchsten unter den Hohen Schulen Italiens und Europas. Von dieser Tatsache her liegt es nahe, Wallensteins Bildung mit dieser Universität zu verknüpfen. Denn auch das ist ein stabiles Faktum: Was der sittenlockere, trink-, hieb- und stichfeste Junge in Altdorf nicht mitbekommen haben kann, das hat er nach dem Jahr 1602 besessen, nämlich eine gründliche, umfassende Bildung, eine vollendete Beherrschung des Italienischen, eine leidenschaftliche Bewunderung italienischer Geistigkeit und einen Respekt für Geistiges schlechthin; einen Respekt von der Art, wie er nur der Kennerschaft entspringt.

Wallenstein hat sich während seines italienischen Aufenthalts in jeder Hinsicht vervollkommnet, nicht zuletzt auch im sprachlichen Ausdruck. Er hat das Deutsche, das ihm in Goldberg noch schwer genug gefallen ist, später unvergleichlich prägnant und elastisch beherrscht. Seine Briefe oder die Berichte nach Wien sind unter hundert beliebigen Schreiben sofort zu erkennen, sie fallen aus jedem Schema, man muß nicht wissen, daß sie Wallenstein geschrieben oder diktiert hat. Sie setzen einen Mann voraus, der ganz anderes gelernt und aufgenommen hat als nur das, was sich aus den teils schockierend-amüsanten, teils saftlosen Daten seiner Jugend und Erziehung folgern läßt. Man kann einen noch so großen Fundus an Intelligenz besitzen: ohne ein Minimum an Wissen bleibt Intelligenz stumm, so wie umgekehrt das opulenteste Wissen ohne ein Minimum an Intelligenz dumm bleibt. Für Wallenstein ist das Fazit: Er war ein Mann von gründlicher Humanistenbildung. Er hat diese Bildung wiederholt bewiesen, die Zeitgenossen kannten ihn nicht anders, und diese Tatsache müssen wir hinnehmen, auch wenn es im einzelnen unklar bleibt, wie Wallenstein diese Bildung eigentlich erworben hat, wo und durch wen.

Mitte 1602 kehrt Wallenstein aus Italien zurück, ein junger Kavalier, wie es im Europa des anhebenden 17. Jahrhunderts aber Tausende gibt. Sein Format ist Durchschnitt, bestenfalls. Nichts, wodurch er sich tatsächlich ausgezeichnet hätte. Er ist nicht frühreif, er ist von keiner Idee besessen, keiner hohen und keiner fixen, er hat auch keine präzisen, unbedingten Vorstellungen von so etwas wie Lebenszielen. Bildung und Erziehung sind gut, was den Effekt betrifft. Aber das ist doch nichts weiter als eine mittlere Regel für einen jungen Mann von Stand.

In der zweiten Hälfte des Jahres 1602 tritt Wallenstein als Edelknabe in den Hofdienst bei Markgraf Karl von Burgau, und zwar auf Schloß Ambras bei Innsbruck. Markgraf Karl ist eine der vielen Figuren im Adel, die es im Adel nicht geben dürfte, die es aber deshalb gibt, weil es für den Adel viel leichter ist, adlig zu denken als adlig zu lieben. Der Markgraf ist ein Sohn des älteren Erzherzogs Ferdinand von Tirol und der Philippine Welser aus dem berühmten Augsburger Frühkapitalisten- und Kaufmannsgeschlecht der Welser. Der Erzherzog begnügte sich nicht damit, die sagenhaft schöne Philippine zu lieben, er heiratete sie sogar. Ein Fauxpas, zweifellos, aber er wurde durch die finanziellen Beziehungen der Habsburger zu den Welsern etwas gemildert, was den Kaiser erst recht erbitterte. Aber schließlich hat schon im Jahre 1527 Karl V. Venezuela den Welsern verpfändet, Kaiser Ferdinand I. muß darauf Rücksicht nehmen. Er spricht kein Machtwort, sondern deckt die Sache einfach zu, mit Schweigen, der besten Tarnkappe, die es gibt. Es ist und bleibt eine üble Mesalliance, der Kaiser erzwingt die Geheimhaltung dieser morganatischen Ehe, die Kinder müssen auf alle fürstlichen Erbfolgerechte verzichten, also auch Markgraf Karl von Burgau.
Der Vater, Erzherzog Ferdinand, hatte den Trost dafür schon vorweg, nämlich Leben und Liebe der Philippine Welser. Aber auch auf Schloß Ambras ließ sich durchaus leben und lieben. Seit dem 13. Jahrhundert ist dieses wahre Zauberschloß als Wehrburg bekannt, erst Ferdinand freilich hat es berühmt gemacht, berühmt bis in unsere Zeit. Der Erzherzog war einer der größten Sammler aller Zeiten, und was er sammelte, das reichte vom Kostbarsten bis zum Skurrilsten – und mitten drin die vielgerühmte Kapitalistentochter –, er hat Ambras in ein schauerlich-albern-geniales Kuriositätenkabinett verwandelt, in ein Museum des Fantastischen, das seine Tore noch heute dem Besucher zum Staunen und Kopfschütteln öffnet.

Wallenstein ist auf Ambras als Page in Dienst, keine abwechslungsreiche Tätigkeit normalerweise, aber auf Ambras ist kaum ein Zimmereck normal, sowenig wie das ungeheure Badezimmer Philippines, das Erzherzog Ferdinand ganz mit verzinntem Kupfer ausschlagen ließ, sowenig wie die halbmeterhohen Spielkarten im Wunderkabinett des Schlosses und ebensowenig wie die berühmten Gäste, die aus aller Welt nach Ambras kommen und die Sammlungen bestaunen. Wallenstein bleibt hier nicht ganz zwei Jahre, fast so lange, wie seine Kavalierstour durch Europa gedauert hat. Die Daten stehen ziemlich fest. Dagegen steht es bei weitem nicht so fest, wann Wallenstein zum Katholizismus übergetreten ist: für ihn das wichtigste Ereignis dieser Jahre und von unabschätzbarer Bedeutung für sein späteres Leben.
Von Luthers Auftreten 1517 bis zum Augsburger Religionsfrieden 1555, innerhalb dreier Generationen, hatte sich der Protestantismus reißend siegreich in Deutschland durchgesetzt, er hatte auf die anderen Länder übergegriffen, und vor allem hatte er das Prinzip der Waffengewalt bei seiner Bekämpfung ad absurdum geführt. Schon der Augsburger Religionsfriede war eine Frucht dieser Einsicht gewesen, obwohl es sich bei ihm um keinen Frieden, sondern um einen mühsam ausgetüftelten Waffenstillstand gehandelt hatte. Er wurde von den Kontrahenten nicht aufgrund ihres Willens zum Arrangement geschlossen, sondern weil sie erschöpft waren und zu Atem kommen wollten.

Der Reichsabschied der Fürstenversammlung in Augsburg 1555 sollte den Krieg zwischen dem Kaiser und seinen Gegnern im Reich beenden, er wurde als Religions- und Landfriede verkündet. Dieses Dokument konnten die protestantischen Stände zweifellos als einen Sieg verbuchen, denn mit ihm wurde politisch-rechtlich eindeutig auch ihrem Bekenntnis — entsprechend der Confessio Augustana von 1530 — Toleranz gewährt. Die Lehre Luthers konnte erst jetzt das Tor zur Realität passieren, sie ist nicht mehr »aus der gemeinen Christenheit abgesondert«. Der protestantische Anspruch auf ungeschmälerte Ausübung der Religion wurde gesetzlich fixiert. Doch was hier wie ein Sieg der Lutheraner aussah, das war keineswegs identisch mit einer Niederlage der Katholiken. Dazu enthielt der Augsburger Religionsfriede zu viel Ungeklärtes und Strittiges. Das bezog sich nicht etwa nur auf reine Religionsfragen — wenn sich solche Fragen überhaupt »rein« absondern ließen. Mit am folgenschwersten wurde die Verfestigung der selbständigen Position des deutschen Territorialfürstentums, die sich aus dem Augsbur-

ger Religionsfrieden ergab. Dieser Reichsabschied blieb bis zum Ende des Dreißigjährigen Krieges die wesentliche Grundlage der deutschen Verfassung.
Entscheidend aber wurde die Frage, wie der weltliche Besitzstand der Religionsparteien abgegrenzt und gesichert werden sollte. Hier tickte die Zeitbombe. Sie tickte in dem Paragraphen 18 des Augsburger Religionsfriedens, welcher den so berüchtigt gewordenen Reservatum ecclesiasticum, den geistlichen Vorbehalt zugunsten der römischen Kirche festschrieb: »Wo ein Erzbischof, Bischof, Prälat oder ein andrer geistlichen Standes von unserer alten Religion abtreten würde, daß derselbe sein Erzbistum, Bistum, Prälatur und andere Beneficia, auch damit alle Frucht und Einkommen, so er davon gehabt, alsbald ohne einige Verwiderung und Verzug, jedoch seinem Ehren nicht nachteilig, verlassen, auch den Kapiteln, und denen es von gemeinen Rechten oder der Kirchen und Stift Gewohnheiten zugehört, eine Person, der alten Religion verwandt, zu wählen und zu ordnen zugelassen sein, welche auch samt der geistlichen Kapitel und anderer Kirchen bei der Kirchen und Stift Fundationen, Electionen, Präsentationen, Confirmationen, altem Herkommen, Gerechtigkeiten und Gütern, liegend und fahrend, unverhindert und friedlich gelassen werden sollen, jedoch künftiger christlicher, freundlicher und endlicher Vergleichung der Religion unvorgreiflich.« Das heißt knapp und bündig: Wenn ein geistlicher Reichsfürst zum neuen Glauben übertritt, verliert er seine Rechte und Einkünfte, verliert er sein Land und seine Herrschaft. Dadurch sollte der Säkularisation der geistlichen Fürstentümer ein Riegel vorgeschoben werden. Dieser Paragraph wurde, obwohl die protestantischen Reichsstände schärfstens widersprachen, von Ferdinand I. kraft seiner königlichen Machtvollkommenheit in den Reichstagsabschied aufgenommen.

Die andere Bombe tickte im Paragraphen 15, wenn man davon absieht, daß der Augsburger Religionsfriede in seinem Paragraphen 17 sämtliche Anhänger anderer Bekenntnisse wie die Calvinisten, Reformierten, Wiedertäufer und die vielen kleinen Sondergruppen ausschloß. Die Reichsstände besaßen aufgrund des Paragraphen 15 das Recht, entweder die alte Lehre beizubehalten oder die neue anzunehmen — und ihre Untertanen hatten ihnen dabei zu folgen. Das fürstliche Landesrecht wurde damit zum religiösen Vorrecht gegenüber den Untertanen — eine Regelung, die in die sprichwörtliche Formel eingegangen ist: Cuius regio, eius religio — Wess' das Land ist, dess' das Bekenntnis. In diesem ius reformandi wurde die landesherrliche Kirchenhoheit verankert. Der Toleranzgrundsatz bezog sich also nur auf das Wechselverhältnis der Reichsstände, nicht aber auf das Bekenntnis der Untertanen. Der Paragraph 15 wurde zur Säule sowohl des protestantischen als auch des katholischen Staatskirchenrechts. Das Cuius regio war die brutalste Verletzung all dessen, was Luther zu seinem Aufbegehren und in seinen Kampf getrieben hatte.

Auf dem Konzil von Trient (1545—1563) zog die katholische Kirche die richtigen Konsequenzen aus der Gesamtlage. Gegenüber den Lehren der Reformation wurde das katholische Glaubensgut lehramtlich festgelegt (professio fidei Tridentinae). Sie fixierte aufs neue ihre Glaubenslehre, sie setzte ihre eigenen Reformen in Schwung, und diesen Schwung sollten neue Orden und Kongregationen erhalten und beschleunigen. Führend in jeder Hinsicht waren die Jesuiten. Fast ebenso wichtig freilich war die Persönlichkeit des Bischofs Giampietro Caraffa, des späteren Papstes Paul IV. Er gründete zusammen mit Cajetanus von Thiene im Jahr 1524 den Theatinerorden, die erste Klostergenossenschaft der regulierten Kleriker. Damit wurde der Durchbruch der Orden in die Neuzeit vorbereitet, denn die Regularkleriker waren nicht mehr an die alte Regel des Heiligen Benedikt gebunden, der die Fixierung des Mönchs an dasjenige Kloster vorgeschrieben hatte, in das er eingetreten war, die »stabilitas loci«. Ebenso war für sie das Chorgebet nicht mehr verpflichtend.

Den Theatinern folgten 1530 die Barnabiten, die sich vor allem der Seelsorge und des Unterrichts annahmen. Die Kamillianer widmeten sich der Krankenpflege, die Ursulinerinnen der Erziehung und dem Unterricht der Mädchen. Einen nicht zu unterschätzenden Einfluß besaßen ferner die Karmeliterinnen nach der Reform durch Theresia von Avila und Johannes vom Kreuz, sowie die Kapuziner. Die Aufgabe der Apostolischen Nuntiaturen in Europa, über die katholische Kirche der Staaten zu wachen, bedeutete jetzt in erster Linie Überwachung der praktischen Durchführung der tridentinischen Reformbeschlüsse.

Die selbstreformierte katholische Kirche wurde in diesen Jahrzehnten nahezu identisch mit der ecclesia militans. Nichts schärft die Waffen besser als das Wort, diese geniale, welthistorische Einsicht haben Ignatius von Loyola und sein Jesuitenorden jedem in Europa demonstriert, der es nicht glaubte oder glauben wollte, klar, rücksichtslos, folgerichtig demonstriert. War die Reformation in den Augen des Papsttums eine

Seuche, so bildeten die Jesuiten den einzig wirksamen Impfstoff gegen die Epidemie. Es war auch höchste Zeit. 1557 teilte der venezianische Gesandte der Signorie in einem Eilbrief mit, daß jetzt in Deutschland, im Heiligen Römischen Reich, nur noch jeder zehnte Gläubige katholisch sei.

Die katholische Gegenbewegung fiel mit dem Rückschlag des protestantischen Pendels zusammen, sie stieß in eine Situation, in der die neue Religion schon zwischen Mode und Manie changierte. So wie die Konversionen nach links hin bis zur Jahrhundertmitte die Regel waren, so wurden jetzt die Konversionen zurück nach rechts die Norm. Natürlich gab es dabei auch wirkliche Christen, aber sie waren selten in dieser Zeit der religiösen Leidenschaft. Glaubenserregung ist kein Dauerzustand. Man kann nicht nur zu wenig darüber nachdenken, wie man einen gnädigen Gott erlangt oder welche Kirche die alleinseligmachende ist, sondern auch zu viel. Das Problem des wirklichen Glaubens ist ein Problem der Alltäglichkeit, des Hausgebrauchs. Der Gläubige, ob katholisch oder protestantisch, lebt nicht an der Grenze und ihren interessanten Situationen.

Deshalb verwandelte sich im ausgehenden 16. Jahrhundert der Kampf zwischen neuer und alter Konfession in ein zähes Ringen, bei dem es nicht mehr auf religiöse Argumente ankam, sondern auf Energie und Ausdauer. Der Glaubenswechsel wurde etwas Gewöhnliches, bestenfalls kümmerte man sich darum, ob religiöse oder andere Gründe zum Übertritt geführt hatten, ohne aber damit Abwertungen zu verbinden. Man mochte nur kein Aufsehen dabei. Das hatte nichts mit Toleranz der Zeitgenossen untereinander zu tun, eher mit einem Gefühl der Übersättigung. Diese Empfindung wurde um so allgemeiner, je intensiver und schroffer man offiziell auf Rettung jeder einzelnen Seele aus war. Zu Ende war es mit dieser Phase erst etwa 1610.

Wallenstein tritt zum Katholizismus über. Daran ist nichts Auffälliges, zumal in den österreichischen Erblanden, dem natürlichen Boden und Aufmarschgelände der Gegenreformation. Ob ein Fürst kraft des cuius regio den Glaubenswechsel diktiert oder ob er freiwillig erfolgt, das ist für den einzelnen wichtig, aber nur für ihn allein. Das Faktum der Konversion selbst wird außerdem durch seine Häufigkeit relativiert. Die Zahl der freiwilligen Übertritte auch einflußreicher Persönlichkeiten in Österreich ist kaum zu übersehen. Karl von Liechtenstein, später kaiserlicher Statthalter in Böhmen, Mitglied der Brüdergemeinde, entsagt dem angestammten Glauben. Ebenso gibt Hans Ulrich von Eggenberg, erster Minister und intimer Freund Kaiser Ferdinands II., den Protestantismus auf, auch Eggenbergs Frau, Sidonia

Maria Freiin von Thannhausen, konvertiert. Schließlich ist Adam von Waldstein, der spätere Oberst-Burggraf von Böhmen und Vetter Wallensteins, in seiner Jugend Utraquist gewesen und ist dann zum Katholizismus übergewechselt. Wenn das am grünen Holz geschieht, vor allem wenn es ohne Spektakel geschieht, dann spielt dasselbe bei einem so jungen, bedeutungslosen Mann wie Wallenstein überhaupt keine Rolle.

Wann die Konversion stattfand, ist nicht sicher. Die Quellen sprechen teils von 1602, teils vom Herbst 1606. Für beide Daten gibt es gleich gute Indizien, dafür und dagegen. Es bleibt also bei Vermutungen. Man muß zur Wahrscheinlichkeit greifen, zur inneren Motivierung, zu psychologisch-religiösen Gründen und vor allem zum historischen Gespür, zur Intuition – zu all den dubiosen Erkenntnismitteln der Geschichtsschreibung, mit denen der Historiker so ängstlich und der Autor geschichtlicher Romane so mutig hantiert.

Die Wahrscheinlichkeit spricht für 1602. Der Page Wallenstein lehnte an einem Spätsommertag dieses Jahres am Sims eines Fensters im dritten Stockwerk des Schlosses Ambras, vielleicht war es auch der Söller. Er sah hinaus, übers Tal, in die Tiroler Berge, er begann zu träumen, vielleicht sann er hinüber in die »Bacchusgrotte« unten im Park, eine gewaltige Felshöhle für alkoholisch gefärbte Späße –, kurzum, er schlief endlich ein. Dabei verlor er das Gleichgewicht, kippte vornüber, stürzte hinab und schlug unten auf. Ein Fall aus dieser Höhe mußte unweigerlich tödlich enden. Wallenstein aber erhob sich unversehrt, ohne den geringsten Schaden. Dieses nicht zu fassende Glück, diese wunderbare Rettung soll die Ursache dafür gewesen sein, »daß er sich von der lutherischen Religion, darinnen er geboren und erzogen, zu der Catholischen gewendet, weil ihm gedüncket, daß die Mutter Gottes ihn aufgefasset und vor Schaden bewahret« habe.

So erzählt uns Graf Franz Christoph von Khevenhüller, ein ernster Historiker des 17. Jahrhunderts. Khevenhüller war ein Zeitgenosse Wallensteins, 25 Jahre älter als er, seit 1612 stand er im Dienst des kaiserlichen Hofes, war Gesandter in Madrid, dann Geheimer Rat und kaiserlicher Minister. Dieser versierte Diplomat wurde zum Hofhistoriographen der Habsburger, sein katholischer Glaube war so unerschütterlich fest wie der Felsen des Petrus, für ihn gab es nichts Höheres als die alleinseligmachende Kirche und Kaiser Ferdinand II.; alles, was er schrieb, berichtet er ad maiorem Ferdinandi gloriam. Wallenstein verabscheute er zutiefst. Khevenhüller hatte also keinen Grund, ihm irgendwelche überhöhten Motive bei dem Glaubenswechsel zu unterstellen, er hatte auch keinen Anlaß, gerade in diesem Punkt falsch zu berichten oder Legenden auf Kosten der Fakten zu füttern.

Diese Fakten lassen sich allerdings nicht nachprüfen. Ebenso hilft es uns nicht weiter, daß auch der Conte Galeazzo Gualdo Priorato diese Geschichte erzählt, der erste Biograph Wallensteins. Priorato hat den Herzog ebenfalls persönlich gekannt, er hat ihn aber im Gegensatz zu Khevenhüller respektvoll verehrt, bewundert, ja geradezu geliebt. Als Ergänzung dieser Geschichte vom Tiroler Fenstersturz Wallensteins und seiner Rettung durch das sanfte Sprungtuch der Jungfrau Maria ist aber ein Sachverhalt bemerkenswert, der nicht ganz so religiös stimulierend ist, dafür aber die Erwartungen des Historikers stärker befriedigt. Wallenstein hat nämlich in diesem selben Jahr 1602 der Kirche seines Heimatdorfes Heřmanitz eine sechs Zentner schwere Glocke gestiftet. Ein Prachtstück für die damalige Zeit, für eine Dorfkirche nicht gerade normal. Sie trägt seinen Namen, sie trägt die Jahreszahl, sie trägt überdies zwei Bibelsprüche (Ps. 150, 5–6; Joh. 3, 14–15). In Tschechisch. Der Wortlaut hält sich an einen Text, der sich sowohl in den damals benützten katholischen Bibeln nachweisen läßt, als auch in den hussitisch-utraquistischen. In der Kralicer Bibel, die bei den Böhmischen Brüdern üblich war, fehlt er dagegen. Als Protestant hätte sich Wallenstein aber an die Kralicer Bibel gehalten.

Die Glocke ist außerdem mit Reliefs geschmückt, Bildern des Gekreuzigten, der Mutter Gottes und der heiligen Maria Magdalena. Wer dem Wortlaut der Bibeltexte auf der Glocke keine Beweiskraft zumißt, wird zumindest erklären müssen, was einen Protestanten bei der damals rigorosen Ablehnung der Heiligenverehrung und unglaublichen Bilderstürmerei veranlaßt haben könnte, eine neugestiftete Glocke mit derartigen Reliefs, zumal mit Bildern Marias und Magdalenas, verzieren zu lassen.

Wie sieht es nun mit dem anderen Datum aus, dem Jahr 1606 als Zeitpunkt von Wallensteins Glaubenswechsel? Hier kann die Methode der Indizienschlüsse alle Register ziehen. Wenn Wallenstein wirklich schon 1602 Katholik geworden ist, dann hätte er doch sicherlich mit der Katholisierung seiner angestammten Herrschaft Heřmanitz begonnen und es nicht nur bei den katholischen Klängen der neuen Kirchenglocke belassen; diese Folgerung drängt sich von allein auf. Der Glaube des Herrn galt auch für die Untertanen. Nicht nur die eigene Konversion hätte ihn dazu bewegen müssen, genauso ausschlaggebend wäre es gewesen, daß er im Dienst eines katholischen Hofes stand, kurz darauf sogar in kaiserlich-katholischen Diensten. Kein Konvertit hätte darauf verzichtet, seine Motive mit solchen Opportunitätsmaßnahmen zu verstärken, wenn sie zur Hand gewesen wären. Wallenstein hatte sie zur Hand. Von einer Katholisierung Heřmanitz' war aber keine Rede. Folglich konnte er 1602 – so der Indizienschluß – noch nicht

katholisch sein. Weiter: Im Jahr 1604 heiratete Karl von Žerotín Wallensteins Schwester Katharina Anna. Žerotín war entschlossener Anhänger der Brüderunion, er war der bedeutendste Protestantenführer der mährischen Stände, der größte Politiker in der gesamten Geschichte Mährens. Niemals hätte ein solcher Mann, ein derart entschiedener Gegner des Katholizismus, die Schwester eines katholischen Proselyten geheiratet; so lautet das Argument. Und schließlich: Im Februar 1605 ernannten die Stände Böhmens, überwiegend Protestanten, den jungen Freiherrn von Wallenstein zum Kommissar für die Abdankung ihrer Truppen, und ein Jahr darauf machten sie ihn sogar zum Obersten eines ständischen Regiments; eins sei so unwahrscheinlich wie das andere, wenn Wallenstein Katholik gewesen wäre.
Das Abwägen eines solchen Für und Wider gehört zum täglichen Trockenbrot des Historikers. Es ist unbedingt notwendig. Aber es bleibt eben trocken. Gegen die aufgezählten Gründe stehen ebenso viele Gegengründe. Zum Beispiel: 1607 stand es absolut fest, daß Wallenstein Katholik geworden war. Trotzdem empfahl ihn derselbe Karl von Žerotín in diesem Jahr sehr nachdrücklich dem Erzherzog Matthias zum Hofdienst in Wien. Wenn sich Žerotín jetzt, 1607, an dem noch ofenwarmen Katholizismus nicht stieß, warum hätte er sich 1604, als er Wallensteins Schwester heiratete, daran stoßen sollen, zumal die Konversion damals schon zwei Jahre vorbei gewesen wäre? Und was die Rekatholisierung von Heřmanitz betrifft: Gerade um diese Zeit waren die religiösen Fronten in Österreich und den böhmisch-mährischen Kronländern bei weitem nicht so betoniert wie zwanzig Jahre später, als Kaiser Ferdinand II. das Exempel der Katholisierung seiner eigenen Länder Steiermark und Kärnten, das ihm als Erzherzog vor der Jahrhundertwende gelungen war, im ganzen Deutschen Reich statuieren wollte. 1602 war in Böhmen von einer Gegenreformation gar keine Rede. Ob Wallenstein also seine Herrschaft Heřmanitz katholisch machte oder nicht, das war damals sein Privatvergnügen. 1602 hatte er dieses Vergnügen nicht. Übrigens auch nicht nach 1606. Kein einziger Heřmanitzer hat unter Wallenstein den Glauben wechseln müssen. Nur selten und vorübergehend identifizierte Wallenstein seine eigenen Überzeugungen mit öffentlichen Notwendigkeiten und Erfordernissen. Später zollte er in seinem Herzogtum den gegenreformatorischen Wünschen der Kirche und des Kaisers durchaus Tribut, auch noch zu einer Zeit, da er selbst der Religion immer indifferenter gegenüberstand.

Man kann das alles auch beiseite schieben und sich an die bloßen Fakten halten, an das, was aktenmäßig solide belegt ist. Das bloße Faktum von Wallensteins Übertritt steht seit 1606 fest. Aktenmäßig solide belegt ist aber auch ein anderes Datum, nämlich Ende Juni Anfang Juli 1604: Wallenstein wird 21 Jahre alt, er wechselt den Herrn, sein Vetter Adam von Waldstein, damals kaiserlicher Oberstallmeister, empfiehlt ihn, Wallenstein tritt in kaiserliche Kriegsdienste, er zieht als Fähnrich in einem Regiment böhmischer Fußknechte nach Ungarn. Leopold von Ranke hat Wallenstein als einen »geborenen Kriegsfürsten« bezeichnet. Man muß das übertragen verstehen. Seine flüchtige Rauflust in Altdorf ist mehr unter den Auspizien der Pubertät zu sehen als unter denjenigen des Kriegsgottes Mars. Und von Altdorf abgesehen, finden sich in Wallensteins Jugend keine Anzeichen von Eigenschaften, die zu einem »geborenen Kriegsfürsten« gehören. Für seine Jugend gilt nicht das Schillersche »Früh übt sich, was ein Meister werden will«.

Erst jetzt, 1604, beginnt sich Wallenstein in kriegerischen Dingen zu üben. Bleibt man sachlich, dann muß man allerdings feststellen, daß dabei von einer wirklichen »Übung« noch gar keine Rede sein kann. Ungarn war die schwärende Wunde an der Südostflanke Österreichs, dauernd offengehalten von den Türken, aber auch von der potentiellen Drohung der Magyaren und der Siebenbürger, ihre Sonderwünsche mit dem protestantischen Bekenntnis auf den Lippen und den gekrümmten Säbeln in der Faust durchzusetzen. Seit mehr als einem Jahrzehnt dauerte schon der Krieg dort an, ein hingeschleppter Krieg. Kaiser Rudolf II. verachtete diese lästigen Dinge, die doch nur abhielten von allem, was wirklich wichtig war: der Alchemie, der Malerei, den Manuskriptsammlungen, seiner Menagerie, seinem ethnographischen Museum. Rudolf II. war von einer fanatischen Liebe zu allen schönen Dingen besessen, das Regieren war ihm jetzt zuwider, von der Kriegskunst verstand er nichts, Ungarn betrachtete er als wüstes Areal, das von Prag weit genug entfernt war, um seiner eigenen Unerquicklichkeit überlassen werden zu können.

Auch Lästigkeit hat ihre Grenzen. Sie deckte sich in diesem Fall haarscharf mit den Grenzen der kaiserlichen Apathie. Rudolf II. wurde gegen die ungarischen Protestanten energisch. Die Ungarn rebellierten, es kam zum Aufstand von Stefan Bocskay. Für die Siebenbürger war das eine fabelhafte Gelegenheit, um ihrer Religionsfreiheit willen ebenfalls wieder auf die Barrikaden, das heißt, auf die Sättel ihrer flinken Pferde zu steigen und nicht nur mit den ungarischen Glaubensbrüdern, sondern auch mit dem Sultan in Konstantinopel gemeinsame Sache zu machen.

Der Kaiser entschließt sich resigniert, in des rechten Gottes Namen mit beiden Unruhestiftern, Muhammedanern und ketzerischen Christen, fertigzuwerden. Das Heer, das 1604 nach Ungarn aufbricht, wird von Generalleutnant Georg Basta kommandiert. Der Fähnrich Wallenstein mit seinem taufrischen Offizierspatent dient im Regiment des Grafen Heinrich Matthias von Thurn, des späteren Generals und Führers des böhmischen Aufstands 1618. General Basta ist ein typischer Selfmademan des Söldnertums, er stammt aus Neapel, hat sich hochgedient vom Trommeljungen durch alle Chargen hindurch, jetzt ist er Graf und kaiserlicher Heerführer. Was ihm an Begabung fehlt, ersetzt er durch Brutalität, den Mangel seines strategischen Talents verdeckt er durch Ausdauer, und wenn er schon im Feld keine Siege erringt, so denkt er doch angestrengt darüber nach, wie die Truppen zu leiten sind, um Siege zu erringen. Sein Buch über die »Führung der Kavallerie« von 1612 ist gut, besser jedenfalls als Bastas eigene Führung der Berittenen. Aus seinen Fehlern hat General Basta für die Kriegspraxis nichts gelernt, aber er hat doch die Methoden der ungarisch-siebenbürgischen Kavallerie theoretisch aufmerksam studiert.

Auch der Fähnrich Wallenstein, 21 Jahre alt, hat im ungarischen Feldzug des Jahres 1604 aufmerksam studiert. Nicht nur die Fehler General Bastas, nicht nur die Reitertaktik des Gegners, er hat auch einen anderen Mann beobachtet, den Kommandeur der kaiserlichen Artillerie, Johann Tserclaes Tilly. Fünfundvierzig Jahre war Tilly damals, Oberst, erst kurze Zeit im Dienste Habsburgs.

Die Kriegsexpedition nach Ungarn ist kein Glanzstück. Das kaiserliche Heer erreicht am 18. September die Festung Gran, viel zu spät, um die Belagerung noch zu beginnen, der Herbst setzt früh und hart ein, er macht dem Feldzug, der kaum begonnen hat, ein frostiges Ende. Die Kämpfe um Gran werden am 8. Oktober abgebrochen, Wallenstein hat sich immerhin durch persönliche Tapferkeit auszeichnen können, man befördert ihn zum Hauptmann. Vor Kaschau, der wichtigen, immer wieder umkämpften Stadt in Oberungarn, wird er noch schwer an der Hand verwundet.

Es ist damals fester Brauch bei den Heeren, daß sich vom Spätherbst ab bis zur ansteigenden Witterung des folgenden Jahres der Krieg zum Überwintern einrollt, daß alles Schlagen ruht. Georg Basta befiehlt den Abmarsch in die Winterquartiere. Die Armee geht zurück, sie zieht nach Eperjes im Norden von Kaschau: ein schwerer Marsch, die Verpflegung ist mager, es fehlt das Geld, um die Truppen zu besolden, und es gibt auch in der öden Gebirgsgegend keine Gelegenheit zum Plündern, dem klassischen Mittel, um die Spanne zwischen Not und Sold zu überbrücken.

In den Winterquartieren ist es nicht besser. Die Unterkünfte sind miserabel, das Essen nicht besser, die Monturen verschleißen, und die Schuhe der Soldaten klaffen auseinander, die Stimmung im Heer sinkt mit den Kältegraden. Georg Basta ruft schließlich die Regimentskommandeure zusammen. Der

General und seine Obristen entschließen sich, von jedem Regiment Sprecher loszuschicken, um energisch Verpflegung und Geld von denjenigen einzufordern, die für die Anwerbung der einzelnen Regimenter verantwortlich sind. Von den böhmischen Fußknechten wird der Hauptmann Wallenstein ausgewählt. Wallenstein akzeptiert trotz seiner Handwunde, sie heilt nur langsam, sie näßt und schmerzt. An der Spitze der Kommission, die nach Prag gehen soll, steht Baron Heinrich Hieserle von Chodau, er ist Offizier der böhmischen Kavallerie.

Die Route führt von Eperjes durch Oberungarn, den heutigen Karpaten, über die Hohe Tatra, von Debno an der Grenze durch Polen nach Schlesien. Das Gefolge besteht aus insgesamt zwanzig Mann. Die Gegend ist wild, der Frost unerbittlich, Heiducken und Tataren streifen umher, Schneetreiben läßt die kümmerlichen Wege verschwinden. Wiederholt stößt die kleine Gruppe mit mißtrauischen bewaffneten Bauern zusammen, sie wird gefangengenommen, die »Spione und Verräter« kommen nur mit Mühe wieder frei. Erst als sie die schlesische Grenze erreichen, können sie aufatmen.

Daß sie lebend durchkommen, daß sie Prag erreichen, war ein großer Erfolg. Prag selbst war ein großer Mißerfolg. Alle Bitten um Verpflegung, Ausrüstung und Geld wurden abgewiesen. Man bewilligte dem Heer keinen Groschen. Konsequenz war hier um so leichter, als wirklich kein Groschen vorhanden war. Auch die Warnung, ganz Ungarn würde verlorengehen, wenn es dabei bliebe, half nichts. Bastas Regimenter hungerten weiter, das Heer verfiel, die Ungarn drangen nach Mähren vor.

Wallenstein blieb den Winter über in Prag. Aus Schlesien war er schwer erkältet angekommen, die Strapazen der Reise wirkten sich jetzt aus. Er bekam die »ungarische Krankheit«, eine Art Fleckfieber. Ein Pestanfall folgte, und als auch das überstanden und seine Handwunde verheilt war, entschlossen sich die böhmischen Stände, ihre Regimenter beim Heer Georg Bastas aufzulösen und abzudanken. Sie ernannten Wallenstein zum Abdankungskommissar. Man schrieb den 4. Februar 1605.

Der ungarische Krieg würde sich nicht mehr allzusehr erhitzen, das war abzusehen. Je weniger die Geldquellen flossen, um so stärker sprudelte das diplomatische Öl, besänftigte die kriegerischen Wogen. Kaiser Rudolf wurde immer schrulliger. So urteilten zumindest seine Brüder. Die Erzherzöge hielten ihn nicht mehr für regierungsfähig. Söhne hatte der Kaiser genügend, aber keiner war nachfolgeberechtigt, denn Rudolf hatte wechselnde Mätressen einer abwechslungslosen Heirat vorgezogen. Als Nachfolger kam nur Erzherzog Matthias in Frage, der älteste der kaiserlichen Brüder. Und Matthias sah Ungarn ganz anders als Rudolf.

Seit Papst Gregor XIII. in Deutschland die Gegenreformation mit allen Kräften und Jesuiten betrieb, hatte der Kaiser auch hinreichend Geistliche der Societas Jesu in seiner Umgebung. Nicht, daß er militanter Katholik gewesen wäre wie etwa Erzherzog Ferdinand in Graz. An die Horoskope, die ihm seine Hofastronomen Tycho de Brahe und dessen Nachfolger Johannes Kepler stellten, hielt er sich weit mehr als an die Empfehlungen seiner geistlichen Berater. Je weniger er sich um die Regierung kümmerte, um so seltener suchte er auch den Beichtstuhl auf. Trotzdem hatte der Kaiser nichts für die Protestanten übrig. Anders Erzherzog Matthias, dessen ausgleichender Sinn es am zweckmäßigsten hielt, um der Gesamtinteressen des Hauses Habsburg willen das Gegeneinander von Katholiken und Protestanten zu mindern, wo es nur möglich war.

Was Kaiser Rudolf für ein Hirngespinst hielt, das schätzte Matthias als drohende Wirklichkeit ein, daß nämlich Siebenbürgen und Ungarn für Habsburg verlorengingen, wenn nicht schleunigst etwas geschah. Also begann er auf eigene Faust mit den rebellierenden Protestanten Ungarns zu verhandeln. Kaiser Rudolf, informiert, ging in seiner Wut so weit, gegen seinen Bruder den Türken Allianzen anzubieten. Der Bruderzwist des Hauses Habsburg, berühmt gewordenes Thema, kam ins erste aktuelle Stadium. Im Reich, ebenso außerhalb des Reiches, schärften sich die Ohren und Schwerter der Gegner Österreichs.

Erzherzog Matthias war in den besten Jahren seiner Laufbahn. Die Erzherzogsbrüder einigten sich auf eine gemeinsame Linie, sie legten 1605 in Prag dem Kaiser ihr Kollektivkonzept vor; es ging dabei vor allem um die Feststellung der Sukzession und um die Übertragung der Regierung Ungarns an Matthias. Der Kaiser ließ nicht mit sich reden. Deshalb trafen sich die Erzherzöge in Wien zu einer »brüderlichen Zusammenkunft wegen gegenwärtigem ganz betrübtem Übelstand, indem, leider nur allzu offenbar, daß die römisch-kaiserliche Majestät, unser Bruder und Vetter, aus gefährlichen Gemütsblödigkeiten zur Regierung unfähig ist«. Sie einigten sich am 25. April 1606 in einem Geheimabkommen, Matthias entsprechend den Testamentsbestimmungen Kaiser Ferdinands I. zum Haupt der Familie zu erklären, und verpflichteten sich, seine Wahl zum römischen König vorbehaltlos und gemeinsam zu unterstützen. Absetzen konnten sie den Kaiser zwar nicht, aber sie konnten seine Macht aus Österreich, aus Ungarn, auch aus Mähren und Böhmen abdrängen und Zug um Zug reduzieren, bis Rudolf womöglich nur noch die Mauern des Hradschin übrigblieben und schließlich die Wände seines Sargs.

Nach Abschluß des Wiener Geheimpakts war Matthias von allen Rücksichten frei. Er stellte dem Kaiser ein Ultimatum. War es eine Schockreaktion, war es einer seiner apathischen Anfälle? Rudolf stimmte zu, er stimmte zu, obwohl er wußte, wie sehr Erzherzog Matthias die Forderungen der ungarischen Protestanten tolerierte und daß er entsprechend handeln würde, wenn er ihm Ungarn überließ, wenn er ihm den im Moment wichtigsten Teil der Regierungsgeschäfte übertrug. Denn damit gab er den entscheidenden Hebel der Macht aus der Hand.

Matthias handelte sofort. Er schloß Frieden mit Ungarn, er unterzeichnete einen gleichen Vertrag mit der Türkei. Der Kaiser aber – wieder normal? wieder verstört? – lehnte die Ratifizierung ab. Das war durchaus nicht nur eine willkürliche Fortsetzung der innerösterreichischen Hofdifferenzen. Auch Georg Basta, der Befehlshaber der Kriegsvölker, die in Oberungarn standen, mißbilligte den Frieden und legte das Kommando ostentativ nieder. Er wäre sowieso entlassen worden.

Für Wallenstein bedeutete diese Zeit eine Warteposition. Nach der Demobilisierung der böhmischen Truppen wurde er im Jahr darauf, 1606, von den Ständen Böhmens zum Obristen eines Regiments deutscher Fußtruppen ernannt. Der Friedensschluß im Herbst des Jahres schob allen Eventualhoffnungen auf eine rasche militärische Laufbahn den Riegel vor. Waren diese Hoffnungen Wallensteins, wenn es sie überhaupt gab, berechtigt? Auch für die damalige Zeit konnten die ganzen Umstände seines Avancements nicht gerade als normal gelten. Nicht so sehr, als ob er mit seinen knapp 23 Jahren ungewöhnlich jung gewesen wäre. Weit ungewöhnlicher war es, daß der Abkömmling eines so alten und vornehmen Herrengeschlechts Kriegsdienste annahm, daß er sogar ins Feld zog und sich außerdem noch durch besondere Tapferkeit auszeichnete. Nur diese Ausnahmeerscheinungen und nicht eine bewiesene auffällige Kriegstüchtigkeit auf Grund irgendwelcher militärischer Leistungen sind es gewesen, die ihm damals den Ruf hervorragender soldatischer Befähigung eingetragen haben.

Was sollte Wallenstein nach dem Friedensschluß tun? Den Gedanken an eine militärische Karriere gab er noch nicht so schnell auf. Die einzige Möglichkeit, wo noch Lorbeeren zu pflücken gewesen wären, bildeten die Generalstaaten, seit Philipp II. und dem Beginn des niederländischen Freiheitskampfes gewissermaßen der europäische Kriegsschauplatz vom Dienst. Wallenstein entschließt sich, den Kaiser um ein Empfehlungsschreiben an Erzherzog Albrecht von Österreich zu bitten, der als Statthalter der spanischen Niederlande in Brüssel residiert. Tatsächlich wird am 6. Januar 1607 ein solcher Empfehlungsbrief ausgestellt. Er ist schmeichelhaft, höchst befürwortend, der Erfolg wäre so gut wie sicher gewesen, zumal Erzherzog Albrecht streng

katholisch ist und die Konversion Wallensteins zusätzlich Eindruck gemacht hätte.
Ist es merkwürdig, daß Wallenstein nicht abwartet, welche Antwort er aus Flandern erhält? Hat er zu spät erkannt, daß es für ihn nicht darauf ankommt, welcher Art die Laufbahn ist, die er einschlägt, sondern darauf, daß die Laufbahn so dicht wie möglich beim Machtzentrum beginnt? Oder hat er gar keine triftigen Gründe, ändert er einfach seine Ansicht? Wallenstein spricht mit seinem Schwager, dem gewiegten Politiker Žerotín. Der mährische Protestantenführer zählt zu denjenigen Männern, auf deren Urteil Erzherzog Matthias etwas hält, als Ratgeber schätzt er gerade Žerotín ganz besonders hoch. Vielleicht ist Wallenstein von selbst auf den Gedanken gekommen, eine Stellung am Wiener Hof des Erzherzogs dem Kriegsdienst unter Albrecht vorzuziehen, vielleicht hat ihn auch Žerotín dazu überredet, kurz: am 12. Februar 1607 geht aus Rossitz in Mähren ein Brief Žerotíns an Gian de Molart ab, einen französischen Kavalier des Erzherzogs. Freiherr von Molart ist nicht irgendwer, er gehört zu den vertrautesten Dienern des Erzherzogs und wird später kaiserlicher Rat und Präsident des Hofkriegsrates. Die Zeilen Žerotíns sind geradezu überschwenglich lobend und eindringlich. Sicherlich können Empfehlungsschreiben und Referenzen gar nicht kritisch genug beurteilt werden, vor allem wenn sie von einem engen Verwandten und ausgesprochenen Gönner stammen. Das Dokument Žerotíns ist aber nicht zuletzt auch deshalb interessant, weil die Nachrichten über den jungen Wallenstein an einer Hand zu zählen sind.
Žerotín entschuldigt sich zunächst, daß er sich für jemanden verwendet; diese Floskeln sind üblich, sie werden erwartet. Dann heißt es, der empfohlene junge Seigneur sei voll guter und löblicher Eigenschaften, die Herkunft des Barons wäre allgemein bekannt und einwandfrei, er sei hochgeboren und mit den ersten Häusern Böhmens verwandt, habe schon ausgezeichnete Proben von Tapferkeit abgelegt, wäre überdies vorzüglich gebildet, höchst anstellig und für seine Jugend auffallend klug. Wallenstein wünsche, so schreibt Žerotín, nicht nur seine besondere Neigung für den Dienst bei Erzherzog Matthias zu befriedigen, er wolle außerdem – Žerotín ist völlig offen – einen Herrn haben, »dessen Ansehen und Macht ihm als Stützpunkt und Sprungbrett zum Avancement dienen könnten«. Wallenstein will also Karriere machen, hier steht es kurz und bündig, so selbstverständlich und ungeschminkt, daß es ganz natürlich wirkt. Warum soll er keine Karriere machen wollen? Der Wunsch nach Erfolg, nach Réussite, ist bei einem jungen Mann kein besonderes Zeichen für einen anomalen Ehrgeiz. Anomal ist es vielmehr, wenn ein solcher Wunsch fehlt. In der Bemerkung Žerotíns scheint

auch der Beweis dafür zu finden sein, daß Wallenstein von sich aus den Dienst am Wiener Hof aussichtsreicher beurteilt als bei Erzherzog Albrecht.
Wochen vergehen, Wallenstein muß warten. Ende März antwortet Baron Molart, der Erzherzog würde dem Wunsch Wallensteins nicht abgeneigt sein. Jetzt gibt Žerotín seinem jungen Schwager den Rat, selbst an den Hof des Erzherzogs zu reisen und sich vorzustellen, sein persönlicher Eindruck würde ihn nachdrücklicher empfehlen als jeder Lobesbrief. Wallenstein läßt sich das nicht zweimal sagen. Žerotín gibt ihm zusätzlich zwei Begleitbriefe mit, den einen für Ottavio Cauriani, den Oberststallmeister des Erzherzogs, den anderen noch einmal an Gian de Molart; Datum ist der 10. April 1607. Auch der Inhalt dieses Schreibens ist bemerkenswert. Žerotín hebt nämlich ausdrücklich eine Eigenschaft hervor, die bei Wallenstein fast verblüffend wirkt: er habe seinem Schwager den neuen Empfehlungsbrief deshalb mitgegeben, weil Wallenstein »nicht zu denjenigen gehört, die sich selbstüberzogen unbedingt überall vordrängen, um in den ersten Reihen gesehen zu werden«. Dann folgt eine etwas merkwürdige Warnung. Žerotín äußert die Befürchtung, Wallenstein würde das Waffenhandwerk derart heftig lieben, daß er, selbst wenn er in die Kammer des Erzherzogs aufgenommen würde, »keine Ruhe lassen wird, bis er Urlaub erhält, um für einige Zeit nach Flandern zu gehen, um dort dem Erzherzog Albrecht Serenissimo zu dienen«. Hat sich Wallenstein noch immer nicht klar entschieden? Will er sich bis zuletzt beide Möglichkeiten offenhalten? Oder befürchtet er, Erzherzog Matthias könnte von seiner früheren Bewerbung bei Albrecht etwas erfahren, und will er deshalb einem eventuell möglichen falschen Eindruck rechtzeitig vorbeugen?
Wallenstein stellt sich in Wien vor. Žerotín hat recht behalten, der Eindruck könnte nicht besser sein, den der junge, hochgewachsene Baron macht, mit seinem würdevollen, ernsten Benehmen, dem schwarzen Haar, den intensiv dunklen Augen. Noch im April ernennt ihn Erzherzog Matthias zum Kämmerer an seinem Hof.
Nicht nur diese Tatsache, auch die Stellung ist bemerkenswert. Sollte Wallenstein bei der Audienz keinen präziseren Wunsch geäußert haben? Der Hinweis Žerotíns auf Wallensteins hitzige Liebe zum Kriegsdienst hat einen anderen Sinn gehabt als den Wortsinn. Erzherzog Matthias, der sich rüstet, den Kaiserthron zu besteigen, stehen alle Möglichkeiten offen, Wallensteins militärische Wünsche zu erfüllen. Aber nein, kein Wort davon, der böhmische Baron übernimmt die höchst zivilen Dienste eines Kämmerers. Er hat nämlich im Grunde noch gar keine besonderen Neigungen zum Waffenhandwerk entgegen Žerotíns Meinung und Hinweis, und vor allem nicht

gemäß der üblichen bürgerlich-psychologischen Bedeutung, die sich mit solchen Worten wie »Neigung« oder »Empfindung« im Zusammenhang mit Stellung und Beruf verbinden; derartiges gehört nicht zur damaligen Epoche, das beginnt erst in späteren Zeiten und ihren angestrengten Selbstdurchleuchtungen. Ein junger Adliger des 17. Jahrhunderts lebt noch nicht um etliche Ecken herum. Die Wünsche sind klar, die Ansprüche hoch, sie sind um so höher, je kompakter der Mensch ausfällt, der sie äußert.
Wallenstein war ehrgeizig. Wohin sein Ehrgeiz tendierte, lag 1607 noch nicht fest. Zum Waffendienst entschloß er sich erst, als ihm der Zeitpunkt reif erschien. Dann aber mit aller Kraft, allen Mitteln, allen Möglichkeiten. Es geschah auch nicht ganz freiwillig. Jedenfalls war dieser Zeitpunkt damals für ihn noch nicht gekommen: deshalb, und nur deshalb stellte er sich bei Matthias am Wiener Hof vor. Kriege gab es in diesen Jahrzehnten genügend. Deshalb braucht man aber keine Spekulationen darüber anzustellen, ob Wallenstein auf »seinen Krieg« wartete oder nicht. Es genügt, daß er sich zuerst als Soldat und dann bei Hof empfehlen ließ. Es genügt, daß er sich im geeigneten Moment, 1607, schnell entschied, klar entschied – und zwar nicht für die Waffen.
Wallenstein übernimmt also keine Offiziersstelle, noch mehr: er versucht in Wien gar nicht, einen solchen Posten zu bekommen, weder bei der ersten Audienz noch in den folgenden Jahren; auch vom Kriegsdienst bei Albrecht fällt kein Wort. Und er versucht auch nicht einmal, irgendeine politische Rolle zu spielen. Seine reservierte Art, seine Unauffälligkeit in diesen Jahren wirken beinahe farblos, und in Wien könnte man glauben, daß von allen Eigenschaften, die der mährische Standesherr Žerotín an dem jungen Protégé gerühmt hat, die »gemessene Zurückhaltung« am stärksten ausgeprägt ist. Die Differenzen zwischen dem Kaiser und seinen Brüdern, allen voran Matthias , werden immer härter, die innenpolitische Situation Monat um Monat prekärer, die Verwicklungen immer komplizierter – Wallenstein aber spielt in diesen Auseinandersetzungen nicht die geringste Rolle, vor allem spielt er keine militärische Rolle.
1607 bleibt er am Wiener Hof. Er läßt den innerhabsburgischen Verstörungen ihren eigenen Weg, ob aus Klugheit, Indifferenz, Unzuständigkeit oder Unsicherheit, das steht dahin; er engagiert sich nicht. Wenn die Tatsache, daß er bei Matthias Kämmerer ist, nicht schon ein Engagement bedeutet. Er beteiligt sich aber auch in keiner Form an den Vorbereitungen des Erzherzogs, den Kaiser in Prag mit militärischer Gewalt gefügig zu machen.
Matthias bricht 1608 mit einem Heer gegen Rudolf II. auf. Der Kaiser fleht die böhmischen Stände um Hilfe an, er sichert ihnen dafür schriftlich Reli-

gionsfreiheit und die Bestätigung althergebrachter Privilegien zu. Die Böhmen sind hocherfreut, aber nicht genügend hoch, um dem Kaiser gegen Matthias das Übergewicht zu verschaffen. Damit ist das Schicksal des Kaisers besiegelt. Matthias kommt nach Prag, Rudolf muß ihm am 25. Juni 1608 im Vertrag von Lieben die ungarische Königskrone abtreten, er verzichtet auf den Besitz von Österreich und Mähren, nur das Königreich Böhmen bleibt ihm noch.

Matthias hat seinen Erfolg bei weitem nicht nur sich selbst zu verdanken, sondern vor allem der gemeinsamen Unterstützung der protestantischen Herren und Stände Ungarns, Österreichs, Mährens. Die Fehde war keine innerdynastische Angelegenheit geblieben. Matthias brauchte Majoritäten, deshalb entwickelte sich der Streit rapide zu einer Sache der protestantischen Stände, zu einer Sache mit den gewaltigsten Fernwirkungen. Der Kaiser dachte nach dem Vergleich mit Matthias nicht entfernt daran, die Zugeständnisse an die böhmischen Herren einzulösen. Die Böhmen brausten auf, sie stellten binnen kurzem ein ständisches Heer von mehr als 5000 Mann auf die Beine, Graf Heinrich Matthias von Thurn erhielt den Oberbefehl, er rückte vor Prag und legte dem Kaiser die Forderungen der Stände auf den Tisch: nicht nur Erfüllung der alten Zusagen, sondern neue Zugeständnisse und Sicherungen. Ohnmächtig, knirschend vor Wut stellte Rudolf II. am 9. Juli 1609 den berühmten Majestätsbrief aus. Jetzt erst hatten die Protestanten Böhmens, zwei Drittel der Bevölkerung, ihre wahre Magna Charta.
Was aber den nominellen Sieger, Erzherzog Matthias betraf, so mußte er »seinen« Protestanten in der Kapitulationsresolution vom 27. Februar 1610 mehr Zugeständnisse machen, als er überhaupt halten konnte. Und wollte.

Das Jahr 1607, das Wallenstein seit April in Wien verbrachte, war im wesentlichen ein friedliches Jahr. Es hätte, was die Waffenplätze und Schlachtfelder betrifft, noch friedlicher sein können, wenn Europa nicht von einem anderen Ereignis geschüttelt und verstört worden wäre. Der Septemberhimmel ist noch rot, die Nacht kündigt sich erst kaum sichtbar an, da flammt durch den Horizont eine Feuerbahn. Was sich heute so simpel liest: der Halleysche Komet, das ist damals gar nicht so simpel, in diesen Herbsttagen des Septembers und Oktobers 1607. Die Zeiten sind reich an solchen Dingen, Erscheinungen und Visionen kommen Hand in Hand, die Heere, die in den Wolken gegeneinander stürmen, werden bald auf die Erde hinüberwechseln. Blut regnet vom Himmel, Blut wird von den Feldern zum Himmel dampfen. Ein Sturm finsterer Ahnungen und Ängste rüttelt die Menschen durch, noch kennen sie den Trost nicht, daß die Welt um so gelassener

ihren Lauf einhält, um so unbeirrter und fester, je öfter man ihr den kurz bevorstehenden Untergang prophezeit.
Feuerzeichen am Abendhimmel sind höchst selten, ihre Deutung ist zu stark den Stimmungen unterworfen, zu sehr vom Naturell des Interpreten abhängig und seiner Reaktion auf den Ausnahmefall. Das Flüchtige stachelt die Spekulation, die Erklärung des Flüchtigen ist verlockend, aber unverbindlich. Der kluge Mann hält sich an Konstantes, Immergleiches, denn nur aus feststehenden Konstellationen lassen sich verbindliche Schlüsse ziehen.
Folglich vertraut der kluge Mann nur den Gestirnen. Sterndeutung war damals kein Jahrmarktsulk, sondern eine solide Wissenschaft. Sie galt nicht als metaphysische Unmöglichkeit. Heute ist sie das. Denn unsere Fähigkeiten der indignierten Wahrnehmung haben sich vor allem im Stofflichen gesteigert. Wir glauben zwar nicht mehr an Gespenster, aber wir fürchten uns vor ihnen. In der anhebenden Neuzeit war jeder gute Astronom und Mathematiker ein guter Astrologe. Von Thomas von Aquin bis zu Melanchthon waren die größten Gottesgelehrten davon überzeugt, daß die Sterne Einfluß auf den Menschen hätten und daß sich deshalb bei genügender Behutsamkeit und ebensolcher Gelehrsamkeit viel von der Vorherbestimmung und dem Schicksal der Menschen erkennen lasse. Und warum sollte dem Kaiser nicht recht sein, was dem Papst billig war? Nämlich der feste Brauch, fremde Gesandte erst dann in Audienz zu empfangen, wenn der Hofastrologe sein Votum über den Termin abgegeben hatte.
Tycho de Brahe, Kaiser Rudolfs II. »Kaiserlicher Staats- und privater Hofastronom« leitete folglich nicht nur die Sternwarte in Prag, sondern war verpflichtet, dem Kaiser regelmäßig das Horoskop zu stellen. Nach dem frühen Tod Tycho de Brahes ernannte Rudolf den bedeutendsten Astronomen, den es außer Tycho gab, zu seinem Nachfolger: Johannes Kepler. Er war schon seit dem Jahr 1600 in Prag, Tycho de Brahe hatte dem Kaiser seine Berufung empfohlen, Ende 1601 trat dann Kepler sein Amt als Hofmathematikus und Leiter der Hofsternwarte an. Auch er mußte dem Kaiser als Astrologe dienen.
Im Frühsommer 1608 reitet Matthias durch die Tore Prags, zum entscheidenden Rencontre mit seinem kaiserlichen Bruder. Auch der Kämmerer Wallenstein ist in seinem Gefolge. Keplers Name ist schon weltberühmt, der Astronom ist noch keine vierzig Jahre alt. Wallenstein dagegen ist irgend jemand unter vielen, ein junger Kämmerer, der in der großen Begleitung des künftigen Herrschers verschwindet, einer der jüngsten noch dazu. Bei den Audienzen, Verhandlungen, Gesprächen braucht man ihn nicht, nicht einmal als schweigenden Statisten, und er ist auch nicht bei denen, die der mißtrauische

Kaiser auf den Hradschin läßt. Wie ein Maulwurf lebt Rudolf dort oben, hoch über der Moldau, er hat die Fenster aus Angst vor Mördern zu Schießscharten vermauern lassen, die Türen sind versperrt, Hunderte von Wachen patroullieren durch die Gänge, allein und scheu haust der kleine, verrunzelte Kaiser in seinen Kabinetten und Sälen.

Daß er die Mauern der Burg von innen sieht, damit hat Wallenstein nicht gerechnet. Aber er hat doch gehofft, wenigstens zu Kepler zu kommen. Doch auch daraus wird nichts. Zweifellos hätte er sich auf seinen Lehrer und Reisebegleiter Virdungus berufen können, den Kollegen und Freund Keplers. Am 12. August 1603 hatte Paul Virdung in einem Brief Kepler von dieser Reise durch Europa geschrieben, er berichtet kurz, daß er Wallenstein begleitet hätte und klagt im übrigen, wie sehr durch diese Abwesenheit seine Studien unterbrochen worden wären. Aber mit dem Hradschin bleibt auch die Hofsternwarte und damit die Wohnung Keplers für Wallenstein verschlossen.

Allerdings gehört das Wort »Schwierigkeiten« schon nicht mehr in Wallensteins Vokabular. Kepler selbst interessiert ihn erst in zweiter Linie, er will seine Bekanntschaft nur deshalb machen, damit ihm dieser Berühmteste auf seinem Gebiet das Horoskop stellt. Wallenstein läßt ihn durch einen Mittelsmann schriftlich um das Gutachten bitten, er ist von Prag schon wieder fort, weiß aber, daß ihn sein Bekannter nicht im Stich lassen wird. Es ist ein Dr. Stromayr, Arzt, wir wissen sonst nichts weiter von ihm. Wallenstein betont bei der Bitte um das Horoskop noch einmal ausdrücklich seine Überzeugung, »es sollte ein Astrologus künftige Partikularsachen und futura contingentia aus dem Himmel vorhersagen können«.

Kepler kann das, ohne Zweifel. Ob er damals selbst noch daran glaubt, daß seine Vorhersagen aus dem Himmel wirklich futura contingentia betreffen, steht nicht zur Debatte. Es ist noch nicht lange her, daß sich die Erde um die Sonne dreht, noch keine hundert Jahre, und mit dem Sturz des alten ptolemäischen Weltbildes sind auch die Grundlagen der Astrologie sandig geworden. Die Fachleute sind sich der Konsequenzen ihrer Wissenschaft noch nicht ganz sicher, zumal das Beispiel Giordano Brunos im Jahre 1600, sich für eine solche Wahrheit als Ketzer verbrennen zu lassen, zwar bewunderungswürdig ist, aber allgemein als zu heiß empfunden wird. Kepler ist zwar skeptisch gegen die Astrologie, aber er hat auch anläßlich eines antiastrologischen Pamphlets eigens eine gründliche Verteidigung der Sterndeutung geschrieben, eine »Warnung an etliche Theologos, Medicos, Philosophos, daß sie bey billiger Verwerfung des Sternguckerischen Aberglaubens nicht das Kind mit dem Bade ausschütten, und hiemit ihrer Profession zuwider handeln«. Die astrologische Deutung des Halleyschen Kometen ist ihm ebenfalls ein literarisches Gutachten wert, und welche Zuverlässigkeit er auf dem Gebiet des sternguckerischen Aberglaubens besitzt, beweist er 1618, als er den Tod von Kaiser Matthias exakt für das kommende Jahr prognostiziert und damit mehr Bewunderung kassiert als durch alle Planetenberechnungen.

Es heißt, Kepler hätte sich nur zögernd bereit erklärt, Wallensteins Bitte zu erfüllen. Das ist pure Fantasie, es gibt keinen Grund dafür. Schließlich muß Kepler auch dem Kaiser Horoskope stellen, hauptberuflich, und seine Bezahlung ist nicht nach Gebühr. Deshalb stellt er Horoskope auch jedem anderen, nebenberuflich, bei gebührender Bezahlung. Kepler macht nur in den Einleitungssätzen den üblichen Vorbehalt, mit denen sich ein vernünftiger Mensch seinen eigenen Vorhersagen gegenüber schon immer abgesichert hat, zumal ein Astrologe. Er rät also seinem Klienten, dem Wortlaut des Horoskops nicht blind zu vertrauen: »Sintemal alles, was der Mensch vom Himmel zue hoffen hatt, da ist der Himmel nur Vatter, sein aigen Seel aber ist die Mutter dazue.« Kepler salviert sich also, er meint, daß der Mensch vergeblich auf ein Glück von den Sternen hofft, wenn sich die Anlagen dazu nicht auch in seiner Seele und in seinem Gemüt finden. Er bestreitet aber auch nicht eine eigentümliche Entsprechung zwischen den menschlichen Seelenkräften und den himmlischen Konfigurationen, die schon bei der Geburt des Menschen die Seelenkräfte »formieren und arten«. Diese Auffassung werde durch die Erfahrung bestätigt und gesichert.

Soweit die Präambel. Kepler kennt den Namen des Mannes nicht, dessen Nativität er hier berechnet. Wichtig ist nur die genaue Geburtsstunde. Theoretisch besteht die Möglichkeit, daß Kepler sich von Dr. Stromayr den Namen und verschiedene Einzelheiten hat sagen lassen, daß er sich auch an den Brief seines Freundes Virdungus erinnert und von ihm Informationen erbittet. Selbst wenn das zutreffen sollte: Wer war denn in diesem Jahr 1608 der wißbegierige Klient Keplers? Ein 25jähriger böhmischer Baron, der Öffentlichkeit völlig unbekannt, die Verwandtschaft ist gut, sie ist groß, er selbst aber ist ein total unbeschriebenes Blatt, selbst wenn man entgegenkommend an den untersten Graden zeitgenössischer Bedeutung mißt, und seine Kämmererposition bei Erzherzog Matthias ist mehr ein Titel als ein effektiver Rang.

Kepler hat aber vor allem diesen unbekannten Freiherrn Wallenstein auch nicht persönlich gesehen, deshalb kann er nicht aus dem Charakter und der Psyche holen, was er in den Sternen lesen soll. Und dieses Gegenüber: Hier, 1608, der namenlose Kämmerer – dort, keine zwei Jahrzehnte später, einer

der berühmtesten, mächtigsten, gefürchtetsten Männer der Welt, dieses Gegenüber also macht aus Keplers Horoskop ein absonderlich merkwürdiges Dokument. Kepler stellt fest, die Position der Gestirne bei der fraglichen Geburt »habe hochwichtige Zeichen ... Solchergestalt mag ich von diesem Herrn in Wahrheit sagen, daß er ein wachendes, aufgemunttertes, embsiges, unruhiges Gemueth habe; allerhandt Neuerungen begührig; dem gemeines menschliches Wesen und Händel nit gefallen, sondern der nach neuen, unversuchten oder doch selzamen Mitteln trachte, doch villmehr in Gedanken habe, dann er eußerlich sehen und spüren läßt. Denn Saturnus im Aufgange machet müßige, melancolische, allzeit wachende Gedanken, Alchymiam, Magiam, Zauberei, Gemeinschafft zu den Geistern, Verachtung und Nichtachtung menschlicher Gebote und Sitten, auch aller Religionen; macht alles argwöhnisch und verdächtig, was Gott oder die Mentschen handeln, als wenn es alles lauter Betrug und viel an anderes darhinder wäre, dan man fürgibet. Und weil der Mond verworffen stehet, wird ihm diese seine Natur zu einem merklichen Nachtheil und Verachtung bey denen, mit welchen er zu conversieren hat, gedeihen, daß er für einen einsamen, lichtscheuen Unmentschen wird gehalten werden. Gestaltsam er auch seyn wirdt unbarmhertzig, ohne brüderliche oder eheliche Lieb, niemandt achtend, nur sich selbst und seinen Wollüsten ergeben, hart über die Untertanen, an sich ziehend, geizig, betrüglich, ungleich im Verhalten, meist stillschweigend, oft ungestüm, auch streitbar, unverzagt ...«
Düstere Aussichten bei einer solchen Menge schwerer Fehler und Laster, aber trotzdem sieht es alles andere als hoffnungslos aus, wie Kepler versichert: »Es ist aber das Beste an dieser Geburt, daß Jupiter darauf folget und Hoffnungen machet, mit reifem Alter werden sich die meisten Untugenden abwetzen und also diese seine ungewöhnliche Natur zu hohen, wichtigen Sachen fähig wird. Dann sich nebenst auch bei ihm werden sehen lassen großer Ehrendurst und Streben nach zeitlichen Dignitäten und Macht, dadurch er sich viel großer und heimlicher Feindt machet, aber denselben meistenteils obsiegen wird. Da diese Nativität viel gemeines hat mit des gewesenen Kanzlers in Polen, der Königin in Engellandt und anderer dergleichen, die auch viel Planeten in Auf- und Niedergang umb den Horizont herumb stehen haben, derohalben kein Zweifel ist, wofern er zur hohen Dignität, Reichthumb, und nachdem er sich zu einer Höfflichkeit schicken würd, auch zu stattlicher Heurath gelange.« Und zum Schluß folgt noch einmal eine trübe Prophezeiung: »Und weil Mercurius so genau in opposito Jovis stehet, will es das Ansehen gewinnen, als werde er einen besonderen Aberglauben haben und dadurch eine große Menge Volkes an sich ziehen, oder sich etwa

einmahl von einer Rott, so malcontent, zu einem Haupt- und Rädtelführer aufwerffen lassen.«

Das Horoskop des 25jährigen hat außerordentliche, beachtliche Nachbarn. Mit dem Kanzler von Polen ist Jan Zamojski gemeint; vor drei Jahren erst ist dieser sogenannte Königsmacher gestorben, der größte Staatsmann, der gewaltigste Feldherr der polnischen Geschichte. Seine Heere hat er aus eigenen Mitteln geworben, er hat sie mit eigenen Mitteln unterhalten, sie sind jahrelang gegen Russen, Türken, Schweden siegreich gewesen. Zamojski hätte sich nach dem Tod von Stephan Báthory leicht selbst zum König von Polen machen können, nur eine Handbewegung wäre nötig gewesen. Mit der englischen Königin war Elisabeth gemeint, unter ihrer Herrschaft war eben erst England wie eine japanische Blume aufgegangen, war See-, Kolonial-, Weltmacht geworden. Gab es für einen 25jährigen überhaupt Vergleiche und Parallelen, die solche Muster noch übertreffen konnten? Die eventuell fehlenden übrigen Großen rangierten ja zusätzlich in Keplers Ergänzung, »hat viel gemeines mit ... anderer dergleichen, die auch viel Planeten in Auf- und Niedergang umb den Horizont herumb stehen haben«.

Noch einmal: Selbst wenn Kepler den Namen seines Analysanden gekannt hätte, wäre keine Möglichkeit zur psychologischen Wünschelrutengängerei gewesen, denn das Schicksal seiner Sterne, das ihm da so majestätisch vorgezeichnet wurde, hatte sich bis dahin noch in keinem einzigen Ereignis manifestiert. Deshalb kann man die Charakteristik von Keplers Horoskop gar nicht überschätzen. Nicht nur deshalb, nicht nur, weil Wallenstein trotz aller Vorbehalte Keplers jedes Wort mit schwerem Gewicht belud, sondern weil Kepler Dinge aussprach und Züge skizzierte, die Jahrzehnte später Wirklichkeit geworden sind, mysteriös genau und fast buchstabengetreu. Ein faszinierendes Verhältnis: Wallenstein nahm Keplers Horoskop als verbindliche Voraussage. Ex post sieht es geradezu aus, als hätte er alles getan, um sich sklavisch daran zu halten, um es sklavisch besessen zu verwirklichen, fast alles traf ein, was Kepler ausgesprochen hatte. Voraussetzung dafür war jedoch, daß Wallenstein de facto auch all das in sich als Anlage haben mußte, was die Möglichkeit zur Wirklichkeit werden ließ. Er hatte es in sich – »sintemal alles, was der Mensch vom Himmel zue hoffen hatt, ... sein aigen Seel aber ist die Mutter dazue«.

Wallenstein hat später wiederholt von dem ungeheuren Eindruck gesprochen, den Keplers Horoskop auf ihn gemacht hat. Etwas Schmeichelhafteres hätte er sich damals kaum selbst ausdenken können. Er hat das Horoskop immer greifbar bei sich gehabt, er hat es glossiert, er hat immer wieder bei Einzelheiten seines realen Lebens die Differenzen gegenüber dem astrologisch berechneten Koordinatensystem Keplers genau verzeichnet. In vielen Fällen hätten sich, so stellt er nüchtern fest, die Keplerschen Prognostika als völlig zutreffend erwiesen, mehr als ein Ereignis seines Lebens sei buchstäblich *ad vivum deskribiert* erschienen.

Genaue Daten und Termine werden in Horoskopen selten gegeben, und wenn, dann sind sie unverbindlich. Keplers letzte Prophezeiung traf als erste ein, die Heirat. Er hatte sie in einem Nachsatz in Wallensteins 33. Jahr verlegt, die Gelegenheit dazu kam wesentlich früher. Dafür war sie in den übrigen Umständen geradezu lächerlich genau. Noch im Jahr 1608 bat der Jesuitenpater Vitus Pachta dringend, Wallenstein möge zu ihm nach Mähren kommen. Den Pater kennt Wallenstein schon längere Zeit, Veit Pachta ist vierzehn Jahre älter als er, 1569 in Böhmen geboren, seit 1606 amtiert er als Regens des Olmützer Jesuitenkonvikts, er ist auch als Priester auf den Gütern Johann Kavka von Říčans tätig, einem Onkel Wallensteins mütterlicherseits. Onkel Johann, Herr auf Brumow, war mit Anna von Smiřický verheiratet. Veit Pachta hat damals großen Einfluß auf Wallenstein, das Ausmaß ist umstritten, Wallenstein soll später gesagt haben, er verdanke Pater Vitus Pachta alles, er sei der Urheber seines Glücks. Kann Wallenstein das wirklich gesagt haben? Es paßt so wenig zu dem Bild, das wir von Wallenstein haben, daß es durchaus möglich ist. Und andererseits gibt es nichts, was Wallenstein nicht auch gesagt haben könnte. Das mit dem Glück muß also nicht allzu wörtlich genommen werden. Immerhin war der Jesuitenpater mit Sicherheit Urheber und Vermittler von Wallensteins erstem Eheglück.

Wallenstein fuhr nach Mähren. Er habe, so begann Veit Pachta, ein Beichtkind unter seiner Herde, das ihm gewisse Sorgen bereite. Es stehe zwar fest und streng zum rechten katholischen Glauben, doch fürchte er bestimmte Gefahren, da sein Beichtkind eine Frau sei, unverheiratet, um genauer zu sein: es handle sich um eine Witwe, eine sehr reiche Witwe, fügt Pater Vitus rasch hinzu, ihr Mann, ein Protestant, sei erst vor kurzem gestorben. Ob Wallenstein –

Die anschließende Pause kann nicht sehr lang gewesen sein. Denn die Verlobung findet noch 1608 statt, die Trauung im Mai 1609. Der 26jährige Wallenstein heiratet Lukrezia von Witschkow, die Tochter des Herrn Sigmund Nekesch von Landeck, kaiserlichen Rats und Truchseß', und seiner Frau Anna Kuna von Kunstadt. Sie gehört zu den reichsten Edelfrauen von ganz Mähren, denn sie hat den Bruder ihres Vaters beerbt, Herrn Wenzel von Nekesch, und ihr verstorbener Mann, Herr Artleb von Witschkow, hat ebenfalls nicht knausern müssen. Keplers Horoskop verwirklicht sich, wenn auch von seinem Ende her. Gleichwohl, Wallenstein avanciert.

III
Magnat in Mähren, Kammerherr in Wien (1609–1615)

Lukrezia von Witschkow war reich. Sie war sehr reich. Ihre Herrschaften hatten ein derartiges Ausmaß, daß das Denken in Grundbesitz hier seine eigenen Proportionen verlangte. Die Wirtschaftsgebäude zusammengenommen hätten die Fläche ganzer Dörfer bedeckt, die Stückzahl des Viehs ging in die Tausende, und der Stand des Bargelds war so, daß Lukrezia von Witschkow auch ohne Grund und Boden, auch ohne Landwirtschaft, anhand der reinen Guldensumme zum reichsten Adel gehörte. Noch im Jahr 1621 – nach drei schweren Kriegsjahren, nach Konfiskation und Ausbeutung durch die mährischen Stände, nach außerordentlichen Verwüstungen –, selbst in diesem reduzierten Zustand wurde der Wert allein der beiden Herrschaften Wsetin und Lukow aus den mährischen Besitzungen Lukrezia von Witschkows auf über 400 000 Goldgulden geschätzt, nach heutigen Währungseinheiten also ein Millionenvermögen.

Das alles war buchstabengetreu, wie es Kepler in seinem Horoskop vorausgesagt hatte. Der kaiserliche Hofastronom hatte aber auch bei der bevorstehenden Heirat erwähnt, »daß es ein Wittib und nit schön, aber an Herrschaften, Gebäu, Vieh und baarem Geldt reich sein werde«. Wie verhielt es sich mit dem Äußeren dieser Frau, die vom Sternenschicksal Wallenstein bestimmt und ihm durch den Jesuitenpater Pachta zugeführt worden war? In vielen älteren Berichten wird sie tatsächlich als »nicht schön« bezeichnet. Diese Charakterisierung erfolgt so stereotyp und schematisch, daß sie mißtrauisch macht und vermuten läßt, die Berichterstatter hätten einfach, weil es so einfach war, Keplers Horoskop auch in diesem Punkt für bare Silbe genommen, hätten ihrerseits umgekehrt das Leben ad litteram deskribiert, nur weil die anderen Details zutrafen und weil sie außerdem sonst nichts von der mährischen Edelfrau wußten. Ungalant zum Nachteil Lukrezias.

Ähnlich steht es mit den Angaben über ihr Alter. In der Überlieferung wird Wallensteins Frau als »schon etwas ältlich« oder als »ältere Dame« bezeichnet. Nirgends aber finden sich weitere Details oder irgendwelche Belege für diese Behauptung. Auch hier handelt es sich um eine Schlußfolgerung aus dürftigen Voraussetzungen, ein Klischee war der Vater des Gedankens. Das »ältlich« hat sich den Tradenten psychologisch aus der simplen Tatsache angeboten, daß Lukrezia eine Witwe war und daß sie nicht lange lebte. Ältere Witwen sind weit häufiger als junge, und sie sind noch häufiger als lustige Witwen: grämlich soll Lukrezia auch gewesen sein. Gefühlsmäßig folgert man leichter und einfacher, daß die Vorzüge einer reichen Witwe, die von einem knapp 26jährigen geheiratet wird, auf finanziellem Gebiet liegen müssen, statt auf ästhetisch-erotischem und charakterologischem.

Die größte Schwäche eines Historikers ist ein starker Hang zur Spekulation.

Wir wissen heute, daß Lukrezia von Witschkow höchstens ein Jahr älter gewesen sein kann als Wallenstein, keine 27 Jahre alt, als sie ihn heiratete.
Ob die junge Frau nun schön war oder nicht, beides bleibt Vermutung. Mit Sicherheit aber wissen wir von ihrem Bräutigam und jungen Gemahl Albrecht, daß er schön war, »ein schöner Jüngling« – so sagte man früher. Dunkles, dichtes Haar, schwarzleuchtende Augen, deren Eindruck durch die blasse Gesichtsfarbe und die vollen roten Lippen noch verstärkt wurde, eine hohe Stirn, seine Gestalt war groß, sie wirkte zusätzlich durch Wallensteins aufrechte Haltung und gemessene Würde. Die Witwe Lukrezia konnte, was Alter, Kraft und Erscheinung betraf, mit ihrem Bräutigam zufrieden sein.
Damals freilich heiratete der Adel nicht nach solchen Gesichtspunkten und Gewichten. Warum stimmte Wallenstein so schnell dieser Ehe zu? Die Gründe, die der Pater Pachta für die Verbindung zwischen den beiden hatte, sind klar. Sie waren edel und eigennützig, allerdings sub specie aeternitatis. Lukrezia von Witschkow hatte keine Kinder, als ihr Mann starb. Sie war eine strenge und gewissenhafte Katholikin, aber das konnte nicht verhindern, daß möglicherweise ihr ganzer Großbesitz an nichtkatholische Erben fiel, wenn sie kinderlos und unverheiratet starb. Ein gewaltiger Verlust für die Kirche, Pater Vitus Pachta S. J. fühlte die schwere Verantwortung, erst recht bei einer solchen Eventualität, wie sie eine junge, nicht verheiratete Frau nun einmal darstellt.
Der Kämmerer Wallenstein, Konvertit nicht aus Opportunitätsgründen, wie der Pater wußte, war der geeignetste Bräutigam. Er stammte aus einem vornehmen Geschlecht, sein Geist war wach, um so mehr, als er noch mit den Anfangsschwierigkeiten einer Karriere zu tun hatte. Veit Pachta konnte Wallenstein rasch überzeugen. Es fehlt jeder Hinweis, daß sich Wallenstein auch nur mit einem einzigen Wort gegen den Vorschlag gesträubt hätte. Wie sich Lukrezia zu dem Projekt verhalten hat, wissen wir nicht. Der Pater wird nicht ohne ihre generelle Zustimmung als Brautwerber aufgetreten sein. Die Annahme ist nicht riskant, daß es Veit Pachta bestimmt leichter fiel, sein Beichtkind für jeden Ehemann, den er vorschlug, zu gewinnen, als einen solchen Ehemann zu finden.
Aus einer Stelle bei Gualdo Priorato wurde später gefolgert, Lukrezia hätte sich leidenschaftlich in den schönen Wallenstein verliebt und seinetwegen in der Zwischenzeit zahlreiche andere Bewerber abgewiesen. Im übrigen habe sie Wallenstein durch einen Liebestrank übertölpelt, er sei dadurch schwer erkrankt und fast gestorben. Während der Ehe sei sie manisch eifersüchtig gewesen. Priorato nennt keine Gewährsleute. Er hat Wallenstein persönlich und gut gekannt, aber erst spät. Was er aus dieser Zeit berichtet, ist zuver-

lässig. Bei allen anderen Nachrichten entwickelt er allerdings eine opernhaft stramme Fantasie und schmückt begeistert gerade diejenigen Details aus, von denen er nichts weiß.
In der Geschichte haben Lügen lange Beine; das müssen durchaus nicht immer Frauenbeine sein. Sicherlich gibt es ebensoviel begründete Eifersucht, wie es unbegründete gibt. Warum soll es unwahrscheinlich sein, daß Lukrezia ihren zweiten Mann geliebt hat? Grund zur Eifersucht hätte sie am ehesten unter der Voraussetzung gehabt, daß Wallenstein sie entweder nur wegen ihres Reichtums geheiratet oder sie mit anderen Frauen betrogen hat. Die erste Vermutung hält sich an rein bürgerliche Gesichtspunkte, für die zweite fehlt jeder Anhaltspunkt. Wallenstein war in den folgenden Jahren öfters und auch längere Zeit außerhalb Mährens, in Prag, in Wien. Verbindungen zu anderen Frauen wären bei dem Aufwand, den er bald trieb und über den man sich den Mund zerriß, nicht unbekannt geblieben. Es gibt nicht die geringste Andeutung, die auf solche Verbindungen schließen lassen könnte. Wir wissen nur, und das wissen wir sicher, daß Wallenstein ein aufmerksamer, rücksichtsvoller, zuvorkommender Ehemann war. Welches auch seine eigenen Motive für diese Eheschließung gewesen sein mögen, die Heirat war jedenfalls für die Stellung und das Ansehen Wallenstein nichts weiter als eine böhmisch-mährische Variante der Habsburger Devise: Bella gerant alii, tu, felix Austria, nube! Wallenstein hat keine Kriege geführt, noch nicht, er hat geheiratet. Seine Heirat machte zwar nicht Weltgeschichte, aber sie schuf für Wallenstein die Voraussetzungen dazu.

Ein Jahr nach der Trauung, 1610, wird er Mitbesitzer der mährischen Güter seiner Frau. Lukrezia setzt ihn auch zum Alleinerben ein. Wallenstein zählt jetzt zu den reichsten Mitgliedern des mährischen Herrenstandes, zu den wirklich großen Magnaten. Am 11. November 1610 verkauft er sein Stammgut Heřmanitz an einen seiner Onkel, den böhmisch-kaiserlichen Oberstmünzmeister Hannibal von Waldstein. Über die Gründe ist nichts bekannt, am wahrscheinlichsten dürfte es sein, daß sich Wallenstein jetzt als Großgrundbesitzer ganz zu den mährischen Ständen rechnet. Um diese Zeit hat er auch schon fest die Leitung und den Ausbau seiner Herrschaften und Länder in der Hand, er wird das väterliche Erbgut nicht zuletzt aus Gründen der Besitzkonzentration verkauft haben. Der Preis ist sehr niedrig, der Verkauf wird überraschend schnell durchgeführt – leicht möglich, daß der reiche Neffe seinem Onkel unter die Arme greifen will.
Die mährischen Ländereien Wallensteins liegen im Kreis Ungarisch-Hradisch, östlich von Brünn. Es handelt sich im wesentlichen um die Herrschaften Wse-

tin und Lukow und um die Güter Rymnitz, Všetuly und Milotitz. Er beginnt das Leben eines Großgrundbesitzers zu führen, der sich für jeden Quadratmeter Erde, jedes Stück Vieh, jede Ähre auf dem Halm verantwortlich fühlt. Es ist nichts bekannt, daß seine Frau ihn nicht als rechtmäßigen Gebieter und Herrn hat schalten und walten lassen. Wallenstein hat diese Zeit als Lehr- und Gesellenjahre der Verwaltungspraxis, der Finanzwirtschaft, der Führung von Großbetrieben genützt. Er hat dabei die feste und doch nachsichtig fürsorgliche Hand seines Großvaters Wilhelm. Er schränkt den Frondienst der Bauern ein, in einer Zeit, in der die Abhängigkeit der Gutsuntertänigen von den Grundherren ständig zunimmt. Er gestattet den Holzschlag in seinen Wäldern, er hebt das Fischverbot weitgehend auf – durch seine Herrschaft Wsetin fließt die Betschwa –, die Bauern dürfen auch in den Wäldern Bucheckern sammeln, ein Privileg, das weit und breit kein Grundherr zuläßt, wenn er auch nur entfernt die Basis der Schwarzwildjagd erhalten will.

Sobald Wallenstein offiziell als neuer Herr auf den Gütern seiner Frau erscheint, beginnt er auch mit der Durchführung der Gegenreformation, der Rekatholisierung seiner Untertanen. Damit erfüllt er eine Erwartung und Bedingung, die Pater Veit Pachta bei der Vorbereitung des Ehekontrakts deutlich genug ausgesprochen hat. Wallenstein geht dabei konsequent vor. Obwohl er kein blinder Eiferer ist, bleibt das Verfahren hart, nicht weniger hart als die entsprechenden Verfügungen auf protestantischer Seite. Die Prediger werden ausgewiesen, die Untertanen vor die übliche Alternative gestellt, entweder katholisch zu werden oder auszuwandern.

Die Jesuitenpatres nahmen dabei auch Soldaten zu Hilfe. Wallensteins Schwager Žerotín, der Landeshauptmann, bat daraufhin Wallenstein um mildere Verfahren. Und der junge Magnat ersetzte die Kirchenstrenge durch weltlichen Anreiz: er gab denjenigen, die sich freiwillig bekehrten, höchste Vergünstigungen, so wenn er die Stadt Wsetin auf ewig vom Frondienst befreit oder die Kirchenabgaben erläßt. Der Effekt ist verblüffend, auch für Wallenstein selbst, er stärkt seinen Ruf in Mähren, sein Ansehen bei den Ständen. Kein Wunder also, daß die Mitglieder des mährischen Landtags – überwiegend Protestanten – es nicht bereuen, den Katholiken Wallenstein schon ein Jahr nach seiner Heirat, im März 1610, zum Musterungskommissar bestellt und ihn auch mit der Anwerbung und Führung von 600 Musketieren betraut zu haben. Die Truppe sollte die Grenzen Mährens schützen, falls die Passauer Soldateska über Böhmen hinausdrang. Vorläufig allerdings hatten die Passauer noch in Prag die Hände voll zu tun.

Schon in den Zeiten des Augsburger Religionsfriedens, 1555, drängten die Protestanten nach einem konfessionellen Bündnis. Um ihrer Religion willen, um ihrer Verteidigung willen, um des Schutzes der entkatholisierten Güter willen und um schließlich die gewaltige Macht Habsburgs im Reich aufzuwiegen. Karl V., der Weltkaiser, tritt zwar 1556 ab, resigniert, in seiner letzten Rede sagt er: »Große Hoffnungen hatte ich – nur wenige haben sich erfüllt, und wenige bleiben mir; und um den Preis welcher Mühen! Das hat mich schließlich müde und krank gemacht. Ihr alle wißt, wie sehr!« Aber in dem Reich, dem er im Kloster San Yuste im spanischen Estremadura den Rücken kehrt, kreist alles Geschehen, kreist jeder Fürstenhut und jeder Soldatendegen um die Achse »Habsburg«, das Zentrum der damaligen Welt für ein volles Jahrhundert – trotz der protestantischen Flut.

Die Gegenreformation holt inzwischen mächtig auf, aber das Bündnis der Protestanten ist auch an der Jahrhundertwende noch immer nur Gedanke und Konzept. Auslösenden Effekt hat die gewaltsame Besetzung der Reichsstadt Donauwörth durch Herzog Maximilian von Bayern. Donauwörth ist eine schwäbische Stadt, sie ist eine ganz überwiegend protestantische Stadt. Die üblichen Reibereien zwischen den Konfessionen sind dort allerdings nicht stärker oder schwächer als in ähnlichen Städten. Sie sind aber doch groß genug, um die katholische Minderheit, die nur noch über ein Kloster und zwei Kapellen verfügt, wegen beständiger Verletzung der Parität durch die Protestanten heftigst aufbegehren zu lassen. Im Jahr 1605 wird die Fronleichnamsprozession durch die lutherischen Bürger wiederum kräftig gestört, der lutherische Rat kann nichts dagegen unternehmen, was nicht heißt, daß er auch versucht hat, etwas dagegen zu unternehmen.
Jetzt wird der Bischof von Augsburg massiv und erhebt Klage beim Reichshofrat in Wien. Dort ist man Partei, und so wird im Jahr 1606 Donauwörth die Reichsacht angedroht, wenn es noch einmal zu Störungen kommt. Es kommt. Wien hat Herzog Maximilian die kaiserliche Kommission zum Schutz des Katholizismus übertragen, doch das lutherische Donauwörth nimmt davon nur durch Mißachtung Kenntnis, die Reibereien werden zur Routine. So wird schließlich Ende 1607 über Donauwörth die Reichsacht verhängt und Maximilian mit der Exekution beauftragt. Am 17. Dezember 1607 marschieren bayerische Truppen in Donauwörth ein. Der Bayernherzog hebt nach der Einnahme der Stadt nicht nur die Verwaltung auf, sondern verschluckt in einer effektvollen Kombination von katholisch-gläubigem Starrsinn und heidnisch-

gläubiger Habgier die bis dahin Freie Reichsstadt für sein Bistum Augsburg. Maximilian gibt für dieses Einsäckeln einen ebenso plausiblen wie nicht nachzuprüfenden Grund an: die Kosten der Reichsexekution seien so groß gewesen, daß die Stadt ein gerade noch angemessenes Pfand sei.

Aber erst die innerhabsburgische Krise, entstanden wegen des krankhaft scheuen, von Verfolgungswahn geschüttelten, durch Schübe grenzenloser Apathie gelähmten Kaisers Rudolf II. – erst in dieser Krise geht der protestantische Weizen auf, schlägt auch die Stunde der Stände. Der Kaiser fordert wieder einmal dringend Geld für den Kampf gegen die Türken – zum wievielten Mal schon? Die protestantischen Fürsten, bereits damals von der Kurpfalz geführt, wollen auf dem Regensburger Reichstag Anfang 1608 ihre Unterstützung der kaiserlichen Forderung von einer Bedingung abhängig machen: Rudolf soll ihnen noch einmal ausdrücklich die Paragraphen des Augsburger Religionsfriedens bestätigen und feierlich garantieren, sie in Zukunft einzuhalten. Donauwörth liegt plötzlich mitten in Regensburg.

Auch die katholischen Fürsten haben ihre besonderen Vorstellungen davon, wie sie sich die unpopulär großen Geldforderungen des Kaisers schmackhaft machen können. Der Kaiser soll sein Geld erhalten, ja, sie werden auch eine Bestätigung des Religionsfriedens unterstützen. Aber die Protestanten müssen alle Kirchengüter zurückgeben, die sie seit dem Religionsfrieden, also seit einem halben Jahrhundert, unrechtmäßig erworben, auf eigene Faust kassiert haben. Diese Restitutionsklausel wird berühmt. Ein ebenso »berühmter« Fürst hat dafür gesorgt, daß sie zustande gekommen und in Regensburg vorgetragen worden ist, Erzherzog Ferdinand von Steiermark, der spätere Kaiser. Als geistiger Urheber ist er für sie verantwortlich. Und insofern ist er dafür verantwortlich, daß die Protestanten in eine ganz unfürstliche Wut geraten, ihre Pferde satteln, den Reichstag verlassen und aus Regensburg davonsprengen. Sie sprengen damit die ganze Institution, allen voran die Kurpfalz, Hessen und Sachsen. Wenig später, im Mai 1608, versammeln sich eine Reihe süddeutscher Fürsten in dem alten, aufgehobenen Benediktinerkloster von Auhausen bei Nördlingen. Der Pfalz glückt es am 14. Mai mit den Anwesenden die protestantische *Union* zu gründen.

Der Bund wird auf zehn Jahre geschlossen. Er soll die Protestanten und ihre Rechte schützen, Direktor der Union, das heißt, Vorsitzender der Bundesversammlung und Geschäftsführer wird der Kurfürst von der Pfalz. Die Beschlüsse der Union sollen zur Not mit einem Heer durchgesetzt werden. An seiner Spitze steht Fürst Christian von Anhalt, er ist nicht nur der Heerführer, sondern auch der wirklich politische Kopf des ganzen Zusammenschlusses. Die Union ist kein bloßer Schutzbund. Sie richtet sich genauso offensiv gegen die Katholiken, noch mehr: gegen Habsburg. Alle bedeutenden Protestantenführer des Reiches treten in den nächsten Monaten bei, besiegeln diesen großen Pakt, zum Schluß auch Brandenburg, Hessen und eine Schar von Reichsstädten.

Bald genug wird die Union auch von fremden Staaten und Gegnern Wiens als schwerer Rammbock vor den Toren der Casa d'Austria hochgeschätzt. Verkünden doch nicht nur die Unionsfürsten, sondern auch die protestantischen Stände in den Erblanden ihre Überzeugung, daß »die Länder von dem Stamm und dem Haus Österreich müßten abgesondert werden«. Christian von Anhalt – Hirn und Faust des pfälzischen Kurfürsten, Herz der Union, Generalissimus des Protestantenheeres – wird in Paris als Abgesandter der Union feierlich empfangen. Heinrich IV. schließt mit ihm einen Pakt gegen Habsburg.

Inzwischen haben sich aber schon die Katholiken gekräftigt, sie reagieren schnell. Maximilian von Bayern gründet in München den Gegenbund, eine Defensivvereinigung zur Wahrung des Landfriedens und der katholischen Religion, im Juni 1609. Der Bund ist ein reines Spiegelbild der Protestantenunion, so klar und scharf, daß er bald als Original wirkt, die Union dagegen als zerronnener Reflex. Die *Liga* schließt alle größeren katholischen Stände zusammen, Bischöfe, Kur- und Reichsfürsten. Aber weder die Protestanten noch die Katholiken stehen sich in diesen Bündnissen vereint als geschlossene Formationen gegenüber. In der Union finden sich zwar zum erstenmal Calvinisten und Lutheraner zu einer gemeinsamen Aufgabe zusammen, aber es fehlt in ihr vor allem Kursachsen mit seinen protestantischen Parteigängern. Obwohl die Sachsen den Regensburger Reichstag mitgesprengt haben, ist in Dresden die habsburgfreundliche Politik fast schon Tradition, und deshalb distanziert sich der Kurfürst von der Union, er bleibt selbständig; außerdem will er schon lange mit Österreich ein territoriales Süppchen in der Lausitz kochen.

Aus der katholischen Liga wiederum hält sich der Erzbischof von Salzburg heraus, ebenso das Haus Österreich. Es wäre übertrieben, wenn man behaupten wollte, die beiden Bündnisse hätten von vornherein den Keim zu einer unbedingt notwendigen militärischen Auseinandersetzung enthalten. Union und Liga haben von Anfang an strikt ihren Defensivcharakter betont. Selbst wenn man nicht das zynische Moment in solchen Versicherungen ausleuchtet – gewöhnlich wird in dieser Sparte immer das am leidenschaftlichsten beteuert, woran man sich am wenigsten halten will –, so ist die Gründung der Union eine Reaktion auf einen Angriff gewesen, und wem gegenüber hätte sich denn die Liga verteidigen wollen, wenn nicht gegenüber einer angreifenden Union?

Gleichzeitig ist auch die Tatsache des Entstehens beider Bündnisse ein überzeugend trauriges Indiz dafür, daß dem Augsburger Religionsfrieden, der doch als ein immerwährender Friede konzipiert worden war, die Substanz inzwischen bis aufs Mark ausgeronnen ist. Unter den damaligen Verhältnissen war das identisch mit einem ununterbrochenen Anwachsen hochexplosiven Zündstoffs. Ganz erheblich sind schließlich beide Allianzen dadurch gestärkt worden, daß sich Frankreich vorbehaltlos hinter die protestantischen Bestrebungen stellte und Spanien hinter die ligistischen.

Beide Bündnisse waren rechtzeitig gegründet worden. Rechtzeitig genug, um ein erstes Kampftraining im Jülich-Cleveschen Erbfolgestreit zu absolvieren. Die vereinigten Herzogtümer Cleve-Jülich-Berg waren zu dieser Kraftprobe wie geschaffen, ein Territorialnapf, an dessen Inhalt schon die Anrainer hungriges Interesse hatten: die protestantischen Generalstaaten, die spanisch-habsburgischen Niederlande und das katholische Erzbistum Köln. Der Napf war zu klein, um einen kapitalen Krieg zu entfesseln, und er war doch nicht klein genug, um die Frage, ob dem katholischen, aber unzurechnungsfähigen, alten, kinderlosen Herzog ein protestantischer oder katholischer Erbe folgen sollte, für die Interessenten zu einer Bagatelle abzustempeln. Die Nachfolgefrage war verwickelt, deshalb gab es mehr als genug Prätendenten. Habsburg meldete sein Interesse an den Herzogtümern an, als Einflußsphäre, genauer: als Tauschobjekt; es unterstützte die Ansprüche Kursachsens, damit es dann die Lausitz gegen Jülich-Cleve tauschen konnte. Die spanischen Niederlande bestanden auf einer katholischen Nachfolge, die Holländer verlangten eine protestantische, den Franzosen war die Religion nicht so wichtig, wenn nur der neue Fürst in diesem strategisch wichtigen Gebiet des Niederrheins antihabsburgisch gesonnen war.

Im Mai 1609 starb Herzog Johann Wilhelm. Brandenburg und Pfalz-Neuburg besetzten prompt die Herzogtümer und etablierten fürs erste eine Gemeinschaftsregierung. Das Provisorium wurde von ihren Truppen gesichert. Aber auch Kaiser Rudolf hatte nicht gewartet, diesmal nicht: die Gebiete – so wurde verlautbart – befänden sich ab sofort unter vorläufiger Verwaltung Habsburgs, eine kommissarische Regierung werde die Geschäfte führen, Erzherzog Leopold sei zum Administrator ernannt. Leopold war der Vetter des Kaisers, Bischof von Passau und Straßburg, mit Landsknechtsliedern besser vertraut als mit der Liturgie. Der Erzherzog warb Söldner, das »Passauische Kriegsvolk«, das dauerte einige Monate. Dann forderte er die einmarschierten und schon ein bißchen heimisch gewordenen Protestanten auf, das Land zu räumen. Die Truppen weigerten sich, um so mehr, als sich Heinrich IV. nicht nur im Februar 1610 mit der Union gegen Habsburg verbündet hatte, sondern im darauffolgenden April auch noch mit Savoyen gegen Spanien. Jetzt bedrohte er den Kaiser mit Krieg, ebenso den König von Spanien, zwei Armeen waren mobilisiert, die eine zielte gegen die spanischen Besitzungen in Italien, die andere gegen Flandern. England und die Generalstaaten versprachen der Union ihre Hilfe. Die französischen Regimenter formierten sich schon an den Grenzen Habsburgs. Das hatte niemand erwartet, Heinrich IV. war es tatsächlich ernst. Ob die Jülich-Cleve-Frage für ihn nur ein Vorwand für privaten Kummer war oder nicht – er bereitete seine Abreise zur Front vor.

Ein katholischer Irrer, Ravaillac, rettet das katholische Habsburg, das katholische Spanien vor dem großen Krieg. Am 14. Mai 1610 stößt er dem französischen König auf offener Straße das Messer ins Herz. Ein Unglücksjahr ohnegleichen für Frankreich, ein gutes Jahr für Österreich und die katholische Front, dieses 1610. Mit Heinrich IV. haben die Franzosen ihren bisher größten König verloren, ihr Land schert fürs nächste aus der europäischen Politik aus. Erzherzog Matthias konzentriert sich wieder auf das verwirrte Netz in seinen Ländern, auf die Herrscherfrage in seinem eigenen Bereich.
Rudolf II. kann in seinen letzten Jahren nur noch hassen. Er haßt seinen Bruder Matthias, der ihn so gründlich entmachtet und gedemütigt hat. Er haßt die böhmischen Stände, die mit Waffen den Majestätsbrief erpreßt haben. Kaiser Rudolf sieht dieses Dokument als eine Konsequenz der Machtlosigkeit an, die er seinem Bruder zu verdanken hat. Im April 1610 versammelt er den deutschen Reichstag in Prag. Vor diesem Tribunal der Fürsten erhebt Rudolf Klage gegen Erzherzog Matthias, König von Ungarn.
Die Versammlung ist als Ausgleich und Vermittlung gedacht. Es kommt zu einem »Schuld«-Spruch, Matthias soll vor dem Kaiser auf den Knien Abbitte tun, Rudolf soll ohne Weigerung das Erzherzogtum Österreich und die Markgrafschaft Mähren zurückerhalten. Die Konvention vom 10. September 1610 zwischen den Brüdern ist eine formelle Aussöhnung. Sehr formell, denn der Kaiser kommt plötzlich auf die Idee, seine Ansprüche auf Österreich und Mähren gegen Matthias endlich mit Gewalt durchzusetzen.
Es ist ein Raub- und Plünderungszug ganz nach Klischee, mit Schreckensszenen ganz nach Maß. Das Passauer Kriegsvolk, mehr Bande als Truppe, ist das seinem Ruf schuldig, »schlimmer als die Türken«. Diesen Ruf kennen aber auch die böhmischen Stände, sie vermuten außerdem mit Recht, daß der Kaiser die Passauer nicht nur gegen Matthias braucht, sondern sie vor allem und zuerst einmal gegen sie marschieren und den Majestätsbrief von ihren Stiefeln zertrampeln lassen wird. Sie trommeln in aller Hast ihre eigenen

ständischen Truppen zusammen, sie arrangieren sich mit Matthias, bitten ihn dringend um Truppen. Matthias schickt sofort 8000 Mann. Inzwischen haben die Passauer schon Prag überrumpelt, die Bürgerwehr ist zu schwach gewesen. Jetzt plündert, mordet, schändet die Soldateska in den Häusern und Straßen der Residenz. Mehr schaffen sie nicht. Graf Heinrich Matthias Thurn rückt schon mit dem ständischen Heer an, auch die ungarischen Regimenter nähern sich rasch, Matthias folgt ihnen dichtauf. Die Passauer räumen Prag, überstürzt, in halber Flucht, beladen mit Beute, auf ihrem Marsch nach Bayern reißen sie einen breiten Streifen der Verwüstung durch Südwestböhmen. Im März 1611 erreicht Matthias die Stadttore von Prag.

Er fragt die Stände, warum sie ihn nach Prag gerufen hätten. Die Frage ist rhetorisch, die Antwort kennt er schon. Die Stände bitten ihn, die Krone Böhmens auf sein Haupt zu setzen, der Kaiser sei zu alt, zu schwach, er sei unfähig zur Regierung. Das ist der Schlußakt. Rudolf soll vor Matthias das Dokument unterschreiben, in welchem die Böhmen, Schlesier und Lausitzer feierlich ihres Eides entbunden und der Hoheit Matthias' unterstellt werden. Der Kaiser sitzt vor dem Tisch: Die Unterschrift bitte! Er beugt sich über das Pergament, stampft mit den Füßen, zerpreßt die Feder auf dem Schriftstück; statt seines Namenszuges nur Tintenkleckse. Rudolf zerfetzt die Federreste mit den Zähnen und wirft dem Bruder sein Barett vor die Füße.

Im Gefolge von Matthias zieht auch Wallenstein in Prag mit ein. Nicht als mährischer Standesherr und Truppenführer, sondern als königlicher Kämmerer. Auch bei der feierlichen Krönung wenig später ist er dabei, an einem festlichen Frühlingstag im Prager Veitsdom, sieht und hört, wie Matthias am Altar auf das Evangelium schwört, daß er »die Böhmen, Schlesier und Lausitzer bei ihren Ordnungen, Gerechtsamen, Privilegien, Satzungen, Freiheiten und Rechten, wie auch bei ihren alten guten und löblichen Gewohnheiten erhalten wolle«. Ebenso ist Wallenstein in Breslau als Begleiter im Gefolge, als sich Matthias am 18. Dezember 1611 von den Ständen Schlesiens und der Lausitz huldigen läßt.

Auch nach dem Tod Rudolfs am 20. Januar 1612 und der Kaiserkrönung Matthias' im Mai ändert sich für Wallenstein nichts. Nur der Titel wechselt, er wird zum kaiserlichen Kämmerer ernannt, das ist alles. In Mähren wird er in diesem Jahr in einen Ausschuß für Rechtsstreitigkeiten gewählt; mehr findet sich über seine Tätigkeit auf ständischem Gebiet nicht, er entwickelt auch von sich aus keinerlei Aktivität und Initiative. Nach Stellung und politischer Bedeutung ist und bleibt Wallenstein bestenfalls ein Statist, er fällt in Wien niemandem auf, wenigstens nicht als diplomatische oder poli-

tische Potenz. Er fällt nur durch seinen Reichtum auf, durch Prachtentfaltung, Auftreten, Prunk.
Das aber ist durchaus nach dem Geschmack des neuen Kaisers. Matthias ist 55 Jahre alt. Die sukzessive Entmachtung Rudolfs bis zur eigenen Kaiserwahl, das ist die Leistung seines Lebens, eine Leistung, die nur knapp aufs eigene Konto geht, denn mehr als einmal war Matthias gerade dann die geschobene Figur, wenn er sich selbst als frei Handelnder fühlte. Nicht nur im eigenen Land wird er als ein »gemalter Kaiser« eingeschätzt. Er weiß das leider zu gut, sie halten seine Regierung für ein Interim, er aber will diese Zeit nützen für den inneren Frieden Habsburgs, ebenso allerdings für den eigenen Genuß. Das hat er verdient und schließlich lebt er gern.
Kaiser Matthias ist ein Mann der gutverteilten Gewichte, der konzilianten Geduld, kein Extremist, alles Fanatische ist ihm fremd. Spaltungen, Gegensätze, Streitereien sind ihm zuwider. Er hat allzulang damit zu tun gehabt. Eine solche Abneigung ist menschlich verständlich, ein Staatsmann aber sollte diese Eigenschaft nicht kennen, ohne Differenzen müßte er sich zur Ruhe setzen. Genau das will im Grunde genommen Kaiser Matthias, er will jetzt endlich Ruhe, Einheit, Ausgleich. Aber dieser Wille des Kaisers ist nicht so beschaffen, daß er auch sein Himmelreich hätte sein können. Matthias hat auch vorher schon gern gelebt, aber erst jetzt, nach der Kaiserkrönung, findet er rechte Zeit dafür. Und er findet den rechten Mann dafür, den Bischof Klesl, er ist der Direktor des Geheimen Rats, er allein bestimmt, was der Kaiser bestimmen, denken, schreiben, tun, unterschreiben soll. Das beste Talent des Kaisers Matthias ist sein Ratgeber Klesl. Urteilt man vom Ergebnis seiner Politik her, dann muß man sagen, daß Klesl kein gutes Talent war.

Außer den rechten Mann für die Politik findet Matthias auch erst jetzt die richtige Frau für ein genießerisches Leben, eine seiner engsten Verwandten, eine Cousine, die Erzherzogin Anna von Tirol, Tochter seines Onkels Ferdinand von Tirol. Er heiratet sie 1611. Anna ist schön und rund, sie teilt das schwächliche Temperament und die Neigungen ihres Gemahls, sie übertrumpft ihn allerdings noch in der Sucht nach Fest- und Eßgelagen. Nicht umsonst hat sie sich als Gestalt die kallipygische Epiphanie der Aphrodite herausgesucht. Anna gehört nicht zu den mißmutigen Menschen, die gar nicht so viel essen können, wie sie wieder von sich geben möchten, sondern zu den heiteren Naturen, die mehr essen müssen, als sie verdauen können. Sie wird binnen wenigen Jahren unförmig dick und chronisch magenkrank,

ohne daß sich deshalb ihr Appetit vermindert. Sie ist die einzige Kaiserin, die sich tatsächlich zu Tode gegessen hat.
Was diesem Herrscherpaar an Schwerkraft fehlt, ersetzt es durch das Leibesgewicht. Rudolf II. hat einen monströsen Schuldenberg hinterlassen, seine Höhe war selbst von Fachleuten nicht abzumessen, man weiß nicht, sind es 16 Millionen gewesen oder das Doppelte. Was dem Eigenbrötler auf dem Hradschin das systematische Sammeln für seine Museen und Kunstkabinette war, das sind für Matthias und die Kaiserin die stundenlangen Ergötzungen beim Betrachten dieser rudolfinischen Schätze, abgelöst von rauschenden Gelagen, einer endlosen Kette von üppigen Gastereien, kulinarischen Exzessen, alkoholischen Ausschweifungen – verhaltenen langanhaltenden. Kein Habsburger hat so sehr aus dem Vollen, das heißt, aus der Völlerei gelebt wie Matthias.
Die kaiserlichen Schulden wachsen weit über das hinaus, was Rudolf hinterlassen hat. Die Hofkammer in Wien, verantwortlich für die Finanzen, kennt kaum noch jemanden, von dem sie für kreditwürdig gehalten wird. Auch das System der wechselnd verschleierten Prolongation hat seine Grenzen, das System nämlich, vorn ein Loch zu stopfen, indem man hinten zwei neue aufreißt. Im Umkreis des Wiener Hofs scheint es nur einen einzigen Mann zu geben, dem solche Sorgen unbekannt sind: der mährische Standesherr und Magnat Wallenstein. In regelmäßigen Etappen kommt er nach Wien geritten, in Ausstattung und Habitus ein echter cavaliere liberale, das Wort Geiz kennt er so wenig wie den Mangelbegriff der leeren Kasse. Seine Prunksucht, sein Aufwand sticht um so mehr in die Augen, je schlimmer es mit den Finanzen bei Hof steht. Wallensteins Reichtum scheint den meisten Zeitgenossen unerklärlich zu sein. Khevenhüller verdeutlicht sich das so, daß Wallenstein für seine Auftritte in Wien eine gewisse Summe spart, nach Wien kommt und dort so lange Hof hält, bis der Beutel leer ist, »und wann er seinen gemachten Vorrat verzehrt gehabt, ist er wieder nach Haus gezogen und dort so lang verblieben, bis er wieder eingesammelt und nach Hof hat reisen können«. Diese Erklärung Khevenhüllers paßt ganz zu der Sicht des schlecht besoldeten Hofbeamten, der nichts so reichlich zur Verfügung hat wie kaiserliche Schuldscheine und unbeglichene Rechnungen.
Aber auch spätere Zeiten werden ihre liebe Not damit haben, Wallensteins unerschöpflich scheinende Geldquellen auszumachen. Unterlagen über seine Geldgeschäfte sind uns weder aus dieser frühen Zeit erhalten, noch besitzen wir die wichtigsten Dokumente aus den späteren Jahren, anhand derer es sich vollständig erklären ließe, wieso er ständig über flüssiges Geld verfügte, und zwar über fünf- bis sechsstellige Summen. Daß ein Feldherr zugleich

ein Finanzgenie vom Format der Fugger und Welser sein konnte, widersprach der normalen Vorstellungskraft; folglich mußte Wallenstein als General ein Geldräuber, ein Betrüger größten Stils gewesen sein. Vorher, als er solche Möglichkeiten noch nicht hatte, konnte er nur durch Verschleuderung von Grundbesitz zu Geld gekommen sein. Die erste Erklärung ist kindlich, die zweite ist komisch. Wallensteins Wiener Gastspiele hatten ihren Grund. Für Prunksucht als Selbstzweck war Wallenstein genauso empfänglich wie der ganze Barock. Der Aufwand in Wien garantierte ihm Reputation.

1611 und 1612 sind die beiden Jahre, in denen Wallenstein die engsten Kontakte zu katholischen Priestern hatte, vor allem zu Kartäusern und Jesuiten, zu Ordensbrüdern also, die einigermaßen gegensätzlich sind. Im Februar 1612 bittet er um priesterlichen Besuch in Wsetin. Der Jesuitenpater Georg Dingenauer kommt, bleibt drei Wochen lang und erörtert mit dem Gutsherrn Glaubens- und Gewissensfragen, ebenso Probleme der Rekatholisierung der Untertanen. Im Mai bricht Wallenstein nach dem Gnadenort Loreto auf, er beschließt die Wallfahrt mit der Generalbeichte.
Im nächsten Jahr, am 13. August 1613, ist er als kaiserlicher Kämmerer bei der Eröffnung des Reichstages in Regensburg dabei. Es ist der letzte, dem ein deutscher Kaiser in der herkömmlichen Weise präsidiert. Die Versammlung erinnert wie ein Abziehbild an den Reichstag fünf Jahre früher. Wieder bittet ein Kaiser die Reichsstände, mit Geld seine Rüstungen gegen die Türken zu unterstützen. Wieder verknüpfen die Fürsten ihre Zustimmung zu den Propositionen mit der ungelösten Religionsfrage – teils sind ihre Sorgen berechtigt, teils verstecken sie dahinter nur ihr altes Zentrifugalstreben nach Steigerung ihrer Souveränität gegenüber dem Kaiser als dem Vertreter des Gesamtstaates, des Deutschen Reiches. Die Protestanten lehnen jede Zustimmung zur Türkensteuer kategorisch ab. Sogar Karl von Žerotín, der sonst immer auf Kompromisse bedacht ist und den Matthias zum Dank für den mährischen Aufstand 1608 gegen Rudolf zum Landeshauptmann ernannt hat, selbst Žerotín weist als Sprecher der Protestanten Mährens darauf hin, daß die kaiserlichen Truppen, die dort zur Abwehr der Türkengefahr konzentriert werden, offensichtlich nur die Aufgabe haben, einen Druck auf die nichtkatholische Majorität des Landes auszuüben.
Wallenstein ist ein schweigender Beobachter im Hintergrund. Im Reich stehen sich Protestanten und Katholiken schwerbewaffnet gegenüber, mit gespannten Sehnen und Pistolenhähnen; Regensburg zeigt, daß die Reichsstände durch die offenen Religionsfragen stärker entzweit sind als jemals zuvor – der Kämmerer Wallenstein scheint aber nur mit den eigenen, höchst privaten

Glaubensfragen beschäftigt zu sein. Er bittet den Kaiser um die Erlaubnis, Regensburg schon vor Schluß des Reichstages verlassen zu dürfen. Der Kaiser stimmt zu, am 20. September 1613 trifft Wallenstein wieder in Mähren ein.
Drei Tage später schickt er einen sechsspännigen Wagen zu den Jesuiten nach Olmütz, Pater Veit Pachta soll ihn besuchen. Wallenstein bespricht mit ihm Details einer neuen Niederlassung der Societas. In der Weihnachtszeit besuchen gleich zwei Priester Schloß Wsetin, die Patres Pasarelli und Mathiades. Nach dem Fest kehrt Pasarelli mit einem Geschenk von zwölf Rebhühnern ins Kolleg zurück, um Neujahr bittet Wallenstein, die Olmützer mögen ihm noch einmal einen Priester schicken: Lukrezia von Wallenstein ist schwer erkrankt, Pater Mathiades soll ihr zusammen mit Pater Scultetus beistehen und sie auf den Abschied vorbereiten.
Am 23. März 1614 stirbt Lukrezia von Wallenstein. Die Todesursache ist unbekannt, man hat von einer Pestepidemie gesprochen, auch Wallenstein soll dabei in schwerer Gefahr gewesen sein. Das letzte stimmt nicht, denn Wallenstein berichtet selbst, daß er nicht 1614, sondern 1615 von einer schweren Krankheit heimgesucht worden und »gar kümmerlich mit dem Leben davonkommen« ist. Vielleicht war Lukrezias Tod nur eine Folge allgemein angegriffener, schwacher Gesundheit. War die Ehe in der letzten Zeit glücklich? Ist Glück als Kategorie den damaligen Standesheiraten überhaupt angemessen? Lukrezia soll in den letzten Monaten gekränkelt haben. Nicht ausgeschlossen. Sie soll aus Eifersucht gekränkelt haben, wie der feurige Italiener Priorato versichert; das entnimmt er aber nicht handfesten Nachrichten, sondern den eigenen Vorstellungen von der Welt der Sinne und der Sinnlichkeit. War Lukrezia frigide? »Plerumque lecto affixa«, schreibt der Jesuitenhistoriker Balbin von ihr, »meistens ins Bett gezwungen«. Woher weiß er das? Hat ein Beichtvater geplaudert? Nein, er meint nur, sie sei häufig bettlägerig gewesen, ans Bett gefesselt. Der Nachwelt scheint es schwerzufallen, dieser Ehe ihre Zustimmung zu geben. Man kann sich trösten, solche Kritik ist ohne Zeit und Raum. Sie erinnert an den Kunstfreund, der die Sieben Sakramente von Nicolas Poussin betrachtet und bei der Darstellung der Hochzeit mißmutig bemerkt: »Ich sehe wohl, daß es schwer ist, eine Ehe zu schließen, die sogar gemalt gut ist.«
Das Begräbnis ist fürstlich, mehr als fürstlich, es ist geradezu pomphaft. Wallenstein läßt seine Frau in der Wallfahrtskirche des Dorfes Stiep beisetzen, auf seiner Herrschaft Lukow. Ihr zu Ehren gründet er dort ein Kartäuserkloster, dem er am 1. Mai 1617 das ganze Dorf Stiep mit allen Liegenschaften und einer Summe von baren 30 000 Gulden als Stiftung überschreibt.

In der Gründungsurkunde des Klosters Lukow hat Wallenstein seine Schenkung mit den Sätzen motiviert, man müsse »durch glücklichen Tausch das Irdische in Himmlisches verwandeln und auf diese Weise das Veränderliche und Hinfällige in Ewiges und Unvergängliches«. 1625 legt er, inzwischen Herzog von Friedland, ein Familiengrab an, im Kartäuserkloster Walditz bei Jitschin. Auch diese Kartause hat er gestiftet, er läßt noch im gleichen Jahr 1625 die Leiche Lukrezias dorthin überführen. Der Deckel des Zinnsargs mit der tschechischen Grabschrift wird später von einem plündernden Schweden demoliert.

Man muß sich das klarmachen, wiederholt und eindringlich: Die bedeutendste, die faszinierendste Persönlichkeit des größten und folgenschwersten Krieges der europäischen Neuzeit lebt in diesem krisenknisternden Inkubationsjahrzehnt, von 1608 bis zum Prager Fenstersturz, unauffällig und stumm am äußersten Rand der politischen Bühne. Titel und Stellung eines kaiserlichen Hofkämmerers sind grotesk unwichtig im Vergleich zu dem, was damals schon jeder beliebige Rat des Kaisers an Bedeutung hätte für sich beanspruchen können. Ist dieser Hofdienst Wallensteins überhaupt noch als »Tätigkeit« zu bezeichnen? Sollte man nicht lieber sagen, daß er hier die gleichmäßig gleichbleibende Laufbahn höfischer Untätigkeit eingeschlagen hat? Was 1607 noch selbstverständlich war bei dem 23jährigen, der sich zum Hofdienst empfehlen ließ, ist 1614 nicht mehr selbstverständlich. Daß nämlich dieser 31jährige Mann noch immer nicht mehr als ein Kämmerer ist, reich geworden durch eine Heirat, passiv, ohne Ehrgeiz, willenlos, desinteressiert und entschlußlos auf seinen Gütern sitzend, abgesehen von seinen nicht ganz unterzubringenden Wiener Gastspielen offensichtlich nur an dem Wohlbefinden seiner Seele etwas stärker interessiert, wobei er sich von Patres unterstützen läßt. Hat Žerotín nicht bei Hof nachdrücklich und energisch versichert, sein junger Protegé wolle Karriere machen, der Dienst bei dem Erzherzog solle das Sprungbrett zum Avancement sein? Was ist daraus geworden? Nichts.

Das soll derselbe Mann sein, dessen Aktivität später alle üblichen Vorstellungen sprengt, dessen Ehrgeiz keine Grenzen hat, dessen Wille sprichwörtlich eisern ist, dessen raubtierhafte Aufmerksamkeit die geringste Veränderung im Ansatz erfaßt, ein Mensch blitzhafter Entschlüsse, untrüglicher Urteilskraft und ausgreifenden Überblicks – dieser Mann soll identisch sein mit dem profillos eifrigen Beichtkind der Olmützer Jesuiten zehn Jahre früher? Hat der Standesherr in Mähren mit dem Wallenstein des Großen Krieges gar nichts zu tun? Er hätte doch seit 1607 durchaus und wiederholt Ge-

legenheit gehabt, aus diesem agrarischen Dämmer der mährischen Markgrafschaft hervorzutreten. Ist er hier ein anderer und dort ein anderer? Oder haben wir es mit dem irritierenden Tauschverhältnis von Puppe und Schmetterling zu tun?
Es fällt schwer, gerade bei diesen Jahren in Mähren die Fantasie bei Fuß zu lassen. Die Spekulationen drängeln sich doch mit den Ellbogen durch, rücksichtslos: der schweigende Große im Zwielicht des Hintergrunds, mit halbgeschlossenen Lidern die Entwicklung der Dinge und Kräfte verfolgend, ohne Mimik und Geste, die Gewichte von Sieg und Verlust, Möglichkeit und Tat nur in Gedanken wägend, im Geiste allen Momentverschiebungen immer um einen Schritt voraus, und nur, nur auf seine Stunde wartend, um dann mit einem ungeheuren Satz vorzuspringen und selbst zu entscheiden, was die Waagschalen der Historie und des Geschicks zu bewegen hat.
Solche Überlegungen trainieren die Einbildungskraft, der Historiker muß aber mit Bedauern auf sie verzichten. Er muß seinen Nacken gerade dort tief und geduldig unter die Fakten beugen, wo sie besonders leicht und gewichtslos sind. Es bleibt ein solches Faktum: Wir haben aus dieser Zeit nur deshalb so geringfügige Nachrichten vom Leben Wallensteins, weil der Wallenstein dieser Zeit ein geringfügiger Statist war. Was in seinem Innern damals vorging, das wissen nur die Götter und die Dichter. Und je mehr die Dichter – auch unter den Historikern – davon sprechen, um so beredter schweigen davon die Götter. Finden wir uns damit ab. Es gehört einfach zu den vielen Dingen, die sich bei Wallenstein nicht erklären lassen. Da wir es nicht wissen, können wir es auch nicht erraten, wie Wallenstein damals die Zeit beurteilt, wie er sich selbst beurteilt hat. Das allerdings ist bei ihm gleichgeblieben, daß die Zeitgenossen auch später niemals errieten, wie Wallenstein sich selbst beurteilte und damit auch seinen eigenen Konnex zu den Ereignissen. Das war ein Stachel, eine dauernde Beunruhigung, um so mehr, als derartiges selten ist. Die Menschen, deren Herz nicht in der Brust, sondern auf der Zunge schlägt, sind immer in der Überzahl, sie sind die Norm, das heißt der Durchschnitt. Der Wallenstein in Mähren, das ist schon überdurchschnittlicher Durchschnitt.
Ein Jahr nach dem andern verstreicht, die Stellungen für diesen Krieg der Weltmächte und Konfessionen werden bezogen, ausgebaut, befestigt, aber Wallenstein ist und bleibt ein Großgrundbesitzer in Mähren, Inhaber eines dürftigen Amtes im persönlichen Dienst des Kaisers, Inhaber auch einer ebenso bescheidenen militärischen Stellung, wie sie einem reichen Standesherrn eo ipso zufällt, gleichgültig, ob er Soldaten führen oder nur in Bewegung setzen kann. Die mährischen Stände übertragen im Jahr 1615 ihrem Mit-

glied Wallenstein die Aufgabe, ein Regiment Fußvolk zu führen, falls die Verteidigung des Landes es notwendig macht. Er wird zum Obristen ernannt, das Regiment in der üblichen Stärke von 3000 Mann soll als Standort Olmütz haben.

Wallenstein hat gerade seine schwere Krankheit überstanden, was es war, ist nicht genau bekannt. Die Gicht scheint es noch nicht gewesen zu sein. Wallenstein hat selbst angegeben, daß sie bei ihm zum erstenmal im April 1620 aufgetreten ist. Wahrscheinlich ist es irgendeine Folgeerscheinung allzu starken Trinkens gewesen, ähnlich wie im Juli 1620; auch damals war er »uf den Todt krank gewest«, an der Diagnose hat er keine Zweifel, »und die Krankheit vermein ich, das ich mir mit drincken causiert hab«.

Man darf annehmen, daß 1615 ähnliche Gründe ausschlaggebend gewesen sind. Auch das schwere Gichtleiden der späteren Zeit hängt mit dem starken Weingenuß in seinen mährischen Jahren zusammen. Gesundheit und Krankheit waren damals nicht ins Verdeckte abgedrängt. Der Arzt – ob Wundertäter, Koryphäe oder Bader – hatte einen Auftrag: Beseitigung der Krankheit, nicht anders wie der Auftrag eines jeden Handwerkers. Er hatte ihn auszuführen. Ruf und Honorar waren eine Funktion des Ergebnisses. Wallenstein schreibt seinem Landeshauptmann einmal: »Der Doctor ist angekommen, sed de ocultis non judicat Ecclesia; aber was man superficialmente kann sehen, so sieht er mehr einem Narren als einem Doctor gleich.« Gicht und Podagra waren in diesen Jahrhunderten der starken Gurgeln und schwachen Nieren eine Art Kavaliers- und Fürstenschicksal. Kaiser Karl V. war davon genauso gequält wie der Herzog Alba, Kaiser Matthias oder Friedrich der Große. Alle vier tranken unmäßig, so wie die anderen Gichtiker der Weltgeschichte, so wie auch Wallenstein bis zu seinem ersten schweren Anfall.

Damals, 1615, sind Krankheiten für Wallenstein noch keine Fußangeln. Nichts hindert ihn, das Obristenamt zu übernehmen; es ist ohnehin ein Posten auf dem Papier. Nichts hindert ihn aber auch, einen neuen Kämmerertitel anzunehmen, ja gleich zwei. Erzherzog Ferdinand von Steiermark spricht am 28. September 1615 die Ernennung aus, Erzherzog Maximilian zieht nach. Ist das ebenfalls ein belangloser Zufall, oder soll man diesen Geringfügigkeiten schon Berechnung unterlegen, scharfes Abschätzen der Lage, der neuen Akzente in den Herrschafts- und Machtverhältnissen? Man soll die Koinzidenzen nicht überladen, aber immerhin entschied sich im Jahr 1615 endgültig, daß der dynastische Zweig von Matthias ein dürrer Ast bleiben würde, ein Zweig ohne Frucht. Kaiserin Anna wurde schwanger, endlich konnte das Hochzeitsgeschenk der böhmischen Stände, die kostbare Wiege, hervorgeholt werden. Aber die leidenschaftliche Hoffnung auf einen Erben erfüllte sich nicht, die Wiege füllte sich mit keinem Säugling, es war eine Scheinschwangerschaft.

Damit waren die Würfel gefallen. Erzherzog Maximilian und mit ihm fast alle katholischen Fürsten in Habsburg und im Reich strahlten vor Wonne, als sich die Schwangerschaft der Kaiserin als Täuschung entpuppte. Keine Umstände hätten ihnen weniger gesegnet erscheinen können, als wenn die Kaiserin tatsächlich in gesegneten Umständen gewesen wäre. Wie die Sukzessionsfrage jetzt entschieden würde, war jedem klar, der nächste König und Kaiser hieß Ferdinand. Von Matthias war nichts mehr zu befürchten und zu erwarten, er ging auf die Sechzig zu, die Kinderlosigkeit lag an ihm. In seiner späten Ehe bestätigte sich nur, was man schon immer gewußt hatte, daß sein Appetit ebenso gewaltig war wie seine Impotenz. Schon Jahre früher erzählten sich die Interessenten etwas von einem Zauberknoten, durch dessen Wirkung Matthias daran gehindert würde, seinen Ehepflichten nachzukommen. Der Bann ließe sich nur brechen, wenn das Licht, das in einem unbekannten Kloster Tag und Nacht brenne, ausgeblasen würde. Herzog Wilhelm von Bayern erkundigte sich besonders eifrig überall nach diesem Kloster, erfuhr aber nichts Genaues. Wahrscheinlich war das der Grund, warum er dann von einer Verheiratung seiner Tochter mit dem damaligen Erzherzog Matthias nichts mehr wissen wollte.

Wallenstein war also jetzt auch Kämmerer der Erzherzöge Maximilian und Ferdinand. Maximilian betrieb die Thronfolge Ferdinands mit Energie, Entschlossenheit, Heimtücke und Jähzorn. Aber noch immer hielt sich Wallenstein absolut zurück, die Ernennung zum Kammerherrn durch die Erzherzöge ist keineswegs so zu verstehen, als wollten die beiden Vettern damit eine politische Option honorieren. Abgesehen von den üblichen Begegnungen bei Empfängen am Hof oder beim Regensburger Reichstag trifft Wallenstein mit Erzherzog Ferdinand zum erstenmal in offizieller Stellung im Juli 1614 zusammen. Ferdinand besucht den Olmützer Landtag. Bei den Vorbereitungen wählen die mährischen Stände auch Wallenstein in den Ausschuß, der den Erzherzog und präsumtiven Thronfolger feierlich empfangen soll. Während einer Festveranstaltung der Jesuiten im Olmützer Kollegium sitzt Wallenstein als Gast neben den Fürsten und Prälaten; die Patres haben ihn als »besonderen Gönner des Ordens« mit eingeladen. Im Jahr darauf erhält er von Ferdinand den Titel eines erzherzoglichen Kämmerers. Wenig später wird er von Erzherzog Maximilian in derselben Weise ausgezeichnet. Ob die Ernennungen mehr gewesen sind als Titel mit fiktivem Gewicht, das ist unbekannt. Es bleibt auch unsicher, ob das Aufrücken zum Kämmerer bei beiden

Fürsten innerhalb einer so kurzen Zeitspanne etwas zu tun hat mit dem gemeinsamen Kampf Maximilians und Ferdinands gegen den Kaiser in der Sukzessionsfrage.

Die Wahl zum Obristen eines Fußregiments 1615 durch die mährischen Landstände verdankte Wallenstein einer späten Konsequenz der Fehde zwischen Kaiser Rudolf und Matthias. Die böhmischen Stände hatten zur Zeit des Passauer Einfalls den Erzherzog nicht nur aus reiner Schwäche nach Prag gerufen. Ohne Zustimmung der böhmischen Protestanten hätte Matthias nicht die böhmische Krone erhalten. Daß Rudolf ihnen den Majestätsbrief gegeben und gleich darauf die Böhmische Charta grob ignoriert hatte, war seit dieser Zeit das Trauma aller böhmischen Protestanten. Deshalb verlangten sie von Matthias als Gegenleistung feste Garantien, um in Zukunft alles zu verhindern, was auch nur andeutungsweise nach einer gewaltsamen Unterdrückung der religiösen Freiheiten und damit auch der politischen aussah. Auf dem ersten Generallandtag im Sommer 1615 zu Prag wurde unter anderem eine Neuorganisation der ständischen Streitkräfte beschlossen. Unter der Voraussetzung, daß die Truppenkontingente zu wechselseitiger Hilfe gegen einen äußeren Feind verwendet werden sollten, einigte man sich auf eine entsprechende Zahl von Regimentern: Böhmen je zwei zu Fuß und zu Pferd, Mähren je eines, Schlesien zwei berittene und ein Regiment Fußtruppen, die Lausitze sollten gemeinsam 1200 Reiter und 2000 Mann zu Fuß beisteuern. Zu mehr kam es allerdings nicht als zu dieser bloßen Festsetzung der Zahlen. Vor allem fiel kein Wort darüber, was denn jetzt, in Friedenszeiten, an praktischen Dingen nötig sei, um die Aufstellung dieser Defensionsarmee vorzubereiten, damit sie im Bedarfsfall nicht nur auf dem Konzept, sondern auch schnell genug im Feld stand.

Dem Beschluß über die Stärke der ständischen Truppenkontingente der Defensionsarmee, der auf dem Prager Generallandtag 1615 gefaßt wurde, verdankte also Wallenstein seine Ernennung zum Obristen eines Fußregiments der mährischen Stände. Dieser Posten stand zunächst ebenfalls nur auf dem Papier. Bei der Bestallung mußte sich Wallenstein verpflichten, ein Regiment Söldner anzuwerben und zu mustern, falls eine Landesverteidigung notwendig werde. Bis zu dieser Eventualität erhielt er Jahr für Jahr ein Wartegeld ausbezahlt.

Wallenstein wurde dieses Amt nicht auf Grund einer erwiesenen, besonderen Kriegstüchtigkeit angetragen, sondern weil er eines der finanzkräftigsten Mitglieder des Herrenstandes Mährens war. Für einen solchen Posten war keine besondere Felderfahrung nötig, kein militärisches Können. Auch Graf Thurn hatte 1609 die ständischen Truppen Böhmens gegen das Passauer Kriegsvolk kommandiert, ohne durch schimmernde Lorbeeren des Schlachtfelds dazu legitimiert gewesen zu sein. Thurns Regimentsführung unter General Basta 1604 machte ihn bestenfalls dadurch bekannt, daß er nicht weiter aufgefallen war. Da wäre sogar der Fähnrich Wallenstein stärker hervorgetreten, der im Thurnschen Regiment gedient und Proben persönlichen Draufgängertums abgelegt hatte und a conto dessen befördert wurde. Noch charakteristischer ist die »militärische« Stellung, die einem so kriegsfremden Herrn wie dem Kardinal Dietrichstein von den Mähren übertragen wurde. Dietrichstein, der nur Erfahrung in geistlichen und mezzodiplomatischen Fehden hatte, wurde 1618 General-Obrist, also Oberbefehlshaber aller mährischen Truppen.

Wallensteins Bestallung zum Obristen hatte vorerst eine nur theoretische Bedeutung. Trotzdem war sie insofern auch schon damals bemerkenswert, als die Landstände Mährens überwiegend protestantisch und der kaiserlich-katholischen Regierung in Wien mehr als abgeneigt waren. Obgleich jeder von ihnen wußte, daß der Baron Wallenstein katholisch und kaiserlicher Kämmerer sowie Kammerherr der Erzherzöge Ferdinand und Maximilian war, hatten sie nicht das geringste Bedenken, ihn für die Werbung, Ausrüstung und Führung eines Regiments in ihren Diensten auszuwählen. Das ist nicht nur ein relativ sicheres Indiz für die Zurückhaltung Wallensteins in allen religiösen Kontroversen, sondern ein noch offensichtlicheres für seine reservierte und teilnahmslose Haltung allen politischen Dingen gegenüber. Seit 1608 und 1609 waren die Stände der österreichischen Kronländer bei ihren fundamentalen Differenzen mit dem Kaiser und der Wiener Regierung immer empfindlicher und allergischer geworden. Niemals hätten sie einem offenen Parteigänger des kaiserlichen Hauses, einem, der sich für die Stärkung des Königtums einsetzte, ein derartiges Amt übertragen. Und niemand zweifelte daran, daß dieser unauffällige, zurückhaltende Großgrundbesitzer trotz seines katholischen Glaubens auch nicht insgeheim mit Wien sympathisierte. Gerade seine offenkundige Indifferenz empfahl ihn für das militärische Amt. Es sprach sogar für ihn, daß er sich selbst mit keinem einzigen Wort für diese Obristenstelle empfohlen oder sich um sie beworben hatte.

Er war und blieb auch jetzt, in diesen letzten Jahren vor dem Sturm, 1615 und 1616, ein unbeschriebenes Blatt, eine Schattenfigur – reich, aber ohne Profil.

IV
Eine militärische Karriere beginnt – Der Prager Fenstersturz (1616–1618)

Erzherzog Ferdinand weiß sich nicht mehr zu helfen. Seit dem Herbst des Jahres 1615, seit mehr als einem Jahr, führt er in Italien einen Krieg, in dem so gut wie alles vom ersten Tag an schiefgegangen ist. Dieser erste Tag liegt so weit zurück, daß man sich kaum noch an ihn erinnert. Das ist auch nicht nötig, denn er hat genaugenommen noch gar nicht zu dem Krieg gezählt, der für Erzherzog Ferdinand jetzt das Kummerstadium erreicht hat.

1463 eroberten die Türken Bosnien. Zehn Jahre vorher war Konstantinopel gefallen, seine ungeheuren Festungsmauern von türkischen Kanonen zertrümmert, »die keinen Honig aßen«, war das byzantinische Kaisertum verendet. Mehmet II., der Eroberer, dehnt Arme und Schultern des Osmanischen Weltreichs, reckt den Brustkorb des Imperiums, er schickt seine Heere in den Westen und Nordwesten. Albanien wird Provinz des »Herrn aller Gläubigen«, ebenso Serbien und schließlich Bosnien. Dieses Ende war abzusehen, denn Bosnien ist schon seit 1436 den Türken tributpflichtig, und jetzt bleibt es mehr als drei Jahrhunderte türkische Provinz, bis 1787.

Viele Bewohner Bosniens, der Abstammung nach meistens Serben und Kroaten, fliehen nach der türkischen Eroberung in den Norden, auf habsburgisches Gebiet. Diese Uskoken fühlen sich nur vorübergehend als Flüchtlinge. Sie bleiben dicht bei ihrer Heimat, in der Nähe der österreichisch-ungarischen Grenze. Hier warten sie auf den Tag, an dem Österreich, die Christen, die veränderten Machtverhältnisse, das Schicksal, ein Wunder oder was sonst immer die Türken wieder aus ihrer Heimat vertreibt. Sie warten 10, 20, 50 Jahre. 1535 sind die Uskoken auf habsburgischem Gebiet schließlich so zahlreich geworden, daß ihre Ansiedlung in dem Grenzstreifen Österreich-Ungarns gegenüber den türkischen Gebieten zum Ausbau der Militärgrenze führt, des confinium militare. Sie zog sich vor allem durch das Krainer Gebiet im heutigen Jugoslawien. Zu Beginn des 17. Jahrhunderts kam es in Bosnien zu einer neuen Fluchtbewegung; in Scharen wechselten Uskoken auf habsburgisches Gebiet und baten um Schutz. Sie erhielten ihn auch, Krain gehörte zu den Ländern des Erzherzogs Ferdinand von Steiermark und Kärnten.

Die Militärgrenze sollte die österreichischen Gebiete vor türkischen Übergriffen schützen, und sei es auch um den billigen Preis, daß die Uskoken ihrerseits die türkische Grenze unsicher machten. Das besorgten sie gründlich. So gründlich, daß ihnen das Land nicht genug war. Sie begannen sich auf dem Meer zu tummeln, sie drangen in die Adria vor. Zum Problem wurden sie erst, als sie auch die Schiffe der Venezianer belästigten. Venedig war damals noch immer die stärkste Seemacht des Mittelmeers, die maritime Handelsmacht schlechthin. Neben Istrien gehörte der Adelsrepublik im Südosten auch der ganze dalmatinische Küstenstreifen samt den vorgelagerten Inseln bis hinunter nach Ragusa. Durch die munteren Überfälle der Uskoken wurde die natürliche Spannung in diesem Gebiet allmählich kriegsreif. Venedig warnte, es warnte wiederholt, schließlich warnte es robust. Nach einer Handvoll Vergeltungsaktionen marschierte es in das erzherzogliche Grenzland ein, stieß nach Friaul vor, in das Gebiet am Karst und Isonzo. Ihren ersten schweren Angriff versuchten die Venezianer auf Carlopago, wurden zurückgeworfen, brannten Novi nieder, marschierten nach Triest, eroberten ein Schloß nach dem andern am Golf, sie drangen bis zur wichtigsten Festung in diesem Gebiet vor, bis Gradisca.

Erzherzog Ferdinand war in der klassischen, ewig gleichen Situation aller, die sich in einen Krieg verwickelt sehen. Er war nicht ganz schuldig, er war nicht ganz unschuldig. Konnten ihn bis dahin die Seeräuberexperimente der Uskoken gleichgültig lassen, so machte ihm jetzt Venedig so deutlich wie es nur ging, daß es so nicht ging, daß die Uskoken seine Uskoken waren. Ferdinand rief seine Länder Steiermark, Kärnten und Krain zur Verteidigung auf, er rief den Kaiser in Wien um Hilfe an. Der Angriff Venedigs betreffe schließlich nicht nur ihn, Ferdinand, sondern den ganzen Staat.

Auch hier dasselbe, Ferdinand hatte nicht ganz unrecht, er hatte nicht ganz recht. Matthias und die kaiserliche Regierung waren völlig unschuldig an der augenblicklichen Komplikation, insoweit hatte Erzherzog Ferdinand keinen Grund zur Klage. Aber die Festung Novi, die eben von den Venezianern überrumpelt worden war, gehörte zu ungarischem Krongebiet. Dort war Matthias als König von Ungarn zuständiger Landesfürst. Der Kaiser müsse doch zugeben – so Ferdinand –, daß eine derartige Aufteilung der habsburgischen Gesamthausinteressen sich nicht rechtfertigen lasse, so, als ob Ferdinand nur dort gegen Venedig vorgehen dürfe, wo seine eigenen Landesgebiete angegriffen und bedroht seien.

Kaiser Matthias gab gar nichts zu. Ihn brachte nichts so schnell aus der Ruhe, vor allem nicht Argumente, und ganz besonders nicht diese Argumente seines Vetters. Der Krieg Ferdinands mit Venedig war ein Krieg, den Matthias nicht veranlaßt hatte. Wenn Ferdinand jetzt in Schwierigkeiten war, sah der Kaiser das nicht als hinreichenden Grund dafür an, den Krieg plötzlich gutheißen zu müssen. Nein, er habe für die venezianische Angelegenheit weder Geld noch Truppen. Ferdinand schickte seinen Obersthofmeister zu einer persönlichen Audienz nach Wien, den Freiherrn Hans Ulrich von Eggenberg, seit Jahren der Freund und maßgebende Berater des Erzherzogs.

Bei diesem Besuch im Januar 1616 gab der Kaiser etwas nach, er war nun einmal gutmütig, er versprach, einige berittene Fähnlein in Marsch zu setzen und auch ein Regiment zu Fuß für den Friauler Krieg aufzustellen. Kaum war Eggenberg wieder abgereist, griff der erste Minister des Kaisers ein, Bischof Melchior Klesl. Er verhinderte den Abmarsch der Reiter, dem Wiener Zeughaus wurde strikt verboten, Waffen zu liefern. Die kaiserliche Zusage, ein Regiment zu Fuß aufzustellen, verwandelte er in die etwas ironisch gemeinte Erlaubnis für Ferdinand, im Erzherzogtum Österreich auf eigene Kasse Truppen anzuwerben.

Klesl wußte, daß Ferdinand dazu kein Geld hatte. Solange es nach dem Bischof ging, würde Kaiser Matthias weder aktiv noch theoretisch-wohlwollend zugunsten Ferdinands in den Friauler Krieg eingreifen. Und solange Matthias Kaiser blieb, würde Klesl die Politik Habsburgs bestimmen. Von Wien hatte Ferdinand nichts zu hoffen.

Ganz allein war der Erzherzog in diesem Krieg allerdings nicht. Spanien hatte sich sofort hinter Ferdinand gestellt, genauer: es hatte sich gegen Venedig gestellt. Der spanische König mußte sich dazu nicht einmal en passant daran erinnern, daß Ferdinand ein Patenkind seines Vaters, Philipps II., war. Für Spanien gab es im Mittelmeer kein höheres Ziel, als endlich die Vorherrschaft der Venezianer in der Adria zu brechen, und kein schöneres Ziel, als Habsburg auch bei dieser Gelegenheit zu zeigen, daß jeder österreichische Triumphbogen auf spanischen Sockeln errichtet werden mußte. Aus den spanischen Niederlanden und aus Mailand wurden Hilfstruppen in das Friauler Kriegsgebiet geschickt, unter dem Kommando so bewährter Offiziere wie Pedro de Toledo, Don Balthasar de Marradas und Heinrich Duval von Dampierre. Sie sollten in militärischer Form Spaniens Drang in die Mitte Europas ausleben.

Gemessen an dem, was nötig gewesen wäre, blieb die spanische Unterstützung allerdings immer noch allzusehr im Symbolischen hängen. Denn auch Venedig war nicht auf sich selbst angewiesen. Besonders kräftig wurde es von den protestantischen Niederlanden unterstützt. Und bei den holländischen Einheiten, die Graf Ernst Kasimir von Nassau kommandierte, dienten viele Söhne deutscher protestantischer Fürsten als Offiziere. So schoben sich auch hier die politisch-militärischen mit den religiösen Fronten versteifend ineinander. Der ganze Krieg bekam ein europäisches Gewicht. Für Erzherzog Ferdinand wurde das venezianische Unternehmen mehr und mehr zum Felsen Rhodos seiner Laufbahn, für ihn stand die persönliche Reputation auf dem Spiel, sein Ansehen als Fürst, sein Ruf als politischer Machtfaktor, ein Ruf, den er gerade in diesen Monaten so dringend benötigte wie noch niemals bis dahin. Denn jeder in Europa wußte, daß die Nachfolgefrage in

Habsburg kurz vor der Lösung stand und daß der einzige Bewerber für die Königs- und Kaiserkrone Ferdinand von Steiermark hieß. Und in diesem Moment mußte derselbe Ferdinand spanische Unterstützung in einer lokal begrenzten Fehde annehmen; er nahm sie an, schweren Herzens.

Doch Woche um Woche vergeht, die militärische Lage in Friaul wird schlechter und schlechter. Die Truppen Ferdinands sind zu schwach, ihre Zahl ist zu gering. Venedig führt den Krieg vor allem nicht nur aus einer strategisch günstigen Position, sondern es kämpft entschlossen und zielsicher. Seit Anfang 1617 haben venezianische Truppen einen Ring um die befestigte Stadt Gradisca am Isonzo gezogen, einen relativ kleinen Ort in der heutigen italienischen Provinz Görz. Für dieses Gebiet hat Gradisca damals eine erhebliche militärische Bedeutung. Im Februar 1617 ist die Umklammerung der Stadt so fest, der Ring so lückenlos und kompakt, daß die Kommandeure keine Möglichkeit mehr sehen, Gradisca vor seinem venezianischen Schicksal zu retten.

Erzherzog Ferdinand macht sich mit dem Schlimmsten vertraut. Er hat kein Geld, keinen einzigen zusätzlichen Soldaten, er hat keine Waffenreserven, keine Munition, und daß er nicht der erste ist, dessen Soldaten im Krieg von der Hand in den Mund leben und von der Patrone in den Lauf, das ist kein Trost für die Belagerten. Ferdinand hat auch nichts, womit er den bitter nötigen Proviant – sofern er ihn überhaupt herbeischaffen könnte – in die Festung bringen kann. Der Verteidiger Gradiscas, Oberst Adam Graf von Trauttmansdorff, meldet dem Erzherzog, daß sich das Datum der Kapitulation ziemlich genau ausrechnen läßt, wenn sich die Lage nicht rasch und gründlich ändert. Ein Versuch Dampierres, den Ring aufzusprengen und zur Festung durchzustoßen, scheitert unter schweren Verlusten. Der Hunger in Gradisca wird verzweifelt scharf, aber auch die Truppen außerhalb der Festung sind miserabel verpflegt, die Ausrüstung verfällt, die Sättel müssen teilweise schon mit Seilen festgebunden werden, die sich die Reiter aus Stroh drehen.

Gerade jetzt hat die innerösterreichische Entwicklung ihren Höhepunkt erreicht, steht für Ferdinand besonders viel auf dem Spiel. Die Nachfolgefrage im Haus Habsburg ist in ihrem letzten Stadium. Seit Matthias zum deutschen Kaiser gekrönt ist, seit dem 3. Juni 1612, gibt es innerhalb der Dynastie kein Thema, das stärker drängt und das die Gemüter heftiger erregt als das Sukzessionsproblem. Fast die ganze Regierungszeit des Kaisers konzentriert sich auf die Frage, wer nach ihm Kaiser werden soll. Nur ein Herrscher von der überdimensionalen Nachsicht und phlegmatischen Kraftlosigkeit Matthias' kann die Kraft aufbringen, seine Regierungsperiode mit den Verhandlungen

und Kämpfen über ein Thema zu füllen, das die Zeit nach seinem Tod betrifft. Jedes Wort, das in der Sukzessionsfrage fällt, erinnert ihn im Kontext an seinen unausgesprochenen Beinamen: Kaiser Matthias, der Lückenbüßer.
Er hat 1612 den Frankfurter Dom erst vor einigen Stunden verlassen, die Wahl zum deutschen Kaiser ist kaum vorbei, da wird ihm der Gesandte des Königs von Spanien gemeldet. Don Balthasar de Zuñiga überbringt die geziemenden Glückwünsche des engverwandten, engbefreundeten Königshauses. Er fügt im gleichen Atemzug die weniger geziemende Bitte an, Matthias möge sich das Beispiel seines Vorgängers und Bruders zu Herzen nehmen und rechtzeitig, noch während seiner Herrschaft, einen habsburgischen Prinzen für den Thron nominieren.
Nicht genug, daß der Vertreter Spaniens diesen Tag vergällt: Auch der Intimus des neuen Kaisers, Melchior Klesl, schneidet noch am selben Abend das gleiche Thema an. Und das in einem Moment, in dem nur die Gemahlin des Kaisers mit im Zimmer ist. Um das Maß vollzumachen, hat Matthias erst vor kurzem den Böhmen ausdrücklich versichern müssen, daß zu seinen Lebzeiten die Nachfolgefrage nicht angerührt wird.
Philipp III. von Spanien und Bischof Klesl verbinden mit derselben Frage höchst unterschiedliche Vorstellungen. In Madrid hat man während des Bruderzwists in den vorangehenden Jahren mit dem Gedanken gespielt, einem spanischen Habsburger die deutsche Krone aufsetzen zu lassen. Bischof Klesl dagegen beschäftigen nur die österreichischen Hausinteressen Habsburgs, nicht die hausväterlichen Interessen des spanischen Königs. Als Philipp schon im Herbst 1612 seinen General Spinola als Sondergesandten für die Sukzessionsfrage zum Kaiser schickt, erklärt ihm Klesl die offizielle Wiener Sicht des Problems unangenehm deutlich: Zuständig seien zunächst die Brüder des Kaisers, die Erzherzöge Maximilian und Albrecht; prinzipiell aber sei die Regelung der Nachfolge ein Projekt, das Habsburg und das Reich, also die Länder und Fürsten Österreichs und Deutschlands summa summarum beträfe und deshalb als zusammenhängender Komplex gelöst werden müsse, auf gut österreichisch: folglich Spanien nichts anginge.
Spinola wandte sich jetzt an Maximilian. Auch der Erzherzog war so offen, wie es in diesem Punkt und diesem Moment spanische Ohren nicht im mindesten wünschen konnten. Er, sagte Maximilian, er und sein Bruder seien viel zu alt, Kinder hätten sie auch nicht. Es sei sinnlos, die Krone von einem Greisenhaupt aufs andere wandern zu lassen. Die porös gewordene Macht der deutschen Habsburger verlange einen jungen, ungebrochenen Regenten. Sollte die Ehe des Kaisers ohne Erben bleiben, und das müsse einkalkuliert werden, dann komme nur sein Vetter, Erzherzog Ferdinand von der steirischen

Linie, als künftiger Herrscher in Frage. Ferdinand sei jetzt 34 Jahre alt, er habe genügend Kinder, vor allem habe er nachfolgeberechtigte Söhne. Seine Rüstigkeit, seine effektive Nachkommenschaft – das allein genüge schon, um alle dynastischen Bedürfnisse zu stillen.
Die Mutter Philipps III., Maria, war die Tochter Kaiser Maximilians II. Aus seinen Schubladen kramte der spanische König eine alte Erklärung seiner Mutter hervor, in der sie auf ihre böhmischen und ungarischen Ansprüche verzichtete. Seine Juristen studierten das Blatt. Die Verzichtserklärung war ungültig, und daraus konstruierten sie für den spanischen König ein eigenes Erbrecht auf die Königreiche Ungarn und Böhmen. Philipp versuchte mit diesem Papier, seinen Forderungen ein energisches Profil zu geben. Die rechtlichen Schwächen überdeckte er durch den festen Schritt, mit dem er diese Corrida de successione begann.
Wie fragwürdig oder berechtigt die Ansprüche Philipps III. waren, darauf kam es allerdings in dieser Situation für Erzherzog Ferdinand nicht an. Er kannte schon seit Jahren die Ambitionen Philipps. Er wußte allerdings nicht, wie ernst es dem spanischen König damit war. Aber er wußte immerhin erstens, daß niemand anderer als er selbst, Ferdinand, einmal die Nachfolge in Österreich antreten würde, und daß ihm zweitens die Forderungen Philipps – Erbrecht hin, Vorrecht her – die größten Schwierigkeiten bereiten mußten und würden, wenn der spanische König sich darauf versteifte. Nichts konnte ihm unangenehmer sein als Differenzen mit demjenigen Herrscher, dessen politisch-religiöse Vorstellungen und Ziele von seinen eigenen ernstlich kaum zu unterscheiden waren.
Bischof Klesl ist während seiner kurzen Amtszeit als erster Minister und unbeschränkt freier Leiter der kaiserlichen Politik schon ein Opfer der in Ehren ergrauten Erfahrung geworden, daß Macht ohne Mißbrauch völlig reizlos ist. Wenn es den Erzherzögen gelingt, bereits jetzt einen Nachfolger zu nominieren, dann muß seine Position beim Kaiser, sein Einfluß und seine Bedeutung zwangsläufig geschwächt werden. Alles Schwergewicht würde beim präsumtiven Thronfolger mit seinen Beratern liegen und nicht bei ihm, Klesl. Deshalb schiebt er das ganze Sukzessionsproblem auf die lange Bank seines Ehrgeizes – so gut es geht.
Es geht nicht sehr gut. Erzherzog Maximilian und Ferdinand bemerken spätestens 1615, bei der Scheinschwangerschaft der Kaiserin, welchen entschlossenen, einflußreichen und vor allem geriebenen Gegner sie in Klesl haben. Dem spanischen Gesandten Zuñiga ist es auf dem Reichstag in Regensburg 1613 gelungen, die deutschen Kurfürsten davon abzuhalten, sich auf eine bestimmte Person als Nachfolger festzulegen, sie haben sich also auch noch

nicht für Ferdinand erklärt; ganz im Sinne Spaniens, denn der Escorial wünscht, daß Ferdinand erst dann designiert wird, wenn er sich mit Philipp arrangiert hat.

Die spanische Verzögerungsdiplomatie ist durchaus nach dem Geschmack Klesls, sie stärkt die Intentionen seiner eigenen Politik. Es ist eine ganz private, eigennützige Richtung, aber Klesl nützt sie geschickt und mit sicherem Fingerspitzengefühl für das, was in den Ländern Habsburgs politisch notwendig ist, nämlich durch großangelegte Bemühungen um einen Ausgleich der religiösen Streitfragen. Das ist sein ceterum censeo allen Einsprüchen und Vorwürfen der Erzherzöge gegenüber: erst religiöser Friede im Innern, dann die Nachfolgefrage, erst Komposition, dann Sukzession. Maximilians Ärger über diese stereotype Heuchelei Klesls, wie er es nennt, steigert sich allmählich zur Wut. Als die Hoffnung des Kaiserpaars auf eine wohlgefüllte Wiege 1615 in betretene Enttäuschung umschlägt, Klesl aber wiederum fast ein dreiviertel Jahr gewonnen hat, bricht der Erzherzog in die Sätze aus: »Dieser schelmische Pfaff hat die ganze Schwangerschaft nur erfunden, um das Sukzessionsgeschäft in Verwirrung zu bringen.«

Erfunden hat sie Klesl nun gerade nicht, konnte doch jeder Fremde täglich beim Anblick der kaiserlichen Korpulenz irrtümlich Wetten darauf abschließen, daß Anna gesegneten und nicht bloß gefütterten Leibes sei. Aber Klesl hat die Monate dieser Scheinschwangerschaft geschickt genützt. Weitere Zeit bleibt ihm allerdings nicht. Die Fronten zwischen den Katholiken und Protestanten im Reich und in den österreichischen Ländern haben sich derart verhärtet, daß die deutschen katholischen Kurfürsten schon bei der bloßen Vorstellung, Matthias könnte ohne designierten Nachfolger sterben, fahl werden. Auch der Papst will das Problem schleunigst geregelt sehen.

Die Nachfolge wird nämlich jetzt von Monat zu Monat auch für diejenigen interessanter, die sie ursprünglich kaum bewegt und beschäftigt hat; das dynastische Hausproblem verwandelt sich unaufhaltsam in ein Problem des ganzen Reiches, mehr als jemals zuvor. Kritisch wird die Situation erst durch die Veröffentlichung einer Denkschrift vom Februar 1616, in der Erzherzog Maximilian vom Kaiser verlangt, notfalls die römische Königswahl auch gegen den Willen der Kurfürsten von der Pfalz und von Brandenburg durchzusetzen und allgemeine Rüstungen zu betreiben.

Die Aufregung hätte nicht größer sein können. Seit Jahren ist die Pfalz Repräsentant und Lanzenspitze der protestantischen Sache; mit dem Text der Denkschrift kann sie den Beweis für die Usurpationspläne Habsburgs antreten. Maximilian beschuldigt Klesl, er hätte das Memorandum absichtlich veröffentlichen lassen, um die Öffentlichkeit zu alarmieren. Doch seine

Proteste beim Kaiser haben keinen Erfolg, Matthias stellt sich hinter seinen Minister.

Jetzt hat Maximilian genug. Er nimmt die Sache selbst in die Hand, genauer: in die eigene Faust. Am wichtigsten erscheint ihm die Ausschaltung Klesls. Er ist bereit, den Kardinal notfalls auch mit undiplomatischen Mitteln aus dem Weg zu räumen, er empfiehlt für seine Behandlung »das Richtschwert, selbst Gift und Dolch«. Ferdinand lehnt zwar brachiale Methoden ab, einigt sich aber jetzt unter der sanft entschiedenen Führung des Freiherrn von Eggenberg mit Spanien, schnell, fast überschnell. Vor allem einigt er sich so, daß Klesl keine Silbe erfährt.

Philipp III. schickt den Grafen Oñate als seinen neuen außerordentlichen Gesandten nach Österreich. Sein Weg führt ihn über Graz, er trifft hier mit Ferdinand zu einer Geheimbesprechung zusammen. Am 31. Januar 1617 wird dem spanischen Grafen eine Urkunde überreicht, in welcher sich Ferdinand verpflichtet, nach seiner endgültigen Kaiserkrönung an Spanien jedes deutsche Reichslehen in Italien abzutreten, das vakant wird, vor allem die Fürstentümer Piombino und Finale im Großherzogtum Toskana. Beide sind schon 1598 und 1603 in spanischen Händen gewesen. Oñate verlangt auch eine Überschreibung des Elsaß; diese Entschädigung ist ihm schon 1614 von Klesl auf Kosten Ferdinands angeboten worden. Das Elsaß hat deshalb so große Bedeutung für Spanien, weil es an das spanische Herzogtum Burgund, die Franche Comté grenzt und sein Besitz den spanischen Territorialring um Frankreich in der Mitte Europas schließen würde. Diesmal lehnt der Erzherzog die Forderung nicht mehr unnachgiebig ab wie 1614, er verschiebt lediglich die Beratung für kurze Zeit. Über das Elsaß soll noch einmal in Prag gesprochen werden; Oñates Reiseziel ist die Goldene Stadt, Ferdinand will dort einige Tage später ebenfalls erscheinen. Als Gegenleistung verspricht Oñate, die Nachfolgefrage beim Kaiser sofort mit aller Energie zu betreiben und binnen kurzem abzuschließen.

In Prag treffen sämtliche Parteien zusammen, sie sind wenigstens topografisch zum ersten Mal seit langer Zeit wieder gemeinsam an einem Tisch. Bei der ersten Konferenz versammeln sich neben Maximilian und Klesl auch Ferdinand, Eggenberg und Oñate. Der Spanier verlangt die Anerkennung der männlichen Linie Philipps vor der weiblichen Ferdinands, er verlangt noch einmal die Abtretung des Elsaß. Der erste Wunsch wird von den Anwesenden ohne weiteres gebilligt, der zweite ohne weiteres abgelehnt. Jetzt läßt sich Eggenberg auf keine zeit- und atemraubende Disputation mehr ein. Solange sich Ferdinand mit Philipp nicht einigt, so lange ist die Sukzessionsfrage nicht zu lösen. In einem zweiten Geheimdokument – zusammen mit dem ersten der berühmte Oñate-Vertrag des Jahres 1617 – sichert der Erzherzog zu, nach seinem Regierungsantritt und der Krönung die österreichischen Herrschaften und Hoheitsrechte im deutschen Elsaß und der Ortenau, dem badischen Gebiet am Oberrhein, an die spanische Krone abzutreten.

Das Dokument geht sofort nach Madrid ab. Klesl und den andern Gesprächspartnern erklärt Oñate kurz darauf mit zufrieden undurchdringlichem Gesicht, sein König sei bereit, zugunsten Ferdinands alle Ansprüche aufzugeben, wenn ihm lediglich der Vorrang der männlichen gegenüber der ferdinandeischen weiblichen in der Nachfolge garantiert wird. Klesl verschlägt es buchstäblich die Sprache ob dieser plötzlichen Konzilianz Spaniens, über Nacht sind alle Differenzen mit dem Escorial beigelegt. Der Kardinal ist nicht so gläubig, um auch hier an Wunder zu glauben; er kann sich nur nicht erklären, wie dieses Wunder eigentlich zustande gekommen ist.

Der Oñate-Vertrag ist das Muster eines geheimen Familienpaktes zwischen Vettern des Hauses Habsburg. Hier schließt der künftige deutsche Kaiser dem spanischen König mit einer Handbewegung die Tür zum Hauptstrom Mitteleuropas auf. Die Konzeption eines spanischen Rheins, letzter und größter Traum Philipps II., wird plötzlich wieder sichtbar, mehr als eine Generation nach seinem Tod, unter einem der schwächsten spanischen Könige, wird greifbar, ja sie ist für den König in Madrid, mit dem Oñate-Vertrag in der Hand, praktisch schon Wirklichkeit. Das Elsaß ist der Schlußstein, den der Escorial braucht. Spanische Truppen stehen zu dieser Zeit schon in Wesel, sie liegen an der Mosel, sie kampieren im Jülichschen Land.

Nach der Thronbesteigung Ferdinands und dem Ausbruch des Dreißigjährigen Krieges kann sich der Escorial mit Recht als Herr des linken Rheinufers bezeichnen, von Emmerich an der niederländischen Grenze über mehr als fünfhundert Kilometer hinauf bis nach Straßburg. Nicht als ob die Spanier deshalb auch direkt zu den Vätern des bevorstehenden Großen Krieges gehörten, aber die beiden Geheimdokumente legalisieren ihr Eingreifen auf Grund fundamentaler Machtinteressen. Bei der Erbfolgefrage und den Engagements im Friauler Krieg war immer erst in den Nachsätzen von Religion die Rede. Kurze Zeit darauf dreht sich das Verhältnis um, die Regimenter stürmen um der Religion willen gegeneinander, und in den Nachsätzen behandelt man die Territorial- und irdischen Machtinteressen. Die Differenz besteht im Unterschied, man darf es nur nicht aussprechen. Noch volle sechs Jahre später, zu Weihnachten 1623, muß der österreichische Gesandte in Madrid, Graf Khevenhüller, dem spanischen König sagen: Wenn bekannt wird, was in diesem Vertrag über deutsche Reichsgebiete festgelegt und ver-

einbart worden ist, kommt es zu einer Protestexplosion der Vasallen des Elsaß und der deutschen Kurfürsten, und Frankreich, Lothringen und die übrigen Nachbarn entschließen sich zu einem rücksichtslosen Widerstand auf Biegen und Brechen.
Der Oñate-Vertrag wird nicht bekannt. Nichts von ihm wird auch jemals verwirklicht. Nach der Schlacht am Weißen Berg, nach dem Zerstampfen der böhmischen Rebellion müßte der Kaiser zu seiner Unterschrift stehen. Der neue spanische König, Philipp IV., verzichtet darauf. Er und seine Ratgeber wissen, welches Fiasko sie mit einer solchen spanischen Gebiets- und Machtvergrößerung heraufbeschwören würden. Die wirkliche Bedeutung des Oñate-Vertrages liegt auch gar nicht in der Realisierung oder Nichtrealisierung seiner Vereinbarungen. Sie liegt darin, daß mit der Befriedigung aller wechselseitigen Erwartungen und Ansprüche – durch Urkunde, Unterschrift und innere Zustimmung – eine felsenfeste Basis für die künftige österreichisch-spanische Solidaritätspolitik gelegt wird. Der Oñate-Vertrag ist für Spanien der Leitstern in den Stürmen des Dreißigjährigen Krieges.
Die Differenzen und ihre abschließende Regelung zwischen dem steirischen Erzherzog und seinem spanischen Vetter geben sowohl der Sukzessionsfrage als auch dem Friauler Krieg ihren europäischen Rang. Für Ferdinand kommt es in diesen Jahren 1616/17 ausschließlich darauf an, daß er als starker, selbständiger Verhandlungspartner, als politische Potenz auftritt. Er darf sich deshalb eine Niederlage gegen Venedig nicht leisten. Zieht er in dieser ersten wirklichen Kraftprobe seines Lebens den kürzeren, dann präsentiert sich den Böhmen, Mähren und Ungarn ein Besiegter als neuer König, streckt ein Geschlagener die Hand nach der Kaiserkrone aus. Das sind die Konsequenzen, die sich plötzlich an dieses kleine, begrenzte Schlachtfeld im Isonzogebiet knüpfen. Der Friauler Krieg wird zum militärischen Testfall für Ferdinands politisches Debüt.

Deshalb also weiß sich der Erzherzog nicht mehr zu helfen: weil die venezianische Verwicklung in einem so folgenschweren Wirkungsgeflecht steht, weil er sich dabei so verlassen und auf sich selbst gestellt sieht, jetzt, da Gradiscas Kapitulation vor der Tür steht. Ferdinand greift zum letzten Mittel, das ihm übrigbleibt. Es fällt ihm schwer, sehr schwer, aber es ist die einzige Notbremse, die es gibt. Er appelliert in drängenden Hilfsgesuchen an die reichsten Standesherren und Vasallen seiner Gebiete, ihn auf ihre eigenen Kosten zu unterstützen, schnell und mit allem, was sie zur Verfügung haben.
Dieser Notruf erreicht auch Wallenstein, den erzherzoglichen Kämmerer, rei-

chen Kavalier und Großgrundbesitzer. Die Bitte des bedrängten Erzherzogs im anhebenden Frühjahr 1617 ist der Auftakt zur großen Zäsur in Wallensteins Leben, mit ihr beginnt ein entscheidender Abschnitt. Seit dem Feldzug in Ungarn, knapp 13 Jahre früher, 1604, ist hier für Wallenstein die erste wirkliche Gelegenheit, von sich aus aktiv zu werden, sich militärisch an einer Sache zu beteiligen, die verkettet ist mit großen politischen Schwergewichtsverschiebungen und im Zentrum weitreichender Zusammenhänge steht und durch die Wallenstein selbst mit einem Schlag eine bedeutende Stellung einnehmen kann. Er ahnt nicht entfernt den ganzen Umfang der Möglichkeiten, die damit verbunden sind und verbunden sein werden. Er hat auch die Tendenzen seit 1614 oder noch früher nicht auf diesen Kulminationspunkt zulaufen und vorwegnehmend, in einer Präfiguration, sich dort konzentrieren sehen. Aber als der Moment eintritt, erkennt er in aufblitzender Schnelligkeit seine Größe und das Gewicht seiner Bedeutung und reagiert genauso rasch und angemessen.

Und er ist der einzige, der das alles Anfang 1617 begreift, der einzige unter vielen. Schon hier, beim erstenmal, ist er den Zeitgenossen an Einsicht und Erkenntnis der Tragweite einer Schlüsselsituation weit voraus.

Wallenstein verschwendet keine Zeit. Das Hilfsgesuch des Erzherzogs hat ihn kaum erreicht, da antwortet er ihm. Ja, er wird sofort Truppen anwerben, er wird sie bezahlen und auf eigene Kosten sechs Monate lang im Feld besolden und verpflegen, er wird sich beeilen. Er wirbt in aller Schnelligkeit zwei knappe Kompanien schwerer Reiter, es sind 180 Kürassiere, dazu noch eine Abteilung von 80 Musketieren. Wallenstein läßt sie makellos ausrüsten und bewaffnen, der Troß ist groß, Verpflegung und Bagage überreichlich. Während der Werbung, Musterung, Vereidigung und Ausrüstung der Soldaten macht er mit Pater Johannes Pasarelli, der seit 1613 sein Beichtvater ist, elf Tage lang geistliche Exerzitien, legt zum Schluß die Beichte ab und kommuniziert.

Im Mai 1617 bricht er an der Spitze seiner Soldaten nach Süden auf. Der Weg führt über Wien und Graz, von Mähren nach Friaul sind es an die siebenhundert Straßenkilometer. Am erzherzoglichen Hof in Graz trifft er mit Eggenberg zusammen. Daß sich beide schon früher einmal begegnet sind, ist nicht unwahrscheinlich. Ihre enge Verbindung, die bald zu fester, unerschütterlicher Freundschaft wird, datiert aber seit diesem Jahr. In der ersten Julihälfte erreicht Wallenstein mit seinem Kriegsvolk das Feldlager vor Gradisca.

Sie reiten durch die Zeltstraßen, ihre Harnische strahlen, die schweren Pallasche wippen. Bald weiß man vom Gemeinen bis zum Kommandeur, daß

die Reiter und Knechte Wallensteins nicht nur tadellose Monturen, stattliche Pferde und beste Waffen haben, sondern daß sie auch diszipliniert und erstklassig ausgebildet sind. Dieser Kontrast zum übrigen Heer ist eine Augensache. Er überrascht nicht unbedingt, denn gerade wegen des kümmerlichen Zustandes seines Heeres hat Ferdinand um Hilfe und Unterstützung bitten müssen. Weniger selbstverständlich ist der Gegensatz an Tapferkeit und Schlagkraft.
Die Besatzung Gradiscas ist so gut wie am Verhungern. Als die Kürassiere Wallensteins im Lager eintreffen, entschließt sich Graf Dampierre, der Befehlshaber der Feldtruppen Ferdinands, den Durchbruch zur Festung noch einmal zu versuchen. Am 13. Juli formiert Wallenstein seine Kürassiere zum Angriff, als Stoßkeil, er führt die Attacke von Anfang an mit voller Wucht, wirft einen Gegenangriff der venezianischen Reiterei auseinander, durchbricht die Linien und erreicht die Festung. Hinter ihm sichern Hunderte von Reitern, Musketieren und Pikenieren die tiefe Bresche in der Front, sie halten sie lange genug offen, um einen gewaltigen Wagenzug mit Proviant und Material in die Mauern Gradiscas zu bringen. Der Ritt zurück ins Hauptlager ist genauso bravourös. Wallensteins Kürassiere bringen alle Verwundeten und Kranken sicher aus der Festung heraus, durch das venezianische Feuer ins eigene Lager.
Gradisca ist gerettet. Ganz läßt sich der Belagerungsgürtel nicht aufbrechen, aber das ist jetzt nicht mehr nötig. Der Friauler Krieg hat sich für Venedig auf die Eroberung Gradiscas zugespitzt. Sieg oder Niederlage sind identisch mit der Eroberung oder dem Entsatz der Festung. Am 22. September entschließt sich Dampierre noch einmal zu einem Durchbruch. Wieder führt Wallenstein die Attacke seiner schweren Reiter, die Gefechte sind erbittert und blutig, aber das Unternehmen glückt diesmal womöglich noch eindrucksvoller als im Juli. Jetzt ist Venedig endgültig dazu bereit, den Friauler Krieg abzubrechen, mit Ferdinand seinen Frieden zu machen.
Die nüchternen Feldberichte im Wiener Kriegsarchiv enthalten nur die Notiz: »Bei dieser Occasion hat sich Albrecht Herr von Wallstein, ein reicher mährischer Herr und tapferer Cavalier, der auf seine Kosten dem König 200 Pferde sechs Monate unterhalten, redlich und vernünftig gehalten«, er hat sich bei den Kämpfen »ganz tapfer und herzhaft gezaiget«. Ferdinand hat die Hilfe Wallensteins niemals vergessen, er hat noch nach Jahren immer wieder die spontane Unterstützung und den Mut Wallensteins vor Gradisca erwähnt, er hat auch als Kaiser mit auffallender Wärme von den Diensten und Opfern Wallensteins im Friauler Krieg gesprochen. Nicht die Stärke der Wallensteinschen Reitertruppen war maßgebend, wichtig war auch nicht allein

der Erfolg vor Gradisca, die Rettung von Stadt und Festung. Wirklich entscheidend für das Urteil Ferdinands war die Tatsache der bloßen Unterstützung seines Kämmerers und ebenso, daß Wallenstein nicht nur die Soldaten abkommandiert, sondern sie auch persönlich im Feldlager geführt hat. Niemand außer Wallenstein hatte derart auf das Hilfsgesuch des verzweifelten Erzherzogs reagiert, und eben das war genügend Anlaß für ihn, sich auch noch als Kaiser viele Jahre später daran zu erinnern.

Die Verbindung zwischen Ferdinand und Wallenstein löste sich seit dem Friauler Krieg nicht mehr. Kaum war der Erzherzog zum König von Böhmen gewählt worden, beauftragte er Wallenstein, einen neuen Artikelsbrief für die Kavallerie zu entwerfen. Wallensteins Truppenführung vor Gradisca kann also nicht nur ein bloßes Schaustück gewesen sein. Dieses »Wallensteinische Reutter Rechtt« von 1617 »als das beym Regierungsantritt Ferdinands II. für das kayserliche Kriegsheer bestanden Kriegs Regolament« wurde für das ganze kaiserliche Heer verbindlich. In den folgenden Kriegsjahren galt Wallensteins Reiterrecht als mustergültiger Artikelsbrief, er wurde erst durch das Kriegsrecht von 1642 überholt, denn dieser neue Artikelsbrief Kaiser Ferdinands III. beendete die Trennung der Rechtsstellung von Reiterei und Fußvolk, er galt für die ganze kaiserliche Armee ohne Unterschied der Waffengattungen.

Ferdinand erläßt das neue Reiterrecht schon als Römische Majestät. Als der spanische Gesandte Oñate deutlich erklärt, sein König habe keine Einwände mehr gegen die Nachfolge Ferdinands, als die Erzherzöge Kardinal Klesl völlig unmißverständlich sagen, sie würden ihn beiseiteschaffen, mit welchen Mitteln auch immer, als sogar Oñate mit einer Klage beim Papst droht, sieht Klesl keine Ausflucht mehr. Er empfiehlt dem Kaiser endlich das, was er Jahr um Jahr hinausgeschoben hat, nämlich den Landtag zum August nach Prag zusammenzurufen. Ferdinand soll dann die böhmische Krone erhalten. Der Landtag tritt am 5. Juni zusammen.

Matthias ist unglücklich, daß die Ausschreibung des Landtags nun doch unwiderruflich ist. Noch unglücklicher, noch erregter sind die böhmischen Stände. 1611 hat ihnen doch Matthias neben vielem anderen versprochen, daß während seiner Regierung bis zu seinem Tod über die Wahl eines Nachfolgers nicht verhandelt wird. Sie wissen auch, daß sie keinen König finden können, der noch katholischer ist als Erzherzog Ferdinand. Außerdem bestehen die protestantischen Stände darauf, daß ihnen das Recht zukommt, ihren König frei zu wählen. Der böhmisch-kaiserliche Kanzler, Zdenko Adalbert von Lobkowitz, einer ihrer schärfsten katholischen Gegner, weist ihnen bei der letzten entscheidenden Zusammenkunft vor der Nominierung allerdings detailliert nach, daß seit 1526, dem Regierungsbeginn der Habsburger, die Krone Böhmens durch Erbrecht und nicht durch Wahl übertragen worden ist.

Die Opposition hat keine Antwort parat, sie muß sich für diesen Moment geschlagen geben. Es ist ein wichtiger Moment. Am 6. Juni 1617 wird Ferdinand fast einstimmig als König von Böhmen angenommen. Allerdings ist er nicht bereit, um seiner Krönung willen alle Forderungen der Stände zu erfüllen. Der springende Punkt ist der Majestätsbrief Kaiser Rudolfs. Ferdinand haßt dieses Dokument. Und die protestantischen Stände Böhmens erinnern sich an eine Bemerkung, die er sieben Jahre früher zu dem Fürsten Karl von Liechtenstein gemacht hat: »Man muß vor allem die Annullierung des Majestätsbriefes betreiben.«

Zunächst muß er, 1617, seine Krönung in Böhmen betreiben, er muß auch seine künftige Krönung zum Deutschen Kaiser betreiben. Ohne Bestätigung des Majestätsbriefes geht das nicht. Ferdinand bittet das Prager Jesuitenkollegium um Rat. Die Patres antworten in der üblichen Kasuistik: »Erzherzog Ferdinand hätte den Majestätsbrief nicht erteilen dürfen. Aber er darf ihn ohne Skrupel bestätigen, wenn er nicht anders zur Regierung kommen kann.« Ferdinand unterschreibt, am 19. Juni wird ihm die Krone Böhmens im Veitsdom zu Prag aufs Haupt gesetzt. Im folgenden Jahr, am 16. Mai, wird Ferdinand auch zum König von Ungarn proklamiert und am 1. Juli 1618 feierlich gekrönt.

Das ist eine Spanne eigentümlicher Art zwischen den Feierlichkeiten. Die Böhmen stimmen Ferdinands Krönung zu, widerwillig, mißtrauisch, überrumpelt, und während er sich zur Wenzelskrone auch die ungarische Stephanskrone holt, bereuen die Stände in Prag ihren Entschluß, sie werfen Wien den Fehdehandschuh hin, das heißt, sie werfen die beiden kaiserlichen Statthalter Martinitz und Slavata aus dem Fenster der Prager Burg.

Die beiden Herren und der Schreiber Fabricius fallen aber keineswegs aus heiterem Himmel. Ferdinands Krönung wird nicht nur von den Protestanten als Auftakt zur Rekatholisierung Böhmens empfunden, sondern ebenso von den katholisch-kaiserlichen Beamten in Prag und allen Katholiken des Landes, hohen und niederen, so gering auch ihre Zahl ist, in erster Linie aber von den geistlichen Soldaten der Gegenreformation, den Jesuiten. Beide Seiten rechnen mit einem Kampf, in dem nicht nur Parolen und Forderungen von den Lippen fließen, sondern Blut aus Tausenden von Wunden. Die Protestanten schätzen die Härte ihres neuen Königs in Glaubensdingen richtig ein. Der katholische Hauptmann der Herrschaft Mělnik nördlich von Prag drückt es in der primitiven Formel aus: »Wenn Ferdinand schon seinen Erbländern den Eid nicht gehalten hat, dann wird er es den Böhmen gegenüber auch nicht tun.«

Man erinnert sich also noch einmal an den jungen Erzherzog Ferdinand vor zwei Jahrzehnten. Er hat gerade seine Studien an der Jesuitenuniversität in Ingolstadt beendet. Fünf Jahre lang ist er dort gewesen, seine Leistungen sind nicht schlecht, sie sind besonders auffallend und gut, wenn er im Gottesdienst vorsingt, wenn er in Prozessionen das Kreuz voranträgt oder wenn er im Büßerhabit an vierzigstündigen Gebeten teilnimmt. Nach Graz kehrt er im März 1595 zurück, trotz seiner Minderjährigkeit bevollmächtigt ihn der Kaiser bald darauf zur Regierung; Ferdinand ist noch keine 17 Jahre alt. Von Staatsgeschäften versteht der junge Erzherzog nur so viel, daß sie katholisch zu sein haben. Das ist auch die letzte Ermahnung gewesen, die ihm beim Abschied von Ingolstadt sein Vormund und Onkel, Herzog Wilhelm der Fromme von Bayern, mit auf den Weg gegeben hat. Wilhelm schreibt eigens für seinen Neffen eine Art Fürstenspiegel, die Richtlinien sind einfach und leicht zu begreifen: Ferdinand muß sich besonders mit frommen, eifrig katholischen Räten umgeben und »diesfalls nit allein auf das Herkhumen sehen«, alles in seiner Regierung muß ein katholisches Fundament haben.
Was Wilhelm darunter versteht, hat er schon früher einmal seinem Schwager, dem Erzherzog Karl von Steiermark – Ferdinands Vater –, erklärt. Karl hat sich hinreißen lassen, seinen protestantischen Adligen mündlich freie Religionsausübung zu garantieren, und Wilhelm versichert ihm jetzt, daß er diese Versprechen am sichersten umgehen kann, wenn er schleunigst eine katholische Garnison in Graz einrichtet, um gegen jeden eventuellen Widerstand mit militärischer Gewalt vorgehen zu können.
Ferdinand versteht also gut genug, was eine katholische Regierung fundiert. Er versteht es so gründlich, daß er sein religiöses Innenleben von keinem Argument und keiner Faktizität verstören läßt. Es ist ein Faktum, daß Ferdinand in seinen eigenen Ländern beim Regierungsantritt beinahe der einzige Katholik ist. In Graz sollen sich 1596 nur noch drei Personen öffentlich zum katholischen Glauben bekannt haben. Sicher ist das übertrieben, aber es trifft doch die Situation genau, denn wenn der Erzherzog in Graz den katholischen Gottesdienst besucht, erinnert ihn die Kirche an die Leere einer Wüste. Die Konsequenz daraus soll er zu Klesl in die Behauptung gekleidet haben: »Besser eine Wüste als ein Land voller Ketzer.« Derartige Maximen sind freilich bei den Kampfkatholiken gang und gäbe. Herzog Alba, der eiserne Herzog, hat schon vor Jahren an Katharina von Medici, die französische Königin

der Pariser Bluthochzeit von 1572, der Bartholomäusnacht, wörtlich geschrieben: »Viel besser ist es, ein Reich in verwüstetem, ja zugrunde gerichtetem Zustande durch einen Krieg für Gott und für den König zu behaupten, als unversehrt ohne Krieg für den Teufel und seine Anhänger, die Ketzer.«

Ferdinand rüstet sich für sein Amt 1598 durch eine Wallfahrt nach Italien, er besucht Rom, Florenz und Ferrara, er trifft mit Papst Clemens VIII. zusammen. Sein Hauptziel ist Loreto, der berühmte Gnadenort in der Provinz Ancona, wo so viele großartige Schwüre getan werden und getan worden sein sollen. Ferdinand legt dort vor der Jungfrau Maria das Gelübde ab, selbst bei Gefahr seines Lebens alle Irrlehren und Sekten aus den Ländern auszurotten, die er geerbt hat. Sein ganzes Leben lang betrachtet er diesen Eid als eine unbedingte Richtschnur, er stimmt ihn unerschöpflich fantasievoll auf alle wechselnden Situationen ab und er kann das deshalb tun, weil das Gelöbnis überreiche Glaubensstärke erfordert und überhaupt keine Fantasie. Immer wieder betont Ferdinand, »er wolle liber und ehender auf seine Königreiche und Länder verzichten, als eine Gelegenheit, dem rechten Glauben fortzuhelfen, wissentlich versäumen«. Ferdinand ist begabt genug, ein Leben lang keine Gelegenheit zum Kampf für den wahren Glauben auszulassen, und er hat auf keinen Quadratmeter seiner Königreiche und Länder verzichtet. Nie gibt es eine Dissonanz zwischen seinem Kampf für den Katholizismus und seinem Kampf für die Erfordernisse habsburgischer Familienpolitik, denn gerade hier ist er von einer genialen Kurzsichtigkeit – er kann keinen Unterschied zwischen beiden entdecken.

Noch im Frühling 1598 kehrt er aus Italien zurück. Bevor er im September seine neuen Verordnungen erläßt, bekennt er noch einmal: »Lieber würde ich von Wasser und Brot leben, lieber mit einem weißen Stäblein in der Hand samt Weib und Kindern die Heimat meiden; lieber von Haus zu Haus das Brot betteln, ja, lieber in Stücke mich zerreißen lassen, als länger die Unbill dulden, die bisher in meinen Ländern gegen Gott und die Kirche ist verübt worden.« Man wird ihm den Ernst dieser Versicherung glauben, auch wenn er weder Weib noch Kind hat in diesem Moment, jedenfalls versucht er folgerichtig, erst einmal die lutherische Religion in Stücke zu zerreißen. Er befiehlt den protestantischen Geistlichen und Predigern, innerhalb von zehn Tagen Graz und das Land zu verlassen, er wiederholt denselben Verbannungsbefehl in Kärnten und Krain. Die nichtkatholischen Kirchen werden geschlossen, der protestantische Gottesdienst bei Androhung der Todesstrafe verboten. Der Erzherzog setzt diese Befehle auch in die Wirklichkeit um, er läßt seine sämtlichen Gebiete systematisch von Kommissaren mit militärischer

Eskorte kontrollieren; zu Rebellionen kommt es nicht, auch der Adel und die Stände protestieren nur mit Worten.
Schon nach einem halben Jahr ist die Rekatholisierung von Steiermark, Kärnten und Krain praktisch beendet. Erzherzog Ferdinand verkündet am 30. April 1599 in einer »Hauptresolution«, dem Landesfürsten stehe in den landesfürstlichen Städten und Märkten das »absolutum et merum imperium« zu – nicht gerade ein neues Prinzip, nur das cuius regio auf katholisch. Ferdinands Resolution wird die »Magna Charta der innerösterreichischen Gegenreformation«. Im Jahr 1600 gibt es in Ferdinands Ländern nur noch einen offiziellen Glauben, den katholischen; im gleichen Jahr wird Giordano Bruno in Rom öffentlich als Ketzer verbrannt, unter der Ägide des gleichen Papstes, mit dem der steirische Erzherzog in Ferrara zusammengetroffen ist. Ferdinand kann sich damit begnügen, Luthers Schriften verbrennen zu lassen.
Seit 1598 gilt Ferdinand als klassischer Repräsentant der katholischen Kirche. Als Erzherzog gilt er das für Innerösterreich, als Nachfolger Matthias' gilt er das bis zu den Grenzen, an denen Habsburg endet, als deutscher Kaiser gilt er das für das ganze Römische Reich, aus dem er Buchstaben für Buchstaben ein Heiliges Reich machen will, die letzte Theokratie der Weltgeschichte, den Gottesstaat als Reich der Kirche. Ferdinand fühlt sich keineswegs zu einer Mission berufen. Das würde eine intellektuelle Übersicht voraussetzen oder die Empfindung, vom Heiligen Geist auserwählt zu sein. Nichts davon ist der Fall. Für Ferdinand ist die katholische Kirche die alleinseligmachende, deshalb ist es für ihn das Natürlichste von der Welt, daß er als König von Gottes Gnaden auch die protestantischen Ketzer allein seligmachen muß.

Die Protestanten in Böhmen erinnern sich daran, daß vor sechzig Jahren jeder zehnte im Deutschen Reich katholisch war, und sie wissen, daß jetzt, 1617, inzwischen wieder jeder vierte die Messe besucht. Wird ihr neuer König und Herr die Gegenreformation bei ihnen tatsächlich trotz seines eigenen Wortes, trotz seiner Bestätigung des Majestätsbriefes erzwingen? Hat er in Steiermark wirklich seinen Eid gegenüber den Ständen gebrochen? Als sie ihm auf der Burg in Graz huldigten, beschwor er zwar ihre Freiheiten und Rechte, aber er setzte schon damals ausdrücklich hinzu, daß sich das nicht auf ihre religiösen Forderungen erstrecke, denn ihre Privilegien hätten damit überhaupt nichts zu tun.
Strittige Dinge haben niemals nur zwei Seiten, sondern mindestens fünf bis sechs. Für die Stände Böhmens und für die königliche Regierung ist es gar

nicht das eigentliche Problem, ob der Majestätsbrief zu halten oder zu zerreißen ist. Das Problem, um das sich alles konzentriert und an dem sich der Große Krieg entzündet, ist die Frage, wie der Majestätsbrief ausgelegt werden soll. Matthias hat seit 1611 viel versucht, um die Gegensätze auszugleichen. Aber er hätte noch mehr tun können. Er hat also nicht genügend getan, und was er getan hat, ist wechselnd, launisch, inkonsequent gewesen. Allerdings, seit Ferdinand zum böhmischen König gekrönt worden ist, geschieht überhaupt nichts mehr zur Harmonisierung der Gegensätze. Im Gegenteil.

Seit sechs Jahren streiten sich Protestanten und Katholiken um die Kirchen in Braunau und Klostergrab. Es sind protestantische Kirchen auf kirchlichen Gütern. Da es sich um königliche Güter handelt, unterliegen sie der Religionsfreiheit entsprechend dem Majestätsbrief. So sagen die Protestanten. Die Katholiken sagen »Nein!«. Im Falle Braunaus erläßt die Regierung im Dezember 1617 eine verschärfte Verfügung, die Kirche sofort an den Abt auszuliefern. Der Befehl wird nicht befolgt. Im März 1618 wird eine Kommission in den Ort geschickt, die dem königlichen Erlaß endlich Gehorsam verschaffen soll. Die Bevölkerung läuft zusammen, beginnt zu drohen, die Kommission muß wieder abziehen. Darauf werden Deputierte aus Braunau, die man zu den Statthaltern nach Prag befohlen hat, im Weißen Turm eingekerkert. In Klostergrab wird die Sache schneller entschieden. Der Prager Erzbischof schickt am 11. Dezember 1617 Handwerker in den Ort und läßt die Kirche, um die so lange gestritten worden ist, binnen drei Tagen abreißen.

Wer in diesen beiden Fällen recht hat, darüber läßt sich anhand des Majestätsbriefes ausführlich streiten. Man hat auch lange genug darüber gestritten. Daß die Diskussion aber von den Katholiken einfach mit Gewalt in ihrem Sinn entschieden wird, steigert die Erbitterung der protestantischen Stände auf den Siedepunkt. Gleichzeitig verbreitet sich die würgende Angst, daß jetzt unter Ferdinand, nach diesen Beispielen, die Gegenreformation vor keinem Mittel mehr zurückschrecken wird. Sind Klostergrab und Braunau dafür nicht Paradefälle reinsten Weihwassers?

Bei Erlaß des Majestätsbriefes 1609 ist ein Kollegium von Defensoren gegründet worden, das als ständige Behörde das Kirchenwesen leiten und die Rechte der Protestanten schützen soll. Das bedeutendste Mitglied dieses Kollegiums und zugleich die treibende Kraft der ganzen protestantischen Stände ist Graf Heinrich Matthias von Thurn. Erst vor einer Generation hatten sich die Thurns in Böhmen und Mähren niedergelassen. Heinrich Matthias, ein Sohn aus der zweiten Ehe des Grafen Franz mit Barbara Gräfin von Schlick, wuchs in Niederösterreich auf, bei seinem Vetter Hans Ambrosius Thurn, dem

Landeshauptmann von Krain. Hans Ambrosius war pikanterweise einer der intimsten Berater von Ferdinands Mutter, ein Mann, den auch Ferdinand immer wieder um Rat ersuchte, sogar noch nach der böhmischen Rebellion.

Heinrich Matthias von Thurn kam erst nach Böhmen, als sein Regiment infolge des Friedensschlusses 1606 mit Ungarn und der Türkei abgedankt wurde. Er, der Initiator und Führer des schwerwiegendsten Aufstandes der böhmischen Geschichte, hat das Tschechische so gut wie überhaupt nicht beherrscht. Thurn steht von Anfang an an der Spitze der oppositionellen Stände, ohne sich allerdings aus reinem Glaubenseifer zu engagieren. 1609 wird er von den protestantischen Ständen zu einem der Glaubensdefensoren gewählt, zwei Jahre später verhilft er Matthias zur Königswürde und erhält dafür das Amt des Burggrafen von Karlstein, das ihm zwar in der Regierung des Landes keine bedeutende Funktion einträgt, dafür aber ein sehr hohes Gehalt. Er löst in dem Amt Wilhelm von Slavata ab, der sich beim Passauer Einfall kompromittiert hat; er soll ihn mitverschuldet haben. Vor Gericht kann sich Slavata zwar rechtfertigen, den Posten des Burggrafen ist er aber los. Und um der Feindschaft zwischen Thurn und Slavata den letzten Schliff zu geben, gehört Slavata zusammen mit Jaroslav Bořita von Martinitz und dem Kanzler Zdenko von Lobkowitz zu den schroffsten katholischen Gegnern der protestantischen Stände Böhmens.

Thurn fühlt sich niemals dem Kaiser verbunden, immer nur Böhmen. Schon 1614 hat er zusammen mit dem Grafen Andreas Schlick und Wenzel Kinsky als Sprecher der böhmischen Ständeopposition dem Kurfürsten von Sachsen die Krone Böhmens angeboten; sie seien, so beteuern sie Johann Georg, wegen der innenpolitischen Situation zur Beseitigung der Habsburger Dynastie entschlossen. Bis zur Krönung Ferdinands tritt Thurn konsequent immer als der entschiedenste Sprecher und Vertreter der böhmischen Opposition auf. Auch für die Regierung konzentriert sich in seiner Person alles, was in katholischer Sicht in den Ländern der Wenzelskrone zu bekämpfen ist. Bei den Landtagsverhandlungen am 6. Juni 1617 in Prag über die Nachfolge Ferdinands ist Thurn der einzige, der sich gegen die Erhebung des steirischen Erzherzogs ausspricht. Von allen Versammelten schwenkt lediglich der Freiherr Colonna von Fels auf seine Seite.

Ferdinand vergißt das keinen Augenblick. Bei der ersten Gelegenheit, die der neue König hat, bei einem Empfang, wendet er sich direkt an Thurn: »Warum sind Sie und Ihre Freunde mir so feindlich entgegengetreten?« Thurn schweigt. Einige Monate später, im Oktober 1617, wird Thurn durch eine Vakanz von seinem Posten als Burggraf abberufen, ein völlig ungewöhnlicher Wechsel. Rangmäßig wird er zwar befördert, finanziell aber empfindlich degradiert. Er wird Obersthoflehnrichter anstelle Wilhelm von Slavatas, den er selbst vor sechs Jahren von dem Burggrafenamt abgelöst hat. An Thurns Stelle tritt Graf Jaroslav Bořita von Martinitz. Slavata wird Oberstlandrichter. Hatte Thurn als Burggraf im Jahr 8000 Taler erhalten, so bekommt er jetzt nicht mehr als runde 400.

Thurn sieht darin nur eine erste Demütigung durch König Ferdinand. Er sieht richtig. Aber für den Grafen bekommt die böhmische Opposition dadurch auch eine ganz persönliche Färbung. In diesem Oktober 1617 beginnt außerdem die Politik der kalten Katholisierung Böhmens – sukzessive, in kleinen Bereichen, durch Vergünstigungen, Dekrete, Stadtverordnungen, eine neue Gemeindeordnung in Prag. Der Alpdruck für die Protestanten, Utraquisten und Böhmischen Brüder wächst. Als der Kaiser wegen des bevorstehenden ungarischen Reichstages Prag verläßt und nach Wien geht, überträgt er die Regierungsgeschäfte zehn eigens ernannten Statthaltern. Drei von ihnen sind protestantisch, sieben katholisch. Graf Thurn, seiner Stellung nach einer der obersten Beamten des Landes, ist nicht darunter. Die Statthalter übernehmen im Dezember 1617 die Regierungsgeschäfte.

Die Ereignisse von Klostergrab und Braunau stehen in greller Leuchtschrift über dieser neuen Ära. Das Kollegium der Defensoren trommelt schließlich in einer Art wütendem Panikzustand eine Vertretung der Protestanten in Prag zusammen. Nach dem eindeutigen Wortlaut des Majestätsbriefes ist das Kollegium nach seinem eigenen Ermessen dazu ermächtigt. Diese Vertretung besteht aus den obersten protestantischen Kronbeamten und je sechs Deputierten aus den verschiedenen Kreisen des Königreichs. Am 11. März 1618 richtet die Versammlung ein Schreiben an den Kaiser. Sie fordert ihn auf, die Entscheide von Braunau und Klostergrab aufzuheben, die Protestanten auf den königlichen Gütern nicht mehr zu unterdrücken und die Braunauer Bürger, die wegen ihres Widerstands verhaftet und in Prag eingekerkert worden sind, endlich wieder freizulassen.

Das wirklich Gravierende ist allerdings nicht dieser Brief; das corpus delicti ist ein corpus verborum, denn schlimm sind die vielen Drohreden, die während der Versammlung in Prag gehalten werden und die sich praktisch offen rebellierend gegen den Landesherrn selbst richten. Die Versammlung setzt für den 21. Mai eine neue Zusammenkunft an und will dort die kaiserliche Antwort auf die Beschwerden beraten. Diese Antwort kommt postwendend. Matthias hat Kardinal Klesl sofort um ein Gutachten gebeten und anhand dieses Votums seinen Brief formuliert und am 21. März nach Prag geschickt. Er verbietet strikt eine Wiederholung des Protestantentages, seine Geduld sei zu Ende, das ganze Vorgehen der Versammlung provoziere den

Aufruhr, verschärfe die Zwietracht, deshalb werde er die Anstifter vor ein Gericht stellen lassen.

Die Antwort des Kaisers war der übliche grobe Keil auf den groben Klotz. Die Reaktion in Böhmen ist, wie man in derartigen Situationen bildlich sagt, ein Wutschrei der Empörung. Jeder Protestant in Böhmen ist davon überzeugt, daß der Brief von den kaiserlichen Statthaltern in Prag verfaßt und dem Kaiser nur zur Unterschrift zugesandt worden war. Graf Thurn und seine Anhänger stehen jetzt an der Weggabel: entweder Befolgung des kaiserlichen Befehls, also Gehorsam. Oder Widerstand, also Aufruhr. Sie entscheiden sich für den zweiten Weg. Der verbotene Protestantentag wird pünktlich am 21. Mai eröffnet.

Die Versammlung ist noch nicht einmal vollständig zusammen, da wird ihr von zwei Beamten der Statthalter ein neuer Erlaß des Kaisers überreicht. Er ist etwas versöhnlicher als die früheren, er ist offenkundig als Öl für die Wogen gedacht, aber auch in ihm wird das zweite Prager Treffen noch einmal verboten. Die Deputierten hören aus diesem Brief nur das heraus, sonst nichts, das bekräftigte Verbot des Kaisers. Darauf allein konzentrieren sie ihre Debatten, es wird ein halb berechtigtes, halb künstliches Hochschaukeln ihres Zorns. Sie brauchen dafür auch greifbare Objekte. Der Kaiser ist weit, seine Statthalter sind nah. Außerdem sind alle restlos davon überzeugt, daß für die ganzen Verschärfungen nur die Statthalter verantwortlich sind. Die Defensoren verfassen ein Schreiben, in dem der erneuerte kaiserliche Befehl zurückgewiesen wird. Die Ablehnung ist direkt an die Vertreter Matthias' gerichtet. Der Brief schließt mit der drohenden Frage, ob etwa die kaiserlichen Statthalter selbst für den Erlaß des 21. März verantwortlich zeichnen.

Thurn hat sich in den letzten zwei Tagen entschlossen, die Leidenschaft der Stände nicht sich selbst zu überlassen, sondern sie zu lenken. Er will den Bruch. Deshalb darf es nicht bei bloßen Worten bleiben. Es muß etwas geschehen, eine große »Demonstration«. Thurn meint eine Gewalttat. Er bespricht seinen Plan mit Leuten, die nicht zaghaft sind. Thurn kann acht Männer gewinnen. Am 23. Mai sollen die Statthalter getötet werden. Thurn macht den Vorschlag, die Beamten des Kaisers in ihrer Kanzlei niederzustechen. Die Mehrzahl plädiert aber für die traditionell hussitische Form der Volksjustiz, den Fenstersturz.

Am 23. Mai 1618 ziehen die versammelten Stände vollzählig auf den Hradschin, die Königsburg in Prag. Sie überbringen die Antwort der Defensoren. Die Stände sind angekündigt, versammelt haben sich aber im Sitzungssaal der Statthalter nur vier der zehn Beamten: der Oberstburggraf Adam von

Sternberg, der Burggraf von Karlstein, Jaroslav von Martinitz – Sternbergs Schwiegersohn –, der Großprior des Malteserordens, Diepold von Lobkowitz, und der Oberstlandrichter Wilhelm von Slavata. Als Sekretär ist Philipp Fabricius bei ihnen.

Das Schriftstück der Defensoren wird verlesen. Die Statthalter hören schweigend zu, sie schweigen auch bei der direkten Frage an sie, ob ihnen der Brief des Kaisers vom März zu verdanken sei. Sternberg will das Dokument noch einmal selbst lesen. Er studiert das Blatt, dann dreht er sich um: »Wir lehnen entschieden ab, die Frage der Stände zu beantworten. Die Räte des Kaisers sind durch Eid dazu verpflichtet, alle Verhandlungen geheimzuhalten. Noch niemals ist von ihnen etwas derart Unerhörtes verlangt worden.«

»Ob eine solche Frage schon jemals an die Räte des Kaisers gestellt worden ist«, sagt Graf Thurn, »ist völlig gleichgültig. Wir erklären aber, daß wir nicht eher diesen Raum verlassen, bevor wir nicht eine entschiedene Antwort haben, ein Ja oder ein Nein!«

Die Stände brechen in tumultuöses Beifallsgeschrei aus. Einige drängen sich an den Oberstburggrafen und den Prior und versichern ihnen, daß sie, diese beiden, bestimmt nur mit einem »Nein« antworten würden. Alle wüßten, wo ihre wirklichen Gegner seien. Schimpfreden, Anklagen, Schmähungen, alles auf Martinitz und Slavata konzentriert. Colonna von Fels spricht es endlich aus: »Die beiden hier haben den Brief verfaßt!«

Das bedeutet das Todesurteil. Sternberg und Lobkowitz werden gebeten hinauszugehen. Sie weigern sich. Man zerrt, drängt, stößt sie schließlich aus dem Raum. Dann wird Martinitz zum Fenster geschleift, hochgehoben und in den Burggraben geworfen. Während des Sturzes schreit er laut: »Jesus Maria!« Man hört es bis hinauf. Ulrich Kinsky, einer der Exekutoren, höhnt ihm nach: »Wir wollen doch sehen, ob ihm seine Maria hilft.« Er beugt sich aus dem Fenster, sieht, wie Martinitz im Graben aufsteht, sich abklopft. Kinsky ruft völlig verblüfft: »Bei Gott, seine Maria hat ihm geholfen!«

Kaum ist Martinitz draußen, dreht sich Thurn zu den Ständen, die den Burggrafen hinausgeworfen haben; er hält Slavata am Handgelenk: »Edle Herren, hier habt ihr den andern!« Slavata wird ebenfalls über die Brüstung gestemmt und hinausbefördert. Er hält sich verzweifelt am Fensterkreuz fest. Der Nächststehende haut ihm den Degengriff über den Handrücken, verletzt ihn, Slavata läßt los, stürzt hinab. Er schlägt mit dem Hinterkopf an die Steinbank eines der unteren Burgfenster, reißt sich eine tiefe Wunde und prallt nicht weit neben Martinitz im Graben auf. Der dritte, Sekretär Fabricius, fällt den Ständen erst auf, als er sich an den Grafen Schlick drängt, jammert, laut um Gnade bittet. Fabricius ist ein völlig unbedeutender, kaum bekannter Mann. Trotzdem wird er auf die gleiche altböhmische Weise aus dem Fenster befördert.

Bis zum Graben sind es siebzehn Meter, das entspricht einem sechs- bis siebenstöckigen Haus. Ein Sturz aus dieser Höhe bedeutet garantierten Tod. Normalerweise. Keins der drei Opfer wird getötet. Graf Thurn hat alles Normale einkalkuliert. Seine Regie ist einwandfrei, nur das Finale klappt nicht. Thurn hat zwei wichtige Dinge vergessen: die Macht der Mode und die Macht Marias. Alle drei Beamte haben weite schwere Mäntel an. Der Mai ist noch kühl, die Räume des Hradschins sind nicht geheizt. Dem harmlosen Fabricius geschieht entsprechend einer ausgleichend gepolsterten Gerechtigkeit überhaupt nichts. Auch Martinitz ist völlig heil am oberen Rand des Grabens gelandet. Er verletzt sich erst an seinem eigenen Degen, als er sich hinunter in den Graben rollen läßt, um dem blutenden Slavata zu helfen; die Sache ist unerheblich. Außer seiner Kopfwunde und der Handverletzung ist auch Slavata nichts geschehen.

Der lebensrettende Mist, auf den die kaiserlichen Beamten gefallen sein sollen, ist erst später erfunden worden; das ist eins der wenigen Momente, die Märchen und Mist gemeinsam haben. Der Graben der königlichen Burg zu Prag hatte niemals Zufahrten, um Mist von den Gütern außerhalb der Stadt eigens herbeizuschaffen und abzulagern, weder zu agrarischen noch zu prophylaktischen Zwecken für eventuelle Opfer der »defenestratio Pragensis«. Geholfen haben aber nicht nur die dicken Mäntel, da ist noch anderes nötig. Einer der Rebellen, Wenzel Budowec, erklärt später dem türkischen Gesandten, die Rettung sei den Zauberkünsten zuzuschreiben, die von den drei Männern angewandt worden wären. Man braucht dem Wunderglauben nicht das Wort zu reden, aber Kinsky hat das rational nicht zu Erklärende in die zeitgenössisch passenden Worte gebracht: »Bei Gott, seine Maria hat ihm geholfen!«

Sicherlich sind die religiösen Probleme drängend, ungelöst, erbittert. Aber dem Kaiser und seinen Ministern in Wien, dem König und seinen Beratern in Preßburg und auch Thurn und den protestantischen Rebellen ist es klar, daß es gar nicht allein um die Religion und ihre Freiheit geht. Die Prager Aktion ist keine überstürzte Handlung – so wenig wie es der Entschluß Thurns Jahre früher gewesen ist, als er dem Kurfürsten von Sachsen die Wenzelskrone anträgt. Das wollen die Böhmen doch auch jetzt: völligen Umsturz der Verfassung, Änderung des staatsrechtlichen Gefüges von der Wurzel auf, Rückkehr zu den Zuständen unter König Wladislav II., Errichtung einer Adelsherrschaft mit einem frei gewählten König an der Spitze, und das heißt Abschaffung der Habsburger Dynastie, jedenfalls im Bereich der Länder der Wenzelskrone.

Mit der versuchten Ermordung kaiserlicher Statthalter haben sich die protestantischen Stände keinen Ausweg freigelassen. Die Initiatoren ahnen nicht einmal andeutungsweise, wie unermeßlich die Folgen ihrer Aktion sind. Sie drücken einem ganzen Jahrhundert den Stempel auf.

Die radikalen Sprecher der protestantischen Stände behalten jetzt unbestritten die Oberhand. Einen Tag später, am 24. Mai 1618, wird in Prag eine provisorische Regierung von dreißig Direktoren gebildet. Graf Thurn ist nicht darunter, er soll die Landesverteidigung vorbereiten und das Heereswesen organisieren. Die Stände ernennen ihn zum Generalleutnant, neben ihm wird der wichtigste Heerführer Colonna von Fels mit dem Titel eines Feldmarschalls. Böhmen hat damals keinen einzigen Soldaten unter den Waffen. Mit den Werbungen wird sofort begonnen, Mitte Juni hat der neue Generalleutnant je ein Regiment zu Fuß und zu Pferd beisammen, am 16. Juni 1618 marschiert er mit diesen 4000 Mann von Prag nach Süden, zur österreichischen Grenze. Die Gesamtstärke der böhmischen Armee soll schon Ende Juni 16 000 Mann erreichen.

Der Bruch zwischen Prag und Wien ist zu schwer, als daß er sich nicht weit über die Grenzen Böhmens hinaus auswirkt. Die mährischen Stände unter der Leitung Kardinal Dietrichsteins, Karl von Žerotíns und des Fürsten von Liechtenstein halten sich zunächst eisern an die neutrale Linie. Am 26. Juni entschließt sich Mähren auf dem Landtag zu Olmütz, die Landesverteidigung zu organisieren und zwei Regimenter Kavallerie und ein Regiment zu Fuß aufzustellen. Die Stände erneuern und bestätigen die früheren Ernennungen der Obristen aus dem Jahr 1615. Und es ist für die Position, die Wallenstein damals einnimmt, ebenso aber für seine Einschätzung durch die Stände Mährens höchst aufschlußreich, daß auch seine Bestallung als Oberst ohne weiteres bestätigt wird.

Wallenstein hält sich ohne weiteres an den Wortlaut seiner Bestallungsurkunde, die ihn zu sofortiger Werbung und Musterung verpflichtet; er hat sein Regiment in kürzester Frist aufgestellt und bewaffnet. Als er die Vorgänge vom 23. Mai in Prag erfährt, verzieht er nur höhnisch den Mund: »Böhmische Toren, sie können nicht einmal ihre Statthalter richtig über die Klinge springen lassen.« Die Obristen der mährischen Reiterregimenter waren Peter Sedlnitzky von Choltitz und Georg von Nachod. Das Oberkommando über die Streitkräfte Mährens erhält Kardinal Dietrichstein. Standort des Wallensteinschen Regiments ist Iglau, im Dezember 1618 werden wegen der Kriegslage sechs Fähnlein zurück nach Olmütz verlegt, vier werden in Un-

garisch-Hradisch stationiert, nicht weit von den mährischen Herrschaften Wallensteins.
Daß Mähren so lange wie möglich neutral bleiben will, damit rechnet Wien genauso wie Prag. In Wien rechnet man aber auch mit der Treue einiger mährischer Kavaliere, vor allem der katholischen Herren. Man weiß allerdings nicht, wie standfest diese Treue auf die Dauer sein wird. Reines Wunschdenken ist das nicht. Als Stellvertreter des Kaisers hat König Ferdinand am 13. August 1618 den mährischen Landtag in Brünn besucht. Dort bietet Wallenstein in privaten Gesprächen dem König an, für 40 000 Gulden aus eigener Tasche, als Vorschuß, ein Kürassierregiment gegen die Böhmen anzuwerben. Ferdinand akzeptiert. Wallenstein reist im Herbst nach Wien, am 29. Oktober wird er zum kaiserlichen Obristen bestellt, der Hofkriegsrat ermächtigt ihn zu den angebotenen Werbungen.

Der Kaiser, der in diesem Herbst 1618 Wallenstein zum Obristen seiner Armee annimmt, regiert schon seit Monaten ohne Kopf, nämlich ohne denjenigen Mann, der seit Jahrzehnten der Kopf seiner Entschlüsse und Geschäfte war, ohne Kardinal Klesl. Matthias hatte nach dem Fenstersturz König Ferdinand um ein Gutachten zur Situation gebeten. Ferdinand mit seinen Ratgebern empfahl, den Aufstand mit Gewalt zu brechen. Das war entschieden, so entschieden, wie man in der Theorie und auf dem Papier nur sein konnte. Es entsprach deshalb nicht den Vorstellungen Klesls und des Kaisers. Matthias verhandelte, Matthias rüstete aber nicht. Das war seine Generallinie durch Monate hindurch. Ferdinand wurde immer unruhiger, Erzherzog Maximilian war verzweifelt, der spanische Gesandte Oñate entsetzt.
Im Juli 1618 beschlossen sie, ihren alten Plan endlich auszuführen und Klesl kaltzustellen. Der Kardinal allein war schuld an der schleppenden Gleichgültigkeit gegenüber Prag, das war die Version. Am 20. Juli wurde Klesl bei einem Besuch Erzherzog Maximilians in der Wiener Hofburg verhaftet und auf einem Fahrweg, der eigens für dieses hochpolitische Kidnapping aufgeschüttet worden war, heimlich über die Bastei aus Wien geschafft. Eine Reitereskorte des Grafen Dampierre sicherte den sechsspännigen, verhängten Wagen. Nach acht Tagen Reise traf die Gruppe in Innsbruck ein. Klesls Sturz endete in Schloß Ambras, dem gleichen Schloß also, das als Schauplatz eines anderen »Fenstersturzes« eine wichtige Etappe des ansteigenden Lebens Wallensteins gewesen war.
Matthias lag krank im Bett, als die Erzherzöge ihm die Beseitigung seines ersten Ministers beichteten. Der Kaiser biß vor Wut ins Bettuch. Sein Zorn dauerte eine Woche. Klesl traf gerade in Ambras ein, da hatte sich Matthias

schon von der Unfähigkeit und dem beschränkten Egoismus desjenigen Mannes überzeugen lassen, dessen Rat er zwei Jahrzehnte lang blind vertraut hatte: »Sollte unser vertrautester und geheimster Rat dergleichen wirklich wider uns getan haben, dann habt ihr dem losen Lecker sein Recht widerfahren lassen.«

Der Kaiser ist zur Versöhnung bereit, wenn die Erzherzöge für ihre Eigenmächtigkeit förmlich Abbitte leisten. Maximilian und Ferdinand knien nieder, der Kaiser umarmt und hebt sie auf. Erinnert sich Matthias daran, daß Ferdinand vor einem Jahrzehnt eine ähnliche Abbitte in seinem Namen vor dem Bruder, Kaiser Rudolf II., in Prag geleistet hat, ebenfalls auf den Knien?

V
Der Erzpapist in Olmütz

Der Aufstieg Ferdinands II. zur Macht fällt mit einem Abstieg des Hauses Habsburg zusammen; auf einer schiefen Ebene treibt das Ansehen Österreichs und seines neuen Herrschers einem Tiefstand entgegen, scheinbar unaufhaltsam und endgültig. Ihm ist das gottlob nicht bewußt, diesem vierzigjährigen König von Böhmen und Ungarn, der sich nur selten in seinem Leben zu der Unbequemlichkeit hinreißen läßt, einen eigenen Gedanken zu fassen. Er bringt schon in den ersten Tagen seiner langen Regierungszeit das Kunststück fertig, aus dem Vollen der Leere zu schöpfen, und das nicht ganz so schwierige Kunststück, keine Möglichkeit politisch-diplomatischen Ungeschicks auszulassen.
Ferdinand teilt am 27. März 1619 den Prager Direktoren kurz und bestimmt mit, daß er seine obersten Beamten, die bis zum Ausbruch der Rebellion die königlichen Geschäfte auf dem Hradschin geführt hatten, in ihren Ämtern neu bestätige. Das jetzt amtierende Direktorium bestehe zu Unrecht, seine Mitglieder seien Usurpatoren. Im Schlußpassus des Schreibens garantiert Ferdinand den böhmischen Ständen herablassend und aus angestammter Milde volle Straflosigkeit und Bestätigung der früheren Sonderrechte, wenn sie sich seiner Gnade überließen.
Ein bemerkenswertes Dokument weitsichtiger Blindheit, man kann es nicht anders bezeichnen: Ex eventu gesehen wird hier den Böhmen die letzte Gelegenheit zur Aussöhnung gegeben; aber vom status quo her ist es eine völlige Verkennung der Realität, denn der König beharrt in dem Schreiben auf Positionen, die er schon lange nicht mehr besitzt. Die beiden folgenden Wochen beweisen ihm das, Ferdinand merkt, wie stark der Widerstand gegen ihn auch in anderen Ländern wird, wie rasch er wächst. Ferdinand merkt vor allem, daß ihm zwar sein spanischer Vetter, König Philipp III. in Madrid, Militärhilfe versprochen hat, aber die Truppen lassen auf sich warten. Der Sinn einer Zusage lebt von ihrer Ausführung – solange das Madrid nicht akzeptiert, wird Ferdinand keinen spanischen Soldaten sehen.
Noch einmal schreibt Ferdinand nach Prag, am 22. April, er schreibt milde, in gedämpftem Ton, er fordert die Stände auf, sie möchten Gesandte nach Wien entsenden, um über alle Streitfragen zu konferieren, der Sache nach wiederholt der König noch einmal sein Angebot vom 27. März. Das ist der äußerste Punkt des Entgegenkommens, aber es ist eine Offerte ins Nichts, denn der Vorschlag wird, kaum formuliert, von den neuen Ereignissen in den Papierkorb der Weltgeschichte geworfen. Am 18. April 1619 erhält nämlich der Führer des böhmischen Heeres, Graf Thurn, den Befehl, mit seinen Truppen nach Mähren zu ziehen. Thurn ist in Budweis, er hat die Order seiner Prager Direktoren erwartet, er macht sich sofort fertig.

Es war eine Flucht nach vorn, das verzweifelte Drängen aus einer Lage, die für die böhmischen Rebellen von Woche zu Woche komplizierter wurde. Den Obergeneral und Grafen Thurn – nach wie vor Seele und Triebfeder, Kopf und Schwert der ganzen Rebellion – würgte die Zeitnot. Jeder ungenützte Tag verschärfte die Spannungen innerhalb der aufständischen Partei, jeder ungenützte Tag war eine Gelegenheit für Ferdinand, seinen schwankenden Thron zu festigen, jeder ungenützte Tag brachte aber auch die Bauern stärker gegen die neuen Herren in Prag auf. Katholiken hin, Protestanten her – die Bauern fragten nicht mehr nach dem wahren Glauben, wenn die Felder verwüstet, die Scheunen niedergebrannt, die Söhne zum Landesaufgebot rekrutiert und die Spargroschen dahin waren, aufgezehrt von Obrigkeit und Inflation. Deshalb mußte die Rebellion über Böhmen hinausgetrieben werden, schnell und mit Druck, in alle Länder der Krone, in die Lausitz und vor allem nach Mähren, und dann mußte der protestantische Aufruhr in Ober- und Niederösterreich angefacht werden.
Graf Thurn bricht am 20. April auf, er nimmt knapp 4000 Mann mit, den größeren Teil der böhmischen Streitmacht läßt er unter dem Grafen Hohenlohe zurück, um die Kaiserlichen im Süden und Südwesten Böhmens zu beschäftigen. Thurn kommandiert ein Regiment zu Fuß und zwei berittene Kompanien, auf dem Marsch nach Deutschbrod zieht er 5000 Mann der neu organisierten Landwehr an sich. Kein Zweifel, ein besonders großes Heer ist das nicht. Aber es ist groß genug für den Feldzugsplan des Grafen Thurn. Vor allem ist diese Streitmacht mehr als groß genug für das kaiserliche Heer. Ferdinand hat in Böhmen nur knapp 5000 Mann unter Generalleutnant Buquoy stehen, weitere 2000 Mann, von Oberst Dampierre kommandiert, lagern bei Krems an der Donau. Buquoy ist ein Soldatenführer des üblichen Kalibers, nicht schlecht, nicht überragend, er stammt aber immerhin aus der Schule Spinolas, des jetzigen Paradefeldherrn Spaniens.
Die Stände Mährens hatten sich bis zu diesem 20. April noch immer nicht eindeutig für oder gegen den Aufstand entschieden. Sympathien und Sorge hielten sich ein empfindliches Gleichgewicht, für dessen verhaltene Ruhe Karl von Žerotín sorgte; der »große alte Mann« des Landes Mähren hatte bis jetzt die Stände davon abhalten können, sich dem böhmischen Aufstand anzuschließen. Die Rebellen in Prag kalkulierten richtig: Wenn sie mit ihrem Heer gewaltsam in Mähren einbrachen, mußten die Stände Farbe bekennen. Die Chancen waren gut, das Gros würde sich bestimmt Thurn und dem Aufstand anschließen, man hatte sich informiert, war schon tief im Gespräch mit dem mährischen Adel. Im April hatte man sogar versucht, Žerotín auf die böhmische Seite zu ziehen. Ein alter Freund von ihm, der Baron Wenzel

Budowec, wurde vorgeschickt; Žerotín lehnte schroff ab. Auch der Markgraf von Jägerndorf konnte bei einem Gespräch Žerotín nicht umstimmen. Nach diesen Versuchen ist Žerotín endgültig von der Entschlossenheit der Rebellen überzeugt, Ferdinands Regierung mit Gewalt zu stürzen. Zwei Tage vor dem Einmarsch des böhmischen Heeres rät er dem Oberbefehlshaber der mährischen Regimenter, Kardinal Dietrichstein, die Truppen in Brünn und Olmütz doch nicht in diesen militärisch sinnlosen Quartieren zu lassen; Dietrichstein soll sie schleunigst an die böhmische Grenze werfen. Der Kardinal kann sich nicht dazu entschließen. »Mir fehlen die notwendigen Vollmachten«, so schreibt er an Žerotín – dabei fehlen ihm nur Mut und Entschlossenheit. Die Grenze nach Böhmen bleibt offen, kein einziger Soldat schützt sie.

Auch der Graf Thurn setzt mit seinen Direktoren auf die Überraschungskarte des fait accompli, auf die Schwer-, Schwung- und Anziehungskraft zügiger Aktionen. Er ist zu einem raschen Vormarsch entschlossen, ernsthaften Widerstand erwartet er nicht, bestenfalls rhetorischen. Allerdings ist der Feuerkopf Thurn etwas vorsichtiger geworden, er schickt Agenten an die protestantischen Adligen und die wichtigsten Städte Mährens und bittet um eine Zusammenkunft in Deutschbrod oder an der mährischen Grenze. Die erste Antwort bekommt er aus Iglau, der alten und wichtigen Bergstadt, dem Tuchmacherzentrum auf der Böhmisch-Mährischen Höhe. Iglau und Deutschbrod sind nur knapp fünfundzwanzig Kilometer auseinander, das ist der eine Grund für die rasche Antwort; der andere Grund ist die Sympathie der Iglauer für die böhmische Sache. Am 22. April erhält Thurn die Nachricht, daß ihm die Stadt ihre Tore widerstandslos öffnen wird. Das genügt dem Grafen, er wartet die anderen Antworten nicht mehr ab, am nächsten Tag rückt er in Iglau ein. Die Bevölkerung begrüßt ihn jubelnd und enthusiastisch, auch ein Teil des mährischen Adels hat sich versammelt, um Thurn zu empfangen. Mähren hat seine Tore und Arme weit geöffnet, so sehen es die Böhmen, und sie glauben es gern.

Nach dieser Probe aufs Exempel rechnete Thurn fest mit dem Übertritt ganz Mährens. Er unterbrach den Vormarsch durch keine Feiern, nirgends stieß er auf Widerstand, am 27. April versicherte er den Prager Direktoren, daß der Adel Mährens und alle Städte auf seine Seite treten würden, nur drei oder vier Personen seien nicht zu überzeugen. Das Schreiben war voll satter Zufriedenheit, Thurn selbst war überrascht von dieser prompten Bereitschaft der Mährer. Trotzdem hatte er sich von dem Beispiel Iglaus täuschen lassen, die Bevölkerung Mährens blieb im wesentlichen indifferent, auch die Städte optierten nicht freiwillig, sondern unter dem Zwang der Lage. An Wider-

stand war nicht zu denken, Widerstand hätten nur die Truppen Mährens leisten können.
Für Thurn kam es deshalb besonders auf den Übertritt der ständischen Regimenter der Markgrafschaft an, insgesamt 5000 Mann. Wenn das gelang, dann wäre er stark genug, um einen Marsch auf Wien und die Eroberung der Metropole riskieren zu können. Das Reiterregiment des Obersten Peter Sedlnitzky von Choltitz war schon auf seiner Seite. Sedlnitzky gehörte zu den führenden Köpfen des Adels, die zum Anschluß drängten. Das andere Reiterregiment stand in Brünn unter Oberst Georg Graf von Nachod. In Olmütz war das dritte Regiment stationiert, 3000 Mann zu Fuß unter Wallenstein.
Am wichtigsten für Thurn war der Gehorsam der mährischen Truppen gegenüber ihren Ständen; darauf mußte er rechnen. Konnte er darauf rechnen? Die Reiter Sedlnitzkys hatte er. Wie sich Oberst Nachod verhalten würde, war noch ungewiß. Noch ungewisser war die Reaktion Wallensteins – vielmehr: Thurn war von der unbedingten Vasallentreue des Obersten überzeugt, und der Oberst Wallenstein seinerseits wußte, wie er von Thurn eingeschätzt wurde.
Am 23. April, als die böhmischen Truppen Iglau besetzten, berichtete der kursächsische Gesandte Lebzelter seinem Herrn in Dresden von einem Brief Thurns an den Grafen Heinrich Schlick: »Der Anschlag ist, daß die Böhmen zwischen Iglau und Znaim, also zwischen beiden Quartieren der Oberste Nachod und Sedlnitzky unversehens ankommen, den Obersten von Wallenstein, als einen Erzpapisten, gefangennehmen und alsbald mit den Ständen zusammen schwören sollen. Da man auch Herrn Carol von Zierotin ertappen könnte, möchte ihm auch dergleichen geschehen.« Schon damals war Wallenstein ein Meister des Nachrichtenmetiers, seine Horcher und Kundschafter waren überall. Die Einzelheiten sind heute nicht mehr zu klären, aber er kannte den Thurnschen Plan bis ins Detail, und vor allem kannte er Georg von Nachod besser, als ihn Thurn kannte; er verständigte den Obersten in Brünn sofort von dem Projekt des böhmischen Generals. In diesen kritischen Apriltagen riß der Kontakt zwischen Wallenstein und Nachod nicht ab.

Wien rechnete mit der Treue Wallensteins genauso fest, wie die Böhmen mit seiner Ablehnung der Rebellion rechneten. Schon im vorangehenden Winter hatte Wallenstein die kaiserlichen Truppen, die von der böhmischen Armee nach Österreich abgedrängt worden waren, mit Verpflegung, Kriegsmaterial, Ausrüstung unterstützt. Die böhmischen Militärs waren darüber so empört, daß sie sich Ende Dezember 1618 energisch bei den mährischen Ständen beschwerten: Dieser katholisch-kaiserliche Oberst Wallenstein sei sofort seines Postens zu entheben und zu entlassen, denn er habe »dem Landesausschuß in Mähren kein Genüge getan, weil er in der Neutralität nicht verblieben, indem er den Feinden – den Kaiserlichen – habe Proviant zukommen und in unser Lager seinen Vettern und Blutsverwandten, die mit uns dienen, höhnisch entbieten lassen, er wolle sie mit Prügeln und Ruten traktieren, und wenn es nach seinem Willen ginge, würde er sich längst mit dem kaiserlichen Kriegsvolke vereinigt haben. Es sei gefährlich, einen solchen gegen Böhmen übel intentionierten Obersten zu halten«.

Prügeln wollte er also seine böhmischen Verwandten bei den Rebellen, mit Ruten traktieren, in der Tat, ein gefährlicher, gewalttätiger Herr. Was war das für eine Farbe, die der mährische Magnat hier so plötzlich bekannte? Plötzlich? Wem die Haltung Wallensteins vor Gradisca noch nicht die Augen geöffnet hatte, der konnte sich doch sein Teil wenigstens bei Wallensteins Bemerkung zu dem dilettantischen Fenstersturz denken. In Wien jedenfalls war ein derart übel intentionierter Oberst ganz und gar nicht übel angeschrieben, zumal wenn er ein mährisches Regiment kommandierte. Der Geheime Hofrat des Kaisers sah in den Beschwerden der böhmischen Heerführer seine eigene Auffassung bestätigt, die sich schon vier Wochen vor diesen massiven Klagen im Protokoll der Hofratssitzung vom 28. November 1618 niedergeschlagen hatte. Damals wurde in Wien darüber beraten, ob nicht mit den mährischen Ständen »per commissarios zu traktieren wäre, daß sie ihr Kriegsvolk von Ihrer Majestät nicht absondern lassen sollen – interim sich auch ad partem zu erkundigen, wie es mit dem Wallensteinschen Kriegsvolk in Mähren beschaffen sei, und was man sich etwa darauf in eventum verlassen möge«.

Wallensteins Regiment ist das einzige feste Kalkül. Zu diesem Zeitpunkt hatte man in Wien, hatte vor allem König Ferdinand noch reelle Chancen gesehen, mit den Böhmen zu einem Arrangement zu kommen und sich die Loyalität Mährens zu erhalten, wenigstens für die nächste Zeit. Die »nächste Zeit« – in dieser vagen Spanne lag eine nackte Existenzfrage der Habsburger Dynastie eingebettet: Wien mußte in kürzester Frist und auf schnellstem Weg mit den böhmischen Wirren fertigwerden. Kaiser Matthias war seit langem siech, er war jetzt so krank, daß mit seinem Ableben jede Woche gerechnet werden mußte. Die Wahl eines neuen Kaisers, während in Böhmen der Aufstand loderte, mußte für Ferdinand zu einem reinen Glücksspiel werden. Deshalb hatten sich nicht nur Johann Georg von Sachsen und Maximilian von Bayern mit aller Kraft um eine Übereinkunft mit Prag be-

müht, auch die Hofburg hatte versucht, mit den böhmischen Direktoren wenigstens einen Waffenstillstand abzuschließen – hartnäckig und mit erbitterter Geduld hatte sie es versucht.
In Mähren war dieses diplomatische Boten- und Werbespiel mit hellwachen Augen verfolgt worden. Die Wiener Chancen, daß Mähren seine wechselnd temperierte Neutralität nicht so schnell aufgeben würde, entsprangen nicht zuletzt der besonderen staatsrechtlichen Situation des Landes. Glaubensmäßig saßen die Mährer mit den Böhmen fest in einem Boot. Staatsrechtlich aber stand Mähren dem großen Bruder traditionell reserviert gegenüber. Im Grunde genommen war es nichts anderes als der alte partikularistische Hang aller damaligen Grundherrschaften und Territorien, auf Biegen und Brechen die überkommenen Hoheits- und Sonderrechte zu bewahren und auszudehnen, koste es was es wolle – vor allem, wenn es den Anrainer etwas kostete. Das führte zu den charakteristischen Nachbarschaftsverhältnissen, die reibungslos ständige Reibereien garantierten, weil sie »mit der seltsamen Seife der Mißgunst geschmiert« waren, wie es Grimmelshausen bezeichnet hatte.
Die relative staatliche Selbständigkeit Mährens gegenüber Wien und Prag – schwer genug erkämpft – war ein Hauptgrund für die verschreckt-zögernde Haltung der mährischen Stände. Die Mährer wollten außerdem noch das Ergebnis der Wiener Waffenstillstandsbemühungen abwarten. Auch Wien wartete das Ergebnis ab. Allerdings war die Hofburg diesmal realistisch und resigniert genug, um mit der Linken zu verhandeln und mit der Rechten nun doch endlich energisch neue Rüstungen zu betreiben. In den ersten Märztagen des Jahres 1619 wurde Wallenstein nach Wien gerufen. Um diese Zeit fand eine Neuorganisation der kaiserlichen Truppen statt. Am 10. März wurden zwei neue Generale über die Reiterei und die Fußtruppen des Kaisers eingesetzt. Inwieweit Wallenstein dabei zu Rate gezogen wurde, ja ob das überhaupt der Fall gewesen ist, läßt sich nicht mehr klären. Immerhin sorgte er dafür, daß sein neues Kürassierregiment, das in den spanischen Niederlanden geworben wurde, ebenfalls noch im März zum Aufbruch bereit war. Der Kaiser hatte auf Drängen Wallensteins am 5. Februar an den spanischen Obergeneral Spinola geschrieben, die Werbungen zu unterstützen und zu beschleunigen, Wallenstein selbst sandte sechs Tage später an Erzherzog Albrecht einen Brief und bat ihn, den entsprechenden Druck auszuüben. Befehlshaber dieses Regiments war der Oberstleutnant Peter de la Croix, Herr de la Motte.
Am 20. März 1619 starb Kaiser Matthias. Mit diesem Datum begann ein neues, ein entscheidendes Kapitel des Krieges, es begann für die böhmischen

Rebellen, es begann für Ferdinand II. Eine seiner ersten militärischen Maßnahmen war die förmliche Ausfertigung der Obristenbestallung Wallensteins am 24. März. Knapp vierzehn Tage später wurde in einem neuen Erlaß Wallenstein über sein normales Obristengehalt hinaus noch ein persönlicher Zuschuß – ein ajuto di costa in der damaligen Kanzleisprache – von 8000 Gulden gewährt. Das war eine verblüffend hohe Summe, denn in seiner Bestallung war festgelegt worden, daß er für sich und die Offiziere seines Regiments jährlich insgesamt 17 280 Gulden erhalten sollte; er wurde also fast mit der Hälfte dieser Gesamtsumme noch zusätzlich bedacht. Was Ferdinand zu dieser klingenden Auszeichnung bewogen hatte, darüber gehen die Meinungen auseinander. Die Wallensteinfreunde unter den Historikern sehen darin nur eine neue Dankesgeste für die Unterstützung Wallensteins im Krieg gegen Venedig. So großzügig und leichtsinnig Ferdinand II. bei Geschenken war: der Moment für einen solchen Gnadenerweis hätte bei der damaligen Finanzlage Wiens nicht ungünstiger gewählt werden können, und wenn das dem König wirklich nicht klar gewesen wäre, dann wäre es ihm von seinen Räten klargemacht worden.
Die Wallensteingegner wiederum sprechen ganz einfach von einem Bestechungsgeld, um den mährischen Obristen und Standesherrn an der Seite Wiens zu halten; diese Deutung hat womöglich noch weniger realen Sinn als die erste. Wallenstein hatte nicht den Schatten eines Zweifels an seiner Treue zu Habsburg gelassen, ein »Bestechungsgeld« war deshalb überhaupt nicht nötig, es wäre reine Vergeudung gewesen. Und zwar nicht zuletzt auch deshalb, weil dieser Oberst Wallenstein schließlich kein professioneller Söldnerführer war, sondern zu den reichsten Magnaten Mährens gehörte und wenige Monate vorher König Ferdinand in Brünn aus freien Stücken angeboten hatte, 40 000 Gulden auszulegen und ein Reiterregiment zu werben. So oder so: das ajuto di costa war eine Auszeichnung, es demonstrierte eindrucksvoll die engen Beziehungen zwischen dem Regenten und seinem Vasallen.
Kurz darauf wurden von Wallenstein noch zusätzlich 200 oder 300 Arkebusiere angeworben, also etwa drei Kornette schneller Reiter, die mit den leichten, kurzen Hakenbüchsen bewaffnet waren und die wuchtigen, aber schwerfälligen Kürassiere ergänzen sollten. In der zweiten Aprilwoche kehrte er wieder nach Olmütz zurück zu seinem ständischen Regiment. Er wußte, welche Haltung Wien von ihm erwartete. Aber er wußte nicht, wie das im einzelnen aussehen würde, denn das hing ganz von den Entschlüssen der mährischen Stände ab. Thurn war der Aufbruchsorder der Prager Direktoren sofort gefolgt, sein Heer marschierte bereits nach Osten.

Die mährischen Stände beriefen zunächst den Landtag nach Brünn; Ferdinand hatte das schon seit längerer Zeit gewünscht, der momentane Termin war für Wien aber der schlechteste aller Termine. Carl von Žerotíns Einfluß hatte bis jetzt Mähren vom Anschluß zurückhalten können. Er machte sich trotz allem noch immer Hoffnungen, eine Vermittlung zwischen Wien und Prag anbahnen und die konfessionellen Fragen friedlich lösen zu können. Es war nun einmal sein Grundsatz, daß die Konfession durch nichts so sehr gefährdet würde wie durch eine Revolution, welche sie schützen sollte. Žerotín wußte nicht, daß Thurn ihn genauso verhaften lassen wollte wie seinen Schwager, den Erzpapisten Wallenstein; er bat dringend den »Generalobristen« Kardinal Dietrichstein, diesen Landtag zu besuchen, er lud auch Wallenstein dazu ein.
Wallenstein verehrte seinen Schwager, den gut zwanzig Jahre älteren, erfahrenen Staatsmann, der vom ersten Tag ihrer Bekanntschaft sein großer Gönner und Freund gewesen war. Aber sein Respekt und seine Zuneigung waren nicht stark genug entwickelt, um den routinierten Optimismus Žerotíns zu teilen, daß Einsicht und Vernunft verfahrene Situationen klären und vor allem leidenschaftliche Wallungen glätten könnten. Außerdem ist er besser informiert als der frühere Landeshauptmann, besser auch als der Kardinal Dietrichstein. Hier lohnte sich – wie gesagt – die besessene Neugier Wallensteins, der immer von allem – und der auch von jedem alles wissen will; hier macht sich das Geld bezahlt, das er ohne Hemmungen für Agenten und Informanten ausgibt; später wird er sich eine einzige vertrauliche Nachricht und einen einzigen Vermittler bis zu 35 000 Taler kosten lassen.
Jedenfalls denkt er keine Sekunde daran, den Landtag zu besuchen, der am 2. Mai in Brünn eröffnet werden soll. Graf Thurn hat inzwischen seinen Marsch fortgesetzt, halb Triumphzug, halb Spaziergang, ganz in der Aufbruchsstimmung eines frischen Frühlings, zunächst an der Iglau entlang nach dem Städtchen Třebitsch, dann scharf nach Süden über Mährisch-Budwitz nach Znaim an der Thaya mit seiner imposanten Přemyslidenburg. Von Iglau nach Znaim, das ist schon ein solider Vorschuß auf ganz Mähren, und in Znaim wird Thurn außerdem nicht nur von der Bevölkerung begrüßt, sondern auch der Großteil aller mährischen Adligen und Städtevertreter hat sich hier zusammengefunden. In Znaim wird Thurn durch die Wirklichkeit bestätigt, was er, präjudizierend, schon von Iglau aus nach Prag gemeldet hat. Die Adligen in Znaim vereinbaren mit Thurn das Bündnis zwischen Böhmen und Mähren, es soll auf dem Landtag in Brünn feierlich beschlossen werden.

Am 30. April brechen die Landstände von Znaim nach Brünn auf. Thurn hat sie davor gewarnt, sich ohne starken Truppenschutz auf den Weg zu machen. Oberst Sedlnitzky schützt den Zug fast mit seinem ganzen Regiment, er wird von 800 Reitern begleitet. Ob Wallenstein und Georg von Nachod wirklich vorhatten, die Landstände schon auf dem Weg nach Brünn auszuheben, wird Vermutung bleiben müssen; ein entsprechendes Gerücht beginnt jedenfalls wenige Wochen nach den Ereignissen in Mähren zu kursieren. Tatsache ist immerhin, daß sowohl Wallenstein als auch Oberst Nachod denselben 30. April, wenn nicht für den besten, so doch zumindest für den spätesten Moment halten, um mit ihren Regimentern abzurücken. Das Ziel ist für beide der Ort Ungarisch-Skalitz am Rand der Weißen Karpaten, dort wollen sie den Paß nach Mähren sperren, sie hoffen auf eine Vereinigung mit den kaiserlichen Truppen Dampierres, erwarten auch Verstärkungen aus Ungarn. Gelingt das, dann werden die vereinigten Truppen nach Brünn stoßen, den Landtag ausheben und anschließend Olmütz besetzen. Wallensteins Weg führt an der March entlang nach Süden; Nachod ist besser dran, er hat nur etwa sechzig Kilometer vor sich, quer über die Höhen des Steinitzer Waldes.
Er kommt nicht einmal aus der Sichtweite Brünns und der Festung des Spielbergs, sein Abmarsch wird nach wenigen Stunden zum Fiasko. Nachods Reiter haben kaum die Tore Brünns hinter sich, da wird der rangnächste Offizier mißtrauisch. Er befiehlt dem Regiment zu halten und galoppiert zu Nachod: Welchem Befehl er folge, wohin er das Regiment führe? Nachod beruft sich auf ein Schriftstück des Landeshauptmanns Lobkowitz – nein, eine Order der mährischen Stände besitze er nicht. Die Offiziere umringen ihn: Nur die Stände hätten über die Verwendung des Regiments zu entscheiden, Lobkowitz habe dazu nie ein Recht gehabt, die Offiziere drohen, die Kornetts schwingen ihre Fahnen über ihn, die Standarten zischen flach über seinen Kopf, ein Getümmel von Pferden, klirrenden Rapiers, Schreien: »Ein ehrlicher Obrist will er sein? Ein Hundsfott, ein Verräter, er hat sich ohn Ehr verhalten, auf, das Regiment kehrt, zurück nach Prinn!«
Geschlossen traben die Fähnlein nach Brünn zurück. Nicht diese Auflehnung ist das eigentlich Verwirrende für den fliehenden Oberst Nachod, sondern verblüffend ist es, daß ihn die Meuterer einfach stehenlassen, daß sie ihn nicht, dem Kriegsbrauch gemäß, niederhauen.
Wallenstein schickt seinen Oberstwachtmeister Khuen mit neun Fahnen und 2700 Mann am Nachmittag des 30. April los. Das Gros des Regiments soll vorausziehen, er will mit der letzten Kompanie, den restlichen 300 Musketieren, etwas später folgen. Warum Wallenstein das Regiment vorausschickt und in Olmütz zurückbleibt, wissen wir nicht. Einige Stunden später, es beginnt

schon zu dämmern, hört er starr und betroffen den klirrenden, trappelnden Lärm einrückender Truppen, er kann es nicht glauben, traut seinen Sinnen nicht. Er gibt dem Pferd die Sporen, galoppiert den Soldaten entgegen; es sind seine eigenen Kompanien, die wieder in Olmütz einziehen. Wallenstein sprengt auf den Oberstwachtmeister zu: »Itzunder gebt Antwort, was solls mit dem Regiment!«

Khuen ist nicht allzu verlegen: Ihm sei die ganze Sache nicht geheuer gewesen, der Herr Obrist sei so lange ausgeblieben, »außerdem hab ich kein Ordinanz und Quartier gehabt, derhalben bin ich wieder zurück nach Olmütz, in Willens die Nacht allda zu bleiben«.

Wallenstein nimmt sich nicht einmal Zeit für eine Antwort, er reißt das Rapier heraus und rennt es dem Oberstwachtmeister durch den Leib. Khuen fällt tot vom Pferd, Wallenstein ernennt auf der Stelle einen neuen Oberstwachtmeister und übergibt ihm das Kommando über die neun Kompanien. Die Truppen machen kehrt und ziehen aus Olmütz ab, in die Nacht hinaus.

Mit dieser Blitzjustiz behält Wallenstein seine 3000 Mann Fußvolk fest in der Hand. Zunächst jedenfalls, denn ihm ist klargeworden, daß die Haltung seiner Offiziere kein absolut stabiles Kalkül bildet und die Mannschaft so reagieren wird, wie sich die Offiziere entscheiden. Wallenstein genügt deshalb der Plan einer Vereinigung mit den kaiserlichen Truppen nicht mehr, das Projekt ist jetzt zu ungewiß, Wallenstein will nicht nur darauf festgelegt sein.

Er weiß, daß die mährischen Stände ihr Geld im Olmützer Rentamt deponiert haben. Am Spätabend, zwischen neun und zehn Uhr, erscheint er mit vierzig Musketieren vor dem Gebäude, sprengt die Tür, dringt in das Zimmer des Einnehmers und Verwalters. Der Mann liegt schon im Bett. »Gib die Schlüssel heraus!« Der Einnehmer lehnt ab. Wallenstein zieht das Rapier, drückt ihm die Spitze auf die Brust: »Du Schelm, wieviel Geld hast du in der Cassa, oder ich will dich strecken, dich erwürgen lassen, die Schlüssel her, oder du henkst!«

Bleich rückt der Mann die Schlüssel heraus, Wallenstein findet 96 000 Gulden. Er läßt das Geld auf Packwagen verladen, er nimmt auch alles Kriegsmaterial der Stände mit, das er findet und das er befördern kann. Um Mitternacht hat er die Stadttore hinter sich, marschiert mit den 300 Musketieren nach Süden, folgt seinem Regiment.

Der nächste Tag ist witterungsmäßig so, wie ein 1. Mai zu sein hat. Wallenstein erreicht nachmittags das Gros seiner Musketiere, die Ordnung ist gut, das Regiment hält sich zur Sicherung links der March. Mit dem Tempo ist Wallenstein zufrieden, sie kommen ohne Hindernisse und Schwierigkeiten voran, passieren die Betschwa, rücken durch Kremsier, und schon am zweiten

Tag sieht es aus, als ob sich der Plan, alle regierungstreuen Truppen bei Ungarisch-Hradisch zu vereinigen, realisieren wird. Wallenstein marschiert ins südmährische Becken, rechts, jenseits des Flusses, liegt jetzt das Mars-Gebirge.

Hier, kurz vor dem vereinbarten Treffpunkt, erfährt Wallenstein, wie jämmerlich der Versuch Georg von Nachods ausgegangen ist, sein Reiterregiment von Brünn an die Grenze zu bringen. Wallensteins Befürchtungen sind also eingetroffen, die große Truppenkonzentration vor den Weißen Karpaten ist gescheitert. Er weiß auch, daß Thurn und die mährischen Landstände inzwischen darüber informiert sind, was sich in Olmütz abgespielt hat. Wallenstein treibt jetzt die Truppen zu höchster Eile, er muß damit rechnen, daß Thurn ihm seine Reiter nachhetzt. Über die Stimmung in der Mannschaft macht er sich keine Illusionen, die Truppen gehorchen ihm nur widerwillig und aus Furcht. Dafür kann er sich, im Gegensatz zu Nachod, auf seine Offiziere verlassen; Oberstwachtmeister Khuen war eine Ausnahme.

Bis Lundenburg an der mährisch-niederösterreichischen Grenze hält Wallenstein sein Regiment zusammen. Nach Wien sind es nur noch siebzig Kilometer, es ist unwahrscheinlich, daß ihm böhmische oder mährische Truppen nach Österreich folgen. Drei Tage sind seit dem Aufbruch aus Olmütz vergangen. Von Ungarisch-Hradisch bis Lundenburg ist es ein Wettlauf mit der Zeit, den ständetreuen Reitern aus Brünn und den Truppen Thurns. In Lundenburg fällt die Entscheidung. Wallensteins Regiment wird von Kommissaren der Landstände und zweihundert Reitern eingeholt. Gemessen an der Zahl seiner Kompanien ist das kein Gegner, gemessen an der Zuverlässigkeit der Soldaten ist das ein stattlicher Feind. Wallenstein ist beherrscht genug, um keine Gewalttätigkeiten zu riskieren, weder seine Truppen noch die mährischen Reiter haben Lust, zu den Waffen zu greifen. Wallenstein provoziert nichts, er hält diejenigen Soldaten, die ihm unbedingt ergeben sind und ihm freiwillig gehorchen, dicht bei sich, es ist vor allem sein eigenes Fähnlein. Auch das Gros der Offiziere und Fähnriche läßt sich auf keine Kontakte mit den Abgesandten der Stände ein und bleibt bei dem Regimentskommandeur. Nach kurzen Verhandlungen werden mehr als die Hälfte der gemeinen Soldaten von den Mährern dazu überredet, den Eid zu halten, den sie den Ständen geschworen hatten, und zu den böhmischen Rebellen überzugehen. Der Rest, der nicht bei Wallenstein bleibt, mustert in eigener Regie ab und läuft nach Hause.

Thurn ist gründlicher als die mährischen Stände. Als er von der Sache erfährt, schickt er augenblicklich dem Wallensteinschen Regiment 1800 Reiter und 1000 Mann Fußvolk nach. Trotzdem kommen sie zu spät, Wallenstein ist schneller. Am 5. Mai erreicht er Wien, er hat die ganze Beute aus Olmütz bei sich, nichts fehlt, acht schwerbeladene Wagen sind es, er bringt auch alle zehn Fahnen seines Regiments mit. Das gilt damals als eine besondere Ruhmestat, denn für eine Kompanie gibt es nichts Schändlicheres, als die Fahne zu verlieren. Wallenstein übergibt am nächsten Tag das Geld dem König, es wird von den Behörden im Wiener Landhaus deponiert, »ohne Eröffnung oder Zählung, wohlverwahrt und versekretiert«, wie Ferdinand II. am 7. Mai dem Kardinal Dietrichstein nach Brünn schreibt.

Auf das militärische Endergebnis hin gesehen war Wallensteins Zug genauso mißglückt wie das Unternehmen des Obersten Nachod. Nur waren die Umstände im einzelnen aufsehenerregender; vor allem Wallensteins Entschlossenheit und Rücksichtslosigkeit wurden von den Königstreuen ebenso gerühmt und bewundert, wie sie ihm von den Protestanten verübelt wurden.

Am meisten aber ärgerte sich Graf Thurn. Schon in dem Aufruf, den der Graf seinen Soldaten mitgegeben hatte, als er sie Wallensteins Regiment nachschickte, empörte er sich: »Was für eine große und augenscheinliche Strafe hat der gerechte Gott auf den hoffärtigen von Wallenstein kommen lassen, indem er einen solchen Fehl über ihn verhängt, desgleichen von einem Kavalier nit bald erhört worden ist – das wird unzweifentlich in der ganzen Welt erschallen und von vielen Tausenden verurteilt werden. Denn wer sein geschwornen Pflicht vergißt, ohne Ordonanz seiner Prinzipalen den anvertrauten Paß verläßt, seine untergebenen Soldaten, soviel ehrliche Gemüter, mit falschen und betrüglichen Persuasionen überführet, flüchtig abzeuchet und sich des Landes Geld gewalttätiger, ja rauberischer Weis bemächtiget, der sündigt an Gott, verletzt die Ehr und wird begraben mit ewiger Schmach und Unehr.«

Graf Thurn kam nicht so schnell darüber hinweg, ein paar Tage später steigerte er sich in einem Privatbrief zu den Sätzen: »Was für einen Meineid und Treulosigkeit hat der hoffärtige von Wallenstein begangen! Er wird von der ganzen ehrbaren Welt also tituliert und publiziert werden. Da sitzt die hoffärtige Bestie, hat die Ehr verloren, Hab und Gut, und die Seel – so er nit Buß tut – darf wohl ins Purgatorium kommen.«

Wallensteins Abzug von Olmütz unter Mitnahme der Landschaftskasse ist später ein hitzig diskutiertes Interpretationskunststück geworden. War Wallenstein wirklich »eidbrüchig« und ein schäbiger Geldräuber, oder konnte er sein Verhalten rechtlich begründen? In der Mehrdeutigkeit dieser Frage spiegelt sich im kleinen das Widersinnige, Gegensätzliche und oft absurd Kontroverse des ganzen Dreißigjährigen Krieges, eine Situation, die sich schon in den ersten Stadien dieses fürchterlichen Ringens mehr als deutlich zeigt. Auch von der heutigen, scheinbar so abstrakt fernen Sicht aus läßt sich in dieses Wüten, das ein ganzes Menschenalter gedauert hat, nicht durchweg Sinn und Verständnis bringen. Besser gelingt es bei kleineren Ereignissen und Beispielen der damaligen Zeit, es gelingt auch bei dem so umstrittenen Verhalten Wallensteins im Frühjahr 1619.

Daß sich die Betroffenen, vor allem Graf Thurn, wenigstens durch lautes Schmähen Luft machten, war ihr gutes Recht. Niemand von der anderen Seite hatte erwartet, daß sie Wallensteins Aktion mit Lobeshymnen quittieren würden. Aber sie warfen Wallenstein Eidbruch, Mord, Verrat, Ehrlosigkeit und hinterhältigen Geldraub vor.

Zunächst der erste Vorwurf. An der Gehorsamsverweigerung des Oberstwachtmeisters Khuen, an dem Wallenstein eine so prompte Regimentsjustiz geübt hatte, ist nicht viel zu deuteln. Wallenstein schätzte die Gesamtlage völlig richtig ein. Er wußte in diesem Moment, wie wenig Verlaß auf seine 3000 Mann war, er wußte, daß jetzt nichts wichtiger war, als seine Autorität als Kommandeur zu behaupten. Er hat das nachhaltig und mehr als wirkungsvoll getan, sein blutiges Rapier ließ keine weiteren Fragen offen. Wallenstein war von da ab seiner Truppen sicher, und vor allem hatte er sein eigenes Leben demonstrativ gesichert.

Der zweite Vorwurf: Wallenstein hatte ein Regiment kommandiert, das im Auftrag der mährischen Stände geworben worden war. Die Soldaten, Unteroffiziere, Offiziere und der Kommandeur, also Wallenstein, hatten diesen selben mährischen Ständen den Fahneneid geleistet. Nach den böhmischen und mährischen Landesordnungen stand dem König aber weder ein Verfügungsrecht über die ständischen Truppen zu, noch waren sie unbedingt und ausschließlich der Kommandogewalt der Stände unterworfen. Das heißt: In den Landesordnungen und ihren Novellen, den Landtagsschlüssen, ist das Verfügungsrecht nicht ausdrücklich präzisiert und abgegrenzt. Wallenstein wäre jedenfalls dem einfachen Wortlaut seines Fahneneids entsprechend den Ständen gegenüber zu der beschworenen Treue verpflichtet gewesen.

Die Stände waren zweifellos berechtigt, eigene Truppen aufzustellen und zu unterhalten, sie waren auch dazu ermächtigt, selbständig Bündnisse abzuschließen. Im Jahre 1611 hatten sie, als es um den böhmischen Königsthron ging, von Matthias, dem Regenten in Österreich, Ungarn und Mähren, das Recht dazu gefordert. Daraus ergibt sich zunächst, daß ihnen dieses Recht bis 1611 nicht zukam, gleichgültig, ob es vorher in irgendeiner Weise verbrieft gewesen war oder nicht. Matthias und sein Ratgeber Klesl hatten die Forderungen des böhmischen Adels zunächst kategorisch verworfen, mit dem ausdrücklichen Hinweis, daß sie in der Verfassung nicht begründet seien. Jahrelang wurde dann noch über diese berühmt-berüchtigten »vier Punkte« der Ständeforderungen gerungen. Kaiser Matthias hat sich dann doch dazu bereit gefunden, den Ständen ein entsprechendes Recht zuzubilligen.

Allerdings gestand er ihnen damit *nicht* das Recht zu, Truppen mit dem erklärten Ziel anzuwerben, aufzustellen und zu unterhalten, eine Revolte gegen ihn, den gewählten und gesalbten König und Kaiser durchzuführen. Matthias war bereit gewesen, um der böhmischen Königskrone willen viel zu gewähren. Aber diese Bereitschaft ging nicht so weit, den Ständen womöglich auch noch zu verbriefen, sie hätten das Recht, mit ihren Truppen eine Rebellion gegen ihn zu inszenieren. Zweifellos hatten die Landesordnungen damals viele Lücken, aber deshalb wurden die Grenzen zwischen königlicher und ständischer Gewalt nicht gemäß dialektischen Schlüssen geregelt, etwa in der Figur: Wir schwören dem König nur dann die Treue, wenn er uns gestattet, jederzeit den Treueschwur zu brechen. Die böhmischen Stände hatten von Matthias 1611 nichts anderes gefordert, als was den Ständen aller Länder unter Habsburg schon zugebilligt worden war: nämlich die Exekutive in die Faust zu bekommen und sich mit bewaffneter Macht gegenseitig zu unterstützen. Das wurde soweit akzeptiert – und konnte soweit akzeptiert werden –, als es sich um den Schutz der ständischen Rechte, Privilegien und Freiheiten handelte. Also eine Bündnisfreiheit in exakt verlaufenden Grenzen. Aber keine Bündnisfreiheit nach freiem Belieben und für alle möglichen Fälle!

Erschwert und kompliziert wurde gerade diese Frage durch die Unklarheit, ja innere Widersprüchlichkeit der staatsrechtlichen Verhältnisse und Beziehungen der Länder Habsburgs untereinander. Der Regent sah sich dabei zum Beispiel mehr als einmal in der Zwickmühle, als König von Böhmen anders handeln zu müssen, als es ihm als König von Ungarn vorgeschrieben war, so daß ihm gar nichts anderes übrigblieb, als gegen eine der beiden Landesordnungen zu verstoßen und sie zu verletzen.

So verklausuliert das ständische Recht auf eigene Truppen auch war, so bleibt es doch eine klare Tatsache, daß ein solches Recht nicht zugleich die Freiheit eingeschlossen hat, Bündnisse gegen den Oberherrn, den König, einzugehen und mit den Truppen diesem König Krieg anzusagen. Das muß gerade für die Jahre 1618 und 1619 besonders kräftig unterstrichen werden. Außerdem war das ständische Recht in allen Punkten, nicht nur in dieser Frage, ein Recht, das erst durch den König bestätigt werden mußte. Der Fahneneid, den die Truppen den Ständen geschworen hatten, schloß von vornherein ein, daß ihr Dienst im Auftrag der Stände niemals ein Dienst gegen den König sein konnte; der geleistete Eid galt deshalb zugleich dem Oberfeldherrn, dem König – das mußte gar nicht eigens erwähnt werden. Wenn den Soldaten zugemutet wurde, gegen den König zu ziehen, konnten sie sich mit Recht von ihrem Eid entbunden ansehen.

Das Miteinander, Durcheinander und Gegeneinander der königlichen und ständischen Rechte konnte noch so vertrackt und labyrinthisch sein: an der grundsätzlichen Prärogative des Königs änderte sich dadurch nicht das geringste. Wäre das nicht so gewesen, dann hätten die böhmischen Stände unter dem Grafen Thurn geradezu legal die Waffen zu offenem Aufruhr gegen König und Kaiser ergriffen. Das Verhältnis war hier nicht viel anders als zwischen dem deutschen Kaiser und den Reichsständen. Ferdinand II. hat das später einmal, im Frühjahr 1631, dem Kurfürsten von Sachsen gegenüber unmißverständlich genug mit den Worten ausgedrückt, daß die Reichsstände alle »ohne Unsern Konsens kein jus armorum haben«. Ein angeblich ständisches Recht zum bewaffneten Widerstand und Aufstand auch gegen die Krone konnte zweifellos usurpiert werden, aber es konnte nicht aus den bestehenden Rechtsverhältnissen begründet werden.

Man muß also sehr genau differenzieren, wenn man Wallensteins Eidbruch gegenüber den Ständen richtig beurteilen will. Tut man das, dann liegt das juristisch-moralische Gewicht nicht nur auf seinen Schultern, sondern genauso auf dem Rücken der mährischen Stände. Dabei ist noch nicht einmal die Doppelstellung Wallensteins berücksichtigt; er war nicht nur vereidigter Oberst eines ständischen Regiments, sondern auch bestallter kaiserlicher Oberst, stand also in direkten, unmittelbaren Diensten des Königs.

Nun hatten sich aber die mährischen Stände zu dem Zeitpunkt, da Wallenstein mit seinem Regiment aus Olmütz aufgebrochen war, noch nicht offiziell dafür entschieden, die Sache Böhmens und des Grafen Thurn als ihre eigene Sache anzusehen. Hätte sich Wallenstein wirklich danach richten sollen? Das kann nur jemand verlangen, der den geschriebenen Paragraphen auch dann noch höher einschätzt und für verbindlich erklärt, wenn er von der faktischen Entwicklung längst annulliert worden ist. Wallenstein war gut genug informiert, um vorauszusehen, wie sich die Stände Mährens in den nächsten Tagen entscheiden würden – und die Wirklichkeit hat ihn darin bestätigt.

Was den spektakulären Raub der Landschaftskasse betrifft, so hätte es sich nur dann um einen wirklich »schäbigen Raub« gehandelt, unwürdig eines wahren Kavaliers, wenn Wallenstein in irgendeiner Weise persönlich an dem Geld interessiert gewesen wäre. Davon ist überhaupt keine Rede. Er hat das Geld sofort dem König übergeben. Die ganze Aktion motivierte er seinem

Souverän gegenüber schriftlich mit den Worten, er hätte befürchtet, die Böhmen würden sich »dieses Geldes bemächtigen und zu besserer Fortsetzung ihres feindlichen Beginnens bedienen«. Deshalb habe er versucht, »ihnen diese Gelegenheit abzuschneiden, dieses Geld mitsamt dem Regiment in bessere Sicherheit zu stellen, mitnichten aber das Geld in persönlichem Nutzen verwenden wollen«. Wallenstein hat also den Raub der Landschaftskasse mit dem damals üblichen Brauch begründet, daß dem Feind im Kriegsfall mit allen erdenklichen Mitteln zu schaden, ihm also auch jeder Vorteil zu nehmen sei.

Ferdinand II. hat das Geld den mährischen Ständen zurückgegeben. Er war damals noch so gutgläubig, um darauf zu spekulieren, die Stände Mährens würden sich doch noch vom Einschwenken in die böhmische Linie zurückhalten lassen; die Rückgabe der Landschaftskasse sollte das ihre dazu beitragen. Außerdem wurde der König von Kardinal Dietrichstein in jammervollen Briefen um sofortige Rücksendung des Geldes angefleht.

Dietrichstein war in Brünn von den Ständen festgesetzt worden, sie beschuldigten ihn der Konspiration mit Wallenstein und Nachod, sie hielten sich vor allem wegen des Geldes an ihn, da er für den Schutz und die Verwahrung der Landschaftskasse verantwortlich gewesen war. Seit die Stände ihm angedroht hatten, sie würden ihn auf dem gleichen Weg zu Tode befördern wie die böhmischen Statthalter Martinitz und Slavata, also nach althussitischer Weise durch das Fenster und die Luft, und er würde sicherlich nicht soviel Glück dabei haben wie sie – seitdem benahm sich der Kardinal alles andere als kardinal. Er beteuerte ununterbrochen seine Unschuld, er weinte, er verzichtete auf sein Generalat, legte die Verwaltung der Landschaftskasse nieder, er bot seine Demission an, er wollte außer Landes gehen. Die Stände aber wollten zunächst ihr Geld.

Falls die Stände tatsächlich den Kardinal töteten, so hätten sie bestimmt nicht kaltes, sicherlich aber unschuldiges Blut vergossen. Der König wußte nicht, wie er sich entscheiden sollte. Er tat das, was ihm schon damals als bestes Hilfsmittel in heiklen Situationen erschien: er betete. Dann verlangte er von seinen Geheimen Räten ein Gutachten. Wenn er die Situation realistisch beurteilte, mußte er sich sagen, daß er von seinem Land Mähren momentan nur diese 96 000 Gulden besaß. Gab er auch noch das Geld zurück, dann hatte er gar nichts mehr, nur seinen Kardinal. Das Gros seiner Räte empfahl dem König, Dietrichstein zu helfen, andere widersprachen, darunter auch Fürst Eggenberg, der Direktor des Geheimen Hofrats. Seufzend gab der König der Mehrheit und seiner eigenen Gutmütigkeit nach.

Der König hat zwar öffentlich erklärt, er könne die Mitnahme des Geldes nicht gutheißen, aber er hat das Verhalten Wallensteins auch nicht ausdrücklich mißbilligt. Andererseits hat er es auch nicht gerade bedauert, einen Offizier in seinen Diensten zu wissen, der sich als einziger Adliger Mährens so nachdrücklich und entschlossen von den rebellierenden Ständen distanziert und zu ihm bekannt hat.

Wallensteins Situation in Olmütz hat all die verknoteten, unklaren Beziehungen der übergreifenden Politik in kleinerer Übersetzung wiederholt. Gleichzeitig ist in seiner Lage ein Grundmuster vieler Konfliktsituationen späterer Jahre deutlich geworden. Der mährische Oberst, der Standesherr und zugleich Vasall des Königs war, hing in der Zange einer Alternative, die nur »unrechtes« Handeln zuließ. Mit den Ständen zu rebellieren war unrecht. Als Offizier der Stände war es unrecht, sich gegen die Stände zu wenden, und doppelt unrecht, die Truppen der Oberhoheit der Stände zu entziehen; dreifach unrecht schließlich, die Kasse zu rauben. Wallenstein war durch Eide an den König und an die Stände Mährens gebunden. In der damaligen Aufstands- und Ausnahmesituation mußte der Pflichtenkonflikt und der Konflikt der Eide zwangsläufig virulent werden.

Die Entscheidung zwischen dem König und den Ständen war für Wallenstein alles andere als ein Entschluß zwischen ranggleichen äußeren Möglichkeiten. In diesem Frühjahr 1619 stand vom Kriegsverlauf her die Sache für Wien denkbar schlecht, begründete Hoffnungen auf eine schnelle Änderung der Situation existierten nicht, vor allem waren die Aussichten auf ein friedliches Arrangement mikroskopisch klein geworden. Wallenstein optierte hier für eine Partei, die sich nach dem Anschluß Mährens mit Konkursgedanken vertraut machen konnte. Wie die mährischen Standesmitglieder auf seine Königstreue reagieren würden, stand für ihn ebenfalls fest. Er wußte, daß er mit dem Abmarschbefehl in Olmütz seine Heimat, seine Güter, seinen Reichtum aufgab. Die mährischen Stände überreichten ihm schnell genug die entsprechende Quittung: Sie verwiesen Wallenstein am 11. Mai 1619 – es war noch während des Brünner Landtages – auf ewig des Landes und zogen alle seine Güter ein. Dieser Beschluß wurde am 7. August noch einmal ausdrücklich wiederholt.

Damit war er von heut auf morgen zu einem mittellosen Mann geworden, der keine andere Möglichkeit hatte, als durch Kriegsdienst für seinen Unterhalt zu sorgen. Durch Dienst unter einem Herrscher, der noch gar nicht herrschte und dessen Wechsel, die er auf die Zukunft ausstellte, nicht einmal durch die Gegenwart gedeckt wurden. Daß Wallenstein um dieses Königs willen seinen ständischen Rang, seinen gewaltigen Landbesitz und alle Sicherheit aufgegeben hatte, das war, ex eventu gesehen, nüchterne, bedächtige, weitsichtige Berechnung. In der damaligen Wirklichkeit aber war es wilde Spekulation und abenteuerlicher Hasard. Mit Olmütz hatte sich der selbstherrliche, reiche Magnat Wallenstein in einen gewöhnlichen Söldnerführer verwandelt, abhängig von einem schwachen Regenten, abhängig vom Kriegsglück, abhängig schließlich auch vom unsichersten Element der Geschichte: den individuellen Eigenschaften, den persönlichen Fähigkeiten.

VI
Böhmens dunkle Nacht
(1619–1621)

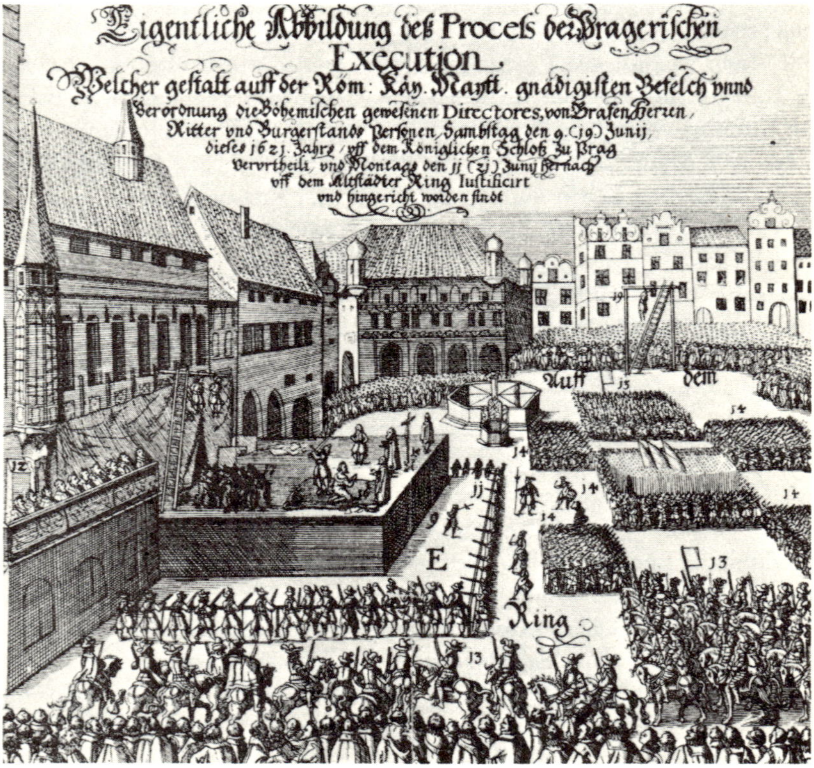

Am 7. Mai 1619 schreibt König Ferdinand aus Wien nach Brünn an den verhafteten Kardinal Dietrichstein: »Des von Wallenstein Person betreffend, ist derselbig nit mehr allhie, sondern seinen aus den Niederlanden herabkommenden eintausend Kürassieren entgegengezogen.« Mitte Mai treffen in Passau die ersten Soldaten aus Flandern ein. Sie bilden einen Vortrab der großen Werbungen, die Erzherzog Leopold in spanischem Auftrag seit Beginn des Jahres durchführt. Wallenstein schickt seine Kürassiere sofort nach Südböhmen weiter, Buquoy braucht sie dringend. Der Weg führt von Passau über den Goldenen Steig, die uralte Handelsstraße durch den Böhmerwald, damals eine der wichtigsten und belebtesten Paßrouten Europas. Der Goldene Steig war die einzige Verbindung zwischen Bayern und Böhmen durch die dichten Waldgebiete des Grenzkamms. Buquoy hatte noch im Winter den Obristen Graf Rambold Collalto beauftragt, die Straße von Schnee, Ästen, Geröll zu räumen, für Truppen passierbar zu machen und in dem Gebiet mehrere Befestigungen als zusätzliche Sicherung anzulegen.
2000 Mann zu Fuß, die Ferdinand unterdessen in Vorderösterreich hat werben können, sind ebenfalls inzwischen über den Goldenen Steig zu Buquoy nach Krummau gestoßen. Der kaiserliche Oberbefehlshaber kommandiert jetzt wieder 5000 Mann, dieselbe Zahl wie zu Beginn des Jahres. Krankheit, Hunger, die Witterung haben ihn fast die Hälfte der Truppe gekostet; er hat das durch die Verstärkungen, die ihn über den Böhmerwald erreichten, wieder ausgeglichen.
Dazu kommt jetzt noch das Kürassierregiment Wallensteins in seiner Überstärke von 1300 Mann. Er selbst ist noch nicht dabei, er muß in Passau bleiben, er ist schon krank angekommen, aus »Leibesermüdung«, wie er selbst diesen Erschöpfungszustand erklärt. Seine Wallonen ziehen unter dem Kommando des Oberstleutnants Peter de la Motte allein über den Böhmerwald, es kommt zu einigen Grenzgefechten, sie treffen aber ohne Verluste in den ersten Junitagen in Budweis ein, dem Hauptquartier Buquoys; Wallenstein folgt ihnen einige Tage später.
Die Truppen Buquoys haben sich nach Anfangsschlappen bis dahin gut gegen die Böhmen behauptet, der General ruht sich nicht aus, er setzt ihnen immer wieder mit Überraschungsangriffen, mit Überfällen zu. Thurn aber weicht noch immer einer Entscheidungsschlacht aus, er kann sie in dem Zustand, in dem sich seine Regimenter befinden, gar nicht riskieren. In Ausbildung und Erfahrung halten seine Truppen keinen Vergleich mit den Soldaten Buquoys aus.
Thurn war mit dem Gros der böhmischen Armee nach Mähren gezogen; Graf Hohenlohe, dem auch Colonna von Fels assistierte, sollte mit einem

Korps die Kaiserlichen beschäftigen, auf der anderen Frontseite unterstützt von den Söldnern Mansfelds in Pilsen. Die Verstärkung der kaiserlichen Truppen durch Wallensteins Kürassiere wirkte auf Hohenlohe wie ein Schock. Die Direktoren in Prag befahlen deshalb Mansfeld, nach Süden vorzustoßen und die Ader des Goldenen Steigs abzuklemmen. Mansfeld brach auf, allerdings viel zu spät, er nahm den Befehl nicht so wichtig. Andererseits hatte auch Buquoy die Hilferufe Ferdinands nicht wichtig genug genommen, um mit seinem Gros sofort nach Süden aufzubrechen und Thurn zu vertreiben, der schon bis vor die Tore Wiens gekommen war. Am 3. Juni übersandte Ferdinand seinem Heerführer den Befehl, von Budweis abzuziehen und Wien zu befreien, sobald die Truppenverstärkungen aus Flandern zu ihm gestoßen wären. Buquoy konnte das wörtlich nehmen oder nicht, er konnte warten, bis der letzte Musketier zu ihm gekommen war, er konnte die Ordre als sofortigen Abmarschbefehl auffassen – jedenfalls war ihm das Hemd Mansfelds näher als der kaiserliche Rock, er blieb in Südböhmen.
Unterwegs, am 10. Juni 1619, erhielt Mansfeld den Befehl der Direktoren, seine Marschrichtung zu ändern und sich mit den Truppen Hohenlohes zu vereinigen. Mansfeld schwenkte ab. Er hatte mit dem Gros seiner Truppen schon Záblat erreicht, ungefähr zwanzig Kilometer westlich von Budweis. Da wurde ihm gemeldet, daß eine Abteilung ungarischer Reiter das Dorf Netolitz überfallen hätte und dort eine Gruppe Mansfelder Musketiere hart bedränge; Mansfeld solle sofort zu Hilfe kommen. Der Graf machte kehrt, zog aus Záblat heraus. Er hatte kaum einen halben Kilometer hinter sich, da stieß er auf die Vortrupps der Regimenter Buquoys. Der General hatte Mansfeld durch die fingierte Meldung getäuscht, um ihn zum Kampf zu zwingen. Netolitz war von ihm selbst besetzt worden, Mansfeld muß sich ihm jetzt stellen.
Er zieht sich sofort wieder ins Dorf Záblat zurück, schickt einen Reiter zu Hohenlohe und bittet ihn um schleunige Unterstützung. Die böhmischen Regimenter lagern keine sieben Kilometer entfernt bei Rudolfstadt. Für die Schlacht mit dem überlegenen Gegner formiert Mansfeld die Regimenter so, wie es in aller Geschwindigkeit geht: die Fußtruppen verbarrikadieren sich in Záblat, die Kavallerie wird in je zwei Kompanien rechts und links im Vorfeld der Häuser aufgestellt. Mansfeld selbst kommandiert den linken Flügel der Reiterei. Buquoy stört seinen Gegner bei diesen Vorbereitungen kaum, er hält ihn durch leichtes Musketenfeuer über eine Stunde lang hin. Inzwischen besetzt er durch starke Abteilungen die beiden nächstgelegenen Dörfer Wodňan und Frauenberg und schneidet damit Mansfeld die einzig möglichen Fluchtwege ab. Dann gibt er den Befehl zum Angriff.

Es ist um die Mittagszeit. Die erste Attacke führt Wallenstein mit seinen Kürassieren, sie stoßen mit voller Wucht gegen das Reiterdetachement, das von Mansfeld kommandiert wird. Der Kampf dauert nicht länger als ein paar Minuten, dann sind die Mansfelder zersprengt und aufgelöst. Kurz darauf gelingt der ungarischen Kavallerie dasselbe mit den beiden anderen Reiterkompanien auf dem rechten Flügel. Die ganze Reiterei des Grafen ist in kurzer Zeit zerschlagen, die Reste sind auf der Flucht.
Mansfeld bleiben nicht mehr als 15 Berittene, mit denen er sich mühsam nach Záblat durchkämpft. Vor dem Dorf kommt er in eine Situation, die vorbildlich ist für kaum zu zählende ähnliche Situationen, mit denen der Schlachtengott persönlich in immer neuen, ironischen Varianten militärischen Mißgeschicks die Laufbahn Mansfelds im Dreißigjährigen Krieg belebend auszuschmücken scheint. Wagenburgen und Verschanzungen sind Mansfelds Spezialität. Seine Musketiere haben in aller Schnelligkeit das Dorf derart solide verbarrikadiert, daß Mansfeld mit seinem Reiterhäuflein keine Möglichkeit hat, nach Záblat hineinzukommen. Sie suchen noch verzweifelt nach einem Durchschlupf, da schwärmen schon die ersten Abteilungen Buquoys am Dorfrand entlang, Mansfeld muß in einen geschützten Garten flüchten, in dem sich auch eine Gruppe seiner Musketiere postiert hat.
Die Soldaten in Záblat haben außer den hochgetürmten Barrikaden, Verhauen und Hindernissen bis jetzt nichts anderes tun können, als sämtliche Kavalleristen, die in die Reichweite ihrer Gewehre kommen, mit konzentriertem Feuer zurückzuscheuchen. Das glückt ihnen restlos, sie merken erst viel zu spät, daß sie ihre eigenen Reiter niederschießen, die vor den Kürassieren Wallensteins und den Ungarn fliehen.
Buquoy denkt nicht daran, sich den Zugang zum Dorf gewaltsam zu erkämpfen. Das umgekehrte Verfahren erscheint ihm zweckmäßiger und bequemer. Er läßt in einer breiten Zone am Südrand des Dorfs die Häuser anzünden, das Feuer frißt sich in unglaublichem Tempo durch die Strohdächer und das trockene Holz der Straßenverhaue. Binnen kurzem hat es den Platz erreicht, auf dem Mansfelds Musketiere ihr Pulver und die Munitionsvorräte gelagert haben. Das Trilemma ist einfach: verbrennen, in die Luft fliegen oder in die Luft gehen, das heißt über die Barrikaden, Wagenhindernisse und Faschinen ins freie Feld fliehen.
Die Mansfelder brechen an zwei Stellen aus dem brennenden Dorf. Drei Fähnlein, rund neunhundert Mann, versuchen, über ein freies Feld den Wald zu erreichen. Sie werden von den Wallonen und Ungarn ohne Ausnahme niedergehauen. Graf Mansfeld kann eine Gefangenschaft nicht riskieren, er hat 1609 Erzherzog Leopold schäbig verraten und betrogen, er ist seitdem im

Reich praktisch vogelfrei und muß Hals über Kopf fliehen. Knapp genug entkommt er den Wallonen und Ungarn, die ihn verfolgen, und erreicht mit drei Mann das Städtchen Moldautein. Die Böhmen auf der Stadtmauer verwechseln ihn mit einem österreichischen Offizier und beschießen die Flüchtlinge. Mansfeld kann den Irrtum nur mit Mühe aufklären und sich dann endlich in die Stadt retten.
Der Rest seines Korps, 1500 Mann, flieht vor der kaiserlichen Kavallerie in den großen Garten, der vor kurzem die Zuflucht Mansfelds gewesen ist. Buquoys Truppen umzingeln das Gelände und warten. Die Mansfelder hoffen auf die Hilfe durch die Böhmen Hohenlohes. Sie hoffen umsonst. Am Abend sind sie reif für die Kapitulation, und zwar gegen die Durchhaltebefehle ihrer Offiziere. Ein Parlamentär wird zu den Österreichern geschickt. Buquoy bespricht sich mit seinen Kommandeuren Dampierre, Wallenstein und dem Herzog von Sachsen-Lauenburg. Dann erhalten die Mansfelder Soldaten freien Abzug garantiert, wenn sie sich durch einen Monatssold auslösen können. Diese Rechnung geht auf. Die Musketiere ergeben sich, da aber die Prager Direktoren schon Monate lang keinen Sold gezahlt haben, bringen nur die wenigsten das Lösegeld auf. Und Prag schickt in dieser Situation erst recht keinen Groschen. Die meisten Gefangenen nehmen deshalb ohne weiteres österreichische Dienste an. Nicht einmal ein ganzes Zehntel, nämlich 130 Mann, und die meisten davon sind Offiziere, werden nach einiger Zeit zur böhmischen Armee entlassen. Die Beute der Sieger ist mehr als stattlich. Goldsachen im Wert von etwa 100 000 Gulden, die Gesamtsumme der persönlichen Verluste Mansfelds in Bargeld und Silbergeschirr soll 50 000 Taler ausgemacht haben. Dazu kommen noch 300 Wagen mit Proviant.
An dieser fürchterlichen Niederlage von Záblat und Netolitz hat Mansfeld genauso Schuld wie Graf Hohenlohe. Wie ein Anfänger unterschätzt er die Stärke Buquoys – nicht so sehr, weil ihm der Überblick fehlt, sondern weil er sich selbst und seine Feldherrnfähigkeiten überschätzt: eine wunderbare Gabe, die ihn aus jedem militärischen Desaster frisch gestärkt hervorgehen läßt. Kein Soldatenführer des Dreißigjährigen Krieges hat die Eigenschaften eines militärischen Stehaufmannes so vollendet entwickelt wie Mansfeld. Graf Hohenlohe wiederum hat keinen Finger gerührt, um zu Hilfe zu kommen. Diese Untätigkeit der Böhmen ist so unbegreiflich, daß der Verdacht aufkommt, Hohenlohe und Colonna von Fels hätten absichtlich die Niederlage Mansfelds provoziert, da ihnen seine Konkurrenz als Truppenführer zu lästig geworden sei, eine Version, die der geflohene Mansfeld in Prag mit seinen ungezählten Saftflüchen gegen Hohenlohe nicht gerade widerlegt.

Der Dreißigjährige Krieg kann mit ganz anderen Schlachten aufwarten, mit unvergleichlich höheren Truppenzahlen, mit Hektolitern an vergossenem Blut, mit Geschützdonner, der förmlich ganz Europa erschüttert. Die Schlacht von Záblat und Netolitz, bei der die Kürassiere Wallensteins den ersten und damit entscheidenden Angriff reiten, bedeutet aber nichts weniger als die entscheidende Wende im böhmischen Krieg 1619. Es ist die schwerste Niederlage der Aufständischen seit dem Fenstersturz. Ihre Armee, die sich von den Winterverlusten kaum richtig erholt hat, verliert die kampfkräftigsten Truppen. Buquoy beendet durch seinen Sieg ein für allemal die Bedrohung von Budweis durch Hohenlohe, der sich selbst jetzt ohne die Flankendeckung Mansfelds nicht mehr in Rudolfstadt halten kann. Fünf Tage nach der Schlacht, am 15. Juni, gibt er den Befehl zu einem Rückzug, der so rasch durchgeführt wird, daß er von einer Flucht nicht zu unterscheiden ist. Damit liegt der Südwesten Böhmens bis hinauf nach Pilsen offen vor den österreichischen Truppen. Die Direktoren befehlen Thurn, in Eilmärschen zurückzukommen. In Prag werden zum erstenmal Schanzen aufgeworfen, die Stadtmauern mit Geschützen bestückt, die waffenfähigen Bürger für die Verteidigung gemustert.

In diese Zeit, in die erste Junihälfte 1619, fällt nicht nur die schwerste Niederlage der Aufständischen auf dem böhmischen Kriegsschauplatz, sondern fallen paradoxerweise auch die größten Erfolge des böhmischen Heeres unter Graf Thurn, fällt aber auch die Peripetie des ganzen Aufstandes und des Kriegsglücks, sowohl des Landes als auch der persönlichen Fortune des Generals Thurn. Nach dem Zusammenschluß mit den mährischen Ständen ist er am 31. Mai zur österreichischen Grenze gezogen und kann mit seinem Heer binnen wenigen Tagen bis zur Donau vordringen. Schon am 5. Juni rückt er in die östlichen Vorstädte Wiens ein. Auch für die entschlossensten katholischen Kämpfer sieht es aus, als wäre es nur noch eine Frage von Tagen, bis die letzten Machtreste Ferdinands ausgeräumt und die Mauern Wiens gestürmt sind. Bald wird die gekrönte römische Majestät nicht mehr nur vor dem Kruzifix auf dem Boden liegen, sondern auch vor den Böhmen – und davor hatte doch das Kruzifix bewahren sollen.
Dort liegt Ferdinand nämlich tatsächlich, als sein Beichtvater Lamormaini in diesen Tagen einmal ins Zimmer kommt. Der Pater ist verblüfft. Ferdinand steht auf: »Ich habe über die Gefahren nachgedacht, die mich von allen Seiten bedrohen und da ich keine menschliche Hilfe mehr weiß, so habe ich Gott um Hilfe gebeten. Wenn es aber Gottes Wille ist, so werde ich getrost in diesem Kampf untergehen.« Auch der Beichtvater zweifelt nicht

daran, daß der König einen solchen Trost braucht. In diesen Junitagen ist der absolute Tiefpunkt der Herrschaft Ferdinands II. erreicht; dabei ist sie erst ein paar Monate alt. Graf Thurn ist entschlossen, die böhmische Sache nicht in Böhmen zu entscheiden, sondern in Wien. Er muß schlimmstenfalls nur mit den 2000 Mann Dampierres rechnen, die an der Donau lagern. Auch wenn die böhmischen Truppen weniger erfahren sind, so gleichen sie das doch durch ihre weit höhere Zahl aus. Wien hat außerdem praktisch keine Lebensmittelvorräte, in der Hofburg muß der König sein Arbeitszimmer räumen, es liegt schon in der Reichweite der böhmischen Kugeln.

Wien soll aber nicht nur mit diesen üblichen Gewaltmitteln erobert werden. Thurn rechnet noch auf andere Hebel. Am 5. Juni 1619, vormittags, erscheinen sechzehn Adlige im Vorzimmer des Königs, die Vertreter der niederösterreichischen Stände. Sie sind bewaffnet, erzwingen sich ohne Umstände den Zutritt. Ihr Führer Paul Jakob von Starhemberg übergibt ein Schriftstück, in dem die protestantischen Stände den König von ihrem Bündnis mit den Böhmen informieren und diesen Entschluß rechtfertigen. Gleichzeitig verlangen sie ultimativ, drohend, stürmisch eine sofortige, direkte Bestätigung der Religionsfreiheit.

Ferdinand weigert sich, leise, strikt, er spricht kaum, sitzt auf dem erhöhten Sessel, vor ihm die tobenden Deputierten mit den klirrenden Schwertern, sie stampfen im Saal umher, schreien den König an, sie schütteln vor ihm die Fäuste – in ein Kloster werden sie ihn stecken, seine Kinder wird man evangelisch erziehen, seine Geheimen Räte kommen vor ein Blutgericht!

Aschfahl, stumm sitzt der König vor den tobenden Männern und rührt sich nicht, hält den Kopf aufrecht, die dicke Unterlippe ist hilflos-trotzig vorgeschoben, in seinen hervortretenden Augen ist nichts zu lesen, auch dann nicht, als schließlich ein anderer Führer der aufrührerischen Stände, Andreas Thonradl, die Hand des Königs packt, sie schüttelt, erregt an einem Wamsknopf Ferdinands zerrt und schreit: »Nandl, gib dich, unterschreib, oder du mußt hin!«

»Nandl« unterschreibt nicht, bewegt sich noch immer nicht, nur einmal unterbricht er seine stummen Gebete mit einem ungewollt laut gestöhnten »Jessas Maria«. Hier der Vertreter des alten Glaubens – dort die Sprecher der neuen Konfession. Sie halten alle Trümpfe in der Hand, sie spielen sie nicht aus; wir staunen, aber bei den Exzessen der Revolutionäre von gestern fällt der Nachwelt sowieso immer am meisten ihre furchtsame Inkonsequenz auf.

Der Bericht von dieser Szene in der Hofburg ist voller Theatereffekte, dazu gehört auch das deus-ex-machinale Ende von den vier Kornetts schwerbewaffneter Kürassiere, die plötzlich in den Burghof reiten, mit schmetternden Trompeten, daß die Fenster zittern, Soldaten Dampierres, die aus Krems kommen. Sie haben mit kleinen Schiffen den Belagerungsring auf der Donau passiert. Jetzt postiert sie ihr Hauptmann Gilbert von Saint-Hilaire unter den Fenstern der Burg – ein massives Beruhigungsmittel für den protestantischen Zorn. Und ein Theatereffekt ist auch das »Jessas Maria« des Königs.

Für die Belagerung einer derart befestigten Stadt wie Wien fehlt dem Grafen Thurn die schwere Artillerie. Er weiß das. Er rechnet mit anderen Effekten. Allerdings weiß er nicht, daß Ferdinand II. seine größten Momente immer dann hat, wenn die äußere Lage fast ausweglos erscheint. Der König ist ein Mann der kritischen Situationen, der den Kopf vor allem dann behält, wenn er ihn zu verlieren droht. Nicht einmal die Belagerung hindert ihn daran, sein Tagesprogramm im wesentlichen genauso durchzuführen, wie er es gewöhnt ist: er besucht regelmäßig, mehrmals am Tag die Messe wie immer, er bewältigt das notwendige Arbeitspensum wie immer. Er macht nur zusätzlich einige Runden bei den Festungsbastionen.

Thurn hat sich fest darauf verlassen, daß ihm Wien praktisch ohne Belagerung die Tore öffnen wird. Wenn es nicht die Bevölkerung insgesamt ist, wenn es nicht die Protestanten unter den Einwohnern sind, dann sollen es zumindest die Stände sein, die seinen Truppen einen Zugang schaffen, selbst wenn es heimlich und in der Nacht geschehen müßte. Thurn spekuliert auf Verrat. Er muß Gründe dafür haben, denn als sich seine Hoffnungen nicht erfüllen, als er seinen Regimentern nach kaum einer Woche den Befehl zum Rückzug geben muß, bricht er in wütende Vorwürfe gegen die protestantischen Stände Niederösterreichs aus, daß sie ihre Zusage nicht gehalten haben.

Nur eine Handvoll Tage waren sie vor Wien, eine Handvoll Kugeln sind gewechselt worden, das war alles. Daß Thurn diese Belagerung so schnell abbricht, ist eine direkte Folge der Schlacht von Záblat und Netolitz. Nicht als ob sie unmittelbar den Entschluß Thurns ausgelöst hätte. Aber die Katastrophe Mansfelds läßt ihm keine andere Wahl, die Direktoren rufen ihn händeringend zum Schutz Prags zurück. Graf Hohenlohe hat schon am 6. Juni, also vor der vernichtenden Niederlage durch Buquoy, die Direktoren dringend darum gebeten, Thurn wieder herbeizuzitieren, denn allein könne er sich in keinem Fall dem kaiserlichen Heer gegenüber behaupten, er müsse wohl oder übel nach Prag zurück.

Für Ferdinand ist das nur eine Atempause, mehr nicht. Die Direktoren bereiten ohne Rücksicht auf die militärische Situation in Wien, in Niederösterreich, in Prag, in Südwestböhmen den Generallandtag in Prag vor. Auf ihm sollen die Landstände Böhmens, Schlesiens, Mährens, die inzwischen für die böhmische Konföderation gewonnen worden waren, über eine neue Bundesurkunde verhandeln. Auch Abgeordnete aus Österreich sind eingeladen. Jedem ist es klar, daß es dabei auch um die Absetzung Ferdinands und die Wahl eines neuen Königs gehen wird. Am 8. Juli 1619 eröffnen die Direktoren in Prag diesen entscheidenden Generallandtag. Zur gleichen Zeit aber, da Ferdinand seine erbliche Königswürde und -krone abgesprochen werden soll, wählen in Frankfurt die deutschen Reichsstände den neuen Kaiser.

Ferdinand hat als König von Böhmen in Frankfurt ein Kurrecht. Als Aspirant auf die Kaiserkrone besitzt er ein doppeltes Interesse daran, unter allen Umständen nach Frankfurt zu gehen. Am 11. Juli bricht er aus Wien auf, mit einem gewaltigen Hofstaat. Kurfürst Friedrich von der Pfalz forciert jetzt noch einmal seine langen Bemühungen, als Anwärter auf die Kaiserkrone Ferdinand auszustechen. Der Pfalzgraf ist Führer der Protestanten im Reich. In Frankfurt wird zum letztenmal ein Kampf der Konfessionen ohne Waffen ausgetragen. Die böhmischen Wirren beginnen sich damit unwiderruflich mit den religiösen Verhältnissen im Reich zu verflechten.

Den Kurfürsten erscheint es geradezu als eine Selbstverständlichkeit, den Kaiser aus der gleichen Familie zu wählen. Nur ganz ungewöhnliche Ereignisse könnten das ändern. Friedrich von der Pfalz ist kein derartiges Ereignis.

Dementsprechend geht das Schauspiel über die Bühne. Aus Protest sind die protestantischen Kurfürsten nicht persönlich erschienen, sie lassen sich durch Gesandte vertreten. Die katholischen Kurfürsten versammeln sich dagegen vollzählig. Sie stehen den Protestanten in einer geschlossenen Front gegenüber. Bis zum letzten Tag versucht die Kurpfalz von Hindernis zu Hindernis, die Kaiserwahl zu verzögern, zu stören, zu hintertreiben – sechs Wochen lang, solange die Verhandlungen des Kurfürstenkollegiums dauern. Zweifellos ist das störend und lästig. Die wirkliche Gefahr kommt aber nicht von der Pfalz, sondern droht aus der nächsten Umgebung. Frankfurt ist völlig von Truppen der Union umgeben. Johann Schweikhard von Kronberg, der alte Erzbischof und Kurfürst von Mainz, der als Reichserzkanzler das Kurfürstenkollegium zusammengerufen hat, befürchtet plötzlich, daß sich inmitten der waffenstarrenden Unionsumgebung eine Bartholomäusnacht wiederholen könnte. Aber statt Katharina von Medici erscheint dem greisen Herrn die Mutter Gottes persönlich, beruhigt den Fürsten und ermuntert ihn energisch, sich für die Wahl Ferdinands einzusetzen.

Ferdinand seinerseits verliert in diesen quälenden Frankfurter Wochen vor der Kaiserwahl niemals seine Gemütsruhe. Er liefert auch jetzt wieder ein Schulbeispiel dafür, wie schwer es ist, die Grenze zwischen Seelengröße und

Dickfelligkeit präzis und sinnvoll festzulegen. Ferdinand ist niemals ein leidenschaftlicher Verehrer ausgedehnter Sitzungen gewesen. Die Verhandlungen in Frankfurt scheinen ihm jedenfalls nicht interessant genug zu sein, als daß er eine Einladung des Landgrafen von Hessen-Darmstadt zu einer tagelangen Jagd ausschlagen würde.
Seelengröße und Dickfelligkeit hat Ferdinand aber auch wirklich nötig. Zwei Tage bevor er in Frankfurt zum deutschen Kaiser gewählt wird, erkennen ihm die Stände in Prag die Königskrone ab und wählen fast einstimmig den pfälzischen Kurfürsten zum neuen König von Böhmen und den böhmischen Nebenländern. Am 28. August findet dann in der Kurkapelle der Frankfurter Bartholomäuskirche mit allen Stimmen Ferdinands Wahl zum deutschen Kaiser statt. Mit allen Stimmen! Auch der Vertreter der Kurpfalz ist von seinem Herrn instruiert, Ferdinands Wahl zuzustimmen, wenn die Mehrheit für ihn ist. Selbst Friedrich gibt also seine Stimme diesem Mann, gegen dessen Wahl er seit Monaten alles, auch das Niederträchtigste, mobilisiert hat, und er gibt sie in dem gleichen Moment, da ihn die Böhmen an Stelle Ferdinands zum König proklamieren.

Mit der neuen Würde beginnen für Ferdinand nicht nur in Böhmen neue Schwierigkeiten, sondern vor allem auch an der leidigen Südostflanke, in Ungarn. Am 26. August 1619, dem Tag, an dem in Prag die Würfel fallen, fällt ein alter Gegner Habsburgs in Ungarn ein, Bethlen Gabor, der Fürst von Siebenbürgen. Die Absprache mit den böhmischen Rebellen ist perfekt und wird perfekt gehalten. Bethlen ist schon so lange mit dem Haus Österreich verfeindet, daß es fast an Freundschaft grenzt. Der Fürst hat ein ganz besonderes Format, er ist ebenso stark im Waffenhandwerk wie im reformierten Glauben, ebenso ausdauernd im Sattel wie unbeständig in seinen Entschlüssen. Seit Johann Honter der Reformation bei den Siebenbürger Sachsen in der Mitte des 16. Jahrhunderts eine feste Basis geschaffen hat, liegt das Fürstentum als stattlicher Block der Überraschungen im Südosten Europas, rechts und im Süden die türkischen Gebiete der Moldau und Walachei, südwestlich und teils im Westen Türkisch-Ungarn, das Restgebiet grenzt an das habsburgische Königreich Ungarn und an Polen. Das Fürstentum Siebenbürgen ist ebenso beunruhigend nach allen Seiten wie umworben von allen Seiten.
Zum Pfahl in allen möglichen Fleischteilen wird es aber erst, seit sich Gabriel Bethlen von Iktar, ungarisch Bethlen Gabor, zum Fürsten aufschwingt. Bethlen ist Ungar von Geburt, als Junge lebt er einige Jahre in Konstantinopel, später wird er deswegen oft als halber Türke bezeichnet, als verkappter Mus-

lim, obwohl er mit dem Islam nur die Strenge seines entschieden calvinistischen Bekenntnisses gemeinsam hat. Allgemein wird Bethlen Gabor als wichtigste Figur im »Generalstab des politischen Calvinismus« eingeschätzt. Nicht seiner besonderen Geistesgaben wegen, sondern um seiner unermüdlichen Kriegsbereitschaft willen, die noch ausgeprägter ist als seine Vorliebe für den Wein.

Bethlens Trunksucht ist es wahrscheinlich zu danken, daß er nie ein sicherer Faktor diplomatischer Absprachen wird; der Fürst ist immer nur wenige Stunden am frühen Morgen fähig, über Politik und mit fremden Gesandten zu sprechen, am hohen Vormittag ist er regelmäßig angenehm berauscht; keiner weiß dann, was von dem zu halten ist, was er sagt, nicht einmal er weiß es. Bis heute ist es fraglich, ob er nur ein diplomatischer Abenteurer, ein abenteuerlicher Intrigant, ein intriganter Glaubenskämpfer oder ein gläubiger Diplomat gewesen ist. Er verbündet sich gegen den Kaiser, verbündet sich wieder mit dem Kaiser, schließt Frieden, bricht ihn, mit den Ungarn und dem Sultan gegen den Kaiser, dann mit ihm gegen die Ungarn und den Sultan, dann mit beiden Herrschern gegen die Ungarn. So daß schließlich Prinz Moritz von Oranien, der Sohn Wilhelms des Schweigers und Statthalter der protestantischen Generalstaaten, seufzt: »Gibt es überhaupt einen Bethlen Gabor? Man sieht immer wieder eine andere Erscheinung.«

Bethlen Gabor ist türkischer Vasall. Sein Fürstentum stammt von Gnaden des Sultans im Serail, aber Bethlen fühlt sich vom christlichen Gott dazu berufen und versäumt deshalb niemals eine Predigt. Er bewirbt sich mit allen Kräften um die Hand der zweiten Tochter Kaiser Ferdinands, würde also um einer Verbindung mit dem Haus Habsburg willen den starrsinnigsten katholischen Schwiegervater in Kauf nehmen, der denkbar ist. Als sich das zerschlägt, heiratet er eine protestantische Fürstin, die Markgräfin von Brandenburg. Er ist stolz darauf, selbst ein Kirchenlied gedichtet zu haben, noch stolzer ist er auf den – vorübergehenden – Besitz der ungarischen Stephanskrone. Am Ende seines Lebens kann er sich rühmen, an insgesamt 42 Gefechten und Schlachten teilgenommen zu haben: eine kriegerische Kopflastigkeit, die er dadurch ausgleicht, daß er im gleichen Zeitraum die Bibel 26mal von vorn bis hinten durchliest. Das ist viel, aber es ist immer noch nicht genug; Bethlen gibt den Waffen den Vorzug. Seit 1626 ist er in zweiter Ehe mit der Markgräfin Katharina verheiratet, der Schwester des Kurfürsten Georg Wilhelm von Brandenburg. Als ihm sein Schwager Christian Wilhelm einmal einen schönen Pokal aus venezianischem Glas schenkt, läßt ihn Bethlen absichtlich fallen. Er überreicht im gleichen Moment Christian Wilhelm ein kostbares Schwert, noch klirren die Scherben: »Das bricht nicht, wenn es fällt«, meint Bethlen. Das Haus Brandenburg-Hohenzollern hat zu seinem und vieler Leidwesen fast volle dreihundert Jahre diese Empfehlung Bethlen Gabors nicht vergessen.

Mit dem 26. August 1619, als Bethlen Gabor zum Angriff gegen Habsburg antritt, beginnt für die Siebenbürger ein einziger Siegeszug. Bethlen hat vorher den Österreichern und Ungarn versichert, daß seine Rüstungen nur gegen die Türken gerichtet sind. Sie glauben ihm so blind, daß Ferdinand sogar gefragt wird, ob man Bethlen nicht vielleicht unterstützen soll. Eine Woche vor dem Angriffstermin teilt Bethlen Gabor den Prager Direktoren mit, er breche demnächst mit 35 000 Mann von Klausenburg auf und werde im September Mähren erreichen. Tatsächlich erobert er binnen sechs Wochen praktisch die ganzen Gebiete links der Donau bis nach Preßburg hin, obwohl es erheblich weniger Truppen sind, als er angekündigt hat.

Der September 1619 ist derjenige Monat seit Beginn des ganzen Aufstands, in dem die Ära der Verhandlungen endet. Die Entwicklung der nächsten Zukunft wird zu einer Frage der Waffenstärke, der Soldaten, des militärischen Muts. Bethlens Reiter kommen Anfang Oktober bei ihren Streifzügen rechts der Donau bis dreißig Kilometer an Wien heran. Am 14. Oktober beginnt der Angriff auf Preßburg, die Stadt fällt im ersten Ansturm. Ein Strom von Flüchtlingen ergießt sich nach Wien, schwillt dort mächtig an, wälzt sich weiter nach Oberösterreich und in die steirischen Gebiete. Auch der Kaiser, frisch gekrönt und kaum von Frankfurt zurück, flieht diesmal und zieht schleunigst nach Graz. Wien scheint gründlicher verloren zu sein als bei dem letzten Anmarsch der Böhmen unter Thurn.
Der Einbruch Bethlen Gabors ist auch für die kaiserlichen Truppen Buquoys in Böhmen das Signal, mit der Idee einer Eroberung Prags Schluß zu machen, in Eilmärschen nach Österreich zu ziehen und die Regimenter Dampierres bei ihrem Versuch einer Rettung Wiens zu unterstützen.

Die Prager Direktoren haben inzwischen Thurn als Oberbefehlshaber ihrer Truppen abgelöst. Ein Jahr der Heeresführung in diesem Aufstand hätte auch bei einem genialeren Mann als Thurn nur Unfähigkeit ans Licht gebracht, für eine Regierung ans Licht gebracht, die stark genug ist, mehr zu beschließen, als erforderlich ist, und schwach genug, weniger zu verwirklichen, als notwendig ist. Die Direktoren gewinnen als Obergeneral den Fürsten Christian von Anhalt. Er ist seit 1599 Statthalter der Oberpfalz, er hat sich als

Soldat unter Heinrich IV. von Frankreich einen Namen gemacht, er ist für die protestantische Union bisher das gewesen, was Thurn für die Böhmen sein wollte und nicht sein konnte. Friedrich von der Pfalz gibt seine Zustimmung, Christian von Anhalt übernimmt die Führung der böhmischen Armee, Thurn erhält das Kommando über die Truppen in Mähren.
In diesem Herbst sind die Prager Direktoren militärisch fast vollständig durch Bethlen Gabor entlastet. Sie denken aber nicht daran, die schon absurd hohen Soldrückstände auszugleichen. Nicht nur die Mannschaften meutern, selbst die Offiziere gehen in ganzen Gruppen nach Hause. Christian von Anhalt übernimmt ein Heer, das kaum noch eine Chance hat, eins zu werden. Der größte Fehler, den Christian als Truppenführer im böhmischen Aufstand macht, besteht darin, daß er Truppenführer im böhmischen Aufstand geworden ist.
Am 19. September bricht Buquoy mit seinen Regimentern nach Süden auf, Österreich zu. Wallenstein ist den ganzen Sommer über mit seinen Kürassieren beim kaiserlichen Heer gewesen, er ist bei den Gefechten und Kämpfen von Gratzen und Ulrichskirchen dabei, er gehört zu den aktivsten und unverdrossensten Kommandeuren Buquoys. Später bedankt sich der Kaiser eigens, daß ihm Wallenstein »die ganze Zeit mit persönlicher seiner Gegenwart mit einem ansehnlichen Kriegsvolk zu Dämpfung und Stillung gedachter Unserer rebellierenden Untertanen und derselben Anhänger gehorsamst assistiert und bei solchem schweren und gefährlichen Werk viel treffliche, nützliche Dienste, ungespart Leibes, Gutes und Blutes, willfährig und unverdrossen zu Unserm gnädigsten Wohlgefallen und Benügen, auch seinem großen, unsterblichen Lob und Ruhm untertänigst geleistet und bewiesen« hätte.
In den ersten Augusttagen beginnt Wallenstein neue Werbungen in den spanischen Niederlanden. Es handelt sich um 700 Kürassiere und Arkebusiere. Ende des Jahres bescheinigt der Kaiser Wallenstein inzwischen eine Schuldsumme von 80 000 Gulden rheinisch. Im September zieht er mit Buquoy, ungehindert von den Böhmen, nach Süden und erreicht Niederösterreich.
Hier hat sich die Situation seit der Teilnahme der protestantischen Stände am Generallandtag in Prag den böhmischen Verhältnissen verblüffend angeglichen. Die Protestanten verlegen ihren Versammlungsort von Wien nach Horn, einer kleinen Stadt im Nordwesten, genügend weit von der Kaiserresidenz entfert. Die erste Beratung findet am 1. Juli statt. Die Debatten und Beschlüsse sind so, daß Ferdinand den Ständen alle weiteren Beratungen verbietet und sie auffordert, nach Wien zurückzukehren. Die Niederösterreicher ignorieren den Befehl, sie verweigern ihm außerdem – wie schon einmal zuvor – erneut die Huldigung.

Die nächste Versammlung findet Anfang August in Horn statt. Wieder lehnen die Stände die Huldigung ab, sie gehen noch weiter, sie errichten eine provisorische Regierung mit 16 Direktoren und einem Präsidenten, sie schließen sich offiziell dem böhmischen Aufstand an, so wie schon Oberösterreich unter der Führung des Barons von Tschernembl. Die Niederösterreicher in Horn kümmern sich um keine Zeile, die aus Wien kommt. Daß ihre revolutionäre Wirklichkeit noch nicht ganz faktische Wirklichkeit ist, erfahren sie erst durch die kaiserliche Armee. Buquoy schlägt bei seinem Marsch durch Österreich die Route über Horn ein. Erstens liegt die Stadt auf dem Weg, zweitens liegt auch ihm die neue Regierung im Weg. Die Direktoren und alle Ständevertreter fliehen aus Horn, als ihnen das Anrücken der Armee gemeldet wird. Ihren Truppen den Befehl zur Verteidigung zu geben – daran denken sie nicht einmal in Andeutungen.
Buquoy macht in Horn drei Tage halt. Auf dem Schloß bittet er Wallenstein, sich über die Absichten und Ziele der niederösterreichischen Stände genauer zu informieren. Es kommt zu einem Gespräch mit dem Schloßherrn Reinhard von Buchheim und einem Informanten, Konrad Sax. Buquoy bezeichnet dabei die Bildung der niederösterreichischen Direktorialregierung als das, was es ist, nämlich als einen revolutionären Schritt. In dem Moment bricht Wallenstein gegen die Stände aus: Ihre Schuld sei es, daß seine Gesinnungsgenossen und er um alles Hab und Gut gekommen seien. Aber die Stände könnten sich darauf verlassen, man werde sich zu rächen wissen und sie nach der spanischen Pfeife tanzen lehren.
Reinhard von Buchheim erwidert, nicht die Österreicher seien die Hauptschuldigen dieses Krieges, sondern die Böhmen. Schroff gibt ihm Wallenstein zur Antwort: »Am schlimmsten sind die Oberösterreicher. Ihr Führer Tschernembl hat sich in Prag am schärfsten für die Absetzung Ferdinands engagiert. Ihre Einladung an Erzherzog Albrecht, die Regierung in Österreich anzutreten, ist die reinste Heuchelei. Die Stände wissen so gut wie jedes Kind, daß der Erzherzog niemals Brüssel verläßt. Außerdem hat er Österreich schon an Ferdinand abgetreten, er hat auch die Stände wiederholt zum Gehorsam und zur Huldigung seines Vetters aufgefordert!«
Wallenstein ist hier grob, heftig, rücksichtslos, seine Entschiedenheit läßt sich nicht steigern, er ist ein Gegner, dessen Haltung von keiner politischen oder militärischen Situation abhängt. Wallenstein ist kaiserlich, auf Biegen und Brechen – und jetzt sieht es wieder ganz nach Brechen aus. Mitte Oktober beginnen sich Bethlen Gabors Regimenter zusammen mit den böhmischen und mährischen Truppen auf Wien zu konzentrieren. Die Heere vereinigen sich am 23. Oktober, ihre Gesamtstärke beträgt 35 000 Mann.

Drei Tage vorher hat auch Dampierre Mähren endgültig räumen müssen, er stößt zu Buquoy und geht mit ihm auf Wien zurück. Die kaiserliche Armee ist knapp 20 000 Mann stark. Am 24. Oktober kommt es zu einem Artillerieduell zwischen den Gegnern. Nach einer Beratung mit Erzherzog Leopold entschließt sich Buquoy, seine Regimenter über die Donau zurückzunehmen. Der Troß des kaiserlichen Heeres ist allerdings so gewaltig, daß der Übergang viel zu lange dauert, zu lange jedenfalls, als daß die vereinigte Armee der anderen Seite passiv interessiert zusehen würde. Welle auf Welle stürmen ihre Soldaten gegen die sichernde Brückenschanze an der Donau an, ohne Erfolg. Sie wird von den wallonischen Kürassieren verteidigt, unter dem persönlichen Kommando Wallensteins. Auch Buquoy ist bei diesen Abwehrkämpfen dabei, er wird leicht verwundet. Die Brückenschanze kann bis zum Schluß gehalten werden, nach dem erfolgreichen Übergang gelingt es auch, die Brücke abzubrechen. Wien ist zunächst vor einer neuen Belagerung gesichert.
Endgültig ziehen sich die Truppen Bethlen Gabors und Thurns erst aus Österreich zurück, als der König von Polen Hilfe schickt. Die Frau Sigismunds III. ist eine Schwester Ferdinands. Nicht zuletzt ihr ist es zu verdanken, daß der König aus eigenen Mitteln 7000 Kosaken ausrüstet, weitere vier Regimenter anwirbt und dieses Heer am 21. November zu seinem bedrängten kaiserlichen Schwager in Marsch setzt. Die polnischen Truppen kommen trotz der späten Jahreszeit noch glücklich über die Karpaten und fallen ebenso glücklich in Oberungarn ein.
Bethlen Gabor versteht genug vom Krieg, um auf diese Nachrichten hin sofort das Feld vor Wien zu räumen, sich bei Preßburg zu verschanzen und die kampfstärksten Regimenter den Kosaken nach Ungarn entgegenzuschikken.

Das große Jahr Habsburgs und der katholischen Sache, 1620, beginnt für Wallenstein mit einer neuen Obristenbestallung des Kaisers. Am 2. Januar ermächtigt ihn Ferdinand II. zur Anwerbung eines Doppelregiments Kavallerie, nämlich 1500 Kürassieren und 500 Arkebusieren. Das Regiment wird wiederum in den spanischen Niederlanden aufgestellt. Wallenstein hat inzwischen alle Erfahrungen in Werbung, Ausrüstung und Organisation gemacht, die nötig sind. Sein neues Regiment ist schon im Februar aufbruchsbereit, es ist gemustert und trifft bei der kaiserlichen Armee ein. Unsicher ist allerdings, ob Wallenstein schon mit beiden Regimentern an dem großen Gefecht bei Langenlois am 10. Februar teilnimmt. In den Quellen wird nur erwähnt, daß Buquoy mit den Kürassieren Wallensteins am 7. Februar von Wien nach Krems aufbricht und dort die Donau überquert. Das Treffen bei Langenlois kostet die vereinigten böhmischen und oberösterreichischen Truppen 1400 Tote und 200 Gefangene, die Kaiserlichen büßen nur ein Viertel soviel Soldaten ein. Der böhmische Befehlshaber, Feldmarschall Colonna von Fels, kann sich gerade noch nach Horn flüchten. Und als ob es sich um eine persönliche Gegnerschaft zwischen Fels und Wallenstein handelt, die seit der Beschwerde des böhmischen Generals über den Erzpapisten Wallenstein vom Winter 1618 datiert, kommt es im Frühjahr 1620 noch einmal zu einem Kampf zwischen böhmischen Truppen und Wallensteinschen Kürassieren. Am 14. April läuft der böhmische Heerführer prompt in einen simplen Hinterhalt, den ihm Buquoy bei Sinzendorf in der Nähe Horns gelegt hat. 600 Böhmen werden niedergemacht, weitere 300 gehen in Gefangenschaft, die Kaiserlichen verlieren nur 30 Mann. Unter den toten Böhmen ist auch Colonna von Fels, dazu noch sechzig Offiziere, die fast alle zum Adel Böhmens gehören.

Ob Wallenstein seine Reiter auch bei Sinzendorf persönlich kommandiert hat, ist fraglich. Auf Keplers Horoskop notiert er als Kommentar: »Das Podagra hab ich Anno 1620 im April bekkomen.« Dieser erste Anfall muß ihm aber nicht gleich so zugesetzt haben, daß er bettlägrig wird. Genaueres ist freilich nicht bekannt. Schwer kann dieser Anfall nicht gewesen sein, denn Wallenstein vermerkt im Dezember 1624, daß es mit der Gicht »biss dato noch guth gehet«. Bettlägerig aber ist er im Juli 1620, an Truppenführung ist nicht zu denken. In diesem Monat marschiert das Heer der Liga unter Führung Maximilians von Bayern und Tillys in Oberösterreich ein. Buquoy steht mit dem kaiserlichen Heer nach wie vor in Niederösterreich bei Horn und Eggenberg. Von Wallenstein haben wir nur die Marginalie auf Keplers Horoskop: »Anno 1620 in Julio bin ich uf den Tod krank gewest, und die Krankheit vermein ich, daß ich mirs mit drincken causiert hab; hatt auch sollen die ungarische Krankheit werden, aber die Esperienz und Fleiß der Medici den balde bevorkommen.«

Das ist also weit schlimmer als die Erkrankung vor fünf Jahren, 1615, bei der es auch schon auf Tod und Leben gegangen ist. Immerhin kann sich Wallenstein im Feldlager Buquoys den Ärzten und der Ruhe überlassen, er hat Zeit genug, um auch über das letzte Jahr nachzudenken. Eben jetzt jährt es sich zum erstenmal, am 7. August, daß die mährischen Stände seine Verbannung auf Lebenszeit erneuert, die vollständige Konfiskation seiner Güter und seines Besitzes bestätigt haben. Der Wechsel ist kraß genug: vom steinreichen Magnaten zum Söldnerführer und kaiserlichen Offizier, der sich für seinen Kriegsherrn von Gefecht zu Gefecht durchschlägt, buchstäblich »sein

Sach auf nichts gestellt«. Ist er wirklich so sehr aus Überzeugung für Ferdinand ins Lager Habsburgs gegangen? War es überlegt, war es Hasard, war es Weitsicht, oder war dieser Entschluß ein Zufall, in den er durch Jähzorn hineingestolpert ist und der ihm dann keine andere Wahl mehr gelassen hat, als auf die Sache dieses starrsinnig fantasielosen Herrschers zu setzen? Denn in der äußeren Lage gleichen sie sich doch verblüffend. Beide haben sie nichts mehr zu verlieren und alles zu gewinnen.
Das muß korrigiert werden. Gemessen an seinem früheren Reichtum ist Wallenstein zwar bis jetzt einer der größten Kriegsverlierer. Aber er muß auch nach seiner Ächtung und Enteignung immer noch außerordentlich reich gewesen sein. Wo dieses Geld war, oder wer es ihm vorgeschossen hat – gerade ihm, dem Enteigneten und Verbannten, und aus welchen Gründen? –, das bleibt ein Rätsel. Zu Beginn des Jahres 1620 schuldet der Kaiser seinem Obristen Wallenstein die schlichte Summe von 80 000 Gulden. Die Bestätigung mit dem Datum des 1. Januar gibt sich wie ein Neujahrsgeschenk. Am Tag darauf wird Wallenstein ermächtigt, noch einmal 2000 Reiter zu werben. Das Geld dafür muß Wallenstein wieder selbst vorstrecken. Woher nimmt er diese Summen? Die Werbung seines ersten Regiments hat er noch von Mähren aus betrieben, von Mähren aus bezahlt, da ist er noch im Besitz seiner Güter, seiner Barschaft. Wir können annehmen, daß er entsprechende Verbindungen zu Bankhäusern im Reich hat, wir müssen es annehmen. Für die Werbung eines Kavallerieregiments sind grob gerechnet 40 000 Gulden nötig.
Der Schuldschein des Kaisers vom Januar 1620 bezieht sich auf die Truppen, die Wallenstein 1619 angeworben hat. Gleichzeitig genehmigt Ferdinand eine neue Werbung, das Doppelregiment Kavallerie, dazu sind noch einmal 80 000 Gulden nötig. Wallenstein muß dieses Geld besitzen. Die Summen sind für einen einzelnen ein ganz außerordentliches Vermögen. Vergleiche mit Währungseinheiten verschiedener Jahrhunderte untereinander sind immer irreführend, man kommt aber nicht daran vorbei; ein Goldgulden damals entspricht heute etwa 5 DM. – Goldgulden in solchen Ziffern, in die Hunderttausende, trägt man nicht in der Tasche, führt sie nicht ohne weiteres beim Troß mit sich herum, auch wenn 50 000 Gulden in einen Bagagewagen passen.
Es handelt sich hier um wahre Unsummen, wenn man bedenkt, daß der Papst eine erste Bitte des Kaisers nach dem Prager Fenstersturz um eine Finanzhilfe mit dem Betrag von 60 000 Gulden erfüllt. Wenn Wallenstein ohne Schwierigkeiten – mitten in seinen eigenen größten Schwierigkeiten – weit über das Doppelte und noch viel mehr vorstreckt, muß er bei Handelshäusern, Banken, Faktoreien Kredit haben, mehr Kredit als nur a conto eines

guten Namens als Geschäftspartner aus der Friedenszeit vor dem böhmischen Aufstand. Denn seitdem Wallensteins mährische Güter entschädigungslos konfisziert sind, fehlt dem Geschäftspartner Wallenstein die Deckung. Und daß damals ein Bankier in Europa sich durch Spekulationskredite in den politischen und religiösen Strudel ziehen ließ, war selten genug, setzte jedenfalls minimal bessere Situationen voraus, als sie gerade die Monate der Jahre 1619/20 darstellten, und verlangten vor allem einen anderen Namen als denjenigen eines normalen mährischen Großgrundbesitzers.

Große Risiken geht man nur bei großen Gewinnchancen ein. Das ist bei diesem kaiserlichen Obristen damals nicht der Fall. Wenn Wallenstein trotzdem einen kreditwürdigen Namen gehabt hat, dann bleibt nur der Schluß, daß er sich ihn schon vor 1617, in seiner mährischen Zeit, erworben haben muß. Trotzdem läßt sich damit kaum erklären, wieso er gerade in diesen beiden Jahren derart hohe Summen kreditiert erhält. Versucht doch schon der Kaiser umsonst Gulden an allen Ecken und Enden zusammenzukratzen. Und Wallenstein ist ein Mann des Kaisers. Gegenüber all diesen Fragen, auf die es nach der Quellenlage bis heute keine Antwort gibt, läßt sich sein späterer Millionenreichtum so einfach erklären, wie sich eine Milchmädchenrechnung nachprüfen läßt.

Das ligistische Heer vereinigt sich am 7. September 1620 mit dem kaiserlichen Heer in Niederösterreich, nördlich der Donau zwischen Horn und Zwettl. In Horn wird der Proviant der ligistischen Truppen aufgefüllt. Das ist die letzte Ruhepause vor dem entscheidenden Vormarsch, hinein nach Böhmen, auf Prag zu. Zum ersten größeren Zusammenstoß mit den Böhmen kommt es Anfang November bei dem gutbefestigten Rakonitz, genau 50 Kilometer westlich von Prag. Über eine Woche liegen sich die Heere gegenüber. Wechselnde Angriffe, wechselnde Erfolge, im ganzen aber unbedeutend, die Verluste bleiben niedrig. Christian von Anhalt ist weder zu einer großen Schlacht zu bewegen noch zum Abzug. Er entschließt sich abzuwarten, und am Ende will er es in seiner guten Stellung sogar auf eine entscheidende Partie ankommen lassen.

Die Kaiserlichen verzichten darauf, sie marschieren von Rakonitz ab. Wallenstein wird vorausgeschickt, er soll die Stadt Laun im Norden zur Übergabe auffordern. Das kaiserliche Heer folgt ihm, abends hält Maximilian mit den Kommandeuren in Strašitz noch einmal eine Beratung ab. Dann fällt der Entschluß. Die Bagage bleibt unter kleinstem Schutz zurück, das vereinigte Heer wendet sich in Eilmärschen nach Osten und will versuchen, Prag in einem Handstreich zu nehmen. Wallenstein, der seine eigenen Regimenter unter den Oberstleutnanten de la Motte und Torquato Conti bei der Hauptmacht zurücklassen muß, erhält den Befehl, mit einer Sonderabteilung Nordwestböhmen samt den wichtigsten Städten zu besetzen.

Fürst Christian von Anhalt wird noch am gleichen Abend davon verständigt, daß die Kaiserlichen von ihrem Weg nach Nordwestböhmen auf Prag abgeschwenkt sind. Er hetzt seine Truppen in die gleiche Richtung, teilweise über weglose Strecken, er muß Maximilian überholen, muß die Stadt vor ihm erreichen. Es gelingt ihm auch, Christian erreicht zuerst den Weißen Berg vor Prag und kann seine Stellung und Schlachtordnung selbst bestimmen. Er bestimmt damit allerdings nur sein eigenes Fiasko und den Ort, an dem die Sonne über dem alten Erbland Karls IV. untergeht und Böhmens lange Nacht beginnt.

Die Schlacht setzt vormittags mit einer kaiserlichen Kavallerieattacke gegen den linken Flügel der Böhmen ein; hier steht das Regiment Thurn. Kurze Zeit sieht es aus, als würde sich der Ansturm brechen, als könnte Thurn widerstehen, ja die Oberhand gewinnen. Dann aber bricht die Kraft seiner Fußtruppen jäh zusammen, sechs Fähnlein fliehen haltlos und reißen alle Reiter und Musketiere in der Nähe mit sich. Am anderen Flügel geht es ähnlich zu, nur dramatischer. Hier stößt ein Reiterangriff der Böhmen tief in die kaiserlichen Stellungen vor, kann aber schließlich abgefangen und zurückgeworfen werden. Nach kaum einer Stunde ist die ganze Schlacht dieses denkwürdigen 8. November entschieden, die meisten Regimenter der Böhmen lösen sich vollständig auf und fliehen nach Prag. Die schwersten Verluste gibt es nicht bei der Schlacht, sondern auf dieser Flucht, die Kaiserlichen setzen den Geschlagenen ohne Rücksicht nach und metzeln nieder, was sie können, viele ertrinken bei dem Versuch, die Moldau zu durchschwimmen. Wie immer bei den alten Berichten von derartigen Treffen, weichen die Zahlenangaben sehr voneinander ab; bei den Böhmen dürften mit hoher Wahrscheinlichkeit etwa 5000 Soldaten gefallen sein, auf der kaiserlich-ligistischen bestenfalls 300.

Mit die höchsten Verluste hatten bei den Siegern die wallonischen Kürassiere Wallensteins. Er selbst marschierte im Anschluß an die Besetzung Launs nacheinander in alle wichtigen Städte Nordböhmens ein, von Schlan bis nach Leitmeritz und Aussig, dann zog er ohne Zeitverlust nach Westen, vor die Tore von Brüx, Komotau, Saaz und Kaaden. In den nächsten Wochen verwaltet er von seinem Hauptquartier in Laun aus Nord- und Nordwestböhmen, die Städte müssen als erstes öffentlich den Treueid ablegen. Dabei kommt es zu Kontroversen mit der Bürgerschaft. Der Kurfürst von Sachsen ist vom Kaiser genauso wie der Herzog von Bayern dazu beauftragt worden, die Städte derjenigen Gebiete, die an Sachsen oder eben an Bayern grenzten, wieder dem Gehorsam des Kaisers zu unterwerfen. Die evangelischen Bewohner hätten lieber Johann Georg zum Kaiserlichen Commissarius gehabt als einen katholischen Vertreter des Kaisers und boten ihm ihre Unterwerfung an. Inzwischen aber hat sie Wallenstein aufgefordert, den Treueid zu leisten. Auf ihren Einspruch droht ihnen Wallenstein, »daß ihr kein einzige Dilation nicht nimbt, sondern alsbalden den schuldigen Eid leistet, im widrigen sollte es euch sehr gereuen, aber zu spät«. Die Bürgermeister und Räte verstehen, sie legen ohne Widerrede den Eid ab.

Wallenstein soll durch die Besetzung der nordböhmischen Gebiete nicht nur die Rebellion auslöschen, er soll auch Mansfeld die Lust nehmen, mit seinen Truppen ein anderes Klima zu versuchen als das Pilsner. Wallensteins eigenes Detachement ist viel zu schwach, um alle Städte zu sichern. Deshalb beginnen seine Offiziere in kaiserlichem Auftrag Soldaten zu werben, dieses frische Kriegsvolk wird in die Städte gelegt. Vereinzelten Widerstand könnte Wallenstein ohne weiteres brechen, was er aber nicht kann, das ist die Truppenwerbung ohne Geld. Es fällt ihm ein Modus ein, der ein solides Maß an Ironie enthält.

Er verlangt von der Bürgerschaft der Städte Geld für die Werbung neuer Truppen. Es gibt hin und wieder Opposition, Wallenstein antwortet dann entweder: »Sie haben durch Kontributionen und andere Hilfe dem Pfalzgrafen ihre Ergebenheit bewiesen, sie sollen jetzt dasselbe tun zum Zeichen ihrer wirklichen Unterwerfung unter den Kaiser, und zwar ohne weitere Ausreden.« Oder er verspricht den Bürgern, sie als Gegenleistung nicht mit einer starken Garnison zu belasten. Wallenstein hat aber gar nicht so viel Truppen zur Verfügung, um alle Städte zu besetzen; die verschüchterten Räte wissen das nur nicht, sie stellen ihm ziemlich rasch das Geld zur Verfügung, mit dem er diejenigen Truppen wirbt, die im Zweifelsfall den ungehorsamen Städten drastisch zeigen können, wer jetzt ihr König ist.

Daß die Bürger die Besatzungen verpflegen und unterhalten müssen, ist selbstverständlich. Die berühmte Hopfenstadt Saaz zahlt den Besatzungstruppen Wallensteins – die übrigens von Baron Heinrich Hieserle kommandiert werden, mit dem Wallenstein im Winter 1604 durch die Karpaten und Polen nach Prag gezogen ist – insgesamt 45 000 Schock Meißnisch für den Unterhalt, also weit über 52 000 Gulden.

Im Dezember 1620 verlegt Wallenstein sein Quartier von Laun nach Prag. Er ist zwar nicht ausdrücklich dazu ernannt worden, tatsächlich aber kommt ihm als eine Art Militärbefehlshaber die Verantwortung für ganz Nordböhmen zu. An die Besetzung des westlichen Nordens schließt sich in den ersten

Monaten des neuen Jahres rasch die vollständige Besetzung der böhmischen Gebiete bis zum Riesengebirge hin. Wie sich Wallenstein dabei im allgemeinen verhält, das haben schon im November 1620 Bürgermeister und Rat von Brüx nach einem Besuch so ausgedrückt: »Der Herr Albrecht von Wallenstein ist gar ein freundlicher Herr, aber darneben so scharf und ernst; was er in Sinn nehme, das müsse seinen Fortgang erreichen und da ließe er nicht nach.«

Der Kaiser ist nach dem Sieg des 8. November 1620 in Sachen der böhmischen Rebellion endgültig über den Berg – den Weißen Berg. Reformation und Gegenreformation sind sich jetzt nur noch darin einig, daß der Herr Jesus seine Empfehlungen schmiedeeisern gemeint hat: »Liebe deinen Nächsten wie der Hammer den Amboß.«

Abrechnung mit den Rebellen also, rücksichtslos, rasch. Der Kaiser instruiert dementsprechend seinen Statthalter in Böhmen, Maximilian muß ihn zur Härte nicht überreden, denn zur Härte ist Ferdinand ohne viel Für und Wider entschlossen. Neben der militärischen Sicherung des Landes ist die Ausrottung all dessen, was zum Aufstand geführt hat, was mit dem Aufstand zusammenhängt, die oberste Aufgabe. Wallenstein hat keine Gelegenheit zum Winterschlaf. Er bleibt dem kaiserlichen Feldherrn Buquoy unterstellt, er wirbt neue Regimenter, aber er arbeitet in Prag auch mit dem Statthalter und Landesverweser für Böhmen zusammen, mit dem Fürsten von Liechtenstein. Anfang 1621 wird er zum Mitglied des Hofkriegsrates in Wien ernannt, sehr reizt ihn das nicht, auch wenn ihn jetzt keine Beförderung und Erweiterung seiner Kompetenzen mehr kalt läßt; aber er hat in Prag zu viel mit der Werbung und Truppenmusterung zu tun, und grüne Tische sind nicht seine Schwäche. So entschuldigt er sich jedenfalls in einem Brief vom 7. März 1621 an Buquoy, der ihn bei sich in Wien haben will.

Das erste Strafdekret gegen die böhmischen Rebellen wird vom Kaiser am 20. Februar ausgegeben. Liechtenstein setzt in Prag eine Kommission ein, die für die Durchführung der kaiserlichen Rebellenverordnungen zu sorgen hat; den Vorsitz hat er selbst, die Kommission besteht aus dem Oberstlandhofmeister Adam von Waldstein, dem früheren Sekretär und neu ernannten Generalkommissar Paul Michna, Generalleutnant Tilly und dem Obristen und Hofkriegsrat Wallenstein. Aus Wien kommt jetzt fast Tag für Tag eine neue Liste mit Namen von Aufständischen, Rebellen und Verrätern, die verhaftet werden, deren Besitz beschlagnahmt, deren Güter besetzt werden sollen. Bald kann der Weiße Turm in Prag die Gefangenen nicht mehr fassen. Schon am 21. Februar hat Wallenstein in kaiserlichem Auftrag einen der wichtigsten Führer des Aufstands zu verhaften: Christoph Harant, Herr von Bezdruschitz und Polschitz auf Petzka. Harant war schon Kämmerer bei Kaiser Rudolf, er war Rat der böhmischen Krone unter Matthias, und während des Aufstands ist er Präsident der böhmischen Kammer, Kriegskommissar und General der Artillerie.

Harant ist mit seiner Familie in Jitschin geblieben, einer Stadt in Nordostböhmen zwischen Reichenberg und Königgrätz. Wallensteins Soldaten verhaften ihn und bringen ihn nach Prag. Er wird der dritte sein, dessen Kopf beim Prager Blutgericht in den Korb des Henkers fällt. Am 16. März berichtet Karl von Liechtenstein dem Kaiser, Harant wäre an diesem Tag zu den anderen Rebellen in den Weißen Turm geschafft und es wären außerdem »zu Einziehung seiner Güter gewisse Kommissarien verordnet worden«. Die Güter waren nach der Flucht der letzten Besitzerin Margarete Smiřický – Harant ist mit seiner Familie in Jitschin geblieben, einer Stadt in Nordostböhmen zwischen Reichenberg und Königgrätz. Wallensteins Soldaten verhaften ihn und bringen ihn nach Prag. Er wird der dritte sein, dessen Kopf beim Prager Blutgericht in den Korb des Henkers fällt. Am 16. März berichtet Karl von Liechtenstein dem Kaiser, Harant wäre an diesem Tag zu den anderen Rebellen in den Weißen Turm geschafft und es wären außerdem »zu Einziehung seiner Güter gewisse Kommissarien verordnet worden«. Die Güter waren nach der Flucht der letzten Besitzerin Margarete von Smiřický — Wallenstein war ihr Vetter — an den Fiskus übergegangen und werden jetzt im Auftrag Liechtensteins von Wallensteins Soldaten besetzt. Warum Margarete nach der Schlacht am Weißen Berg von Böhmen nach Brandenburg floh, ist unklar. Ihr Gatte Heinrich von Slawata hatte zwar zu den böhmischen Rebellen gehört, doch die Ehefrauen blieben unbehelligt. Sofern sie im Lande blieben, wurde auch ihr Besitz nicht beschlagnahmt — sofern sie jedoch flohen, war die Konfiskation sicher. Diese Maßnahme freilich war zu der Zeit, als Margarete Böhmen verließ, noch nicht beschlossen und verkündet worden; die Frau mochte möglicherweise Repressalien befürchten.
Margarete nahm außer ihren Juwelen und ihrem Bargeld auch ihr geistig verwirrtes Mündel, Heinrich Georg von Smiřický, auf die Flucht mit. Wallenstein ließ sich die Vormundschaft über Heinrich Georg zusprechen und war, als er nach sieben Jahren den verwirrten Mann aus Hamburg nach Böhmen holen konnte, endgültig in den Gesamtbesitz des Hauses Smiřický gelangt. Der Wert dieser Güter dürfte sich mindestens auf das Vierfache dessen belaufen haben, was Wallenstein einmal

in Mähren besessen hatte. Im übrigen wird zur selben Zeit, als seine Soldaten die Smiřický-Güter besetzen, auch die Herrschaft Friedland im obersten Norden Böhmens mit einer Garnison belegt. Einige Tage vorher hat man dort einen der aktivsten Rebellenführer, den Grafen Joachim Andreas Schlick, verhaftet, auf Schloß Friedland.
Im gleichen Monat März erhält Wallenstein den Befehl, sich mit einer größeren Truppenabteilung zum Aufbruch nach Schlesien bereitzuhalten, teils wegen des »Akkords«, den der Kurfürst von Sachsen mit dem aufständischen Schlesien getroffen und der nicht die Zustimmung des Kaisers hat, teils wegen des Markgrafen von Jägerndorf, der sich noch immer nicht unterwirft. In der ersten Hälfte 1621 werden Wallensteins Vollmachten ununterbrochen erweitert. Sie gehen schließlich so weit, daß sogar der Erzbischof von Prag ausdrücklich darauf aufmerksam gemacht wird, selbst in Fragen der Rekatholisierung nichts ohne Beratung mit Fürst Liechtenstein zu unternehmen oder mit Wallenstein deswegen zu konferieren, falls der Statthalter abwesend ist. Ein endgültiger Abmarschbefehl wird allerdings vorerst nicht erteilt. Ende Mai, Anfang Juni muß Wallenstein einen Bauernaufstand niederschlagen, der in der Gegend von Königgrätz ausgebrochen ist; eine Sache von wenigen Tagen, die der kaiserliche Oberst erledigen kann, ohne daß er dabei allzuviel Blut vergießen muß. Noch aus einem anderen Grund verzögert sich der schlesische Sukkurs: Im Juni 1621 werden die Urteile gegen die Führer des böhmischen Aufstands vollstreckt.

Am 15. März 1621 tritt der Gerichtshof zur Aburteilung der Rebellen zum ersten Mal auf der Prager Burg zusammen. Den Vorsitz führt Karl von Liechtenstein, er ist vom Kaiser zum Präsidenten des Tribunals ernannt worden. Die Anklage lautet auf Empörung, Landfriedensbruch, Majestätsbeleidigung. Die Urteile werden Anfang Mai 1621 gefällt, der Gerichtshof schickt die Unterlagen der Voruntersuchungen und Verhandlungen samt den Beschlüssen sofort nach Wien. Der Kaiser läßt die Papiere prüfen, eine Kommission empfiehlt ihm einige Abmilderungen, Ferdinand bestätigt alles und unterschreibt das Urteil am 26. Mai 1621. Er soll in der Nacht vor der Unterzeichnung keinen Schlaf gefunden haben, mit Tränen in den Augen hält er die Feder, seine Hand zittert; nach einer anderen Version unterschreibt er kühlen Herzens. Mag sein, die Interpretation von Empfindungen und ihren Äußerungen verpfuscht dem Zeitgeist nur allzuleicht die Werteskala.
Mehrfach wird die Exekution verschoben, vor allem durch den Einspruch Fürst Liechtensteins. Schließlich wünscht der Kaiser ausdrücklich, man möge das Urteil in der zweiten Junihälfte vollstrecken. Der Sinn für Symbolik

ist damals stark entwickelt. Am 19. Juni versammelt sich der Gerichtshof in dem Kanzleiraum des Hradschin, aus dessen Fenstern die Aufständischen vor drei Jahren die Statthalter in den Burggraben geworfen hatten. Stehend nehmen die böhmischen Herren das Urteil entgegen. Früher einmal hatte Kaiser Ferdinand II. gemeint: »Die Unkatholischen irren, wenn sie sagen, indem ich den Irrtum verbiete, sei ich ihnen Feind. Nicht nur hasse ich sie nicht, sondern ich liebe sie. Selbst auf Kosten meines Lebens möchte ich ihr Heil fördern. Wüßte ich, daß sie durch meinen Tod dem wahren Glauben wieder könnten gewonnen werden, willig würde ich dem Scharfrichter meinen Nacken darreichen.« Nicht nur die Staatsräson legt dem Kaiser den vernünftigen Entschluß nahe, erst einmal die Nacken seiner entschlossensten Gegner dem Scharfrichter darzureichen.
Die Exekution wird am 21. Juni auf dem Altstädter Ring in Prag durchgeführt. Ein Kanonenschuß von der Burg um fünf Uhr morgens gibt das Zeichen, mit den letzten Vorbereitungen zu beginnen. In der ausklingenden Nacht hat es geregnet, jetzt spannt sich eine Stunde lang über dem Laurenziberg ein Regenbogen, von der rechten Moldauseite aus ein prächtiges Bild. Alle Tore der Stadt werden unterdessen verriegelt, Wallensteins Reiter und Musketiere patrouillieren durch die Straßen, die Kürassiere in Gruppen zu sechs oder neun Mann. Das Blutgericht beginnt am frühen Vormittag, es dauert vier Stunden, drei Männer werden gehenkt, 24 enthauptet, der Scharfrichter braucht vier Schwerter, sechs Nacken machen eine Schneide stumpf. Tausende von Prager Bürgern umringen das schwarzverkleidete Schafott, sie rühren sich nicht von der Stelle, starren schweigend hinauf. Während der Hinrichtung trommeln acht Tamboure ununterbrochen, das ist üblich; falls einer der Verurteilten schreit, falls er sich mit Verwünschungen oder Klagen verabschiedet, soll es der Trommelwirbel übertönen. Als vierter steigt Kaspar Kaplíř aufs Gerüst, der gebrechliche Herr ist 86 – am Tag des Fenstersturzes war er noch sehr feurig –, seine Füße bleiben in dem langen Überkleid hängen, er stolpert und bittet den Pfarrer, Johannes Rosacius, ihn bis zum Block zu stützen: »Wenn ich mir ausgerechnet jetzt das Genick bräche, würden meine Feinde sagen, ich hätte das aus Verzweiflung getan.« Wer Henker hat, hat auch Humor – wahrscheinlich stammt das von dem Ritter Kaplíř. Außer dem Geistlichen hört niemand seine letzten Worte.
Auch Ferdinand II. hört nichts. Er hat eine Wallfahrt nach Mariazell angetreten, dem Gnadenort in der Obersteiermark an der Salza, der Kaiser hat diesen Fleck Erde als seine eigentliche Heimat bezeichnet. Sein Sohn Ferdinand, der spätere Kaiser, begleitet ihn. Am 21. Juni besuchen beide die Messe, sie empfangen die Kommunion. Zur Zeit der Hinrichtung sagt der Kaiser

zu dem Abt des Klosters: »Mein lieber Prälat, diese heilige Zelle liebe und schätze ich allezeit, nicht nur in Ansehen der erstaunlichen und unzähligen Wundertaten, sondern auch fürnehmlich wegen einer gewissen anziehenden Kraft, welche dem heiligen Ort wie angeboren erscheint. Heute werden meine Herren in Prag einen der kläglichsten Tage haben; allein wie hart es ist, laß' ich doch geschehen, was geschehen muß. Und ist unter anderem dies die Hauptursache meiner Wallfahrt zur heiligen Zelle, damit ich jenen, deren ich sonst nicht schonen darf, wenigstens durch mein Gebet zu Hilfe eile. Kann ich sie ferner nicht leben lassen, so will ich doch nach dem Beispiel des Erlösers für meine Feinde bitten, daß sie glücklich sterben.«
Glücklich stirbt keiner von ihnen, es sei denn in der Version, daß sie vom Henker glücklich vom Leben zum Tode gebracht werden. Da er ein Meister seines Faches ist, muß kein zweiter beigezogen werden. Er heißt Johann Mydlář, der tschechische Name könnte fast eine Ironie sein: Johann Seifenmacher – er exekutiert ohne Pannen, wie geschmiert. Pro Hinrichtung erhält er rund 18 Gulden, insgesamt 634 Taler. Die Köpfe von zwölf Verurteilten werden auf die Zinnen des Altstädter Brückenturms gesteckt, dazu zwei abgeschlagene Hände und die herausgeschnittene Zunge des Rektors der Prager Universität, Dr. Jessenius. Bis auf den Kopf und die Hand des Grafen Schlick bleiben diese Abschreckungsreliquien des böhmischen Aufstands zehn Jahre lang dort oben hängen, im Sommer und Winter, bei Sonne und Schnee, jedem zur Mahnung, zur sichtbaren Erinnerung.

Die historische Bedeutung des Sieges der kaiserlich-ligistischen Truppen in der Schlacht am Weißen Berg hat Bismarck einmal mit der Bemerkung kommentiert, eine Niederlage Habsburgs an diesem Novembertag 1620 hätte Deutschland das Jahr 1866 erspart. Das Prager Blutgericht im Jahr darauf ist eine Konsequenz dieses Sieges der vereinigten katholischen Waffen. Jeder Aufständische hat gewußt, daß die Soldaten Ferdinands auch dem Henker Ferdinands den Weg freischlagen. Der Sieg des Kaisers ist nicht nur ein militärischer Sieg, er ist auch ein religiöser Triumph. Tilly hat nach der Schlacht am Weißen Berg und der Besetzung Prags dem Kaiser eine große Kiste nach Wien geschickt, Kleinodien, Dokumente, Urkunden, die auf dem Hradschin erbeutet worden sind. Darunter ist auch das Original des Majestätsbriefes. Der Kaiser betrachtet das Dokument, diese Urkunde der »verwirkten Privilegien, daraus dies Übel alles entsprungen«, wie es der Bayernherzog ausgedrückt hat. Dann nimmt er eine Schere und zerschneidet es in zwei Teile. Mit dieser besonderen Note eines Kaiserschnitts kommt in Böhmen die Gegenreformation zur Welt.

Der Sieg Ferdinands ist aber schließlich auch ein Sieg Habsburgs über sein ungebärdigstes Kronland, die Schafottszene vom 21. Juni 1621 wird zum Begräbnisritual des alten Böhmen, wie es spätestens seit Karl IV. bestanden hat, und zwar als Herzstück Europas bestanden hat. Jetzt wird Böhmen so etwas wie der Zentralfriedhof Europas. Im Jahr 1621 wird der altböhmische Adel beerdigt. Auf Kosten der Toten, über ihren Gräbern erhebt sich der neuzeitliche Absolutismus Habsburgs. Im historischen Vergleich gibt es zu diesem Prozeß nur die Parallele der Vernichtung des französischen Adels durch die Jakobiner – allerdings unter umgekehrten Vorzeichen, mit vertauschten Wappen.
Wer nicht hingerichtet wird, aber auch nur entfernt am Aufstand teilgenommen hat, über den fällt die Wiener Hofburg ein Urteil, das in seiner Art genauso hart ist. »Aus kaiserlicher angestammter Milde wird Ehr' und Leben geschenkt, aber mit den Gütern wird nach Gutdünken verfahren« – und die Vollstreckung dieses Schuldspruchs bedeutet, daß rund 500 Herrschaften, beinahe drei Viertel des ganzen böhmischen Landes, eingezogen und konfisziert werden, daß aber Tausende von Adligen und Bürgern aus Böhmen auswandern müssen. Einer von ihnen spottet über diese Clementia Austriaca: »Was für eine Gnade? Eine böhmische? Kopf ab. Eine mährische? Ewiger Kerker. Eine österreichische? Raub aller Güter.«
Der kaiserliche Oberst Wallenstein, vor kurzer Zeit noch ein verbannter und geächteter Adliger aus Mähren, wohnt der Hinrichtungsszene auf dem Altstädter Ring in Prag als Augenzeuge bei, seine Soldaten sichern den Exekutionsplatz, sind über die ganze Stadt verteilt, um eventuelle Unruhen zu verhindern. Kurze Zeit später wird Wallenstein eine Urkunde mit der Unterschrift des Kaisers ausgehändigt. Sie trägt das Datum des blutigen Tages in Prag, des fürchterlichsten Tages der böhmischen Geschichte: 21. Juni 1621. Ferdinand II. überschreibt seinem verdienten, aber immer noch relativ unbedeutenden Obristen gegen ein neues Darlehen von 85 000 Gulden für Kriegsauslagen die Herrschaften Friedland-Reichenberg als Pfandschaften.
Bis zu diesem Tag hat der Kaiser für Werbungen und Kriegskosten an Wallenstein eine Schuld von zirka 195 000 Gulden mit Unterschrift verbrieft; Wallenstein hat diesen Betrag für Ferdinand ausgelegt. Auf den Gulden genau in gleicher Höhe werden ihm mit der neuen Überschreibung als Gegenleistung bis jetzt die Dominien Jitschin, Böhmisch-Aicha, Groß-Skal, Semil und Hořitz pfandrechtlich eingeräumt. Wenn für die Rebellion der böhmischen Stände 1621 ein Jahr der vernichtenden Konsequenzen war, so ist es für Wallenstein, der unter dem Aufstand mit am schwersten zu tragen gehabt hat, ein Jahr der zukunftsträchtigsten Konsequenzen.

VII
Der Hut des Kurfürsten

Auch in den folgenden Monaten ist Wallenstein im großen und ganzen noch nicht viel mehr als ein ausübendes Organ, ein Offizier höheren Ranges, der sich durch unbedingte Treue zum Kaiser und durch widerspruchslose Einsatzbereitschaft auszeichnet. Neu ist jetzt allerdings, daß er in gewissen Grenzen selbständig auftreten kann. Freilich, im Vergleich mit seiner früheren Position als Mitglied der mährischen Stände und großer Magnat ist seine Stellung immer noch gering genug – wenn man schon Ränge und Maße bemüht –, als mährischer Standesherr war er Repräsentant und Exponent eines Kronlandes, mit gesichertem Besitz und erheblichem Reichtum im Hintergrund – und daß er nicht stärker in der Öffentlichkeit hervortrat, war seine eigene, private Sache; von all dem ist 1621 keine Rede, Wallenstein befindet sich in dienenden, abhängigen Verhältnissen.

Ende Juni erhält er den Befehl, endlich nach Schlesien zu dem vorgesehenen Zug aufzubrechen. Er wird aber, kaum daß er in Glatz angekommen ist, nach Mähren abkommandiert. Der Markgraf Johann Georg von Jägerndorf war mit erheblichen Truppenmassen in Mähren eingebrochen und versucht jetzt, bis zu Bethlen Gabor durchzudringen und seine Regimenter mit dem Heer der Siebenbürger zu vereinigen. Für Bethlen Gabor war der Ausgang der Schlacht am Weißen Berg kein Katastrophensignal gewesen. Allerdings stärkte der totale Zusammenbruch des böhmischen Widerstands seine Neigung zu Friedensgesprächen. Er verlegte sein Feldquartier von Preßburg nach Tyrnau, er schickte seine Frau mit den Goldschätzen, die er in Ungarn eingeheimst hatte, nach Siebenbürgen zurück. Anfang 1621 verhandelte er einige Wochen lang mit dem Kaiser. Das Ergebnis war gleich Null, die Kämpfe begannen wieder. Buquoy trat den Vormarsch nach Ungarn an. Bethlen hatte inzwischen begriffen, daß mit seinen Reitern allein auf die Dauer ein Krieg größeren Formats nicht siegreich beendet werden konnte, Fußtruppen waren wohl oder übel notwendig, wenn eroberte Positionen gehalten werden sollten. Er schrieb wiederholt dringend an Friedrich von der Pfalz, bat um ein, zwei Regimenter, sonst sei der Mißerfolg sicher. Friedrich sollte wenigstens den Markgrafen von Jägerndorf dazu ermächtigen, seine Truppen mit Bethlens Heer zu vereinigen.

Inzwischen tritt Bethlen seinen Rückzug an, bis nach Kaschau. Buquoy erobert Preßburg, seine Truppen besetzen Tyrnau, er rückt bis vor Neuhäusel und beginnt die Belagerung der Stadt. Unterdessen vergrößert Bethlen wieder seine Armee, er schickt dem Markgrafen von Jägerndorf eine größere Geldsumme, um seine Kampfbereitschaft zu stabilisieren und sendet ihm außerdem zwei Regimenter Kavallerie entgegen. Bethlen rechnet auf ein Gesamtheer von fast 30 000 Mann, falls die Verbindung mit dem Markgrafen glückt.

Wallenstein soll diese Verbindung unmöglich machen. Er läßt in Glatz das Gros seiner Soldaten unter Führung des Oberstleutnants Schlieff zurück und übernimmt in Mähren sein erstes größeres Kommando, ein Kommando allerdings, das genauso groß ist wie die Mittel klein sind, die ihm zur Verfügung stehen: Er wird Oberbefehlshaber aller mährischen Regimenter; allerdings gibt es kaum mährische Regimenter. Beinahe alle Truppen, die in den letzten Monaten für die kaiserlichen Fahnen geworben worden sind, müssen dem Befehl Buquoys unterstellt werden. Was für Truppen Wallenstein in Mähren effektiv zur Verfügung hat, wissen wir nicht genau, nicht einmal die annähernde Stärke ist bekannt. Mehr als ein Regiment kann es nicht gewesen sein.

Wallensteins erstes Ziel ist Olmütz. Auch der Jägerndorfer hat diese Richtung eingeschlagen, er führt ein Heer von etwa 10 000 Mann. Wallenstein trifft zwei Stunden vor dem Heer des Markgrafen ein und rettet die Stadt vor der Eroberung, vor allem aber vor der Plünderung. Der Markgraf muß sich mit den kleineren Städten begnügen, die ihm auf seinem mährischen Durchzug zu Bethlen bleiben.

Wenig später trifft sich Wallenstein mit seinem Schwager Karl von Žerotín und dem alten, wieder neu ernannten kaiserlichen Statthalter von Mähren, dem Kardinal Dietrichstein. Sie sollen die weiteren militärischen Maßnahmen beraten, es ist also eine der üblichen theoretisch-projektiven Beratungen in Kriegszeiten, die nicht weiter reichen als bis zu demjenigen Moment der Zukunft, der von den neuen Ereignissen festgelegt wird – nicht aber von den Beratenden. Eine große Zeitspanne dürfte zwischen diesem Moment und der Beratung nicht gelegen haben, denn am 10. Juli 1621 fällt der kaiserliche Oberbefehlshaber Buquoy bei einem kleinen Gefecht vor Neuhäusel, gleichzeitig kommt die Nachricht, daß Bethlen mit seiner Armee wieder durch Oberungarn heranrückt. Die kaiserlichen Regimenter treten den Rückzug auf die Große Insel Schütt zwischen Preßburg und Komorn an, also ins nächste Vorfeld von Wien. Damit ist die Vereinigung der Truppen des Markgrafen von Jägerndorf und Bethlen Gabors nicht mehr aufzuhalten, sie findet Ende Juli bei Tyrnau nördlich der Großen Insel Schütt statt. Wallenstein kann jetzt nichts anderes machen, als mit seinen Soldaten zur Grenzstadt Ungarisch-Hradisch zu ziehen, die im Norden der vereinigten feindlichen Streitkräfte liegt. Das spanische Hilfskorps hat inzwischen Kremsier erreicht, südlich von Olmütz, und folgt Wallenstein nach Ungarisch-Hradisch.

Nach der Verbindung mit dem Jägerndorfer ist für die Kaiserlichen das unausgeglichene Truppenverhältnis das drängendste Problem. Der Kaiser ordnet im Juli neue Truppenwerbungen in Mähren an. Bis zu den ersten August-

tagen kommen insgesamt 1900 Mann zusammen, die allerdings nicht für den direkten Kampfeinsatz gedacht sind, sondern als Besatzung in die wichtigsten Garnisonen Mährens verlegt werden. Welche Initiative Wallenstein dabei entwickelt hat, ist urkundlich nicht belegt, aber sie ergibt sich von selbst aus dem Nachdruck, mit dem er durch sein Schreiben nach Wien die schlimmsten Mängel der kaiserlichen Truppen abzustellen versucht, vor allem das Fehlen einer passablen Artillerie. Wallenstein kann bis Mitte August 160 Kanoniere zusammenbringen, er sorgt auch für die entsprechende Bespannung, das Wichtigste fehlt ihm allerdings, nämlich die Kanonen.
Für ebenso dringlich hält Wallenstein das Problem der gesicherten Verpflegung und Bezahlung seiner Truppen. Mähren ist zu diesem Zeitpunkt von allen Kronländern am meisten verwüstet.
Am 15. August 1621 hat Wallenstein in Brünn mit Kardinal Dietrichstein deswegen eine Unterredung. Der Statthalter teilt Wallensteins Ansicht nicht, wie man das Problem lösen könnte. Dieser Meinungsverschiedenheit ist das früheste Dokument zu verdanken, das über Wallensteins berühmt-berüchtigtes Kontributionssystem existiert. Wallenstein begründet nach der Konferenz noch einmal schriftlich seine Vorschläge und Pläne. Dietrichstein will einen Teil der Unterhaltskosten, mehr als die Hälfte, aus Böhmen beziehen. Dagegen wäre nichts zu sagen, wenn Aussicht auf Erfolg bestände. Sie ist gleich null, Wallenstein sieht das voraus, Dietrichstein kommt es aber nur darauf an, Mähren von allen Zahlungsverpflichtungen so weit wie nur möglich frei zu halten. »Wird das Kriegsvolk«, so schreibt Wallenstein dem Kardinal, »nit schnellstens ordentliche Unterhaltung haben, so werden sie mit Unordnung aus den Quartieren auslaufen und nehmen, was sie werden bekommen und was ich ihnen nicht werde zu erwehren vermögen, dieweil sie allein von Wasser und Brot nit travaglieren können.« Aus solchen Notplünderungen werde sich zwangsläufig die endgültige Zerstörung der letzten Substanzen des Landes ergeben. Außerdem sei es unmöglich, das Mindestmaß an militärischer Disziplin zu garantieren, und damit stehe die Niederlage beim ersten besten überraschenden Feindangriff schon jetzt fest.
Wallenstein hat dem Statthalter Ordnung und Disziplin der Truppen nur unter der Bedingung zugesichert, daß sie angemessen verpflegt und besoldet werden. Dietrichstein hält diese Bedingung nicht ein, Wallenstein muß ihm drei Wochen später schreiben, er habe keinen Ausweg mehr gesehen, als sich deswegen direkt an den Kaiser zu wenden, er möge das entschuldigen, aber er – Wallenstein – befürchte deswegen eine Rebellion des ganzen Landes. In einem hitzigen Protest wirft er dem Statthalter vor: »Wenn Eure Hochfürstlichen Gnaden die Landeskontribution nicht hätten eingestellt, so hätte

man dem Kriegsvolk eine ziemliche Unterhaltung geben können und es wäre den Landleuten viel leichter ankommen zu kontribuieren, als sich ganz und gar durch Plünderungen ruinieren zu lassen. Denn es ist ein Unterschied, wo sie das Kriegsvolk am Hals haben und sehen, daß sie entweder Mittel verschaffen müssen, damit dasselbige zu leben hat oder gewärtigen, daß mans ihnen mit Gewalt nimmt – oder ob sie in den Landtagen wegen der Kontribution disputieren.«

Wallensteins Ton ist geradezu beschwörend, wenn er fortfährt: »Ich vor meine Person hab nichts begehrt und begehre noch nichts anders als Ihrer Majestät Dienst zu befürdern und guts Regiment zu halten, dieweil es aber dahie nicht sein kann, so verhoffe ich, entschuldigt zu sein.« Und gleich darauf in einer rüden Sachlichkeit: »Deß seien Eure Gnaden versichert, daß viel eher ein Generalaufstand wird causiert, wann man alles wegnehmen wird, als wann man mit Ordnung kontribuiert. Entweder«, und das ist die charakteristische Alternative des Heeresorganisators Wallenstein, »entweder ordentliche Verpflegung und Bezahlung, oder unordentliches Kriegsvolk«, dann der typisch kurze Schluß: »Basta, ich hab das Meinige getan, will entschuldigt sein, wann Unordnungen geschehen, ich begehre da nichts vor mich, sondern nehme in Acht Ihrer Majestät Dienst und die Konservation des Landes.«

Der Rest des Jahres versickert in Mähren mit einer mehr als regellosen Kriegsführung. Bethlen Gabor beginnt im August mit der Belagerung Preßburgs, gibt sie aber Anfang September wieder auf und wendet sich mit seiner Hauptmacht nach Mähren – wie Wallenstein befürchtet hat. Die Verstärkungen, die er erwartet, sind noch nicht bei ihm eingetroffen. Er muß von Ungarisch-Hradisch nach Lundenburg in Richtung Wien zurück. Bethlen erobert die beiden Städte Holič und Skalitz. Wallenstein kann nichts dagegen tun, er verfügt in diesem Moment über nicht mehr als etwa 1000 Mann zu Fuß und zwei Fähnlein Reiterei. Der Hauptmann, der Skalitz verteidigen soll, kapituliert sofort, übergibt die Stadt und geht mit seinen dreihundert Mann zu Bethlen Gabor über. Drei weitere Städte samt den Besatzungen folgen diesem friedfertigen Beispiel. Bethlen beabsichtigt, die March zu überqueren und wieder vor Wien zu rücken. Immerhin dauern die Vorbereitungen dazu mehr als einen Monat.

Wallenstein kann in dieser Zeit seine Truppen auf fast 4000 Mann verstärken. Sie setzen über die March, das spanische Hilfskorps unter der Führung des Feldmarschalls Tommaso Caraccioli folgt dichtauf, gleichzeitig marschieren die Reste der Regimenter General Buquoys von der Insel Schütt unter Umgehung der Kleinen Karpaten nach Norden zu den Truppen Wallensteins. Durch Boten läßt er sie ununterbrochen zur Eile antrei-

ben. Als die verschiedenen Kontingente endlich vereinigt sind, Mitte Oktober, zählt das kaiserliche Heer etwa 18 000 Mann, während Bethlen Gabor, zusammen mit den Ungarn und den Regimentern des Markgrafen von Jägerndorf, an die 30 000 Mann zur Verfügung hat. Zu einer großen Schlacht kommt es trotzdem nicht. Bethlen Gabor schätzt auch bei sehr überlegener Truppenstärke keine folgenschweren Auseinandersetzungen, sie enthalten für ihn allzu große militärische Risiken, ihm gefällt die Taktik der raschen Handstreiche, Überfälle und Raubzüge, das Überrollen in stürmischen Attacken weit besser, und dazu braucht er Gegner, die er sich zurechtstellen kann oder die zahlenmäßig weit unterlegen sind.
Wallenstein andererseits, dem jetzt, nach Buquoys Tod, die Hauptbedeutung zukommt, hat nicht die geringste Absicht, mit einer Truppe, die ihm nicht vollständig untersteht, die außerdem scheckig zusammengewürfelt ist, den Gegner zu einer entscheidenden Bataille zu zwingen; dazu kamen noch interne Auseinandersetzungen über den nominellen Oberbefehl. Im übrigen sind die alten Berichte voller Widersprüche über die Einzelheiten dieser Phase, in denen schon die Friedensverhandlungen zwischen Bethlen und dem Kaiser neu anlaufen. Wiederholt wird von größeren Kämpfen zwischen den Truppen Wallensteins und ungarischen Reitern erzählt, ohne daß allerdings exakte zeitliche und örtliche Angaben erfolgen. Einmal sollen bei einem derartigen Unternehmen 4000 Mann des Gegners gefallen sein, das andere Mal »nur« 1300; das sind Zahlen in einer Größenordnung, die sich damals nur bei bedeutenderen Schlachten finden. Man wird sie also nicht allzu ernst nehmen können, denn auch in der allgemeinen Kriegsgeschichte der Epoche finden sich keine Details darüber; diese »Gefallenen« sind den Berichterstattern nur eingefallen – vermutlich.
Zieht man ein Fazit aus diesen widerspruchsvollen Mitteilungen, so ergibt sich immerhin mit einiger Zuverlässigkeit, daß das Verfahren der gegenseitigen Bedrohung, Belästigung und sprunghaften militärischen Schwächung von Wallenstein in Mähren gegenüber den Truppen Bethlens, der Ungarn und des Markgrafen von Jägerndorf recht erfolgreich praktiziert worden ist. Ebenso steht fest, daß Wallenstein nach der Konzentration aller Truppen ab Mitte Oktober größere Operationen unternommen hat, und zwar immer mit günstigem Ausgang – durch Überfälle auf ungarische Reiterabteilungen, durch geschickte Verschiebungen der Truppen, so daß gegnerische Pläne im Ansatz abgewürgt werden. Durch seine Melder erfährt Wallenstein zum Beispiel, daß Bethlen den Markgrafen von Jägerndorf angewiesen hat, durch einen überraschenden Zug nach Norden Olmütz zu erobern und so das Tor nach Schlesien zu öffnen. Wallenstein, der schon damals großen Wert auf eine

prompt einsatzfähige, leichte Reiterei legt, kommt ihm dabei zuvor, er bricht sofort nach Olmütz auf, besetzt bei diesem Zug am 18. Oktober Kremsier und erreicht Olmütz wieder knapp vor dem Markgrafen, dessen Truppen sich genauso wie beim erstenmal, als sie sich vor dieses fait accompli gestellt sehen, mit der Plünderung und Brandschatzung des umliegenden Landes begnügen müssen.
Es ist kein rühmlicher und spektakulärer Krieg, der da 1621 in Mähren geführt wird. Immerhin erreicht Wallenstein, daß Bethlen nicht noch einmal riskiert, die March zu überqueren und auf Wien vorzustoßen. Von Olmütz aus beginnt Wallenstein noch einmal neue Truppen zu werben. Er hat jetzt selbst in Mähren schon so viel Soldaten aus eigenen Kräften auf die Beine gebracht, daß die spanischen Hilfsregimenter im Lauf des November von Mähren in die Steiermark verlegt werden können, natürlich auch deshalb, weil Bethlen deutlich zeigt, wie kurz sein Atem geworden ist. Diese Stabilisierung und langsame, stetige Verbesserung der kaiserlichen Truppenverhältnisse und der Gesamtlage, aber auch die mehr als unangenehme Tatsache, daß sich jetzt das Gros des sächsischen Heeres aus Schlesien in Richtung Mähren zu bewegen beginnt, geben bei Bethlen den letzten Ausschlag, endlich Frieden mit dem Kaiser zu machen. Am 6. Januar 1622 wird in Nikolsburg der entsprechende Vertrag unterzeichnet.
In einer Darstellung Wallensteins als großer Heerführer der Zeit würde der Krieg in Mähren 1621 keine besondere Rolle spielen, er wäre auch im Detail nicht sehr interessant. Aber für die Geschichte und den Aufstieg des Herzogs von Friedland ist dieser Herbst des Jahres 1621 deshalb von eigener Bedeutung, weil Wallenstein hier seinen ersten Befehlshaberposten – so begrenzt er auch gewesen ist – mit Energie, Phantasie und überzeugendem Nachdruck übernommen und ausgefüllt hat. Deshalb überrascht es auch nicht, daß die Wiener Hofburg, als er noch während des Dezembers und vor der offiziellen Unterzeichnung des Friedensvertrages mit Bethlen Gabor wieder nach Prag beordert wird, seine militärische Position erheblich verstärkt und ihn zugleich mit innenpolitischen Aufgaben betraut, die weit über das hinausgehen, wofür Wallenstein bis dahin ausersehen war. Daß allerdings auch diese neuen Ämter eine Fernfolge der konsequenten Haltung Wallensteins während des böhmischen Aufstands sind, muß kaum besonders betont werden.
Während des ersten Jahres nach der Niederschlagung des Aufstandes wird Böhmen zunächst durch eine provisorische Regierung verwaltet. Ende Dezember bittet die Hofburg den Statthalter, Fürst Liechtenstein, nach Wien, sie will das böhmische Provisorium beenden. Für die Zeit seiner Abwesenheit

von Prag überträgt Liechtenstein dem Oberstlandhofmeister Adam von Waldstein die politische Verwaltung des Landes. Die Militärgewalt dagegen übergibt er dem Vetter seines politischen Stellvertreters, also Wallenstein, und zwar ernennt ihn der Statthalter zum »Obristen von Prag«, Wallenstein wird Befehlshaber aller Truppen, die in Prag stationiert sind.

Am 17. und 18. Januar 1622 werden in Wien im Namen des Kaisers einige Dekrete erlassen, die von einschneidender Bedeutung und auch für Wallenstein von einer außerordentlichen Tragweite sind. Fürst Karl von Liechtenstein wird am 17. Januar das offizielle Ernennungsdekret als Statthalter von Böhmen überreicht. Die Vollmachten, die Liechtenstein erhält, sind praktisch unbeschränkt. Das Dekret ernennt ihn zum Stellvertreter des Kaisers, damit er »im ganzen Königreich Böhmen in Kriegs- als Justiz- und in Summa in allen Sachen, nichts überall ausgenommen, gubernieren, disponieren, regieren, befehlen, verbieten und alles dasjenige, was Seine Liebden – Fürst Liechtenstein – zu Beförderung Unseres Nutzens und Frommens für gut ansehen wird, ohne männigliche Verhinderung frei und sicher tun und lassen solle und möge«. Rundheraus gesagt, das ist die Übertragung einer Diktatur für Böhmen.

Fürst Liechtenstein war von Herzog Maximilian von Bayern vor seiner Rückreise nach München am 16. November 1620 im Einverständnis mit dem Kaiser zu seinem Stellvertreter in Böhmen ernannt worden, er bekam den Titel »Subdelegierter Commissarius«. Mit diesem Erlaß endete die militärische Mission des Führers der katholischen Liga. Sie war das Kernstück einer anderen Mission, einer geheimen Mission, die der Bayernherzog lange vorbereitet und dessen öffentliches Ende er durch seine Truppenhilfe angemessen präpariert hatte.

Mit dem neuen deutschen Kaiser des Jahres 1619 kam ein Fürst auf den Thron, der so dicht vor seinem Verderben stand wie noch nie ein Herrscher des Reiches vor ihm. Der Aufruhr hatte sich nicht auf Böhmen beschränkt, er war auf Mähren übergesprungen, auf Schlesien, die Ober- und Niederlausitz, er war mit dem Grafen Thurn bis vor Wien gezogen, sogar die innerösterreichischen Lande ob und nieder der Enns waren in diesen Strudel geraten. Ferdinand II. zog im Frühherbst 1619 von Frankfurt als gewählter, gesalbter, gekrönter Kaiser in ein Land zurück, das ihm nicht mehr gehörte. Am 28. August hatten die kurfürstlichen Wähler in Frankfurt den Eid abgelegt: »Einen Kaiser wählen zu wollen nach Vernunft und Verständigkeit, ein weltliches Haupt dem christlichen Volk, einen Mann, dazu geschickt und tauglich; daß sie ihre Stimme geben wollten ohne Geding, Sold, Lohn oder Verheiß.« Am 9. September setzte im Bartholomäus-Dom zu Frankfurt der Erzbischof und Kurfürst von Mainz dem neuen Kaiser die Reichskrone aufs Haupt, drückte ihm Szepter und Reichsapfel in die Hand.

Bis zum 18. September 1619 blieb Ferdinand II. in Frankfurt. Dann zog er über Würzburg und Rothenburg ob der Tauber nach Augsburg. In Neuburg unterbrach er die Fahrt, er beteiligte sich an einer großen Jagd, bei der die Hirsche in die Donau getrieben wurden. Am 28. September empfing ihn der bayerische Herzog unter großen Feierlichkeiten in Augsburg. Es hätte nicht symbolischer sein können, daß sich nach dieser Kaiserwahl die beiden katholischsten Herrscher des Reiches in der Stadt des Religionsfriedens trafen. Maximilian begleitete von Augsburg ab den Kaiser nach München in seine Residenz. Es war ein merkwürdiger Triumphzug, denn der Triumph lag ganz bei Maximilian, und es war ebenfalls der fromme Bayernfürst, der bei dieser ganzen Sache am Zug war.

Ferdinand und Maximilian waren Vettern, sie waren auch miteinander verschwägert. Der Vater Maximilians, Herzog Wilhelm der Fromme, war Ferdinands Onkel. Ferdinands Vater, Erzherzog Karl von Steiermark, hatte Anna von Bayern geheiratet, die Schwester Herzog Wilhelms. Die Habsburger und Wittelsbacher waren schon seit längerem miteinander verwandt. Kaiser Ferdinand I. war der Schwiegervater Albrechts V. von Bayern gewesen, des Großvaters Maximilians I. Und um die Verbindung noch stärker zu festigen, zumindest blutsmäßig, um überdies den inzestuösen Sympathien der Habsburger Tribut zu leisten, heiratete der junge Erzherzog Ferdinand von Steiermark im Jahre 1600, mit 22 Jahren, die Schwester des Bayernherzogs, seine Cousine Maria Anna von Bayern.

Maximilian war fünf Jahre älter als Ferdinand, beide hatten sich besonders gut in Ingolstadt während ihres Studiums an der Jesuitenuniversität kennengelernt. So glaubte wenigstens Ferdinand. Denn effektiv lernte er den Bayernherzog erst kennen, als es zu spät war. Dann aber war der Vorsprung nicht mehr auszugleichen. Denn der bayerische Vetter wußte vom ersten Tag an, was er von Ferdinand zu halten hatte. Er vergaß niemals den Zusammenstoß, den beide in Ingolstadt einmal wegen ihres gegenseitigen fürstlichen Vorranges hatten.

Wie Maximilian sich zur Kaiserwahl verhalten würde, war noch kurz vor der Abreise Ferdinands aus Wien nicht klar gewesen. Als Führer der Katholischen Liga und stärkster Gegenspieler der Union kam seiner Haltung die entscheidende Bedeutung zu. Im Reich war niemand, der Ferdinand hätte stärker unterstützen können; stärker: das heißt stärker mit

Truppen und stärker mit Geld. Matthias und Ferdinand hatten das seit Beginn des Aufstands dem Herzog in München immer wieder klarzumachen versucht. Ohne Erfolg. Maximilian beharrte darauf: er könne beim besten Willen keine Hilfe leisten. Mit diesem Bescheid gab er sogar noch weniger als der Erzbischof von Salzburg, der das dritte Bittgesuch aus Wien um Geld und Pulver zum drittenmal abgelehnt hatte; und als der Gesandte der Hofburg schließlich verzweifelt ausbrach: »Wenn Eure Fürstliche Gnaden mit solchem Beispiel vorangehen, wird kein deutscher Bischof dem Kaiser einen einzigen Gulden geben!« – erst dieser Notschrei stimmte den Erzbischof schließlich milde, und er gestattete dem Kaiser, allen Fürsten im Reich zu erzählen, er wäre vom Erzbischof von Salzburg kräftig unterstützt worden. Geld und Pulver behielt er nach wie vor für sich.

Im Winter 1618/1619 begann sich die Gesinnung Maximilians allmählich zu ändern. Gegen eine Zahlungsverpflichtung von 80 000 Gulden verkaufte er am 26. Dezember 1618 als Weihnachtsgeschenk einen ziemlich spärlichen Teil aus seinen Vorräten an Kriegsmaterial für die kaiserlichen Truppen. Schließlich begann er auch der bedrängten Regierung in Wien gegenüber von einer Hilfe von 10 000 Mann samt aller Kriegsausrüstung und Verpflegung zu sprechen, aber er sprach sehr lange davon, unverbindlich, langatmig – nicht umsonst litt er zeitlebens unter katarrhalischen Infekten –, Maximilian fühlte sich bis jetzt auf gut bayerisch sauwohl zwischen diesen beiden Stühlen Friedrichs von der Pfalz und des Habsburger Vetters und Schwagers.

Dann kam die nächste Unterstützung, sie war schon stärker sichtbar: die Genehmigung des Durchzugs der Truppen, die in den spanischen Niederlanden neu geworben worden waren, darunter auch Wallensteins Kürassierregiment. Schließlich wurde Maximilian geradezu opferwillig, als er nämlich im Mai 1619 an Ferdinand einen Brief schrieb, in dem er ihn damit tröstete, daß ihn Gott jetzt keineswegs verlassen, »sondern mit Trost, Hilfe und Segen von oben herab benedeien, auch mit väterlich gnädigen Augen anschauen und ihm in diesem allerseits emporschwebenden Wüten und Toben der höllischen Pforte seine allmächtige Hand bieten« würde.

So viel wollte Ferdinand aber gar nicht, ihm hätte die momentan mächtige Hand Maximilians vollauf genügt. Gottes Unterstützung ließ sich zweifellos am wirksamsten durch des Bayernherzogs irdische Unterstützung vergrößern. Deshalb waren es keine leeren Worte, als Ferdinand auf dem Weg zur Kaiserwahl dem Vetter in München seinen Besuch mit der Beteuerung ankündigte, der Herr Bruder »möge sicherlich glauben, daß ich mich von Grund meines Herzens ihn zu sehen erfreue; denn wie herzlich

ich Dich liebe, ist Dir sowohl als Mir bewußt«. Jetzt aber, bei der Durchreise am 19. Juli, gab Maximilian dem geplagten Herrscher nicht nur die aufrichtigsten Wünsche für die Kaiserwahl mit, sondern versprach ihm auch die Unterstützung der Liga, falls die Fürsten der Union ihrerseits den böhmischen Aufstand offen fördern würden.
Der Kaiser blieb vom 1. bis zum 9. Oktober in München. Am letzten Tag seines Aufenthalts, am 8. Oktober 1619, wurde ein Vertrag zwischen ihm und dem Bayernherzog unterzeichnet, der berühmt gewordene Münchner Geheimvertrag, die Transactio Monacensis secretissima. Es war insofern kein bloßes Abkommen zwischen dem Kaiser und dem Herzog, als bei den Verhandlungen ein Bevollmächtigter der geistlichen Kurfürsten anwesend und beratend tätig war, der Domprobst von Köln und kurkölnische Obersthofmeister Eitel Friedrich Graf von Zollern; ein Jahr später sorgte der Kaiser dafür, daß der Graf den Kardinalshut erhielt. Auch der spanische Gesandte Oñate war mit in München. In dieser secretissima Transactio verpflichtete sich Maximilian dazu, das katholische Verteidigungswesen zu übernehmen, und zwar »ungeachtet er hiedurch seine Person, sein Haus und seine Untertanen bloßstelle«, was nichts anderes hieß als Übernahme und Leitung des Kriegsdirektoriums und Verpflichtung zu vollem Einsatz und Risiko. Die anderen katholischen Fürsten sollten von Maximilian zu gleicher Unterstützung bewogen werden. Der Kaiser garantierte dafür dem Herzog, daß weder er noch ein anderes Mitglied Habsburgs in Maximilians Führung eingreifen werde. Er garantierte ihm auch, ohne »vorherige Information, Teilnahme und Zustimmung des Herzogs mit dem Feinde weder Verhandlungen anzuknüpfen noch einen Waffenstillstand oder gar Frieden zu schließen«, auch dann nicht, falls ihm die Kriegskosten und jeder Schaden, den er erlitten hatte, ersetzt werden würden.
Für seinen Einsatz schlägt Maximilian allerdings eine ganz außerordentliche Verpflichtung des Kaisers heraus. Der Bayernherzog hat scharf unterstrichen: »Der Aufwand, zu dem ich mich hier verpflichte, ist weit größer als die Unterstützung, zu der ich – wenn überhaupt – lediglich in meiner Eigenschaft als katholischer Fürst genötigt bin.« Ein zwingendes Argument, der Kaiser sieht es ein. Er hätte es auch eingesehen, wenn es weniger zwingend gewesen wäre. Habsburgs Weitsicht besteht in einem unbegrenzten Gottvertrauen. Matthias hat 1609 und 1611 alles versprochen, was man von ihm verlangt hat. Ferdinand selbst hat im Oñate-Vertrag von 1617 unsagbar viel versprochen – wann wird er das jemals öffentlich sagen können? Also verpfändet er jetzt dem Bayernherzog seine sämtlichen Güter, um Maximilian allen Schaden und alle Unkosten zu ersetzen,

die ihm entstehen werden. Falls er Gebietsverluste erleidet, garantiert ihm der Kaiser Entschädigung in Österreich. Alles, was er erbeutet, darf er als Pfand für seine Einbußen behalten. Zur gemeinsamen Kriegsplanung hat der kaiserliche Oberbefehlshaber sofort Verbindung mit Maximilian aufzunehmen.

Das sieht fast nach einem Ausverkauf Habsburgs aus. Jedenfalls läßt es sich von einem Blankoscheck kaum noch unterscheiden. Seine ganze Tragweite bekommt der Vertrag aber nicht durch diese schriftlichen Passagen; im Grunde gehen sie über eine private Vereinbarung zwischen zwei einigermaßen absolut regierenden Fürsten in Eigentumsfragen nicht sehr hinaus. Berühmt und denkbar folgenschwer wird die Transactio Monacensis secretissima erst durch die zusätzlichen mündlichen Versprechungen des Kaisers. Allen aufmerksamen Beobachtern ist es in diesem Moment klar, daß sich Friedrich von der Pfalz nach der Kaiserwahl und der Annahme der böhmischen Krone an die betretene Einbahnstraße halten wird. Er muß damit zwangsläufig die Ächtung und Reichsexekution auf sich ziehen. Für diesen Fall verspricht Ferdinand dem Bayernherzog etwas, das er nach der Wahlkapitulation ohne Wissen der Kurfürsten, ohne ihre Konsultation nicht versprechen darf.

Seit 1356, seit dem Erlaß der Goldenen Bulle, fühlen sich die bayerischen Wittelsbacher als Hintersassen der deutschen Fürsten. Sie haben den Kummer, daß nicht sie, sondern die pfälzische Linie das Kurrecht erhalten hat, durch die Jahrhunderte nicht vergessen, sie halten den Schmerz darüber brennend und aufrecht. Und seit Gründung der Union und der Liga hält sich Maximilian einigermaßen aufrecht auf seiten von Habsburg und läßt regelmäßig die Beziehungen durch Äußerungen seines Kummers erwärmen, wie sehr auch ihn der Ausschluß vom Kurrecht kränkt. Maximilian muß im Sommer und Herbst 1619 gar nicht forciert deutlich werden. Der Kaiser verspricht ihm den pfälzischen Kurhut, und er verspricht ihm über die Entschädigungen aus den kaiserlichen Erblanden hinaus auch noch alle Gebiete, die er im Reich erobern wird, als Unterpfand bis zum vollen Ersatz der Unkosten; es steht in diesem Moment fest, daß Maximilian versuchen wird, den Erbbesitz des Pfalzgrafen zu erobern.

Aus diesen mündlichen Zusicherungen entsteht eine endlose Kette gefährlicher Verwicklungen, peinlicher Doppelzüngigkeiten und derartigen Schwierigkeiten, daß sich Ferdinand später mehr als einmal an diesen Geheimvertrag nur mit größter Wut und Reue erinnert, Gefühlsregungen, die seiner Natur überhaupt nicht liegen. Maximilian hat zwar, in voller Einigkeit mit dem Kaiser, die katholische Sache im Auge. Deutlicher gesagt: er

hat sie in dem einen Auge, im andern Auge aber hat er das, was die beiden Brennpunkte seiner ganzen langen Regierungsellipse ausmachen: Vergrößerung Bayerns, Vergrößerung seiner Geldmittel. Beides greift glatt ineinander, und Maximilian zeigt dabei, welches unerschöpfliche Kapital aus kaum zu erschöpfender Gläubigkeit geschlagen werden kann: non olet, aber pfälzische Abwässer duften geradezu.
Von Anfang an sorgt Maximilian dafür, daß diejenigen Gebiete im Reich, die seine Truppen erobern, nicht nur als Hypothek in seine Hand kommen, sondern als Besitz. In seiner Antwort auf ein kaiserliches Schreiben vom 21. April 1620 über die mündlichen Zusatzvereinbarungen macht Maximilian schroff darauf aufmerksam – und er beruft sich dabei auf Eggenberg und den kaiserlichen Hofrat Götz als Zeugen –, die Verabredung hätte gelautet, daß er die besetzten Gebiete »nicht nur pro hypotheca, sondern iure proprio behalten möge«. Und der Kaiser schreibt geduldig-gleichgültig am 17. Mai zurück, das möge der Herzog, auch er habe das Wörtlein »Hypotheca« in dem Sinn ausgesprochen, wie es sein lieber Vetter verstanden habe, also »bis jenes per aequivalentia abgewechselt werde«.

Maximilian I. von Bayern stirbt am 28. September 1651. Er ist weit über 78 Jahre alt. Mit dem Münchener Geheimvertrag vom 8. Oktober 1619 legt er für die nächsten 30 Jahre, bis zum Westfälischen Frieden hin und noch über ihn hinaus einen unerschütterlichen Grundstock dafür, daß von allen katholischen Fürstentümern des Reiches nur Bayern mit einem erweiterten Gebiet, mit einem Machtzuwachs hervorgeht. Man kann diese Tatsache durchaus als angemessenes territoriales und politisches Äquivalent zu Maximilians Rolle als des bedeutendsten katholischen Fürsten dieser Zeit ansehen. Denn es ist ebenfalls nicht zu bestreiten, daß der Bayernherzog in den Jahren 1619–1623 für Ferdinand die Kaiserkrone rettet und das Haus Habsburg aus einer mehr als üblen Lage befreit.
Maximilian hat eine vorzügliche Ausbildung bekommen, vier Jahre studiert er, daran schließt sich eine lange Bildungsreise durch viele Länder, sie ist gleichzeitig eine politische Empfehlungscour in ganz Europa. In Rom besucht er nicht nur Papst Clemens VIII., sondern auch Torquato Tasso, der sich mit einem Sonett auf den jungen Fürstensohn revanchiert. Diese Kavalierstour wirkt sich bei den bayerischen Fürstensöhnen schon traditionell nach zwei sehr verschiedenen Seiten hin aus. Das beginnt spätestens bei dem Großvater Maximilians, Herzog Albrecht V. von Bayern.
Albrecht ist eine Art deutscher Medici, auf ihn kann München den Ruf zurückführen, die bedeutendste deutsche Kunststadt zu sein, er legt das

erste Museum antiker Statuen nördlich der Alpen an, seine Gemäldesammlungen werden zum Kern der späteren Alten Pinakothek, er verpflichtet niemand Geringeren als Orlando di Lasso zum Leiter seiner Hofkapelle. Albrecht von Bayern entwickelt mit größter Energie eine Eigenschaft, die seinen Nachfahren noch viel Freude und seinen Untertanen noch viel Kummer einbringen soll: eine pathologische Prunk- und Verschwendungssucht. Maximilians Vater, Herzog Wilhelm der Fromme, übertrumpft ihn noch darin, und als der Staatsbankrott nicht mehr aufzuhalten ist, riskiert er einen Anfall von Vernunft: er dankt ab und überläßt Maximilian die Regierung des abgewirtschafteten Landes gegen die Auflage, ihm jährlich eine Rente von 40 000 Gulden zu zahlen und für 13 000 Gulden Lebensmittel zu liefern. Das ist im Jahre 1597, Maximilian zählt damals 25 Jahre; der jüngste Landesherr des Reiches, auch die Schuldenlast Bayerns übertrifft alle anderen Fürstentümer, sie beträgt 5 Millionen. Nur Österreich hat einen dreimal so hohen Schuldenbetrag, aber erstens sind die Erblande sehr viel größer, und zweitens haben die Habsburger ein altes Recht auf den Titel: Kaiser der leeren Kassen.
Maximilian hilft sich in dieser Lage mit zwei durchschlagenden Mitteln. Das eine entstammt ganz der damaligen Zeit, es ist das Gelöbnis, das er der Schwarzen Muttergottes in Altötting mit seinem eigenen Blut verschrieben hat: »Der Fürst muß einer Kerze gleichen, die sich selbst verzehrt, indem sie anderen voranleuchtet.« Nicht umsonst sind in der Altöttinger Pfalzkapelle die Herzen der Wittelsbacher in Urnen aufbewahrt. Das zweite Mittel hat damals genaugenommen noch gar nicht existiert, und deshalb war es so genial: nämlich die preußische Sparsamkeit. Es büßt in seiner bayerischen Variante aber deshalb etwas von seinem Glanz ein, weil hier nur ein privater Schatten des Herzogs sein öffentliches Licht wirft: Maximilian war ein notorischer Geizhals, er war knausrig bis zur Impotenz, das Format seines Geizes wurde nur noch von der Größe seiner Habgier übertrumpft.
Er reduziert die Aufwendungen für den Hofhalt um fast 70 Prozent, er tauscht die lebenshungrigen Günstlinge seines Vaters gegen arbeitshungrige Fachleute aus, er entwickelt sich selbst zu einem gewiegten Finanzier und Handelsmann. Bayern ist nach wenigen Jahren saniert. Maximilian hätte das niemals fertiggebracht, wenn er nicht rücksichtslos bis zur Bigotterie wäre. Dabei hat er trotzdem nicht mit der Tradition großartiger Kunstpflege gebrochen, das ist wohl mit sein schönstes Ruhmesblatt, vor allem hindert ihn das wenigstens etwas daran, in seinem Reichtum total zu verarmen. 1611–1619 läßt er die Münchener Residenz erbauen, er

stiftet der Frauenkirche das Hauptaltarbild, und als Gemäldesammler übertrumpft er beinahe seinen Großvater. Er ist dabei so rücksichtslos, daß er auch Raub als legitim ansieht; noch besser erscheint ihm allerdings der Betrug. Mit den Habsburgern rivalisiert er nicht nur in politicis, sondern auch in der pathologischen Vorliebe für die Werke Albrecht Dürers. Maximilian leiht sich aus Nürnberg Dürers berühmte »Vier Apostel« aus, um sie wenigstens als Kopien zu besitzen. Wie sich das gehört, schickt er das Werk dann wieder zurück. Die Kopien sind ausgezeichnet, denn es dauert lange, bis man entdeckt, daß der Herzog von Bayern die Originale behalten und den Nürnbergern die Kopien überlassen hat. Eine maximilianische Abwandlung des alten Spruchs aus der Noris: Die Nürnberger hängen keinen, sie hätten ihn denn. Maximilian hatte die »Apostel«, er läßt sie in München aufhängen, dort hängen sie noch heute.

Bis zur Ära Wallenstein ist Maximilian von Bayern der einzige Fürst im deutschen Reich, der die Vokabel Geldnot nicht kennt. Seiner zielsicheren Wirtschaftsbiederkeit ist sein Hausspruch völlig angepaßt: »Nächst Gott und der Liebe des Volkes sind tüchtige Kriegsheere und gefüllte Kisten die besten Festungen, die sichersten Stützen der Fürsten.« Von diesen Säulen waren drei so fest, daß er die Brüchigkeit der vierten, der Liebe des Volkes, in Kauf nehmen kann. Da es ihm zu unzüchtig erscheint, verbietet er den Bauern das Tanzen, die Kleidung der Bevölkerung versucht er durch immer neue Bekleidungsordnungen seinen Vorstellungen von sittlicher Mode anzupassen, für Ehebruch läßt er die Todesstrafe einführen, er hebt die gemeinsam besuchten Badestuben auf, verbietet das Fensterln, sogar das Schuhplatteln; wer sich trotzdem hinreißen läßt, kommt für Wochen ins Eisen.

Der päpstliche Nuntius in Wien, Carlo Caraffa, kennt Maximilian seit 1623 außergewöhnlich gut: »Maximilian ist ein Mann von hervorragender Urteilskraft und Klugheit, der sich um alles kümmert, ob es nun den Staat oder seine Familie betrifft. Von den Seinigen wird er wegen seiner Strenge aufs äußerste gefürchtet, und seine Befehle werden blindlings befolgt. Seine Hofhaltung ist auf glänzendem Fuße eingerichtet, obwohl er seinen Dienern nur ein geringes Jahresgehalt gibt. Eifersüchtig wahrt er seine Rechte und seinen Besitz, und durch kluge Maßregeln weiß er sein Einkommen stetig zu vermehren.«

Der Herzog von Bayern und der Herzog von Friedland sind in vielen Punkten Zwillinge im Geiste, sie sind in ebenso vielen Punkten verkörperte Antipoden. So bestechend Wallensteins Äußeres ist, so unscheinbar, unangenehm wirkt Maximilian, klein, dürr, leicht verkrümmt, er leidet unter

Drüsenschwellungen, über den harten, bayrisch-blauen Augen eine knochig ausgeprägte Stirn, rötlichgraue Haare, selbst Caraffa kann seine körperlichen Fehler nicht übergehen. Ständig ist der Fürst von Katarrh geplagt, stöhnt unter Atemnot.
Alles hat Angst vor ihm, noch mehr als den Herrscher fürchtet man allerdings die Brutalität, mit der er seine Anordnungen durchsetzt: Sobald die Glocken in München das Ave einläuten, hat die Stadt zu knien, Büttel mit Stöcken werfen jeden nieder, der es überhört oder sich vor dem Ende des Läutens erhebt. Im starrsinnigen Glauben wetteifert Maximilian mit Ferdinand. Der englische Gesandte kann sich die Bemerkung nicht verkneifen, der Herzog sei so oft in der Andacht, bei der Beichte, in der Messe, daß er geradezu den lieben Gott belagere; wahrscheinlich bete er nur deshalb so viel, um keinen anderen an den Herrn im Himmel heranzulassen. Zyniker haben keinen schlechten Charakter, am gefährlichsten sind die Idealisten. Wirklich interessant aber sind die Heuchler. Maximilian I. von Bayern war ein großer Herrscher und zweifellos eine der interessantesten Figuren dieser Epoche.

Im Herbst 1619 war für niemanden zu ahnen, wie die Rebellion in Böhmen weiterverlaufen würde. Was für Ereignisse aber auch eintreten mochten, für die Partner des Münchener Geheimvertrages vom 8. Oktober 1619 lagen die Konsequenzen eindeutig fest. Sieg, Remis oder Niederlage, in allen drei Fällen und ihren möglichen Kombinationen könnte der bayerische Löwe einen maximalen Gewinn verzeichnen, einen echt bayerischen Löwenanteil. So korrekt die Abmachungen über die militärische Leitung und die territorialen und finanziellen Entschädigungen zwischen dem Kaiser und Maximilian waren, so unrechtmäßig waren die mündlichen Vereinbarungen über den pfälzischen Kurhut und die Gebiete des Winterkönigs. Der Fundamentalsatz, daß nichts Wichtiges zu beschließen und vorzunehmen sei ohne Zeugenschaft von Leuten gleichen Standes, galt von den Landtagen bis hin zu den großen Reichstagen in Regensburg. In ihm konzentrierte sich ihr wesentlicher Sinn. Der Kaiser und der Herzog von Bayern hatten ihn eklatant brüskiert, seine Verletzung ist freilich historisch nichts weiter als eine der vielen Etappen auf dem Weg zum konsequenten Absolutismus, der im Falle Ferdinands II. ironisch erleichtert worden ist durch seinen Wahlspruch: Legitime certantibus.
Maximilian bringt dann auch noch das Kunststück fertig, sich die Übertragung der pfälzischen Kur zwei Jahre später vom Kaiser durch Ausstellung eines förmlichen Diploms noch einmal, und vor allem schriftlich

garantieren zu lassen. Zum ersten Mal werden diese Geheimabsprachen im Jahre 1622 bekannt, man hat Briefe zwischen dem Kaiser und Maximilian von Bayern und Schreiben des vermittelnden Kapuzinerpaters Hyazinth von Casale abgefangen und sie unter dem Titel »Spanische Kanzlei« veröffentlicht und in einem Anhang tabellarisch alle Beschlüsse aufgeführt, die sich aus den Briefen ergeben.

Wirklich empört, fast in ganz Europa empört ist man aber erst 1623, als Kaiser Ferdinand auf dem Regensburger Kurfüstenkonvent am 25. Februar den Bayernherzog in aller Form mit der pfälzischen Kur belehnt. Kursachsen und Kurbrandenburg lassen sich aus Protest durch Gesandte vertreten, aus Pommern kommt nicht einmal ein Gesandter, auch Braunschweig erscheint nicht. Sogar die anderen Fürsten, katholische, habsburgisch gesonnene, haben schwere Bedenken: bösartige Kriege müßten dieser Tat folgen, sei der Kaiser in der Lage, das zu verantworten? Man ist nicht gut auf Ferdinand zu sprechen, zumal seitdem in Regensburg das üble Wort aus der Wiener Hofkanzlei kursiert, es sei zwar sonnenklar, daß die Aberkennung und Neuübertragung des Kurhuts gegen die kaiserliche Wahlkapitulation verstoße, aber kein menschliches Gesetz sei so beständig und ewig, daß es alle Fälle der Notwendigkeit ausschlösse. Auch Oñate, der spanische Gesandte, kämpft verzweifelt. Im Namen seines Königs und der Infantin Isabella beschwört er den Kaiser, nicht offenen Auges die furchtbarsten Verwicklungen zu provozieren, seine Ablehnung ist so heftig, daß der päpstliche Nuntius indigniert Beschwerde über den spanischen Hitzkopf führt.

Ferdinand II. bleibt unerschütterlich. Nach diesem Konvent in Regensburg rast buchstäblich die protestantische Empörung durch Europa. Am leidenschaftlichsten ist man im Reich. Denn von allen anderen Überlegungen abgesehen, ist jetzt das religiöse Gleichgewicht, das bisher im Kurfürstenkollegium geherrscht hat, zugunsten der katholischen Partei verschoben. Daß dadurch auch ein Übergewicht des habsburgischen Einflusses fixiert ist, weitet die protestantische Empörung zu einer europäischen Opposition, ermöglicht es Frankreich, die Führung dieser Opposition zu übernehmen, löst bei König Christian von Dänemark den Entschluß aus, sich nun doch für Friedrich von der Pfalz, den Mann seiner Nichte, mit allen Kräften einzusetzen. Es tritt das ein, was Spanien in Regensburg zu seiner brüsken Opposition gegen Maximilians Investitur veranlaßt hat; Oñate hat vorausgesehen, was durch die Übertragung des kurfürstlichen Hutes mit ausgelöst wird: die große europäische Koalition gegen Habsburg und damit auch gegen Spanien.

VIII
Lange Münze – großes Land
(1622–1623)

Im Dezember 1621 ernennt Fürst Liechtenstein, der Statthalter von Böhmen, Wallenstein zum Obristen von Prag. Der Kaiser sanktioniert diese Beförderung am 18. Januar 1622 durch ein besonderes Diplom, Wallenstein erhält also eine förmliche Bestallung. Gleichzeitig wird er zum »Gubernator des Königreichs Böhmen« ernannt. Als Oberst von Prag ist er Kommandant aller Truppen der Prager Garnison, als Gubernator des Landes hat er das Amt eines Oberstquartiermeisters aller Militäreinheiten, die in Böhmen stationiert sind; später wird Don Balthasar de Marradas Nachfolger im gleichen Amt, mit dem Titel eines »Generals des Königreichs Böhmen«. Es sind Parallelfunktionen, die der Fürst und Wallenstein besitzen. Liechtenstein hat die politische Verwaltung des Landes unter sich, Wallenstein ist verantwortlich für die Militärverwaltung Böhmens.

Zur gleichen Zeit, am 18. Januar 1622, wird in Wien ein Konfiskationsgerichtshof gegründet. Er soll die Konsequenzen ziehen, die Ferdinand und seine Räte schon in einer Denkschrift für Kaiser Matthias Anfang Juni 1618 präjudizial entwickelt haben: Wenn es gelingt, den Aufstand niederzuwerfen, dann kann der Sieger alle seine Kosten aus den Gütern der Rebellen ersetzen. Jetzt ist es soweit. Der Konfiskationsgerichtshof, der auf Empfehlung des Fürsten Liechtenstein am 18. Januar eingesetzt wird, soll die Beschlagnahme der böhmischen Rebellengüter durchführen. Gleichzeitig erhält Liechtenstein äußerst präzise, detaillierte Instruktionen, wie der Gerichtshof zu verfahren hat.

Hält sich der Konfiskationsrat Punkt für Punkt an den Wortlaut der kaiserlichen Anweisungen, dann gibt es effektiv keinen einzigen Menschen in Böhmen, der nicht für sein Verhalten seit dem Fenstersturz bestraft werden müßte. Nicht nur die wirklich Aktiven, sondern auch alle, die »wider den Kaiser und dessen hochlöbliches Haus schmähliche und verkleinerliche Reden ausgestoßen oder sonst bei der Rebellion interessiert waren«, gehören zu den Übeltätern, die jetzt zu sühnen haben. Mitglieder des Konfiskationsgremiums waren der kaiserliche Rat Friedrich von Talmberg, Graf Sezyma von Wrtby, später kaiserlicher Generalkriegskommissär, und Wallensteins Vetter, der Oberstlandhofmeister Adam von Waldstein.

Noch ein Dokument wird am 18. Januar 1622 in Wien unterzeichnet; es ist genauso wichtig wie die anderen Dekrete, die an diesem Tag erlassen werden. Sein Titel ist so unscheinbar wie nur möglich, seine Wirkungen aber sind an keinem Land des Kontinents vorbeigegangen. Es ist der Vertrag über das »Münzkonsortium«. Partner und Unterzeichner dieses Abkommens sind einerseits die kaiserliche Hofkammer in Wien, andererseits der holländische Bankier und Großhandelsmann Hans de Witte, der das Dokument für sich und seine »Mitkonsorten« unterschreibt. Das Konsortium soll nicht mehr und nicht weniger als die gesamten Finanzen der Monarchie neu ordnen; eine ungeheure Aufgabe, ein ungeheures Risiko, es geht dabei um viele Millionen.

Hans de Witte lebt schon fast zwanzig Jahre in Prag, er hat sich als Faktor, Kaufmann, Bankier hochgearbeitet, ist jetzt Hofhandelsmann, seine Firma bildet schon jetzt die Zentrale eines gewaltigen Netzes finanzieller Verbindungen, das sich über den ganzen Kontinent spannt und bis in die Ukraine und nach Konstantinopel reicht. Nach der Schlacht am Weißen Berg wird de Witte der einflußreichste, weil fähigste Finanzberater des kaiserlichen Statthalters in Böhmen. Seine Weste ist in der Zeit seit dem Fenstersturz weiß geblieben, jedenfalls rein genug, um die eventuellen Graustriche vor seiner Bedeutung als Finanzexperte verbleichen zu lassen.

Hans de Wittes Mitkonsorten, seine stillen Gesellschafter, für die der Hofhandelsmann und Bankier den Vertrag über das Münzkonsortium mit unterschreibt, werden in dem Dokument nicht namentlich aufgeführt. Den kaiserlichen Vertragspartnern, also der Wiener Hofkammer und damit Ferdinand selbst, sind sie natürlich bekannt, es hat damals auch gar kein Geheimnis um sie gegeben. Daß wir heute nicht mehr alle Namen dieser Mitkonsorten wissen, ist nur ein Zufall. Die wichtigsten Gesellschafter sind wiederholt während der Tätigkeit des Münzkonsortiums genannt und schriftlich erwähnt worden, die anderen waren nicht bedeutend genug, um mit ihrem Namen verewigt zu werden.

»Nicht bedeutend genug« – das heißt: sie sind während der Arbeit des Konsortiums nicht besonders hervorgetreten, sie liefern nicht viel an Pagament in die Münze, aber sie erzielen trotzdem einen weit höheren Gewinn als die fünf ausdrücklich genannten Gesellschafter – das ist immerhin bemerkenswert. Alle fünfzehn Mitkonsorten sind damals in den Münzregistern genannt worden, die das Konsortium geführt hat und die dann in die Hofbuchhalterei nach Wien gekommen sind. Ebenso waren sie sämtlich und korrekt in den Handelsbüchern de Wittes verzeichnet. Die Münzregister und de Wittes Handelsbücher sind aber nicht erhalten – sowenig wie die Geschäftsbücher der meisten großen Bankhäuser der damaligen Zeit, das Bankhaus de Witte bildet keinen Sonderfall.

Es handelt sich also um fünfzehn Gesellschafter. Neben de Witte fungiert als wichtigster Wirtschafts- und Finanzexperte Jakob Bassevi, er hat vor allem die größten Erfahrungen im Silberhandel. Dazu kommt der Initiator, Fürst Liechtenstein, Paul Michna – er ist wieder Sekretär der böhmischen Kammer – und der kaiserliche Oberstquartiermeister in Böhmen, Albrecht von Wallenstein. Die restlichen zehn Gesellschafter sind mit größter Wahrscheinlichkeit, wenn nicht gerade mit unbestreitbarer Sicherheit, durchweg hohe Beamte und Würdenträger gewesen: der Präsident der Wiener Hofkammer und Bruder des böhmischen Statthalters, Gundakker Freiherr von Liechtenstein, sowie die drei Räte, die als Partner den Vertrag mit unterzeichnen; ferner der Hofzahlmeister Josef Niesser von Steinpaß, der Obersthofmarschall Wolf Siegmund von Losenstein und der neue Statthalter von Niederösterreich, Freiherr von Meggau, der spätere Obersthofmeister. Meggau führt zusammen mit einem der Hofkammerräte Buch über den Stand der Geldgeschäfte des Konsortiums. Von der Schwesterinstitution in Prag, der böhmischen Hofkammer, der auch Paul Michna angehört, scheint der Rentmeister Hans Matthias von Glauchau Mitglied des Konsortiums gewesen zu sein. Die beiden letzten Gesellschafter hat man unter den nächsten und intimsten Beratern des Kaisers gesucht, und das sind damals unbestritten Fürst Eggenberg und Karl Graf von Harrach.

An der Namensliste sieht man, daß dieses Münzkonsortium, dessen Tätigkeit später von einer Sintflut von Unterstellungen, Gerüchten, Lügen und Verdrehungen überspült wird, nicht so etwas wie eine Geheimgesellschaft zur Bereicherung finanzieller Strauchritter des Hauses Habsburg ist, sondern ein Gremium, dem hohe und höchste Beamte und Minister der Monarchie angehören. Die Beratungen, die dem Abschluß des Münzvertrages vorangegangen sind, haben lange gedauert, sie sind zäh und höchst verwickelt gewesen, an den meisten hat der Kaiser selbst teilgenommen; er versteht zwar nichts von den Einzelheiten, aber der Zweck des Konsortiums ist völlig klar, und deshalb hat Ferdinand höchstes Interesse daran. Im Unterschied zu Frankfurt geht es zwar jetzt nicht um die Kaiserkrone, aber es geht um die Sicherung der Kaiserkrone, es geht um ungeheure Summen von Geld. Es geht um Millionen von Gulden, der Kaiser braucht diese Summen für seine Truppen, für den Krieg. Vor allem aber geht es um Geld, das der Kaiser am Tag der Unterzeichnung des Vertrages über das Münzkonsortium nicht hat und das ihm jetzt beschafft werden soll, und zwar schnell und pünktlich beschafft. Der ganze Vertrag hat nur die Laufzeit eines knappen Jahres.

Vier Dokumente werden also in diesen Januartagen 1622 in Wien unterzeichnet. Alle betreffen sie direkt Böhmen, sie legen Entscheidendes über die innere Verwaltung der Monarchie fest und noch Entscheidenderes über die entschlossene Weiterführung des Krieges im Reich. Im einzelnen stehen

die Urkunden sicherlich in keinem direkten Abhängigkeits- und Beziehungsverhältnis zueinander, aber es ist auch kein reiner Zufall, daß der Kaiser alle vier zum gleichen Zeitpunkt unterschreibt und daß die wichtigsten Personen, um die es sich dabei dreht, die dabei beteiligt sind, durch die Erlasse des Kaisers mehrfach betroffen sind und deshalb die Dokumente des 17. und 18. Januar 1622 personal verbinden.
Karl von Liechtenstein wird Statthalter mit diktatorischen Vollmachten, ihm ist der Konfiskationsgerichtshof unterstellt, er hat den Vertrag über das Münzgeschäft angeregt und ist auch Gesellschafter im Konsortium. Adam von Waldstein leitet maßgeblich den Konfiskationsgerichtshof, er ist zugleich Oberstlandhofmeister von Böhmen. Sein jüngerer Vetter Wallenstein erhält organisatorische Vollmachten über die kaiserlichen Truppen in Böhmen, als Oberstquartiermeister ist er auch direkt mit der Durchführung der Konfiskationen der Rebellengüter befaßt, gleichzeitig ist er – ebenso wie der Statthalter Liechtenstein – Mitglied des Münzkonsortiums. Und schließlich wird der intime Berater des Kaisers und Münzkonsorte, Karl Graf von Harrach, durch die Verheiratung seiner Tochter Isabella mit Wallenstein im darauffolgenden Jahr 1623 auch der Schwiegervater seines Mitgesellschafters und quasi Kollegen. Harrach wird außerdem im gleichen Moment mit Adam von Waldstein verwandt; seine älteste Tochter Katharina heiratet am 17. Januar 1622 den zweitältesten Sohn des Oberstlandhofmeisters, Maximilian von Waldstein, den Lieblingsvetter Wallensteins und späteren Erben. An dieser Hochzeit hat auch der Kaiser teilgenommen, eine ganz besondere Auszeichnung.
Aus all dem ergibt sich: Die vier Dekrete sind zwar Einzelregelungen für bestimmte Ämter oder neue Institutionen, sie hängen aber untereinander intentional-sachlich zusammen – wie die Tätigkeit des Konfiskationsgerichtshofs und die Arbeit des Münzkonsortiums – und sind außerdem durch die beteiligten Personen engstens, ja geradezu privat miteinander verknüpft. Und zwar so sehr, daß es aus einer späteren Sicht scheinen könnte, als wären sie geradezu aufeinander abgestimmt – was allerdings nicht der Fall gewesen ist.

In Böhmen herrscht nach dem Prager Blutgericht eine Atmosphäre, wie sie besonders kennzeichnend für Bürgerkriegssituationen ist: eine Mischung aus persönlicher Furcht, Friedhofsruhe, Lähmung und panischer Erwartung eines abschließenden Umbruchs aller inneren Verhältnisse. Das Kriegsgeschehen hat sich außerhalb der Landesgrenzen verlagert, es gibt zwar nicht mehr das drohende Gegenüber und Gegeneinander der feindlichen

Heere, aber es gibt noch immer den fürchterlichen Druck der durchziehenden Soldateska. An den Abzug der marodierenden Truppen schließt sich der Aderlaß durch die Einquartierung des ligistischen Heeres, und als diese Truppenkontingente ins Reich verlegt werden, muß Böhmen für den Unterhalt der kaiserlichen Truppen sorgen.

Am 6. Januar 1622 schließt der Kaiser den Frieden von Nikolsburg mit Bethlen Gabor. Die Ernennung Wallensteins zwei Wochen später zum »Gubernator des Königreiches Böhmen« steht damit insofern in einem sachlichen Zusammenhang, als es für Wien innenpolitisch keine drängendere Aufgabe gibt, als endlich in Böhmen, im Kern- und Herzstück der Monarchie, mit den Folgen und Nachwirkungen der Rebellion und des Krieges fertig zu werden. Schnell und gründlich fertig zu werden. Wie gesagt, der Krieg ist ins Reich hinübergewandert, Habsburg hat kein Land, das die Kosten der großen militärischen Unternehmungen leichter und effektvoller tragen könnte als Böhmen. Deshalb muß Böhmen endlich zur Ruhe kommen, rasch, von Grund auf, nachhaltig – also aus ökonomischen Erwägungen vor allem, und nicht nur, weil es ein religiöser und politischer Unruhe- und Gefahrenherd ist.

Wallenstein wird die militärische Seite dieser Befriedung übertragen. Er wird damit in wenigen Monaten fertig, durch drakonische Verordnungen, durch rücksichtslose Strenge, in völliger Übereinstimmung nicht nur mit der Situation, wie sie nun einmal durch die allgemeine Standgerichtsbarkeit und die diktatorischen Vollmachten des Statthalters charakterisiert ist, sondern auch in absoluter Übereinstimmung mit seiner eigenen, ganz persönlichen Auffassung von militärischer Disziplin, von soldatischem Gehorsam, von brutalem Ordnungssinn. Vom Ergebnis her sieht es aber geradezu auch so aus, als sorgt er nicht zuletzt deshalb mit solcher Härte und Schnelligkeit für die innere Befriedung des Königreichs Böhmen, damit er im geeigneten Moment die Hände völlig frei hat für den Erwerb der Rebellengüter, diesen Ländergewinn größten Stils, der ohne Vergleich und Beispiel in der bisherigen Geschichte Böhmens ist und für alle Zukunft ohne Vergleich und Beispiel bleibt. Nach Abschluß dieses ganzen Unternehmens ist Wallenstein der reichste Mann in den Erbstaaten des Kaisers. Aber damit nicht genug: Er versteht es auch, seine riesigen Domänen mit solchem Geschick, mit einer derart sicheren Hand zu verwalten, daß es auch dafür damals kein Beispiel gibt, denn wenig später wird in der Monarchie glaubhaft versichert, daß Wallensteins Einkommen das Einkommen der Krone Böhmens weit übersteige.

Im Jahr 1622, während der Laufzeit des Münzvertrages, wird endgültig über die Neuverteilung der meisten und vor allem der größten Adelsgüter Böhmens entschieden. 1605 und 1609 wurden in Böhmen Bevölkerungserhebungen durchgeführt. Man zählte 1382 Familien des Herren- und Ritterstandes, die im Besitz von Gütern waren. Nur etwa 10 Prozent dieser Familien waren Katholiken. Im Laufe des nächsten Jahrzehnts, bis zum Ausbruch des Dreißigjährigen Krieges, ging die Zahl der böhmischen Adelsfamilien vor allem durch Aussterben stetig zurück; der katholische Anteil veränderte sich prozentual kaum. Unter Bekenntnisgesichtspunkten waren damit von vornherein die Anhänger der Rebellion außerordentlich groß.

Statthalter Liechtenstein wurde vom Kaiser dazu ermächtigt, zunächst allgemein durch ein Patent alle diejenigen vor den Konfiskationsrat zu berufen, die sich selbst irgendeiner Schuld bewußt waren. Auf dieses Dekret hin stellten sich 728 Adlige Böhmens freiwillig, also fast 65 Prozent der protestantischen Herren. In dieser Zahl fehlen alle, die schon verhaftet, hingerichtet, geflohen oder im Verlauf der Rebellion gestorben oder gefallen sind, und schließlich auch diejenigen, die sich nicht freiwillig stellen und zitiert werden müssen. So kommt der Gerichtshof dazu, rund 500 Herrschaften zu konfiszieren, drei Viertel des gesamten Grundes und Bodens des Königreichs in einem roh geschätzten Wert von 43 Millionen Gulden. Das bedeutet eine totale Umwälzung aller Besitz- und Herrschaftsverhältnisse. Gründlicher hätte kaum eine Klassenrevolution die Dinge umgestülpt.

1622 ist Wallenstein nicht nur mit der regulären Durchführung der Konfiskationen beauftragt, er hat hier auch die Gelegenheit, seinen Entschluß aus dem Vorjahr, unter die böhmischen Magnaten zu gehen, endgültig zu realisieren. Schon 1621 hat er sich eine ganze Reihe verfallener Güter verpfänden lassen. Jetzt, 1622, setzt er seine Aspirationen mit allen Mitteln durch, die ihm zur Hand sind: guten und weniger guten, immer aber erfolgreichen Mitteln, es sind die klassischen Mittel gewiegter Makler, begabter Spekulanten, geriebener Bankiers. Es ist eine chaotische Mischung aus Weitsicht, Schlauheit, kaiserlich erlassenem Recht, vermutetem, aber nicht nachweisbarem Unrecht, Geschick, Skrupellosigkeit, Genialität, Besitztrieb, Manipulation, Wirtschaftssinn, Glück, Rachejustiz und fantastischer Gelegenheit. Wallenstein geht daraus als heimlicher König von Böhmen hervor, die Details aber, wie ihm das gelungen ist, werden niemals ganz den mysteriösen Schmelz verlieren.

Sofort nach der Niederschlagung des böhmischen Aufstands läßt sich Wallenstein alle weiteren Darlehen für den Kaiser mit einer Verpfändung von

Rebellengütern decken. Am 14. Januar 1621 berichtet Fürst Liechtenstein dem Kaiser, Wallenstein wäre zu einem Darlehen von 60 000 Gulden bereit, wenn ihm dafür die Herrschaft Jitschin pfandrechtlich eingeräumt wird. 50 000 Gulden des Betrags liegen in Form von Silbergeschirr schon in Wien, 10 000 Gulden kann Wallenstein dem Statthalter zu Händen des Kaisers sofort in bar auszahlen. Am 22. März erklärt sich Ferdinand II. damit einverstanden. Jitschin soll weiter von der königlichen Kammer verwaltet werden, Wallenstein erhält als Verzinsung maximal 8,3 Prozent der Summe, aus dem Herrschaftseinkommen werden ihm also pro Jahr 4500–5000 Gulden ausbezahlt.

Gegen ein weiteres Darlehen von 50 000 Gulden räumt ihm der Kaiser am gleichen Tag, ebenfalls aus dem Smiřickýschen Besitz, auch die Herrschaften Böhmisch-Aicha und Groß-Skal pfandrechtlich ein, dazu drei Teile der Stadt Turnau sowie die Güter Semily, Hořice und Dub. Am 21. Juni 1621 werden ihm durch kaiserliches Dekret die beiden Herrschaften Friedland und Reichenberg in Nordostböhmen verschrieben. Wallenstein ist aber mit einer einfachen Verpfändung nicht zufrieden. Er bemüht sich beim Kaiser um ein Vorkaufsrecht beider Latifundien. Ferdinand hat nichts dagegen. Grund und Boden besitzen für ihn nur einen einzigen Sinn: sie sind die beste Möglichkeit, um die leeren Kriegskassen zu füllen und die Schulden abzudecken. Am gleichen 18. Januar 1622, an dem für Wallenstein die Bestallung zum Obristen von Prag ausgefertigt wird, erläßt die Wiener Hofburg eine kaiserliche Verordnung über die Herrschaften Friedland und Reichenberg. Wallenstein wird mitgeteilt, daß der Kaiser »gnädigst erbietig, ihm mit begehrter käuflicher Hinlassung derselben vor anderen zu gratifizieren«.

Der Kaiser hat die böhmischen Rebellen besiegt, der Konfiskationsgerichtshof soll daraus die juristischen Konsequenzen ziehen. Von der Beschlagnahme des Besitzes, der entschädigungslosen Enteignung als Bestrafung der Aufrührer erhofft sich Ferdinand II. eine restlose finanzielle Sanierung. Die heutige Justiz – das heißt, die Justiz der normalen, relativ friedlichen Gesellschaftsordnungen und nicht irgendeine Revolutionsjustiz – kennt nicht wie die Rechtsprechung des 17. Jahrhunderts solche Strafen wie öffentliche Auspeitschung mit Ruten, Pranger, Vierteilung, das Flechten aufs Rad, das Aufspießen der Köpfe Enthaupteter an Stadttoren und Brückentürmen. Genausowenig kennt sie die Güterfronung, die Konfiskation von Grund und Boden, Eigentum und Besitz. Eine Formel wie »unnachläßliche Strafe an Leib, Leben, Ehre, Hab und Gut« ist uns unbekannt, genauso unbekannt wie die einfache Güterkonfiskation.

Im 17. Jahrhundert war das aber normale Rechtsprechung. Die Regierung des Kaisers war nicht nur nach dem zweifellos zweifelhaften Recht des Siegers und nicht nur nach dem Buchstaben, dem kodifizierten Recht, sondern auch entsprechend den moralischen Überzeugungen und dem, was man den Geist der Zeit nennt, absolut berechtigt, bei Verbrechen, die als sogenannte »Laster der beleidigten höchsten Majestät« galten, auch Güterkonfiskationen durchzuführen. Das war so sehr »rechtens«, wie es dann auch andererseits nicht unrechtens war, solche Güter zu erwerben, wenn sie zum Verkauf freigegeben wurden. Für heutige Empfindungen steht ein solches Verfahren in einem erheblichen Zwielicht, nicht anders, als hätte man die Kleider eines Gehenkten erwürfelt. Dazu kommt noch, daß wir uns vor allem deshalb so leicht über die angeblichen Vergehen anderer erregen, weil wir daran die wirklichen Dimensionen der eigenen Mängel erkennen. Wo Konfiskationen legales Recht sind, kann man den Erwerb konfiszierter Herrschaften nicht mit modernen Kategorien messen. Deshalb empfiehlt es sich, den modernen Tribut an gebührend moralischer Entrüstung über solch barbarische und ungesittete Epochen zu leisten und dann ohne weitere Emotionen zur Tagesordnung der historischen Sachverhaltsfeststellung überzugehen.

Der Sachverhalt: Nachdem der Kaiser die Todesurteile bestätigt hat, vollzieht er den zweiten Akt der Sühne, er kassiert die Güter aller, die an der Rebellion beteiligt waren, oder legt ihnen Geldstrafen auf. In derselben Weise müssen schließlich auch die Städte sühnen, soweit sie sich gegen ihren Kaiser und König gestellt haben. Das eben ist für Wallenstein die einmalige, die niemals wiederkehrende Situation. Der Konfiskationsgerichtshof braucht zwar nach seiner Gründung noch Monate dazu, um seine eigentliche Arbeit vorzubereiten, aber den besser Orientierten ist es klar, welcher Grundbesitz mit hundertprozentiger Sicherheit beschlagnahmt wird. Viel Scharfsinn gehört nicht dazu. Die Güter aller Hauptrebellen sind schon seit 1621 amtlich beschlagnahmt. Größtenteils ist ihr Wert noch im gleichen Jahr anhand der Eintragungen in der Landtafel, dem königlichen Grundstücksregister, geschätzt worden. In einer ersten Etappe ist die ganze Vermögenseinziehung schon Ende 1623 abgeschlossen; der Hof hat bis dahin 604 Urteile bestätigt. Von diesem Zeitpunkt ab schleppen sich die restlichen Verfahren mühsam dahin, und zwar durch die ganze Regierungszeit Ferdinands II., bis 1637. Die meisten Urteile, die nach 1623 ausgesprochen werden, sind allerdings Geldstrafen, der Grund und Boden ist binnen wenigen Monaten verteilt.

Das Juristische ist nur die eine Seite des ganzen Vorgangs. Die praktische

Wirkung soll darin bestehen, den Kaiser in kürzester Frist vom materiellen Druck des Krieges zu entlasten. Die Hofburg sieht sich plötzlich im Besitz von geradezu unübersehbaren Ländereien. Was soll damit geschehen? Konkret: Wie kann der größte Gewinn daraus gezogen werden?
Auf lange Sicht wäre es bestimmt am besten, wenn der Kaiser die beschlagnahmten Güter konsequent unter kaiserlicher Verwaltung halten und kein einziges – zunächst wenigstens – verkaufen oder verschenken würde. Das ist allerdings nur möglich, wenn Ferdinand II. auch eine entsprechende Finanzverwaltung besitzt oder schafft, eine Behörde, die schroff und rücksichtslos darauf achtet, daß alle Einkünfte aus den neuen Gütern auch wirklich direkt nach Wien und in die Kassen des Kaisers fließen, eine Behörde, die effektiv verwalten kann und nicht nur kassieren will.
Ein solches Traumgebilde läßt sich leichter träumen als bilden, damals noch mehr als heute. In den ersten Monaten nach der Schlacht am Weißen Berg sieht es aus, als ob der Kaiser diesen Weg versucht. Im Vergleich zur ganzen Masse der Güter ist es wirklich nur eine Handvoll, die er frei verkaufen oder verpfänden läßt. Erst im Herbst 1622 entschließt er sich anders, seine Experten raten ihm dazu, er bietet den Großteil der konfiszierten Herrschaften zum Kauf an. Der Grund ist denkbar einfach, die Ebbe in den Kassen ändert sich nicht, der Geldbedarf ist größer und dringlicher, als man Ende 1621 in der Hofburg geglaubt hat – eine überraschende Erkenntnis, die Jahr für Jahr und Monat für Monat jeder macht, der für einen Privat- oder für einen Staatshaushalt verantwortlich ist, Jahr für Jahr, seit es Geld gibt.
Am 14. September 1622 erteilt der Kaiser seinem Statthalter in Prag den Befehl, »bis in die drei Millionen Gulden auf der Rebellen Güter in Böhmen zu antizipieren und deshalb mit Darleihern wirklich zu traktieren«. Er verlangt also eine gewaltige Vorschußsumme, er hat – so schreibt er dem Fürsten als Begründung – diese Summe wegen seiner ungeheuren Kriegskosten dringend nötig, er gibt auch an, wofür: die erste Million braucht er zur Entlöhnung der Regimenter, die zur Entlassung anstehen, die zweite braucht er für die Bezahlung des Soldes und den Unterhalt derjenigen Soldaten, die er weiter unter Waffen halten muß, und mit der dritten Million will er die Ansprüche der Soldatenwitwen und -waisen und die Forderungen seiner Gläubiger befriedigen.
Auch Wallenstein kann erst von diesem Moment ab, dem Herbst 1622, in wirklich großem Stil Rebellengüter ankaufen. Die Herrschaften Friedland und Reichenberg allerdings, die Stammgebiete seines späteren Herzogtums, überläßt ihm der Kaiser entsprechend seinem Intimat vom 18. Januar

1622 schon vorher zum Ankauf – das ist wichtig. Der Beschluß dazu fällt in einer eigenen Geheimratssitzung am 19. Mai; die Hofkammer hat vorher noch einmal die Güter genauestens schätzen lassen. Wallenstein muß 150 000 Gulden bezahlen, Friedland und Reichenberg werden ihm dann am 5. Juni 1622 als »ewige Erblehen« verliehen. Wenige Wochen später billigt der Kaiser auch den Antrag Wallensteins, Friedland in ein Fideikommiß zu verwandeln, er darf jetzt seinem Namen das »von Friedland« anfügen, im September verleiht ihm der Kaiser schließlich die erbliche Würde eines Pfalz- und Reichsgrafen. Aber das ist dem »Regierer des Hauses Waldstein und Friedland« noch nicht genug, der Kaiser soll ihm die neue Würde auch in seiner Eigenschaft als König von Böhmen bestätigen. Ferdinand II. hat nichts dagegen, am 14. Januar 1623 wird dem Comes Palatinus Wallenstein die entsprechende Urkunde ausgestellt.

Im Herbst 1622 weiß der Kaiser also nicht mehr, wie er seine Gläubiger zufriedenstellen, er weiß vor allem nicht, wie er seine Soldaten entlöhnen soll. Bis dahin hat der Konfiskationsgerichtshof unter der Oberleitung Liechtensteins lediglich die verfallenen Güter eingezogen. Jetzt wird der Statthalter auch verantwortlich für den Verkauf der Herrschaften und, zusammen mit der böhmischen Landeskammer, auch für die Abrechnung der Gelder. Es dauert nur rund ein Jahr, bis die Hauptmasse der Besitzungen verkauft und in andere Hände übergegangen ist; ein stattlicher Teil wird vom Kaiser verschenkt. Das ist ein erhebliches Tempo, ein sehr großes Tempo sogar, und die Güter sind ebenfalls sehr groß: es handelt sich um einen Grundbesitz, der fast die Größe des heutigen Bayern erreicht. Daß es dabei einigermaßen anarchisch zugegangen ist, überrascht nicht. Überraschend ist vielmehr, daß von Anarchie gar nicht die Rede sein kann – nur von Komplikationen, von Zeitdruck, von der grotesken Schwierigkeit, ein riesenhaftes Angebot in ein erträgliches Verhältnis zu der begrenzten Nachfrage zu bringen.
Anarchisch war allerdings das Zusammenspiel der Wiener Hofkammer als der obersten Behörde der habsburgischen Finanzverwaltung mit den Länderkammern; es war kein Zusammenspiel, es war ein Zusammentaumeln. Die Grundstückskäufe und die gewaltigen Transaktionen, die damit zusammenhingen, hätten eine straffe Zentralisation gefordert. Daran war unter den damaligen Verhältnissen nicht zu denken. Die Hofkammer verlangte von den Landeskammern völlig willkürlich, wenn eben wieder einmal Not war, neue Abgaben aus den Landeseinkünften; das hat zu ununterbrochenen Beschwerden der Landeskammern geführt. Umgekehrt beanstandete

die Hofkammer regelmäßig, daß sie nicht den geringsten Überblick über Einnahmen und Ausgaben der Landeskammern habe.
Genauso sah es aus, als der Grundbesitz der Rebellen unter den Hammer kam. Ein Jahr, nachdem der Verkauf der Güter begonnen hatte, beklagte sich die Hofkammer bitter darüber, daß ihr noch immer kein Bericht darüber vorliege, was alles an Geldern eingegangen sei und wie man diese Summen verwendet hatte. Und 1628 wurde bei einer Prüfung der Geschäftsführung der böhmischen Landeskammer festgestellt, daß innerhalb der letzten zehn Jahre keine Hauptrechnung aufgestellt worden war; ebensowenig war es möglich, aus den Rechnungen, die damals über den Verkauf der beschlagnahmten Güter vorlagen, einen auch nur angenäherten Überblick über den Gesamtbetrag zu bekommen.
Trotz dieser allgemeinen Atmosphäre des Finanzgebarens war der Fiskus damals um keinen Atemzug kulanter oder gleichgültiger als heute. Er war genauso groschengläubig und rigoros wie im 20. Jahrhundert, nur hatte er seine Methoden noch nicht derart verfeinert wie in unserer Zeit. Aber so scharf die Hofkammer auf Geld war, so sehr saß ihr 1622 und 1623 vor allem die Dringlichkeit dieser Geldnot im Genick; und das quälte stärker, als die Höhe der Summen drückte. Der Kaiser brauchte nicht nur viel Geld, er brauchte es vor allem rasch. Die konfiszierten Güter sollten deshalb in größter Geschwindigkeit verkauft werden.
Nun war es allerdings nicht so, als handelte es sich um etliche tausend Parzellen für Einfamilienhäuser. Die Gutsherrschaften gehörten zu den reichsten Gebieten der Monarchie. Obwohl sie großenteils verwüstet waren, so lag doch ihr tatsächlicher Wert immer noch weit über dem Preis, zu dem sie angeboten werden mußten. Denn so viel reiche Adlige gab es gar nicht in der Nähe, wie die Hofburg jetzt an Interessenten brauchte. Wenn der Kaiser die Ländereien zu ihrem wirklichen Wert angeboten hätte, wäre nur ein verschwindender Bruchteil verkauft worden. Und obwohl die Kammer bei ihren Schätzungen weit unter dem Realwert blieb und bleiben mußte, war es immer noch schwierig genug, zahlungskräftige Käufer zu finden.
Der Kreis solcher Interessenten ist von vornherein begrenzt. Er wird um einiges erweitert durch die Schar all der großen und kleinen Adligen, Beamten und Regimentsobersten, bei denen der Kaiser durch Vorschüsse, durch rückständige Soldzahlungen oder durch versprochene Gnadengaben in Kreide steht. Es handelt sich dabei allerdings oft genug auch um Leute, die durch die baren Summen, die beim Güterverkauf hereinkommen, befriedigt werden können: ein Grund mehr, um jedem Interessenten an einem größeren Herrschaftskauf in freundlichster Weise entgegenzukommen.

In diesen Monaten verwandeln sich alle Größenordnungen, nicht so sehr bei den neuen Grundbesitzern, als vielmehr beim Kaiser und der Hofkammer. Das ist durch die ununterbrochen wachsenden Schulden vorbereitet worden. Der Kurfürst von Sachsen präsentiert dem Kaiser nach der Schlacht am Weißen Berg eine Abrechnung über fast vier Millionen, genau sind es 3 926 000 Gulden. Ferdinand verpfändet ihm dafür die beiden Lande der Lausitz. Die Forderungen Maximilians von Bayern sind mehr als viermal so hoch. Wie vereinbart, hat der Kaiser bis zur Rückerstattung der Kosten dem Bayernherrscher ganz Oberösterreich überlassen. Am 6. März 1621 wird von Wien nach Linz ein Patent geschickt, in dem Ferdinand seinen Ständen mitteilt, ihr neuer Gebieter heiße Maximilian I., er habe ihr Land samt allen Nutzungen, Einkünften und den Summen der Güterkonfiskationen an seinen Vetter und Schwager verpfändet.
München legt Wien zwei Jahre später eine Abrechnung über die gesamten bayerischen Kriegskosten vor, die durch die Feldzüge in Österreich, Böhmen und den beiden Gebieten der Pfalz entstanden sind – angeblich entstanden sind, vom 8. Oktober 1619 bis zum 28. Dezember 1622, also innerhalb von etwas mehr als drei Jahren. Es sind 16 000 771 Gulden, 40 Kreuzer und 1 Heller. Abgezogen werden davon die päpstlichen Zuschüsse und die spanischen Subventionen, so daß ein Restbetrag von 15 080 778 Gulden, 3 Kreuzer und 1 Heller übrigbleibt. Eine frühere Rechnung, bei der München auf 18 401 053 Gulden, 48 Kreuzer und 5 5/6 Heller kommt, erscheint aber selbst einem so geldhungrigen Mann wie Maximilian zu hoch, zu hoch jedenfalls für die geduldige Naivität des Kaisers in Gelddingen; sie wird nicht übergeben.
Der Kaiser erkennt von der 15-Millionen-Rechnung 12 Millionen als seine Schuld an, die übrigen drei Millionen werden als Beitrag der Stände, die in der Liga zusammengeschlossen sind, verrechnet. Ferdinand verzinst die Summe zu 5 Prozent. Da sich der Zinsbetrag aber nicht aus Oberösterreich erheben läßt – nach bayerischer Darstellung –, wird 1628 vom Kaiser eine weitere Million zugeschlagen. Maximilian räumt in diesem Jahr Oberösterreich und erhält als Ablösung der Schuldsumme von 13 Millionen Gulden die Oberpfalz – er hält sie schon seit 1621 besetzt – und die rechtsrheinische Pfalz, die Tilly erobert hat.

Die Verschuldung Ferdinands gegenüber dem bayerischen Vetter ist aber nur ein Teil des habsburgischen Debets. Die Abtretung Oberösterreichs wiederholt sich als Verfahren genauso in Böhmen; hier wird verpfändet, hier wird verkauft, im Wechsel des Landbesitzes vollzieht sich das ungeheure Adelsrevirement. Eine große Zahl von Käufern der konfiszierten Rebellengüter rekrutiert sich aus den österreichischen und böhmischen Hofbeamten. Allen voran der kaiserliche Geheime Rat und Obersthofmeister der Kaiserin, Graf Maximilian von Trauttmansdorff; er kauft die Herrschaft Bischof-Teinitz im Böhmerwald zu noch nicht ganz zwei Dritteln des Schätzpreises, nämlich um 200 000 Gulden. 105 000 kann er mit dem Kaiser auf einen Vorschuß verrechnen, den er einmal gegeben hat, 60 000 Gulden erläßt ihm Ferdinand als Gnadengabe.

Ähnlich ist es mit den beiden Grafen Martinitz und Slavata, den Leidtragenden des Fenstersturzes, ähnlich mit Polyxena Fürstin von Lobkowitz, der Frau des damaligen Oberstkanzlers von Böhmen – ähnlich ist es mit dem kaiserlichen General Don Balthasar de Marradas, der als Ausgleich für rückständigen Sold große Gebiete in Südböhmen als Pfandbesitz erhält. Aber auch aus dem Ausland kommen zahlungskräftige Adlige oder Herren, denen der Kaiser größere Summen schuldet; so hat der Kaiser dem Erzbischof von Trier ein Geschenk von 60 000 Gulden versprochen. Die Vettern des Erzbischofs, die Brüder von Metternich, lassen den Betrag durch Güter im Gebiet von Eger ablösen.

Die Hauptgewinner dieses großen Geschäfts sind aber der kaiserliche Statthalter in Böhmen, Fürst Liechtenstein, und der Direktor des Geheimen Hofrats, Hans Ulrich von Eggenberg. Liechtenstein erhält das ganze schlesische Herzogtum Jägerndorf des damaligen brandenburgischen Markgrafen Johann Georg; der Kaiser überschreibt es seinem Statthalter schon am 22. März 1622. Eggenberg erhält am 6. Dezember 1622 aus dem größten Familienbesitz Böhmens, den Ländereien der Herren von Rosenberg, die Großherrschaft Krumau in Südwestböhmen bei Budweis geschenkt. Zu der Herrschaft gehören die Städte Prachatitz und Netolitz samt 313 Ortschaften; durch den Umfang und Ertrag dieses Dominiums wird Eggenberg einer der reichsten Herren der ganzen Monarchie. Der dritte im Bunde ist Wallenstein, er ist noch erfolgreicher, sein Einsatz ist aber auch am reellsten und am größten.

Im Unterschied zu Liechtenstein, Eggenberg und vielen anderen erhält Wallenstein kein einziges Gut, keinen Quadratmeter Boden geschenkt. Andererseits ist der Kaiser Wallenstein gegenüber horrend verschuldet. 1619 hat Wallenstein seinem Herrn insgesamt 80 000 Gulden vorgeschossen, Ferdinand stellt ihm darüber am 1. Januar 1620 einen Schuldschein aus. Im nächsten Jahr erlegt Wallenstein den doppelten Betrag, 160 000. Noch höher wird die Summe im Jahr 1621, nämlich 195 000 Gulden. 1622 streckt er für den Unterhalt seines Kavallerieregiments aus eigener Tasche

527 000 Gulden vor und zusätzlich eine Barsumme von 274 950. Der Gipfel wird 1623 erreicht: Wallenstein zahlt einen Betrag von 1 070 227 Gulden in bar und gibt dem Kaiser noch ein Darlehen von 700 000.
Das ergibt eine Gesamtsumme von 3 007 177 Gulden; dieser Betrag ist aktenkundig. De facto hat aber Wallenstein noch erheblich mehr ausgelegt. Denn in den erhaltenen Rechnungen taucht zum Beispiel der Betrag nicht auf, den er für den Unterhalt seiner Regimenter vom 1. Januar 1620 bis zum Februar 1621 aufbringen muß. Im Februar 1620 hat Wallenstein sein Doppelregiment Kavallerie gemustert, es ist im Einsatz, als zeitliches Minimum darf man zehn Monate ansetzen. Veranschlagt man die niedrigste Durchschnittstaxe für die Mannschaften und Offiziere, so ergibt sich für die Gesamtbesoldung ein Betrag von rund 400 000 Gulden. Dabei ist die Besoldung der übrigen Truppen, die Wallenstein gemustert hat und mit denen er 1621 in Mähren kämpft, noch gar nicht berücksichtigt.
Man hat mit einem wirklich abenteuerlichen Aufwand an Fleiß und aber Hunderten von Urkunden, Archivalien, Belegen, Akten, Dokumenten der Kammerbuchhalterei, des Rentmeisteramtes, der Wiener Hofkammer errechnet, daß Wallenstein im Zeitraum von 1622 bis 1624 für 2 891 794 Gulden Ländereien aus königlichem Besitz und für 1 712 889 Gulden aus privater Hand kauft, also für insgesamt 4 604 683. Einen großen Teil seiner Güter verkauft er weiter, und zwar innerhalb desselben Zeitraums, er bekommt dafür 2 740 745 Gulden. In bar hat er folglich nur die Summe von 1 863 938 Gulden. An Zahlungen, Vorschüssen, Darlehen Wallensteins haben sich Belege über den Betrag von 1 553 668 Gulden gefunden. Für den Restbetrag von 310 270 fehlen die Unterlagen.
Es gibt allerdings auch nicht die geringste Aufzeichnung darüber, wie hoch das Barvermögen gewesen ist, das Wallenstein von seinen Eltern und seiner Frau Lukrezia geerbt hat, wir wissen nicht, welche Summen er aus seinen mährischen Gütern erwirtschaftet hat. Immerhin sind sie bis zu der Enteignung durch die mährischen Stände 1619 fast ein Jahrzehnt in seiner Hand gewesen. Nicht veranschlagt ist außerdem der Unterhalt der Regimenter, die er seit Mai 1619 führt. Aus dem Feindgebiet, also aus Böhmen, haben sie sich nur teilweise ernähren können. Wieweit sie durch österreichischen Nachschub verpflegt worden sind, wissen wir nicht, und die Besoldung, zu der Wallenstein als Werbeherr und Regimentsoberst verpflichtet ist, hat er ebenfalls nicht anstehen lassen – es ist keine einzige Beschwerde laut geworden. Außerdem ist der Restbetrag von 310 270 Gulden schon um mehr als ein Viertel überschritten durch die gesamten Soldforderungen für sein Doppelregiment Kavallerie. Wallenstein hätte

danach seinerseits dem Kaiser und dem Fiskus gegenüber noch eine offene Forderung von 89 730 Gulden gehabt, und diese Ziffer ist noch bewußt niedrig angesetzt.
Nicht gerechnet ist schließlich der Gewinn, den Wallenstein durch seine Beteiligung am Münzkonsortium verbucht hat. Es gibt darüber nur die dürftigsten Unterlagen. Der Reinertrag soll genau 19 577 Gulden gewesen sein, kein Kreuzer mehr, kein Heller weniger.

Ferdinand II. hat die Tradition der Kaiser der leeren Kassen nicht begründet. 1615 belaufen sich die Staatsschulden seines Vorgängers Matthias auf 14 Millionen Taler. Diese Ziffer sagt aber nicht das geringste aus über den tatsächlichen Reichtum oder die Wirtschaftssituation der Monarchie im ganzen und der Länder im einzelnen. Sie ist nur aufschlußreich für die miserable Finanzwirtschaft, die bei den einzelnen Länderkammern nicht besser gewesen ist als bei der Wiener Hofkammer. Hier ist einer der entscheidenden Gründe dafür, daß die Schlagkraft der böhmischen Rebellenarmee zum Schluß völlig indiskutabel und die Schlacht am Weißen Berg nur das Abschlachten zerlumpter, halbverhungerter Söldnerscharen gewesen ist.
Im August 1619, ein Jahr seit Bestehen der böhmischen Armee, hat die Direktorialregierung in Prag bei den Truppen 1,8 Millionen Gulden Soldrückstände. Die Regimentsführer haben mit Meutereien oft mehr zu tun als mit dem Feind. Und solche Söldner leistet sich das reichste Kronland der Habsburger Monarchie, ein Land, das sich in einem Aufstand befindet, bei dem es nicht nur um Geld und Gut, sondern um Leben und Tod geht. 1615 hat Habsburg ein Steueraufkommen von etwa 3,4 Millionen Gulden, Böhmen erklärt sich damals bereit, davon ein volles Drittel zu übernehmen, das sind 1 134 000 Gulden. Mit solchen Summen haben also die Direktoren in Prag rechnen können.
Der Kaiser ist allerdings in noch weit größeren Geldnöten nach dem Sieg als kurz vorher die Rebellen. Prag hätte immerhin die Möglichkeit gehabt, wirklich zu regieren, statt seine Stände, die doch schließlich in überwältigender Einmütigkeit dem Aufstand zugestimmt hatten, immer nur erfolglos um Geld zu bitten. Zu den überlieferten Staatsschulden des Kaisers kommen die gewaltigen Kriegskosten, außerdem lebt er seit Beginn des Aufstands auf Kredit. Sicher, aus den Konfiskationen fließen Hunderttausende ein, strömen Millionen in die Kassen, aber der Gesamtbetrag genügt gerade einigermaßen, um die überständigen Ausgaben abzugelten. Er genügt vor allem nicht entfernt für die Weiterführung des Krieges.

Die Lösung aller Geldnöte soll das Münzkonsortium bringen, mit ihm hofft die Wiener Hofburg, den Stein der finanziellen Weisen entdeckt zu haben. Die Gründung des Konsortiums im Januar 1622 ist nichts anderes als eine Institutionalisierung der Antwort des Marschalls Trivulzio auf die Frage Ludwigs XII. im 16. Jahrhundert, was denn zur Eroberung Mailands nötig sei; der Marschall gibt eine Antwort, die klassisch wird: »Zum Kriegführen sind drei Dinge nötig, Geld, Geld, und nochmals Geld.«

Die Hofburg hat Möglichkeiten, zusätzlich Geld zu erhalten. Welche? Durch die allgemeine und zunehmende Teuerung während des Krieges ist der Geldwert zwangsläufig vermindert worden. Trotzdem entspricht der Nennwert der Münzen noch einigermaßen ihrem Silberwert. Die einfachste und zweischneidigste Möglichkeit, das Geldvolumen zu erhöhen und die Kassen zu füllen, besteht darin, den Münzstätten den Auftrag zu geben, mehr Geld zu prägen. Daß durch die erhöhte Geldmenge auch der Geldwert sinken muß, daran denkt man zunächst nicht – vorausgesetzt, daß man von den Bedingungen, unter denen eine Inflation entsteht, überhaupt präzisere Vorstellungen hat.

Der kaiserliche Statthalter Liechtenstein überlegt von Anfang an, wie man ohne »Krudelität« am meisten Geld herausschlagen kann, denn das hat man ja am nötigsten, so schreibt er schon im Mai 1621 an den Fürsten Eggenberg. Er entwirft die ersten Pläne einer graduellen Abstufung der Strafen, damit dem Fiskus für dauernd auf die Beine geholfen wird. Er begnügt sich aber nicht mit Papierprojekten, er gibt nach der Schlacht am Weißen Berg der Kuttenberger Münzstätte den Befehl, die wöchentliche Münzausprägung zu erhöhen. Er läßt auch große Mengen von Bruchsilber aufkaufen, um die Ausbeute der Silbergruben Kuttenbergs zu ergänzen. Gleichzeitig entwickelt man mit ihm zusammen in Wien den Plan, durch eine Neuverpachtung aller Münzstätten zusätzliche und höhere Gewinne als bisher zu erzielen. Denn die Summen, die in den ersten Monaten des Jahres 1621 über den Durchschnitt hereinkommen, reichen bei weitem nicht aus.

Im Frühsommer 1621 hat Liechtenstein schließlich die naheliegendste, weil primitivste Idee, Münzen schlagen zu lassen, deren Silberfeingehalt geringer ist als bisher. Offen und ohne daß er das Gefühl hat, irgend etwas Unrechtes zu tun, legt er dem Kaiser seinen Plan vor, eine scheinbar ganz einfache Rechnung: Aus einer Mark Silber, also einem halben Pfund, sind bisher 46 Gulden ausgemünzt worden. In Zukunft sollen eine Mark Silber volle 70 Gulden ergeben – die sogenannte »kleine Münze«, wie Liechtenstein sie tauft, die »lange Münze«, wie sie später heißt. Wirtschaftlich gese-

hen ist das zwar kein Unrecht, aber es ist ein Unsinn; das hat man erst später erkannt. Ein moralisches Unrecht im Sinne von Falschmünzerei ist es auch nicht. Das Recht, Geld zu prägen, steht ausschließlich dem Kaiser zu, dem Oberherrn seiner Gebiete, er ist Inhaber des Münzregals. Deshalb kann auch Ferdinand frei, ja willkürlich von sich aus festsetzen, welchen Feingehalt die Münze, der Gulden, haben soll.
Inhaltlich dreht es sich um eine rigorose Abwertung. Will man hier unbedingt von Betrug sprechen, so besteht er tatsächlich darin, daß man den Silberfeingehalt offiziell verringert, aber den früheren Ziffernwert des Geldes nicht ändert. Allerdings kann man nicht anders, denn würde der Ziffernwert dem Feingehalt angepaßt, hätte man überhaupt nichts von dem ganzen Projekt. Aus diesem verlängerten Liechtensteinschen Plan entwickelt sich die Idee des Münzkonsortiums. Das Hauptproblem besteht nämlich darin, woher man das Silber bekommen soll, das zum Prägen des neuen Geldes nötig ist. In den Bergwerken läßt es sich schließlich nicht in unbegrenzten Mengen gewinnen, man kann auch nicht ohne weiteres von heute auf morgen die Ausbeute um ein Vielfaches hochschrauben.
Zuerst denkt Liechtenstein, er wäre nicht nur Statthalter, sondern auch Manns genug, um dieses Finanzunternehmen zu meistern. Dann aber steckt er zurück und schlägt als einzig möglichen und fähigen Experten den kaiserlichen Hofhandelsmann Hans de Witte vor. Das Projekt hat größte Dimensionen, für den Kaiser sollen dabei mehrere Millionen Gulden herausspringen. Da aber alles Geld, das überhaupt in Umlauf ist, aus dem Verkehr gezogen und neu geprägt werden muß, steht de Witte vor der Aufgabe, im Lauf eines einzigen Jahres aus eigener Kraft und mit eigenen Mitteln Hunderte von Tonnen an Silber zusammenzubringen. Diese Mengen, diese Unmengen lassen sich nur beschaffen, wenn man alle Geldmärkte und Handelsmessen Europas bis in die letzte Ecke kennt, wenn man vor allem Geschäftsverbindungen und persönliche Beziehungen in allen europäischen Ländern hat. In der Habsburger Monarchie, im ganzen deutschen Reich ist Hans de Witte der einzige Mann, bei dem das der Fall ist.
Der Münzvertrag, der im Januar 1622 von der Wiener Hofkammer einerseits und Hans de Witte im Namen seiner Mitkonsorten andererseits unterschrieben wird, hat elf Paragraphen. Besonders wichtig davon ist der Punkt über die Verpachtung aller Münzstätten in Böhmen, Mähren und Niederösterreich an Hans de Witte und die Gesellschafter. Niemand außer ihnen hat vom Februar 1622 an das Recht, Münzen zu prägen. Alle ausländischen Münzen werden verboten, niemand darf mit ihnen bezahlen oder sie als Bezahlung entgegennehmen. Die Bevölkerung hat umgehend alle älteren

Münzen bei der nächsten Schmelzhütte abzuliefern, und schließlich hat niemand außer dem Münzkonsortium das Recht, Bruchsilber in Böhmen, Mähren, Niederösterreich und der Oberpfalz einzukaufen.
Für diese Privilegien muß das Münzkonsortium innerhalb eines Jahres, also während der Laufzeit des Vertrages, die Kleinigkeit von 6 Millionen Gulden zahlen. Das Geld ist vom 1. April 1622 an in Wochenleistungen von ziemlich genau 115 385 Gulden ans Hofkriegszahlamt in Wien abzuliefern. Um welche Dimensionen es sich bei diesem Geldgeschäft handelt, sieht man am besten, wenn man noch einmal als Vergleich das Steueraufkommen Böhmens, dieses reichsten Landes der Monarchie, heranzieht; vor 1618 hat es durchschnittlich eine Million Gulden betragen. Die 1,134 Millionen des Jahres 1615 sind ausdrücklich eine Sonderleistung Prags gewesen. Man muß das in die heutigen Verhältnisse übertragen. Setzt man die Steuerlast der Gesamtmonarchie durch den Krieg erhöht auf drei Millionen an, dann verlangt Wien vom Münzkonsortium die Leistung eines doppelten Staatsbudgets – so, als würde heute von einer Bankgesellschaft innerhalb eines Jahres der schlichte Betrag von etwa 200 Milliarden Mark gefordert.
Der schwache Punkt des ganzen Plans: die Hofkammer setzt kein Limit für die Neuprägungen fest. Es bleibt dem Konsortium überlassen, wieviel Gulden es neu prägen will. Für Wien kommt es nur auf die pünktliche Zahlung der sechs Millionen an. Für die Konsorten dagegen kommt es darauf an, soviel Gulden wie möglich zu prägen und diese Gulden so schnell als möglich zu prägen. Je mehr Gulden, um so höher der Gewinn.
Das Hofkriegszahlamt in Wien hält sich streng an den Buchstaben des Vertrages. Bei seinen Wochenleistungen erhält de Witte keinen einzigen Tag Zahlungsaufschub. Der Bankier ist genauso korrekt, er liefert das Geld pünktlich ab, Woche für Woche den gleichen Betrag, er beginnt sogar – es sind Vorschüsse aus der eigenen Tasche – mit den Zahlungen früher, als nach dem Buchstaben vereinbart ist, Wien hat ihn kniefällig darum gebeten. Mit dem Geld müssen vor allem die Truppen bezahlt werden, die aus dem Krieg gegen Bethlen Gabor zur Entlassung anstehen. Wenn der Kaiser seinen guten Namen als Kriegsherr nicht verlieren will, muß er die Truppen ordnungsgemäß bezahlen, Geld ist deshalb nötiger als Brot; sehr natürlich, Ferdinand riskiert sonst, daß er bei neuen Werbungen keine Söldner mehr bekommt oder Söldner, die den Schuß Pulver nicht taugen, für den sie da sein sollen.
Ebenso natürlich ist allerdings die Kehrseite, eine Eigenschaft aller Kehrseiten der Welt. Jeder in der Monarchie weiß bald genau, was das für ein Geld ist, diese neue Münze, es ist schlechtes Geld, um fast 50 Prozent

abgewertetes Geld, und die Antwort darauf ist eine radikale Preissteigerung, von der Oder bis Fiume, vom Lech bis Temesvar. Und das mitten im Krieg, wo die Waren knapp sind und die Lebensmittel noch knapper.
Die Vorwürfe zielen nicht einmal so sehr auf den Kaiser, sondern sehr rasch auf diejenigen, die verantwortlich sind für das Ausprägen der langen Münze, also das Konsortium. Man weiß ja nicht, daß ersten und letzten Endes der Kaiser selbst den Geburtshelfer dieses Gremiums gespielt hat, daß es vor allem mit seiner Billigung, mit seinem Wissen, Segen und Siegel arbeitet und das schlechte Geld prägt. Wie heftig und wie verbreitet diese Vorwürfe im ganzen Land gewesen sind, das läßt sich heute nur noch schwer beurteilen. Aus dem Zorn über die Inflation blühen die giftigsten Gerüchte über die grenzenlose Bereicherung der Münzkonsorten auf Kosten der Bevölkerung, ja noch schlimmer: auf Kosten des Fiskus.
Und die allergiftigsten wuchern im Zusammenhang mit der Konfiskation und dem Verkauf der Rebellengüter. Hier vor allem ist das üble Duftnest zu finden, dessen Gerüche alles umhüllen, was Wallenstein in den Jahren 1622/23 getan, erworben, geleistet hat. Das hängt so klebrig an seiner Figur, das hat die bürgerliche Geschichtsschreibung so ausgespachtelt und gefärbt, daß es durch keine Richtigstellung abzubeizen ist. Alles, was an Zahlen und an Dokumenten fehlt, wird prompt mit der Lauge der pejorativen Vermutung, der augenzwinkernden Unterstellung aufgefüllt, ausgegossen, konturiert.
Sei's drum. Da ist also der Vorwurf, Wallenstein hätte alle seine Güter nur deshalb so leicht erwerben können, weil er den Preis dafür in langer Münze, also in schlechtem Geld, bezahlt. Die Tatsache trifft zu, jedenfalls für diese zwölf Monate, während der Laufzeit des Münzvertrages; die Folgerung ist allerdings falsch. Jeder, der 1622 Rebellengüter erwirbt und bezahlt, muß die Summe in langer Münze erlegen. Der Vorwurf, die Käufer – und so auch Wallenstein – hätten zur Bezahlung schlechtes Geld genommen, mit der angedeuteten Verdächtigung: der Verkäufer, der Kaiser, sei dadurch um das gute Geld, um den richtigen Wert betrogen worden –, dieser Vorwurf ist so primitiv, daß er tatsächlich geglaubt worden ist. Ein geradezu unverständlicher Vorwurf, denn niemand in ganz Habsburg, nicht einmal der Kaiser, kann und darf 1622 anders bezahlen als in langer Münze. Paragraph 3 des Münzvertrags vom Januar 1622 befiehlt ausdrücklich, daß alles ältere Geld abzuliefern ist, Wien setzt es damit außer Kurs, es verliert seine offizielle Gültigkeit.
Noch mehr: Als sich der Kaiser im Herbst des gleichen Jahres entschließt, die Hauptmasse der Rebellengüter zu verkaufen, erläßt er am 24. Septem-

ber eigens ein »verneuertes Münzpatent«, mit welchem »jedermann ohne Ausnahme bei schwerer Strafe an Leib und Gut verhalten wird, dieses und kein anderes Geld unweigerlich anzunehmen und auszugeben«. Alle Steuern, Gehälter, Löhne, Kontributionen müssen in langer Münze bezahlt werden, es geht gar nicht anders, und der Fiskus selbst erwartet auch für die verkauften Güter kein anderes Geld als die gleiche lange Münze. Folglich müssen die Käufer, folglich muß auch Wallenstein in langer Münze bezahlen. Der Kaiser macht es genauso, den Betrag von 527 900 Gulden, den Wallenstein in gutem Geld für sein Reiterregiment ausgegeben hat, bekommt er 1622 von Ferdinand in schlechtem Geld zurück. Ebenso hat der Papst seit der Schlacht am Weißen Berg 1 239 000 Gulden in guter Münze gezahlt, 1622 dagegen entrichtet er die Subsidien von 700 000 Gulden in schlechtem Geld.

Die lange Münze ist ein Zwangskurs, durch offizielles Dekret eingeführt. Vorher bezahlt auch Wallenstein mit altem Geld, dem höherwertigen, das ist selbstverständlich, denn es gibt kein anderes Geld. Und nachher, als der Münzvertrag abgelaufen ist und Wien sich dazu entschließt, wieder Geld mit höherem Feingehalt auszuprägen, wird auch die lange Münze aus dem Kurs gezogen, wird sie für ungültig erklärt; folglich bezahlt von diesem Moment ab jedermann und natürlich auch Wallenstein wieder mit demjenigen Geld, das offiziell gültig ist. Man kann nur staunen über die hilfsschülerhafte Vorstellung, daß der österreichische Fiskus von einem Grundstückskäufer Hunderttausende von Gulden in einer Münze entgegengenommen haben könnte, die der gleiche Fiskus soeben für ungültig erklärt hat.

Anders liegt es mit den Vorwürfen, die wegen eines angeblichen Millionenbetruges gegen das Münzkonsortium erhoben worden sind. Sie laufen kurz gesagt darauf hinaus, daß die Gesellschaft sich nicht an den Feingehalt gebunden hat, der vertraglich vereinbart worden ist; sie hätte das Geld noch weit geringerhältig ausgemünzt. Dadurch sei der Kaiser um etliche Millionen betrogen worden. Diese Anklagen werden schon nach ein paar Monaten laut. Das Münzkonsortium hat sich gegen diese allgemeinen, unsubstantiierten Behauptungen – auch der Wiener Behörden! – leidenschaftlich und mit aller Entschiedenheit gewehrt, es hat vor allem immer wieder ins Feld geführt, daß die Ausprägung des Geldes peinlichst von denselben vereidigten Münzmeistern überwacht wird, die schon vorher jahrelang die Münzstätten unmittelbar kontrolliert haben. Natürlich garantiert der Eid nicht schon durch sich selbst, daß er eingehalten wird, und mehr als ein Münzmeister ist im Gefängnis gelandet. Aber keinem einzigen

Münzmeister des Prager Konsortiums ist irgendein Vergehen nachgewiesen worden.
Der Reichshofrat und die Hofkammer prüfen die Verteidigungsschriften der Münzgesellschaft, das heißt, sie beginnen damit, sie nachzuprüfen, und sie hören damit sehr rasch wieder auf. Eine detaillierte Untersuchung in Wien selbst ist gar nicht möglich. Man hat noch nicht einmal festgestellt, ob die Summe an Mark Feinsilber, die von dem Konsortium während der Vertragszeit ausgemünzt und angegeben worden ist, auch tatsächlich stimmt. Und das ist die Ausgangsbasis, die unbedingte Voraussetzung aller Kontrollen.
Alle weiteren Untersuchungen verlaufen schnell im Sand. Erstens wegen der schwierigen Beziehungen und durcheinanderlaufenden Kompetenzen zwischen der Hofkammer in Wien und den Länderkammern. Zweitens, und das ist der Hauptgrund, weil sie sich gegen Männer richten, denen der Kaiser nach wie vor sein volles Vertrauen schenkt und die zugleich die höchsten Posten im Staat besetzt halten. Fürst Liechtenstein ist und bleibt Statthalter in Böhmen. Wallenstein ist kurze Zeit später der einzige Mann im ganzen Reich, der den Kaiser vor einer militärischen Katastrophe retten und damit Habsburg vor dem Untergang bewahren kann. Hans de Witte bleibt unverändert der einzige Großbankier, der bereit und in der Lage ist, alle Summen zu beschaffen, die der Kaiser für die Armee braucht – ob nun in langer oder in kurzer Münze. Genauso ist es mit den engsten Beratern des Kaisers, mit Eggenberg und Harrach, genauso ist es schließlich mit allen anderen Gesellschaftern. Trotzdem wird die Untersuchungskommission nicht aufgelöst. Sehr ernst gemeint können allerdings die Vorwürfe der Hofkammer vor allem gegen Hans de Witte nicht gewesen sein, denn Ende des Jahres 1623 wird der bewährte Hofhandelsmann und Finanzexperte von der gleichen Hofkammer aufgefordert, ein umfassendes Gutachten über das gesamte Münzwesen in Böhmen auszuarbeiten – ein Auftrag, mit dem man sich nicht gerade an einen Mann wendet, den man für einen Millionenschwindler und -betrüger hält.
Solange der Kaiser lebt, werden keine Vorwürfe mehr gegen das Münzkonsortium laut. Erst nach dem Tod Ferdinands II. 1637 kommt man wieder auf die Sache zurück. Das Verfahren der sogenannten »Münzläsion« zieht sich bis ins Jahr 1665 und geht ziemlich genauso aus wie das Hornberger Schießen. Vor allem deshalb, weil in der Zwischenzeit die wichtigsten Dokumente, nämlich die Münzbücher de Wittes, spurlos verschwunden sind, bis heute verschwunden sind. Das muß etwa um 1640 herum der Fall gewesen sein, also ein Jahrzehnt nach seinem Tod. 1638, als

die Untersuchung wieder angelaufen ist, sind sie noch vorhanden gewesen. Von den Hauptbeteiligten lebt damals übrigens kein einziger mehr: de Witte stirbt 1630, Harrach und Liechtenstein werden schon 1627 begraben, Wallenstein wird 1634 ermordet, und im gleichen Jahr stirbt auch Eggenberg.
Das neue Verfahren richtet sich nicht gegen den Bankier. Nicht de Witte ist jetzt der Hauptbeschuldigte, gegen ihn wird nicht der geringste Verdacht geäußert, postumer Angeklagter ist vielmehr Fürst Liechtenstein und an seiner Statt Liechtensteins Erben. Die Zahl, bei der schließlich die Kommission hängenbleibt, ist ein Betrag von 10 Millionen Gulden, um so viel soll der Fürst den Kaiser betrogen haben. Dazu schlägt man die Zinsen, die seit 1622 angelaufen wären, die Summe erhöht sich dadurch auf 31 Millionen Schadenersatz; dafür müßten die Erben Liechtensteins geradestehen. Nur ein Haken ist dabei, ein solider Haken: Die Rechnung stützt sich nur auf Vermutungen, wirklich handfeste Belege sind für die Ersatzforderung nicht beizubringen. Deshalb streicht auch Kaiser Leopold I. – er ist nicht umsonst einer der intelligentesten und ruhigsten Herrscher Habsburgs – diese fantastische Summe auf weit über ein Hundertstel zusammen, er verlangt nur so etwas wie einen Anerkennungszins von 275 000 Gulden, er spricht die Erben Liechtensteins von jeder Schuld frei und klappt endgültig die Akten über diesem verunglückten Prozeß gegen den früheren Statthalter und das Münzkonsortium zu.

Fazit des Ganzen: Während der Laufzeit des Münzvertrages im Jahr 1622 sinkt der Gulden nicht nur auf ein Viertel seines früheren Wertes ab, sondern bis auf ein Zehntel – durch den erhöhten Geldumlauf, durch Preissteigerungen, durch all das, was der Liechtensteinsche Plan nicht vorausgesehen und einkalkuliert hat. Wenn man alle Zahlen, die einigermaßen zuverlässig sind, gegeneinander abwägt und aufrechnet, so dürfte der Gesamtgewinn des Münzkonsortiums etwa um 2 Millionen Gulden herum liegen. Wieviel davon unzulässiger Profit ist, das läßt sich nicht feststellen.
Feststellen läßt sich auch nicht – und das ist eins der interessantesten Probleme des ganzen Projekts –, woher Wallenstein die unglaubliche Summe von 3,5 Millionen Gulden hat, deren Empfang ihm Fürst Liechtenstein am 13. Januar 1623 als Vorauszahlung für den Erwerb von Rebellengütern quittiert. Für einen Privatmann ist das ein fabelhaft hoher Betrag, auch wenn es sich um lange Münze handelt. Ebenso interessant ist die Tatsache, daß sich kein einziges, noch so kleines Dokument gefunden hat,

mit dem sich irgendeine unrechtmäßige Manipulation Wallensteins belegen ließe.
Seine engen Beziehungen zu Hans de Witte und anderen großen Finanzleuten Europas, die mit de Witte zusammenarbeiten, wie die Augsburger Handelsmänner Pestalozzi oder der Bankier Walter de Hertoge in Hamburg, de Wittes Faktor, datieren erst seit 1622–1623. Strittig ist also nicht so sehr, auf welche Weise er die Güter aus den Konfiskationsverkäufen erwirbt, unklar ist vielmehr der Weg, wie er zu den ungeheuren Vorschußsummen kommt, die er dem Kaiser auslegt. Sein ererbter Besitz, die Wirtschaftsblüte seiner mährischen Güter, sein Getreide- und Weinhandel seit Ende 1620 in Prag, seine Tuchgeschäfte in Olmütz – alles das zusammen kann nicht diese astronomischen Ziffern erklären.
Darüber ist viel spekuliert worden, so viel, daß man sich heute, nach Jahrhunderten, nur noch schweren Herzens daran beteiligen kann. Als quasi äußerstes linkes Mittel sind Plünderungen und Brandschatzungen im Verlauf seiner militärischen Unternehmungen in den Jahren 1619/20 genannt worden, als äußerstes rechtes Extrem sollen es Kredite gewesen sein, die man ihm auf seinen »guten Namen« gegeben hat – einen Namen also, über den er damals noch gar nicht verfügt, denn der Wallenstein dieser beiden Jahre 1619 und 1620 ist ein verbannter mährischer Adliger und kaiserlicher Oberst unter vielen anderen Obersten.
In der Mitte zwischen dem linken und rechten Endpunkt der Anklagen liegt etwa die vorwurfsvolle Behauptung, der Wert der Güter, die Wallenstein kaufen wollte, sei zu niedrig geschätzt und der Fiskus dadurch um Abertausende betrogen worden. Eine solche Annahme basiert auf Vorstellungen von der damaligen Situation, die ins leicht Komische verschoben sind. Die meisten Schätzungsprotokolle liegen vor, ein Vergleich mit den erlegten Summen ergibt keine einzige Unregelmäßigkeit. Differenzen bestehen bestenfalls zwischen dem Realwert und dem Schätzungswert. Die Schätzungen selbst sind Sache der böhmischen Landeskammer gewesen, Wallenstein hat nicht die geringste Möglichkeit gehabt, die Taxation irgendwie zu beeinflussen.
In diesem Zusammenhang ist die Begründung interessant, die Fürst Liechtenstein seiner Empfehlung an den Kaiser mitgibt, die Herrschaft Friedland-Reichenberg an Wallenstein zu verkaufen. Der Statthalter stützt nämlich Wallensteins Gesuch mit der Bemerkung, daß »ein anderer schwerlich so viel darumb geben möchte«. Hier, und nur hier liegt der Immobilienhase im böhmischen Pfeffer. Der Fiskus versucht ganz selbstverständlich, bei jedem einzelnen Gut, bei jeder Parzelle Wald einen Maximalpreis zu

erzielen. Er ist aber unbedingt auf Käufer angewiesen. Die Stärke Wallensteins besteht nicht in einer betrügerischen Genialität, sondern in seiner scheinbar unerschöpflichen Zahlungsfähigkeit; um einen Mitbewerber auszustechen, bietet er wiederholt auch höhere Summen, als der Fiskus taxiert.
Alles in allem ergibt eine Kontrolle der Schätzungsprotokolle einwandfrei, daß Wallenstein in allen belegten Fällen den vorgeschriebenen Preis bezahlt, so wie es auch bei den anderen der Fall ist, die damals Güter kaufen – ja noch mehr: Es gibt eine ganze Zahl von Dokumenten, die zeigen, daß Wallenstein oft mehr bezahlen muß, wo also der Endpreis den Schätzungspreis übersteigt. Man kann daraus nur schließen, daß die Beamten Ferdinands genau wissen, mit welchem Käufer sie es hier zu tun haben, nämlich erstens mit einem Mann, der Geld zur Verfügung hat – aus welchen Quellen auch immer – und dem zweitens sehr daran gelegen ist, dieses oder jenes Gut aus Arrondierungsgründen unbedingt zu besitzen. Wenn kein Konkurrenzangebot existiert, liegt es in einem solchen Fall nahe genug, den Preis zu überhöhen, denn der Käufer, Wallenstein, muß sich an die Summe halten, die ihm von den Beamten genannt wird. Einsicht in die Schätzungsprotokolle hat er kein einziges Mal gehabt. Von einer Übervorteilung des Fiskus kann also beim böhmischen Gütererwerb Wallensteins keine Rede sein.
Vom Herbst 1622 ab betreibt Wallenstein den Gütererwerb in größtem Stil. Bis zum Jahresende sind es insgesamt 57 Güter, die er zu der Herrschaft Friedland-Reichenberg erwirbt. Er konzentriert sich auf die Erweiterung und Arrondierung des Gebietes zwischen Friedland im Norden und Nymburk-Poděbrad am Südbogen der Elbe, zwischen Mělnik oberhalb Prags im Westen und Arnau-Wildschütz im Osten: insgesamt ein geschlossenes Patrimonialgebiet von mehr als 9000 Quadratkilometern, umfangsmäßig bald ein Drittel des heutigen Belgien. 1623 stößt er die Herrschaft Wsetin, den größten Teil seines mährischen Besitzes ab, für 130 000 Gulden. Den Rest verkauft er am 25. März 1625 an die Wiener Hofkammer, es handelt sich um die Herrschaft Lukow. Er bekommt dafür 200 000 Gulden, die Hofkammer macht damit ein fabelhaftes Geschäft, sie verkauft nämlich das Gebiet sofort an den Reichspfennigmeister weiter, für 360 000 Gulden. Wallenstein gibt auch die mährischen Güter Namiest und Rossitz auf, den Hauptbesitz Karl von Žerotíns, den der frühere Landeshauptmann nach dem Zusammenbruch des böhmischen Aufstands und der Niederwerfung Mährens an Wallenstein verkauft, bevor er freiwillig ins Exil geht. Žerotín behält nur Prerau in Mähren und in Böhmen das Gut Brandeis.

Für Ende 1624 hat man als Gesamtankaufsumme der Wallensteinschen Güter die Zahl von 4,6 Millionen Gulden errechnet, nach anderen Angaben ist man sogar auf 7 290 228 gekommen. Diese Ländereien hat er aber wie gesagt nicht alle für sich behalten, einen guten Teil davon hat er weiterverkauft, und zwar mit erheblichem Gewinn weiterverkauft; das Recht und die Pflicht eines guten Grundstücksmaklers. Es hat sich vor allem um Gebiete gedreht, die nicht an den Kern seiner Herrschaften Friedland-Jitschin gegrenzt haben.

Wallenstein gehört nicht zur Sorte der kleinen Betrüger, die schäbig genug sind, ihre Rechnungsbücher verstecken zu müssen. Sein kaufmännisches Genie bewegt sich außerhalb der Proportionen von Pfennigfuchserei und Sparschwein. Er beutet nüchtern und kaltblütig alles an Chancen und Gelegenheit aus, was in einer Situation wie derjenigen des Jahres 1622 steckt. Bürgerliche Beurteilungssysteme sind am Primat der vorgeblich-sittlichen Normen zu erkennen. Eine Folge der entsprechenden Denkintentionen und Empfindungen ist die Verurteilung jedes Reichtums, der nicht durch sogenannte bürgerliche Arbeit entsteht. Spekulation ist nichtbürgerlich. Schon das Wort selbst ist odiös.
Spekulation ist Sport-Spiel, ist Risiko, tapfere Nüchternheit, der Wagemut, sich den labilen Bedingungen einer selbstgeschaffenen Welt auszusetzen, ist Hasard. Dafür hat Wallenstein eine todsichere Hand, einen unfehlbaren Instinkt. Sein Reichtum, sein unaufhaltsam wachsender Besitz verhilft ihm nicht zu besseren Freunden. Niemals hat Geld solche Konsequenzen gehabt. Aber es garantiert ihm wenigstens treu ergebene Feinde. Wallenstein weiß, auf sie wird er sich bis zu seinem Tod verlassen können.

IX

Der tolle Christian – Hochzeit auf dem Schottenhügel (1623)

Sentenzen und Aphorismen darf man – gelegentlich – auch dann Glauben schenken, wenn die Pointe nur in ihrer Kürze zu sitzen scheint. »Der liebe Gott sitzt im Detail«, in diesem Satz könnte man besonders einprägsam das Ethos wissenschaftlicher Arbeit zusammenfassen. Es ist ein so schönes Schlagwort, daß es der Teufel geradezu persönlich hätte erfinden können. Und zwar eigens für den Historiker, der heute nicht die geringste Schwierigkeit hat, an Tausenden und aber Tausenden von Details aus jedem beliebigen Zeitraum der Geschichte Forschungsexzessen zu frönen und damit auch fabelhafte Gelegenheit, sich sehr fromm und gottesfürchtig vorzukommen. Gegenüber solcher Askese fällt es schwer, sogar nur als Gedankenspiel die Frage zuzulassen, ob der Sinn wissenschaftlicher Klein- und Detailarbeit auch einmal in Widersinn ausarten oder gar in Unsinn umschlagen kann. Soviel darf man allerdings mit Sicherheit sagen: Mit den Details in der Geschichte kann man sich besonders sinnvoll dort beschäftigen, wo solche Details etwas illustrieren, was nicht zur Eigenbedeutung der Details gehört. Detailuntersuchungen werden halt allzu leicht die Kohlensäure in den historischen Mineralwasser- oder Sektflaschen, es prickelt und schäumt, aber der Gehalt steckt woanders.

Die Details der Güterkäufe Wallensteins sind zweifelsohne äußerst wichtig. Auch die Einzelheiten von seiner Verantwortung, Mitarbeit, Aktivität und seines mutmaßlichen und vor allem effektiven Gewinns im Zusammenhang mit der Tätigkeit des Münzkonsortiums. Aber alle diese Details gewinnen erst dann ihr tatsächliches Schwergewicht, wenn man sie als Mosaiksplitter ansieht, aus denen sich das Bild eines Mannes von außergewöhnlicher Intelligenz, unnachsichtiger Entschlossenheit und überwältigend zielstrebigem Ehrgeiz aufbaut. Neben Wallenstein hat es damals eine lange Reihe von Adligen in einflußreichen Positionen gegeben, die in der gleichen Situation waren wie er und die sie genauso ausnützen, ja ausbeuten und ausschlachten konnten.

Zum bloßen Gütererwerb Wallensteins gibt es auch mehrere Parallelen, wenn auch durchweg in kleinerem Format. Neben Eggenberg vor allem Fürst Liechtenstein; Jägerndorf wird ihm allerdings vom Kaiser geschenkt. Andererseits ist Liechtenstein der Hauptgewinner bei dem Münzgeschäft des Jahres 1622. Freilich ist der Statthalter schon seit vielen Jahren in einer überragenden leitenden Stellung. Wallenstein dagegen hat eine Laufbahn hinter sich, die innerhalb des böhmischen Aufstands erst in dem Moment beginnt, als er seinem Regiment in Olmütz den Aufbruch nach Süden befiehlt. Seitdem sind nicht viel mehr als zweieinhalb Jahre vergangen. Aber Ende 1622, Anfang 1623 ist er der bedeutendste und einfluß-

reichste Magnat Böhmens, er ist überdies mit Ämtern betraut, die den Schlüssel für einen steilen, fast möchte man sagen: absehbar unabsehbaren Aufstieg bilden, wenn sie nicht diesen Aufstieg schon selbst garantieren.
Man kann es sich natürlich leichtmachen und sagen, der Wallenstein dieser Jahre sei ganz einfach der sprichwörtliche Günstling des Schicksals gewesen und sonst nichts, vom Glück des Augenblicks erwählt und hochgeschwemmt, ein barocker Abenteurer, skrupelloser Beutemacher und vulgärer Draufgänger, der sein rüdes Maul genauso weit aufreißt wie seinen Geldbeutel, ein adliger Gangster, der den brodelnden Fischteich Böhmen um seine fettesten Karpfen erleichtert, und zwar gleich nach Zentnern und nach Tausenden. Da klingt es geradezu noch durchschnittlich, wenn man ihm bescheinigt, er wäre »ebenso habgierig, gewalttätig und bedenkenlos wie das in Selbstsucht und äußerlichem Kirchentum verkommene Adelsgesindel« gewesen, das den Aufstand in Böhmen und den Nebenländern inszenierte.
In solchen Charakterisierungen hatten die Nachfahren keine kleinliche Fantasie. Derartige Deutungsschematismen werden nun wirklich durch die so winzigen, aber präzisen Details entwertet, die sich leicht und gern übersehen lassen. Sie zeigen prompt, was von Urteilen zu halten ist wie dem, Wallenstein hätte sich schamlos bereichert – als ob es vor dem Forum der historiographischen Gerichtshöfe verdienstvoller wäre, sich schamhaft zu bereichern.
Was sich als Gesamteindruck dieser Jahre aufdrängt, ist die unbeirrbare Weitsicht und großartige Entschlossenheit von Wallensteins Aktivität. Seine Unternehmungen fügen sich nach einer Logik zusammen, deren Gesetze nur er zu kennen scheint und die in kürzester Frist alle Signaturen eines möglichen Hasardierens verlieren. Auch jetzt, im Jahre 1623, verhält sich Wallenstein ganz anders, als man es von ihm nach der üblichen Typisierung späterer Zeiten erwarten würde – also keineswegs so, wie ihn Ranke sieht: als geborener Kriegsfürst.

Kurfürst Friedrich von der Pfalz denkt nicht daran, nach dem böhmischen Fiasko den Kampf aufzugeben. Der Papst behält zwar recht, daß sich der Pfalzgraf mit der Annahme der böhmischen Krone »in ein gefährliches Labyrinth begeben hat, in dem er sich gewiß verlieren wird«, aber nach dem Weißen Berg hat er praktisch überhaupt nichts mehr zu verlieren. Deshalb kann er ohne weiteres auf dem eingeschlagenen Weg bleiben. In diesem Entschluß läßt er sich durch keine Rückschläge schwächen. Seine Frau Elisabeth Stuart ist ihm dabei eine respektable Hilfe, diese ebenso

sanfte wie hartnäckige Dame, die nicht so schnell auf die böhmische Königskrone verzichten will und neben dieser zähen Ambition noch den wichtigen Trumpf einer auffallenden Schönheit ausspielen kann.
Das Ansehen der englischen Königstochter hat in diesem Krieg kaum etwas geholfen, wohl aber hat ihr Aussehen militärisch genützt. Da ist die Gruppe der englischen Edelleute, die kniend vor dem Altar geloben, für Elisabeth Stuart so lange zu kämpfen, bis sie wieder als Königin in ihre Hauptstadt Prag einzieht. Da ist aber vor allem der junge Reichsfürst Christian von Halberstadt, einer der Hauptkämpen auf Seiten der Union, der nicht zuletzt ihretwegen gegen Habsburg ins Feld und vom Leder zieht.
Friedrich von der Pfalz hat auf zu viele Freunde gesetzt. Er wird besonders von seinem Schwiegervater, Jakob I., im Stich gelassen, was teils an Jakob, teils an des Winterkönigs verfahrener Sache liegt. Die unbedingte Hilfe des englischen Königs, mit der Friedrich gerechnet hat, ist eine Fehlspekulation. Als auch Kurfürst Georg Wilhelm von Brandenburg nach der böhmischen Niederlage alle Neigungen vergällt sind, sich noch weiter militärisch mit Friedrichs Angelegenheiten zu liieren, ist das Ende der protestantischen Union besiegelt. Sie löst sich im Mai 1621 auf, ganz formell, unter Abrechnung aller eingegangenen Gelder und mit einem stilvollen Entschuldigungsschreiben an den Pfalzgrafen, der sich unterdessen im Haag beim Ballspiel entspannt.
Mit der Union bricht die wichtigste Barriere zusammen, die dasjenige hätte verhindern können, was Kaiser Ferdinand einleitet, als er am 22. Januar 1621 über Friedrich von der Pfalz die Reichsacht verhängt. Die Ächtung ist nicht legal, aber sie ist für die Sieger unbedingt notwendig, denn ohne Acht kann man Friedrichs Besitz, die Pfalz, nicht kassieren.
Für den Kaiser ist es schon eine beschlossene Sache, den Krieg bis zur Eroberung der Pfalz fortzuführen. Nicht nur Ferdinand hat daran ein handfestes Interesse, noch stärker sind Maximilian von Bayern und der spanische König an dieser Schlußphase interessiert. Für Spanien ergibt sich das zwangsläufig aus der Tatsache, daß im gleichen Jahr 1621 der Waffenstillstand mit den Generalstaaten abläuft, der ganze zwölf Jahre gedauert hat. Philipp III. ist unbedingt entschlossen, den Krieg wieder zu beginnen, und daran hält sich auch sein Sohn Philipp IV., als sein Vater im März 1621 stirbt.
Gegenüber diesen zeitigen und festen Plänen der beiden Großmächte wirkt die Reaktion der jetzigen Hauptgegner und Kontrahenten mehr als kümmerlich: Der englische König schickt neben vielen guten Ratschlägen ganze zwei Regimenter als Hilfe in die Pfalz und steuert etwas Geld bei, die

Holländer finden, daß es mit einigen größeren Zahlungen genug ist. Das ist alles, womit der unglückselige Pfalzgraf und Winterkönig zufrieden sein soll. Und was diese Unterstützung ergänzt, damit kann er nur unzufrieden sein, vor allem mit dem bekanntesten Soldatenführer, der auf seiner Seite steht, mit Ernst von Mansfeld. Der Graf ist nur aus verletzter Eitelkeit sein Parteigänger. Für Friedrich ist das kein großer Gewinn, dieser seltsame Soldatentyp Mansfeld, bei dem die tragischen und komischen Elemente, die seriösen und skurrilen Züge gewissermaßen vollsynchronisiert sind.

Auf protestantischer Seite kämpft Mansfeld ja nur deshalb, weil ihn Erzherzog Leopold früher einmal in einer Notlage schmählich und in beleidigender Form hat aufsitzen lassen und Mansfeld in noch üblerer Münze zurückgezahlt hat. Habsburg ist gegenüber seinen wiederholten Angeboten einer Aussöhnung taub geblieben, nach der Schlacht am Weißen Berg hat man den Grafen in Wien weniger denn je nötig. Mansfeld ist ein Soldatenführer und Kriegsmann bis in die letzte Faser, frech verwegen, kaltblütig, stur. Das Verblüffendste an ihm ist seine Laufbahn, die tatsächlich darin besteht, von einer Niederlage zur anderen zu hetzen und seinen Ruhm mit jeder verlorenen Schlacht noch zu steigern. Kein General des Dreißigjährigen Krieges hat jemals diesen glänzenden Ruf von Mansfelds unerschütterlicher Besiegbarkeit gefährdet.

Nach der Niederlage von Zablát und Netolitz gegen Buquoy und Wallenstein ist Mansfeld mit der Sammlung seiner Truppenreste in Pilsen, ihrer Komplettierung und den Übertrittsverhandlungen mit Wien so beschäftigt, daß er keine Zeit hat, sich an der nächsten Niederlage zu beteiligen, der Schlacht am Weißen Berg. Mansfeld zieht mit seinem Heer durch die Oberpfalz hinüber in die Rheinpfalz und versucht, die Gebiete in der habsburgischen Landvogtei Hagenau im Unterelsaß und im Fürstbistum Speyer zu erobern; vielleicht glückt ihm dort sein alter Traum, die Gründung eines eigenen Fürstentums. Das Projekt entwickelt sich zunächst nicht schlecht. Tilly hat mit seinen Truppen erst einmal die Oberpfalz besetzt und rückt jetzt mit seinem Heer nach Westen vor. Im ansteigenden Frühling, am 27. April 1622, glückt Mansfeld eine der großen Ausnahmen seines Soldatenlebens. Tilly muß bei Wiesloch südlich von Heidelberg eine stattliche Schlappe einstecken, er verliert einige Kanonen und etliche hundert Mann.

Mansfeld ist von diesem Erfolg so fasziniert, daß er sich sofort von dem verbündeten Heer des Markgrafen Georg Friedrich von Baden-Durlach trennt und auf eigene Faust seine Plünderungszüge in hessischem und elsässischem Gebiet fortsetzt. Tilly wendet sich augenblicklich gegen die Truppen Georg Friedrichs, kaum acht Tage nach der Schlappe bei Wiesloch stoßen die Heere im Neckartal bei Wimpfen zusammen. Diese Schlacht vom 5. Mai ist ein Kabinettstück der Kriegskunst Tillys, der Markgraf verliert fast alle Regimenter, den Rest muß er entlassen, weil er den Sold für die Soldaten nicht mehr aufbringen kann. Wimpfen bringt die Wende des pfälzischen Krieges. Anfangs sieht es allerdings noch nicht danach aus, andererseits ist man einfach ex post zu solchen summarischen Feststellungen gezwungen. Anfangs: das heißt, daß jetzt aus Norddeutschland Herzog Christian von Braunschweig-Wolfenbüttel, der Administrator von Halberstadt, mit seinen Truppen heranzieht.

Christian von Halberstadt ist im protestantischen Lager ein bizarr-sympathisches Seitenstück zu Ernst von Mansfeld. Seine Mutter Elisabeth ist eine Schwester des dänischen Königs Christian IV., sein Vater Herzog Heinrich Julius von Braunschweig-Wolfenbüttel. Mit 17 Jahren, 1616, wird er nach dem Text eines kaiserlich akzeptierten Vertrags zum Administrator des Bistums Halberstadt gewählt, ein Amt, für dessen Verwaltung man keinen schlechteren Mann hätte finden können. Christian ist dafür viel zu jung, also nicht phlegmatisch genug, den Rest besorgen seine hervorragende Bildung und scharfe Intelligenz, denn sie machen es ihm unmöglich, religiöse und moralische Dinge ernst zu nehmen.

Aus seiner Sicht ist diese Bischofsvertretung allerdings genau der richtige Posten, denn der Reichtum des Halberstädter Bistums ist ungewöhnlich groß, und bei Beginn des Dreißigjährigen Krieges erscheinen diese Mittel dem jungen Administrator gerade ausreichend genug, um »unser Fortun per la guerre zu suchen«, wie er in dem damals üblichen Adelsdeutsch sagt. Er sucht das so hitzig, leidenschaftlich und hemmungslos, daß er bald den Beinamen »der tolle Halberstädter« bekommt. Christian selbst bezeichnet sich nur schlicht als »Gottes Freund – der Pfaffen Feind«, eine Typisierung, die sich im Mund eines Administrators überzeugend ausnimmt und unter die sich damals eine Unmenge seltsamster Handlungen subsumieren lassen: exzessive Plünderungen, wahllose Mordbrennereien, systematische Erpressungen und ähnlich harmlose Dinge.

Die verschwärmte Liebe des Halberstädters für seine Kusine, die englische Königstochter – sie hat Friedrich von der Pfalz schon 1613 geheiratet, Christian ist damals erst 14 – bringt ihn genauso selbstverständlich wie seine persönliche Abstammung, Erziehung und Stellung auf die Seite des Winterkönigs. Elisabeth Stuart wurde einmal als »Glanz und Ruhm ihres Geschlechtes« bezeichnet. Christian ist ganz derselben Meinung. Seine Liebe zu ihr ist von jener eigentümlichen Sorte, die um so aufreibender und intensiver ist, je weniger Aussicht auf eine Erfüllung besteht. Zu Christians größtem Vergnügen ist sie absolut hoffnungslos. Er hat das auch offiziell ausgeschlachtet, denn er bezeichnet seine Kriegszüge als einen Ritterkampf, den er nur um der schönen böhmischen Königin willen führt. Er beginnt diesen Ritterkampf damit, daß er nach der Schlacht am Weißen Berg die Truppen, die er aus Halberstädter Geldern angeworben hat, mit Hilfe des damals noch gut funktionierenden Schneeballsystems vergrößert: er stürzt sich im Winter 1621/22 auf die fetten westfälischen Bistümer Münster und Paderborn und plündert sie nach Mansfelder Strich und Faden aus. Dann dreht er mit seinen Regimentern nach Süden in Richtung Rheinpfalz, er will sich dort mit dem Grafen vereinigen.

Durch spanische Verstärkungen hat Tilly inzwischen mehr als 11 000 Mann beisammen. Das schreckt den Mansfelder zunächst von dem Versuch ab, dem kriegerischen Administrator bis zum Main entgegenzuziehen. Christian stört das nicht, er ist kein Zauderer, denn von Kriegskunst versteht er nichts. Als er am 20. Juni 1622 bei Höchst einen wirklich bravourösen Mainübergang riskiert, verwandelt Tilly die Schlacht, die er vorgehabt hat, in ein wahres Schlachtfest auf Kosten der Halberstädter Truppen: fast die Hälfte wird hingemetzelt oder stirbt auf der Flucht, es müssen etwa 8000 Soldaten gewesen sein. Die Reste der vernichteten Armee zieht Mansfeld an sich, ähnlich wie nach der Schlacht am Weißen Berg. Allerdings genügt dieses Heer nicht im geringsten, um die Pfalz gegen Tilly und die Spanier zu verteidigen; zur gleichen Zeit stellt Erzherzog Leopold im Süden noch eine dritte Armee auf, die in die Pfalz geworfen werden soll.

Mansfeld begreift prompt die aussichtslose Situation. Er beginnt jetzt mit der anderen Seite Europas zu verhandeln, er bietet sowohl Frankreich als auch den Spaniern seinen Übertritt an. Der Graf hofft, sein elsässisches Fürstentum wenigstens durch diesen diplomatisch-militärischen Linienwechsel zu bekommen. Aber die Gesprächspartner trauen Mansfeld nicht, und deshalb streckt Mansfeld die Fühler in eine letzte Richtung aus. Diesmal hat er Erfolg. Die Holländer bieten ihm einen Kontrakt an, er quittiert den Dienst beim Pfalzgrafen und dann zieht er mit dem Halberstädter und seinen Söldnern von Lothringen aus nach Norden. Sie schlagen sich durch die spanischen Linien und kommen glücklich und vor allem gerade rechtzeitig bei Moritz von Oranien an.

Viel Truppen sind es nicht mehr, die sie mitbringen, von den ursprünglich 10 000 Mann in Lothringen gehen unterwegs zwanzig Prozent verloren, aber die Soldaten kommen in einem Moment, in dem sie den Generalstaaten nicht willkommener hätten sein können. Seit dem Neubeginn des Krieges mit Spanien haben die Holländer nur Unglück gehabt. Spinola erobert zunächst einmal Jülich, und dann beginnt er mit der Belagerung von Bergen op Zoom, dem wichtigen Hafen in Nordbrabant an der Ooster-Schelde. Die Situation sieht mehr als trübe aus, Moritz von Oranien hat nicht genug Truppen, um den Belagerungsring zu sprengen. Erst nach der Verstärkung der Holländer durch Mansfeld und Christian von Halberstadt gibt Spinola die Belagerung von Stadt und Hafen im Oktober 1622 auf.

Für die Generalstaaten ist das ein großer Erfolg – am Schicksal der Kurpfalz ändert sich deshalb überhaupt nichts. Es hätte sich auch nichts an ihm geändert, wenn Mansfeld und Christian im spanischen Riegel hängengeblieben wären, der Sieg des Ligaheeres steht schon fest, bevor er eingetreten ist. Nach dem Triumph bei Höchst legen sich die Truppen Tillys um Heidelberg, die deutsch-holländische Besatzung verteidigt sich fast ein Vierteljahr lang energisch gegen die nicht sehr energischen Attacken – erfolgreiche Belagerungen sind damals noch eine höchst schwierige Sache –, Mitte September gibt sie auf, kapituliert. Die Reste der Garnison erhalten freien Abzug, Heidelberg selbst wird zur Plünderung freigegeben. Der Pfalzgraf unterbricht sein Ballspiel für einen Moment durch den Jammerruf: »Voilà mon pauvre Heidelberg pris.« Die beste Beute erhält der Papst. Maximilian läßt die Pfälzische Landesbibliothek, die Bibliotheca Palatina, auf 50 Wagen verladen und schickt sie über die Alpen in den Vatikan; es ist die reichste und kostbarste Bibliothek Europas. Als letzter wichtiger Ort ist Mannheim an der Reihe; die englischen Regimenter übergeben die Stadt am 5. November 1622. Damit ist der Pfälzische Krieg zu Ende, die reformierte Kirche der Pfalz wird aufgelöst, in sämtlichen eroberten Gebieten hält die Gegenreformation ihren großen Kehraus.

Im Reich hätte damit der Krieg beendet sein können, auch wenn es noch immer genügend Mißtrauen, Spannungen und Haß gab. Die protestantischen Fürsten, die neutral geblieben waren, wollten gerade jetzt nicht viel mehr tun als lediglich ihre hochgradige Mißstimmung Wien und dem Kaiser gegenüber pflegen. Die spanisch-österreichischen Eroberungen hatten zwar eine Unmenge neuen Zündstoff zurechtgelegt, Frankreich war aufs äußerste beunruhigt, aber es bestand noch kein ausreichender Grund zum Krieg, weder für Frankreich, noch für England, dem diese ununterbrochene Machtveränderung auf dem Kontinent so unangenehm wie nur möglich war. Nur der Kampfgeist der Generalstaaten trieb zur Fortsetzung des Krieges. Holland dachte nicht daran, bloß zuzusehen, wie sich die Spanier weiter an seiner Nordostseite emporschoben und die Zange immer enger schlossen. Deshalb waren den Holländern Ernst von Mansfeld und der unermüdliche Halberstädter so zupaß gekommen. Nach der Entsetzung Bergen op Zooms gestatteten sie den beiden Heerführern, neue Truppen auf den deutschen Nachbarterritorien anzuwerben. Das war die beste, es war auch vorläufig die einzige Möglichkeit für sie, das weitere Vordringen der Spanier in den Nordwesten Deutschlands zu stoppen.

Ernst von Mansfeld hielt sich an Ostfriesland, das damals trotz seines Bekenntnisses zum Luthertum mit Spanien verbündet war. Er verwüstete das Land in altbewährter Manier auf das fürchterlichste und konnte mit holländischen Geldern und der Beute aus dem Land erhebliche Truppenmassen unter seine Fahnen bringen. Christian von Halberstadt dagegen sammelte in seinem eigenen Halberstädter Gebiet Regimenter, und da sein älterer Bruder regierender Herzog von Braunschweig war, sahen sich plötzlich der Kaiser und die katholische Liga vor der Situation, daß der tolle Halberstädter unversehens wieder in Niedersachsen stand. Es war nicht anzunehmen, daß sich Christian dort nur aus angestammter Seßhaftigkeit aufhielt. Weit näher lag die Vermutung eines Durchbruchsversuches in Richtung Böhmen, um sich mit Bethlen Gabor zu vereinigen, dem der Nikolsburger Friede vom Januar 1622 schon viel zu lange gedauert hatte und der bereits ein Jahr später wieder in Mähren eingefallen war. Für Christian drängte sich ein Zug in Richtung Böhmen geradezu als militärischer Zwang auf. 1623 beschlossen deshalb alle katholischen Stände, auf Seiten des Kaisers den Krieg gegen Mansfeld und Christian fortzusetzen.

Tilly zog mit seinen Truppen nach Nordhessen, er stieß bis hinauf nach Göttingen. Die Reichsstände des Niedersächsischen Kreises waren aufs höchste besorgt, aber sie setzten ihr Vertrauen zunächst einmal völlig auf Gott und nannten das »bewaffnete Neutralität«. Christian von Halberstadt war anderer Meinung, deshalb ernannte er sich selbst zum Protektor der Reichsstände und marschierte weiter vor. Damit aber lieferte er den Ligisten und Wien endlich einen Grund und Vorwand, um die Verhältnisse auch im Nordwesten des Reiches umzustülpen. Sie hofften, dadurch rechtzeitig auch einem Eingreifen des dänischen Königs zuvorzukommen, der als Herzog von Holstein Reichsfürst und Mitglied des Niedersächsischen Kreises war. Vorläufig allerdings schien Christian IV. dafür die Zeit noch nicht reif zu sein, und der tolle Halberstädter verspekulierte sich, als er mit der Hilfe seines dänischen Königsonkels rechnete.

Ohne Assistenz fühlte er sich den Heeresmassen Tillys nicht gewachsen.

Er zog es deshalb vor, Bethlen Gabor das versuchen zu lassen, was ihm soeben selbst mißglückt war, nämlich alleine Krieg zu führen. Er marschierte nach Westen und wartete in Westfalen auf eine Unterstützung durch Ernst von Mansfeld. Als er endlich begriff, daß Mansfeld nicht zuverlässiger war als er selbst in punkto Bethlen Gabor, und zum Aufbruch blasen ließ, war es schon zu spät. Tillys Truppen holten ihn knapp 20 Kilometer vor der holländischen Grenze ein und schlugen ihn am 6. August 1623 bei Stadtlohn so gründlich, daß ihm von seinen 15 000 Mann ganze 2000 übrigblieben, mit denen er nachts über die Grenze schlich. So kam er im Haag an, bei Friedrich und seiner »Königin«. Auf seine Fahnen hatte er das Motto sticken lassen: »Alles für Gott und für Sie.« Daran dachte er, als er jetzt an ihrer Tafel mitessen mußte, denn er hatte nicht einmal mehr das Geld, um sich einen eigenen Tisch zu halten, ein selbstgerechter Romantiker ohne Illusionen.

Mit dem Sieg bei Stadtlohn war jedenfalls der Krieg im Nordwesten beendet. Vorerst wenigstens. Nicht zu Ende waren damit allerdings die Sorgen Wiens.

Christian saß schon längst ohne Heer und Küche bei Friedrich von der Pfalz im Haag, als aus dem Südosten die Nachricht kam, Bethlen werde am 24. August 1623 nach Kaschau aufbrechen. Noch melancholischer wurde der Halberstädter, als die Meldung vom 29. September aus Kaschau eintraf, die Heere Bethlens und des Sultans marschierten rüstig vorwärts, der Fürst strebe Mähren und Schlesien zu, »seiner Abrede und Zusage nach, um mit des Braunschweigs Kriegsvolk sich zu konjugieren«.

Der Kaiser konnte den ungeheuren Scharen Bethlens nur viereinhalbtausend Mann zu Fuß und drei berittene Regimenter entgegenschicken. Ein Jahr vorher hatte Bethlen gelobt, er werde ein eigenes Heer von 42 000 Mann und dazu 33 000 Türken und Tataren zusammenbringen. Aus diesen 75 000 auf dem Konzept waren immerhin 50 000 in der Wirklichkeit geworden, eine fast siebenfache Übermacht wälzte sich durch Oberungarn gegen die Grenzen der Monarchie.

War das alles nicht vorauszusehen? Und wenn schon Ferdinand die Gefahren und Bedrohungen auf die leichte Schulter nehmen durfte, weil er sie nicht sah: durften dies auch seine Räte, die für ihn zu sehen, deren Schultern für ihn zu tragen hatten? Bethlen betrachtete doch offensichtlich den Nikolsburger Frieden von 1622 gar nicht als Frieden, sondern nur als Waffenstillstand. Unterschrieben hatte er zwar, daß er nie mehr gegen den Kaiser und das Haus Habsburg zu den Waffen greifen werde, aber unmittelbar nach der Unterzeichnung ließ er sich in Konstantinopel durch den Grafen Thurn für den Friedensschluß entschuldigen und versicherte, er werde sofort wieder den Krieg beginnen, wenn ihn der Pascha von Ofen mit 30 000 Mann unterstütze. Spätestens im Januar 1623 konnte es überhaupt keine Zweifel mehr geben, da drohte nämlich Bethlen dem Kaiser ganz ungeschminkt, daß er sich durch die Friedensbedingungen nicht gebunden fühle, wenn sich der Kaiser seinerseits nicht daran halte und die vereinbarten Pfandsummen bezahle.

Hier ist er also wieder, der nervus rerum, das leidige Geld. Hat der Kaiser so wenig, daß er nicht einmal die wichtigsten Rechnungen begleichen kann? Nicht als ob Bethlen ein unschuldiges Lamm wäre, dem man das notwendige Futter vorenthält. Aber bei der Wahl, ob er sich selbst an die Nikolsburger Abmachungen halten oder sich gegen Bethlen durch Rüstungen sichern soll, entscheidet sich der Kaiser gegen beides: einerseits die Abmachungen nur dort zu halten, wo sie nichts kosten, und andererseits nicht zu rüsten. Als Bethlen im August 1623 mit seinem Heer Oberungarn überschwemmt, sind die kaiserlichen Truppen und Festungen in einem jämmerlichen Zustand.

Wie ist dieser Zustand? Der schwerste Defekt ist die Gleichgültigkeit, mit der man den Tod von Dampierre und Buquoy hingenommen hat; seit dem 10. Juli 1621, dem Tag, an dem Buquoy vor Neuhäusel fällt, ist das Oberkommando vakant. Zwei Jahre lang sind die kaiserlichen Regimenter ohne Befehlshaber. Kommt niemand von den Regimentsführern der aktiven Truppen in Frage? Wien könnte sich für Don Balthasar de Marradas entscheiden, der sich wiederholt hervorgetan hat. Ferdinand kennt ihn schon aus dem Friauler Krieg, Marradas war mit im Feldlager vor Gradisca. Er ist jetzt Befehlshaber eines Kavallerieregiments in Böhmen, kein schlechter Mann, dieser spanische Graf, tapfer und ehrgeizig, eine echte Soldatennatur.

Neben ihm ist 1623 in kaiserlichen Diensten nur Wallenstein diskutabel für die Stelle des Oberkommandierenden. Im Mai 1623, als schon in den Wirtsstuben die Absichten Christians von Halberstadt und Bethlens diskutiert werden, findet es sogar der Kaiser an der Zeit, die Frage der Heeresleitung endlich zu entscheiden. Der König von Spanien empfiehlt ihm den Marchese Hieronymus Caraffa de Montenegro. Caraffa stammt wie Giorgio Basta aus Neapel, er ist seit einem Vierteljahrhundert als Kondottiere auf allen Kriegsschauplätzen Europas bekannt, zum Schluß steht er in spanischen Diensten; im Reich und in Habsburg dagegen ist sein Name kein Begriff. Er zählt zu den Söldnerführern von der Art Dampierres und Buquoys. Im Juni 1623 ernennt Ferdinand II. den Sechzigjährigen zum Generalleutnant und Oberkommandierenden der kaiserlichen Truppen. Ziehen der Kaiser und der Hofkriegsrat ihren besten Mann in Böhmen, Wallenstein, überhaupt nicht in Betracht?

Für Bethlen Gabor sind die Erfolge der kaiserlichen Truppen in Mähren 1621, die ausschließlich der Führung Wallensteins zu verdanken sind, der direkte Anlaß, um mit Ferdinand endgültig den Frieden zu schließen. Der Kaiser weiß durchaus, warum er Wallenstein im Januar 1622 die Heeresorganisation in Böhmen überträgt. Diese Aufgabe, der Gütererwerb und seine Tätigkeit beim Münzkonsortium, füllen den größten Teil des Jahres 1622. Eine Konzentration aufs Private, wenn man so will. Sie erreicht ihren Höhepunkt während des Winter 1622/23. Da sieht man Wallenstein weit häufiger als sonst in Wien, und zwar nicht so sehr am kaiserlichen Hof als vielmehr im Palais Karl Graf von Harrachs, des kaiserlichen Kämmerers und Geheimen Rats.
Harrach ist einer der großen alten Männer der Wiener Gesellschaft und der österreichischen Politik. Bei Matthias war er schon 1608 Rat und Oberstjägermeister. Seine größte Rolle spielt er allerdings bei Ferdinand. Wenn Eggenberg abwesend ist, übernimmt Harrach den Vorsitz des Geheimen Hofrats, ein ruhiger, überlegener Geist, mit Eggenberg ist er überdies verwandt; sein ältester Sohn Leonhard Karl, Obersthofmarschall Ferdinands, hat im Juni 1620 Eggenbergs Tochter Maria Franziska geheiratet. Karl von Harrach gilt unbestritten als des Kaisers »vornehmster Rat und größter Liebling« – so urteilt Gualdo Priorato. Noch schwerer wiegt vielleicht die Meinung Khevenhüllers, dessen mißgünstige Eifersucht auf Harrachs Stellung ihn trotzdem nicht an dem Urteil hindert: »Für seinen Herrn und seine Freunde ist ihm keine Spesa, keine Mühe und Arbeit zu viel gewest; Kaiser Ferdinand II. hat ihn die Treuherzigkeit selbst genannt; seine Freunde haben sich auf ihn verlassen können. Der junge Adel hat ihn für einen Vater, die Fremden für einen Protektor gehalten; die Höflichkeit, Tapferkeit und Redlichkeit ist in ihm eingewurzelt, und sein Mund und sein Herz sind eins gewesen; das gemeine Volk hat ihn geliebt und ihm das Lob gegeben, daß er eine Zier und ein Ruhm des kaiserlichen Hofes sei.«
Wallenstein hat kaum seine neuen Herrschaften in Besitz, da beginnt er auch schon damit, sie zu einem Musterstaat der Monarchie zu entwickeln. Er bestellt sein Haus, wie Jesaja gesagt hat, aber aus Gründen, die der Aufforderung des Propheten entgegengesetzt sind, und dazu gehören auch seine regelmäßigen und immer häufigeren Besuche im Wiener Palais Karl

von Harrachs, diesem prachtvollen Gebäude mit seiner herrlichen Lage auf dem Schottenhügel, nicht weit von den Wiener Schanzen entfernt. Nimmt man es genau, dann gehört Wallenstein schon zur Familie. Sein Lieblingsvetter Maximilian ist seit dem 17. Januar 1622 mit der ältesten Tochter Harrachs, der Gräfin Katharina, verheiratet.
Im Palais Harrach gibt es noch mehr Töchter, es gibt vor allem die zweitälteste, Isabella Katharina. Sie ist zu dieser Zeit erst 21 Jahre alt, »una Dama veramente di rimarcabile modestia e di una grandissima purità«. Dieses Urteil, verbunden mit den üblichen Lobsprüchen über ihre Schönheit, wird in den Quellen gleichmäßig betont und variiert, »eine ehrenreiche Jungfrau, mit allen Gaben der Natur und des Glücks vortrefflich ausgestattet«. Vielleicht ist sie auch nicht ganz so schön gewesen, die Bilder könnten diese Vermutung unterstützen, wenn man leichtfertig genug ist, den Bildern zu vertrauen. Aber ihre Anmut steht außer Zweifel, ihre bescheidene, gleichwohl vornehm feste Zurückhaltung, ebenso aber auch eine Überlegenheit, die einer merkwürdigen Mixtur aus nachsichtiger Ironie und Gutmütigkeit entspringt.
Wenn Wallenstein das Harrachsche Palais besucht, dann besucht er Isabella Katharina. Er ist gut eine Generation älter als die Gräfin, 39 Jahre, seine Werbung um ihre Hand erscheint völlig zweckfrei. Sicher wird eine familiäre Verbindung mit den Harrachs auch Wallensteins Beziehungen zum kaiserlichen Hof noch intensivieren, aber alles, was er bisher bei Ferdinand erreicht hat, gelingt ihm außerhalb solcher geglätteten Wege, er hat sie bis jetzt nicht nötig gehabt, sie bilden auch für die Zukunft kein Kalkül in seinen Plänen. Daß sich seine Position durch diese Heirat gleichwohl verstärkt, ist ganz natürlich, und man hätte nicht einmal Wallensteins Wirklichkeitssinn haben müssen, um das zu begrüßen.
Albrecht von Wallenstein – Hofkriegsrat, Regierer des Hauses Waldstein und Friedland, kaiserlicher Pfalz- und Hofgraf, Generalwachtmeister der kaiserlichen Armee – wird am 9. Juni 1623 in der Privatkapelle des Palais' derer von Harrach mit Isabella Katharina, Gräfin von Harrach, getraut. Tilly ist soeben mit mehr als 17 000 Mann ins Fuldagebiet gezogen, Christian von Halberstadt bereitet sein schlesisches Unternehmen vor – und in Wien: Tu felix Fridlandia nube? Auch der Kaiser soll diese Verbindung Wallensteins unterstützt haben, der Kaiser nimmt jedenfalls an der Hochzeit teil: eine Auszeichnung, die er nur seinen engsten Freunden und Beratern gönnt.
Nichts deutet darauf hin, keine einzige Notiz oder Bemerkung, daß die zweite Ehe Wallensteins im Gegensatz zur ersten eine Liebesheirat gewesen

ist. Man muß sich von diesen Vorstellungen frei machen, sie passen nicht in den Raum der damaligen Adelswelt. Wir haben allerdings eine Reihe von Dokumenten, die auf eine überraschende Weise die Atmosphäre spiegeln und wiedergeben, die zwischen Wallenstein und seiner Frau geherrscht hat, nämlich die Briefe Isabellas an ihn. An der zärtlichen Vertrautheit und herzlichen Zuneigung, die sich in jeder einzelnen Zeile finden, sieht man, daß in dieser Ehe das Erotische keine Funktion des wechselnden Jahreszeitenstils ist.

»Gestaltsam er auch sein würdt unbarmherzig, ohne brüderliche oder eheliche Lieb, niemand achtendt, nur sich selbst und seinen Wollüsten ergeben...« Keplers Horoskop hat gerade in diesem Punkt viel zu dem stumpfsinnigen Schwarzweißgemälde Wallensteins beigetragen, das die Jahrhunderte kennen. Auch wenn nicht viel Aussicht auf die Haltbarkeit der Korrektur besteht: Das Privatleben Wallensteins war so, daß jeder Familienminister seine helle Freude daran haben kann. Wallensteins Gegner haben alle Informationshebel in Bewegung gesetzt, um irgendeinen sexuellen Fehltritt bei ihm zu entdecken. Da sich nichts findet, können sie sich bestenfalls damit trösten, daß derjenige, der allen Versuchungen widersteht, entweder einen starken Charakter oder schwache Versuchungen hat.

Zu Lebzeiten Wallensteins ist es nur bei der bloßen Behauptung Wilhelm Slavatas in einer Schmähschrift aus dem Jahr 1624 für den Kaiser geblieben, daß Wallenstein ein »fauler, gebrechlicher, ehebrecherischer Mensch« sei. Nach seiner Ermordung, zwanzig Jahre später, kursiert kurze Zeit ein Gerücht, man hätte in einer Kiste mit Privatpapieren Liebesbriefe Wallensteins an eine fremde Dame gefunden.

Wallensteins sexuelle Unsolidität beschränkt sich auf dieses Gerücht und Slavatas Beschimpfungen. Folglich versucht es die Geschichtsschreibung anders herum: Wallenstein lassen sich keine Exzesse – wie Mansfeld – nachweisen, folglich ist seine Treue nur ein leerer Wahn. Jetzt beginnen die Rechnungen. Seine erste Frau ist 1614 gestorben. Warum hat sich Wallenstein, wie damals üblich, nach der routinemäßigen Trauer von einigen Monaten nicht sofort wieder verheiratet? Offenbar wegen eines sinnlichen Defekts. Weiter: Wallenstein nimmt seine Frau Isabella niemals auf seine Feldzüge mit, wie es bei allen Offizieren und Heerführern seiner Zeit fester Brauch ist. Nur die Monate, in denen die Armee in den Winterquartieren liegt, verbringt Wallenstein bei seiner Familie. Und auch das mit Unterbrechungen. Was dahinterstecken soll, deutet 1634 ein Korrespondent dem Kurfürsten von Mainz an: »Sed quia homo singularis, intra triennum uxorem non vidit.«

Was er meint, ist klar, aber die Andeutung ist genauso erdichtet wie das spätere Gerücht von den Liebesbriefen an eine fremde Dame; außerdem stimmt es sachlich nicht. Wenn es die Kriegslage zuläßt, ist Wallenstein immer auf seinen Gütern, in Jitschin, in Prag, in Friedland – jedenfalls bei seiner Familie; das läßt sich minutiös aus den Quellen nachweisen. Aber nein, Ricarda Huch – die sich doch genügend intensiv mit ihm beschäftigt hatte – schrieb von diesem Mann, dessen Tatkraft geradezu pathologisch unangenehm ausgeprägt ist: »Es ließe sich auch denken, wie überhaupt das Handeln bei ihm in die Sphäre der Phantasie verlegt war, daß seine geschlechtliche Sinnlichkeit sich aufgelöst hätte, und er mehr in der Einbildung als in der Wirklichkeit Liebe zu genießen fähig gewesen wäre.«
Demgegenüber ließe sich weit eher denken, daß Wallenstein und seine Frau sich nicht weniger und nicht mehr zugetan waren, als sich in ihren Briefen an ihn ausdrückt. Es gibt keine sinnvolle menschliche Erfahrung, die es schlüssig macht, daß die Innigkeit von Isabellas Schreiben nicht auf dieselbe Resonanz beim Empfänger angewiesen ist, daß seine Frau nicht selbstverständlich mit derselben Zärtlichkeit rechnet, die sie ihm, nicht eben sparsam, brieflich beteuert. Antworten Wallensteins sind nicht erhalten. Sieht man von Isabellas Schreiben selbst ab, so läßt sich am besten den Briefen Wallensteins an seinen Schwiegervater entnehmen, wie stark er die Bindung an seine Frau empfindet.
Sie adressiert fast immer gleich »An Ihre Liebden, Fürsten von Waldstein und Friedland«, später »Herzog von Mecklenburg, meinen gar herzallerliebsten Herrn und Gemahl«. Aus Prag schreibt sie ihm am 3. August 1624: »Durch diese wenig Zeilen Versicherung zu geben meiner Lieb und Gedächtnis hab ich nicht können unterlassen und Ihn zu erinnern, daß ich gottlob noch wohl auf bin und mit höchstem Verlangen erwarte, dasselbige auch von Ihm zu hören, und zu wissen, wie Er sich auf der Reise befunden hat und wie Er auf Wien ankommen ist. Heut sind wir im Hof draußen gewesen; ist mir aber nicht so lieb gewesen als ein andermal, weil ich Ihn nicht draußen gefunden hab. Ich hab seiner wohl im Herzen oft gedacht und Ihn zu mir gewünscht. Ich schließe diesen, Ihm nicht länger Ungelegenheit zu machen und versichere Ihn meiner Treu auf ewig.«
Man hört förmlich ihre jubelnde Reaktion, die seine Antwort bei ihr auslöst, wenn sie ihm eine Woche später schreibt: »Mit größter Vergnügung hab ich sein mir liebes Brieflein empfangen und mit tausend Freuden daraus gehört, daß es sich gottlob wieder gebessert hat mit Ihm. Unser Herr wolle Ihn in Gesundheit und allem Glück auf ewig erhalten! Ich höre wohl gar gern, daß er wieder fort kann; denn ich hab gar nicht gezweifelt, daß

Ihm seine Weil erschrecklich lang dort sein würde. Hätt es sein können, alswie ich mirs in meinem Herzen gewünscht, so wär ich wohl bei Ihm gewesen. Ich bitt ihn aber, seine Geschäfte zu Wien zu befördern, damit Er bald wieder zu mir kann kommen, wie ich Ihm gewiß versichere, daß ich in der Welt nichts Höheres verlange, als Ihn zu sehen und anwesend in seiner Lieb und Gedächtnis zu bleiben.«

Groß sind ihre Sorgen um seine Gesundheit, es ist das leidige Podagra, das ihm jetzt immer häufiger zu schaffen macht: »Daß Er aber mit seinem Fuß noch nicht wohl auf ist, ist mir wohl gar leid, daß es so lange nicht will besser werden; denn ich weiß, was Er für Ungelegenheit auf der Reise wird gehabt haben. Unser Herr geb Ihm balde Besserung, wie ich Ihm's von Herzen wünsche.« Und wenig später noch einmal: »Es ist mir wohl von Herzen leid, daß er an seinem Fuß wieder übel auf ist; ich hoffe aber zu Gott, es werde bald wieder besser werden. Es ist für Ihn hier wohl gar keine Zeit, krank zu sein. Wollte Gott, ich wäre nur auf etliche Stunden bei Ihm und könnte bei seinem Bette auf der Erde sitzen; ich wollte wohl fleißig bei Ihm bleiben!«

Kaum ein Brief, in dem Isabella nicht versichert, wie sehr sie sich nach ihm sehnt, daß sie auf Post wartet, daß sie hofft, er werde bald wieder kommen: »Ob ich wohl mit höchstem Verlangen auf die Post gewartet, in Hoffnung, etwas von Ihm zu hören und zu wissen, wie Er auf Wien ankommen ist; bin ich doch in meiner Hoffnung betrogen worden, weil ich keinen Brief von Ihm bekommen hab. Ich wäre wohl gar traurig gewesen, wenn mich nicht die Frau Mutter begnadt hätt und mir geschrieben, daß Er gottlob wohl auf ist und am Sonntag erst soll auf Wien kommen. Ich bitt Ihn, Er lasse mich halt bei nächster Post etwas von Ihm wissen und wann ich hoffen darf, Ihn wieder zu sehen.« Am 17. August 1624 ermahnt sie ihn noch einmal: »Ich bitt Ihn aber bei seinem Übelaufsein meiner nicht so gar zu vergessen; denn ich hab keine Post noch nicht ausgelassen, so lang Er aus ist, Ihm zu schreiben. Und von Ihm weiß ich nicht mehr als einmal, seit Er weg ist, wie's Ihm geht.«

Drei Tage später schickt sie ihm die Zeilen: »Gestern hab ich mit höchsten Freuden ein liebes Brieflein von Ihm empfangen, welches mich gewiß mehr vergnügt hat als alles, was mir hier Angenehmes geschehen könnt – außer Ihn selbst zu sehen, dessen Er mir aber gar schlechte Hoffnung gibt. Unser Herr weiß doch, wie mir in der Welt nichts härter ankommt, als Ihn so lange nicht zu sehen; weil es aber sein Wille noch nicht ist, muß ich mit Geduld und Unlust erwarten, bis er Mittel schicken wird, daß es geschieht.« Und einen Tag darauf: »Sein mir gar liebes und angenehmes

Briefel hab ich mit höchsten Freuden empfangen, weil ich dadurch seiner Gedechtnus versichert worden, und daß es sich gottlob mit Ihm wieder bessert, welches mich von Herzen erfreuet. Unser Herr gebe nur, daß Er bald wieder könn' ausgehen; denn ich fürchte, dasselbig würd' Ihn auch verhindern, daß Er seine Geschäfte nicht so bald richten könnt, als ich verlange, damit Er desto eh herein könnte kommen. Ich dank Ihm gar zu tausend Malen, daß er mich gern bei Ihm gehabt hätt und daß Ihm ohne mich die Weil lang ist gewesen. Ich versichere Ihm wohl gewiß, daß ich nicht weniger verlangt hab, bei Ihm zu sein und mir's von Herzen gewünscht, wenn's hätte sein können.«

Wenig später dankt sie ihm wieder, und noch einmal beteuert Isabella von Wallenstein dieselbe Hoffnung wie im Brief vorher: »Mit höchsten Freuden hab ich vom Kammerdiener sein gar liebes Briefel empfangen; mit noch mehr Vergnügen aber daraus gehört, daß Er gottlob wohl auf ist. Ich hoffe zu Gott, Er werde nunmehr schon wieder können ausgehen. Ich verlang's wohl von Herzen, damit Er seine Geschäfte bald richten könnt und ich so glückselig wär, Ihn bald bei mir zu sehen. Ich dank Ihm gar auf das schönst wegen der Hasen-Pasteten, die Er mir geschickt; sie sind mir wohl gar von Herzen lieb, weil ich dardurch sehe, daß Er mich lieb hat und meiner nicht vergißt.«

Der gleiche Ton, die gleiche Stimmung, dieselbe unveränderte Zuneigung und Sorge spricht noch aus einem der letzten Briefe, die Wallenstein von seiner Frau erhält; die Zeilen stammen vom 7. Juni 1633: »Dieweil ich gehört hab, daß er sich nit wohl befunden, hab ich nit wollen manglen, Ihn mit diesem Briefel zu besuchen, weil mich gar hoch verlangt zu wissen, wie's Ihm gehet und er sich jetzt befindt. Unser Herr laß mich hören, daß es Ihm gar wohl gehe und daß er schon wieder gesundt sei, wie ich's von Herzen wünsch und verlang. Von mir dahie erinner ich Ihn, daß ich noch, gottlob, wohlauf bin, allein ist schon nun etliche Tag ein große Hitz, daß wir gar nit ausfahren können wie sonst. Ich gedenk wohl gar oft jetzt auf Ihn, wie große Ungelegenheit an Ihn der Hitz beim Reisen wird haben. Unser Herr erhalt Ihn nur gesundt dabei und geb mir sein Gnad, daß ich Ihn bald und mit Glück und Freuden sehen kann. Die Frau Mutter läßt sich Ihm gar schön befehlen. Ich aber bleib Ihm mit ewiger Lieb und Treue bis ins Sterben verbunden.«

Die »großen Ungelegenheiten«, die ihrem Mann körperlich zusetzen, gehören zu seinem Leben, Isabella von Wallenstein muß sich daran gewöhnen; sie ist kaum verheiratet, da muß sie sich schon entsprechende Sorgen

machen. Wir wissen nicht, ob Wallenstein 1623 mit dem Oberkommando der kaiserlichen Truppen im Kampf gegen Bethlen rechnet. Wir haben auch keine Nachrichten, aus denen die Gründe zu erschließen wären, warum man sich für einen General entscheidet, mit dem man keine Erfahrungen hat. Sicherlich gibt es damals in Wien schon genügend Gegner, die eine Nominierung Wallensteins zu hintertreiben versuchen. Aber an Feinden hat er niemals Mangel gehabt, und es ist nicht einzusehen, warum es ihm und seinen Freunden später hätte leichterfallen sollen, in den Kämpfen und Intrigen der Kamarilla obenauf zu bleiben als 1623 – später, da noch ganz andere Entscheidungen zur Debatte stehen.
Zweifellos ist es ein internes Problem zwischen dem Kaiser und dem Hofkriegsrat gewesen. Wallenstein selbst hat noch nicht genügend Hebel, um die Dinge so zu bewegen und zurechtzurücken, wie er sie haben will. Am 3. Juni 1623 ernennt ihn Ferdinand II. zum Generalwachtmeister, »in Erwägung seines tapferen, redlichen Gemüts und in Kriegssachen erlangten und Uns berühmten Erfahrenheit«. Der Kaiser läßt diese Bestallung direkt auf die Ernennung des Marchese Caraffa zum Oberkommandierenden folgen. Daß Wallensteins Beförderung keine Art Trostpflaster ist, darf man als sicher annehmen, denn die militärische Bedrohung ist jetzt so greifbar, daß keine Zeit mehr für Trostpflaster ist.
Kaum zwei Wochen ist seine Hochzeit vorbei, da muß Wallenstein nach Prag. Er soll die Mobilisierung durchführen. Zur gleichen Zeit schickt Maximilian von Bayern einen Hilferuf nach Wien: Weil »der Halberstädter und sein Anhang auf beede Land – Mähren und Schlesien – ihr Intent haben sollen«, möge der Kaiser sofort 10 000 Mann ins Reich schicken. Ferdinand hat sie nicht, er hat eigentlich keinen einzigen Mann für die ligistische Armee übrig, denn allein für das, was sich im Südosten über ihm zusammenbraut, fehlen ihm doppelt soviel Soldaten, wie sie der Bayernfürst verlangt.
Trotzdem stellt sich Wien, gegen alle militärische Vernunft, nicht taub. Noch im Juni werden zwei Kürassier-Regimenter als Hilfskorps zur Armee Tillys abkommandiert, unter Führung der kaiserlichen Obristen und Herzoge Adolf von Holstein-Gottorp und Julius Heinrich von Sachsen-Lauenburg, sowie das Infanterieregiment des Grafen Rambold Collalto. Das sind nicht ganz 4000 Mann, denn die Kontingente haben nicht die übliche Sollstärke, das Regiment Collalto zählt nur 2000. Gegen Bethlen hat der Kaiser jetzt nicht ganz 7500 Soldaten direkt einsatzbereit.
Der Hofkriegsrat hält diese Zahl für ausreichend, hält neue Werbungen für unnötig. Absolut ruhig wird er nach dem Sieg Tillys über den tollen

Christian bei Stadtlohn. Jetzt scheinen Neuwerbungen überflüssiger denn je zu sein; außer der Berufung eines Generalvikars für das kaiserliche Heer geschieht nichts mehr für die Rüstung. Als Bethlen Mitte August seinen Zug beginnt, stößt er in ein Vakuum.

Als Bethlens Heer in Ungarn einbricht, wirbt Wallenstein sofort eine erhebliche Zahl Reiter auf eigene Faust an. Diese Initiative erkennt der Kaiser dankbar an. Wenig später folgt die Erhebung Wallensteins zum Fürsten von Friedland und Reichenberg am 3. September 1623. Rang und Titel gelten nicht nur für ihn, sondern auch für seine Nachkommen, sie sind erblich. Wallenstein kann jetzt mit dem Zusatz »von Gottes Gnaden« signieren. Ob diese Erhöhung eine direkte Folge von Wallensteins Truppenwerbung gewesen ist, wissen wir nicht. Allerdings ist es für ihn, den habsburgischen Offizier, Heerführer und Vasallen, überhaupt keine Diskussionsfrage, sich seit Olmütz vollständig mit der politischen und militärischen Sache Österreichs zu identifizieren.

Er identifiziert sich auch 1623 so sehr mit ihr, daß er von sich aus versucht, binnen wenigen Wochen die gröbsten Mängel bei den Truppen zu beheben, die der Hofkriegsrat in seiner fahrlässigen Kurzsichtigkeit einfach auf sich hat beruhen lassen. Er schafft Waffen heran, er sorgt für Pulver, er bestellt Sattelzeug, aus Köln, Nürnberg, aus Süddeutschland, aus Augsburg und Ulm. Noch bevor der endgültige Aufbruchsbefehl für die Regimenter kommt, ergeht an Collalto von Wien aus der wiederholte Befehl, mit seinem Regiment sofort wieder nach Böhmen zur Armee Caraffas zurückzukehren. Der Kaiser hat inzwischen begriffen, daß gegenüber der Bedrohung durch Bethlen alle anderen Gesichtspunkte zurücktreten.

Im September erhält das kleine Heer Caraffas den Marschbefehl nach Mähren. Mitte Oktober erreichen die Soldaten auf dem Weg über Hradisch die March. Der Übergang ist mühsam und dauert lange, da erst eine Brücke geschlagen werden muß. Der Marsch soll am linken Ufer in Richtung Skalitz und dann zwischen der March und den Kleinen Karpaten nach Preßburg fortgesetzt werden. Zur gleichen Zeit überquert jedoch Bethlen mit seiner Hauptmacht die Waag. Das kaiserliche Heer kommt nicht weiter als bis Skalitz, man erreicht die Stadt am 20. Oktober. Hier wird Kriegsrat gehalten.

Wegen der Bedrohung Wiens hat Ferdinand II. das Heer Caraffas nach Preßburg in Marsch gesetzt. Die Attacken der leichten Reiterei Bethlens werden allerdings jetzt derart heftig, daß es den kaiserlichen Befehlshabern aussichtslos erscheint, nach Preßburg durchzukommen. Andererseits steht

Bethlen, falls er Caraffa nach Süden zum Schutz Wiens abziehen läßt, der Weg in die böhmischen Kronländer offen. Trotzdem sind die Truppenführer entschlossen, dem kaiserlichen Befehl zu folgen. Sie versuchen es zumindest, denn die Truppen Bethlens drängen immer stärker. Noch einmal müssen die Kaiserlichen zurück, sie setzen bei Rohatetz über den Fluß. Das linke Ufer ist von den Truppen Bethlens blockiert, das ganze Gebiet schon verheert und ohne Lebensmittel.

In einem der ersten Briefe, die Wallenstein jetzt regelmäßig an seinen Schwiegervater Harrach schreibt – immer in dem Bewußtsein, daß der Kaiser direkt informiert wird –, berichtet er am 24. Oktober aus Rohatetz: »Der Feind streift auf allen Ortten gar stark, die Türken und Tartern führen mächtig viel Volks weg, drumb ist vonnöten, daß Ihre Majestät eine gute Anzahl leichter Kavallerie alsbalden auf den Fuß bringen und zu der Armada schicken, denn haben wir dieselbe nicht alsbalden und in guter Quantität, so werden unsere Sachen vielleicht in ärgeren terminis als zuvor stehen.«

Der Marsch nach Preßburg stoppt nach vier Tagen unwiderruflich, man ist nicht weiter gekommen als bis Göding am rechten Ufer der March. Am 28. Oktober frühmorgens wird nach einer Besprechung zwischen Caraffa, Wallenstein und Marradas beschlossen, daß Wallenstein mit den Fußtruppen in Göding bleibt, sich dort verschanzt und befestigt, Caraffa und Marradas aber mit der Kavallerie nach Kremsier hinaufziehen. Die Lage Gödings könnte kaum günstiger sein, im Rücken die March, im Südwesten ein langgezogener Teich innerhalb eines versumpften Gebiets, die andere Seite durch einen Wald vor allen Reiterattacken geschützt, und die vierte, die ungesicherte Seite läßt sich durch Erdwälle und Schanzen leicht befestigen. Allerdings ist im Gebiet rund um Göding nicht die geringste Fourage aufzutreiben, der ganze Pferdebestand steht auf dem Spiel.

Wallenstein versichert Harrach, daß die versprochene Hilfe von 6000 Polen unbedingt eintreffen muß. Diese Zusicherung und die Falschmeldung, daß ein Heer von mehr als 50 000 Polen in Siebenbürgen eingefallen sei, hat die Kommandeure dazu bewogen, die Kavallerie doch nicht zum Riegelschutz für Mähren nach Kremsier zu schicken. Acht bis zehn Tage, meint Wallenstein, wird sich Göding wohl halten können, »doch ich kann meinem Herrn schwören, daß wir nicht auf mehr zu leben haben und gar kein forago ist vorhanden; kommen die Polacken unterdessen, so haben wir's gewonnen, wo nicht, weiß ich nicht, wie's gehen wirdt, drumb bitt ich, man feier nicht und wenn Erzbischof Dietrichstein oder sonsten jemandt was vorplodert, daß man's nicht glaubt, denn bis dato stehen unsere Sachen gar nicht wohl«.

Mit diesem Tag beginnt die kritische Phase des ganzen Feldzugs, ein Unternehmen, das Wallenstein mitten in dem belagerten und umkämpften Göding gleichzeitig nüchtern und klar analysiert, die militärischen Konsequenzen mit den politischen Notwendigkeiten koppelt, durch Harrach dem Kaiser und dem Hofkriegsrat präzis dasjenige vorschlägt, was sich bei kalter Überlegung als einzig sinnvolle Möglichkeit anbietet, und dabei selbst Herz und Hirn der ganzen Armee wird, bis zur letzten Minute um den Zusammenhalt und Widerstand der Truppen in einer völlig aussichtslos scheinenden Lage ringt. Wallenstein fordert immer wieder Hilfe durch Neuwerbungen, er drängt hartnäckig darauf, gleichzeitig gibt er detailliert an, in welcher Stärke, an welchem Ort die frischen Truppen konzentriert und für den Entsatz Gödings bereitgestellt werden sollen.
Genauso ruhig sind seine Anweisungen für den Fall, daß die Hilfe zu spät kommt, er bezeichnet die Stellungen für die dann endlich – hoffentlich – neu formierte Armee des Kaisers, er überdenkt die Lage in Schlesien und Böhmen, gibt an, welche Städte im Norden Mährens als Flankenbedrohung Bethlens besetzt werden müssen und wie die Truppen Collaltos, sobald sie aus dem Reich eintreffen, zu verwenden sind. Seine Berichte sind Dokumente eines außerordentlichen strategischen Überblicks, es sind aber auch Zeugnisse einer geradezu abstrakten Gleichgültigkeit Wallensteins seinem persönlichen Schicksal gegenüber: ein Verhalten, dessen Eindruck sich noch steigert durch die nicht abreißende Sorge um seine Frau; fast in allen Briefen bittet er seinen Schwiegervater, sich um die Sicherheit Isabellas zu bemühen, sie aus Böhmen fortzubringen, denn das Kronland ist ohne jeden Truppenschutz und steht allen Streifzügen der Bethlenschen schnellen Reiterei offen.
Am 30. Oktober muß Wallenstein nach Wien berichten – die Hauptstadt ist kaum 40 Kilometer entfernt, Göding ist vollkommen eingeschlossen: »Leid ist mir, daß ich ihn mit bösen Zeitungen so oft betrüben muß, aber dieweils also die Zeit gibt, kann ich's nicht ändern, es wird denen zum wenigsten zur Nachrichtung dienen, was zur Konservation Ihrer Majestät und unser aller dient, Präparationen zu machen. – Der Feindt verbleibt noch in seinem vorigen posto, hat ein Brucken übers Wasser geschlagen, ich glaub nicht, daß er so närrisch sein wirdt, uns in unsern posti anzugreifen, sondern wird uns durch Hunger konsumieren, wie's denn itzunder allbereit geschehen ist, die Knecht laufen uns mit Gewalt zum Feindt.«
Am schlimmsten steht es mit der Kavallerie. Göding ist durch 40 000 Mann abgesperrt, es ist völlig ausgeschlossen, auch nur einen einzigen Wagen Verpflegung oder Fourage durch die Linien zu bringen. Bethlen Gabor hat

zwar kaum Artillerie bei sich, die Stärke seiner Kampfführung beruht auf seiner leichten, schnellen Reiterei, aber das reicht in diesem Fall für den Effekt der Belagerung vollständig aus. Wallenstein läßt daran keinen Zweifel, Bethlen braucht nur abzuwarten, bis die Kaiserlichen vor Hunger kapitulieren: »Die Reiter geben die schlimmsten Wort aus, wenn man durch ihre Quartier reiten thuet und wir können's nicht ändern, denn es ist nicht Zeit, sie haben große Noth und ihre Roß, wenn sie zum Quartier hinaus wollen, fallen vor Mattigkeit nieder.«

Jetzt beginnt sich unübersehbar die zunehmend nervösere Atmosphäre im Lager zu spiegeln, der Hunger, die verzweifelte Stimmung, manchmal aufsiedend, und schnell wieder gedämpft von dem gelassenen Unterfeldherrn, diesem hageren, großen Generalwachtmeister, der durch das Lager geht und die Reiter beruhigt, die Soldaten auf den Zuzug von Entsatz vertröstet, den Offizieren deutlich macht, daß ihre Festung nicht zu stürmen ist, wenn sie sich nicht selbst aufgeben.

Allerdings scheut sich Wallenstein nicht, schon jetzt die Vernichtung einzukalkulieren und die Dispositionen zu überdenken, die danach notwendig sind: Schnellstens eine neue Armee auf die Beine zu stellen, »man täte nicht übel, daß man ganz einen andern Campo formiert, auf daß – wenn wir schon draufgehen – der Kaiser nicht den Status verliert. Die im Reich, deretwegen wir in diese Intrigi gekommen sind, werden schon zusehen, ihren Status zu verteidigen und den Kaiser selbst machen lassen, wie's das Glück will.« Wallenstein schließt mit dem Ceterum censeo: »Zur Konklusion konsistiert alles, daß die Polacken und Kroaten alsbald da sind.«

Diese Hoffnung schlägt vollständig fehl, die Werbungen sind zwar angelaufen, aber die polnischen Hilfstruppen sind erst marschbereit, als man sie nicht mehr braucht. Wallenstein ahnt bald, daß sie in Göding verlassener sind, als er anfangs dachte und befürchtete. Der Bote mit dem Brief vom 30. Oktober ist nicht durch die Linien gekommen, Wallenstein schickt ihn am nächsten Tag noch einmal los, mit einem Postskriptum: »Seit gestern ist nichts weiter vorgefallen, nur wird die Not von Stunde zu Stunde größer und unsere Soldaten desertieren immer mehr. Die Herren«, schließt er lapidar, »schauen, wie man remediert und eilig Hilfe von leichter Kavallerie schickt, und zwar bald.«

Zwei Tage später kommt es zu einem Vorgeschmack des sicheren Endes. Kavallerie und Fußtruppen brechen ins Vorfeld der Stadtfestung aus, nicht im Angriff, sondern um sich Rüben von den Feldern zu holen. Es kommt zu heftigen Kämpfen: »Der Feind ist ihnen auf dem Hals gewesen, sie haben sich aber nicht einmal von ihren Kommandeuren zurückhalten lassen, sagen vielmehr, daß sie sich lieber vom Feind niederhauen lassen, als vor Hunger sterben.« Wallenstein erwähnt ein Gerücht, daß die Türken den Sturm auf das Lager vorbereiten: »Wollte Gott, daß es wahr wäre, denn in unsern forti werden sie uns gewiß nichts tun können, tut uns der Hunger nichts. Wir haben uns aber entschlossen, unsere Roß und alles zu essen, wollte Gott, daß uns unsere Soldaten sekundierten.« Seinen Kürassieren verspricht er, ihnen die getöteten Pferde aus seiner eigenen Tasche zu bezahlen.

Wallenstein weiß nicht, wie lange die Soldaten noch durchhalten werden, er ist jetzt soweit, Wiens Passivität gegenüber die drohende Überlegung anzustellen, »es wäre wohl besser, daß man all das Kriegsvolk niederhauen täte, als daß sie parte per desperation parte per utilita dem Feind dienen sollten«. Die Prophezeiung Bethlens auf einem Bankett, daß er zu Weihnachten mit dem türkischen Großwesir in Prag frühstücken würde, nimmt allmählich genaue Umrisse an, ja Graf Thurn, der auf der Seite der Siebenbürger mitkämpft, hatte sogar geschworen, »auf Martini zu Prag die Martinsgans zu essen«, und bis dahin war es noch knapp eine Woche.

Wallenstein wird ständig über die Vorgänge in Schlesien, Mähren, Polen, ebenso aber auch in Wien durch seine vielen Kundschafter orientiert, »für welche ich gewiß viel tausend Gulden bereits spendiert hab«. Ihre Nachrichten deprimieren ihn allerdings, vor allem erbittert ihn die Leichtgläubigkeit und die Atmosphäre der Illusion in der Hofburg: »Die Herrn glauben nicht, wenn ihnen etliche Ungarn was vorlügen, denn sie sind schon oft betrogen worden. Die Herrn glauben nicht, daß die Türken wegziehen, denn das Rauben gefällt ihnen nicht übel«, daß sie abziehen, »das lassen sich die Herren nicht imaginieren«.

Schließlich werden seine Briefe an Harrach massiv, halten sich gerade noch an der Grenze der Formregeln; am 5. November schreibt er: »Heute ist nichts mit dem Feind vorgefallen. Er verbleibt in seiner Stellung, in summa ist er witzig, will uns aushungern und wird's gewiß in etlich wenig Tagen tan haben, wird uns nicht ein Succurs kommen. Die Soldatesca lauft haufenweis zum Feind, in summa jedermann sieht, daß man sich mutwillig in diesen Ruin präzipitiert hat, indem man die Polacken wider aller unser vermahnen und bitten abgedankt und sich mit den Ungrischen Speranzen nutrieren lassen hat. Itzunder werden dem Kaiser seine Künigreich und Länder draufgehen und dieweil nicht ein jeder die Ursachen wissen wird, so werden wir noch neben dem, daß wir die Haut im Stich lassen, Schand und Spott – als wenn wir ein Ursach der perdita wären – haben müssen. Man sagt über und über, daß die Polacken, so uns haben kommen sollen, ein Schaden vom Feind gelitten haben. Umb Gotteswillen, man schicke alsbalden wiederumb hinein, daß man andere kommen läßt, denn wenn wir uns schon verlieren, sollte der Kaiser das Land nicht ganz und gar verlieren. Bitt, sie differieren nicht, denn bei Gott, es ist kein Scherz.«

Am 8. November zieht Wallenstein zum erstenmal die Konsequenz, die sich aus der militärischen Situation und der kaiserlichen Kriegführung ohnedies von allein nahelegt. Wenn die Verpflegung scharf rationiert wird, kann das Heer noch maximal zwölf Tage aushalten. Das ist länger, als ursprünglich gedacht; der Besitzer der Herrschaft Göding, Zdenko von Žampach, hatte größere Getreidevorräte im Schloß und der Stadt, von denen die Truppen zehren konnten. Schlimm aber steht es inzwischen mit Pulver und Lunten. Der Vorschlag Wallensteins, einhundert Zentner in Säcken abzufüllen und mit berittenen Kroaten nachts durch die Linien zu bringen, wird nicht ausgeführt. Die Desertionen nehmen ununterbrochen zu, »das Kriegsvolk reißt uns haufenweis aus, sowohl die Knecht, als die Reiter, diese Nacht seind uns über achtzig ausgerissen«. Es bleibt keine andere Wahl, als schleunigst einen Waffenstillstand zu schließen: »Zur Konservation des ganzen Wesens kann nichts anderes substantialiter helfen als die tregua, und je eher, je besser, dieweil die Armada auf der Neig ist.«

Harrach ist zweifellos nicht nur Briefträger in Wien. Was er unternehmen kann, wird unternommen, er informiert Wallenstein auch von den übrigen Maßnahmen des Hofkriegsrates. Wallenstein aber kann darauf nur antworten: »Bedank mich, daß er mich avisiert, was sie für Präparationes machen, aber meines Erachtens sind die einen so schlecht und die andern so langsamb, daß uns schwerlich wird geholfen werden, denn die neuen und weiten Werbungen werden nicht zu rechter Zeit ankommen können. Uns ist substantialiter mit nichts geholfen als mit etlich und zwanzig Tausend Mann, und derer die meisten zu Roß, denn unser Cavallerie ist hin. Das andere Mittel ist, daß man mit dem Bethlen suspensionem armorum machte, denn man kann mit ihm allezeit brechen. Da mein Herr zu wissen begehrt, wessen wir uns resolvieren, so sage ich, daß wir uns auf Schlagen nimmer resolvieren mögen, nicht destwegen, daß der Feind sehr stark und wir schwach sein, aber daß unser Cavallerie ganz hin ist. So müssen wir uns resolvieren, in diesem Posto zu krepieren und selbst einer den andern essen, aber ich sorge, daß das Volk sich eines andern resolvieren und aus Not uns Capi bey die Köpf nehmen, dem Feind übergeben und selbst in Feindts Dienst verbleiben wird, wie sie's denn noch alle, die ein wenig in Not gewest sind, getan haben.«

Der Waffenstillstand, der notwendig ist, soll durchaus nicht den endgültigen Frieden bedeuten, er ist allerdings im Moment das einzige Mittel, um die Armee zu retten, sie braucht eine Atempause, sonst nichts, die Soldaten sind so erschöpft, daß sie bei einem Alarm nicht einmal mehr zu den Waffen greifen: »Drumb umb Gotteswillen die Herrn machen, daß bald ein tregua, denn ich weiß nicht, was das für eine Wirtschaft ist, daß man dem Kaiser so mal a proposito will seine Künigreich und Länder verlieren.« Noch schlimmer aber sei es, daß man einfach die Armee ohne weiteres verkommen lasse. »Es blutet uns das Herz wenn wir sehen, daß der Kaiser so malamente soll umb seine Länder kommen, die Armada aber solche infamiam begehen und zum Feind sich schlagen.« Diejenigen, die nicht näher informiert sind und keine Ahnung von der Sache haben, werden dies Ende »unser Capi mal guberno attribuieren und wir also unschuldig an unser Ehr und Reputation werden leiden müssen«.

Der Kaiser, rät Wallenstein, soll zumindest mit den Verhandlungen beginnen lassen, am besten durch Besprechungen in Göding selbst, »wir wollen schon sehen, wie wir den Bethlen bey der Nasen ziehen werden und Ihrer Majestät nichts vergeben. Bitt, man woll es von Hof sollizitieren, denn wir begehren keinen Frieden, sondern nur einen kurzen Anstand mit ihm, damit wir nur aus diesem desperierten Statu kommen.«

Bethlen Gabor war ganz der gleichen Meinung wie Wallenstein. Nur wußten sie nichts voneinander. Bethlen hatte zweifellos noch immer Appetit auf das Frühstück in Prag, aber die Aussichten trübten sich schnell, vor allem seit er nicht mehr mit dem Durchbruch Christians von Halberstadt rechnen konnte.

Auch stand es mit der Verpflegung des Heeres inzwischen nicht viel besser als in Göding. Seine Truppen waren weit stärker, sicherlich, aber die Türken hatten inzwischen genügend Beute aufgeladen und bekamen deshalb erste Heimwehwallungen, den Ungarn wurde es allmählich zu kalt – das alles zusammen brachte Bethlen binnen wenigen Tagen dazu, von sich aus dem Kaiser einen Waffenstillstand vorzuschlagen, ein Angebot, auf das Wien völlig verdutzt, aber auch ebenso prompt reagierte. Vermittler war der ungarische Palatin Stanislaus Thurzo.

Der Palatin verhandelt noch in Wien, als Bethlen einen letzten Versuch riskiert, in Göding eine Entscheidung zu erzwingen. Er bereitet am 17. November den Angriff vor, läßt die Geschütze auffahren, beginnt mit einer starken Kanonade aus allen Rohren und postiert die Truppen in Schlachtordnung. Bethlen hat allerdings fast ausschließlich Kavallerie, ein erfolgreicher Sturm setzt ein Mindestkontingent von Musketieren voraus. Bethlen reitet vor das versammelte Heer, sitzt ab und verlangt dasselbe von den türkischen Truppen; sie sollen mit ihm zusammen den Angriff zu Fuß durch-

führen. Die türkischen Kommandeure lehnen ab, eine solche Zumutung kann und wird nicht einmal der Sultan von ihnen verlangen, sagen sie. Bethlen resigniert, auf Pferden kann man keine Schanzen stürmen. Und die Kaiserlichen bleiben hinter diesen Schanzen. Wallenstein, Caraffa, Marradas wissen, daß sie diese ganze Schlacht der letzten drei Wochen nur gewinnen können, wenn sie sich auf keine Schlacht einlassen. Sie gehen auf dieses letzte Angebot des Selbstmords, das ihnen Bethlen noch einmal offeriert, nicht ein.
Tags darauf kommt der ungarische Palatin aus Wien zu Bethlen, mit der Vollmacht des Kaisers zum Abschluß des Waffenstillstands. Bethlen akzeptiert. Stanislaus Thurzo geht am nächsten Tag, am 19. November, ins kaiserliche Feldlager. Vierundzwanzig Stunden später ist der Waffenstillstand unterzeichnet. Der endgültige Friede wird erst am 8. Mai 1624 geschlossen, er bringt für Bethlen nichts weiter als eine Bestätigung der Nikolsburger Vereinbarungen.
Bethlen verlor diesen Krieg, weil er den langen Atem nicht besaß. Er ahnte nicht, wie wenig dazu noch fehlte, er ahnte nicht, daß es in Göding nur noch um Tage und schließlich um Stunden ging, er hatte keine Vorstellung davon, wie spärlich die Vorräte der kaiserlichen Armee waren, und offensichtlich beeindruckte ihn der Anschein des ungeschmälerten Kampfgeistes der Truppen, ein Effekt, der ausschließlich der zähen, unerbittlichen, geduldigen Ausdauer Wallensteins zu verdanken war, seinen hohen organisatorischen Fähigkeiten, seinem Stehvermögen, das hier eine Generalprobe ablegte und ein Testfall war für viele Situationen in den folgenden Jahren, in denen die ganze Kraft und Energie Wallensteins von Problemen herausgefordert wurde, die weit gigantischer waren. Ausgerechnet einer der bösartigsten Historikergegner Wallensteins stellt als Fazit der Belagerung von Göding 1623 mißmutig fest, Wallenstein wäre die Seele des kaiserlichen Kriegsheeres gewesen, ohne ihn, ohne seine Unermüdlichkeit hätte niemand den Sieg Bethlen Gabors verhindern können.
In seiner empfindungslos scheinenden Unberührbarkeit, der unerschütterlichen Distanz sich selbst und den anderen gegenüber, äußerte sich auch zum erstenmal das Faszinosum des Soldatenführers Wallenstein. Er vereinte in sich das miteinander unverträglich Erscheinende, die Perspektive des Fernblicks über den bedrängenden Nebeln des Tages mit der unbedingten Teilnahme am gegenwärtigen Leiden, er schätzte die Ohnmacht des Kaisers, die Gefahren für Habsburg ab und er spürte zugleich die Hungerqualen seiner Soldaten, den Schmerz seiner Reiter über ihre notgeschlachteten Pferde. So hart Wallenstein seinen Soldaten gegenüber war, so zeigte er doch hier in

Göding, daß er die Nöte der Truppe empfinden konnte an den Menschen, die sie durchstanden, und nicht an einem abstrakten Soll. Er wußte, daß die Ursachen einer Qual nicht auch den Umfang oder die Tiefe der Qual fixieren. Er war wie sie, gleichzeitig stand er turmhoch über ihnen. Er litt wie sie, und er trennte gleichzeitig in übermenschlicher Gelassenheit das private Schicksal von der allgemeinen Sache. Dies vor allem war der letzte Grund, warum schon jetzt, 1623, und später noch weit mehr die Armee Wallensteins nicht aus kaiserlichen Soldaten bestand, sondern aus Wallensteinschen. Und diese Identifizierung war kein Effekt eines siegreichen Soldatenglücks, sondern entsprang der überlegenen Selbstkontrolle und Beharrungskraft Wallensteins in Situationen, in denen anderes nötig war als Mut, Draufgängertum und das blitzende Rapier.

X
Friedland, die glückliche Erde Böhmens (1623–1624)

Der Kriegszug nach Mähren unterbricht äußerlich Wallensteins Tätigkeit in seinen neuen Herrschaften. Er gibt vor seinem Abmarsch ins Feld dem Landeshauptmann genaue Anweisung, welche Arbeiten er vor allem weitertreiben und durchführen soll. In Jitschin wird ein Jesuitenkollegium gegründet; Wallenstein löst damit ein Versprechen ein, das er dem Kaiser während der Güterkonfiskationen gegeben hat, nämlich in seinen neuen Herrschaften den katholischen Glauben wieder einzuführen. Aber nicht nur die Schule soll errichtet werden, Wallenstein hat weit mehr im Sinn: Jitschin soll alle Merkmale einer Hauptstadt bekommen, er will ein Bistum errichten, ein Armenhaus, einige Hospitäler, auch ein Alumnat. Den neuen Rektor des Kollegiums verständigt er noch am 27. August 1623 davon, daß er seinen obersten Beamten Stablowsky beauftragt hat, einhundert geeignete Zöglinge für die Schule auszusuchen, mit dem klassisch kurzen Bedeuten: »Meine Diener wissen sehr wohl, daß ich nicht zu scherzen pflege, sondern, was immer ich will, mit allem Ernste will.«
Nun stirbt der Regent Wenzel Stablowsky in diesen Wochen, da sein Herr in Mähren gegen Bethlen kämpft. Wallenstein begibt sich von Göding aus erst einmal nach Wien. Welche Nachrichten findet er hier? Nicht diejenigen, die er vorzufinden wünscht: Unordnung überall auf seinen Gütern, steckengebliebene Projekte, rückständige Zahlungen, sogar Aufsässigkeiten. Die Bauern der Herrschaft Aicha hatten sich kategorisch geweigert, die Abgaben zu leisten, die sie pflichtmäßig zu leisten hatten. Dieses Beispiel wirkte ansteckend auf die Bauern der angrenzenden Herrschaft Weißwasser. In Jitschin selbst hatten sich die Bürger sogar gegen einen Befehl aufgelehnt, den Wallenstein gegeben hatte.
Zähneknirschend schreibt der Fürst am 28. November aus Wien an einen Unterbeamten: Er wisse sehr wohl, wie groß die Not der Bauern sei. Er werde deshalb die Abgabepflicht vorübergehend verringern, ganz könne er allerdings nicht davon absehen. Er hätte schließlich schon im Sommer erlaubt, wegen des Mangels an barem Geld in Naturalien zu bezahlen: »Auf die eine Hälfte des Getreides will ich verzichten. Wenn mir aber nicht die andere Hälfte beigeschafft wird, dann könnt ihr sicher sein, daß euer Hals dabei draufgeht. Der Beamte in Weißwasser wird verhaftet, weil er erlaubt hat, daß sich die Bauern auf ihre Nachbarn in Aicha berufen. Er und der Beamte von Aicha können damit rechnen, daß ich sie Spießruten laufen lasse, wenn ich komme. Zu verhaften ist auch der Hauptmann von Náchod, weil er den Schelmen von Jitschin diesen Brief erlaubt hat, in welchem sie ändern wollen, was ich einmal angeordnet habe. Mit diesen Lotterbuben werde ich von jetzt ab anders umspringen. Darauf können sie sich verlassen, und ihr auch.«

Kaum kann er von Wien fort, reist er nach Norden. Er ist noch immer Gubernator von Böhmen und Obrist von Prag, er hat dort seinen Amtssitz. Von Prag aus entwickelt er in den nächsten Monaten einen hektischen Verwaltungseifer, eine gewaltige Bautätigkeit, ein Gewerbe- und Wirtschaftsinteresse, dem keine Kleinigkeit zu gering ist, zu belanglos. Der drohende und entschiedene Ton seines Briefes vom November aus Wien ist nicht zuletzt deshalb nötig, weil er sich den Bewohnern seiner Herrschaften mit genügendem Nachdruck als neuer Herr vorstellen muß. Wallensteins Haltung wechselt schnell hinüber in das gemessene, distanzierte Gebaren des Fürsten gegenüber seinen Untertanen.

Das Fürstentum Friedland hält sich in wechselnd ausgreifenden Grenzen an den Bogenlauf der Elbe innerhalb Böhmens, es bedeckt die wichtigsten und fruchtbarsten Gebiete des Landes im Nordosten, die Größe beträgt 118 767 ha. Wallenstein hat dieses gewaltige Areal seiner nordböhmischen Herrschaften mit seinen vielen Städten und Hunderten von Dörfern, seinen kaum zu zählenden Feldern noch nicht einmal unwiderruflich in eigenen Besitz übernommen, geschweige denn selbst inspiziert, da beginnt er schon mit derselben Tatkraft und besessenen Energie, mit der er sie erworben hat, die Güter zu sanieren und die Wirtschaft anzukurbeln. Er hat nicht viel mehr Zeit als eine Handvoll von Monaten, es ist, als ob er das geahnt hätte, es ist auch eine Lehre, die er aus der Unterbrechung durch den Feldzug gegen Bethlen Gabor gezogen hat.
Wallenstein ernennt zu seinem neuen Landeshauptmann einen Offizier, der schon seit 1600 bei den kaiserlichen Truppen dient. Er war damals in Ungarn, er kämpft dort 1604 wie Wallenstein unter General Basta, macht 1620 als Hauptmann den Einmarsch nach Böhmen mit und wird zum Oberstleutnant befördert. Wallenstein hat seine organisatorischen Fähigkeiten zum erstenmal nach der Schlacht am Weißen Berg kennengelernt, die persönlichen Eigenschaften dagegen im belagerten Göding. Mit dem Namen dieses Landeshauptmanns, Gerhard von Taxis, bleibt die Entwicklung des Wallensteinschen Fürsten- und Herzogtums Friedland sieben Jahre lang, die wichtigste und längste Zeit, ein für allemal verbunden. Gerhard von Taxis – Wallenstein hätte keinen besseren Mann finden können als diesen »Regenten«, der Wallenstein in Friedland bald wie sein anderes Ich vertritt und gleichzeitig rasch gelernt hat, wie sein komplizierter, empfindlicher, aufbrausender Herr behandelt werden muß.
Was dabei vor allem zu beachten ist, das führt Wallenstein seinem Landeshauptmann bald vor, und bei dieser Gelegenheit auch seinen adligen Unter-

tanen in Friedland. Am 12. März 1624 wird Wallensteins Besitz vom Kaiser zu dem selbständigen Fürstentum Friedland erhoben, und zwar zu einem Erblehen. Wallenstein hat schon früher ausdrücklich darauf verzichtet, den Erbcharakter der Allodialgüter, die er gekauft hat, beizubehalten, zum größten finanziellen Vergnügen Ferdinands II. Der Kaiser weiß nur allzu gut, daß bis dahin ein böhmischer Adliger noch niemals freiwillig ein Allodium in ein Lehen verwandelt hat, er bedankt sich dafür bei Wallenstein, denn er hätte »dadurch Unser Königlich Lehenregal in Böhmen ansehnlich gestärkt«. Wallenstein gibt damit zweifellos einen ganz besonderen Loyalitätsbeweis.
Von seinen Untertanen verlangt er allerdings keinen Deut weniger. Das wird ohne Floskeln in einem Brief deutlich, den er am 7. April 1624 aus Prag an Taxis schickt. Der Adel von Friedland hatte über den Landeshauptmann eine Supplikation eingereicht, in der sehr wenig suppliziert und sehr viel reklamiert wurde. Wallenstein schickt das Gesuch dem Landeshauptmann »zu besserem Nachdenken in originali hiebei wieder zurück«, stirnrunzelnd und »nicht mit schlechter Verwunderung« darüber, daß offensichtlich »die vom Adel im Friedländischen unser teuer erworbenes Eigentum, als ob es nicht ein so hochbefreites Kronlehen wäre, gleichsam zu einer libera republica machen und dergestalt unserer davon habenden fürstlichen Hoheit eingreifen« wollen. Da es nicht klar zu sein scheint, will es Wallenstein so klar wie möglich ausdrücken, »daß wir des Römischen Kaisers, als unseres gnädigsten Kaisers, Königs und Herrn, Lehenmann sind und daß Ihre kaiserliche Majestät uns solches Lehen zu einem Fürstentum erigiert und erhoben, dagegen sie unsere Lehenleute, Landsassen und Untertanen sind, die uns in solchem Respekt halten sollen, wie es dergleichen Personen gegen ihre Immediatobrigkeit eignet und gebührt«. Taxis und die ganze Ritterschaft sollen sich in Zukunft danach richten und in ihren Eingaben entsprechende Formen wahren und Ausdrücke gebrauchen, sonst müßte er mit ihnen so umspringen, wie sie es bestimmt nicht wünschten: »Wornach ihr und sie sämtlich sich zu richten haben.«
Von diesem Moment an hat in Friedland niemand mehr versucht, sich nicht danach zu richten. Es spricht sich schnell herum, daß Wallenstein sich um alles bis ins letzte Detail kümmert und daß er sich auch dann darum kümmert, wenn er nicht an Ort und Stelle ist, wenn er Krieg führt, wenn er in Wien beim Kaiser ist, in Prag, im Reich oder in Ungarn. Nicht als ob er die Gabe hätte, auf vielen Hochzeiten gleichzeitig zu tanzen. Aber er betrachtet von der ersten Stunde an sein Fürstentum nicht als isolierten Besitz, in dessen Genuß ein Selbstwert läge. Friedland bedeutet für Wallenstein kein Gemälde für weihevolle Stunden des Kunstgenusses, kein

Guthaben, bei dessen Überprüfung das Selbstgefühl proportional zum Kontostand wächst. Wallenstein ist einer der ersten in der Moderne, der den gelenkartigen Zusammenhang der Dinge untereinander begreift, das wesensmäßig notwendige Ineinanderspiel von Landwirtschaft, Gewerbe, Handel, Finanzen, Politik und Krieg.

Im wesentlichen sind es nicht viel mehr als zwölf Monate, in denen er sich frei von anderen Aufgaben mit seinen Dominien beschäftigen kann. Für seinen Wirtschaftssinn, seine unerhörte Begabung der ordnenden Verwaltung, für sein Organisationsgenie reicht diese kurze Spanne aus. Was Wallenstein hier unternimmt und verwirklicht, fällt gegenüber den großen Ereignissen des »Kriegstheaters« in Europa nicht ins Auge; schon die Zeitgenossen haben es nicht registriert, und auch die späteren Beobachter müssen sich's fast gewaltsam bewußt machen. Es ist auch ganz natürlich, daß die kriegerischen Handlungen alles andere überdecken. Ohne Friedland als Basis und Hintergrund, ohne Wallensteins Energie, mit der er in kürzester Frist aus seinen Ländern tatsächlich einen eigenen Staat im Staate Österreich schafft, mit dem sich an Produktivität, Leistungsfähigkeit, Wirtschaftlichkeit, Rentabilität und Gewinn überhaupt nichts im ganzen Heiligen Römischen Reich vergleichen läßt – ohne dieses Friedland wäre es Wallenstein allerdings niemals möglich gewesen, seine großen Armeen anzuwerben, und noch weniger wäre er in der Lage gewesen, diese Heere überhaupt nur einige Monate im Feld zu halten.
Das ganze Friedländische Herzogtum zeichnet sich bald als »terra felix« ab in schroffem Gegensatz zur »terra deserta« des übrigen Böhmen. Mit seiner bewunderungswürdigen wirtschaftlichen und finanziellen Verwaltung ist es ein Musterstaat Europas. Nur deshalb, weil die Zeitgenossen und oft genug auch die informierten Nachfahren das wirtschaftliche Fundament von Wallensteins Heeresorganisation ignorieren, entsteht so oft der Eindruck, als wäre plötzlich aus dem puren Nichts ein Mann aufgetaucht, der dem Kaiser Armeen in unbegrenzt scheinendem Umfang hinzaubern kann und so unermeßlich reich zu sein scheint, daß nur der Teufel die Hand im Spiel haben kann.
Wallensteins unermüdliches Interesse an allem, was mit der Bewirtschaftung, dem Bergbau, dem Gewerbe, der Verwaltung, den allgemeinen Lebensbedingungen in seinem Herrschaftsgebiet zusammenhängt, unterscheidet sich kraß von der entsprechenden Gleichgültigkeit seiner Standesgenossen, wie es noch bis hin zu Beginn unseres eigenen 20. Jahrhunderts absolut gängig gewesen ist: nämlich die Latifundien, den Grundbesitz als eine Art Kuh anzusehen, die der Inhaber zwar melkt, aber der liebe Gott füttert.

Ganz anders dagegen Wallenstein, der von seinem Landeshauptmann, von seinen Regenten, Verwaltern, Sekretären, Beamten, Architekten auch dann noch Berichte verlangt, wenn ihn seine Feldzüge weit in fremde Gebiete und Hunderte von Meilen aus Prag und Jitschin fortführen.
Die wirtschaftlichen Fundamente, die Wallenstein in den Jahren 1623 und 1624 in Friedland legt, sind derart stabil, daß sich auf ihrer Grundlage alle späteren Projekte des Herzogs entwickeln lassen, gleichgültig von welcher Größenordnung sie sein mögen. Allerdings hat Wallenstein damals Friedland noch nicht bewußt im Hinblick auf solche späteren Aufgaben ausgebaut; der »rückwärts gewandte Prophetismus« der Historiker verleitet immer wieder dazu, einen bedeutenden Akteur der Geschichte mit der Gabe vorausgreifender Handlungen auszustatten, als wäre historische Größe zwangsläufig verknüpft mit der mysteriösen Begabung, dem objektiven Geist die Karten schlagen oder ihm aus der Hand lesen zu können und besonders vertraut zu sein mit dem, was sich im Schoß der Muse Klio verbirgt. Erst als der Heeresorganisator Wallenstein mit völlig neuen Problemen fertig werden muß, gibt er auch den Handwerken und Industrien in seinen Ländern eine andere Orientierung; dazu aber mußten diese Handwerke und Industrien überhaupt vorhanden sein.
Sie waren vorhanden. Nicht vorhanden war allerdings eine ausformulierte Wirtschaftstheorie Wallensteins. Dafür hat er jedoch eine sichere Empfindung für das, was wirtschaftlich sinnvoll, zweckmäßig und rentabel ist und was ein Höchstmaß an Effizienz ergibt. Wallenstein ist kein Wirtschaftstheoretiker, er ist ein Praktiker mit einem unfehlbaren Instinkt für das ökonomisch Notwendige und insofern Richtige.
Von der Theorie des Merkantilismus hat er in einzelnen und wiederholten Wendungen Bedeutendes vorweggenommen, so wenn er betont, daß er bei den Lieferungen für sein Heer, die wenn irgendmöglich aus Friedland kommen sollen, »zwar keinen Schaden leiden will, aber auch keinen Gewinn begehrt, sondern kein anderes Interesse hat, als daß um die Ware das Geld unter die Leute kommt«. Ebenso gehört es zu seinen Grundsätzen, daß das Geld nicht aus dem Land abfließen darf, sondern innerhalb der Grenzen zirkulieren muß. Deshalb will er auch so viel wie möglich auf dem eigenen Territorium erzeugen und schaffen.
Hier ist das merkantilistische Konzept des geschlossenen, einheitlichen Wirtschaftsraumes klar und dürr, ohne Beiwerk entwickelt, und wo Wallenstein zu bestimmen hat, realisiert er es genauso klar und straff. Er fördert die alteingesessene Leinenerzeugung mit allen Kräften, er führt die Seidenindustrie ein, schreibt im August 1625 aus Eger an den

Landeshauptmann Taxis: »Müsset schauen, wie allerlei artes auf Gitschin introducirt werden von Seiden und Wollarbeiten; ehe die Maulbeerbäume in den Anpflanzungen groß werden kann man seda cruda aus Welschland kommen lassen. Die Häut muß man in Gitschin arbeiten lassen, in summa allerlei Artes hineinbringen, davon die Stadt kann populirt werden.« Ununterbrochen bemüht sich Wallenstein darum, die Produktion seiner Brauereien, Papiermühlen, Tuchmachereien, Sägewerke zu steigern, seiner Meierhöfe, Eisenhämmer, Fasanerien, Gerbereien, Glasbläsereien, Molkereien, Erz- und Salpeterhütten, er beschäftigt Hunderte von Kupferschmieden, Wagnern, Faßbindern, Tischlern, Webern, Sattlern, Kunstschmieden, Sporern, Schustern, Stellmachern, Wachsziehern, Schreinern, Riemern.

Wallenstein kümmert sich, vor allem anfangs, persönlich um die Aussaat auf den Feldern, er ist bis ins letzte über den Stand der Viehzucht orientiert, er schreckt vor keinen Ausgaben zurück, um die besten Tiere zu erhalten. Wallenstein weiß, daß sich Investitionen in der Landwirtschaft immer bezahlt machen. Später gibt er für Viehkäufe Summen aus, die für die damalige Zeit unerhört sind und von seinen ausführenden Beamten kaum geglaubt werden, so wenn er 1628 Schafe, Kühe und Ochsen herdenweise in Ungarn und Schlesien einkaufen und mit ganzen 50 000 Gulden auf einen Schlag in bar bezahlen läßt.
Friedland liegt Wallenstein so am Herzen, daß seine Fürsorge manchmal fast komisch-heftige Formen annimmt. Er hat das konservative Empfinden eines Mannes, dem jahrzehntelang – als mährischem Gutsherrn – die Bedingungen von Feld und Wald so selbstverständlich geworden sind wie die Luft zum Atmen, und deshalb reichen seine Sorgen und reicht seine Umsicht weiter als nur bis zu den Grenzen des Nutzens. Im September 1625 – Wallenstein zieht soeben mit seiner Armee ins Reich – schreibt er aus Eger an Taxis: »Aus meinen unterschiedlichen Schreiben werdet ihr in allem meine Resolution vernommen haben. Dies hab ich allein vergessen, euch noch zu erinnern: daß, wo die Leut an der Pest ausgestorben seynd und niemand da ist, der das Getreid auf dem Feld einschneidt, so sollet ihr befehlen, daß, wer dasselbe einsammeln wird, daß es ihm soll bleiben. Denn es ist besser, daß jemand dessen genießt, als daß es verderben soll.« Das sind seine Sorgen einen Tag, bevor er Eger verläßt und seiner Armee folgt.
Schon im Vorjahr hatte Wallenstein seinem Regenten in Jitschin, Hieronymus Bukowsky, unwillig geschrieben, er habe erfahren, daß in seinem Fürstentum »das Bier sehr teuer ausgeschenkt und die Bindt umb acht Kreuzer gegeben

wirdt, da man doch für das Faß uns sieben Reichstaler zahlet«. Er befiehlt ihm deshalb, »daß ihr an allen Orten und Enden unseres Fürstentums ein drohendes Auge darauf habet, damit das Bier also nicht übersetzt, auch das Brodt und andere Viktualien, und was sonst der Mensch zu seiner Unterhaltung nicht entraten kann, in einem billigen Wert angeschlagen und hingelassen werde – dem ihr also unfehlbar werdet wissen nachzukommen«.
Kann sich hier noch die Stimme des fürsorglichen Landesvaters melden, so ist weit mehr im Spiel bei anderen Befehlen, in denen sich geradezu eine manische Anteilnahme und sachliche Identifizierung äußert. Der große Feldherr, der Staatsmann, der die Befriedung Europas versuchen wird, das sich seit vielen Jahren selbst zerfleischt, ordnet für seine friedländischen Besitzungen an: »Keine Lämmer, wenn sie verschnitten und abgewöhnt sind, soll man zum Schlachten nehmen. Die Spätlinge aber taugen dazu.« Der mächtige Herzog, bei dem die Gesandten fremder Staaten einer nach dem andern um Audienz ersuchen, verbietet eigenhändig dem Wenzel Předworsky, einem Einwohner von Jitschin, »sein Schrift, weil solche nicht wohl zu lesen, für die Kammer zu bringen, bis er es besser lernen wird«. Er verlangt regelmäßig exakte Inventurberichte über den Viehstand, bis ins letzte detailliert: »Man soll auch bei den Stuten anhängen, ob sie zu gebührender Zeit belegt worden und ob sie trächtig sind oder nicht – so viel man diesfalls ohne Gefährdung wissen kann.«
Dem Hauptmann von Weißwasser befiehlt er, »für Gartensamen, das ist für Zwiebel, Möhren, Petersilien, Salat, Kapsamen, Kohlrüben, Kohlkraut-Samen keinen Pfennig in der Ausgab passieren zu lassen, alldieweil des Orts ein Gärtner gehalten und besoldet wird, der allen dergleichen Samen zeugen kann«. Und der Hauptmann zu Welisch »soll die kranken blöden Kapaunen und Hühnlein in die Vorwerke austeilen, damit die an der jungen Grasweide wieder gesund werden«. Wallenstein kümmert sich sogar höchstpersönlich darum, daß »die Bilder auf die Gasthäuser, darnach jedes genannt werden soll, angeschlagen« werden.
Kurze Zeit später, als Wallenstein dem Kaiser die erste Armee stellt, eine Armee, die alles übertrifft, was die Liga jemals an Truppen im Feld gehabt hat, wird Friedland auch zum unerschöpflich scheinenden Rüstungsreservoir. Wallenstein bezieht aus seinen Ländern in kürzester Frist beinahe alles, was damals für die Ausrüstung eines Soldaten unbedingt notwendig ist: Schuhe, Tuche, Lederzeug, Brot, Zwieback; für die Pferde Hufeisen, Nägel, Zaumzeug, Sättel, und schließlich ein Großteil der Bewaffnung, Gewehre, Geschütze, Kugeln, Patronen und Tausende von Zentnern an Pulver. Wallenstein versucht, sich dadurch unabhängig von den Lieferfristen zu machen,

die mit allen Bestellungen bei den bekannten Waffenhändlern und -umschlagplätzen wie Nürnberg oder Augsburg verbunden sind. Sein Ziel ist, aus Friedland den Rückhalt für die Armee zu schaffen, auf den selbst dann noch Verlaß ist, wenn ihn alles andere in Stich läßt. Zwischen Wallenstein als Landesherr und Wallenstein als Heerführer existiert kein Unterschied.

Das letzte und vielleicht zugleich das wichtigste Ergebnis dieses großen Wirtschaftssystems, zu dem Wallenstein sein Herrschaftsgebiet rapide entwickelt, ist die Möglichkeit und Fähigkeit, dem Kaiser aus den anfallenden Gewinnen Vorschüsse in barem Geld in fast unbegrenzter Höhe zur Verfügung zu stellen. Völlig aus eigener Kraft hätte das Wallenstein zweifellos auch nicht gekonnt, ohne den Bankier Hans de Witte wäre er dazu nicht in der Lage gewesen. Andererseits arbeitet ein Kaufmann wie de Witte nur deshalb mit Wallenstein so eng zusammen, weil er in ihm den ebenbürtigen Partner anerkennt und schätzt.

Binnen wenigen Jahren verwandelt sich de Witte aus dem Finanzier und Kaufmann des Kaisers in den Bankier und Handelsmann Wallensteins. Alles, was der Herzog für seine Armee braucht, aber auch alles, was er für seine eigene Hofhaltung fordert, wird von de Witte besorgt, von Gobelins bis zu den Kupferplatten für das Dach des Jitschiner Schlosses, vom Veltliner Wein bis zu den horrenden Vorschüssen, die der Kaiser bald nur noch so erhält, daß Hans de Witte die Gelder über Wallenstein als Bürgen auszahlt. Nur durch diese Zusammenarbeit mit Wallenstein gelingt es de Witte, zum größten und leistungsfähigsten Bankier seiner Zeit zu avancieren. Er ist jederzeit bereit, Wallenstein Summen vorzustrecken, die in die Abertausende gehen, aber er ist nur deshalb dazu bereit, weil er sich blind darauf verlassen kann, die gleichen Beträge, entsprechend verzinst, wieder zurückzubekommen, pünktlich zu dem Termin, den einzuhalten er sich selbst seinen Partnern gegenüber verpflichtet hat.

Wallenstein überläßt de Witte allerdings nur die Details der Außenfinanzierung und des Imports. Die Verwaltung des Herzogtums bleibt ausschließlich in seiner Hand. Er hat sie denkbar übersichtlich gegliedert, ohne durcheinanderlaufende Kompetenzen. Wo sich Überschneidungen wegen der inneren Zusammenhänge nicht vermeiden lassen, entscheidet Wallenstein selbst. Daß er solche Verknotungen innerhalb der Verwaltungshierarchie in jedem Moment überblickt, mitten in den gewaltigen politischen und militärischen Verwicklungen, die ihn dauernd in Spannung halten, das gehört nicht zu seinen geringsten Fähigkeiten.

Der höchste Beamte des ganzen Gebiets ist Wallensteins Landeshauptmann. Ihm untersteht die gesamte Administration, ebenso die Justiz. Beide aber sind voneinander getrennt, Kammer und Kanzlei haben ihre selbständigen, unabhängigen Kollegien. Die Friedländisch Herzogliche Kammer ist zuständig für die Finanzwirtschaft, die Steuereinnahmen, für sämtliche Einkünfte aus den Gütern, für alles, was unter den Begriff der Cameralia fällt. Geführt wird sie von einem Kammerpräsidenten, dem eine Anzahl Räte unterstehen, die »collegialisch« nebeneinander arbeiten.

So wie die Kammer ist auch die Kanzlei, die oberste Justizbehörde, eine Kollegialeinrichtung. Die friedländische Gerichtsbarkeit liegt in den Händen eines Kanzlers; er steht der Kanzlei vor, er führt den Vorsitz des Obertribunals, wie es auch genannt wird. Es setzt sich aus Fachjuristen zusammen, denen einige Angehörige des Herren- und Ritterstandes beigeordnet sind. Die Untergliederungen der Gerichtsbarkeit behält Wallenstein entsprechend den Gebieten der früheren Herrschaften bei, so wie er sie als Besitz übernommen hat. Da es sich um begrenzte und immer überschaubare Bezirke handelt, ist eine Teilung der Behörden nicht nötig, für Justiz und Cameralia ist in solchen Territorien ein einziger Hauptmann zuständig. Ebenso wichtig wie die Landwirtschaft hat den Hauptleuten die Rechtspflege zu sein; Wallenstein befiehlt ihnen nachdrücklich, rigoros darauf zu achten, daß »jedermann die Justiz zu prästieren« hätte, die Hauptleute müssen deshalb regelmäßig mit ihren Gehilfen »Dreidinge«, Gerichtstage, anberaumen und abhalten.

Hauptleute setzt Wallenstein allerdings nur dann ein, wenn in den Gebieten nicht schon traditionell Gemeindeverwaltung und Justizautonomie, also eigene Dorf- und Stadtrechte bestehen. Wallenstein greift hier nur in ganz seltenen Fällen ein, seine Haupttendenz ist vielmehr die Förderung und Ausbildung derartiger überkommener Autonomien. Die Hauptleute sind nicht direkt der Jitschiner Kammer und Kanzlei gegenüber verantwortlich, sondern mehrere Hauptleute haben innerhalb eines Kreises als Vorgesetzten den Custos, einen Oberhauptmann, der vor allem in sämtlichen Problemen der Bewirtschaftung zu entscheiden hat. Den Oberhauptleuten schließlich ist ein Oberamt vorgesetzt, geführt von einem Regenten, dem höchsten Wirtschaftsbeamten Friedlands. Der Regent untersteht direkt dem Kammerpräsidenten.

Einen großen Teil seiner Herrschaften verwandelt Wallenstein in Kammergüter, sie werden zu unveräußerbaren kaiserlichen Lehen erklärt, als »ewig fürstliche« Kammergüter müssen sie für immer mit dem Herzogtum verbunden bleiben und unterstehen direkt ihm und allen folgenden friedländischen Fürsten. Die ursprüngliche Zahl von fünfzehn derartigen Gütern reduziert Wallenstein durch einige Zusammenlegungen zunächst auf zwölf und vermehrt sie dann sukzessive im Lauf der Zeit auf das Doppelte. Diese

Kammergüter sind das Kernstück des friedländischen Fideikommiß. Die restlichen Herrschaften und Besitzungen, insgesamt mehr als sechzig, verkauft Wallenstein als fürstliche Afterlehen weiter, entsprechend einem seiner Wirtschaftsgrundsätze, daß ein Schlag nur lohnt, wenn er mindestens zwei Fliegen auf einmal trifft. Die erste Fliege: Als »Friedländer Lehen« bleiben diese Güter unverändert in seinem Besitz, die zweite: Er verkauft sie zu Höchstpreisen weiter, er kann Höchstpreise verlangen, weil es sich durchwegs um Güter handelt, die er auf einen solchen Stand gebracht hat, daß sie hohe Gewinne abwerfen – und er bekommt diese Höchstpreise auch anstandslos gezahlt, die dritte: Er vergibt die Lehen überwiegend an Offiziere und Beamte des Kaisers, das heißt vor allem an Offiziere seines Heeres, an Regimentskommandeure, Obristen, Generale, er schafft sich damit eine Gruppe von Lehnsträgern, die ihm direkt verbunden und verpflichtet sind, er hat einen Stamm von Landsassen und Vasallen, der gleichzeitig als innerer Führungsstamm der Armee durch das persönliche Bindungselement homogenisierend und stabilisierend auf die Zusammensetzung und Schlagkraft der Regimenter wirkt – ein Effekt, der dem friedländischen Heer von vornherein eine zusätzliche Überlegenheit im Vergleich zu den üblichen Söldnertruppen verschafft.

In die Gesamtverwaltung spricht Wallenstein seinem Landeshauptmann nur höchst selten hinein. Er gibt ihm umfassende Vollmacht, dieser Vollmacht hat er sich auch zu bedienen. Im Juli 1627, mitten im anhebenden Feldzug gegen den dänischen König, schreibt er an Taxis: »Entschuldigt euch nicht, daß die Kammer nicht gewollt, denn ihr wißt wohl, daß sie zu raten haben und ihr zu beschließen.« In Einzelheiten finden Wallensteins Anweisungen allerdings kaum ein Ende. Aus Eger schreibt er während der Musterung seiner ersten Armee am 3. August 1625 an Taxis: »Müsset auch schauen, wie allerlei artes auf Jitschin introduziert werden, von Seiden- und Wollenarbeitern. Ehe die Maulbeerbaum groß werden, so kann man seda crida aus Welschland kommen lassen. In summa allerlei artes hineinbringen, darvon die Stadt kann populiert werden. Wegen der Pest laßt Achtung geben und Remedia gebrauchen, auf daß sie nicht weiter einreißt. Der Kartäuser-Prior hat mir wegen eines Arzts gemeldt, den man anstatt des Doktors, der zu Jitschin ist, gebrauchen könnte. Redt mit ihm deswegen und laßt ihn auf Jitschin kommen.« Ebenso Ende Juli 1627: »Ich hab oft mit euch geredt, ihr sollet sehen: etliche Wälsche, so seidene Waren machen, auf Jitschin kommen zu lassen. Nun habt ihr euch mit dem Krieg excusiert, jetzt aber, Gott lob! ist kein Feind mehr in Kaisers Ländern. Darum bitt euch, tut darzu, kost was es will, so frag ich nichts danach. Laßt auch Seiden kommen, darvon sie die Sachen werden arbeiten, ich will schon alles von ihnen nehmen. Die, so das Gewehr machen werden, laßt auch kommen und spart wiederum kein'n Unkosten. Zu Jitschin laßt in allen Häusern Wasser halten und bei den Rauchfängen Leitern. Die Gassen laßt sauberhalten und seht, daß in die Stadt genug Wasser lauft.«

Für Jitschin, seine Residenzstadt, hat der Herzog von Anfang an eine ganz besondere Zuneigung, fast empfindet er Liebe. Als er die Stadt erhält, zählt sie knapp 200 Bürgerhäuser. Jitschin gehört damit schon zu den größeren Städten, denn nach einer Zählung im ersten Dezennium des Jahrhunderts gibt es in Böhmen außerhalb Prags etwas über 20 000 Bürgerhäuser, die auf die 42 königlichen Städte entfallen. Der Durchschnitt liegt damit bei rund 245 pro Stadt, allerdings ist das die übliche statistische Irreführung, denn eine ganze Reihe hat nicht mehr als 100, viele auch noch weniger.

Wallenstein will Jitschin in aller Schnelligkeit vergrößern, auch die anderen wichtigen Städte seiner Länder sollen wachsen, rasch wachsen, aber Jitschin hat den Vorrang. Er gibt seinen hohen Offizieren alle guten Worte, in seine Residenz zu ziehen, dort zu wohnen, zu bauen, er bittet viele Verwandte, Adlige, Beamte darum. Er setzt große Vergünstigungen für die verschiedensten Handwerker aus, um sie nach Jitschin zu bringen; in den Jahren 1623 und 1624 beginnt dann auch wirklich in der Stadt ein wahrer Boom. Eine Stadtmauer wächst in die Höhe, für die Tuchmacher wird ein ganzes Stadtviertel geschaffen, die Herstellung von Tuch gehört zu den wichtigsten Handwerken in Wallensteins Verwaltungsresidenz. Die Grundsteine zu Jesuitenkloster und -kollegium werden gelegt, ebenso beginnt durch Pironi di Galliano der Bau der großen Parochialkirche von St. Jakob: er hält sich an das berühmte Vorbild der frühromanischen Kathedrale von Santiago de Compostela im galicischen Bergland Nordwestspaniens. Die Gebäude für die Dechantei entstehen, Wallenstein stiftet das große Kartäuserkloster im benachbarten Dorf Walditz, er legt weite Gärten an, künstliche Teiche, baut Kapellen, und nicht zuletzt treibt er ununterbrochen die Arbeiten an seinem riesigen Schloß weiter, dessen Front zum Markt selbst das schon gewaltig dimensionierte Palais des Fürsten in Prag übertrifft.

Anfang März 1624 verleiht Wallenstein Jitschin das seltene Privileg, von sich aus »ehrliche, wohlverhaltene, aber zugleich freie, unverbundene Biederleute zu Bürgern auf- und anzunehmen«, ebenso das Recht zur Erteilung von Weglaßbriefen. Das alles hat nichts mit einer Anfangsbegeisterung zu tun, für Wallenstein ist sein Herzogtum Friedland in den folgenden Jahren genauso wichtig wie die Feldzüge und der Kampf im Reich. Am 30. August 1627 schreibt er aus Mecklenburg seinem Landeshauptmann: »Ich bitt euch, ihr wollet bedacht seyn, daß zum wenigsten alle Bürgerhäuser auf dem Platz und in den Gassen mit Giebeln ausgemauert werden. Zu dem gebt ihnen Ziegel und Stein die Notdurft. Die Ziegel können sie von der Bürger- und Domherrn-Ziegelhütte brauchen, die Steine zu Welisch, und welcher Bürger das Vermögen nicht hat, dem leiht von meinem Geld 100, auch 200 Gulden. ... Bitt euch, tut dazu, werdet mich obligieren, und kommuniziert dies mit dem Regenten Jarosch und mit dem Baumeister. Auf daß es gewiß geschieht, seht, daß ihr diesen Herbst bei zweihundert Maurer bestellt.«

Balbin, der in seiner Jugend die Bautätigkeit in Jitschin noch selbst erlebt hat, schreibt, daß vom Welischer Schloß aus im Süden das Gewühl der arbeitenden Menschen einen überwältigenden Anblick geboten und unwillkürlich an Vergils Schilderung vom Bau Karthagos erinnert hätte. Man wird Balbin seinen Hymnus nachsehen dürfen, denn zumindest ist seine Bemerkung ein Vorgriff auf das, was Wallenstein noch an handfesten Plänen zur späteren Vergrößerung seiner Residenz hatte. Jitschin sollte um etwa das Dreifache wachsen, vor allem nach Süden und Osten. Wallenstein ist gerade in diesem Punkt beinahe manisch. 1630 befiehlt er: »Die Bürger sollen bauen oder Ihro Fürstliche Gnaden wollen sie vertreiben.« Er weiß natürlich, für einen Bau braucht man nicht nur Drakonik, sondern Geld. Deshalb ordnet er bald an, »die Bürger keineswegs zum Bau besserer Häuser zu zwingen, sondern denen, die nicht bauen wollen, die alten Häuser abzuschätzen, zu bezahlen und auf herzogliche Kosten andere hinzubauen, zugleich die müßigen Inwohner ohne weiteres fortzuschicken und betriebsame Inwohner hineinzubekommen suchen. Denen Bürgern, die da bauen, soll alle mögliche Assistenz und Vorschüsse geleistet, wie auch billige Materialien geliefert und ihre Models vom Hofbaumeister gefertiget werden.«

Zu dem Bistum Jitschin sollte ein Domherren-Kollegium errichtet werden, außerdem ein Karmeliterkloster und neben den Walditzer Kartäusern noch ein Kapuzinerkloster. Auch die Gründung einer Universität hatte er im Programm.

Mit welcher Entschlossenheit der Bauherr Wallenstein diese schon großangelegten Pläne auch durchgeführt hätte, läßt sich an dem ablesen, was von ihm binnen wenigen Jahren an Bauten durchgeführt worden ist. Die Lindenallee, die er von Jitschin zur Walditzer Kartause 1630 anlegt, ist in Böhmen ohne Vergleich geblieben: In einer vierfachen Reihe, also in dreifacher Wegführung, erstreckt sich die Allee vom Herzogsgarten bis zum Kloster, in einer Länge von fast zweieinhalb Kilometern; Wallenstein hat hier dreizehnhundert Linden pflanzen lassen.

Wallenstein hatte vor, auch im Park von Jitschin neben einer Reihe von Springbrunnen und einem Schwanenteich einen Palast zu erbauen; das befe-

stigte Bassin und eine Mauer des Palastes, überdimensional ausladend, sind der Beginn gewesen – plötzlich unterbrochen, ein leerer Rest. Von dem Baumbestand seines Wildparks schreibt einer der bekanntesten Fachleute auf dem Gebiet, Kaspar Graf Sternberg, in seiner Pflanzengeographie Böhmens zweihundert Jahre später: »Schönere Bäume, Eichen und Ulmen, als im gegenwärtigen Tiergarten bei Jitschin, kann man kaum in der Welt sehen.«
Das größte Projekt Wallensteins in Jitschin war die geplante Verlegung der Iser. Die Stadt liegt an der Zidlina, einem kleinen Fluß, der im Süden bei Nymburk in die Elbe mündet. Wallenstein wollte vom Isergebirge bis in seine Residenz eine Holzschwemme für die Handwerke Jitschins anlegen. Bei Semily im Norden sollte die Iser durch einen Kanal nach Süden abgezweigt und in die Zidlina geleitet werden: eine absolut denkbare Lösung, die sich bei entsprechender Zeit hätte genauso verwirklichen lassen wie der spätere Plan Wallensteins, nach Eroberung Norddeutschlands und der Küstengebiete den Nord-Ostsee-Kanal zu bauen.

Mit am weitesten ist in Jitschin Wallensteins Projekt vorangekommen, ein Bistum zu errichten. Ende 1624 – für Jitschin das wichtigste Jahr seiner Geschichte – hat der Kaiser Wallensteins Absicht befürwortet und ihm gestattet, sich deswegen an den Papst zu wenden. Die Stiftungsurkunde bestimmte über den Bau einer Kathedrale und einer bischöflichen Residenz. Bischof, Propst, fünfunddreißig Geistliche, Organisten, Kirchendiener sollten ihren Unterhalt durch jährlich 20 000 Gulden gesichert erhalten, und die Errichtung der bischöflichen Residenz wurde durch Jahreszahlungen von 12 000 Talern bis zur Einweihung garantiert. Dem Bistum wurde die Nachbarstadt Eisenbrod als Stiftung überschrieben.
Selbst die Summe aller Kirchen, Klöster, Abteien, Schlösser, Kollegien, Schulen, Krankenhäuser, die unter Wallensteins Herrschaft errichtet worden sind, verbindet sich freilich bei weitem nicht so selbstverständlich, so synonym mit seinem Namen wie das Palais Wallenstein in Prag, das Friedländer Haus – so nannte man es früher – unterhalb des Hradschins. Wallenstein hat schon 1621 einen großen Garten als Baugelände in diesem Gebiet gekauft. In den beiden folgenden Jahren erwirbt er von dem angrenzenden Kloster St. Thomas noch ganze Reihen von Bürgerhäusern, etwa einhundert, er läßt sie alle abreißen, es ist fast ein ganzer Stadtteil, er braucht Platz für die ausgedehnten Nebengebäude und den riesenhaften Garten.
So ist das Palais hineingesprengt, außerhalb der Fürstenbezirke des Hradschins, unterhalb der Königsburg und doch in einer gewaltigen, selbstbestimmten Einsamkeit, die Residenz eines Mannes, der sich abschließt, der

seine Geltung selbst fixiert in bewußter Spannung zu dem Sitz des Kaisers, zu dessen Füßen sein Palast sich erstreckt, auf halber Höhe zwischen dem Moldauufer oberhalb der Manesbrücke und dem Burgberg, im Süden die St. Thomaskirche beim Kleinseitner Ring, gegenüber der nördlichen Umfassungsmauer das Barockpalais Kolowrat. Waldstein- und Thomasgasse, beide pragerisch eng, stoßen in den majestätisch schweren großen Platz vor der Palastfront. Auch hier, wie überall in dieser Stadt, wächst das fürstliche Prag jäh und rücksichtslos aus dem handwerklich-bürgerlich Verwinkelten mit seinen Eck- und Knickhäusern, Laubengängen, Schachtelgäßchen, Vorder-, Zwischen-, Hinterhöfen, dünnen Schläuchen der Beisel, in jedem ein Výčep – der Ausschank –, Schwibbogen, Durchlässen, Labyrinthen, Passagen, Miniaturmärkten, Einfahrten, Gabelwegen, schlundartigen Verengungen, und zwischendrin, am besten nachts, der »Mann ohne Gesicht« aus der Prager Sage, hinter einem Tor, einer Tür – alles ist hier Tür einer anarchisch zersprengten Geometrie, die kompliziert ist bis zur Anmut und den Boden bildet für eine Logik der Unregelmäßigkeit, des Kaleidoskops, für eine höhere Organik überdachten Lebens unter dem Emblem »Praga caput regni«. Das ist Kulisse genauso wie Fassade und Monument, der Hauptstadt genauso wie der ganzen Geschichte Böhmens, die immer Gegenwart geblieben ist, in der – so wie in Prag selbst, so wie bei Wallenstein – das Düstere umfaßt wird vom hellen Prunk und umgekehrt.

Mit dem Hauptbau des Palastes wird noch im Sommer 1623 begonnen, in der Zeit vor Wallensteins Heirat. Verantwortlicher Architekt ist Andrea Spezza. Wallenstein ruft den Baumeister von Oldenburg nach Prag. Spezza hat seine Mitarbeiter, vor allem Guiseppe Marini aus Mailand, ebenso gehört Pironi di Galliano dazu, längere Zeit wird für das Innere der Maler und Bildhauer Bartolommeo Bianco verpflichtet, mit dessen Namen viele Paläste in Genua verbunden sind.

Ein erster Trakt des Palastes wird schon 1623 fertiggestellt – eine unerhörte Schnelligkeit –, aber es ist nicht zu bestreiten, denn die Decke des Festsaals im Hauptgebäude trägt diese Jahreszahl 1623; vielleicht bezieht sich das Datum allerdings nur auf den Baubeginn des ganzen Palastes, immerhin besteht diese Möglichkeit. Das Wallensteinsche Palais in Prag ist Spezzas bekanntestes Bauwerk, ein architektonisches Glanzstück der betont norddeutsch geprägten Spätrenaissancetradition. Spezza hat nicht ganz fünf Jahre daran arbeiten können, er ist 1628 gestorben; das Palais ist endgültig 1630 fertig geworden.

Die Zeitgenossen bestaunten den Palast unter anderen Gesichtspunkten, als ihn die Kunsthistoriker würdigen. Thomas Carve brachte seine Eindrücke in die Sätze: »Von seinen wunderschönen Gebäuden will ich nichts sagen, das einzige Haus zu Prag redet hievon genugsam. Sechs große Pforten hat dies Gebäud, dardurch man aus- und eingeht. Die Gemach seynd königlich zugerichtet. Der äußerste Saal ist weit, hoch und kunstreich gemalt. Von dannen geht man in die Vorkammer, wie sie es zu nennen pflegen, welche ganz vergüldet, und folgend in Wallensteins Gemach, davon nicht genugsam kann geredet werden. Vor diesem Gemach – ohne viel Pagi, die alle in eine Liberei bekleidet – warten auf fünfzig wohl bewappnete Soldaten oder Trabanten, fürstlich angetan. Im innern Teil waren vornehme Männer welche fragten, von wannen die Eingehenden wären und was sie begehrten. – Seine Pferde stunden alle in einem Stall, welcher wunderlich war zugerichtet. Die Krippen waren von Marmelstein, und bei jeder Krippen entsprung ein Brunnen klaren Wassers, die Pferd zu tränken.«

Die Loggia auf der Gartenseite des Palais' ist eine besondere Kostbarkeit, ihr Entwurf geht dem damals berühmtesten Vorbild nach, der Loggia dei Lanzi in Florenz. An warmen Tagen war diese prunkvolle Säulenhalle der bevorzugte Platz Wallensteins und seiner Familie, sie ist unter der Leitung Niccolò Sebregondis vollendet worden, dem Nachfolger Spezzas. Die Wölbungen werden von sechs großen Säulen getragen – in der Mitte je zwei Doppelsäulen –, sie sind mit farbigen Fresken geschmückt, lebensgroßen Szenen aus dem Kampf um Troja, Fresken bedecken auch die Wände dieser gewaltigen Bogenhalle. Ein großer Springbrunnen, quadratisch eingefaßt, liegt in ihrer Mittelachsenverlängerung vor der Treppe.

Über die Gartenanlage des Palais' schreibt Carve: »Nicht fern vom Palast sah man einen lustigen Garten voller Bildsäulen und Wasserröhren. Zu Ende dessen war ein Vogelhaus mit allerlei Art Vögeln besetzt, darinnen Bäum und Hecken gepflanzt waren, darauf die Vögel nisteten. Das Haus aber war mit subtilen eisernen Drähten umfasset, daß kein Vogel entfliehen konnte. Mitten im Garten war ein Fischteich, reich erfüllet mit allerlei Gattungen von Fischen.« Fast alle Bronzestatuen des Gartens stammen von dem niederländischen Bildhauer Adriaen de Vries, einem der Großen des europäischen Spätmanierismus, wenn nicht der Größte. Seit 1601 lebte er in Prag, als »kaiserlicher Kammerbildhauer«, dort starb er auch 1626 in der Arbeit an den Bronzewerken für Wallensteins Garten; dreißig Stück waren es insgesamt, eine Sammlung, die nicht zu überbieten war. Dazu kam die Venusstatue von dem Brunnen Benedikt Wurzelbauers, die Graf Lobkowitz erworben hatte.

Heute sind im Garten Wallensteins meist nur noch Abgüsse, die Originale stehen im Park von Drottningholm in Schweden. Graf Königsmarck – als junger Offizier stand er in Wallensteins Diensten –, der schwedische General, war genügend kunstverständig und skrupellos, um die Bronzen nach seiner Eroberung der Kleinseite Prags 1648 nach Schweden zu transportieren; nicht alle, einen Teil ließ er kurzweg einschmelzen – vielleicht konnte er ihn nicht fortschaffen, vielleicht wollte er nicht, übersättigt von der fantastischen Beute, die er in Prag machte – er wurde dadurch zu einem der reichsten Männer des Kontinents –, vielleicht fand er ihn nicht bemerkenswert, vielleicht ließ er aus Wut wegen der verbissenen Verteidigung der Karlsbrücke und der Altstadt Kugeln aus den Prachtbronzen gießen.

Wallenstein gießt seine Kugeln aus normalem Material. Das Jahr 1624 bedeutet im gesamten Zeitraum des Dreißigjährigen Krieges für Habsburg und das katholische Lager eine der größten Atempausen. Für die Gegenseite allerdings ist es das Jahr der grundsätzlichen Formierung und Frontbildung, einer Fixierung, deren Linienführung lange Zeit maßgebend geblieben und im wesentlichen durch die wechselnden Konstellationen des Schlachtenglücks und -unglücks nur variiert worden ist.

Im Frühjahr findet in Frankreich eine grundsätzliche Umorientierung der Politik statt, sie wird bald verstärkt durch die selbstverständliche Annäherung Englands an Frankreich nach dem Scheitern des Versuchs, den englischen Thronfolger mit der spanischen Infantin Isabella zu verheiraten. Der Ausgang des pfälzischen und norddeutschen Krieges hat Frankreich durch die spanisch-österreichischen Erfolge aufs äußerste beunruhigt, auch das erneute Arrangement des Kaisers mit Bethlen Gabor wirkt von Frankreich aus wie ein Sieg, wie eine zusätzliche Stabilisierung Habsburgs. Diese aufgescheuchte und verschreckte Rivalität Frankreichs gegenüber Österreich-Spanien konzentriert sich für die nächsten Jahrzehnte in der Person eines Mannes, der am 26. April 1624 vom französischen König als leitender Kopf ins Ministerium berufen wird: Kardinal Richelieu.

Es ist richtig, auch ohne diesen Mann, der zum Schöpfer der modernen absoluten Monarchie in Frankreich und der französischen Hegemonie auf dem europäischen Kontinent wird, auch ohne Richelieu hätte sich Frankreich früher oder später gegen das spanische Vordringen am Rhein und in den Norden gesträubt, hätte sich zu einer handfesten Unterstützung der Generalstaaten entschlossen. Eine Eroberung der Niederlande durch Spanien würde die politischen Lebensbedingungen Frankreichs im Nerv verletzen.

Dabei ist die innenpolitische Situation Frankreichs bei Antritt Richelieus genügend kompliziert, um eine schnelle und vor allem offene Parteinahme in der europäischen Aufmarschsituation des Jahres 1624 unmöglich zu machen. Richelieu muß auf die Empfindungen der französischen Hugenotten genauso Rücksicht nehmen wie auf diejenigen der Katholiken Frankreichs, die schon aus rein religiösen Gründen mit dem obersten Ziel seiner Politik, nämlich die Vormacht des katholischen Habsburg zu brechen und damit auch der spanischen Politik das Fundament zu entziehen, nicht einverstanden sind. Denn eine so umfassende Schwächung Habsburgs, wie Richelieu sie anstrebt, muß auch die Vormachtstellung der katholischen Kirche unweigerlich anschlagen.

Auf diplomatischem Gebiet ist Richelieu das Gegenstück zu dem, was wenig später Wallenstein auf militärischem Gebiet bedeutet. Überhaupt drängt sich gerade bei diesen beiden Männern, die in den nächsten Jahren die auffälligsten Gestalten in der Galerie der Hauptdarsteller des Dreißigjährigen Krieges sind, ein Vergleich auf. Richelieu und Wallenstein sind in erstaunlich vielen Punkten Gegensatz und Parallele. Wie keiner sonst neben ihnen beeindrucken sie – der Kardinal als Staatsmann, der Staatsmann als General – jedermann in dieser Zeit. Beide dulden in ihrem Bereich niemanden neben sich, Wallenstein denkt von 1625 an nicht entfernt daran, auch nur den Anschein einer Teilung des Oberbefehls hinzunehmen, Richelieu wiederum setzt schon nach vier Monaten den Mann ab, der ihn in die Regierung geholt hat, den Marquis La Vieuville, und zwar auf die schimpflichste Weise. Er ist noch kein dreiviertel Jahr im Amt, da berichtet der päpstliche Gesandte nach Rom: Die Behörden wagen ohne Richelieu nichts anzuordnen, der König und die Königin-Mutter Maria Medici wagen ohne Richelieu kaum zu atmen.

Keiner hat die Lehren Machiavellis so raffiniert verschleiert praktiziert wie der französische Kardinal. Politik ist ein Metier, bei dem es keine ungeeigneten Mittel gibt, sofern sie sich eignen – und nichts verdirbt die Zweckmäßigkeit von Mitteln stärker als Grundsätze. Richelieu hat jedem gezeigt, der es sehen wollte, daß nur höchst selten geniale Politik einfach in Prinzipienlosigkeit besteht – er hat demgegenüber bewiesen, daß sie fast immer eine Art Unzucht wider die logische Einbahnstraße der Moralität ist. Er setzt gegen die Hugenotten eisern das Recht der Kirche und des katholischen Glaubens durch und er stellt ebenso rücksichtslos das Recht des Staates über das Recht der Kirche.

Das ist der Grund, warum er in seiner kirchlichen Politik so schroff zwischen den französischen und nichtfranzösischen Protestanten trennt. Gegen die Hugenotten im Land führt er einen jahrelangen Krieg, aber in der Außenpolitik bekämpft er in engster Verbindung mit allen protestantischen Mächten die staatlichen Repräsentanten des Katholizismus, Habsburg und Spanien, entschlossen und bis zum Verbrechen listenreich. Er kann das deshalb, weil er es – im Gegensatz etwa zu Ferdinand II. – strikt ablehnt, in der Etablierung der Herrschaft der Kirche ein Direktionsprinzip der Außenpolitik zu sehen. Den Gedanken einer Oberherrschaft des Papstes erledigt er mit einer Handbewegung. Er ist der Meinung, daß nur Gott ein Urteil über die Unfähigkeit oder die Verbrechen der Könige zusteht; den weltlichen Regierungen aber muß es frei überlassen bleiben, ob sie sich der Kirche unterordnen wollen oder nicht.

Die Berechtigung der verschiedenen ständischen Interessen im Inneren des Staates akzeptiert er, allerdings innerhalb präziser Grenzen. Richelieu steckt diese Grenzen sehr weit, so weit nämlich, wie es der Weite seiner eigenen Auffassung von der Größe der französischen Monarchie entspricht. Der Widerstreit der Parteien hat dort zu enden, wo die Gesamtinteressen des Staates beginnen, eines Staates, der keine anderen Schranken kennt als die überlegte und überlegene Rücksicht auf den Charakter der Franzosen, einer Nation – wie Richelieu in dem charakteristischen Pathos des cartesianischen Zeitalters sagt –, einer Nation, welche die Knechtschaft haßt, aber gern denjenigen Gehorsam leistet, der sich mit ihrem Ehrgefühl verträgt.

1624 ist Richelieu genausowenig wie England zu einem Krieg gegen Österreich–Spanien entschlossen. Frankreich beginnt zunächst mit einer Unterstützung Venedigs und Savoyens, also mit dem Eingreifen in Italien. Der erste, für Madrid und Wien höchst alarmierende Erfolg ist die Sperrung der Veltliner Pässe in der Schweiz durch Frankreich. Dadurch wird die direkte Landverbindung Spaniens mit dem Norden, die erst einige Monate existiert, wieder unterbrochen. Gleichzeitig gelingt es dem Herzog von Savoyen, Genua vom Norden her zu blockieren und damit die Selbständigkeit dieser Adelsrepublik um ein weiteres Stück empfindlich zu schwächen, was wiederum die Hofburg mit Recht als höchst bedrohlich empfindet.

Ein zweiter Erfolg Frankreichs ist die Annäherung an England, und zwar auf dieselbe Weise, die im Fall Spaniens fehlgeschlagen ist, nämlich durch die Verheiratung Henriette Maries von Frankreich mit dem Prinzen von Wales, genauer gesagt mit dem neuen englischen König Karl I. im Jahr 1625 – eine Verbindung, die Richelieu schon 1623 anbahnt.

Damit ist auch das offizielle Bündnis Frankreich–England perfekt. London hat zunächst eine Unterstützung der Restitution Friedrichs von der Pfalz durch Frankreich verlangt, aber auf eine energische Weigerung Frankreichs hin verzichtet es darauf, allzu hartnäckig zu sein. Richelieu scheint das durch einen nachdrücklichen Hinweis auf die große, überspannende Gemeinsamkeit der bevorstehenden Kämpfe und Waffenverbindung fertiggebracht zu haben.

Bestärkt wird diese Erinnerung durch den Beitritt Frankreichs zu denjenigen Bündnissen, die England schon mit den protestantischen Staaten Nordeuropas

abgeschlossen hat. Im Juni 1624 unterzeichnen England und Frankreich mit den Generalstaaten einen Defensivpakt. Einen Monat später erscheint ein französischer Vertreter an den kurfürstlichen Höfen von Sachsen und Brandenburg, anschließend besucht er eine ganze Reihe protestantischer Fürsten im Reich: Er bietet die Unterstützung des französischen Königs für ein Bündnis der protestantischen Reichsstände an, durch das ihre Freiheiten nicht zuletzt ihre Gewissens-, also ihre Religionsfreiheiten, geschützt werden sollen.
Ende Dezember taucht ein anderer französischer Gesandter in einer ähnlichen Mission an den Höfen von Dänemark und Schweden auf und versucht, beide Staaten unter dem Motto »Herstellung der deutschen Fürsten in ihre alten Rechte und Freiheiten« zu einer Angriffskoalition im Deutschen Reich, für die »teutsche Libertät«, zu überreden.
Grundsätzliche Schwierigkeiten gibt es dabei nicht, die beiden Könige sind schon lange daran interessiert, machen sich Sorgen deswegen, auch wenn diese Libertät wechselnde Namen trägt und der dänische König mehr als einmal das Halberstädter Bistum damit meint. Gegen die Koalition steht aber vor allem die wechselseitige Rivalität zwischen Schweden und Dänemark. Schon seit vielen Monaten warten beide Staaten nur auf die erste beste Gelegenheit, im Norden des Reichs einzugreifen. Schweden führt ausdauernd genug gegen Polen Krieg, also ein Land, das dynastisch und religiös eng mit Österreich verbunden ist und den Kaiser kräftig mit Soldaten unterstützt. Und das Hauptziel der Politik Christians IV. von Dänemark besteht in der Sicherung seiner Machtsphäre in Nordwestdeutschland. Sicherung heißt Erweiterung, ein Ziel, das König Christian allerdings bis 1624 ohne Waffenanwendung besser zu erreichen glaubt als mit Musketen und Partisanen.
Wenn auch beide nordischen Länder der gemeinsamen Ansicht sind, daß die Nordsee und damit der nördliche Handel ausschließlich ihnen zusteht und ihnen deshalb auch die entsprechende Kontrolle, vor allem der Seezugänge gehört, so haben sie sich bis jetzt doch nicht dazu verstehen können, größere Projekte und Vorhaben gemeinsam anzugehen. Ihre Eifersucht, ihre Rivalität in der Ostsee ist zu groß. Die Freiheit der Meere besteht auch in diesem Fall wie so oft darin, das Meer vom andern freizuhalten.
Die Differenzen zwischen den schwedischen und dänischen Beurteilungen der Lage im Reich werden vor allem in England nicht richtig eingeschätzt. Gustav Adolfs Plan, entlang der Oder nach Süden bis nach Mähren vorzudringen, wirkt wie eine fantasielose Verlängerung der bisherigen polenfeindlichen Politik Schwedens. Man unterschätzt jenseits des Kanals auch die Stärke Gustav Adolfs und hat mehr Sympathie für den Vorschlag des dänischen Königs, im Nordwesten anzugreifen, einzugreifen, zuzugreifen, näm-

lich die Bistümer Münster und Halberstadt für seinen Sohn zu erobern; Christian von Braunschweig-Wolfenbüttel, der zahm gewordene tolle Halberstädter, hatte ausdrücklich auf sein Bistum verzichtet, als er nach dem Desaster von Stadtlohn geflüchtet und in die Niederlande gegangen war.

Im Laufe eines einzigen Jahres wird die große europäische Koalition gegen Spanien-Habsburg vollendet. Dazu kommt die Drohung aus dem ungarischen Raum. Niemand muß es der Hofburg sagen, worauf Bethlen Gabor wartet. Der Fürst von Siebenbürgen hat schon immer nur deshalb Frieden geschlossen, um ihn bei der ersten besseren Gelegenheit wieder zu brechen. Nicht nur England bemüht sich jetzt durch seinen Gesandten in Konstantinopel, Bethlen Gabor eifrig und eindringlich zum Angriff zu ermuntern, sondern auch Frankreich, ebenfalls durch einen Gesandten, und zwar Anfang des Jahres 1625. Bethlen hat gar nicht gewußt, daß es so viele kriegsfrohe Gesandte gibt.
Die Frage, wann der Feldzug beginnt, steht ganz beim dänischen König. Frankreich muß erst einmal mit seinen inneren Nöten fertig werden, England kann sich bis jetzt nur zu einem Seekrieg gegen Spanien aufraffen, und Schweden ist noch immer mit den Polen beschäftigt. Allerdings sind Frankreich und England mit Hilfsgeldern und Truppen zur Hand. Als sich der englische Gesandte am 6. August 1624 bei Christian IV. ganz undiplomatisch deutlich nach seinen Plänen erkundigt, bekommt er die ebenso deutliche Antwort, daß er – der dänische König – und daß sich ebenso die deutschen Fürsten erst dann zum Angriff entschließen werden, wenn England eine eigene, selbständige Armee gegen Tilly aufstellt.
Diese Reserve des dänischen Königs drückt keinen Vorbehalt gegen den Krieg selbst aus, sondern nur die Zweifel, ob denn England wirklich zu einer kräftigen, nicht nur rhetorischen Assistenz bereit ist. Als der englische Gesandte wenige Monate später, im Januar 1625, nach einer Rundreise bei den protestantischen Fürsten im Reich noch einmal mit großen Vollmachten zum dänischen König kommt, hat er nach den früheren schleppenden Gesprächen keine großen Hoffnungen mehr, daß sich Christian IV. entschließen wird, mit dem Krieg zu beginnen.
Der Gesandte erlebt allerdings eine der befriedigendsten Enttäuschungen seines Diplomatenlebens. Christian hat sogar schon einen fertigen Plan für die Erhebung gegen den Kaiser und die Liga. Zunächst garantiert er aus freien Stücken die Aufstellung von 4000 Mann zu Fuß und 1000 Reitern, wenn England ein entsprechendes Kontingent von 6000 Mann zu Fuß und ebenfalls 1000 Reitern beisteuert. Sollte es zu einer Übereinstimmung zwischen England und Dänemark kommen, dann rechnet der König zuversicht-

lich, ja fest mit einer Beteiligung Kurbrandenburgs und der Niedersächsischen Stände und schätzt, daß dann insgesamt eine Armee von 30 000 Mann zusammenkommen wird. Damit könnte er ohne weiteres den Krieg sowohl gegen Habsburg als auch gegen Spanien führen. Christian wartet nicht einmal mehr die garantierenden Zusagen von allen beteiligten Seiten ab, er ist jetzt so kampfhungrig und kriegsdurstig, daß er schon im Mai 1625 mitten im Bistum Osnabrück, das jetzt zu Tillys militärischem Machtbereich gehört, mit den ersten Truppenwerbungen beginnen will.
Was diesen Stimmungswechsel bewirkt hat, ist letzten Endes nichts anderes als die Eifersucht des Königs auf Gustav Adolf. Bei den Verhandlungen im Vorjahr hat Christian IV. deutlich genug gemerkt, daß Gustav Adolf durch seine Festlegung in Polen keineswegs so ausschließlich engagiert ist, um sich nicht auch gründlich mit dem Gedanken einer größeren Erhebung gegen Habsburg, die Liga und Spanien zu befassen und im richtigen Moment initiativ zu werden.
Dem will Christian zuvorkommen. Nicht der Schwedenkönig, sondern er will Führer der großen Koalition werden, er will seinem nordischen Rivalen den Rang ablaufen. Den letzten Ausschlag gibt der Zufall, daß im gleichen Januar 1625 in Kopenhagen Herzog Johann Ernst von Sachsen-Weimar auf der Durchreise nach Schweden eintrifft. Der Herzog hat unter Friedrich von der Pfalz im böhmischen Heer gedient, jetzt ist er auf dem Weg zu Gustav Adolf. Christian überredet ihn zum Bleiben. Sie schließen im Februar eine Übereinkunft, daß der Herzog bis zum 25. Mai 4000 Reiter anwirbt, der Dänenkönig will im gleichen Zeitraum Werbungen von insgesamt 10 000 zu Fuß durchführen. Das sind keine bloßen Velleitäten, Christian läßt der Bestallung des Herzogs zum königlich-dänischen Reiterobristen umgehend weitere Ernennungen folgen.
England stimmt dem dänischen Angebot sofort zu. Gustav Adolf hat bei der gleichen englischen Anfrage Gegenforderungen erhoben, die insgesamt um zwei Drittel höher liegen als die dänischen Truppenforderungen. In London hofft man, daß nach einiger Zeit auch Gustav Adolf auf dem Kriegsschauplatz auftauchen wird. Allerdings unterschätzt man den Grad der persönlichen Abneigung zwischen den beiden nordischen »Wasserkönigen«.
Im Niedersächsischen Kreis ist die Situation für Christian IV. besonders günstig. Das Obristenamt der Streitkräfte Niedersachsens ist vakant, im Frühjahr 1625 soll auf einem Kreistag in Lüneburg ein neuer Kreisoberster gewählt werden, der die Neuaufstellung und Führung eines Heeres übernehmen muß. Christian meldet sein Interesse an. Nach einigen Hindernissen erhält der dänische König das Amt.

Anders, komplizierter steht es mit der Frage, ob der Niedersächsische Kreis auch wirklich rüsten soll. Es herrscht offiziell Friede, auch der Kaiser hat darauf gedrängt, daß ein neuer Kreisoberster gewählt wird. Ferdinand ist in seiner Naivität völlig von der Friedfertigkeit Christians durchdrungen, der Dänenkönig beteuert im Moment nach allen katholischen Himmelsrichtungen hin, daß er nichts anderes bezwecke als den Religions- und Profanfrieden zu erhalten. Ferdinand glaubt ihm.

Die norddeutschen Stände müssen darauf Rücksicht nehmen, bei jedem Wort – vor allem deshalb, weil Tilly und Maximilian von Bayern wachsamer sind als der Kaiser; sie liegen ihm seit Monaten wegen der dänischen Gefahr in den Ohren. Die norddeutschen Stände fassen den vorsichtigen Beschluß, zur Stärkung der allgemeinen Verteidigungsbereitschaft gegen feindliche Angriffe eine begrenzte Zahl von Truppen anzuwerben – niemand tastet an die heikle Frage, wer denn da überhaupt der Feind ist, wer der Feind sein könnte.

Selbst dieser Beschluß ist schon gut genug für den Eifer, mit dem sich Christian IV. auf das ganze Kriegsprojekt wirft. Im Juni stehn ihm die vertraglich vereinbarten 4000 Reiter des Herzogs von Sachsen-Weimar zur Verfügung, dazu fast 6000 Mann Fußtruppen. Diese Armee ist in Holstein. Der Beschluß der Niedersächsischen Stände macht es dem Dänenkönig möglich, einen Teil dieser Soldaten als Kreisarmee auszugeben, den andern das Markenschild »Hilfstruppen« vorzuhängen und mit Roß und Mann in den Niedersächsischen Kreis einzumarschieren; er ahnt nicht, daß er damit die Rolle des hilfreichsten Versagers des Dreißigjährigen Krieges zu spielen beginnt.

Mitte Juni 1625 überqueren seine Truppen die Elbe und marschieren in Richtung Süden zur Weser, an die äußerste Grenze des Kreises. Fünf Wochen später, in der zweiten Julihälfte, setzt er in Hameln Truppen auf das linke Weserufer über. Das ist genaugenommen schon Einbruch in fremdes Gebiet, ebenso wie die Besetzung des Landes um Verden und der Einmarsch in die Stadt Nienburg, denn hier ist westfälisches Gebiet, auch wenn es am rechten Ufer der Weser liegt. Als der Dänenkönig unverdrossen mit seinen Truppen weiter nach Höxter vorfühlt, trifft er schon auf die ersten Regimenter Tillys, der nicht in seinem Hauptquartier in Hersfeld geblieben, sondern mit seiner Armee nach Norden aufgebrochen ist, als er von dem Vormarsch Christians in Niedersachsen erfährt.

Zur gleichen Zeit zieht Ernst von Mansfeld mit einer Schar von rund 5000 Söldnern aus den Niederlanden heran. Mansfeld ist im Mai 1624 vom englischen König gegen eine monatliche Summe von 20 000 Pfund Sterling dazu

verpflichtet worden, eine Armee von 10 000 Mann zu Fuß und 3000 Reitern anzuwerben.
Der europäische Krieg ist nicht mehr aufzuhalten. Der Kaiser, vor allem aber Maximilian von Bayern wissen, was für ein Gespinst sich hier engmaschig zusammengezogen hat. Diplomatische Gegenaktionen sind aus dem status quo des spanisch-österreichischen Besitzstandes und der Machtsphären genausowenig möglich wie von der religiösen Situation her. Die größte Sorge ist, daß der Bayernfürst ohne Beschönigung und Einschränkungen dem Kaiser erklärt, er allein könne mit den Truppen der Liga gegen ein derart übermächtiges europäisches Staatenbündnis die katholischen Eroberungen des letzten Jahrfünfts unmöglich halten, zumal es nur eine Frage von wenigen Tagen sei, daß Bethlen Gabor ebenfalls mit allen Truppen aus dem Südosten vorbreche, sobald der Krieg im Nordwesten des Reiches beginne.
Es besteht kein Zweifel daran, daß die Lage so, wie sie ist, für Österreich hoffnungslos ist. Aber auch für Bayern. Denn niemand hat zu den vielen religiösen Gründen noch einen handfesteren, sehr persönlichen Grund, die Restitution Friedrichs von der Pfalz zu verhindern, als Kurfürst Maximilian. Exakt diese Restitution gehört zu den wichtigsten Kriegszielen Dänemarks, Englands, der Niederlande und Siebenbürgens, von den deutschen Protestantenfürsten ganz zu schweigen.
Ferdinand glaubt nicht an eine wirkliche Gefahr; sie würde ihn stören. Sie würde ihn noch mehr stören, als ihn jetzt sein Münchner Vetter stört. Seit März 1625 drängt der Bayernfürst den Kaiser immer heftiger dazu, starke Truppenwerbungen durchzuführen, nicht eine einzige Armee sei nötig, nicht zwei, nein, mehrere würden gebraucht. Am 9. April verlangt Maximilian heftig und nervös, daß Ferdinand II. »nach größerer Verfassung an Kriegsvolk unverzüglich trachten« muß, er soll schnellstens »noch etlich Tausend Mann zu Roß und Fueß werben und also logieren lassen, damit sie nit nur dem Gabor, sondern auch der Dennemarckischen Armada auf den Notfall begegnen könden«.
Mitten in diese brennend eiligen bayerischen Schreiben und Eingaben, in die Hilf- und Geldlosigkeit des Kaisers und den aufgestörten Wiener Hof platzt das Angebot Wallensteins, ohne Verzögerung, in kürzester Frist, auf eigene Kosten eine Armee von 15 000 Mann zu Fuß und 5000 Reitern aufzustellen. Wallenstein ist bereit, dieses Heer dorthin zu führen, wohin der Kaiser es wünscht, nach Ungarn, Italien oder ins Reich. Man fragt Wallenstein ungläubig, ob er wirklich denke, 20 000 Mann im Feld halten zu können. Wallenstein antwortet: »20 000 nicht, wohl aber 50 000.«
Erst mit diesem Angebot vom Frühjahr 1625 und seiner Annahme wird aus

dem steinreichen böhmischen Magnaten und kaiserlichen Vasallen unversehens und geradezu über Nacht der große General des großen Krieges, wird aus dem relativ unbedeutenden Landesfürsten die welthistorische Figur.

XI
Des Kaisers neuer General
(1625)

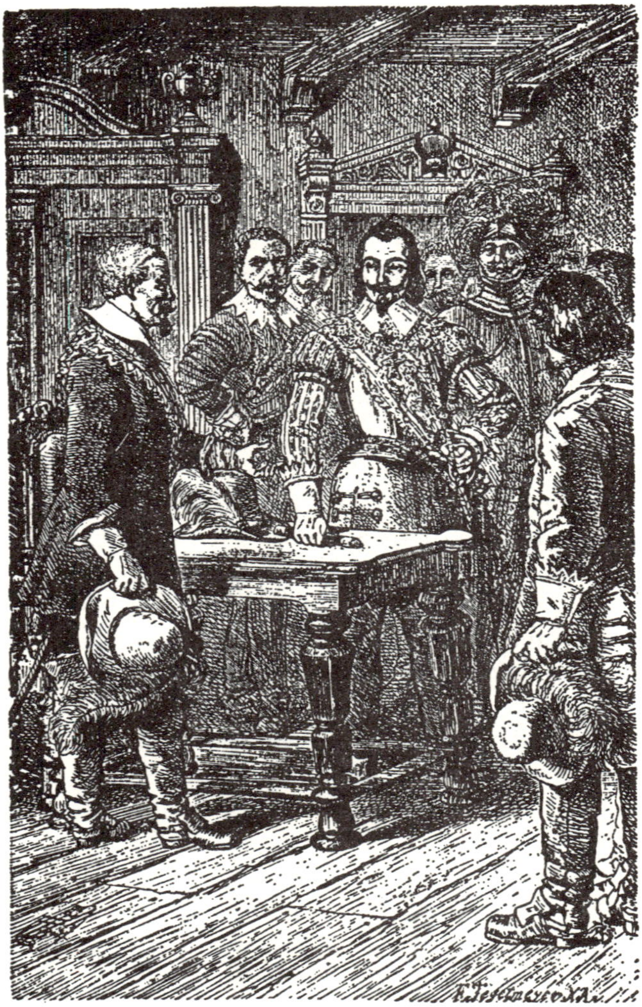

Der Vorschlag Wallensteins, für den Kaiser eine Armee von 20 000 Mann aufzustellen, und zwar auf eigene Kosten, ist weder für Ferdinand II. noch für seinen böhmischen Vasallen ein absolut neues oder verblüffend originelles Projekt. Was an ihm wirklich neu, originell und verblüffend ist, das erreicht solche Proportionen, daß sich alle Beteiligten davor hüten, auch nur in Andeutungen davon zu sprechen oder es gar schriftlich zu fixieren. Nicht so sehr, weil sie von Anfang an alle Konsequenzen übersehen, die mit dem Vorschlag Wallensteins und seiner Realisierung verbunden sind, sondern weit eher umgekehrt: weil sich nämlich die Konsequenzen in ihrem vollen Ausmaß erst später herausstellen werden; man ahnt das, und deshalb will niemand die Verantwortung für sie übernehmen.

Wallenstein soll schon im Sommer 1623 dem Kaiser vorgeschlagen haben, 15 000 Fußtruppen und Reiter auf eigene Kosten aufzustellen und für zwei Jahre im Feld zu halten. Quellenmäßig ist dieses Angebot nicht verbürgt. Von einem ähnlichen Vorschlag wird auch aus dem Jahr 1622 berichtet, und dieselbe Truppenzahl wird noch einmal für den Januar 1624 erwähnt. Sollte Wallenstein wirklich irgendwelche Angebote dieser Art gemacht haben, dann sind sie von Ferdinand II. jedenfalls abgelehnt worden.

Auch zu diesen fraglichen Zeitpunkten, also 1622, 1623, 1624 und 1625, steht unverbrüchlich die eine Tatsache fest, die schon seit der Epoche Maximilians I. bekannt ist: nämlich die chronische, die erschreckende Geldnot der deutschen Kaiser. Die Unterlagen des Kriegszahlmeisters hatten bis zum Ende des Jahres 1619 eine Kriegsschuld von 4 309 646 Gulden ausgewiesen. Diese Summe steigt in den folgenden Jahren ununterbrochen an, ohne Pause. Nach einer realistischen Schätzung haben sich die Kriegskosten, die zwischen 1618 und 1640 von den österreichischen Erblanden aufgebracht werden mußten, auf ganze 71 452 753 Gulden belaufen. Die päpstlichen Subsidien können aufgrund ihrer Begrenztheit genauso außer Acht gelassen werden wie die spanischen Hilfsgelder. Sie belaufen sich gegenüber der genannten Summe auf nicht einmal vier Prozent. Als der böhmische Statthalter Fürst Liechtenstein im Sommer 1623 von der Hofkammer dringend als Mindestsumme 100 000 Reichstaler für den Unterhalt der kaiserlichen Regimenter in Böhmen anfordert, lehnt die Hofkammer die Zahlung auch nur eines einzigen Kreuzers kategorisch ab. Die Begründung dafür ist so klassisch, wie sie sich für eine Finanzbehörde überhaupt denken läßt. In dem Hofkammergutachten vom 16. August 1623 heißt es: 1. Die Hofkammer hat kein flüssiges Geld. 2. Auch wenn die Hofkammer flüssiges Geld hätte, würde sie Liechtenstein nichts zahlen.

Das Dilemma zwischen Finanznot einerseits und Notwendigkeit zur Kriegsführung andererseits läßt sich nur kurze Zeit überspielen. Für den Kaiser sieht es bis 1625 so aus, daß er im Reich die ligistischen Truppen als Garanten der Ordnung hat, daß er aber in seinen eigenen Ländern und gegen die Bedrohung durch Siebenbürgen und die Türken selbst etwas unternehmen muß. Nach der Erledigung des ungarischen Krieges kann sich Wien zu einer drastischen Reduzierung der Truppen entschließen. Wie groß die Geldnot ist, sieht man mit am besten daran, daß gleichzeitig für diejenigen Regimenter, die man unbedingt unter Waffen halten muß, eine neue, spartanische Verpflegungsordnung ausgearbeitet und erlassen wird.
In den Februartagen 1625 sind die Rüstungen Wiens auf einem Tiefstand. Im Münchener Geheimabkommen von 1619 hatte der Kaiser die Kriegführung im Reich ausschließlich der Liga und ihrem Bundesobersten Maximilian übertragen. Als der Bayernherzog in Regensburg die pfälzische Kur erhält, sichert Ferdinand II. auf dem anschließenden Ligatag dem ligistischen Heer eine militärische Unterstützung zu, und zwar verpflichtet er sich zu einer Beihilfe von 8000 Mann, darunter zwei Kavallerieregimenter, »in der Art jedoch«, das ist die entscheidende Einschränkung, »daß Ihre kaiserliche Majestät, wenn Sie in Ihren Erblanden mit Krieg überzogen würden oder eine eigene Armee auf den Beinen hätten, zu dieser Leistung nicht verpflichtet wären«.
Maximilian hat ihm damals nicht widersprochen. Stillschweigend akzeptiert er das Recht des Kaisers auf ein eigenes Heer, der Kaiser hat es auch niemals aufgegeben, selbst nicht dadurch, daß er der Liga und Maximilian die Vertretung seiner Sache im Reich überläßt.
Nun bringt zu Beginn des gleichen Jahres der Kaiser die Regimenter, die er unter Waffen hält, auf ein kriegsmäßiges Minimum. Im Februar stehen im wesentlichen nur noch fünfzehn Regimenter zur Verfügung. Sechs davon sind zur Unterstützung der Spanier auf dem Weg in die Niederlande. Von den restlichen liegt ein Regiment in Freiburg, die anderen sind größtenteils weit unter ihre Sollstärke reduziert, die Kommandeure teilweise beurlaubt. Summa summarum ist zu diesem Zeitpunkt ernsthaft von einem »kaiserlichen Heer« überhaupt nicht zu sprechen. Wenn Maximilian seit Ende 1624 und im ersten Halbjahr 1625 unentwegt dem Kaiser wegen neuer Rüstungen in den Ohren liegt, dann meint er zunächst nichts anderes als das Nächstliegende, nämlich die kaiserlichen Regimenter wieder auf normale Stärke und in kriegstüchtigen Zustand zu bringen, denn erst dann können sie im Notfall eine wirkliche Hilfe und Unterstützung der Liga sein.
Statt dessen aber vermindert der Kaiser noch bis ins Frühjahr hinein weiter

seine Truppen, dankt Regimenter ab. Am 13. April 1625 schreibt er Maximilian einen längeren Brief, den der Bayernfürst als widersinnig ansehen muß. Eingangs beteuert der Kaiser, er wisse sehr wohl, welche bedrohliche Koalition in Europa sich gegen ihn und »die getreu gehorsamen Kurfürsten und Stände des Reichs« zusammenziehe. Der Kaiser weist aber eindringlich auf den miserablen Zustand seiner Länder hin, die bis jetzt allein die Verheerungen und Kosten des Krieges getragen haben. »Obzwar wegen der so lang kontinuierten stetten Beraitschafften Unser Erbkönigreich und Länder auf das höchste abgemattet und erschöpfet« sind, soll das Regiment Tiefenbach nicht abgedankt werden, wie es beabsichtigt war. Allerdings müsse er das Kürassierregiment Wittenhorst auflösen, »da solches die Notturfft erfordert«.

Daran schließt sich ein Satz, der für Maximilian unverständlich bleiben muß; der Kaiser schreibt: »Wir haben aber gleichwohl die Mittel vorhanden, damit zu Defension Unserer Erbkönigreich und Landen Wir in kurtzem mit nothwendiger Kriegsmacht und Verfassung aufkommen können.« Der Kurfürst von Bayern kann diesen Satz deshalb nicht verstehen, weil er nicht über die Beratungen orientiert ist, die seit dem Angebot Wallensteins im Januar 1625 zur Aufstellung einer neuen Armee in der Hofburg stattfinden.

In den ersten beiden Monaten des Jahres 1625 hält sich Wallenstein fast ununterbrochen in Wien auf. Sein Projekt einer neuen kaiserlichen Armee unter seiner Führung ist gleichzeitig verknüpft mit weitgehenden Reformvorschlägen für die Heeresorganisation im allgemeinen. Wallenstein hat nicht nur durch seinen Schwiegervater Karl von Harrach direkt Kontakt mit dem Kaiser, er ist auch seit dem Friauler Krieg bestens vertraut mit dem Direktor des Hofrats, dem Fürsten Eggenberg. Seit Anfang 1625 datieren auch die engen Beziehungen Wallensteins zu dem Obersthofmeister der Kaiserin, dem Grafen Maximilian Trauttmansdorff. Eggenberg, Harrach und Trauttmansdorff sind damals die höchsten Würdenträger in Wien, die einflußreichsten Berater; später wird Trauttmansdorff ein Gegner Wallensteins. Davon ist in diesen Monaten allerdings noch nichts zu ahnen, im Gegenteil, aus dem Sommer 1625 liegt ein lebhafter und vertraulicher Briefwechsel zwischen dem Grafen und dem kürzlich erst neu ernannten Herzog von Friedland vor.

Wallenstein reist im März nach Prag zurück. Die Verhandlungen über sein Angebot sind schon so weit fortgeschritten, daß er mit einer Annahme durch den Kaiser rechnet. Am 7. April läßt der Kaiser für Wallenstein ein Ernennungsdekret ausstellen. In diesem Intimat wird Wallenstein von Ferdinand II. zum Capo, wie der italienische Ausdruck heißt, zum Führer und Haupt aller

kaiserlichen Truppen, »so dieser Zeit im Heiligen Römischen Reich und Niederland vorhanden sind oder dahinwärts geschickt oder abgeordnet werden möchten, gnädigst benannt und fürgenommen«.
Noch bevor Wallenstein dieses Dokument überbracht wird, gibt er selbst eine Anweisung. Am 8. April 1625 erlegt er in Prag zur Verfügung des Kaisers ein Darlehen von 900 000 Goldgulden. Wallenstein hat noch nichts von seiner Ernennung erfahren, eine direkte Beziehung zwischen beiden Daten läßt sich nicht nachweisen, zweifellos aber ist beides in Wien besprochen worden, und deshalb wird man das Darlehen als eine Konsequenz der Verhandlungen im Januar und Februar einschätzen dürfen, ohne eine zeitliche Verbindung zur Lösung der ersten Hauptfrage konstruieren zu müssen, also der Ernennung Wallensteins zum Heerführer.
»Erste Hauptfrage« – das heißt, daß man es hier mit dem Anfangsglied der ganzen Problemkette zu tun hat, die sich um das Projekt der neuen kaiserlichen Armee schlingt. Wenn auch das Dekret vom 7. April Wallenstein schwarz auf weiß bestätigt, daß er zum kaiserlichen Heerführer ernannt worden ist, so enthält es doch kein einziges Wort über das Heer selbst, das Wallenstein werben, aufstellen und führen soll, und keine Silbe, ob und wann dies überhaupt zu verwirklichen ist. Denn das Intimat ernennt Wallenstein wohl zum Führer des Heeres, aber es bevollmächtigt ihn nicht dazu, dieses Heer – das ja bis auf wenige Einheiten erst in den Köpfen der Beteiligten existiert – aufzustellen. Eine solche Vollmacht ist deshalb der springende Punkt, weil erst durch sie der Ernennung Wallensteins tatsächlich Hand und Fuß und Konsequenz, also Realität gegeben wird.
Kein Wunder, daß Wallenstein sofort, als er das Intimat erhält, aufbricht und wieder nach Wien fährt. Spätestens am 11. April muß er dort eingetroffen sein. Diesmal bleibt er nicht viel länger als eine Woche, und erst von da ab beginnen die intensiven Beratungen des kaiserlichen Geheimen Rates und des Hofkriegsrats, auf welche Weise die Ernennung Wallensteins auch praktisch umgesetzt werden soll.
Die Sitzungen sind verbunden mit einer gründlichen Erörterung der ganzen europäischen Lage. Wie brennend die Situation ist, darüber sind sich die Minister in Wien einig. Sie kennen die verschiedenen Absprachen und Bündnisse der Stände im Reich, sie wissen von den ausgedehnten, forcierten Werbungen der Dänen, des Grafen Mansfeld, sie sind über die englische und französische Unterstützung informiert, auch die Rüstungen Schwedens sind ihnen bekannt, ebenso wird von ihnen die Situation in Italien analysiert, und schließlich wissen sie, daß auch Bethlen Gabor »nit zu trauen« sei – eine Feststellung von einer wahrhaft intelligenten Trivialität. Dazu kommt die

heiße Situation in den Niederlanden, »wo beide Kriegsheer in starker Gegenwöhr liegen«, außerdem der »Tirkische Fried nitt geschlossen oder versichert und der Neutrallen auch derzeitt nitt zu Geniegen versichertt«.

Allerdings ist auch dieses große Bündel von Einsichten immer noch nicht groß genug, um die entscheidenden Berater und Akteure in der Hofburg zu einem größeren Tempo anzutreiben, als es seit Bestehen des Hauses Habsburg in Wien üblich ist. Die Mühlen, mit denen nun einmal im katholischen Wien gemahlen wird, sind zur einen Hälfte sicherlich Gottes Mühlen; jedenfalls mahlen sie langsam. Auch jetzt noch, nach der Ernennung Wallensteins, konzentrieren sich die ununterbrochenen Beratungen erst nach Ablauf einer vollen Woche wieder auf diejenige Frage, die man auf den Sitzungen lösen will und weswegen sie überhaupt stattfinden.

Am 23. April erhält die Prager Öffentlichkeit aus Wien die »Zeitung«, daß Wallenstein vom Kaiser Werbepatente für 80 Fähnlein zu Fuß und 30 Kornette Reiter verlangt und von ihm inzwischen schon verschiedene Obristen bestallt worden sind, wie Graf Wratislaw, Rudolf Colloredo, Georg Peter Hirschperg und Heinrich Paradies. Das erzählt man sich also schon in den Beamtenstuben an der Moldau. In Wien aber versichern sich am 29. April die Reichshofräte auf ihrer neuen Sitzung noch einmal, daß eine kaiserliche Armee unbedingt aufgestellt werden muß, zur Debatte stehe jetzt, »ob des Fürsten von Wallenstein Werbung inss Werckh zu richten oder auf andere Mittel zu gedenkhen, wie ainss oder das andere inns Werckh zu richten und der Musterplatz zu geben sein wird«.

Dieselbe Frage also noch einmal und noch immer, die sich die Räte schon in der ersten Sitzung, in genau derselben Form, gestellt haben. Ebenso sind sich die Räte auch damals darüber einig gewesen, daß es gelte, »auf alle Mittel und Weg zu gedenkhen, wie ein starke Summa Gelds und Kredit mögtte zusammengerichtt werden«. Der geduldigste und zugleich hartnäckigste Verfechter von Wallensteins Projekt, Karl von Harrach, erwidert den Räten in einem eigenen Gutachten ebenso geduldig und hartnäckig: »Ihrer Majestät mangeln die Mittel, selbst anjezo zu werben, daher vielleicht dess Fürsten Offerta anzunehmen sei.«

Das ist nur die sanfte Wiederholung der Harrachschen Empfehlung des ersten Gutachtens, »daß die Wallensteinersche Werbung nunmehr khein Stund verzogen werden müßte«. Harrach schlägt dem Kaiser folgende Lösung vor: Der Auftrag zur Werbung und Aufstellung des Heeres wird ausgesprochen; aber die Entscheidung darüber soll offenbleiben, auf welche Weise die Kosten dafür aufgebracht werden – welcher der drei Möglichkeiten, die überhaupt vorhanden sind, man den Vorzug gibt: Entweder nämlich streckt der Kaiser das Geld vor, also Kostenerstattung durch »Verlag« des Kaisers; dazu hat aber Ferdinand keinen Groschen. Oder durch Kreditierung, durch »Verlag« Wallensteins. Oder schließlich als dritte Möglichkeit: durch Kontribution.

Wallenstein ist über den Inhalt der Beratungen auf dem laufenden, er weiß, wie zähflüssig das alles noch dahinrinnen wird. Deshalb stellt er von Prag aus am 28. April in einem Brief an Harrach eine Art Ultimatum. Er bittet seinen Schwiegervater dringend darum, den Kaiser aus seiner Unentschlossenheit zu bringen, »auf daß Ihre Majestät wegen der Werbung nit länger temporisieren, dieweil der Feind nit feiert und von Tag zu Tag mehr Kriegsvolk aufbringt und also eher, denn wir uns versehen werden, in Schlesien und diesen Landen sein wird. Darum ist gewiß kein Minuten zu verlieren«. Wenn jemals, dann sieht Wallenstein jetzt endlich den Zeitpunkt zu der Einsicht gekommen, daß sich nicht nur im Lauf der Zeit die Dinge verändern, sondern vor allem auch im Lauf der Gewehre. »Ich«, so fährt er in seiner unverbindlich-schroffen Art fort, wenn in Wien zu lange über Dinge verhandelt wird, über die es nichts mehr zu verhandeln gibt, »ich hab mich wohl offeriert, Ihrer Majestät zu dienen, welchem ich auch untertänigst nachkommen will, aber werde ich sehen, daß man mutwillig Zeit verliert und vermeint, nachher, wenn uns der Feind am Hals ist, erst zu der Werbung zu greifen, so will ich mich in solches Labyrinth nicht stecken, in welchem ich um meine Ehr kommen müßte, sondern bin resolviert, eher von allen meinen Diensten abzusehen. Denn ich weiß gewiß, daß nichts andres draus erfolgen könnte als dem Kaiser Verlust seiner Länder und mir Verlust von Ehr und Reputation. Bitt derowegen meinen Herrn ganz dienstlich, er wolle ihm dies so hochwichtige Werk befohlen sein lassen«.

Dieser Brief wirkt in Wien wie eine Injektion, denn Wallenstein ist kaum eine Woche in Prag, da wird er schleunigst wieder nach Wien beordert. Am 8. Mai trifft er in der Hauptstadt ein, gerade recht zu einer neuen Sitzung des Reichshofrates. Auf ihr wird ein Gutachten des Fürsten Eggenberg beraten, das sich zwar nicht prinzipiell gegen Wallensteins Projekt ausspricht, in dem aber bestritten wird, daß im gegenwärtigen Moment schon neue Werbungen nötig sind. Bevor man sie einleitet, soll man sich erst noch einmal versichern, daß die Gefahr wirklich so groß ist, wie man bei den vorhergehenden Sitzungen angenommen hat. Eggenberg befürchtet vor allem zwei üble Folgen, falls ohne wirkliche Not gerüstet wird. Erstens macht sich der Kaiser »mit unzeitlicher Werbung die Soldaten selbst zum Feind, weil kein Bezahlung und dadurch die Länder verderben«. Zweitens provoziere man diejenigen, die »noch nit in Willen haben, Ihre Majestät zu ofendieren«.

Das Votum richtet sich nicht gegen Wallenstein und sein Angebot. Die Bedenken des Direktors und Kronberaters Ferdinands entspringen einer Mischung aus übergroßer Vorsicht und Erkenntnis der außerordentlichen Bedeutung der Beschlüsse, die im Rüstungsfall gefaßt werden müssen. Eggenberg ist bei der Sitzung nicht anwesend, er hat sein Gutachten aus der Steiermark geschickt, er kann es nicht selbst verteidigen. Es wird abgelehnt.

Die kaiserlichen Räte diskutieren diesmal nicht lange. Harrach protokolliert ihre bündige Feststellung, daß die Gefahr wirklich groß genug ist. Die Heeresstärken Dänemarks und Schwedens seien mit der Kriegsstärke identisch, der französische Marschall, Herzog von Angoulême, stehe schlagbereit an der Grenze, »Türkenfried nit geschlossen, alle übrigen wider Ihre Majestät und dero Haus collequiert, dieser Gefahr zuvorzukommen ist kein ander Mittel, als widerarmieren. Zum andern, da Ihre Majestät die Werbung aufschieben, so ist hernach zu spat und unmöglig, man nimbt dem Feind das Kriegsvolk und anjetzo ist's erlaubt zu werben, hernach möcht alles anderst werden. Zum dritten, so deutet es Kursachsen an, Trauttmansdorff schreibt es expressis, man soll die Gefahr nit mit Worten, sondern mit factis behandeln. Viertens, so schreibt und avisiert Bayern, daß Ihre Majestät soll armieren und extrema tun, so wolle es auch tun; wenn nicht, so werden ihm nit Mittel mangeln, sich und seine Sachen in acht zu nehmen, und also omnibus rationibus ratsam, zu armieren, und solches sobald und stark es sein kann.«

Mit diesem Votum fallen die Würfel. Wallenstein ist aber wegen der ganzen Verhandlungsführung seit seinem Januarangebot inzwischen zu mißtrauisch und vorsichtig, als daß er sich damit zufriedengibt. Er will erst abwarten, ob der Kaiser und seine zögernde Regierung auch wirklich an diesem Entschluß festhalten. Zusätzlichen Grund dafür hat ihm das Gutachten Eggenbergs gegeben. Auf Grund der Gespräche, die er in den Wochen vorher mit dem ersten Minister des Kaisers gehabt hat, war mit einer derartig einschränkenden Stellungnahme nicht im geringsten zu rechnen. Wallenstein wendet sich deshalb an denjenigen Mann, der das Gutachten Eggenbergs persönlich in seinem Schloß bei Graz abgeholt und nach Wien gebracht hat, den Präsidenten des Hofkriegsrates, Graf Rambold Collalto.

Wallenstein und Collalto kennen sich seit Jahren. Der Graf stammt aus einem alten mantuanischen Adelsgeschlecht, er ist seit 1599 ununterbrochen in kaiserlichen Diensten, als Militär, aber auch in diplomatischen Missionen. Seit 1618 ist er Truppenführer, mit Buquoy hat er wiederholt Schwierigkeiten, ebensooft hat sie Buquoy mit ihm. Collalto ist ehrgeizig, empfindlich, energisch, eitel, launisch, trinkt gern und gern zu viel, ein Sanguiniker von Format. 1622 kommt auch Collalto in den Besitz großer Herrschaften in Mähren und Böhmen, 1624 wird er zum Präsidenten des Hofkriegsrats ernannt. Wallenstein hat ihn bis dahin nie als Konkurrenten oder gar als Gegner betrachtet, er sieht in Collalto einen vertrauten Feldgenossen, wenn nicht gar Freund. Stutzig macht es ihn jetzt, daß ausgerechnet der Hofkriegsrats-Präsident das ablehnende Gutachten Eggenbergs überbringt, des gleichen Eggenberg, den Wallenstein einmal als »den besten Freund, den ich auf der Welt habe«, bezeichnet.

Wallenstein wendet sich an Collalto. Aber weder jetzt noch in den nächsten Monaten macht ihm Collalto Schwierigkeiten, im Gegenteil. Endgültig ist Wallenstein von der Unterstützung des Präsidenten erst Anfang Juni überzeugt. Er stellt Collalto unverblümt zur Rede, das Gespräch endet in voller Freundschaft, Wallenstein schreibt seinem Schwiegervater: »Dem Graf Collalto hab ich gesagt, daß er mit der andern Partei anfängt, keine Korrespondenzen mehr zu haben, aber er hat mich also sinceriert, daß ich ihm muß recht geben, aber darvon ist besser mündlich als schriftlich zu traktieren.«

Die Bemerkung Wallensteins von der »andern Partei« schon zu diesem frühen Zeitpunkt kann nicht aufmerksam genug gelesen werden, denn Wallenstein markiert damit etwas, das zwei Jahrhunderte später ein hitzig umstrittenes Problem der Forschung wird, ob es nämlich in Wien so etwas wie eine gegen Wallenstein gerichtete, ununterbrochen intrigierende Partei gegeben hat oder nicht. Collalto hat damals Wallenstein von seinem guten Willen überzeugt und ihn beruhigt. Von diesem Zeitpunkt ab sind beide Männer sehr vertraut miteinander: eine Verbindung, die bald genug genauso wichtig werden soll wie die Beziehung Wallensteins zu Karl von Harrach und zu Eggenberg und damit zum Kaiser.

Ferdinand II. steht samt seiner Regierung wirklich zu dem spät genug gefaßten Entschluß. Der Kaiser schickt am 12. Mai 1625 dem Kurfürsten Maximilian einen Brief, der in seiner Bestimmtheit und zugleich behutsamen Formulierung eins dieser charakteristischen Schlußpunkt-Dokumente ist, mit der so oft eine bestimmte Entwicklung beendet und eine neue Phase eröffnet wird.

Ferdinand schreibt da unter anderem dem Bayernfürsten und Oberhaupt der Liga, daß die Briefe und Vorstellungen Maximilians von der anwachsenden Gefahr jetzt auch immer deutlicher durch die überall offen auftretende Feindseligkeit bewiesen worden seien und auch er, der Kaiser, jetzt die Überzeugung gewonnen hätte, daß die in ganz Europa geworbenen Armeen und die »stets noch emporschwebende starke Kriegsbereitschaft und Verfassungen zu dem Ende angesehen und dirigiert seien, Uns und des Heiligen Römischen Reiches getreue, anverwandte Stände und Glieder und sonderlich Unsere beeden löblichen Häuser und das ganze Heilige Römische Reich in Desolation und Verwüstung zu stürzen«.

Deshalb habe er sich – es klingt fast beiläufig –, entsprechend der Sorgfaltspflicht seines kaiserlichen Amtes und besonders »auf Eurer Liebden beschehene Erinnerungen und angeheffte Erklärung, daß Sie Ihresteils gleichergestalt in mehr Gegenverfassung sich stellen wollen, dazu entschlossen, zur Abwendung dieser gemeinen vorbrechenden Gefahr neben Stärkung Unserer vorigen sechs Regimenter Fußvolk, jedes auf dreitausend Mann, und Ergänzung der vierundzwanzig Kompanien Reiter noch neue Kriegspräparation vorzunehmen unter dem Kommando des Hochgeborenen Unseres Oheims, des Reiches Fürsten und lieben getreuen Albrecht Wenzel Eusebius, Regierer des Hauses Wallenstein und Fürsten zu Friedland, Unseres Kriegsrates, Kämmerers und Obersten von fünfzehntausend zu Fuß und sechstausend zu Roß sowohl Unsere Erbkönigreiche und Länder auf allen Fall wider den Türken und Bethlen zu assekurieren«.

Wäre hier der Brief zu Ende gewesen, Maximilian hätte seine Freude an dem Schreiben gehabt. Der Kaiser betont aber weiter, daß auch von den Königen von Dänemark und Schweden Feindseligkeiten zu erwarten seien und Wallensteins Heer deshalb »mit und neben Eurer Liebden und der getreuen gehorsamen Kurfürsten, Fürsten und Stände Armada zum Widerstand« konkurrieren werde. Gleichgültig, was sich Wien und der Kaiser bei der Wallensteinischen Armee und ihrer Führung für Gedanken machen: Maximilian jedenfalls hält sich auch im Frühsommer 1625 an den Wortlaut des Münchner Geheimvertrags vom Oktober 1619, nach seinem Text kann der Kaiser Truppen in jeder beliebigen Zahl aufstellen, wenn sie dem Heer der Katholischen Liga in ihrem Kampf im Reich lediglich assistieren. Daß es anders kommt, daß auch der Kaiser anderes will, als was den Vorstellungen und Wünschen Maximilians entspricht, das hat bis zur Ermordung Wallensteins ununterbrochen Stoff für härteste und rücksichtsloseste Auseinandersetzungen im katholischen, im habsburgisch-spanisch-bayerischen Lager geliefert.

Sobald Wallenstein auf dem Kriegsschauplatz im Reich auch nur gleichberechtigt neben dem Heer der Liga auftritt, ist für Maximilian das »unumschränkte Direktorium der katholischen Defension und Präparation«, das ihm der Kaiser 1619 zugesteht, zu Ende. Maximilian macht sich keine Illusionen darüber, wie radikal sich seine Position durch Wallensteins Berufung und die kaiserliche Armee nicht nur militärisch, sondern auch politisch gegenüber dem Kaiser verändert, wie sehr sie sich aber auch im Reich wandelt.

Wallenstein setzt von Wien aus ohne einen Tag Verzögerung diese »Kriegspräparation« ins Werk. Obwohl die Verhandlungen noch längst nicht abgeschlossen sind, und zwar nicht etwa nur in Details, sondern noch in vielen höchst wichtigen Grundsatzfragen, erteilt er kaiserliche Bestallungsbriefe an seine neuen Obristen, schickt er die ersten Werber in alle vier Himmelsrichtungen, sieht sich nach Lauf- und Musterplätzen um. Seinem Landeshauptmann gibt er schon Ende Mai, Anfang Juni die ersten Anweisungen zur Neuorientierung der Handwerke und Industrien: die Produktion von Kriegsmaterial beginnt. Taxis soll in Friedland ausreichend viele Salpeterhütten errichten; das damalige Schwarzpulver besteht aus der althergebrachten Mischung von 75 % Kalisalpeter, 15 % Holzkohle und 10 % Schwefel. Ebenso wünscht Wallenstein den Bau eigener Pulvermühlen, alles soll in größter Eile geschehen, »incontinente«, dieser Ausdruck taucht in den verschiedensten Variationen immer wieder auf, incontinente, »keine Zeit vertändeln«, »schickt euch«, »feiert nicht«, Wallenstein drängt, nichts kann ihm schnell genug gehen, »ist mein ernstlicher Befehl, daß man's alsbald ins Werk richtet«.
Ab Mitte Mai sieht Wallenstein den kaiserlichen Entscheid über die Aufstellung des neuen Heeres als unwiderruflich an und setzt alles in Gang, was jetzt nötig ist, um das Riesenprojekt schnellstens zu realisieren – obwohl er vom Kaiser noch immer keine schriftliche Instruktion erhalten hat und sich nur auf das Intimat vom 7. April berufen und stützen kann. Die Einzelheiten der Instruktion werden erst am 12. und 13. Juni bei einer Zusammenkunft des Hofrats in Nikolsburg, der Residenz des Kardinal-Fürsten Dietrichstein in Mähren beraten. Der Kaiser ist selbst anwesend, aber auch Wallenstein hält es für richtig zu kommen, nicht zuletzt wegen der Beiziehung des Kardinals, seines alten Widersachers, durch den sich die feindliche Haltung Wilhelm Slavatas, der ebenfalls an den Ratssitzungen vom ersten Tag an teilgenommen hat, versteifen könnte.
In Nikolsburg wird die kaiserliche Instruktion nach allen militärischen und politisch-religiösen Aspekten durchgesprochen und formuliert. Von den »Militaria, so notwendig« sind, wird in der Sitzung am 13. Juni 1625 festgestellt – und das sind zugleich für Wallenstein die Direktiven der allgemeinen Kriegsführung –, in der Intention des Kaisers liege es, »vornehmlich Friedt und Einigkeit zu erlangen. Dies zu Weg zu richten, ist die Arma des Feinds mit Lieb oder forza abzutun, und in allen den Vorstreich zu

nehmen, auch kein Occasion zu unterlassen, allen Forttal, Paß und Festungen einzunehmen. – Ihre Majestät halten alle die für Feind, so die Arma wider Ihre Majestät genommen oder nehmen oder sie nit ablegen werden. Was etwan eingenommen oder sich sonsten an Ihre Majestät willig geben werde, die sollen christlich und nach der Milde, so sich tun lassen, traktiert werden. Militärische Disziplin in allweg sich zu gebrauchen, alles Rauben, Morden und sonderlich das Brennen gänzlich zu verbitten, und mit Ernst, es gehe an, wen es will, zu bestrafen.«

Das militärische Kernstück der Beratungen ist die nominelle Festlegung der Wallensteinschen Armee auf 24000 Mann. Nicht einigen können sich die Räte über die Frage, welchen Titel Wallenstein erhalten soll. Das ist mehr als nur eine Formsache, mit dem Titel wird zugleich Wallensteins Stellung gegenüber den anderen Heerführern des Kaisers, aber auch gegenüber den Fürsten und Generalen im Reich abgegrenzt. Es dauert noch volle eineinhalb Monate, bis sich die Hofräte und der Kaiser darüber klarwerden, wie das Ernennungspatent formuliert werden soll.

Dafür unterzeichnet Ferdinand II. am 13. Juni in Nikolsburg ein anderes Diplom der Reichshofkanzlei, das für Wallenstein äußerlich weit ehrenvoller ist, wenn auch nicht so folgenschwer, und das der Kaiser leichter signieren kann: Der bisherige Fürst von Friedland wird zum Herzog von Friedland erhöht und damit »der Ehren und Würden, wie andere in dem Heiligen Römischen Reiche, auch in unserem Erbkönigreich und Landen befindlichen Herzoge« teilhaftig, und zwar von nun an »und zu allewigen Zeiten, solange das Geschlecht derer von Waldstein währen und im Leben sein wird«.

Die Beteiligten können allerdings aus dieser Ernennung schon erkennen, in welche Richtung die neue militärische Bestallung Wallensteins zeigen wird, denn die Erhebung des Fürsten in den Herzogsstand bedeutet eine Erhöhung auch über die engsten kaiserlichen Berater. Noch ist nichts über seinen künftigen Titel als Armeeführer entschieden, aber nach Wallensteins Ernennung zum Herzog weiß jeder, daß es unmöglich sein wird, ihn einem der kaiserlichen Generalleutnants, die zur Zeit noch amtieren, zur Seite zu stellen.

Noch ein anderer Vorentscheid fällt damit. Der militärische Oberkommandierende der katholischen Liga im Reich, Generalleutnant Tilly, befindet sich in einem deutlichen Abhängigkeits- und Subordinationsverhältnis gegenüber seinem politischen Oberherrn, dem Kurfürsten Maximilian von Bayern. Tilly ist »nur« Graf – streicht man die Kurfürstenwürde Maximilians, so stellt der Kaiser mit dem Diplom vom 13. Juni 1625 seinen Heerführer dem

Herrscher von Bayern als Reichsfürsten und Herzog fast ebenbürtig zur Seite. Das Verhältnis Tillys zu Maximilian wiederholt sich in einer höheren Ebene im Verhältnis Wallensteins zum Kaiser. Der Herzog von Friedland aber rangiert in nahezu gleichem Rang und gleicher Würde neben dem Herzog und Kurfürsten von Bayern. Gleichgültig, unter welchem Titel Wallenstein die Armee führen wird: Das Diplom vom 13. Juli schließt die Möglichkeit aus, daß der kaiserliche Heerführer auch nur in irgendeiner formalen Weise Maximilian von Bayern untergeordnet wird – das ist schon nicht denkbar um der kaiserlichen Reputation willen, und noch stärker schließt es die Möglichkeit aus, Wallenstein womöglich auch Tilly zu unterstellen.

Nicht umsonst ist Wallenstein Sprößling eines alten Herrengeschlechts. Er hat seine neue Würde mit dem Nachdruck und der selbstbewußten Autorität eines Kavaliers vertreten, welcher der stillschweigenden Überzeugung ist, daß neue Adelstitel den alten Adel nicht erhöhen, sondern nur im Umfang erweitern können. Vom 19. Jahrhundert ab ist Wallenstein unzählige Male mit dem typisch bürgerlichen Etikett »Emporkömmling« charakterisiert worden, und zwar nicht nur im Hinblick auf die Art und Weise, wie er seinen Reichtum erworben hat, eine Art und Weise, die im Grunde den idealsten Vorstellungen des wirtschaftenden Liberalismus entspricht und die mit der raffiniert-glücklichen Heirat der mährischen Wittib – dieser traumhaften Mischung aus höchster Rendite und niedrigster Lebenserwartung – beginnt. Liegt in dieser bürgerlichen Abschätzung von Wallensteins raschem Vordringen auf dem welthistorischen Parkett nicht etwas Wahres?

Man kann es drehen und wenden wie man will: Hält man sich an das drastisch-händlerische Do, ut des, so ist Wallensteins Weg bis zum 13. Juni 1625, dem Tag, an dem ihn der Kaiser zum Herzog von Friedland erhebt, in mehr als nur einer Hinsicht abenteuerlich und oft genug rational nicht ganz zu begreifen. Wer garantiert dem Kaiser, daß Wallenstein ein besserer General sein wird als seine einigermaßen bewährten Feldherrn, die noch im Dienst stehen und die zumindest keine heurigen Hasen sind, wenn ihnen schon das Format eines Spinola oder gar Alba fehlt? Und noch mehr: auch ein besserer General als Tilly und vor allem die Soldatenführer des protestantischen Lagers? Ferdinand II. hat später in der Instruktion für seinen Feldherrn eigens betont, es sei nötig, »daß solchem Kriegsvolk ein vornehmes Capo, so einer so ansehnlichen Armada zu kommandieren tauglich, vorgestellt werde«.

Verteilt der Kaiser hier nicht Vorschußlorbeeren an einen Mann, für den er sich 1625 nur deshalb entschließt, weil ihm das Wasser bis zum Hals steht? Ist es nicht seit Großväter-Zeiten die beste Methode, wenn einem das Wasser bis zum Hals steht, einfach den Kopf in den Sand zu stecken – und sei es der Sand zweifelhaft gedeckter Wechsel auf die Zukunft; denn so muß sich doch Wallensteins Angebot ausnehmen.

Ist der böhmische Magnat größenwahnsinnig? Die Verhandlungen vom Januar bis zum Juli 1625 zwischen Wallenstein, den Hofräten und dem Kaiser haben sich dem Auge eines deutschen Professors und Historikers anfangs des 19. Jahrhunderts so dargestellt: »Im Besitz eines unermeßlichen Vermögens, von ehrgeizigen Entwürfen erhitzt, voll Zuversicht auf seine glücklichen Sterne und noch mehr auf eine gründliche Berechnung der Zeitumstände, erbot er – Wallenstein – sich für den Kaiser, auf eigene und seiner Freunde Kosten, eine Armee auszurüsten und völlig zu bekleiden, ja selbst die Sorge für ihren Unterhalt dem Kaiser zu ersparen, wenn ihm gestattet würde, sie bis auf 50 000 Mann zu vergrößern. Niemand war, der diesen Vorschlag nicht als die schimärische Geburt eines brausenden Kopfes verlachte – aber der Versuch war noch immer reichlich belohnt, wenn auch nur ein Teil des Versprechens erfüllt wurde.« Diese Sätze stammen aus der »Geschichte des Dreißigjährigen Krieges« des Professors Friedrich Schiller.
Er konnte es nicht besser wissen. Zu seiner Zeit lag die Wallenstein-Forschung noch im Steckkissen. Alle wichtigen und entscheidenden Dokumente für das Leben und Wirken des Herzogs sind erst viel später entdeckt worden. Deshalb hat auch der Wallenstein in Schillers »Dreißigjährigem Krieg« nur bedingt etwas mit der wirklich historischen Persönlichkeit zu tun. Schiller war ein großer Historiker, freilich vor allem wegen seines elementaren Sinns für die Geschichte. Was ihm an wissenschaftlicher Solidität fehlte, das glich er souverän durch sicheren Instinkt, verblüffendes Gespür — durch sein Genie aus. Eine strenge Trennung zwischen Geschichte und Dichtung gibt es bei Schiller nicht. Als Dramatiker sieht er seine Aufgabe in der Gestaltung historischer Schicksale und Persönlichkeiten. Aber auch für den Historiker Schiller ist die Geschichte das ungeheure Reich des Schicksals und der Auseinandersetzung des Menschen mit ihm, der Bewährung des Einzelnen, seiner Versuchungen, seiner Macht, seiner Größe und seines Untergangs.
Solche Urteile, wie das von Schiller zitierte, haben generationenlange Vorurteile geprägt; demgegenüber wirken die trockenen, fettlosen Details erfrischend wie eine Prärieauster. Am 19. Juni, sechs Tage nach seiner Ernennung zum Herzog und der inhaltlichen Präzisierung seiner Instruktion, trifft Wallenstein wieder in Prag ein. Erst von diesem Zeitpunkt ab fühlt er sich völlig frei, um das Tempo der Rüstungen und

Werbungen aufs höchste zu steigern. Nur in Wien behält man die übliche Gemächlichkeit bei. Am Ende des Monats ist die schriftlich ausgefertigte Instruktion für Wallenstein noch immer nicht in seinen Händen, ebenso fehlt nach wie vor sein Ernennungspatent. Noch Anfang Juli muß er zum wiederholten Male nach Wien schreiben, daß man ihm doch endlich seine Instruktion schicken solle, »dieweil ich ohne dieselbe nicht fortziehen kann«.

Zu diesem Zeitpunkt ist die Instruktion allerdings schon unterwegs, die Boten kreuzen sich, der Kaiser hat sie endlich am 27. Juni unterschrieben. Ferdinand II. betont in diesem Dokument, er habe Wallenstein zur Führung der neuen Armada nur gewählt wegen seiner »von Jugend auf Unsern Vorfahren am Reich und Uns selbst gegen den Erbfeind christlichen Namens in Friaul, auch die ganze Zeit über der erweckten Rebellion teils auf eignen Unkosten mit heroischer Tapferkeit erzeigten ansehnlichen, ersprießlichen Kriegsdiensten und dabei in unterschiedlichen Commando erlangter Kriegswissenschaft und Erfahrung, dahero Wir billig ein besonderes, großes Vertrauen in Seiner Liebden Person zu stellen verursacht worden«.

Noch einmal, aber zum erstenmal offiziell schriftlich, wird die Sollstärke der Armee auf 24 000 festgelegt. Allerdings fällt kein Wort darüber, unter welchen Bedingungen diese Zahl erhöht werden kann. Die Waffen, so betont der Kaiser, seien ihm von seinen Widersachern in die Hände gedrückt worden. Er führe sie deshalb nur zur »Wiedererbringung des allgemeinen hochnotwendigen Friedens, zur Erhaltung Unserer kaiserlichen Hoheit, Rechte und Gerechtigkeit, Schutz und Defendierung der Reichskonstitutionen, Satzungen und Rechten, besonders des Religions- und Landfriedens, zur Rettung und Defension der gehorsamben Kur-, Fürsten und Stände, Land und Leuten«. Diese Verteidigungsabsichten schließen aber auch »der Widrigen Obsiegung und Überwindung durch die hierzu von Gott und aller Völker Recht erlaubten Mittel« ein.

Ausdrücklich erhält Wallenstein die Auflage, denjenigen, »so zu Unserm Gehorsamb treten, von Unsertwegen Zusage und Versprechen, in ihrer Religion und Zeremonien der Augsburgischen Konfession keinen Eintrag zu tun«; der Kaiser erkennt also die Festsetzungen des Religionsfriedens an, die Gegner sollen nicht behaupten können, daß die Waffen um der Religion willen, gegen ihre Konfession geführt werden, Wallenstein soll ihnen »den praetextum der Religion, welchen Unsere Feind bishero am allermeisten zur Bedeckung ihrer rebellischen Anschläg und Interessen meisterlich gebraucht, so viel wie möglich benehmen«. Sein Zug ins Reich ist also nicht nur eine militärische Kampagne, die politische Mission ist davon nicht abzuspalten.

Der Kaiser läßt seinen Feldherrn deshalb eingehend darüber informieren, »was zu solchem Ende Wir bishero für Schreiben, Instruktion, Erinnerungen und Plenipotenzen abgehen lassen, auch was noch ferner von Uns anbefohlen werden möchte, alles zu dem Ende, damit Er Unserer Intention nach sich dahin bearbeiten, die Gemüter zu gewinnen und durch Vorstellung guter Hoffnung auch eines jeden Selbstinteresse, Nutzen und Frommen auf Unsere Seite zu bringen, mitnichten aber mit durchgehenden Rigor und Schärfe zu verursachen, daß auch der Freund und Zweifelhafte durch Desperation bei den widrigen partibus Schutz suchen und mit denselben sich zu konjugieren gedrungen werde«.

Wallenstein soll zwar »dahin beflissen sein, wo durch sanfte, politische Mittel und Trattamenta die Gemüter zu gewinnen und auf Unsere Seiten zu bringen ein Anlaß würd erzeugen, solche zu ergreifen«, aber der Kaiser »erachtet sich nicht gegen diejenigen verbunden zu sein, so die verdächtigen Waffen nicht niederlegen«, deshalb erhalten »gegen die halsstärrigen Feinde« die militärischen Mittel ihr Recht. Dazu gehört aber auch, daß unter den Soldaten eine »starke Disciplina« gehalten wird, sonst seien Kriege nichts weiter als eine große Räuberei: ». . . sina qua bella nihil aliud quam magna sunt latrocinia.«

Da Wallenstein schon früher dieses »vornehme requisitum militae fleißig in Obacht genommen«, erwartet der Kaiser auch jetzt von ihm, daß im Reich »die Freund nicht unterdruckt, die armen Untertanen ausgesogen und vertilgt, durch Verschwendung der Victualien und Vivers das Kriegsvolk selbst nachmalen in Hunger und Not gesetzet werden«. Die berüchtigte Härte des Feldherrn seinen Soldaten gegenüber wird vom Kaiser in der Instruktion geradezu vorgeschrieben. Wallenstein hat »die unrechtmäßigen exactiones über dasjenige, was die tägliche Notdurft erfordert, als auch das unchristliche Brennen, Sengen, Brandschätzen, Rauben, Schänden und Notzwängen ehrlicher Frauen und Jungfrauen durch scharfe, exemplarische Bestrafung abzustellen, damit der Zorn Gottes von Unserer Armada abgewendet und Wir umb so viel mehr über die gerechte Sach, auch solches guten Gouvernements halber Uns aller Victori und Siege von seiner göttlichen Allmacht zu getrösten haben, dabei Seine Liebden – Wallenstein – auch den Ruhm erhalten, daß durch Sie die fast verfallene Kriegsdisziplin wieder erhoben und bestätigt worden, welches allein vielen ansehnlichen Kriegsobristen einen unsterblichen Namen gemacht«.

Wallenstein wird vom Kaiser ermächtigt, mit den Landesherren, deren Gebiete er mit seinem Heer berührt oder berühren muß, selbständig zu verhandeln, deshalb wird auch die Möglichkeit entsprechender »Sincerationibus und politischen Consiliis« berücksichtigt. Wallenstein erhält, damit es ihm »an gutem Rat nicht ermangele« und solche Unterhandlungen sich streng an die Reichssatzungen halten, einen politisch versierten Reichshofrat als Kommissar zugeteilt. Wallenstein hat sich diesen juristisch-politischen Berater ausdrücklich erbeten.

Die Instruktion regelt außerdem in einer generellen Form das Verhältnis, in dem der kaiserliche Befehlshaber zu den Verbündeten im Reich steht; von der militärischen Zusammenarbeit meint der Kaiser, Wallenstein werde sich nicht dagegen sperren, den »guten Rat des Grafen Tilly zu gebrauchen und sich demselben in allem, was er gemeinnützlich befinden wird, akkomodieren«. Angleichen also, anpassen, aufeinander abstimmen – schon das wäre freilich eine ziemliche Begrenzung der Entscheidungsfreiheit Wallensteins, wenn es der Kaiser als verschleierten Befehl ausgedrückt hätte.

Das ist aber nicht der Fall. Er sagt erstens, Wallenstein werde sich nicht dagegen sperren, er »werde nicht entgegen sein«, er werde sich nicht sträuben, nichts dagegen haben. Zweitens hängt diese Akkomodation davon ab, was Wallenstein als »gemeinnützlich befinden wird«. Noch mehr: Ferdinand schränkt diese Empfehlung grundsätzlich durch die Bedingung ein, daß die Zusammenarbeit mit Tilly »unabbrüchlich Unserer kaiserlichen Präeminenz und Respekts, auch Nutzens und Frommens« stattzufinden hat. Wo und wann diese kaiserliche Präeminenz beeinträchtigt wird, das zu entscheiden bleibt dem Feldherrn des Kaisers überlassen. Die Instruktion vom 27. Juni 1625 schließt eindeutig die Möglichkeit ein, daß Maximilian oder Tilly auch Anordnungen treffen könnten, die nicht »Ihrer Majestät Autorität und Nutzen in acht nehmen« – Wallenstein erhält damit praktisch einen Freibrief für selbständiges Handeln, für autonome Kriegführung.

Dadurch, daß der Kaiser Wallenstein als den von ihm bestallten Führer eines kaiserlichen Heeres zu eigener Kriegführung ermächtigt, kündigt sich das Ende eines Zustandes an, der schon viele Jahrzehnte dauert: die Paralysierung der kaiserlichen Autorität im Reich. Und Ferdinand II. schickt sich an, auch das zurückzuholen, was er 1619 an Maximilian von Bayern abgetreten hat, nämlich die Entscheidungsfreiheit in den fundamentalsten Fragen der Reichspolitik. Der Kaiser bekommt es wieder in die Hand, selbst, von sich aus, über Krieg oder Frieden zu bestimmen.

XII
Capite, rapite – Die große Armee (1625)

Im April 1625 schickt Wallenstein die ersten Werbeoffiziere aus. Ende Juni ist die Nominalstärke des Heeres erreicht, Wallenstein stoppt die Werbungen. Fürs erste zumindest.

Nominalstärke – das heißt, die Ziffern der Werbelisten haben die vorgesehene Gesamtzahl erreicht. Bis das Heer wirklich zur Verfügung steht, und zwar in seiner vollen Stärke, dauert es noch Wochen. Ein neues Regiment entsteht damals so, daß zunächst Lauf- und Musterplätze bestimmt und genehmigt werden. Die Werbeoffiziere – Hauptleute, Rittmeister, oft die Obristen selber – ziehen in diejenigen Gebiete, die zur Werbung vorgeschrieben oder für sie genehmigt worden sind. Dort, in den Dörfern und Städten, erfolgt das Umschlagen: Die Werber ziehen unter dem Schlag der Trommel auf, rufen die Einzelheiten ihrer Werbung aus und nennen die Bedingungen des Dienstes. Nimmt jemand den Werbegulden an, dann hat er »seine Haut« verpfändet, das ist wörtlich gemeint. Man ist nicht zimperlich, es ist die Ehrlichkeit eines hochstehenden Materialismus. Forderung und Belohnung sind absolut greifbar, es gibt kein Mißverhältnis der Abstraktionsverschiebung, der Kriegsherr verlangt für konkreten Lohn von seinen Söldnern konkrete Taten, konkreten Einsatz, das heißt auch das selbstverständliche Risiko konkreter Schmerzen und Wunden. Erst spätere Zeiten, die sich an allgemeinen Ideen orientieren, belohnen ihre Soldaten nicht mehr mit Geld, sondern mit Ideen: der Zukunft, dem Vaterland, dem Staat. Man soll faktisch sterben, um symbolisch zu leben.

Die Söldner des 17. Jahrhunderts wissen, daß man sie für ihre Haut bezahlt. So strömen sie ohne falsche Erwartungen auf den Laufplätzen zusammen, erhalten zunächst den Werbegulden und ein Handgeld, das sogenannte Laufgeld; die Kavalleristen das Anrittsgeld. Dann ziehen die Söldner in kleineren Gruppen zum Musterplatz, auf dem die Regimenter nach der Musterung zusammengesetzt werden.

Der Kriegsknecht – so heißt der Soldat seit Frundbergs Zeiten – wird bei der Musterung auf die Fahne vereidigt, der Artikelsbrief wird verlesen, also das Kriegsrecht bekanntgegeben; von diesem Moment an, erst nach abgelegtem Eid, untersteht er der Regimentsjustiz. Der Weg vom Laufplatz zum Musterplatz ist nicht nur der Marsch unter die Fahne, er ist auch die letzte Freiheitsspanne des angehenden Soldaten, und dieser Weg sieht entsprechend aus. Deshalb hat der Hofkriegsrat schon vor Jahren den strikten Befehl erlassen, daß die Knechte nur in Gruppen von höchstens acht bis zehn Mann zum Musterplatz ziehen dürfen: ein Befehl, der durch die ganzen Jahre in Kraft ist, wiederholt aufgefrischt wird und den die Knechte genauso selten befolgen wie die andere strikte Weisung, daß auf diesem Marsch »die Untertanen nicht bedrängt« werden dürfen. Lauf- und Musterplätze sind in ganz Europa der helle Schrecken der Bevölkerung. Reichere Städte versuchen, sich mit hohen Geldsummen von einer Bestimmung als Musterplatz loszukaufen.

Im Verlauf des Krieges führt man die Werbungen mit immer fragwürdigeren Mitteln durch. Mit Geld, das ist ganz reell. Mit Versprechungen auf Kriegsbeute – als pauschaler Köder ein illegitimes Verfahren, da der Feldherr nur von Fall zu Fall Plünderungserlaubnis geben darf und die Beute geschlagener Heere nach einem festen Prozentsatz aufgeteilt wird, wenigstens dem Buchstaben nach. Zögernde werden betrunken gemacht und dann verpflichtet; von da bis zur Erpressung, Nötigung, zum Zwang ist es nicht weit, vor allem, als kriegstaugliche Männer immer seltener werden.

Ebenso wird es bald Brauch, daß Offiziere mit Werbepatenten dort auftauchen, wo eventuell ein Regiment, das ein Fürst nicht mehr braucht, abgemustert wird, um »den Flor« desselben, wie der Ausdruck heißt, ins eigene Lager abzuziehen. Öfters treten ganze Kompanien oder gar Regimenter einfach in fremden Dienst über. Als Mansfeld und der tolle Halberstädter dicht bei der französischen Grenze operieren, meutern plötzlich 2000 Reiter Christians, weil sie zu lange nicht entlohnt worden sind. Sie lösen sich auf, ein Teil geht nach Hause, ein Teil nimmt spanische Dienste an. Christian hat das nicht erheblich gestört, er gehört schon einer anderen Zeit an – im Vergleich zu Frundsberg nämlich. Als im März 1527 seine Soldaten bei Bologna wegen rückständiger Löhnung meutern, trifft den »Vater der Landsknechte« der Schlag, er stirbt an den Folgen.

Klagen der Obristen, daß sie ihrer Truppen nicht mehr mächtig seien, gehören nicht zu den Seltenheiten. Am übelsten sind die Söldner im Dienst des Papstes angeschrieben. 1622 soll ein päpstliches Regiment die kaiserlichen Truppen verstärken, aber Erzherzog Leopold muß seinem kaiserlichen Bruder schreiben, das Regiment sei so schlecht, »daß wir es bis dato in keiner Occasion vor den Feind ziehen lassen oder sonst brauchen konnten«. Auch Wallenstein lehnt einmal die Verstärkung durch päpstliche Truppen rundweg ab, von ihnen hält er noch weniger als von den spanischen Soldaten: »Im Fall, daß der Bapst Kriegsvolk will schicken, so nimb man's nicht an ... Will der Bapst etwas bei diesem Wesen tun, so gib er Geld und sein Kriegsvolk sampt seinen Indulgenzen behalte er zurück. Mir ist lieber, wenn er mir alle Monat 5000 Kronen gibt, als wenn er mir 5000 Mann bezahlt, denn hab ich des Monats 5000 Kronen, so schaff ich dem Kaiser mehr Nutz als mit 5000 Italienern.«

Disziplinlosigkeit und Unzuverlässigkeit sind nicht nur typische Merkmale des einfachen Soldaten. Bei den Offizieren sieht es kaum besser aus. Der Hauptgrund: es gibt damals noch keinen besonderen Offiziersstand. Die Söldnerheere, wie sie seit Maximilian I. bestehen, sind immer nur Gelegenheitstruppen, die je nach der militärischen oder politischen Lage von heute auf morgen aufgelöst werden. Noch in den ersten Jahren des Dreißigjährigen Krieges wird oft jeder als Offizier bezeichnet, der nicht zu den gemeinen Soldaten gehört, also zum Beispiel auch der Trommler, der Spielmann, mit dem die Werbeoffiziere durch das Land ziehen. Je stärker im Verlauf des Krieges das Niveau des gewöhnlichen Soldaten sinkt, um so größer wird das Gewicht, das die Heerführer auf gute Offiziere legen, und erst dadurch verwandelt sich ihre Stellung allmählich in einen Stand.

Feste Rangabstufungen gibt es kaum. Wenn ein Fürst ein Heer braucht, ernennt er irgendeinen Kriegsmann, der ihm geeignet erscheint, zum Feldhauptmann und beauftragt ihn mit der Anwerbung der Truppen. Der Feldhauptmann sucht sich auf eigene Verantwortung bewährte oder bekannte Leute, die er zu Obristen ernennt und bestallen läßt; von den unteren Chargen bestimmt er diejenigen Offiziere, die als Werber durch die Länder ziehen, meistens haben sie den Rang von Hauptleuten. Eine Art Institution werden die Werbeoffiziere erst sehr spät. Strenge Regeln dafür gibt es im Dreißigjährigen Krieg noch nicht, oft haben die ernannten Obristen selbst für die Aufstellung der Truppen zu sorgen. Ein Oberst im Feld ist immer auch Führer eines Regiments. Er wählt sich aus den Hauptleuten seinen Stellvertreter, den Oberstleutnant. Die Hauptleute ihrerseits können ebenfalls frei ihren Stellvertreter bestimmen, den Leutnant, sie können auch einen von den Doppelsöldnern dazu ernennen. Die Söldner schließlich bestimmen ganz demokratisch einen aus ihren Reihen zum Feldwebel. Mit der steigenden Straffung der Heeresführung gehen allerdings diese Momente und Elemente der Freizügigkeit mehr und mehr verloren.

Jeder, der mit einer Sturmhaube, mit Schwert und Spieß zum Werbeplatz kommt, wird einfacher Söldner. Später ist keine Bewaffnung mehr nötig, im Dreißigjährigen Krieg werden die Waffen bald ausnahmslos von den anwerbenden Fürsten gestellt, ebenso die Kleidung. Wer eine Hakenbüchse besitzt oder sich auf eine andere, vorteilhafte Weise vom einfachen Soldaten unterscheidet und heraushebt – durch längere Dienstzeit, Kriegserfahrung, erwiesene Tapferkeit, edlere Abstammung –, wird Doppelsöldner, er darf doppelten oder überhaupt höheren Sold beanspruchen. Diese Landsknechtstraditionen gehen im Dreißigjährigen Krieg rasch unter, selbst die Bezeichnung Doppelsöldner verschwindet; statt dessen entsteht das Verhältnis des einfachen Pikeniers, eines Soldaten zweiter Güte gegenüber dem Musketier.

Das hängt vor allem mit der Entwicklung der Waffentechnik zusammen und nicht so sehr mit der veränderten Kampfführung; die Musketiere wachsen im Lauf der Zeit auf die doppelte Zahl der Pikeniere an, trotzdem bleiben die Pikeniere als Kämpfer mit der blanken Waffe für Sturmangriffe und zur Abwehr von Kavallerieattacken unentbehrlich.
Die kleinste Einheit ist das Fähnlein, der Heerhaufe, der sich um eine Fahne schart. Das Fähnlein wird später nur noch Kompanie genannt; bei den Reitern heißt die entsprechende Einheit Kornett, die Bezeichnung kommt aus dem Spanischen: corneta, die Reiterfahne, Standarte. Später wird die gleiche Einheit Eskadron oder Schwadron genannt. Die Zahl des Fähnleins schwankt bei den Fußtruppen anfangs zwischen 300–500, bei den Reitern pendelt sie zwischen 100 und 150. Diese Zahlen sinken mehr und mehr ab. Fünf bis zehn Kompanien bilden ein Regiment. Weil die Stärkeziffern niemals verbindlich sind, ist für die verschiedenen Kräfteverhältnisse der Heere die Gesamtzahl der Soldaten aufschlußreicher als die Zahl der Regimenter oder Kompanien. Da eine strenge Chargen- und Rangabstufung noch nicht existiert, haben auch die Offiziere sehr unterschiedliche Funktionen. Ein Oberst kann Generalsdienste leisten, umgekehrt sind alle Generale immer auch gleichzeitig die Obristen derjenigen Regimenter, die sie selbst geworben haben.
Aus diesem ganzen lockeren System ergibt sich fast selbstverständlich, daß auf Beförderungen nicht der geringste Anspruch besteht, etwa aus Gründen der Anciennität. Maßgebend allein ist das Verdienst. Das kann eine militärische Leistung sein: Tapferkeit, Besonnenheit, Glück, Kaltblütigkeit, Erfolg. Es kann aber genausogut eine besondere Werbungsleistung sein. Dem obersten Feldhauptmann steht es frei, demjenigen einen Offizierstitel zu verleihen und vom Fürsten bestätigen zu lassen, der durch große Geldsummen Truppenwerbungen ermöglicht hat.
Alle Ernennungen und Beförderungen sind einzig und allein Sache des Feldhauptmanns. Nicht einmal der Kaiser kann von sich aus jemanden zum Offizier im Heer des Feldhauptmanns ernennen. Das heißt: er kann es natürlich, er kann ein Patent erlassen. Aber wenn so ein auf dem Papier ernannter Oberst im Feldlager auftaucht und nicht sein eigenes Regiment mitbringt, muß er damit rechnen, daß sich kein Mensch um ihn kümmert. Derartige Ernennungen oder auch nur Empfehlungen sind mit die schlechteste Form, in der sich jemand bei einem Feldherrn einführen kann. Vor allem Wallenstein hat eine unglaubliche Abneigung gegen Leute, die mit solchen kaiserlichen Empfehlungen oder Patenten im Feldlager auftauchen.
Für den Feldherrn oder den Regimentsobristen ist eine siegreiche Schlacht,

ein erfolgreiches Gefecht oder Scharmützel der natürliche Moment für Beförderungen. Das häufigste, elementarste Motiv ist auffallende Tapferkeit. Militärische Tugenden sublimerer Art sind auf ein entsprechendes Urteilsvermögen der höheren Charge angewiesen; damit steht es im Dreißigjährigen Krieg nicht allzu gut. Auf die Offiziersschicht wirkt sich das besonders stark aus. Was da bei den Hauptleuten und höheren Rängen allmählich an Haudegen zusammenkommt, ist womöglich noch brutaler und vulgärer als der gemeine Soldat. Daß viele unter den besten, das heißt kriegserfahrensten Offizieren als Pferdeknechte angefangen haben, ist damals etwas ganz Selbstverständliches.

So macht sich wohl oder übel im Lauf der Kriegsjahre unter den Offizieren auch nicht viel weniger Gesindel breit als bei den einfachen Söldnern ohne Charge und Rang. Am schlimmsten ist es bei den Hauptleuten, allerdings verfließen die Differenzen zwischen den Obristen und den Hauptleuten glatt und ohne Schwierigkeit. Das häufigste Delikt ist, die Truppenminderung durch Schlachtentod, Krankheit oder Desertion nicht anzugeben, Sold und Verpflegung für die kompletten Fähnlein oder gar in Regimentsstärke einzufordern und den Überschuß in die eigene Tasche wandern zu lassen. Dabei macht es keinen Unterschied, ob man im Feld steht oder als Besatzung im fremden oder auch eigenen Land liegt.

Es macht auch keinen Unterschied, ob die Bauern katholisch sind oder protestantisch, ob sie zum Freund oder Feind zählen. Die Söldner hausen meistens in allen Ländern auf die gleiche üble Weise. Der Hofkriegsrat muß 1620 einen Befehl erlassen, daß die Bauern in der nächsten Umgebung Wiens ihre Zufuhren nicht mehr in Einzelgespannen zur Stadt bringen dürfen, weil die Unsicherheit zu groß geworden ist, und zwar die Unsicherheit durch die Einquartierung kaiserlicher Truppen. In einer Klageschrift der katholischen Stände von Niederösterreich aus dem gleichen Jahr wird nach der Aufzählung einer fast endlosen Kette von Untaten resigniert festgestellt: »Die Wallonen im kaiserlichen Dienst hausen so, daß auch die vor Christi Geburt gestorbenen Heiden eine Scheu darob gehabt hätten.« Die Soldaten graben sogar Särge aus und verkaufen sie, wenn sie aus Blei oder Zinn sind.

Die verantwortlichen Heerführer haben meistens schon aus ureigenstem Interesse mit allen Mitteln versucht, Ordnung unter den Truppen zu halten. Tilly ist berühmt für seine Strenge, mit der er auf Disziplin achtet. Er wird darin von Wallenstein noch weit überboten. Daß es bei Mansfeld und dem Halberstädter anders aussieht, hängt einerseits mit den Persönlichkeiten dieser Armeeführer zusammen und andererseits mit der Hauptwurzel des ganzen Übels, das sich mit dem Namen »Soldateska« damals verbindet, dem

Geld, oder besser gesagt: dem fehlenden Geld. 1621, als die ligistischen Truppen im Raum um Nürnberg den Regimentern Mansfelds gegenüberliegen, werden an einem einzigen Tag acht Soldaten aufgehängt, wie Maximilian dem Kaiser berichtet. Wallenstein ist mit dem Aufhängen noch schneller zur Hand. Es hilft, aber nicht viel.
Das ist ein seltsames Bild: Die Züge dieser gewaltigen Heerhaufen über die Straßen des Reichs, links und rechts geplünderte Häuser, brennende Scheunen, ausgeraubte Vorratslager und daneben an den Bäumen die Galerien aufgehängter Soldaten, die in flagranti erwischt wurden. Und als Steigerung noch der Schrecken, der sich an solche Heere wie des Grafen Mansfeld knüpft, ein Schrecken, der so groß ist, daß ihn Mansfeld tatsächlich als militärisches Mittel einsetzt. Nichts ist für Mansfeld charakteristischer als sein Schreiben an den Herzog von Lothringen vom 3. Juli 1623, der alles andere als sein Feind war. Mansfeld meldet dem Herzog den Zuzug seiner Truppen und bittet ihn, seinen Untertanen zu befehlen, »ihre besten Sachen in wohlverwahrte Orte zu bringen, diese genugsam verbollwerken und sie mit Leuten zum Schutz versehen, damit, wenn es zum Angriff meines Kriegsvolks kommt, sie Widerstand leisten können«. Denn, so teilt Mansfeld dem Herzog lakonisch mit, seine Soldaten dürften sich wegen der schlechten Bezahlung überaus große Freiheiten erlauben und alle möglichen Exzesse begehen, ohne daß er etwas dagegen unternehme. Keiner ist hier zynischer gewesen als Mansfeld, der sich nicht geniert hat, bei Werbungen den Soldaten zu sagen, auf Entlöhnung dürften sie nicht rechnen, dafür aber auf maximale Beute aus Plünderungen und Brandschatzungen.

Hier wird genau der Punkt berührt, der gerade damals der springende Punkt gewesen ist und eine alles überragende Bedeutung hat, die Geldfrage. Daß man das in der Geschichtsschreibung dieser ganzen Zeit so lange unterschätzt hat, ist eine besonders ideale Sünde der Historiographie. Die Mißachtung des Geldproblems hat ebenso mit dazugeführt, Wallensteins Rolle zu verkennen. Von wo man auch ausgeht, von welchen Zusammenhängen auch immer, bald genug taucht die Geldfrage bei Wallenstein auf. Das gehört nun einmal zu seiner geschichtlichen Bedeutung, daß er – als eine der großen Ausnahmen der damaligen Zeit – völlig die Rolle begreift, die dem Geld zufällt, und zwar in einem weit höheren Maß als noch wenige Jahrzehnte früher. Für Wallenstein ist es so selbstverständlich wie nur möglich, daß Geld nicht nur den nervus rerum auch der politischen und religiösen Dinge ausmacht, sondern daß auch für den einzelnen, sofern er sich mit den öffentlichen Dingen der Welt einläßt und in ihrem Getriebe handelt,

Geld der sechste Sinn ist, der vorhanden sein muß und ohne den die restlichen fünf Sinne sich nicht voll entfalten können.
Mit dem Geldproblem, mit der Frage, wie die Mittel zur Durchführung der großen politisch-militärischen Projekte aufzubringen sind, ist schließlich auch die Zäsur verknüpft, welche durch die Aufstellung der Armee Wallensteins für die damalige Zeit gesetzt wird – eine Zäsur für das Heereswesen, für den Dreißigjährigen Krieg, für die damalige Geschichte und ihren Verlauf.
Das Jahr 1625 trennt zwei verschiedene Epochen. Hofkriegsrat und Kaiser wissen, daß die Ordnung in der Truppe vor allem von der Bezahlung abhängt. 1621 betont Ferdinand II. in einem Schreiben an die katholischen Stände, daß sich die wilden Plünderungen der Soldaten am schnellsten abstellen ließen, wenn sie ordnungsgemäß entlöhnt würden; sei das nicht der Fall, könne man den Truppen ihr Verhalten nicht ohne weiteres verdenken. Deshalb gebe er den huldvollen Rat, die Kriegsknechte korrekt zu entlöhnen.
Das eine ist der Rat, das andere sind die Gelder. Und es gibt nun einmal 1621 kein Geld für den Sold. Es gibt auch kein Geld für die Verpflegung. Jeder Troßjunge und jeder Fuhrknecht der Armee weiß, daß der Dienst umso strenger und straffer sein kann, je höher der Sold, je besser die Verpflegung ist. Im kaiserlichen Heer hängt diese Frage vom Zustand der habsburgischen Finanzen ab. Er ist seit Ferdinands Thronbesteigung katastrophal, daran ändern auch die Jahre 1622 und 1623 nichts, in denen das Experiment der langen Münze durchgeführt wird und Böhmen unter den Hammer kommt.
Die Kosten für den jährlichen Unterhalt eines Fußregiments werden grob auf 400—450 000 Gulden geschätzt, für ein Reiterregiment auf 260—300 000 Gulden. Für die Anwerbung, Aufstellung und Abdankung werden einheitlich pro Regiment 135 000 Gulden veranschlagt. Vom August 1618 bis zum Juni 1619 betragen die Gesamtkosten für die kaiserlichen Regimenter samt Artillerie und Verpflegung 5 Millionen Gulden. Das Budget samt allen spanischen und päpstlichen Subsidien weist im gleichen Zeitraum nur 3 Millionen auf. Krieg ist noch in weit höherem Maß als Politik in Friedenszeiten ein Vorsorgeproblem. Deshalb steht Ende Mai 1619 im Wiener Hofkriegsamt nicht der Differenzbetrag von 2 Millionen als Schuld an, sondern auf Grund von Darlehen und Soldrückständen mehr als das Doppelte, nämlich 4 309 000 Gulden.
Die Kriegslasten steigen von Jahr zu Jahr unaufhaltsam. In den beiden ruhigen Jahren 1624 und 1625 müssen Bayern und die geistlichen Fürsten allein für den Unterhalt des ligistischen Heeres 4,5 Millionen Gulden auf-

bringen. 1627 zählt das ligistische Heer 27 000 Mann. Ein Archivbeleg dieses Jahres zeigt, daß für 15 000 Mann zu Fuß und 7000 Reiter monatlich 216 500 Reichstaler erforderlich sind – ein deutlicher Index für die Schnelligkeit, mit der die Ausgaben gegenüber 1624 und 1625 in die Höhe klettern. Die Liga muß um 30 Prozent mehr aufbringen, das ergibt sich ganz natürlich aus der Kriegslage, und es kommt noch dazu, daß in dieser Zeit die Hauptlast der Kämpfe gar nicht auf den Schultern der Ligisten liegt, sondern auf den Schultern Habsburgs.

Je länger die Auseinandersetzungen dauern, um so intensiver umwirbt man die Soldaten, um so höher steigen Werbegulden, Lauf- und Anrittsgeld, Monatssold, und zwar ohne daß deshalb auch die Disziplin der Regimenter automatisch mit steigen würde. Im Gegenteil. Geld verändert sich aus einer Zuchtrute in die Wünschelrute der Disziplin. Die meisten Meutereien entstehen wegen rückständigen Solds. Die roten Ziffern werden zum Alptraum aller Kommandeure. Im Sommer 1620 geht das Regiment des Grafen Thurn in offenen Aufruhr über, um sich endlich Bezahlung zu erzwingen. Thurn und die Offiziere retten sich fürs erste so, daß sie bei den Marketendern des Regiments Geld für die Soldaten borgen. Dann stürzt Thurn verzweifelt nach Prag, um die Direktoren um Geld anzuflehen, ein Freund von ihm erzählt, »daß er wie ein Kind geweint und den Untergang seines Vaterlandes – der bei der bösen Bezahlung des Kriegsvolks und dem üblen Regiment gewiß folgen müßte – gar schmerzlich beklagt«. Einige Monate später ist es soweit.

Mansfeld hat kein Direktorium, an das er sich wenden kann. Als damals auch seine Soldaten meutern, hat er keine Zeit, tränend irgendeinen bevorstehenden Untergang zu beklagen, höchstens seinen eigenen. Die Söldner ziehen in sein Quartier und wollen ihn so lange festsetzen, bis er die Rückstände bezahlt. Mansfeld reißt die Tür auf, mit einem Schweizerdegen in der Faust, er springt mitten unter die Meuterer, haut zwei von ihnen nieder und verwundet mehrere; der Rest flieht. Kurz darauf rotten sich die Soldaten wieder auf den Gassen zusammen und rücken vor das Haus Mansfelds. Jetzt hat Mansfeld drei seiner Hauptleute bei sich, sie werfen sich zu Roß in die Haufen, schießen und hauen in die Rebellen, neun Söldner bleiben tot am Platz, sechsundzwanzig sind verwundet. Aus Prag kommt am Abend Unterstützung. Von diesem Tag an hat niemand mehr unter Mansfeld gemeutert, die Soldaten geben sich mit der Art seiner Entlöhung – von Zeit zu Zeit, schubweise – zufrieden.

Für den gemeinen Söldner wird der Krieg zum Geschäft. Wer zahlt am höchsten? Wo gibt es die beste Verpflegung? Wer drückt beim Plündern die Augen am stärksten zu? Das sind, neben den Tagen des Kampfes selbst, die einzigen Fragen, welche die Gemüter und im Zweifelsfall die Beine der Soldaten bewegen. Viele Truppenführer ersetzen schließlich wie Mansfeld den baren Sold immer häufiger durch Versprechungen und Aussichten auf eine hohe Beute. Tilly ist auch bald soweit, aber die Liga hilft nicht, und Ferdinand kann nicht helfen.

Die finanzielle Lage Habsburgs läßt sich gar nicht schwarz genug malen, denn sie ist in Wirklichkeit noch viel dunkler gewesen. Was nützt da die Erinnerung an Kaiser Karl V., der seine wichtigste und größte Schlacht, die grandiose Umfassungsschlacht von Pavia 1525 aus reiner Hilflosigkeit schlägt; denn seine Söldner wollen schon auseinanderlaufen, weil Karl sie nicht bezahlen kann, er hetzt sie in den Kampf, sie siegen – und zerstreuen sich jetzt, nach dem Sieg, in alle Winde. Zwei Jahre später wird die Katastrophe dieses Sieges noch überboten, das kaiserliche Heer hungert, es ist seit einer geradezu endlosen Zeit ohne Sold, die Landsknechte entschließen sich zum Sturm auf Rom, sie fällen die Spieße sogar gegen ihren Halbgott Frundsberg, er weicht, und jetzt flammt der grauenvolle Sacco di Roma über die Bühne des Jahrhunderts – ein »Gottesgericht«, weil der Sold aussteht.

Vor diesem Hintergrund der schauerlichen Geldnot Habsburgs steht nun die Offerte Wallensteins, auf eigene Kosten eine Armee aufzustellen. Alle, die von der Sache nur entfernt etwas verstehen, wissen, daß es mit der Verpflegung und dem Sold allein nicht getan ist, daß Bekleidung und Waffen dazugehören, Wagen und Zelte, Munition und Kriegsgerät. Der Troß der damaligen Heere wächst allmählich zu monströsen Umfängen an, nebenbei eine der Hauptursachen für die Schwerfälligkeit und Trägheit der Truppenmassen. Die Zahl der Troßleute kommt oft bis nahe an die Zahl der Soldaten heran, manchmal übersteigt sie sogar die Ziffern der Kampfeinheiten.

Wenn ein derart gigantischer Körper, ein Heer von vielen tausend Mann funktionieren soll, sind Millionen von Gulden notwendig. So finanzstark Wallenstein auch eingeschätzt wird, so ist es doch für einen Privatmann unmöglich, diese Millionen allein aufzubringen. Das weiß der Kaiser genausogut wie die Hofkammer, und Wallenstein hat niemals Andeutungen in diese Richtung gemacht. Trotzdem stellt er eine solche Armee auf.

In den Annalen Khevenhüllers tritt sie zum erstenmal auf, und sie ist bis in die jüngste Zeit immer wieder neu ausstaffiert worden, ohne allzuviel an Faszination zu verlieren, diese Legende, die in den Januar 1625 plaziert wird. Khevenhüller berichtet in seinen »Annales Ferdinandei« wörtlich folgendes: »Weil aber die Länder schon viel gelitten hatten, denselben überdies nicht zu trauen war, die Kammergefälle erschöpft und allenthalben angestanden, schlug letztlich Albrecht von Wallenstein ein Mittel vor, wie Ihre kaiserliche Majestät ein mächtiges Kriegsheer auf die Beine bringen und viele Jahre unterhalten möchten. Er müßte aber hierzu in 50 000 Mann zu Roß und Fuß haben. Und als die kaiserlichen ministri diesen Vorschlag für desperat gehalten und darauf geantwortet: Wenn man nicht Mittel hätte, 20 000 zu werben und zu maintenieren, wo solle man gar 50 000 aufbringen und bezahlen? Darauf hat er repliziert: Mit 20 000 Mann könnte er ja die Länder und wo er hinkomme, nicht in Kontributionen setzen, wohl aber mit 50 000 Mann. Darauf wurde mit ihm abgeschlossen, daß er erstlich 20 000 Mann und hernach das übrige werben solle.«

Dieser Bericht ist falsch. Und er ist doch auch nicht ganz falsch. Die Mitteilung Khevenhüllers muß durch ein anderes Dokument ergänzt werden. Am 17. November 1625 gibt der Kaiser einen »öffentlichen Brief« aus, eine Assekuration für Wallenstein, in der Ferdinand II. ausdrücklich sagt, daß Wallenstein für die neue Armee »die darauf gehende Spesa, Uns zu gehorsamsten Ehren, auf sich genommen, was wir solches nicht allein zu gnädigstem Gefallen vermerket, sondern auch Ihro die Wiedererstattung dessen, so Sie in diesen Unseren Diensten unentbehrlich aufwenden werden müssen, gnädigst zugesagt und versprochen haben«.

Hier schreibt der Kaiser klar und bestimmt, daß Wallenstein sich verpflichtet hat, für die Spesa, die Kosten für die Armee, aufzukommen. Hat sich Wallenstein also nicht nur zur Werbung und Ausrüstung verpflichtet, sondern hat er auch den laufenden Sold und die Erhaltung der Truppe übernommen, aus eigener Tasche, solange das Heer überhaupt gebraucht wird? Wallenstein ist sicher ein Finanzierungsgenie, aber daß er aus eigenen Mitteln nur einen Teil der Kosten aufbringen kann, die dafür notwendig sind, das muß er den Hofräten in Wien nicht beweisen, das nehmen sie ihm ohne Skepsis ab. Um den Privatsäckel geht es auch nicht. Wallenstein ist ein viel zu ausgeprägter Realist, als daß er dem Kaiser für nichts und wieder nichts vorschlagen würde, einfach Millionen Gulden Kriegskosten privat zu übernehmen, nur weil er im Moment nichts Besseres zu tun hat.

Nicht über diese Frage berät man derart lange in Wien, sie wird gar nicht erst aufgeworfen. Mit am längsten verhandelt man darüber, wie die Kontributionen erhoben werden sollen. Wallenstein schlägt nämlich vor, ihr ganzes Prinzip zu verändern. Die Kontributionen sollen nicht mehr als eine einmalige Abgabe, als eine Art Strafbeitrag vom besetzten Gebiet gefordert werden, sondern Kontributionen sollen als reguläre Kriegssteuern überall erhoben werden. Also nicht nur im Feindgebiet, sondern auch in den Erb-

ländern und den Reichsstädten. Der Vorschlag Wallensteins bedeutet eine Revolution des ganzen Systems.
Die Hofkammer ist durchaus bereit, alles zu tun, um selbst eine gebührend hohe Summe für den Unterhalt der kaiserlichen Regimenter aufzubringen. Je dürftiger sich aber ihre bisherigen Möglichkeiten gegenüber den neuen Ansprüchen und Notwendigkeiten erweisen, um so entschiedener werden die neuen Pläne Wallensteins akzeptiert. Für sein Votum in der Hofratssitzung am 13. Juni 1625 in Nikolsburg notiert Karl von Harrach auf einem Brief Wallensteins vom 10. Juni als letzten und vierzehnten Punkt: »Geld muß alsbalden von den Reichsstädten genommen werden.« Am 14. Juni werden auf Befehl des Kaisers Inquisitions-Kommissare nach Böhmen geschickt, die Stichproben über den Vermögensstand der Bewohner machen, damit man schon jetzt einigermaßen feste Anhaltspunkte dafür bekommt, wie hoch die Landeskontributionen anzusetzen sind. Das alles wäre überflüssig, wenn Wallenstein wirklich erklärt hätte, er könne und werde die Armee aus eigener Tasche bezahlen.
Die Finanzfrage ist schließlich auch genügend deutlich in der Instruktion für Wallenstein vom 27. Juni umrissen. Hier wird ausdrücklich bestimmt, was mit der »in Feldschlachten oder bei Einnahme vornehmer Städte und Örter eroberten vortrefflichen, ansehnlichen Beut« gemacht werden soll: Geschütze und Munition gehören dem Kaiser, der obersten Armeeführung, »die Hälfte der andern Beute soll zu Geld gemacht und zu Bezahlung der Soldaten angewendt, die andere Hälfte aber den Soldaten und Befehlshabern verbleiben«. Brandschatzungen, also Geld zu fordern und für den Weigerungsfall Brand oder Plünderung anzudrohen, werden Wallenstein nur mit Sondererlaubnis des Kaisers gestattet, allerdings wird ihm erlaubt, »in den eroberten Orten und Landschaften zur Erhaltung der Soldatesca leidentliche Contributiones und Anlagen zu machen, mit dieser Maß und Ordnung, daß dasjenige, was von solchen Contributionen der Soldatesca gereicht, fleißig verzeichnet und an ihrer Besoldung nachmaln abgezogen werde, damit Wir der Kriegskosten desto geringer tragen und mit der Bezahlung folgen können«.
Das ist unmißverständlich. An diesem Wortlaut gibt es nichts zu interpretieren. Im Schlußsatz erkennt der Kaiser ausdrücklich die Verpflichtung zur Bezahlung an. Die Kontributionen sind das einzige Mittel, das ihm für längere Zeit die Heeresfinanzierung überhaupt erst ermöglicht; sie sollen ihm also nicht etwa nur das ganze Geschäft erleichtern. Wallenstein hat sich verpflichtet, nach einer entsprechenden Ermächtigung durch den Kaiser die Kontributionen ordnungsgemäß einzutreiben, für den Kaiser einzutreiben. Seine Härte dabei ist durch den kaiserlichen Auftrag gedeckt, Wallenstein

praktiziert sie aber auch deshalb, um die Funktionsfähigkeit seines Plans nicht zu desavouieren. Die Praxis hat ihn glänzend gerechtfertigt. Solange Wallenstein an der Spitze der kaiserlichen Armee steht, gibt es kein Mißverhältnis zwischen dem, was das Heer an Unterhalt und Sold braucht, und dem, was dafür vorhanden ist: Es gibt keinerlei Defizit. Und das gilt ausschließlich für die Zeit der Armeeführung durch Wallenstein.

Einen Großteil seiner ganzen Energie verbraucht er dafür, seinen Organisations- und Finanzierungsplan lückenlos durchzusetzen. Es glückt ihm auch, er muß allerdings mehr als einmal selbst einspringen, um Vakua zu überbrücken, aber das Endergebnis steht in schreiendem Gegensatz zu allen Epochen vor ihm, im Gegensatz zu den Jahren nach ihm und ebenso im Gegensatz zu den anderen Heerführern seiner eigenen Zeit. 1627 stellt Tilly fest, daß es bei der Bezahlung des Ligaheeres zwei Epochen gebe. In der ersten sei der Sold Monat für Monat ausgezahlt worden. Seit einigen Jahren jedoch werde nur noch einmal, höchstens zweimal pro Jahr gezahlt. In dem Augenblick, da er das feststellt, hat das Ligaheer seit eineinviertel Jahren keinen Sold mehr erhalten. Gustav Adolf schickt ein Jahr nach seiner Landung in Pommern, am 10. Juli 1631 aus dem Feldlager bei Werben seinem Kanzler Oxenstierna die Klage: »Seit sechzehn Wochen hat die Armee keinen Groschen Sold erhalten, weil die versprochenen Gelder nicht geschickt werden!«

Was bei dem Schwedenkönig der Klageruf ist, das ist bei dem kaiserlichen Generalissimus die drohende Mahnung. Wallenstein wirft seine ganze Persönlichkeit, seine Erfolge, seine Unentbehrlichkeit in die Waagschale, er bietet als letztes Druckmittel seinen Rücktritt an. Der Kampf um sein Finanzierungsprizip, sein Kontributionssystem schlägt sich in einer Flut von Briefen nieder, die Wallenstein in den folgenden Monaten und Jahren nach Wien schreibt. Ununterbrochen bedrängt er die Hofkammer, das Geld, das ihm zugesichert worden ist, schleunigst zu schicken. Es geht besonders um die Kontributionen aus den Erbländern, die er nicht selbst eintreiben kann, da er im Reich ist, Krieg zu führen hat und seine Hand nicht weiter reicht als die Musketen seiner Armee. Schon im März 1626 schreibt Wallenstein die enttäuschten und bitteren Worte: »Nun hab ich meines Erachtens mehr als zu viel getan, indem ich diese Armee auf den Fuß gebracht, posto genommen und täglich stärken tue, mich umb etlich mal Hunderttausend Gulden in die Schulden gesteckt«, und er treibt hart am Rand eines seiner Wutausbrüche dahin, wenn er sich dagegen zur Wehr setzt, »daß man bei Hof vermeint, daß ich diesen Krieg sollte führen und die Verlag drauf tun«. Harrach kommentiert das dem Kaiser: Es sei undenkbar, daß Wallenstein

allein »den völligen Krieg auf sein Spesa führen soll und kann«. Wallensteins Weigerung, unter diesen Verhältnissen das Oberkommando noch beizubehalten, wird von Harrach unterstrichen, weil »dergleichen Krieg kann niemand als ein großer Potentat und nit ein Privatmann führen«.
Der Kaiser muß nicht im einzelnen darauf aufmerksam gemacht werden, wie ihm der Privatmann Wallenstein in den letzten sechs Jahren schon geholfen hat. Da sind 1619 die 40 000 Gulden für 1000 Kürassiere, über die eine kaiserliche Obligation ausgestellt worden ist. Im Jahr darauf kommt die doppelte Summe für die Ausrüstung der Kürassiere dazu und ein weiteres Darlehen von 80 000 Gulden für den Kaiser selbst. Im Jahr 1621 erhält Ferdinand von Wallenstein 660 000 Gulden, außerdem noch 50 861 Gulden gegen Verschreibung etlicher böhmischer Güter. Zwei Jahre später beträgt die Summe 4 200 000 Gulden, 1624 geht ein Darlehen von 390 000 Gulden nach Wien, 1625 sind es 900 000 Gulden, außerdem für Kriegsauslagen 537 072 Gulden.
Selbst wenn Wallenstein wirklich in der Lage wäre, einen Krieg des Kaisers als Privatmann zu finanzieren und zu führen: Warum sollte er das, warum sollte ausgerechnet er, ein Mann mit schärfstens entwickeltem ökonomischen Sinn, jetzt als eine Art deus ex pecunia auftauchen und den Kaiser retten? Ferdinand muß schon aus Gründen kaiserlicher Reputation die ganze Verantwortung, und das heißt auch die finanziellen Pflichten des Krieges tragen; alles andere sind naive Vorstellungen außerhalb der legalen Bahnen des Herrschertums. Das betont auch Harrach dem Kaiser gegenüber: Soll die kaiserliche Armee bestehen bleiben, unter einem eigenen kaiserlichen Generalfeldhauptmann, »so müssen Eure Majestät die Spesa allein haben und darummen sorgen«.

Das ist der Kern des Wallensteinschen Plans. Der Fürst wirbt die Armee an, er stellt sie auf, und zwar als Privatmann Wallenstein, er schießt dafür die entsprechenden Summen vor oder bringt sie mit seinen Verbindungen und Beziehungen bei. Alles weitere aber nimmt Dimensionen an, die kein einzelner ausfüllen kann. Nicht um eines begrenzten Persönlichkeitszuschnitts willen, sondern weil elementare Bezirke der kaiserlichen und königlichen Hoheitsrechte und Privilegien berührt werden. Wallenstein kann wohl die Verantwortung für die Durchführung übernehmen, die finanziellen Lasten aber müssen anders verteilt werden als nur auf die beiden friedländischen Schultern – mögen sie noch so muskulös und breit sein.
Schon die ersten Bestallungsbriefe, die Wallenstein an seine Obristen aus-

gibt, bestimmen ausdrücklich, daß der einzelne Regimentskommandant aus eigener Tasche den Werbegulden vorzustrecken hat, das Lauf- und Anrittsgeld und den ersten Monatssold; die Lasten werden verteilt. Gleichzeitig treibt Wallenstein in den Erbländern die ersten Kontributionen ein, ebenso im Reich. Da er Nürnberg kennt, bestimmt er die Stadt zum Musterungsplatz für 4000–5000 Mann und läßt sich von den Nürnberger Räten, die genausoviel Angst wie alle anderen Städte im Reich davor haben, Musterplatz zu werden, die Befreiung davon für 100 000 Gulden abkaufen; Aldringen schlägt dann noch zusätzlich 10 000 Gulden heraus, weil er den Nürnbergern eine günstigere Zahlungsweise gestattet. Ähnlich ergeht es Ulm, Frankfurt, Mühlhausen, Nördlingen, Eger.

Die Wiener Hofkammer hat sich bereit erklärt, für die ersten Monate alle Kosten des Proviants zu übernehmen, für seine Lieferung zu sorgen und ebenso alles, was mit der Beschaffung der Artillerie und dem Pionierwesen zusammenhängt, durch die Staatskasse tragen zu lassen. Wallenstein kann noch nicht selbst in Friedland die Geschütze für die Armee herstellen, die Stückgießereien sind erst im Aufbau, bis dahin muß Wien für die Artillerie sorgen, ebenso verfügt das Hofkriegsamt über die Proviant- und Zeughäuser. Aber auch dieses Zugeständnis der Hofburg, in den ersten Monaten einzuspringen, ist genügend verklausuliert. Ein Bericht aus dem darauffolgenden Jahr 1626 gibt die Kompetenz immerhin rückwirkend zu, denn die Hofkammer versichert mit einem vergnügten Stolz, so als wäre sie selbst am meisten davon überrascht, daß ihr sogar ein solches Mindestmaß an Hilfe möglich gewesen sei: Sie habe bis dato das Ihre getan, »so viel immer möglich gewesen, so schuldig als gern«.

Im Frühjahr 1625 umreißt es Wallenstein knapp und exakt: Praktikabel und der Gesamtsituation des Krieges angemessen ist nur der Finanzierungsweg der Kontributionen. Wenn man ihn systematisch zu Ende geht, hat man ein finanzielles Kolumbusei; allerdings auch ein politisches Kuckucksei, denn das Geschrei der Betroffenen wird durch ganz Europa tönen.

Karl von Harrach, Gönner seines Schwiegersohns Wallenstein und weiser Berater seines Kaisers, rät seinem Herrn dazu, rät ihm aber auch, sich vor dem Wehgeschrei rechtzeitig durch einen Gehörschutz zu sichern, und zwar so, daß er sich offiziell auf nichts festlegt. Wenn also Kaiser Ferdinand in dem Dokument vom 17. November 1625 sich öffentlich dafür bedankt, daß Wallenstein die für die Armee notwendigen »Spesa über sich genommen habe«, so verpflichtet er sich zwar in den folgenden Sätzen zur Wiedererstattung alles dessen, was Wallenstein in seinen Diensten ausgibt, befreit aber den Feldherrn nicht von der Verpflichtung, die »Spesa« aufzubringen.

Er läßt das Odium auf ihm, als sei er, Wallenstein, Gerichtsvollzieher in eigener Regie, die Variante einer biblischen Plage, über der durch einen Zufall die kaiserlichen Fahnen flattern.

Wie sieht es an diesem 17. November 1625 aus? Die kaiserliche Armee ist längst aufgestellt, sie ist schon tief im Reich, liegt bereits in den Winterquartieren, die Gelder, die für die Werbung und Aufstellung gebraucht werden, sind beschafft und ausgegeben. Jetzt kommt es nur noch auf die Erhaltung, Verpflegung und Besoldung an, sieht man davon ab, daß Wallenstein die Werbungen nach dem Abmarsch Anfang September ins Reich wieder aufnimmt und ununterbrochen fortsetzt.
Die laufenden Summen für eine Armee sind etwa sechsmal so hoch wie die Kosten für die Anwerbung. Das Normalmaß für den Unterhalt eines Regiments zu Fuß ist im Dreißigjährigen Krieg eine Summe von 400 000 bis 450 000 Gulden, für Anwerbung und Abdankung zusammen dagegen 135 000. Auch diese Ziffern sind niedrig gehalten und kalkulieren die schwankenden Bestandszahlen der Regimenter ein. Für ein Regiment zu Fuß in voller Stärke ist schon vor Ausbruch des Krieges eine Summe von 540 000 als notwendig angesehen worden.
Dazu kommt, daß die Wallensteinsche Armee bis Ende des Jahres 1625 tatsächlich schon die ominöse Zahl von 50 000 überschreitet, denn inzwischen sind auch die kaiserlichen Regimenter aus den Niederlanden und dem Elsaß zu Wallensteins Heer gestoßen. Mehr als den ersten Monatssold können die Regimentskommandeure nicht vorstrecken. Der Beitrag der Hofkammer erstreckt sich nur auf einige kleinere Summen zu Beginn der Werbungen und auf die Beschaffung von Geschützen, Verpflegung und Ausrüstung, soweit es in ihren Kräften und objektiven Fähigkeiten steht. Für die Fortsetzung ist in der kaiserlichen Instruktion durch die Ermächtigung gesorgt, in den besetzten und eroberten Orten und Landschaften »leidentliche Contributiones und Anlagen zu machen«. Wallensteins Aufgabe besteht darin, das so durchzuführen, daß sich das ganze Heer davon erhalten kann.
Nicht nur für den Durchzug erhalten. Nicht für Wochen, nicht nur für Jahre, sondern für die ganze Dauer des Krieges. Wallenstein greift hier weit voraus, das Heer des Kaisers soll und muß endlich den Gelegenheitscharakter verlieren, als sei es nicht mehr als eine freiwillige Feuerwehr von Gnaden der Augenblicksnot. Das ist der ganze Sinn des Kontributionssystems, dieser eigentümlichen, genialen, verfluchten, gerühmten und bald von jedem Fürsten imitierten Schöpfung Wallensteins, eines Systems, das sein Wesen erst im Lauf des Krieges zeigt, eines Systems, das dem Augenschein

nach unerhörte Belastungen bringt, das aber – wäre es nach Wallensteins Konzeption befolgt worden – das Reich vor all den grauenvollen Zerstörungen bis zur Wurzel bewahrt hätte, die nach Wallensteins Ende, im zweiten Akt des Krieges, Wirklichkeit wurden.

Der Zeitgenosse, der Betroffene sieht nur die Haut des Kontributionssystems, spürt seinen Zwang, der Bauer muß die Armee verpflegen, die Städte, Gemeinden, Stände müssen sie bezahlen. Die Verantwortung dafür lastet man Wallenstein an, er nimmt sie auf sich, es liegt ihm nicht, deswegen das große Schiebespiel der Kompetenzen und Justifikationen zu beginnen, die Räte der Hofkammer, des Kriegsrats, der Hofkanzlei haben darin größere Erfahrung und besseres Geschick, und wenn der Kaiser öffentlich bekanntgibt, Wallenstein habe sich zur Übernahme der Spesa verpflichtet, und nichts verlauten läßt, wie diese Spesa aufgebracht werden sollen, so kann Wallenstein nicht seine Instruktion aus der Tasche ziehen und ebenso laut verkünden, wozu ihn der Kaiser ermächtigt hat. Wallenstein ist allein schon damit genügend beschäftigt, das Geld hereinzubekommen, das die Armee braucht. Das 17. Jahrhundert, vor allem der Dreißigjährige Krieg, ist keine Epoche der empfindlichen Zehenspitzen und pikierten Dementis.

Die allgemeinen Tendenzen dieses Spiels, das hier abläuft, werden in den monatelangen Beratungen von Januar bis Mitte Juli 1625 festgelegt. Es wäre völlig falsch zu glauben, daß der Kaiser sich etwa auch dann geweigert hätte, etwas für den Unterhalt der Armee zu tun, wenn die Taschen des Staates gefüllter gewesen wären. Die Kassen in Wien sind tatsächlich leer. Wallenstein streckt von sich aus vor, was er an Geld beibringen kann, was ihm außerdem Hans de Witte durch Anleihen besorgt. Für alles Weitere, was die Armee benötigt, erhält Wallenstein vom Kaiser eine Blankounterschrift, er hat freie Hand in der Beschaffung der Gelder, er kann die Höhe der Summen festsetzen, er ist lediglich zu korrekter Abrechnung verpflichtet. Der Ausdruck »leidentliche Kontributionen« ist dehnbar genug, und wie weit ihn Wallenstein dehnen wird, auch darüber gibt es nichts zu rätseln, denn in Wien hat man seine Alternative aus dem Jahr 1621 nicht vergessen: »Entweder ordentliche Verpflegung und Bezahlung, oder ein unordentliches Kriegsvolk.« Daran hält sich der Feldherr, mit dem Erfolg, daß nach wenigen Monaten kein Heer unter den Soldaten Europas angesehener, kein Dienst begehrter ist als der Dienst unter des Kaisers, und das heißt jetzt unter Wallensteins Fahnen.

Über den Inhalt der mündlichen Beratungen des ersten Halbjahres 1625 wissen wir nichts Genaues. Sicher wird man keine Details erörtert haben, wie aus dem »leidentlich« der Instruktion ein System entwickelt werden soll und kann. Man überläßt es Wallenstein, man gibt ihm nur die notwendigen Vollmachten. Die Akten zeigen deutlich, daß er zunächst mit aller Rücksicht und Behutsamkeit vorgeht, daß er harte Zusammenstöße oder gar offene Erpressungen vermeidet. Er ist intelligent genug, um sich einzugestehen, daß der Erfolg dieser Kriegsfinanzierung durch den Krieg selbst am besten funktioniert, wenn er böses Blut vermeidet, wenn er seine Soldaten durch drakonische Strafen von allen willkürlichen Plünderungen abhält.

Die Kontribution ist für Wallenstein eine Abgabe, ein offiziell und korrekt erhobener Beitrag zum Unterhalt der Armee. Die Kontribution ist vor allem nicht Raub, sie steht nicht unter dem Motto: Greift nur hinein ins volle Guldenleben. Die Gesamtsummen sollen nur so hoch sein, daß die Armee existieren kann. Wallensteins Kontributionssystem ist einfach und genial genug, so einfach und genial, daß vor ihm kein anderer darauf gekommen ist: Dem Land darf gerade nur so viel abgenommen werden, daß eine ausreichende Grundlage für die Existenz der Bevölkerung bleibt, eine Grundlage, auf der wieder genügend heranwächst, damit im nächsten Jahr erneut Kontributionen geleistet werden können. Seit Wallenstein sind Kontributionen nichts anderes als reguläre, laufende Kriegssteuern. Daß ihre Bezeichnung sich schon seit dem 15. Jahrhundert vor allem mit dem Abpressen von Sach- und Geldleistungen für Truppen verbindet, sollte nicht darüber hinwegtäuschen, daß ihnen seit Wallenstein nur der Charakter einer allgemeinen Heeressteuer zukommt; der belastete Begriff verzerrt die Urteilsperspektive.

Über dieses Kontributionssystem Wallensteins ist derart viel Falsches und Gehässiges geschrieben worden, daß man darüber nur ununterbrochen den Kopf schütteln kann; soviel Zeit hat ein normaler Mensch gar nicht. Der Kaiser und seine Hofräte wissen gut genug, zu welchem Entrüstungssturm es kommt, wenn die Konsequenzen des ganzen Plans bekanntwerden. Wallenstein weiß das noch besser. Früher oder später müssen sie bekanntwerden, und früh genug kommt es auch zu dem Entrüstungssturm. Das ahnt der Kaiser, als er seine Assekuration am 17. November 1625 schreibt und Wallenstein mit der Verantwortung belastet, er ahnt es, das heißt: verdrängt das Wissen davon. Später stellt der Herzog von Friedland in einem Brief resigniert fest: »Wenn ich gezahltes Kriegsvolk hätte, so wären mir 20 000 Mann lieber, als auf diese Weis 60 000.« Aber Resignation ist nicht seine Art, sondern Nüchternheit und Wirklichkeitssinn, deshalb setzt er sofort hinzu: »Aber dieweils nicht ist, man muß a la desperata gehen und nemben, was man bekommen kann.«

Es gibt Hunderte und aber Hunderte von Klagen, Protesten, Beschwerden über dieses »entsetzliche« Kontributionssystem, die »furchtbaren Belastungen«, die »unermeßlichen Erpressungen«, das »tumultuarische Gewaltregiment«, die »gräßlichen Drangsale«, den »unerträglichen Einquartierungsdruck«, die »schrecklichen Eigenmächtigkeiten« der Forderungen. Diese Wehrufe haben sämtlich Hand und Fuß, auch wenn sie fast durchweg von Gegnern Wallensteins und des Kaisers ausgestoßen werden. Mit Recht heißt es besonders inbrünstig im Krieg: Selig sind die Friedfertigen. Nur ist allmählich der Eindruck entstanden, als hätte das kaiserlich-friedländische Heer wie ein Heuschreckenschwarm alles kahlgefressen.

Um so erstaunlicher, daß man sich nicht fragt, wie es möglich ist, daß Wallensteins Kontributionsoffiziere Monat um Monat, Jahr für Jahr die geforderten Steuern auch tatsächlich eintreiben können. Wer ist mehr zu bewundern: die Offiziere, die regelmäßig aus den angeblich vollständig ausgeplünderten, leergefressenen, niedergebrannten Dörfern, den ausgesogenen Städten Kontribution auf Kontribution für die Armee herausholen – oder diese Dörfer, Städte, Stände, denen es gelingt, bei angeblich völlig leeren Scheuern und Taschen doch immer von neuem Hunderte von Wispeln (ein altes Getreidemaß) an Weizen, Erbsen, Gerste, Roggen, Hafer zu liefern und aber Tausende von Gulden zu zahlen? Nürnberg stöhnt und ächzt über die mehr als 100 000 Gulden, mit denen es sich 1625 die Befreiung von Musterung und Einquartierung erkauft. Ist die Stadt deshalb bankrott? Sie zahlt 1627 noch einmal 60 000, im Jahr darauf 100 000 und dann – ist sie noch immer nicht am Ende? – 1629 im Lauf von neun Monaten 180 000 Gulden, um für die nächsten zwölf Monate eine weitere Zahlung von 240 000 Gulden zu versprechen. Und als Gustav Adolf 1632 einzieht, zahlt die Stadt säuerlich begeistert wieder auf der Stelle 100 000 Gulden.

Eine gleichmäßig stark ansteigende Kurve von Kontributionen also. Entweder ist der Guldenvorrat der geschäftstüchtigen Reichsstadt unerschöpflich oder ihre Einkünfte sind weit höher, als sie aus berechtigtem Eigeninteresse in ihren Klagschriften zugibt. Jedenfalls kann hier keine Rede von »Ausplünderung« sein. Wallenstein muß auf Biegen und Brechen darauf achten, daß gerade dieses Wort Ausplünderung nirgends Realität wird. Deshalb seine Härte gegen Übergriffe, deshalb die Sorgfalt, mit der er die tatsächlichen Steuermöglichkeiten jedes Kreises, jeder Stadt feststellen läßt, bevor er die Kontributionshöhe festsetzt.

Hält man sich an die Praxis, dann werden die Klagschriften oft in seltsamer Weise ad absurdum geführt. Ab Dezember 1627 wird Kurbrandenburg mit der Einquartierung der kaiserlichen Truppen und der Kontributionspflicht beglückt. Nach acht Monaten ist erst die Hälfte der Kontributionen bezahlt, mit vier Monatssolden ist man im Verzug. So geht es weiter, bis Gustav Adolf landet und die kaiserlichen Truppen Brandenburg verlassen. An der Kontribution aber ändert sich nichts. Jahr für Jahr treibt die kurfürstliche Regierung jetzt in eigener Regie die Rückstände der Kontributionen ein, die Wallenstein festgesetzt hat. Die Kriegssteuer kommt also dem Kurfürsten für die eigene Tasche gerade recht. Wird er sie vorher, unter Wallenstein, nur deshalb als nicht zumutbar angesehen haben, weil sie nicht an ihn abgeführt wird?

Die ersten Kontributionen werden in den habsburgischen Erblanden erhoben. Das System kennt keinen Unterschied zwischen Freund und Feind; ganz neu ist das nicht, schon Tilly hat früher in neutralen – wenn auch feindlich eingestellten – Gebieten Kontributionen erhoben. Nach Böhmen kommen sofort Mähren und Schlesien an die Reihe, dann Ober- und Niederösterreich, jedes Gebiet des Hauses Habsburg. Und zwar nicht durch einmalige Belastung und Abgabepflicht, nicht für ein einzelnes Kriegsunternehmen, sondern immer wieder neu, wiederholt, regelmäßig. Für die Kontributionen aus den Ländern des Reiches und seinem eigenen Herzogtum sorgt Wallenstein selbst, für die Kontributionen im Bereich der österreichischen Monarchie sind die einzelnen Länderkammern und die Hofkammer zuständig. Mit ihnen führt Wallenstein durch Jahre hindurch einen Kampf, der womöglich noch aufreibender ist als die Schlachten im Feld. So schmettert Wallenstein schließlich eines Tages der böhmischen Kammer den massiven Satz hin: »Es muß die Kontribution für die Armee nicht auf drei Monate, sondern per semper sein.«

Auf immer also. Sieht man diesem Satz an, daß in ihm ein ganzer Geschichtsumbruch steckt? Ob das Wallenstein selbst bewußt ist? Vielleicht. Vielleicht auch nicht. Aber das Säkulare in Wallensteins Angebot und die einzigartige Konsequenz seiner Realisierung bestimmen auch den Wahrheitsgehalt der Legende, die da besagt, Wallenstein hätte auf die Frage, ob er 20 000 Mann anwerben und unterhalten könne, nur geantwortet: »Nein, aber 50 000.« Dasselbe Moment liegt auch in dem Bemühen des Kaisers, die Verantwortung für den Modus, mit dem das ständig wachsende Heer erhalten wird, Wallenstein anzulasten. Die Kontribution per semper, was ist das anderes als ein Vorgriff bis in unsere Zeit, da sich fast alle Staaten der Welt daran gewöhnt haben, in Friedenszeiten rund ein Drittel des gesamten Haushalts für das Heer aufzubringen und in Kriegszeiten praktisch jeden Pfennig, der über die untere Existenzgrenze der Bevölkerung ragt. Seit Wallenstein beginnt das Steuerwesen unwiderruflich einen allgemeinen Charakter zu entwickeln. Früher war der Fürst auf die wechselnde Freiwilligkeit der

Ständezahlungen angewiesen. Oft waren die kaiserlichen Propositionen auf den Land- oder Reichstagen getarnte Geldbettelei. In aktuellen Notlagen, wie der böhmischen Rebellion, war eine abgeschlagene Geldbitte immer eine empfindliche Erinnerung an die reale Schwäche und Machtlosigkeit des Kaisers, oft genug wurde sie noch mit Hohn und Ironie kombiniert, wie es der Fürstbischof von Salzburg bewiesen hat.
Damit macht Wallenstein ein Ende. Der Kaiser ist plötzlich sein eigener Herr, seine Autorität ist greifbar, seine Macht hängt nicht mehr von der kurfürstlichen Zustimmung und Genehmigung ab, sein Heer ist selbständig. Der Kaiser muß keinen einzigen Soldaten nur wegen Geldmangels entlassen. Deshalb bildet auch das neue kaiserliche Heer, das von Wallenstein so hoch wie möglich besoldet und unentwegt vergrößert wird, dieses Heer des Jahres 1625, das zunächst aus Gesindel, Fahnenflüchtigen, Dieben, Räubern und alten Kriegsgurgeln besteht, bald in Organisation und Aufgabe die Urform aller modernen Heere. Bis zu Wallenstein reicht die klassische Söldner- und Landsknechtszeit. Die Knechte werden, wenn Geld vorhanden ist, entlohnt, wenn es nicht vorhanden ist, greifen sie zur Selbsthilfe, und da mit der Zeit das Geld immer seltener wird, leben die Soldaten oft genug nur noch von der Furcht, welche die Bevölkerung vor ihnen hat.
Damit bricht Wallenstein, vor allem dem Prinzip nach. Der Herzog von Friedland hebt die Idee der stehenden Heere aus der Taufe. Konkret ist er der Begründer der österreichischen Armee schlechthin, wie sie bis 1918 unter den Regimentsfahnen Habsburgs marschiert. Das, was durch ihn, durch seine Persönlichkeit, durch diesen einen Mann allein geschaffen wird, das Heer, die Armee, die Armee Wallensteins, verwandelt sich sofort, kaum daß sie nur der bloßen Zahl nach existiert, durch seine Entschlossenheit und Energie in die Armee des Kaisers, die Armee des Hauses Habsburg. Hier ist die erste und wichtigste Antinomie in der Laufbahn Wallensteins, die mit der totalen Katastrophe endet.
Er hat die Notwendigkeit einer Konsolidierung der kaiserlichen Machtposition um des Reiches willen früher als alle anderen gesehen und er hat ebenso früh erkannt, daß die Voraussetzung dafür eine vollständige Neuorientierung des Heereswesens ist, daß eine stehende Armee, eine Armee des Kaisers, geschaffen werden muß, um endlich und endgültig mit dem kurzsichtigen Prinzip der militärischen Notbremse zu brechen, diesem ehrwürdig alten Brauch, über den sich Wallenstein nicht genug mokieren kann, »nachdem der Feind in Ihrer Majestät Ländern ist, alsdann umbs Kriegsvolk zu schicken«.
Wallenstein hat diese Armee geschaffen, das gewaltigste Machtinstrument der

Habsburgermonarchie, des kaiserlichen Absolutismus, aber er hat diese Armee trotzdem bis zur letzten Stunde seines Lebens als *seine* Armee angesehen, als seine ganz persönliche, geradezu private Schöpfung. Sie ist auch tatsächlich etwas Einmaliges, es gibt keine Parallele dazu, das beweisen die Ereignisse schnell genug, sie ist mit nichts zu vergleichen, was bis dahin jemals in Europa als geschlossene Heeresformation geschaffen worden ist.
Noch ein Fachmann wie Tilly behauptet wegwerfend, eine Armee von mehr als 40 000 Mann lasse sich nicht führen, ihr Umfang verstoße gegen alle strategischen und taktischen Regeln. Das entspricht völlig den bisherigen Überlieferungen: Das größte Heer, das ein deutscher Kaiser in den letzten Jahrzehnten hatte zusammenbringen wollen, war das Projekt von nahezu 40 000 gegen die Türken, das Matthias im Jahre 1614 entwickelt hatte. Wallenstein äußert sich nicht zu Tillys Ironie, sein einziger Kommentar ist ein praktischer Gegenbeweis, unter ihm erreicht die Armee des Kaisers schon 1627 den Stand von 150 000 Mann.
Aber dieses Heer ist trotzdem, kaum daß es steht, doch nicht mehr seine, Wallensteins, Armee, ist nicht mehr nur die große Friedländische Armada, sondern ist ein autonomes Machtgebilde mit eigenen Gesetzen und Schwerpunkten, das nicht mehr ohne weiteres den willkürlichen Plänen seines Schöpfers gehorcht, das nicht mehr willentlich geführt und von ihm geleitet werden kann, sondern das sich gegen ihn erklärt, als der Konflikt Kaiser–Feldherr sich ausweglos und tödlich zuspitzt. Die Dramatik dieses ganzen Prozesses, der sich im Lauf von neun Jahren abspielt, wird noch durch das Paradox gesteigert, daß die gleiche Armee schlagartig und binnen wenigen Wochen verfällt, als der Kaiser sie bei der ersten Entlassung Wallensteins 1630 ihres Schöpfers und gewissermaßen legitimen Führers beraubt.

Wallenstein erhält die Instruktion vom 27. Juni 1625 erst in der zweiten Juliwoche des Jahres 1625; in der letzten Juliwoche wird auch das Generalspatent für ihn ausgefertigt und vom Kaiser unterzeichnet, am 25. Juli. Wallenstein hat seinem Schwiegervater schon am 10. Juni geschrieben: »Bitt, mein Herr erzeige mir die Gnadt und helfe meine Expedition zu befürdern, auf daß ich bald kann auf Prag kommen. Meine Expedition consistiert in diesem, daß mir der Kaiser Titel über die Armada giebt.«
Von den fünfzig Zeilen dieses Patents ist nur ein einziger Satz von Bedeutung, ein kurzer, knapper Satz. Der Kaiser bestellt Wallenstein »zum General über diesen Unsern nach dem Heiligen Römischen Reich abgeordneten Sukkurs«. Wallenstein erhält hier Rang und Titel eines Generals der neuen kaiserlichen Armada, er wird zum einzigen General Habsburgs ernannt.

Der Text der Bestallung ist klar, seiner kurzen Formulierung ist freilich nicht ohne weiteres anzusehen, welche außerordentliche Tragweite sie enthält. Militärisch-hierarchisch bedeutet sie nicht nur die Gleichstellung Wallensteins mit den anderen vier kaiserlichen Generalen, die noch im Dienst stehen – Caraffa de Montenegro, Don Balthasar Marradas, Maximilian von Liechtenstein und Rudolf von Tiefenbach. Sie stellt den Herzog von Friedland auch über sie, dazu kommt noch, daß er jünger ist als sie alle. Vor seiner endgültigen Ernennung hat Wallenstein den Rang eines Generalwachtmeisters. Als der Text seines Generalspatents beraten wird, bietet Wallenstein seinen Rücktritt als Generalwachtmeister an, unter der Bedingung, daß auch die anderen vier »Generalspersonen« demissionieren, denn sollten sie bleiben – so schreibt er aus Prag dem Präsidenten des Hofkriegsrats Rambold Collalto –, »so würde ich meine Lizenzierung für eine große Ungnad halten, denn man muß nicht denken, daß man mich mit diesem carico kontentiert«. Wallenstein beruft sich also auf den vorübergehenden Charakter der Kampagne im Reich, ein geschickter Vorwand, um frei von allen denkbaren Nebenbuhlern zu werden.
Caraffa tritt sofort zurück, für immer. Marradas legt ebenso seinen Posten nieder, sehr widerwillig, er zählt von jetzt an zu den entschiedenen Gegnern Wallensteins, später dient er auch in seiner Armee, aber er wartet nur auf seine Stunde. Liechtenstein und Tiefenbach, seit dem 10. März 1619 als Oberstfeldwachtmeister in kaiserlichen Diensten, reichen ebenfalls ihren Rücktritt ein, aber ihre Regimenter bleiben unter dem neuen Feldhauptmann bestehen, sie behalten auch ihre nominelle Führung; allerdings übernimmt nur Tiefenbach später wieder persönlich sein Regiment unter Wallenstein, wird Feldzeugmeister und dann kaiserlicher Feldmarschall.
Das ist also der Aspekt der militärischen Revirements von Wallensteins Ernennung, verbunden mit den üblichen Reaktionen: Eifersucht, lädierte Eitelkeit, Verbitterung. Dasselbe auch im politischen Feld. Wallenstein ist nicht Generalleutnant, nicht Generalstellvertreter, sein Titel legt ihn nicht auf die Rolle der Repräsentation seines Kriegsherrn, des Kaisers, fest; das war bis dahin feste Militärtradition im ganzen Reich gewesen. Das kaiserliche Generalspatent für Wallenstein vom 25. Juli 1625 bricht damit. Es stellt den Oberbefehlshaber des kaiserlichen Heeres auch im Titel über den militärischen Führer der ligistischen Armee. Tilly ist Generalleutnant und Graf, Wallenstein ist General und Herzog.
Belanglose Kleinigkeiten? Sicherlich, nur nicht in den Augen des empfindlichsten Beobachters dieser kaiserlichen Armee, die da plötzlich auftaucht und ins Reich zieht, nicht in den Augen Maximilians von Bayern, der ihren

Weg mit unbehaglichem Interesse verfolgt. Sein Sinn für Abstufungen ist ausgeprägt genug, um sich darüber klar zu sein, daß dieser Mann des Kaisers, der das neue Heer führt, ihm selbst als Herzog und Reichsfürst ebenbürtig ist und sich gleichzeitig als Generalissimus dem Generalleutnant Tilly bestenfalls kollegial beigesellt.
Maximilians Gefühle sind dabei ganz unausgeglichen, er, die Liga, die katholische Sache müssen die kaiserliche Armee als heißersehnte Unterstützung begrüßen – er, die Liga, die katholische Sache wünschen allerdings nichts weniger, als daß diese Armee wie ein Retter in der Not erscheint und den ersten Part im Krieg und im Reich übernimmt.

Bestehen überhaupt Chancen dafür? Auch Maximilian kennt das schwierige Problem, Anspruch und Erfüllung zur Deckung zu bringen. Ferdinand II. und sein Feldherr mögen noch so viele Ambitionen haben: Wo steht es denn im Hochsommer des Jahres 1625, daß der General des Kaisers tatsächlich auch ein Feldherr ist, daß sein Heer mehr wird als ein buntscheckiger Söldnerhaufen? Es steht bei Gott, es steht in Friedlands Sternen, der Text ist nur von der Zukunft zu entziffern.
Soll sich Maximilian über den zwiespältigen Eindruck freuen, den das kaiserliche Heer macht? Wallenstein hat seine Werber in die ganze Windrose geschickt, und so strömen aus demselben Umkreis Scharen über Scharen unter seine Fahnen. Wallenstein macht sich dabei nichts vor, es gibt nicht die geringsten Schwierigkeiten, genügend Soldaten zusammenzutrommeln. Aber so groß auch die Zahl ist, so niedrig ist ihr Niveau, sie sind kriegslustig, das heißt, sie sind geldlustig, und Geld ist bei Wallenstein zu bekommen. Das ist nicht neu. Originell ist es, daß hier ein Feldherr auftritt, der viel verspricht und es trotzdem hält, das macht in einem Höllentempo die Runde, und in dem gleichen Tempo kommen sie angelaufen, aus dem Reich, aus Italien, den Niederlanden, aus Frankreich, aus dem großen Völkerreservoir des Südostens. Meistens ist es Gesindel, viele der üblichen Wechselläufer zwischen den Fronten, »verruchtes Volk«, versprengte Narbengesichter, herren- und brotlose Schnapphähne, einzeln, in Gruppen oder ganzen Banden, Kosaken aus Polen, Kroaten aus Ungarn, Slowenen, Heiducken, Böhmen, Türken, Spanier, Iren, Wallonen und insgesamt weit mehr Protestanten als Katholiken, vor allem unter den Offizieren. Toleranz? Möglich, Intoleranz kann sich Wallenstein jedenfalls nicht leisten. Seine Indifferenz ist allerdings anderer Art als die Gleichgültigkeit seiner Soldaten, die sich mit dem Lied in Marsch setzen:

»Wir han gar kleine Sorgen
Wol um das römisch Reich,
Es sterb heut oder morgen,
So gilt uns alles gleich.«

Keiner wird abgewiesen. Wallenstein hat das alles von Anfang an einkalkuliert, die Armee, die er aufstellt, muß erst noch eine Armee werden. Er kann in dieser Eile gar nichts anderes machen als nehmen, was ihm unter die Finger kommt und unter die Fahne läuft, später empfiehlt er Collalto diese Praxis als einzigen Ausweg in solchen Lagen, der Herr Bruder »mache capite, rapite – wie ich im Anfang hab machen müssen«.

Für die Werbung braucht er nicht viel mehr als sechs Wochen. Am 12. Mai 1625 schreibt der Kaiser dem Bayernfürsten, er hätte Wallenstein dazu ermächtigt, seine Werbeoffiziere auch in den Fränkischen Kreis zu schicken. Am 24. Juni kann der Herzog feststellen, daß die Werbungen fast beendet sind, das Gros der Reiterei befindet sich schon in vollem Anmarsch auf die kaiserlichen Länder, gesammelt wird vor allem in Prag, rein zahlenmäßig ist die »Friedländische Armada« Ende Juni komplett. Am 29. Juni schreibt Wallenstein nach Wien, daß er jetzt damit beginne, denjenigen Teil des neugeworbenen Kriegsvolks, »was nicht gar gut ist, auf dem Musterplatz zu reformieren«, dem terminus technicus für das Abdanken, Ausmustern.

Am erfolgreichsten wird Wallenstein bei der Aufstellung der neuen Armee von Johann Aldringen unterstützt: seit Juni sein »Kriegsrat, bestellter Obrist und Oberst-, Muster-, Zahl- und Quartierungs-Commissarius«; er ist fünf Jahre jünger als Wallenstein, noch keine 37 Jahre alt. Ihm vor allem fällt die Hauptlast der Aufgaben bei der Musterung zu, in den ersten Wochen ist er besonders für die Unterkunft und die Verpflegung der gesamten Truppenmasse verantwortlich. Die Armeeorganisation ist anfangs weit schwieriger als später, obgleich dann noch ganz andere Zahlen zu bedenken sind. Aber in den ersten Monaten steht die eiserne Reserve noch nicht bereit: das Herzogtum Friedland. Noch übt es nicht die Funktion des Puffers, springt in die Lücken mit Pulver und Getreide, mit eingesalzenem Fisch aus den Teichen, mit Schwarz- und Rotwild aus den Forsten.

Außer fünf alten, schon bestehenden Regimentern sind es noch 14 neue, die im Juli die kaiserliche Armee bilden, dazu kommen weitere zehn Regimenter, die schon seit 1618 bestehen und in ganz unterschiedlicher Stärke vom Elsaß bis nach Ungarn verstreut sind; sie werden bald ebenfalls dem Oberkommando Wallensteins unterstellt. Als Regimentskommandeure dienen unter

Wallenstein fünf Herzöge, dienen deutsche Grafen und Freiherrn, italienische Marchesen, böhmische Magnaten, dient ein spanischer Hidalgo, ein kroatischer Banus, dienen Männer aus dem Hochadel ebenbürtig neben Haudegen wie Pechmann, Isolani oder Pappenheim. Aldringen, der bis dahin nur kaiserlicher »Oberst von Haus aus« ist, also kein Regiment führt und nur Wartegeld bezieht, erhält auf seine dringende Bitte und mit Fürsprache Collaltos eine Bestallung als Oberst eines Regiments zu Fuß.
Mit der Disziplinlosigkeit der neuen Söldner macht Wallenstein kurzen Prozeß. Seit ihm datiert das Prinzip des bedingungslosen militärischen Gehorsams von Soldaten und Offizieren. Dieser Grundsatz ist eine absolute Voraussetzung für die Ausübung der Befehlsgewalt, wie sie in neuzeitlichen Heeren seit Wallenstein selbstverständlich geworden ist. Nur wenige Wochen, und schon ist seine Härte sprichwörtlich. Die Zahl der Plünderer, die an den Bäumen hängen, noch bevor die Armee zum erstenmal geschlagen hat, geht schon in die Dutzende, und es sind auch Troßbuben dabei, Kinder also. Wallensteins Rücksichtslosigkeit wirkt mehr als einmal so, als wollte er nichts anders als die kaiserliche Instruktion vom 27. Juni Wort für Wort erfüllen, die ihm da einschärft, es sei »vornehmlich vonnöten, daß unter dem Kriegsvolk starke Disciplina gehalten werde«, und dann einen ganzen Katalog von detaillierten Vorschriften dafür aufzählt.
Strenge allein garantiert aber noch nicht alle soldatischen Tugenden, vor allem nicht die entscheidenden. Wallenstein stellt deshalb so bald wie möglich bestimmte Grundsätze der Auswahl auf, an die sich die Werbeoffiziere halten müssen. Mit den Ungarn gibt es die schlechtesten Erfahrungen, auch von den Polen hält er nicht viel: »Hab gar kein Verlangen nach solcher Nation, als mit welcher durchaus nichts zu richten ist. Bemeldte Polacken sein eine insolente Nation, ein Haufen Canaglien. Weder deren Oberst, noch sie sind etwas wert, sie tun in Schlesien mehr Schaden als der Feind.« Ganz will er aber trotzdem nicht auf sie verzichten, nicht nur wegen der hoffnungslosen Unternehmen, für die sie Wallenstein noch am geeignetsten hält, da es den Polacken »nicht so spöttlich sei davonzulaufen, wie den Deutschen«. Sehr wird es ihn deshalb nicht überrascht haben, als ihm sein Feldmarschall Ilow einmal betreten meldet, vier ganze polnische Regimenter seien auf einmal ausgerissen und durchgebrannt.
Schwieriger als mit den Soldaten ist es mit den Offizieren. Wallenstein kann sie nicht einfach an den Bäumen aufhängen, er braucht sie gerade jetzt weit dringender als später, deshalb muß er sich auch mit militärischer Halbwelt zufriedengeben, denn – so schreibt er im August nach Wien, als er ungeduldig auf einen General-Proviantmeister wartet – »wo man nicht

Falken hat, so muß man mit Raben beizen«. Untergrenzen der Qualität kann er hinnehmen, Untergrenzen der Disziplin aber läßt er nicht durchbrechen, auch nicht von Offizieren. Als ein Regimentskommandeur hundert seiner Musketiere mit Pferden ausrüsten und sich deswegen an die Bauern halten will, sagt Wallenstein ein barsches Nein: »Sein übeldiszipliniertes Regiment hat zuvor überall gar zu viel Schaden und Ungelegenheit gemacht, ich will nicht, daß sie nun noch mehr die Bauern strapazieren. Ich will nicht, daß das Land dadurch soll leiden und die Bauern umb ihr Roß kommen.«

Das alles sind Einzelheiten, teils bleiben sie besondere Fälle, teils sind sie charakteristisch und prototypisch. Aus ihnen setzt sich Zug für Zug das Bild des großen Heerführers Wallenstein zusammen, dem es in kurzer Zeit gelingt, aus seinen scheckigen Söldnerscharen eine straff organisierte und fest disziplinierte Armee zu bilden. Sie und ihr Befehlshaber sind im Dreißigjährigen Krieg das auffälligste Phänomen des ganzen Heereswesens der Zeit.

XIII
Kaiser und Herzog, Kontrast und Wechselspiel

Sie sind das merkwürdigste Dioskurenpaar der Weltgeschichte, Ferdinand II. und sein Feldherr. Man hätte sie kaum ungleicher, kaum gegensätzlicher erdichten können, in Charakter, Naturell und Leidenschaft, in Verstand, Körperbau und Geist. Sie ergänzen sich wechselweise fast lückenlos mit denjenigen Eigenschaften, die dem anderen fehlen, und sie wären ohne den andern nicht das geworden, was sie tatsächlich wurden. Ihre tiefgreifenden Unterschiede sind fast immer entsprechend einem ausgefallenen Verhältnis von konkaver und konvexer Anomalie aufeinander bezogen.
Wallensteins Epoche deckt sich in Ausdehnung und Schwergewicht fast bis auf den Tag genau mit der Epoche des Habsburgers. Die Ägide Ferdinands wiederum ist Datum für Datum auch eine Ägide des Herzogs von Friedland. Ferdinands Regentschaft ist untrennbar mit dem Mann verbunden, dessen Name schon kurz nach Antritt des ersten Generalates in ganz Europa mit einem seltsam-unheimlichen Nebenton ausgesprochen wird, ganze Etappen seiner Regierungszeit sind nicht viel mehr als eine Folie für Wallensteins Wirken. Was Ferdinand an effektiver Macht und politischer Größe besitzt, geht auf das Konto Wallensteins. Vor allem sind beide buchstäblich das Schicksal des anderen.
Der Kaiser ist knapp fünf Jahre älter als sein Feldherr, er überlebt ihn fast auf die Woche genau um drei Jahre. Man könnte – grob genug und doch nicht übertrieben – sagen, daß dasjenige, was für Ferdinand Frömmigkeit und schrankenloser Glaube sind, für Wallenstein Wille und schrankenloser Ehrgeiz bilden, schrankenlos in beiden Fällen, so wie das Wort es meint: ohne Schranke, ohne Rücksicht auf Proportionen. Kein deutscher Kaiser hat jemals einen Fürsten und General an seiner Seite, der so bedingungslos seine politischen Interessen verficht, der sich in seinem Willen, das Größte zu erreichen, als Befehlshaber der kaiserlichen Armee zugleich als Architekt des politischen Hauses der deutschen Majestät versteht, keinen auch, der so nachdrücklich, ja so besessen das Schwert der kaiserlichen Präeminenz führt und verkörpert.
Wallenstein ist hochbegabt in der Kunst, durch maximale Stärkung der kaiserlichen Gewalt die Dominanten der Reichsinteressen mit den Dominanten seiner privaten Wünsche in Einklang zu bringen, beides genial und rigoros aufeinander abzustimmen. Wallenstein hat den lodernden Ehrgeiz, nur dem Kaiser und dem Reich zu dienen – mit aller Rücksicht auf seine eigene Macht und Größe. Dieser Aufgabe verschreibt er sich ohne alle Rücksicht. Die Fähigkeit, das besondere Interesse dem allgemeinen unterzuordnen, ist selten genug. Weit seltener freilich ist die Gabe, beide Interessen zu kombinieren, ohne die eine auf Kosten der anderen zu verstümmeln; eine solche

Eigenschaft, praktiziert in größten Dimensionen, grenzt sowohl ans Mysteriöse als auch ans Infame.
Einer der Schlüssel zur damaligen Zeit ist die Selbstverständlichkeit politischen Handelns aus unpolitischen Gründen. Alle Protagonisten waren darin gleich, Maximilian von Bayern genauso wie Christian von Dänemark oder Gustav Adolf. Wallenstein setzt sich dabei von seinen berühmten Zeitgenossen durch zweierlei ab: Erstens übertrifft er sie alle in der Leichtigkeit und Meisterschaft, mit der er die allgemeine Politik und den persönlichen Nutzen synchronisiert. Zweitens erweitert er den ganzen Bezirk noch dadurch, daß er sich nicht allein mit der praktischen Bewältigung dieses Problems zufriedengibt, sondern auch noch die Reflexion dieses Problems auf sich nimmt, wodurch es ihm geradezu spielerisch gelingt, die eigene Sache von Fall zu Fall wieder komplikationslos von der allgemeinen abzusondern – das alles gehört wesentlich mit zu den vielen anderen Gründen für das betörend Geheimnisvolle und abstoßend Faszinierende dieses Mannes Wallenstein, der im Zweifelnden, Visionären und Bösen die stärkste Ausstrahlungskraft von allen Gestalten unserer Geschichte besitzt.
Der Einheitswunsch des Kaisers für Reich und Religion ist der Einheitswille Wallensteins. Ferdinands Traum von der Größe des Hauses Habsburg, diesem einmaligen Phänomen eines Familienweltreiches, der casa d'Austria, ist gleichzeitig die Realität von Wallensteins Handeln. Deshalb spiegelt die äußere Hierarchie des Verhältnisses von Kaiser und Feldherr in vertauschter Form die wirkliche, das heißt hier: die wirksame Abstufung der Ränge. Denn der Kaiser ist Herrscher, er herrscht nie mächtiger als in den Jahren, da Wallenstein gebietet. Wenn der Kaiser befiehlt, dann folgt er den Richtlinien Wallensteins; daß der Herzog als Befehlshaber der Armee auch große politische Vollmachten besitzt, hat noch andere Aspekte als nur die usurpatorischen, die mit seinem Ehrgeiz zusammenhängen. Schließlich gehört es ebenso zu ihrem siamesischen Verhältnis, daß in den wenigen Monaten ihres offenen Gegensatzes, der mit der tödlichen Katastrophe endet, erstens gar nicht vordringlich eine Differenz zwischen Ferdinand und Wallenstein ausgetragen wird und es sich zweitens bei diesem Gegensatz in entscheidenden Punkten um das bekannte charakteristische Mißverständnis handelt, daß von verschiedenen Dingen gesprochen und letztlich doch das gleiche angestrebt wird.

Von den Physiognomien des Kaisers und des Feldherrn gibt es zahlreiche Bilder, es gibt viele Gemälde und Stiche, bei denen allerdings mehr die Funktion interessiert als die Person. Ferdinand II. ist von kleiner Statur, ein Haltungsfehler macht ihm von Kind auf zu schaffen, er ist der Hauptgrund für seine Schüchternheit in der Jugend. Der Kaiser ist stämmig korpulent, aus seinem intensiv geröteten, fleischigen Gesicht springt eine längliche Knollennase, seine Haare sind rot, dazu kommen Sommersprossen, die allerdings nur auffallen, wenn Angst oder Schrecken das Blut aus seinem Gesicht treiben – es kommt selten genug vor, und dieser bieder-stumpfe, freundliche Gesamteindruck wird durch den zeitgemäßen Schnauz- und Knebelbart auch nicht markanter. Am stärksten prägt sich die charakteristische Unterlippe der Habsburger ein, stark, vorgeschoben. An diesem Gesicht ist alles vordergründig, offen und gepolstert faltenlos, und so liegt auch das ganze Wesen Ferdinands an der Oberfläche, wo ja die guten Eigenschaften liegen sollen, angeblich.

Ferdinand ist stark kurzsichtig, seine wasserhellen Augen quellen hervor, sie sind in schwere Tränensäcke eingebettet, die selbst wiederum von feistfest gewölbten Backen gestützt werden. Dem ersten Anschein nach werden die Augen von einem Anflug des Erstaunens und der Bereitschaft, sich von allem überraschen zu lassen, bestimmt. Erst später bemerkt man den trostlos leeren Blick, die scheinbare Unfähigkeit, irgend etwas in seinem Gesichtskreis auch nur annähernd festhalten und selbständig prüfen zu können. Wer anhand eines der besten Kupferstiche das Gesicht des Kaisers als undifferenziertes Ganzes auf sich wirken läßt, wird zwangsläufig an das mißglückte Frontispiz eines Romans von Ludwig Anzengruber erinnert.

Alle, Freund und Feind ohne Unterschied, sind sich darin einig, daß Ferdinand ein Spitzenprodukt an Freundlichkeit, Wohlwollen, Umgänglichkeit bildet. Gutmütigkeit ist ein integrierendes Moment seines Naturells; der äußere Eindruck dieser Gutmütigkeit ist allerdings nur ein Effekt der kaiserlichen Korpulenz, der unerschütterlichen leiblichen Behäbigkeit, in der sich wiederum die ebenso unerschütterliche geistige Beständigkeit Ferdinands spiegelt und eine Selbstsicherheit, die sich durch Weltliches nicht im geringsten beeinträchtigen läßt. Denn sie ist nicht von dieser Welt. Ferdinands unermeßliche Ruhe und luftdichte Stabilität geht auf zwei, drei Wurzeln zurück, eine kleine Zahl also, aber sie reichen außerordentlich tief, sind denkbar stark und bleiben bis zum letzten Tag im Kern intakt.

Da wäre als erstes die überragend entwickelte Fantasielosigkeit des Kaisers zu nennen, eine vollendete Kongruenz zwischen den Bedingungen der Realität und seinen einfachen Vorstellungen von ihr, deren größte Stärke die fehlende Vorstellungskraft ist. Die Fantasielosigkeit ist ein Hauptmerkmal von Ferdinands Leben und öffentlichem Handeln. Sie läßt dem Kaiser niemals die ganze Tragweite seiner politischen und religiösen Entscheidungen und

Maßnahmen deutlich werden. Aus ihr ergibt sich die unvergleichliche Geradlinigkeit und Konsequenz seiner Politik, sie läßt ihn friedlichen Gemüts Dinge unternehmen, die einen anderen Fürsten, der nur um ein Geringes skeptischer oder bedenklicher wäre, hätten erbleichen lassen. Ferdinands Entschlossenheit, mit der er in seinen Ländern die Protestanten innerhalb einer lächerlichen Spanne Zeit in eine belanglose Minderheit verwandelt, wird später als Probe aufs Exempel gegenreformatorischer Politik in den Dimensionen des Deutschen Reiches angesehen, sie wird bewundert, sie wird gefürchtet. Einer solchen Mischung aus ergreifender Naivität und übermannender Unduldsamkeit ist kaum standzuhalten, denn sie ist sich der göttlichen Sanktion gewiß, das begreift ein jeder.

Reflexionen liegen dem Kaiser völlig fern. Um so stärker ist die Kraft des Durchhaltens bei ihm entwickelt, der passive Heroismus, die verwegene Zuversicht des bloßen Ausharrens, der Mut, sich einfach nicht zu rühren und abzuwarten, bis das Ausweglose von allein seinen Weg gefunden hat – Eigenschaften also, die als klassische Ingredienzen der Habsburger weltgeschichtlich gewirkt haben bis hin zu Kaiser Franz Joseph, der schließlich über viele Jahre hinweg durch bloßes Sitzenbleiben die Donaumonarchie zusammenhält, auch dann noch, als schließlich jeder harmlose Katarrh für den Greis eine Lebensgefahr ist, ein Schnupfen der Majestät den Staat Österreich-Ungarn an den Rand des Abgrunds bringt. In dieser bewegungslosen Tapferkeit ist Ferdinand II. von keinem seiner Zeitgenossen überboten worden. Aus seinem Leben gibt es kaum eine Szene, die eindrucksvoller wäre als das Schauspiel vom 5. Juni 1619 in der Hofburg, als ihn seine protestantischen Stände berennen, ein Ereignis, dessen Faktizität mit Grund so stark von Legenden überwuchert worden ist.

Ferdinands Tag läuft fest geregelt ab, ökonomisch eingeteilt und im großen ganzen abgestimmt auf seine sechs Hauptneigungen: 1. Beten, 2. Kirchgang, 3. Fasten, 4. Prozessionen, 5. Hetzjagden, 6. Musik; dazu kommt das Geschäft des Regierens, das heißt, seine Anwesenheit bei den Sitzungen der Räte. Nur selten entsteht zwischen diesen kaiserlichen Liebhabereien eine heftigere Kollision. So kommt es wiederholt vor, daß Pferde zu Tode gejagt werden, damit der Kaiser rechtzeitig zu Beginn der abendlichen Gebetsstunde zurück ist.

Er steht morgens um vier Uhr auf, nach einer Handvoll Schlaf, er beginnt den Tag mit einem Gebet neben dem Bett, dann folgt die Morgenandacht, die eine volle Stunde dauert. Zu jedem Vormittag gehört der Besuch von zwei Messen, täglich wird eine halbe Stunde lang Gewissenserforschung getrieben, nachmittags ist Ferdinand ebenfalls bei einem Gottesdienst anwesend, abends schließt sich die Vesper an, und bevor der Kaiser zu Bett geht, betet er nochmals eine halbe Stunde – ein Tag, angefüllt mit Zeugnissen einer unglaublichen Religiosität. Wenn es wirklich Religiosität war, ist sie tatsächlich unglaublich gewesen.

Ferdinands Leben ist ein einziges überragendes Beispiel dafür, wie sehr der religiöse Glaube einen Menschen stabilisiert, sofern es ein unreflektierter Glaube ist, wie er Kindern und Kirchenglocken eignet. Von Prozessionen hält ihn nichts ab, keine Hitze, kein Frost, zu Fuß geht er mit, ohne Kopfbedeckung, mit einer Kerze in der Hand oder einem Windlicht. Nur wenn es in Strömen regnet, behält er den Hut auf. Bei einer großen Jubiläumsprozession ist das einmal der Fall gewesen, man kann durch die grauen Wasserschleier kaum von der Hofkirche hinübersehn zum Stephansdom, man legt Bretter über die Bäche, die durch die Straßen fließen, beschwört den Kaiser, sich nicht dem Unwetter auszusetzen; Ferdinand bleibt unbeirrt, steigt mit fromm gesenkten Augen über die Bohlen, die gefalteten Hände unter dem klitschnassen Mantel, die Stulpen des Hutes hängen ihm ins Gesicht, Wasser läuft ununterbrochen in seinen Kragen.

Ein halbes Jahr vor seinem Tod nimmt der Kaiser an einer Fronleichnams-Prozession im zwangsweise katholisierten Linz teil, er ist ergriffen von der Menge der Betenden, er ist vor allem von seinen eigenen Empfindungen ergriffen: »Welche Freude, hier, wo sonst das heilige Sakrament gehöhnt wurde, dasselbe nun so geehrt zu sehen! Diese Freude geht mir wahrlich über alle Freuden. Nicht kann ich mich der Tränen enthalten.« Der päpstliche Nuntius Carlo Caraffa, der sieben Jahre lang in Wien tätig war, hat 1629 einen anschaulichen Bericht über den Kaiser an Papst Urban VIII. geschickt. Caraffa schließt seine Schilderung von der Teilnahme des Kaisers an Prozessionen mit den Sätzen: »Das hat eine solche Wirkung, daß viele Barone und Ritter, bloß durch das Beispiel des Kaisers bewogen, den Irrglauben verlassen; denn die Zahl derer, welche Katholiken von Geburt sind, ist an dem Hof nicht groß. Auch anerkennt man, daß des Kaisers Großartigkeit, Sittenreinheit und Güte hierin mehr gewirkt habe, als menschliche Klugheit es vermocht hätte. In Wahrheit darf er ein heiliger Fürst genannt werden, der, gleich einem andern David, mit festem Vertrauen auf die göttliche Macht sich stützt, so daß er durch kein Mißgeschick, wie auch solches an ihn herankommen möchte, könnte erschüttert oder zu Grunde gerichtet werden.«

Die Fülle der kaiserlichen Tugenden war so groß, daß sie kaum Platz ließ für andere Eigenschaften. Selbst aus diesem betont wohlgesinnten katholischen Urteil klingt das einigermaßen deutlich an, es klingt auch an, wes Geistes Kind der Kaiser war. Abgesehen also von Kraft und Maß seiner

Intelligenz war er jedenfalls ein Kind des Heiligen Geistes und nicht so sehr ein Sprößling des säkularen Geistes, der ja ebenfalls weht, wohin er will. Wenn Nuntius Caraffa dem Papst versicherte: »Der Kaiser ist dem Heiligen Stuhl so ergeben, daß ich glauben möchte, seit Konstantin dem Großen habe es bis in die gegenwärtige Zeit einen ähnlichen Kaiser nicht gegeben«, dann hieß das aus dem Blickwinkel nichtkatholischer Beobachter freilich nichts anderes, als daß die doktrinäre Frömmigkeit und ausschweifend begrenzte Religiosität Ferdinands im Lauf der Jahre, nach und nach, ob ihrer ausdauernden Unwandelbarkeit alle Charakteristika folgerichtiger Größe, ja weltgeschichtlicher Relevanz angenommen hat.

Während sich Wallenstein immer nur auf sein eigenes Urteil verläßt, ist Ferdinand II. vollständig auf seine Ratgeber angewiesen. Nicht, daß er seine Meinung an ihrer Sicht überprüft, sein Urteil durch sie korrigiert: er besitzt nur hin und wieder ein eigenes Urteil. Immerhin, obwohl er keine Meinung hat, behält er sie für sich. Ferdinand kann dadurch zeigen, daß der Durchschnitt, ausbalanciert und durch Erziehung verdeckt, sogar zum Reflex einer melancholischen Weisheit werden kann. Nie fällt der Kaiser eine Entscheidung oder faßt einen Entschluß gegen die Meinung seiner Ratgeber. Die Gutachter müssen immer eine ungerade Zahl bilden, weil Ferdinand prinzipiell nur der Majorität zustimmt und nicht dem Argument.

Deshalb ist das Verhältnis des Kaisers zu Wallenstein zutiefst auch ein Verhältnis der Geheimen Räte in Wien zu Wallenstein; das bedeutet eine immer sprudelnde Quelle von Mißverständnissen, Unzuträglichkeiten, Gefährdungen und Risiken. Solange Ferdinands Ratgeber mit Stimmenmehrheit Wallensteins Auffassungen teilen und seine Entschlüsse stützen, können die Mutter Gottes, die Kirche und der Kaiser sicher sein, daß auch die Musketen ad maiorem Dei gloriam abgefeuert und die Siege der Armee, wenn schon nicht in katholischem Geist, so doch wenigstens für katholische Macht in habsburgischer Version erfochten werden.

Am stärksten ist Ferdinand auf seinen Beichtvater angewiesen, Wilhelm Lamormaini, einen Luxemburger Jesuit; der Name ist seinem Geburtsort la Moire Mannie nachgebildet, bei den Deutschen wird er nur Pater Lämmermann genannt. Die Abhängigkeit des Kaisers von seinen Beichtigern ist schon von Ferdinands Mutter, der Herzogin Maria von Bayern, gefördert worden, einer Fürstin, deren Frömmigkeit genauso groß war wie ihre überlegene Klugheit, die allerdings kraft mütterlicher Liebe nicht bemerkte, daß der Nutzen, den sie selbst aus beichtväterlichen Ratschlägen gezogen hatte, sich bei ihrem Sohn wohl im Religiösen wiederholte, zugleich aber eine ununterbrochene Reduzierung seiner Persönlichkeit bedingte; sie konnte das nicht bemerken,

weil eine solche Möglichkeit ihrem fürstlich souveränen Charakter zutiefst fremd war.
Ferdinands Abhängigkeit von Lamormaini ist deshalb so folgenschwer, weil die Intelligenz des Paters nur noch von seiner Intriganz übertroffen und diese wiederum nur noch von seiner katholischen Militanz überboten wird. Ein zeitgenössisches Urteil bringt das Verhältnis des kaiserlichen Beichtkindes zum Beichtvater auf die knappe Formel, daß Ferdinand diesem Gewissensrat gefolgt sei »wie das Schaf dem Hirten«: eine Charakteristik, die dem Kaiser zweifellos zutreffend erschienen wäre, frei von aller Doppeldeutigkeit.
Wallenstein weiß, warum er vor der Übernahme des zweiten Generalates vom Kaiser ein ausdrückliches Versprechen verlangt, daß Lamormaini – er hat anfangs guten Kontakt mit ihm gehabt – diesmal keine Gelegenheit bekommen dürfe, des Herzogs Entschlüsse wieder zu hintertreiben und der Kaiser ihn nicht bei jedem, aber auch wirklich jedem und kleinsten Problem um Rat fragte. Eine Forderung auf dem Papier, gewiß, Wallenstein macht sich darüber keine Illusionen, sie kann gar nicht erfüllt werden, auch wenn der Kaiser seinem Generalfeldhauptmann schriftlich versichert, er müsse nicht befürchten, »durch den beichtvatter oder andere geistliche bei uns aus ihren ungleichen und übel fundierten maximis gestört und konsequenter dadurch in seinen actionibus gehindert und aufgehalten zu werden; möge des Herzogs von Mecklenburg Liebden deswegen assekuriert und versichert werden, daß der beichtvatter und andere sich hinfüran dessen gänzlich enthalten werden«.
In jesuitischer Vorstellung ist Ferdinand II. wirklich das unüberbietbare Ideal eines Kaisers. Von ihm datiert der Brauch der Habsburger, unter allen Umständen in der Fronleichnams-Prozession mitzugehen. Er läßt das Bild der Jungfrau Maria auf die Feldfahnen des Hauses Habsburg sticken, er gedenkt ihrer stündlich im Gebet, er betont ergriffen und tief überzeugt, daß es für eine Festung keine bessere Bastion gebe als eine Kirche unserer lieben Frauen, er dekretiert offiziell die allerseligste Jungfrau und Mutter Gottes zum »allerobersten Kriegshaupt«, was nicht bloß ein Ausdruck der besonders gearteten, privaten Frömmigkeit Ferdinands oder eine süddeutsch-südeuropäische Spielart des katholischen Glaubens gewesen ist, sondern etwas Allgemeineres enthalten hat. Denn die Marienverehrung schloß »die Summe des Dienstes in sich, von dem sich die Protestanten abgewendet hatten und zu dem sie zurückgebracht werden sollten«. Vor allem hier empfindet sich der Kaiser nur als Träger von Gottes Amt, dessen Aufgaben, Sinn und Notwendigkeiten die Priester zu formulieren berufen sind, und deshalb nimmt er es vor den versammelten Würdenträgern schweigend hin, daß sein deut-

scher Hofprediger, der Jesuit Johannes Weingartner, bei einer seiner aufpeitschenden Reden das Barett auf die Kanzel schmettert und Ferdinand anherrscht: »Wenn Seine jetzt regierende kaiserliche Majestät die entwendeten geistlichen Güter nicht wiederherstelle, so werde ihn Gott strafen!« Lamormaini hat in der postumen Biographie des Kaisers ein entsprechendes Monumentalgemälde von Ferdinands »christlichen und heroischen Tugenden« entworfen.

Am Tatbestand dieser christlichen Tugenden gibt es nichts zu rütteln. Der Heroismus dagegen erschöpft sich in der quietistischen Einfarbigkeit eines unwiderruflich abgesteckten Gesichtskreises, dessen Umfang mit der allgemeinen Stumpfheit der Empfindungen Ferdinands korrespondiert. Daraus entspringen auch die unglaubliche Großzügigkeit und der Leichtsinn des Kaisers in Gelddingen. Es hat auch seinen inneren Sinn, daß Ferdinand bei seinen leidenschaftlichen Neigungen für Messen, Meuten und Musik kaum Abstufungen untereinander kennt.

An den Sitzungen des Geheimen Hofrats nimmt er aus religiösem Pflichtgefühl regelmäßig teil, und zwar in dem Turnus: einen Tag Jagd, einen Vormittag Ratssitzungen. Von der Jagd kommt er meistens erst bei anbrechender Nacht zurück, zu Beginn der Vesper. Daß ihm die Jagd allerdings wichtiger ist als sämtliche Regierungsgeschäfte, das bestätigt auch der Nuntius Caraffa in seinem Bericht an den Papst, er fühlt sich aber zu einer Entschuldigung verpflichtet. »Jagd und Musik«, so schreibt er, »dienten dem Kaiser zur Erholung von den Sorgen und Mühen des Regierens«.

Nach jeder Jagd führt Ferdinand peinlich genau Buch über seine Erfolge, wieviel Tiere erlegt worden sind, ihr Gewicht und Alter, die Geweihenden der Hirsche und Rehböcke. Am Jahresende stellt er ein Gesamtverzeichnis auf und tauscht diesen Katalog mit der entsprechenden Liste des Kurfürsten von Sachsen aus. Die Jagdleidenschaft war ein verbindendes Element zwischen Wien und Dresden. Johann Georg von Sachsen hat womöglich die Jägerei noch ausschließlicher im Kopf als Ferdinand. Bei der Hirschfeist des Jahres 1627 durchstreifen zwischen 4000 und 5000 Treiber und Jäger in zwei riesigen Gruppen 30 Tage lang ein Revier, das von Chemnitz bis nach Neustadt an der Orla reicht. Aber wenn man ehrlich ist: Die meisten Fürsten des 17. Jahrhunderts konnten sich wirklich fachgerecht nur über Jagdangelegenheiten unterhalten, unter befreundeten Fürsten war der Austausch der Jagdverzeichnisse fester Brauch. Die sächsische Jägerei galt im Reich und für Habsburg als die hohe Schule des fürstlichen Weidwerks. Die Zahlen sprechen für sich. Johann Georg erlegt im Lauf von rund 40 Jahren 48 066 Stück Rotwild, 29 196 Schwarzwild und an sonstigem Wildbret 36 367 Stück – von

1611 bis 1653, also mitten im und über den ganzen Dreißigjährigen Krieg hinweg.
Des Kaisers Geldgeschenke für Jäger und Musiker sind ungewöhnlich groß. Er läßt sich aber davon auch nicht durch – allerdings geziemend milde – Vorhaltungen abbringen. Eine erstaunliche Gelassenheit und Herzensgröße, wenn man bedenkt, daß nach einem Bericht des venezianischen Gesandten aus dem Jahr 1626 die Kosten für die Hofmusik so groß sind, daß sie kaum durch das Steueraufkommen von Ferdinands Ländern Steiermark und Kärnten gedeckt werden. Bei den Musikern hat Ferdinand immerhin eine plausible Begründung. Er meint, »die Tonkünstler dienen dazu, Gott zu loben und auf anständige Weise den Geist zu erheitern«. Sieht man von seiner Jagdleidenschaft ab, so ist nichts weiter darüber bekannt, welche anderen Möglichkeiten der Erheiterung – außer anständigen – dem frommen Kaiser noch zur Verfügung stehen. Die Frage, wie Ferdinand zu seinen sieben Kindern gekommen ist, wird eins der vielen ungelösten Rätsel der Weltgeschichte bleiben müssen.
Ferdinand trank mäßig, dagegen war er ein sehr starker Esser, ohne daß er deshalb jemals ein Schlemmer geworden wäre. Sein Appetit erstreckte sich auf alle gewöhnlichen, derben Speisen, allerdings bevorzugte er Wildbret, wie es einem passionierten Jäger zusteht, Rebhühner mit und ohne Trüffelfülle, Fasanen im Speckhemd, Rehkeulen mit Ingwer, vor allem aber ein Jagdgericht seiner Heimat: Wurzelfleisch steirisch, nämlich Wildschwein mit Meerrettich und Pfeffer. In höherem Alter rieten ihm die Ärzte, das Jagen und Essen einzuschränken. Der Kaiser ignorierte das. Genauso schlimm, vielleicht noch folgenschwerer war es, daß Ferdinand bis zum Schluß an der Gewohnheit festhielt, die eintönige Ordnung seines Tagesablaufs durch exzessive Kasteiungen zu unterbrechen, wie er sie bei den Jesuiten in Ingolstadt gelernt hatte. Freilich nicht wegen der Einsicht, daß ein Exzeß, hin und wieder absolviert, der Mäßigung das Odium der Gewöhnlichkeit raubt. Vor seiner ersten Heirat und als Witwer trug er häufig ein rauhes Bußgewand, um das abzutöten, was sein Beichtvater als Anfechtungen des Fleisches bezeichnete. Niemals habe der Kaiser ein Mädchen angelegentlich betrachtet, nie habe er eine Dame allein in Audienz empfangen, so hebt Lamormaini besonders rühmend hervor. Nach seinem Tod wurde lange Zeit eine Geißel öffentlich gezeigt, die mit dem Blut Ferdinands II. getränkt war.
In den letzten Monaten steigerte sich das Asthma des Kaisers bedrohlich, Ferdinand aber läßt weder von den schweren Mahlzeiten noch von den stundenlangen Gebeten und Bußen; auch strengste Winterkälte kann ihn nicht von seinen ausgedehnten Morgenandachten abhalten. Erst nach einem schwe-

ren Fieberanfall bittet er den Beichtvater um die Erlaubnis, das Frühgebet abkürzen zu dürfen. Der Dispens kommt zu spät. Ferdinand stirbt am 15. Februar 1637, mit der geweihten Kerze in der Hand, den Daten nach 59 Jahre alt, in Wirklichkeit etwa zwanzig Jahre älter; die Sektion zeigt eine weitgehende Zerstörung von Magen, Leber, Nieren, Milz und Lungen; die Ärzte können sich nicht erklären, wie der Kaiser bei einem derartigen Organabbau noch so lange leben konnte.

Von seinen religiösen Prinzipien her gesehen und den Grundsätzen der katholischen Kirche entsprechend war seine Regierungszeit ein voller Erfolg. Daß er sich nur wegen seines Gelübdes auf der Wallfahrt nach Loreto 1598 zur Ausrottung des Irrglaubens verpflichtet und vor allem deshalb zu einem so eifrigen, sieghaft ausdauernden Katholiken entwickelt haben soll, verdeckt die wirklichen Verhältnisse. Ferdinand war nicht auf dieses Gelübde angewiesen, er hätte auch ohne seinen Schwur nicht anders regiert. Kaum jemals gab es einen deutschen Kaiser, der so blind war für den Unterschied zwischen katholischen und politischen Interessen, und diese Blindheit war zugleich Weitsicht, war Größe – wenigstens für die Absichten und das Wirken seiner geistlichen Berater, wenn auch nicht für diejenigen Roms. Der Papst wußte sehr gut, daß gerade ein scharfer Blick für den Unterschied zwischen Kirche und Politik die katholischen Interessen besser durchsetzen konnte als die Blindheit dafür. Ferdinand aber bewies ihm das Gegenteil.

Niemals litt der Kaiser unter Zweifeln an der Richtigkeit seiner politischen Entscheidungen, auch nicht unter den zartesten Anflügen. In der Ausbreitung und Wiederherstellung der katholischen Religion sah er das oberste Ziel, hier fühlte er sich von Gott persönlich unterstützt, wie er sich gern von der Kirche und seinen Patres versichern ließ, und in diesem Sinn zu entscheiden und zu handeln mußte schließlich den entsprechenden Lohn einbringen, auch wenn die Mühen und Sorgen noch so groß waren. Dazu kam noch, daß für ihn auch die Geschicke des Hauses Habsburg untrennbar in den festgelegten göttlichen Weltplan eingeflochten waren, was eine weitere, zusätzliche Beruhigung und Absicherung bedeutete und Ferdinand auch davon abhielt, sich mehr anzustrengen, als es seine Behäbigkeit für statthaft hielt. Kein deutscher Kaiser war so unerschütterlich von der Wahrheit des Spruches Salomos überzeugt, daß der Mensch denkt, Gott aber lenkt; deshalb ging er eben lieber auf die Jagd, als durch eigene Gedanken Gott das Lenken zu erschweren. Ferdinands historische Größe schlägt sich in der majestätisch klaren, unendlich einfachen Gleichung nieder: Die Macht Gottes ist die Macht der katholischen Kirche, die Macht der katholischen Kirche ist die Macht des Hauses Habsburg, die Macht des Hauses Habsburg ist die Macht des Deutschen Reiches.

Diese Gleichung soll Wallenstein in die Wirklichkeit umsetzen, so sieht es der Kaiser. Der Feldherr hat freilich seine eigene Auffassung von der Art dieser Realisierung, zumal er der Formel eine besonders differenzierte Auflösung gibt. Auch hier, wie fast bei jeder anderen Gelegenheit, zeigt sich der volle Gegensatz beider Persönlichkeiten.

Was für ein Mensch Wallenstein ist, was ihn als Akteur der Geschichte auszeichnet, das beweisen gerade bei ihm am besten seine Handlungen, seine Ideen, seine Taten. Gar nichts beweisen dagegen das schwammige Doppelkinn und der feiste Oberkörper eines Bierkutschers auf der bekannten Grisaille Anton van Dycks in der Alten Pinakothek in München, die den Herzog von Friedland darstellen soll. Der große Maler hat den großen Feldherrn nie gesehen. Das berühmte Porträt ist ein reines Fantasieprodukt und gehört in eine Serie von Feldherrndarstellungen im apotheotischen Malerstil des damaligen Geschmacks. Nicht umsonst ist es zu einer Zeit entstanden, da Wallenstein schon keine bloße Persönlichkeit mehr ist, sondern ein politischer Zustand und Anspruch. Deshalb fand man in seinen Gesichtszügen Signaturen einer vorgeblich objektiven Zeitsituation, denn man setzte sie in ihnen voraus, suchte dementsprechend nach ihnen, wünschte sie zu finden, konstruierte sie. Das Gemälde van Dycks wird dem Wesen der Persönlichkeit Wallensteins von allen Abbildungen am wenigsten gerecht. Dieses behäbige, Energie durch proportioniertes Fett vortäuschende, bärbeißig-biedere Konterfei eines satten Hausvaters, dessen mißmutiger Blick ein unsichtbares Böses-Buben-Regiment fixiert, diese technisch hervorragende Ölfigur, bei der die Macht durch das Kilogewicht ersetzt ist, hat mit dem wirklichen Wallenstein so gut wie nichts zu tun.

Der Herzog ist nicht stämmig, sondern hochgewachsen, hat hagere Glieder, sein Gesicht ist straff, länglich geformt, Haare und Augenbrauen schwarz, die Stirn auffallend hoch, er trägt den üblichen kurzen Kinn- und Knebelbart, seine frisch durchbluteten Lippen zeichnen sich scharf ab von der blassen Haut des Gesichts. Die Haare sind vorn kurzgeschnitten und zurückgekämmt, an der Seite hängen sie in einigen Locken herab. Seine dunklen Augen sind von normaler Größe, aber – so schreibt Gualdo Priorato – sie sind »voll Feuer und Leben und verbreiten Schrecken und Ehrfurcht«.

Alle, die Wallenstein gesehen haben, registrieren übereinstimmend seinen durchdringenden Blick. Auf den meisten Porträts wiederholen sich außerdem die starke Unterlippe, das schwere Kinn, die hohen slawischen Jochbögen und die ausgeprägte Nase. In den Berichten der Diplomaten und Offiziere findet sich auch regelmäßig der Eindruck des abweisend Majestätischen und Frostigen in Wallensteins Gesicht, Haltung und Ausdruck, ein Duktus des Gebarens, dem eine seltsame Mischung aus Distanz, Skepsis, Schroffheit, Reserve und natürlichem Adel zugrunde liegt, die aber zweifellos auch zu einem Gutteil aus den quälenden Schmerzen besteht, die ihm die Gicht verursacht. Ein Gesicht, das nicht lächeln kann, so scheint es, der Wallensteinzug, gedrückt in seine und seiner Handlungen Physiognomie, eine verächtliche Nachdenklichkeit, die sich außerhalb der bestehenden Ordnung der Dinge stellt.

Im Äußeren vermeidet Wallenstein jeden Blickfang, zumindest in der ersten Zeit, seine dunkle Kleidung ist ein Traditionselement der mährischen Frömmigkeit, später lockert er die bekümmerte Farbe auf durch eine rote Schärpe, eine Feder, ein abstehend getöntes Futter am Ärmel oder Mantel. In den letzten Jahren bevorzugt er stärkere Wirkungen, der Grundton aber ist immer noch zurückhaltend genug, aschfarben oder wechselnde Brauntöne, der Mantel dagegen scharlachrot; neben den üblich gefärbten hohen Reiterstiefeln besitzt Wallenstein auch ein Paar aus weißem Leder, sie sind wegen seiner Gicht mit Pelz gefüttert. Am eindrucksvollsten zeigt sich die Reserve sich selbst gegenüber im Feldlager; da genügt ihm die ganze Armee als Rahmen.

Davon abgesehen hat er einen unausrottbaren Hang zum Prunkvollen, zum großen Stil, er versucht zeitlebens, in Auftritt und Gepränge alle anderen Fürsten zu übertrumpfen. Als Norm und Seitenstück läßt er nur den kaiserlichen Hofstaat gelten. Das sozialkritische Auszählen seiner Pferde, Marmorkrippen, goldenen Teller, Pagen, Köche, Sänften, Kammerherren, Silberdiener, Gärtner, Leibärzte, Geschirrmeister und Kutscher hat einer späteren Zeit viel entrüstetes Vergnügen bereitet: 1633 beläuft sich der herzogliche Hofstaat auf 899 Personen und 1072 Pferde. Der vergleichsweise orientalische Pomp ist im übrigen keine bloße Marotte Wallensteins, sondern bei allen Reichsfürsten gängiger Brauch. Die Pointe, ganz zum Barock passend, besteht nur darin, daß Wallenstein zu den reichsten Potentaten Europas zählt – zweifellos ein Faktum von besonderem Gewicht in einer Zeit, die davon durchdrungen war, daß die Ehre ohne Geld nur eine Krankheit ist.

An seiner Tafel treibt er einen enormen Aufwand, allerdings im wesentlichen um der Gäste willen, denn Wallenstein selbst ißt nicht viel. Am liebsten hat er Geflügel und Obst. Als Getränk wird ihm später vom Arzt der leichte Rotwein aus dem Veltlin vorgeschrieben. Wallenstein hält sich strikt daran. Bis zu seinem dreißigsten Jahr gehört der Herzog zu den starken Trinkern, daher seine schwere Gicht. In den letzten beiden Jahrzehnten seines Lebens schätzt er den Rausch nur gelegentlich, ja Trunkenheit stößt ihn zunehmend stärker ab. Teils, weil er sich dabei allzuoft in seinen Äußerungen hatte gehen und zu Reden hinreißen lassen, die er bald bereute, teils aber auch deshalb, weil Wallenstein sein Bedürfnis nach Zurückhaltung, Distanz und Selbstbeherrschung immer ausgeprägter entwickelt. Daß für seine ununterbrochen wachen, unruhigen Gedanken das Lähmende des Rausches eine Notwendigkeit gewesen sei, ist eine der vielen psychologischen Behauptungen, die auch dann noch wahr sein wollen, wenn die Tatsachen ganz anderes besagen: Gerade im Rausch wurden Wallensteins grübelnde Gedanken zu wahren Kreisjagden gesteigert.

So umgänglich der Privatmann Ferdinand ist, für so verschlossen und abweisend gilt Wallenstein. Das Gerücht von seiner Unzugänglichkeit umgibt ihn wie eine Bannmeile. Der Direktor der bayerischen Hofkammer berichtet von einem Besuch aus Wien, auch der Kaiser hätte gesagt, »der Herzog von Friedland sei in Reden und Moribus etwas grob«. Entsprechende Erwartungen werden noch verstärkt durch die selbstbewußte Unnahbarkeit in Wallensteins Gesicht – seine Besucher sprechen wiederholt von dem starken Eindruck der natürlichen Anmaßung und des Hoheitsvollen bei Wallenstein. So entsteht der Brauch, die düsteren, geheimnisvollen Möglichkeiten seiner Physiognomie auszubeuten und schon allein damit entsprechende Legenden und Ondits zu füttern. Andererseits ist die persönliche Wirkung Wallensteins auf jeden, der ihm begegnet, schon zu einer Zeit ganz auffallend, da sein Name noch nicht geläufig und berühmt ist. Nicht umsonst rät ihm sein Schwager Žerotín im April 1607 – Wallenstein ist damals keine 24 Jahre alt –, nicht die Folgen seines Referenzschreibens abzuwarten, sondern selbst an den Wiener Hof zu gehen und sich vorzustellen, da er sich durch seinen persönlichen Eindruck weit besser empfehle als durch jeden beliebigen Brief.

Die Aura, die ihn umgibt, wird noch zusätzlich dadurch verstärkt, daß Wallenstein im Gegensatz zu den Diplomaten, Fürsten, Priestern und Soldatenführern seiner Zeit geradezu abstoßend einsilbig ist. So etwas wie die Plauderei am Kamin gehört nicht in seine Welt. Wenn er spricht, gibt er Befehle oder ordnet etwas an; alles übrige scheint ihm nicht von Belang zu sein, für die Ohren anderer wenigstens, am widerlichsten findet er die briefliche Zwischenträgerei. Als es mit einem seiner Vertrauten deswegen einen Zusammenstoß gibt, bricht er aus: »Ich werde den Tintenfressern die Lust zum Schreiben schon nehmen!« Kurz darauf schreibt er ironisch-resigniert an seinen Schwiegervater, der ihm betroffen von der eifrigen Korrespondenz Aldringens mit dem Wiener Hof berichtet: »Er tut Recht daran, denn er ist von der Federprofession; mir ist unmöglich, alle Bagatella zu schreiben. Der Kaiser delektiert sich wohl mit solchen Avisen, deren ich jedoch bis in die Seele disgustiert bin, denn ich sehe, daß Gute und Böse gleich traktiert werden. Ich habe dem Kaiser seit neun oder zehn Jahren große und extraordinari Dienst geleistet, habe aber allzeit gesehen, daß die Verleumder haben nicht allein Gehör, sondern auch gute Audienz bekommen.«

Zu größeren Lagebeurteilungen muß er von Wien genötigt werden, er fügt sich nur selten und widerwillig, Wallenstein hält es nicht für nötig, seine Meinungen anders als knapp und scharf darzulegen, Wiederholungen sind ihm genauso verhaßt wie geschwätzige Begründungen. Was er sonst noch Wichtiges zu Fragen der Politik, zu seinen persönlichen Schwierigkeiten mit dem Wiener Kriegsrat oder den Reichsfürsten zu sagen hat, das hebt er sich gewissermaßen für einen seiner berühmten Wutanfälle auf, deren Raserei nicht zu überbieten ist. Was bei diesen Eruptionen ausbricht, ist ein Gemisch aus tobender Leidenschaft und rationaler Erkenntnis, und ein Gutteil der vielberedeten Rätselhaftigkeit Wallenstein beruht auf der Unfähigkeit seiner Umgebung, beide Bestandteile auseinanderzusondern. Außerdem verblüfft er durch sein zeitweilig völlig unkonventionelles Benehmen im diplomatischen Verkehr. Niemals weiß man, wie er reagieren wird. Diese Ungewißheit wird bald identisch mit Unsicherheit, und daraus formt sich das feste Urteil, daß es keinen Menschen gebe, der weniger zu durchschauen sei als Wallenstein. So gesehen schafft der Herzog viele der umlaufenden Legenden selbst, nicht so also, daß er die gängigen bestätigt, sondern daß er sie zerstört und dadurch neue bildet und ebenso Platz für neue.

All das bewegt sich aber immer noch im Vorraum der schlichten Tatsache, daß von Wallenstein etwas undefinierbar Geheimnisvolles ausgeht, so daß ihn schon zu Lebzeiten ein seltsamer Nimbus umgibt. In der Spanne zwischen diesem Nimbus und der Summe seiner Einzelmomente liegt das Unerklärliche. Es hat seine besonderen Maße in einer Epoche, in der die Geste das Handeln repräsentiert und die Handlung Legitimation der Geste ist.

Wallensteins Zeitgenossen sammeln eifrig die entsprechenden Beiworte. Einige dieser zischenden Adjektive: unheimlich, tenebroso, rätselhaft, unergründlich, cavernoso, undurchsichtig, hintergründig, eine Sphinx. Dazu kommt die immer wieder neu erhärtete Tatsache seines raubvogelscharfen, messerartigen Blicks für realpolitische und militärische Notwendigkeiten und Erfordernisse, seine Intellektualität, die stark reflektiven Momente seines Geistes. Sie sind viel zu ausgeprägt, als daß Wallenstein den Rang der Eigenschaften verkannt hätte, die er besitzt. Die Anmaßung der falschen Bescheidenheit ist ihm fremd, und deshalb kennt er auch nicht ihre Schwester, die Eitelkeit.

Allerdings ist er stolz, stolz bis zum Hochfahrenden. Auf dieses Konto ist vieles verbucht worden, was nicht hingehört. Die obersten Offiziere seiner Armee sehen es nicht gern, daß er später gerade nur noch die Mahlzeiten mit ihnen einnimmt und sich dann sofort zurückzieht, statt mit ihnen weiterzutrinken. Mit einer Arroganz Wallensteins hat das nichts zu tun. Es gehört zu seiner grundsätzlichen Zurückhaltung und Reserve; seine Generale und Obristen versuchen nie, ihn zu nötigen, denn sie können mühelos aus seinem Gesicht ablesen, daß der Herzog viel und nicht Angenehmes zu reservieren hat. Sie alle sind schon Zeugen einer seiner orkanartigen Rasereien gewesen. »Stolz wie Luzifer«, wird er von seinen Zeitgenossen genannt. Aus diesem eigensinnigen Stolz macht Wallenstein niemals ein Geheimnis. Neben seiner Devise: Invita invidia, dem Neide zum Trotz, führt er öfters als Grundsatz an: Amor et dominium non patitur socium – Liebe und Herrschaft vertragen keinen Genossen.

Das trifft nun wirklich zu, daran hält er sich, daß Liebe samt Herrschaft und Besitz keinen Genossen dulden, weil sie unteilbar sind. Er duldet keinen Genossen neben sich, er duldet aber auch niemanden über sich, mit Ausnahme des Kaisers. Wallenstein mag ein Meister der Verstellung sein, wenn es um seine Ziele geht; der Kapuziner Alexander von Ales beschreibt ihn so: »Dort, wo andere sich häufig als Tölpel und Ignoranten ausgeben, um ihre Schlauheit nicht zu zeigen, spielt er den Sonderling, den Tyrannen und den Unerträglichen, um von einigen gefürchtet und von anderen, besonders von seinem Herrn, für unklug gehalten zu werden« – das kann also bewußte Schauspielerei von Wallenstein sein. Fragt sich nur, ob er das nötig hat. Aber er ist wirklich absolut unfähig, sich einem anderen Willen zu beugen. Dementsprechend wird seine Entschlossenheit hervorgehoben, »eiserner Wille«, heißt es, »sein Wille war von der gleichen Härte wie sein Schwert«, die Bilder sind alle gleich. Derselbe Kapuziner, dessen verfälschende Berichte eine so große Rolle spielen werden, stellt auch fest, daß Wallenstein mit unerschütterlicher Konsequenz an seinen Entschlüssen festhält und sich nicht im mindesten darum kümmert, »ob er jemandem irgendwie Schaden oder Unrecht zufügt, wenn er nur sein gesetztes Ziel verfolgt. Denn er ist von Natur zu oberster Herrschaft geneigt. Und dies muß man für unbedingt wahr halten.«

Willensstärke, Ehrgeiz und unbedingte Zurückhaltung vor anderen machen es unmöglich, die Atmosphäre der Abkapselung um ihn zu durchbrechen und bringen ihn schließlich in einen besonders schlimmen Ruf: Wallenstein ist ein Menschenverächter. Derart üble Nachrichten sind nicht zuletzt so übel, weil sie meistens zu drei Vierteln stimmen. Es stimmt auch bei Wallenstein, aber eben nur zu drei Vierteln. Vieles, was sein dunkler, oft stechend dunkler Blick bei ihnen weckt, bezeichnen sie schon als Menschenverachtung. Aber sie ist bei ihm auch wirklich hypertrophisch entwickelt. Sie geht so weit, daß er diesen Menschen – gerade weil er nichts von ihnen hält – oft in grandioser Rückhaltlosigkeit seine geheimsten Gedanken anvertraut, so als hätte er auch für die elementarsten Vernunftgebote im Verkehr mit anderen ebenfalls nur grenzenlose Verachtung übrig. Jeder Zeuge eines solchen Ergusses ist des festen Glaubens, Wallenstein würde ihm hier seine verborgensten Gedanken wie Abfall hinschütten, aber – und das ist so verwirrend – in irgendeinem innersten Winkel hält er dann immer noch einige »allergeheimste« Gedanken zurück.

Zu seinem Jähzorn genauso wie zu seiner Selbstbeherrschung gehört auch ein entsprechend wechselndes Verhalten gegenüber den Intrigen und Verleumdungen, die sich als Klettergewächs um alles ranken, was er unternimmt. Das Kaleidoskop der Vorzimmererfolge am kaiserlichen Hof zu Wien hält er für so erbärmlich, wie es einem Soldatenführer erscheinen muß. Wiederholt reagiert er mit einem Wutausbruch, gewöhnlich aber lassen ihn auch die übelsten Nachreden eiskalt, zumindest hat er sich vor anderen dabei fest in der Hand. An Tilly schreibt er am 14. März 1631 die ironisch-gleichgültigen Sätze: »Es nimmt Uns kein Wunder, daß unwahrhaftige Zeitungen gegen Uns verbreitet und ausgegeben worden sind, zumalen solches der Weltlauf allezeit gewesen ist. Solche Zeitungen sich zwar wohl anhören, aber mit Lachen beantworten lassen!«

Ein Gutteil des Charakterbildes, das von Wallenstein bekannt ist, lebt nur von der Eifersucht, dem Haß, der Todfeindschaft seiner Gegner. Schiller hatte recht, als er beklagte, es sei ein Unglück für den Lebenden gewesen, »daß er eine siegreiche Partei sich zu Feinden gemacht hatte – ein Unglück für den Toten, daß ihn dieser Feind überlebte und seine Geschichte schrieb«. Schiller nimmt hier nur das Urteil auf, das Richelieu, lange nach Wallensteins Ermordung, in seinen Memoiren notiert, nachdem er Jahre vorher die Nachricht von der Katastrophe in Eger mit keinem Wort quittiert hatte: »Nach seinem Tode tadelte ihn manch einer, der ihn gelobt hätte, wäre er am Leben geblieben. Leicht klagt man diejenigen an, denen es nicht möglich ist, sich zu verteidigen. Wenn der Baum gefallen ist, stürmen alle herbei, um die Zweige vollends abzuschlagen. Guter und schlechter Ruf hängen von der letzten Periode des Lebens ab, Gutes und Böses gehn auf die Nachwelt über, und ihrer Bosheit halber glauben die Menschen eher an dieses als an jenes.« Dies also sind wesentliche Gründe für die holzschnittartig festgelegten Züge des Wallensteinbildes.

Die Grundlinien daran werden sich nur schwer ändern lassen. Zuviel, was nicht hineinpaßt, was keinen Platz findet. Wie verträgt es sich mit dem großen Menschenverächter Wallenstein, bei dem – so hat der Kapuziner Alexander von Ales kategorisch festgestellt – Fürsprache keinen Zweck hat, daß dieser gleiche Wallenstein kaum jemals fähig ist, eine persönlich vorgebrachte Bitte abzuschlagen? Oder läßt sich an ihm zeigen, daß die Güte erst dort ganz umfassend wird, wo sie auf Menschenverachtung beruht? Einmal erteilt er wegen eines Gichtanfalls dem Gesandten des Kurfürsten von Brandenburg eine Audienz im Bett. Während des Vortrags beginnt der Diplomat plötzlich einen Wunsch vorzubringen, von dem der Herzog schon genau weiß, daß er ihn auf keinen Fall erfüllen kann. Wallenstein zieht sich blitzschnell das Kissen über den Kopf und hält sich beide Ohren zu, so lange, bis der brandenburgische Rat wohl oder übel das Thema wechselt. Eine derart spontan kindliche Reaktion paßt zu allem, nur nicht zu dem anthrazitfarbenen Porträt eines Menschenverächters.

Er sorgt in seiner Herrschaft Friedland wie kein anderer Fürst im Reich für die Armenpflege, er baut Hospitäler, Altersheime, Findelhäuser, er kümmert sich durch alle Jahre hindurch um die Gesundheit seiner Beamten, um die Erholung seiner Offiziere. Sein Landeshauptmann soll einmal nach Wien, der Herzog schreibt ihm am 14. September 1624: »Gern wollte ich sehen, daß ihr mich berichtet, wie's sich mit eurer Krankheit anläßt und wie bald ihr vermeinet, in Wien alle eure Sachen in ein Richtigkeit zu bringen; doch mögt ihr euch zuvor wohl kurieren, auf daß nicht die Rezidiva kommt.« Und genauso am 15. Mai 1628 an Arnim: »Bitt', der Herr erzeige mir die Freundschaft und stehe nicht auf, bis es besser wird. Ich werde daraus abnehmen, ob mir der Herr Gutes gönnt, wenn er nicht aufsteht, denn dadurch wird er desto eher genesen.«

Das wird noch erweitert durch den bemerkenswerten Umstand, daß die zeitgenössischen Urteile über Wallenstein erheblich differenzierter sind und weit von demjenigen Bild abweichen, das im Lauf der späteren Geschichte entstanden ist. Es gibt allerdings schon zu Lebzeiten kaum ein ruhiges Urteil Wallenstein gegenüber, fast immer ist es freundlich oder feindlich, Zwischentöne hört man kaum. Die Ruhigen, wie Eggenberg, wirken unsicher, so als würden sie von Wallenstein bedrückt, wenn nicht erdrückt. Sicherlich sind die Beschreibungen von Augenzeugen nicht allein schon deshalb besonders glaubwürdig, weil sie aus der Umgebung Wallensteins selbst stammen. Trotzdem muß zum Beispiel gegenüber seiner drakonischen Strenge und Rücksichtslosigkeit erwähnt werden, daß er zur selben Zeit auch als »die Liebe der Soldaten und die Geißel der Fürsten« bezeichnet wird, und ebenso charakteristisch ist die große Zahl derjenigen, die in ihm eben nicht den Tyrannen und Blutsäufer sehen, sondern genausoviel Güte und Menschlichkeit registrieren, wie etwa der Herzog von Sachsen-Lauenburg, der Wallenstein den »frommen, unschuldigen Herzog« genannt hat.

Zweifellos, gerade das ist er nicht, so wenig wie ein verspäteter Nachfahre Caligulas. Die Gerüchte von seinem Despotismus, seiner Anmaßung, seiner brutalen Herrschsucht sind für die Zwischenträger mindestens genauso aufschlußreich wie für Wallenstein. Zu ihnen muß man die zahllosen Briefe nehmen, die voll sind von der Überraschung der Verfasser, einen Wallenstein kennengelernt zu haben, der überhaupt nichts mit den gewöhnlichen Klischee-Berichten zu tun hat, die es von ihm gibt. Einer seiner schärfsten Gegner, der bayerische Gesandte am Wiener Hof, Esaias Leuker, schreibt von seiner ersten Audienz bei Wallenstein fast konsterniert an Maximilian von Bayern, daß der Herzog überaus gnädig zu ihm gewesen und von einer verblüffenden Umgänglichkeit gewesen sei – man halte doch den Feldherrn im allgemeinen für ein cavallo indomito, ein ungezähmtes Roß, was noch milde genug ausgedrückt war.

Er kann seine Gäste umwerben, ist entgegenkommend, aufmerksam, strömt über von Liebenswürdigkeit, behandelt sie wie die heimgekehrten verlorenen Söhne. Er ist sogar zartfühlend, wie zartfühlend, zeigt sein Verhältnis zu den Frauen. Grundsätzlich ist das Thema »Wallenstein und die Frauen« von einer erfrischenden Unergiebigkeit. Deshalb ist auch bei Wallenstein bis jetzt noch niemand das beliebte Kunststück gelungen, auf dem so empfindlichen Fundament des Unterleibs eine dieser mächtigen Wolkenkratzer-Liebestheorien aufzubauen. Seine erste Frau heiratete Wallenstein nicht aus Liebe, sondern so, wie damals jeder Adlige heiratete, also aus Standesgründen, aus Gründen des Besitzes, auf geistlichen Rat hin, aus Geldrücksichten, jedenfalls nicht aus Liebe. Das wäre in dieser Zeit pervers gewesen, zumindest völlig außerhalb von Konvention und Standesregeln.

Auch bei Wallensteins zweiter Ehe sind solche Gründe ausschlaggebend. Wallenstein ist achtzehn Jahre älter als Isabella Katharina von Harrach, die Ehe ist ausgesprochen glücklich, und zwar in einem Maß, das nun wirklich Konvention und Regel sprengt. Aus den Briefen Isabellas an Wallenstein ergibt sich die Kontur eines Menschen, die überhaupt nicht zu den üblichen Nachrichten und Schilderungen paßt, die es von seiner Persönlichkeit gibt. Die Reserve des Ausdrucks in privaten Dingen ist damals ein festes Gebot, vor allem für Adlige; stellt man das in Rechnung, so stechen die Briefe der jungen Frau immer noch auffällig genug von anderen Frauenbriefen des 17. Jahrhunderts ab, und zwar durch ihre intensive Zärtlichkeit, Sehnsucht und Innigkeit – um nur diese Empfindungen zu nennen, die sich unmöglich verbinden lassen mit dem Bild des Tyrannen und Henkerherzogs Wallenstein, dem ein Menschenleben genausoviel wert gewesen sein soll, wie der Strick um einen Hals kostet.

Daß Wallenstein nicht nur seiner Frau gegenüber von einer Aufmerksamkeit, Rücksicht und Fürsorge gewesen ist, die sich bei keinem General des Dreißigjährigen Krieges und bei anderen Fürsten nur höchst selten wiederfindet, wird durch viele Zeugnisse bestätigt, so wenn die Herzogin von Braunschweig ihrem Bruder, dem Kurfürsten von Brandenburg versichert: »Er ist gewiß ein feiner Herr und nicht also, wie ihn etliche Leute gemacht haben; er ist gewiß sehr courtoisch und hat uns alle große Ehre erwiesen, ist gar lustig hier gewesen. Allzeit habe ich Ursache, ihn für meinen besten Freund zu halten; denn er hat's mir erwiesen und sich erboten, noch ferner zu tun.«

Gewöhnlich besteht Wallenstein schroff auf der Ausführung seiner Befehle, wenn aber zufällig Frauen betroffen sind, ist er geduldig und nachsichtig. Sein Landeshauptmann teilt ihm einmal mit, daß in seinem Gebiet eine Witwe ist, die trotz aller Aufforderungen nicht von ihrem protestantischen Glauben läßt und deshalb nach Gesetz und Recht von ihren Gütern vertrieben werden muß. Wallenstein befiehlt ihm, die Frau in Ruhe zu lassen und so lange zu warten, »bis ihr unser Herr bessere Gedanken gibt, daß sie den rechten Glauben begreifen möge«. Abgesehen von dieser Menschlichkeit ist an dem Beispiel leicht zu sehen, warum die Wiener Katholiken, die auf dem Schnellboot des Restitutionsedikts durch die Länder des Deutschen Reiches brausen, eine derartige Abneigung gegen Wallenstein haben, der sich, wie er sagt, »um die Religion nicht brennen läßt«.

Aber nicht nur Wallensteins Ehe oder seine Rücksicht und Behutsamkeit Frauen gegenüber variieren das Bild eines Wallenstein, dessen Lieblingswort »Laßt die Bestie henken!« gewesen sein soll. Dasselbe ergibt sich aus seiner ungewöhnlichen Sensibilität, die sich als krankhafte Reizbarkeit der Nerven ausdrückt und nicht nur aus der Introversion des asthenischen Typs oder einer Neurasthenie zu erklären ist. Wallenstein wird – so wie übrigens auch sein Schwager Žerotín – von dem gequält, was die damalige Zeit als morbus imaginationis bezeichnet. Er ist unerträglichen Attacken einer »zornvollen Schwermut« ausgesetzt, die ihn von Mal zu Mal dichter an den bewegungslosen Zustand einer grenzenlosen Trauer führen.

Seine Empfindlichkeit macht sich besonders in einer schubweisen, krankhaften Angst und Abscheu vor allem Lärm bemerkbar. An solchen Tagen muß tiefe Stille in seiner Umgebung herrschen. Im Feldlager ist ihm jedes laute Sprechen verhaßt, in seinem Vorzimmer darf nur geflüstert werden, das Würfelgeklapper in den Bechern kann ihn zum Schäumen bringen, die Offiziere müssen die Rädchen ihrer Sporen mit Schnüren festbinden, damit sie nicht klirren, alle Tiere werden entfernt, Hähne, Katzen, Hunde, in den Dörfern wird das Glockenläuten verboten. Thomas Carve berichtet von seinem Besuch des Waldstein-Palais' in Prag, daß in den angrenzenden Straßen und Gassen um den Herrschaftssitz des Feldherrn ununterbrochen etwa zehn Wachen patrouillierten und dafür sorgen mußten, »daß kein Getümmel und Zänkerei entstunde; denn es ist unglaublich, wie ungern dieser Mensch einen Tumult um sich gelitten, ja er konnte nicht hören, daß etwa ein Spatz zu laut geschrien«. Damals singen die Kinder ein Lied:

»Er mocht den Hahn nit hören krähn,
kein bellend Hündlein um sich sehn.«

Die Geräuschempfindlichkeit ist ein latenter Anlaß für Wallensteins berüchtigte Anfälle von Jähzorn; allerdings hat es noch eine ganze Menge anderer Gründe dafür gegeben, Gründe, die oft genug den Betroffenen und sicher auch Wallenstein selbst nicht immer bekannt gewesen sind. Jähzorn und Leidenschaftlichkeit sind es gewesen, die schon dem jungen Wallenstein zugesetzt haben. Später spricht Wallensteins Umgebung nur noch von seinem »Schiefer«. Einem alten Glauben nach wird dauernde Verstimmung oder hohe Anfälligkeit dafür durch einen Holzsplitter verursacht, der ins Gehirn geraten ist. Ein Mensch mit einem Schiefer, das ist jedenfalls ein verdrehter, ein schrulliger Mensch, und wenn es ganz schlimm mit ihm steht, dann hat er nicht nur einen Schiefer, sondern einen ganzen Balken im Hirn.
Wer Wallenstein kennt, geht ihm während dieser Zeit nach Möglichkeit aus dem Weg, man weiß, daß sich diese Anfälle von allein am besten und schnellsten legen. Am meisten ist er selbst von seinen »schiefrigen Affekten«, wie er sie nennt, betroffen. Sie entsprechen weder seinem Gefühl für Würde noch seiner Selbstachtung und werden deshalb auch von allen, die ihm etwas vertrauter sind, nicht überbewertet. Keiner von ihnen glaubt, Wallenstein wäre gerade dann bei sich, wenn er außer sich ist. Sogar Graf Trauttmansdorff, am Schluß einer der einflußreichsten und entschiedensten Gegner Wallensteins, geht in dem Bericht an den Kaiser von seinem letzten Besuch bei Wallenstein im November 1633 auf einen solchen Anfall nur mit dem Satz ein: »Ich hab mit etlichen Wort sein Bewegung zu lindern darzu geredt, im übrigen das meiste von selbst lassen ausrauchen.«
Diese Zeit von 1632 bis 1634, in die Wallensteins zweites Generalat fällt, ist nicht nur die Zeit seiner größten Machtvollkommenheit gewesen, sondern auch die Zeit seiner höchsten Reizbarkeit, und deshalb hat sich gerade an

diese zwei Jahre die alte Legende geklebt von Wallensteins Lieblingsphrase »Laßt die Bestie henken«. In den entsprechenden Briefen dominiert auffällig der barsche, rücksichtslose Ton, er erklärt sich einerseits aus dem raschen körperlichen Verfall Wallensteins, andererseits aus dem Willen des Herzogs, seine Befehle schnell und bis zum letzten Punkt ausgeführt zu sehen, ohne Bedenken und ohne andere Notwendigkeiten zu berücksichtigen.

Hier läßt sich die Frage nicht ignorieren: Ist Wallenstein skrupellos gewesen? Hat er den Beinamen Machiavellus fälschlich erhalten? Die Quellen seines unwahrscheinlichen Reichtums werden immer geheimnisvoll bleiben, eine Tatsache, die schon immer kräftig an die spekulativen Fähigkeiten des Betrachters appelliert hat. Deshalb liegt es nahe, des Herzogs Willen zur Bereicherung weit über dasjenige Maß hinausschießen zu lassen, das dem Gewinnstreben eines Bürgers zulässig erscheint, und aus dessen Urteilen gerade hier der moralische Sinn seiner unbemannten Tanten und seiner mannhaften Verdrängungen spricht. Auch die drakonische Strenge des Feldherrn wird dabei gern erwähnt, so als hätte sie sadistische Antriebe gehabt, während damals ein Soldatenführer tatsächlich kein höheres Lob ernten kann, als daß er rücksichtslos für Ordnung unter seinen Truppen sorgt. Schließlich wird Wallensteins Verhalten von 1633 bis zur Ermordung, sein Verhandeln und »Konspirieren« mit allen Seiten als letztes und überzeugendstes Beispiel dafür genannt, wie skrupellos er gewesen ist: ohne innere Bedenken also, bar aller Schuldgefühle, gleichgültig gegen sittliche Erwägungen, ja noch mehr, ein Mann ohne Gewissen, entsprechend einer Variante des Römerbriefes des Apostels Paulus mit vertauschten Vorzeichen: »Selig ist, der sich selbst kein Gewissen macht bei dem, was er für unrecht hält.« Und nicht einmal das trifft zu, denn ein skrupelloser Mensch hat doch letztlich gar kein Bewußtsein von Recht und Unrecht.

Wie also steht es damit: Ist Wallenstein skrupellos, hat er kein Gewissen? Sittliche Begriffe sind dehnbar. Das »Gewissen« hat bei keinem Menschen den gleichen Stellenwert. Es gibt seismographische, robuste, normale, müde, allergische Gewissen. Was des einen Gewissen verstört, läßt das Gewissen des andern gleichsam bloß gähnen. Solche Fragen sind niemals von der Position der bloßen Erwägung, vom entscheidungsfernen Eckbalkon aus zu beantworten. Vollendete Gewissenlosigkeit bringt den moralischen Betrachter zu tiefer Verzweiflung, um so mehr, als in psychologischer Optik die seltenen Exemplare der Weltgeschichte, denen wirklich jedes Gewissen fehlt, mit einem wohltuenden Manko beglückt sind; wohltuend deshalb, weil die Menschen mit ruhigem Gewissen nur noch von denjenigen übertroffen werden, deren Gewissen sich deshalb nicht beruhigen muß – oder beunruhigen kann –, weil sie nun einmal überhaupt kein Gewissen besitzen und deshalb nicht unter Gemütsschwankungen leiden. So gesehen kann die sittliche Problematik rasch auf Fragen des emotionellen Haushalts einschrumpfen: eine Reduktion, die ihrerseits nicht deshalb unproblematischer wird, weil heute die milieutheoretische oder psychiatrische Argumentation erfolgreich Justitia aus ihren angestammten moralischen Weidegründen verdrängt.

Bei der Lektüre der Briefe aus Wallensteins letzten Jahren ist deutlich der quälende Zeitdruck zu empfinden, unter dem er steht. Als ihm seine Kammerräte melden, daß sie die Kontributionen, die er von seinen eigenen Gütern und Herrschaften verlangt, nicht hereinbringen können, schreibt er ihnen am 30. März 1632 aus Znaim: »Euer' Entschuldigungen seynd lauter verlogen und unwahrhaftig. Seht, so lieb euch euer Seelen Seligkeit ist, mich bei der Nasen nicht um zu ziehen. Denn so wahr Gott lebt, ihr werdet mir's mit euren Köpfen zahlen müssen, wo ihr mir die Quota nicht alle Monat liefern werdet. Ich hab lang genug zu euren Prozeduren still geschwiegen, aber merkt mir wohl auf, ich werde gewiß mit euch nicht scherzen.«

Wallenstein scherzt in dieser Zeit überhaupt nicht viel, vor allem nicht, wenn es um Dinge geht, die ihm wichtig sind. Man sieht ihn vor sich, das starre, bleiche Gesicht, die finsteren Augen. Wiederholt findet sich in seiner Antwort auf Briefe, in denen alte Klagen erneuert werden, die er schon einmal als Heuchelei beiseite geschoben hat, die kurze Bemerkung: Mit dergleichen solle man ihm nicht noch einmal kommen, die Bittsteller wüßten so gut wie er, daß das alles erlogen sei, kämen sie damit noch einmal, dann würde er ihnen die Köpfe wegschlagen lassen. Solche Drohungen sind absolut ernst gemeint. Sie sind aber niemals ausgeführt worden, Wallenstein hat in der ganzen Zeit seiner Herrschaft in Friedland nur einen einzigen Mann hängen lassen, einen Wilddieb.

Er hat Gewalt oft angekündigt, mit brutalen Worten, mit zynischen, harten und wilden, er hat Gewalt geübt – und er hat sie weit öfter angedroht als die Drohung wahr gemacht. Wir sind heute allergisch gegen die Brutalität und alle Leibesvergehen – kleinen und großen Stils, wir sind um so allergischer, als sich noch niemals so sehr wie in unserer Epoche das Problem der Gewalt als ein Index für die Signaturen der Zeit erwiesen hat. Die Einsicht, daß die Brutalität ein wesentliches Moment der menschlichen Natur bildet, gehört zum Grundstock und Grundschock des Jahrhunderts. Neu daran ist nicht das Faktum, sondern die umfassende Erkenntnis dieses Faktums, ein Grund mehr dafür, daß eine Gestalt wie Wallenstein abstoßender und anziehender denn jemals zuvor ist.

Weil Gewalttätigkeit ein derartiges Problem und derart problematisch wurde, deshalb neigt man auch dazu, sie überall dominieren zu lassen; das geht auf Kosten der Differenzierung. Zwischen Wallensteins Brutalität einerseits und der Härte, die ihm als Feldherr und Herrscher eigen war andererseits, ist genau zu unterscheiden. Befehlsgewalt im 17. Jahrhundert setzt Entschlossenheit und Konsequenz voraus, sie bedingt Härte. Wird sie mit Gemüt versetzt, leidet die generelle und generell notwendige Gerechtigkeit. Aus der leidenden Perspektive entstehen rasch Gefühlsverwechslungen: als ob in objektiven Bezirken Härte identisch wäre mit Lust an der Härte. Hier erinnert man sich an das große Blutgericht vom 14. Februar 1633 in Prag. Wallenstein läßt 17 fahnenflüchtige Offiziere und plündernde Soldaten aburteilen, er lehnt jede Begnadigung ab, ein Vergehen wird wegen der Jugend, des Standes, der Schönheit eines Offiziers nicht geringer oder weniger schwerwiegend – so entscheidet er bewegungslosen Gesichts. Es gibt Augenzeugenberichte von der mehrstündigen Exekution, eine Szene macht besonderen Eindruck: »Das Schafott steht gegenüber seinem Fenster. Ein junger Oberst wird die Holztreppe hinaufgeführt. Bevor er niederkniet, dreht er sich noch einmal verzweifelt um und schreit zu dem Fenster hinauf: ›Ich muß jetzt sterben, weil ich meinem Generalissimus nachgelaufen bin!‹ Aber die Trommeln wirbeln, die Trompeten schmettern, die Worte des Delinquenten sind kaum zu hören.« Zwölf Jahre vorher war auf dem gleichen Platz derselbe Trommelwirbel zu hören, vier Stunden lang, als der Kaiser »aus angestammter Gnad und Milde« die Rädelsführer des böhmischen Aufstands hinrichten läßt.

Wallensteins Brutalität besteht also im Kern aus einer unbedingten Gerechtigkeit, die er emotionsfern praktiziert. Davon ist strikt seine persönliche Gewalttätigkeit zu unterscheiden, die in keinem einzigen Fall bewußte Brutalität ist, sondern immer besinnungsloser Jähzorn. Das beste Beispiel für alle anderen Fälle: Wallenstein informiert sich in Prag über den Stand der Arbeiten an seinem Palais. Ein Offizier unterbricht die Erklärungen des Baumeisters, er überbringt Wallenstein einen Rapport. Der Herzog braust wegen der Störung auf, zieht den Degen und dringt auf den Mann ein. Er flüchtet, Wallenstein setzt ihm nach und treibt ihn so in die Enge, daß der Offizier sich nicht mehr zu retten weiß, ebenfalls den Degen zieht und sich verbissen gegen den schäumenden Herzog verteidigt. Nach einem ersten Schlagabtausch steckt Wallenstein den Degen mit den Worten weg: »Was für eine brave Bestie!« und schenkt dem Störenfried einhundert Taler.

Nun ist es nicht so, als wäre Wallenstein vor allem in der letzten Zeit nur ein ununterbrochen explodierender Psychopath gewesen. Priorato hat mit Recht als Gesamteindruck betont, daß Wallenstein in Glück und Unglück immer gefaßt und beherrscht gewesen ist. Er hat ihm allerdings auch bescheinigt, er sei nie derselbe geblieben außer in der Veränderlichkeit, weshalb ihm das Vorrecht des römischen Adels, mondförmige Schuhe zu tragen, am meisten gebühre, denn er hätte seine Pläne so oft verändert wie der Mond seine Stellung am Himmel. Priorato spielt bei dieser Konstanz des Wechsels freilich auch auf das maßlose Temperament an, mit dem Wallenstein bis zuletzt zu tun hat. Auch dadurch schließlich ist der Eindruck seines widersprüchlichen, unerklärlichen und unbegreiflichen Wesens gefestigt worden, seine Launenhaftigkeit und Unberechenbarkeit, oder besser weniger psychologisch gefaßt: sein mysteriöses und unauslotbares Wesen.

Wallenstein ist kein Mann des Maßes, der inneren Disziplin, er ist von einer überdimensionalen Unausgeglichenheit, leidenschaftlich bis zum Exzeß, seine menschliche Größe liegt nicht in der Fähigkeit der Selbstüberwindung, sondern in dem erbitterten Kampf, den er um diese Fähigkeit führt. Was dem Kaiser das Phlegma der Korpulenz ist, das bedeutet Wallenstein die Selbstbeherrschung, und zwar so sehr, daß sich bald nicht mehr unterscheiden läßt, ob er sie im besonderen Fall wirklich besitzt, oder ob er sie nur vollendet mimt. Ihre Balance ist bis zum Schluß den Stößen des Jähzorns ausgesetzt. An dieser Labilität ist mehr als eine Freundschaft Wallensteins gescheitert.

Der Grund für die gespannten Beziehungen zu so vielen anderen Fürsten und wichtigen Persönlichkeiten der Zeit ist aber bei weitem nicht nur in der schwierigen Seelen- und Temperamentslage Wallensteins zu finden. Als der Generalissimus 1625 eine kaiserliche Armee aus dem Boden stampft und sie ins Reich führt, beginnen die Legenden von seinem »unheimlichen Aufstieg«. Ein solcher Eindruck mochte vielleicht bei den deutschen Reichsfürsten entstehen, er wäre auch subjektiv zu erklären, auch wenn objektiv gar nichts »Unheimliches« in Wallensteins Auftreten liegt. Seine Stellung hat sich in deduktiver Folgerichtigkeit aus seinem Scharfblick, seiner Verwegenheit, seiner stürmischen Tatkraft ergeben. Sein Vetter Slavata, der ihn so haßt wie kein anderer – es ist ein instinktsicherer, sublim intellektueller Haß von der Feinheit eines unsichtbaren Gifts –, hat mit der Klarsicht des Feindes lakonisch festgestellt: Die Schlacht am Weißen Berg hat nicht der Kaiser gewonnen, sondern Wallenstein.

Von 1620 ab kennt man Wallenstein in Böhmen so gut wie in den anderen Erblanden Habsburgs. Er hat seinen Ruhm intelligent und entschlossen gesteigert, die folgenden Jahre sind eine Kette von Gelegenheiten, ihn bis ins Fantastische zu heben. Dem bewundernden Entsetzen in Österreich folgte die entsetzte Bewunderung im Reich. Wenn der Kapuziner Alexander von Ales behauptet, Wallenstein hätte es mit List stufenweise zu einer autorità formidabile gebracht, so war diese »fürchterliche Macht« eine schlichte Folge von Wallensteins wirtschaftlichen Unternehmerqualitäten und seiner genialen Erkenntnis, daß zu seiner Zeit kein Unternehmen größeren Erfolg bringt als der Krieg; der Krieg ist die Hauptindustrie der Epoche. Wallenstein bestätigt in vollendeter Form die alte Wahrheit, daß Gelegenheit nicht nur Diebe macht, sondern auch große Männer.

Daß der Herzog erst ab 1625 in ganz Europa berühmt wird, von heut auf morgen, liegt an den damaligen Verhältnissen. Sein Aufstieg bis dahin, Etappe für Etappe, hat gar nichts mit einem unerklärlichen Auftauchen aus dem Dunkel ins Licht zu tun, nichts ist irriger als die Bezeichnung Emporkömmling. Wallenstein wechselte 1625 lediglich von einer großen Magnatenstellung im Raum der habsburgischen Erblande hinüber in eine politisch-militärische Machtstellung. Von diesem Moment ab steht er freilich mitten im grellen Brennkreis der Geschichte, herausgehoben, seine Gestalt, seine Aktionen bestimmen die erste Hälfte des tiefstgreifenden Krieges der europäischen Geschichte, und seine Pläne bilden in der zweiten Hälfte des großen Ringens als Forderung und Menetekel den konstanten Hintergrund.

Neid und Haß der Fürsten sind also verständlich. Andererseits ist dem Herzog von Friedland als einem Mann von blinkendem Intellekt und sicherem Urteil das Gros der Leute, mit dem er zu tun hatte, von vornherein einigermaßen zuwider. Oft sind nur Wallensteins Empfindlichkeit und Hochmut die Ursachen für die beklagten »disgusti« gewesen, ebensooft aber ist es die Selbstgefälligkeit und Beschränktheit hoher und weniger hoher Adliger und Beamter, mit denen er sich nicht aufhalten will. Typisch dafür ist die Handbewegung, mit der er die Wünsche zweier toskanischer Prinzen abtut, die vom Kaiser empfohlen und sogar mit dem Hof verwandt sind: Das seien junge Leute, »deren Sachen auf lauter Vanitäten fundiert« wären.

Solche Bemerkungen zeigen einen weiteren, für Wallenstein typischen Charakterzug. Die meisten seiner Briefe sind nüchtern, knapp, drängend, auf die Sache beschränkt. So etwas wie Beschaulichkeit findet sich selten genug. Wirklich locker und gelöst sind sie aber dort, wo er seinem Humor und seiner Ironie die Zügel läßt, am ungeniertesten nach einem verrauchten Wutanfall – da finden sich besonders schöne Briefdokumente für diese ausklingende Landsknechtszeit des 17. Jahrhunderts, in der die Kunst des Fluchens mit der Strenge des Glaubens so harmonisch Schritt gehalten hat. Vor allem die Briefe an seinen Schwiegervater Harrach oder an einen seiner besten Freunde, den kaiserlichen Rat Questenberg, sind offen und drastisch, die Wiener Hofkriegsräte bezeichnet er da nur als »kahle Kerle«, und für den Kurfürsten von Bayern verwendet er Ausdrücke, die Karl von Harrach vorsichtshalber sofort ausstreicht. Auch das ist ungewöhnlich, daß dieser Mann Wallenstein, der sonst in jeder Minute beherrscht, kalt und zurückhaltend erscheint, sich gerade in Briefen mit einer Unverblümtheit äußert, die von Hemmungslosigkeit nicht mehr zu unterscheiden ist.

Vielleicht wird dieser Umstand etwas deutlicher, wenn man feststellt, daß sich Wallenstein zu mehr als einem derjenigen Männer, die er anfangs abfällig und wegwerfend beurteilt hat, später hingezogen fühlt und sein Freund und Gönner wird. Das kann grandiose Menschenverachtung gewesen sein, ebensogut aber etwas viel Einfacheres. Wallenstein nämlich, der unwiderstehlich dazu getrieben wird, ständig über das Schicksal, den Lauf der Welt und der Gestirne nachzugrübeln, der Zyniker, Skeptiker und Melancholiker Wallenstein besitzt praktisch keinen Funken wirklicher Menschenkenntnis. Er hätte im Lauf der Jahre anhand kaum zu zählender Vertrauensbrüche genügend Gelegenheit gehabt, sich über die verlogenen und feindlichen Gesinnungen klarzuwerden, die ihn auch in seiner nächsten und engsten Umgebung umgeben. Davon aber ist keine Rede. Er fällt auf die dicksten Lügen herein, sitzt jeder plumpen Heuchelei auf, entrüstet sich aufschäumend über die falschen Freunde, wenn er doch einmal direkt mit der Nase auf eine Verräterei gestoßen wird, ist aber wie ein Kind von einer Minute zur anderen bereit, alles zu vergeben und zu vergessen, einfach deshalb, weil er es nicht wahrhaben will, weil es ihm unangenehm ist, weil es ihn innerlich stört; er findet es widerlich, sich damit allzulange abzugeben. Trotzdem, er ist sich vollständig klar über das ganze Ausmaß des Hasses, mit dem er es zu tun hat, er täuscht sich nicht über seine Gegner am kaiserlichen Hof. Wenn es ihm gut gehe, wenn er Erfolg habe, schon dann finde er in Wien keinen Beistand, schreibt er einmal einem Freund: »Was aber geschehe nicht alles, wenn etwas Unglückseligs, wie's im Krieg zu gehen pflegt, sollte erfolgen!«

Sogar sein Tod wird unmittelbar davon bestimmt. Niemandem vertraute er in seinen letzten Monaten rückhaltsloser als dem Mann, den er großgemacht hatte, keinen Offizier seines Heeres liebt er mehr als Piccolomini. Und Piccolomini verrät ihn bei der ersten Gelegenheit, inszeniert seine Ermordung, setzt sie ins Werk. Hier scheint es, als würde sich das Symbolische seinen Tribut gerade dort am eindrucksvollsten erzwingen, wo Symbolisches vermeintlich überhaupt keinen Raum hat, sondern nur noch Menschliches in seiner erbärmlichsten und erschütterndsten Form. Wieviel von der Faszination der Gestalt Wallensteins lebt nicht von diesem Gegensatz zwischen unermeßlich wirkender Erhöhung im Leben und grauenhaftem Ende in einer durchstürmten Februarnacht, allein, krank, wehrlos vor den Mördern, die sich ihre Kaisertreue durch Wein verdeutlichen müssen und ihren Mut durch die Musketen.

Dabei ist es Wallenstein keineswegs immer nur um bedingungslose Zustimmung gegangen oder etwa gar um die üblichen Schmeicheleien. Er ist versessen darauf zu erfahren, was andere von ihm denken, vom einfachsten Soldaten bis hin zu den fernsten europäischen Höfen. Er hält das für eine Möglichkeit besonders eindringlicher Selbsterkenntnis. Auf die Frage, was denn die Leute von ihm im Lager halten, bekommt er von einem Offizier aus seiner nächsten Umgebung die Antwort, daß er allgemein als größter Feldherr der Welt angesehen werde. Ein anderer dagegen meint, er würde nie anders als »die große böhmische Bestie« bezeichnet. Dem ersten Offizier gibt Wallenstein auf der Stelle den Abschied, dem andern machte er ein Geschenk von 2000 Talern. Diese Geschichte hört sich so an, als hätte Wallenstein gewußt, wie gut sie später einmal als erfundene Anekdote wirken wird. Sie ist trotzdem wahr, genauso wahr wie die Nachricht, daß er dem Verfasser einer hanebüchenen Schmähschrift eine erhebliche Geldsumme anweisen läßt. Andererseits aber gibt er noch weit größere Geldbeträge für Leute aus, die es besonders geschickt verstehen, sein Loblied zu singen. Vielleicht bereitet ihm die Art, mit der er die Absicht durchschaut, solches Vergnügen, daß er sich das etwas kosten läßt.

Das ist nicht unbedingt nur dialektisch willkürliche Interpretation. Denn Wallenstein beweist immer wieder bei der Beurteilung aktueller Situationen einen verblüffenden Scharfblick. Kaum jemals sind seine Schlüsse falsch, er läßt sich nicht einmal durch seine eigenen Erwartungen und Hoffnungen irreführen, ja bei seiner Einschätzung und Abwägung allgemeiner Lagen neigte er eher dazu, Gefahren und Notstände überzubewerten, als sie auf die leichte Schulter zu nehmen.

Seine Selbsteinschätzung läßt sich niemals von der Andersartigkeit der realen Verhältnisse irritieren. Beides, das Übermaß seines Selbstgefühls, das Ausgreifende seiner Pläne, sein durch nichts begrenzter Ehrgeiz einerseits und seine glasartige Rationalität, sein kritisches Vermögen andererseits entspringen den gleichen leidenschaftlichen Antrieben seines Inneren. Er bestimmt gelassen Richtung und Verlauf von Entwicklungen, die weit in die Ferne reichen, er besitzt eine waghalsige Sicherheit des Urteils, eine Weitsicht von prophetischen Dimensionen, so, wenn er, kaum daß der Krieg seine ersten Gehversuche hinter sich hat, seine Dauer unter bestimmten Bedingungen auf genau dreißig Jahre veranschlagt. Er reagiert auf wechselnde Situationen mit einem blitzschnellen Umspringen: eine Elastizität, die für die Umgebung in einem verwirrenden Kontrast zu der Unbeirrbarkeit steht, mit der er an seinen obersten Zielen festhält. Der Eindruck davon ist allerdings sekundär, denn das eine ist das Layout, das andere die Ausführung des Entwurfs, das Mittel seiner Realisierung.

Die kaiserlichen Räte, die auf seiner Seite stehen, akzeptieren fast kritiklos Wallensteins Entwürfe, sie sind durchdrungen von seiner Souveränität. Aber auch von den Gegnern wird niemals sein Format bestritten. Wallensteins Pläne sind nicht Augenblicksfantasien, plötzlich eingegeben, überlegt, wieder fallengelassen. Er ist von Anfang an der Meinung, der Krieg müsse klein und kurz gehalten werden, es sei nichts Wesentliches, was in ihm ausgetragen werde. Seine Problematik rechtfertige nicht die Ausweitung zu einem Religionskampf und nicht die Aufblähung zu einem europäischen Krieg. Er hält demgegenüber bis an sein Lebensende an seinem wichtigsten Entwurf einer kreuzzugartigen Expansion in den Südosten fest, nach Konstantinopel, einer offensiven Brechung der Türkengefahr und damit der Eroberung des ganzen Balkanraumes bis hin ans Schwarze Meer.

Scheint nicht gerade Wallensteins eisenharte Intelligenz seinen großräumigen Projekten ein Fundament zu garantieren, das unerschütterlich ist? Lassen sich nicht umgekehrt aus den Dimensionen seiner Entwürfe, die für andere kaum zu übersehen sind, die notwendigen Mittel für die überschaubare Realität am sichersten gewinnen? Ist nicht Wallensteins fanatisches Durchspielen sämtlicher Möglichkeiten die beste Bedingung dafür, daß zum Schluß diejenigen mit dem greifbaren Wirklichkeitsgehalt übrigbleiben? Noch mehr: Wenn der maßlose Wille, der fressende Ehrgeiz dazukommen, müssen dann nicht zwangsläufig die Grenzen zwischen Möglichem und Unerreichbarem flüssig, verschiebbar, korrigierbar werden?

Die katholische Politik Ferdinands ist keine Gewissenspolitik, sondern religiöse Gefühlspolitik. Dagegen Wallenstein: Auch bei seinen größten Entwürfen findet sich nichts Schwärmerisches. Wallenstein ist kein Dogmatiker, das war unter den Erfordernissen der Epoche vielleicht sein größter Fehler. Als er merkt, daß sich das maritime Projekt Habsburgs im Norden nicht durchsetzen läßt, verschwendet er keine Sekunde Zeit mehr daran. Von allen Staatsmännern der damaligen Zeit, Richelieu eingeschlossen, ist Wallenstein derjenige, dem eine Politik der Prinzipien, dem ein politisches Handeln am Leitseil apolitischer Grundsätze völlig fremd ist. Ja es ist geradezu so, daß Wallenstein, der einen jahrelangen Kampf gegen eine Politik führt, die bestimmte Grundüberzeugungen durchzusetzen versucht, selbst ein Opfer dieser Politik wird – gerade um dieser Grundüberzeugungen willen.

XIV
»Von Dessau kommt uns gute Post.«
(1626)

Tilly ist im Sommer 1625 zu seinem Aufbruch nach Norden, dem dänischen König entgegen, nur durch einen Entschluß seines Oberfeldherrn Maximilian von Bayern ermächtigt worden. Die Sanktion des Kaisers trifft ein, als es schon nichts mehr zu sanktionieren gibt. Christian IV. stößt Mitte Juli bis über die Weser nach Süden, sein Vormarsch stoppt allerdings prompt, als seine Truppen, die am weitesten vorgeprellt sind, bei Höxter auf die ersten Regimenter Tillys treffen. Der Dänenkönig baut nördlich des Weserbogens bei Hameln eine Stellung auf, Tilly dringt ohne Zögern weiter vor und überquert am 28. Juli 1625 die Weser.

Zwei Tage später bringt ihn ein Mißgeschick um die Schlacht mit dem dänischen Heer. Christian IV. besichtigt am 30. Juli zu Pferde die Festungswerke von Hameln. Dabei stürzt er über einen Wall fast zehn Meter tief in den Graben. Er verletzt sich so schwer, daß seine Offiziere einige Stunden lang mit seinem bevorstehenden Tod rechnen. Christians Konstitution ist allerdings unverwüstlich, außerdem hat er den sprichwörtlichen Schutzengel der Betrunkenen bei sich gehabt, denn der König war ziemlich angeheitert, als sein Pferd stürzte – Glück und Unglück zugleich, denn Christian IV. war eigentlich immer angeheitert, so ziemlich das einzige, was ihn persönlich mit Bethlen Gabor verbindet.

Lebensgefährlich sehen allerdings die Verletzungen des Königs aus. Einige Tage liegt er bewußtlos, unter seinen Truppen kommt es fast zu einer Panik. Die Stellvertreter des Königs wissen in diesem Augenblick nichts Besseres, als den Rückzug zu befehlen. Das Heer kann sich das Risiko eines Angriffs Tillys nicht leisten, wenn es keinen Führer hat. Die dänischen Truppen ziehen nach Verden, knapp südlich von Bremen. Tilly besetzt alle befestigten Orte längs der Weser, seine Regimenter treffen erst bei Nienburg auf einen Riegel.

Erst nach knapp drei Wochen kann Christian das Kommando über das Heer wieder übernehmen. In der Zwischenzeit hat sich die Situation gründlich verändert. Die niedersächsischen Kreisstände sind von dem Unglück des Königs derart verschreckt worden, daß sie sofort mit Tilly zu verhandeln beginnen. Der Ausfall des Dänenkönigs würde unter europäischen Aspekten für die niedersächsischen Stände eine doppelte Katastrophe bedeuten, denn von der großen Koalition gegen Habsburg ist noch immer das meiste ein Programm, und zu diesem Zeitpunkt sieht es so aus, als könnte nur ein Bruchteil davon verwirklicht, das heißt, in Waffen und Truppen umgesetzt werden. Die englische Unterstützung hat sich bis dahin nur auf Geld für Truppenwerbungen beschränkt, die Summen sind klein genug. Am schlimmsten aber ist, daß mit der französischen Hilfe nicht mehr gerechnet werden kann.

Richelieu wird im Frühjahr 1625 von einem neuen Hugenottenaufstand über-

rascht. Jetzt kann es sich Frankreich nicht mehr leisten, Truppen in der Schweiz, im Veltlin, zu lassen, Richelieu braucht sie gegen die Rebellen. Frankreich hat mit seinen inneren Wirren so angestrengt zu tun, daß es sich überhaupt nicht mehr mit dem Kampf gegen Habsburg beschäftigen und um die Sache des unseligen Winterkönigs kümmern kann, zunächst jedenfalls. Wie lange dieses »Zunächst« dauert, stellt Richelieu schon im Mai 1625 fest: »Solange die Hugenotten in Frankreich ein Staat im Staat sind, kann der König von Frankreich im Innern seines Reiches nicht Herr sein und kann er nach außen keine großen Taten vollbringen.«
Dem Niedersächsischen Kreis bleibt zwangsläufig nichts anderes übrig als schleunigst mit Tilly zu verhandeln. Merkwürdigerweise lassen sich auch Tilly und der Kaiser auf diese Verhandlungen ein, statt kurz und nachdrücklich ihre Bedingungen mit den Waffen durchzusetzen. Das wäre in diesem August 1625 um so leichter und risikoloser, als sich jetzt auch das Heer Wallensteins für den Zug ins Reich, nach Nordwesten, fertigmacht. Wallenstein hat seinen Obristen den Befehl gegeben, mit den neugeworbenen Truppen zur Musterung nach Eger zu ziehen. Er selbst verläßt am 25. Juli 1625 Prag, an seiner Seite Aldringen; am 31. Juli ist er in Eger, einen Tag nach dem lebensgefährlichen Sturz Christians IV.

Schon in den darauffolgenden Augusttagen beginnt der Ausmarsch der Truppen ins Reich, er dauert bis tief in die zweite Augusthälfte hinein. Es wäre Wallenstein möglich gewesen, mit dem Heer binnen wenigen Tagen aufzubrechen, in zusammenhängender Formation. Aber er will die Bitte des Markgrafen Christian von Brandenburg und der beiden Bischöfe von Bamberg und Würzburg nicht abschlagen, die geradezu kniefällig darum ersuchen, daß Wallenstein seine Regimenter nicht auf einmal, »sondern nach und nach fortschicken und austeilen solle, damit hierdurch das Kriegsvolk den notdürftigen Unterhalt besser haben und mit weniger Beschwer des Landes und der armen Untertanen desto leichter durchkommen möge« – so rechtfertigt und begründet Wallenstein am 17. August vor dem Kaiser den stockenden, langsamen Ausmarsch.
Der Markgraf und die Bischöfe bitten nicht nur aus reinen Präventivgründen Wallenstein um den Durchzug in Etappen. Für die Bauern und die ganze Bevölkerung Mitteleuropas ist dieses Jahr bis jetzt keine gute Zeit gewesen, der Krieg hat nicht die Hauptschuld, schlimm ist die Witterung gewesen, noch schlimmer wirken sich die Seuchen aus. Ein typisch deutscher Frühling ist das, im Juni schneit es noch einmal, dann kommt ein Sommer, wie ihn Heinrich Heine beschrieben hat: ein grün angestrichener Winter,

fast die ganze Ernte verfault am Halm, und an den scharfen Wind, der durch Europa bläst, hängt sich die Pest und fegt die Gräber voll und die Bevölkerungsstatistik leer. Von Prag wissen wir die Zahl, im Sommer 1625 sterben dort 16 000 Menschen. Die Pest holt ihren Tribut von Österreich bis Württemberg, sie dezimiert Mecklenburg, frißt sich den ganzen Rhein hinauf, und damit auch Norddeutschland seinen Zoll an die allgemeine Leidens- und Elendsquote zahlt, hausen die Soldaten Tillys noch schlimmer als die Pest. Das fällt ihnen um so leichter, als das Heer der Liga selbst von der Krankheit durchseucht ist: von 18 000 Mann sind 8000 infiziert.
Als diese Haufen im Juli nach Norden aufbrechen, dem Dänenkönig entgegen, liefern sie ein Schulbeispiel dafür, bis zu welchen Graden sich Roheit, Sadismus und Mordlust steigern lassen. Es gibt einen gründlichen Bericht von Tillys Zug über die Weser: Kein Dorf auf dem Weg, das nicht geplündert wird, die Soldaten hauen alles zusammen, was sich überhaupt bewegen kann, Pastoren, Bürgermeister, Amtsschreiber, alte Frauen, Kinder, selbst das Vieh muß daran glauben, das aufgebracht wird, aber im Troß nicht mitgetrieben oder sofort am Spieß gebraten werden kann. Sämtliche Kirchen in Reichweite der Regimenter werden aufgesprengt und geplündert.
Diese Szenen »Von des Tillyschen Kriegsvolcks verubungen« werden durch zwei wirklich jämmerliche Klageschriften des Herzogs Friedrich Ulrich von Braunschweig-Wolfenbüttel und des Markgrafen Christian Wilhelm von Brandenburg vom 1. August und 5. September an den Kaiser ergänzt. Tillys Soldaten hätten ihre Untertanen »feindseligerweise urplötzlich und wie ein Wetter überfallen, die armen wehrlosen Leute überrascht, in ihren Häusern, auf den Wegen, in Holz und Feld mit Weib und Kind erbärmlich niedergehaut und zermetscht, darunter der Kindbetterinnen und kleinen Kinder nicht verschont, deren etliche den Müttern an den Brüsten getötet; den Priestern, die sich vor ihnen nicht verstecken können, unsäglichen Schimpf und Marter angetan, teils totgeschlagen, darunter auch armer, alter, lahmer Krüppel in den Spitälern nicht geschont, sondern dieselben greulicherweise gemartert und getötet, auch einem Weibsbilde – welches wie alles andere mit lebendigen Zeugnissen zu beweisen – die Zunge aus dem Halse gerissen, anderen die Zunge im Munde zerspalten, anderen wieder härene Stricke um die Köpfe gewunden, überstark zugewiegelt und durch solche Marter, wo sie Geld vergraben hätten, befraget; Ämter, Klöster, Städte, adelige Häuser, Flecken und Dörfer ganz ausgeplündert, Kirchen, Kapellen und Armenkasten aufgebrochen, Altäre und Taufsteine profaniert, ehrbare Frauen und Jungfrauen genotzüchtigt, sich dessen auch nicht auf offenen Gassen gescheut, ja auch auf den toten Körpern ihre Schande getrieben«.

Mein Land, so klagt der Herzog dem Kaiser, ist dort, wo die Truppen entlanggezogen sind, auf einer Länge von mehr als 80 Kilometern, »ganz und dermaßen ruiniert, daß es bei Menschenlebzeit sich nicht wieder wird erholen können«. Er schätzt den Schaden, den er binnen zwei Monaten durch Tillys Scharen erlitten hat, auf fast zwei Millionen Reichstaler. Dann wird der Herzog erregt, scharf: Der Kaiser werde doch selbst zugeben müssen, »daß die Untertanen, wenn ihnen all das Ihrige genommen und sie fast nichts als den Tod durch Hungersnot vor Augen sehen, durch rechtmäßige und abgezwungene Dispatienz und hochverursachte Desperation dasjenige tun, was sie sonst wohl nimmermehr gedacht hätten«.
Den Tod durch Hungersnot vor Augen, durch Verzweiflung dazu getrieben, dasjenige zu tun, was niemand von den Bauern jemals gedacht hätte – das ist von Grimmelshausen noch weit farbiger, blutiger, gräßlicher beschrieben worden als in solchen Berichten. Die Exzesse sind schauerlich, das Deutsche Reich verliert in diesen 30 Jahren die Hälfte seiner Bevölkerung, und trotzdem ist es nicht so, als bestehe dieser ganze Krieg nur aus einem einzigen Strom von Abscheulichkeiten. Es ist nicht viel anders als die Szenenfolge im »Simplizissimus«, sie ist ja nur einigermaßen locker durchsetzt von den Schilderungen des Mordens und Folterns. Und sogar diese Kapitel rechtfertigt Grimmelshausen vor dem »friedliebenden Leser« noch ausdrücklich damit, die Abfolge seiner Geschichte erfordere es, daß er »der lieben Nachwelt hinterlasse, was für Grausamkeiten in diesem unserm deutschen Krieg hin und wieder verübt wurden, zumal«, wie er mit seinem eigenen Beispiel bezeugen will, »daß alle solche Übel von der Güte des Allerhöchsten zu unserem Nutzen oft notwendig haben verhängt werden müssen«.
Solange sich die Bauern noch wehren können, geben sie sich mit diesem Trost nicht zufrieden. Sie lernen es im Laufe des Krieges immer besser, sich zu wehren, allerdings betreiben auch die Soldaten das Geschäft des Plünderns und Quälens immer besser. Damals, 1625, ist der Krieg noch einigermaßen jung und unerfahren. Was diesem schubweisen Dauergemetzel zu seinem schauerlich ewigen Ruhm verhilft, beginnt erst mit dem Rückzug Gustav Adolfs aus Süddeutschland 1632 und wird dann um das Jahr 1634 von den Schweden zu hochentwickelter Meisterschaft gebracht.
Gerade im Vergleich zu diesen späteren Gipfelpunkten tiefster Primitivität ist es 1625 noch einigermaßen das alte Spiel, wie es schon die Landsknechtshaufen Frundsbergs begonnen haben: Die Regimenter hungern in den Ruhequartieren schon lange vor dem Aufbruch, sie hungern auf jede Weise. Deshalb rauben sie, wenn es soweit ist, alles, was sich rauben läßt, besonders Brot, Fleisch, Geld, Wein und Frauen. Je größer ihr Hunger, um so

gieriger werden sie. Aber auch ohne Hunger ist es nicht viel besser, wie andere Berichte zeigen. Denn die Natur der Sache bringt es mit sich, daß Soldaten gewöhnlich auf Brot, Fleisch, Geld, Wein und Frauen um so gieriger sind, je weniger sie davon haben, und um so gieriger, je mehr sie davon haben.

An diese Natur der Sache denken die Bischöfe von Bamberg und Würzburg und der Markgraf von Brandenburg, als sie Wallenstein so inständig um etappenweisen Durchzug bitten. Auch der Herzog von Braunschweig-Wolfenbüttel läßt seine Klagschrift in einer ähnlichen Bitte, ja Drohung gipfeln. Wenn Gott der Allmächtige und die kaiserliche Majestät nicht gemeinsam und allergnädigst den Tillyschen Bedrängnissen schnell abhelfen würden, sei »noch viel größeres Unheil zu erwarten«. Mit diesem größeren Unheil meint der Herzog die Armada Wallensteins, die in diesem Moment schon ins Reich hinüberströmt. Wenn, so betont der Braunschweiger, von Wallensteins Armee ähnliches verübt werde, dann könne er seinen Untertanen »aus schuldiger Pflicht die in aller Völker Rechten, auch des Heiligen Römischen Reiches Abschieden zugelassene und höchstabgepreßte Gegenwehr nicht verbieten«.

Das ist bestimmt keine leere Drohung. Und Wallenstein weiß gut genug, wie sehr es auf die Stimmung der Fürsten, der Städte, der Landbevölkerung ankommt. Gerade jetzt. Deshalb also die Rücksicht, Ordnung und Disziplin, auf die er solchen Wert legt.

Auch Ferdinand hat größtes Interesse daran, niemanden im Reich wegen des Wallensteinschen Truppendurchzugs mehr zu verärgern, als es unbedingt notwendig ist und sich nicht vermeiden läßt. Ärger entsteht so oder so. Wallenstein selbst verläßt Eger am 3. September und schlägt fünf Tage später das neue Hauptquartier in Schweinfurt auf.

Aus seinem Plan, »den Campo zu Schweinfurt zu formieren«, wird allerdings nichts, denn Schweinfurt liegt inmitten von Gebieten, die alle nach Möglichkeit von größeren Einquartierungslasten verschont bleiben sollen. Das wird Wallenstein von Wien ausdrücklich nahegelegt. Ja in Wien spielt man sogar mit dem Gedanken, das kaiserliche Heer überhaupt von Niedersachsen fernzuhalten, denn die Stände, die schon tief in den Verhandlungen mit Tilly und dem Kaiser sind, suchen dringend darum nach. Was das für Folgen haben muß, davor warnt Wallenstein die Hofburg schon am 25. August von Eger aus. Die Armee kann schließlich nicht durch die Luft nach Hessen und zu Tilly ziehen. Er gibt den bündigen Rat, jetzt, da die »niedersächsischen Fürsten wollen zu Kreuz kriechen«, keine unnützen und guten Worte an sie zu verschwenden, »denn sie sein erschrecklich im Sack, also daß der Kaiser kann mit ihnen machen, was er will, und schließlich

wird es wohl darzu kommen müssen, daß sie dem Kaiser die Armada zahlen«.
Von Schweinfurt bricht er nach drei Tagen wieder auf. Nicht nur der Kaiser, auch Tilly will eine möglichst rasche Vereinigung mit Wallensteins Armee. Sobald er sich bei der Belagerung Nienburgs festgebissen hat, betont Tilly immer wieder in seinen Briefen und Berichten, alle feindlichen Heere würden sich in Kürze sammeln und gegen ihn wenden.
Wallenstein, von beiden Seiten zur Eile gedrängt, ändert unterdessen seine Marschrichtung scharf nach Norden. Am 15. September trifft er in Vacha ein, an der hessisch-thüringischen Grenze. Hier erreicht ihn der Hilferuf Tillys, sofort weiter nach Göttingen zu ziehen »und von daselbsten den stracken Weg uf Höxter und Hameln« zu nehmen. Tilly fürchtet richtig, daß er die Belagerung Nienburgs allein nicht durchstehen kann, falls ein Entsatz versucht wird.
Wallenstein gibt Tilly den dringenden Rat, sich nicht weiter mit der erfolglosen Belagerung Nienburgs aufzuhalten, sondern ihm entgegenzuziehen. Der Herzog hat inzwischen von den Plänen Wiens und Münchens erfahren, einen Teil seiner Armee als Sicherung gegen den drohenden Angriff Bethlen Gabors abzuziehen. Was Maximilian dabei bewegt, das kann er sich denken; das strategische Lavieren Wiens in immer kürzeren Fristen empört ihn aber von Mal zu Mal stärker. Wallenstein protestiert sofort energisch gegen jede Schwächung der Armee im Reich, er rät dem Kaiser, umgehend neue Werbungen auszuschreiben und ausschließlich diese Truppen am südöstlichen Kriegsschauplatz zu verwenden, statt die bestehenden Kräfte zu spalten.
Ende September kommt Wallenstein ins Gebiet südlich von Göttingen, nach Allendorf. Hier erfährt er, daß Tilly nun doch – bevor er sich selbst dazu entschlossen hat – gezwungen worden ist, die Belagerung Nienburgs abzubrechen. Er hat dort immerhin eineinhalbtausend Mann verloren. Jetzt zieht sein zermürbtes Heer Wallenstein entgegen, der kaiserliche Feldherr überquert am 1. Oktober die Werra. Erst von diesem Moment an beginnt die wirkliche Truppenkonzentration. An den wichtigsten Punkten der Verbindungswege nach Böhmen und Süddeutschland hat Wallenstein Besatzungen stationiert, die den Zuzug der neugeworbenen, ergänzenden Truppenkontingente offenhalten müssen – Wallenstein vergrößert die Armee ununterbrochen weiter.

In welchem Zustand ist dieses zusammengescharrte Heer? Wie steht es mit der Ausrüstung, dem Bewegungsdrill, der Exaktheit der Waffengriffe, mit all dem, was die Kampfkraft eines Regiments ausmacht? Weit kann es damit

noch nicht her sein, wird man annehmen, wenn Dienstvorschriften und Reglements erst Jahrzehnte später entwickelt werden. Während des Dreißigjährigen Krieges findet die »Abrichtung« des einzelnen Mannes und der Einheiten in den Lagern unterwegs oder in den Winterquartieren statt. Es gibt aber auch schon Exerziervorschriften, die so allgemein gelten, daß sie fast klassischen Charakter haben; viele Heerführer haben das tägliche Exerzieren sogar bei schlechtem Wetter durchgeführt.
Im kaiserlichen Heer, so wie es Wallenstein ins Reich führt, sind diese Voraussetzungen bestenfalls bei den alten Regimentern zu finden. Der Feldherr muß sich fürs erste mit dem Augenschein zufriedengeben. Bei der Heerschau in Eger äußert er sich wohlwollend, die Kavallerieregimenter machen im großen ganzen einen passablen Eindruck, hervorragend sind die Reiter Franz Albrechts von Sachsen-Lauenburg, »das Fußvolk ist über die Maßen schön und gut, das neue schier schöner als das alte«. Auch Aldringen stellt bei der Musterung in Eger fest: »Die Infanterie ist sehr schön und gut.«
Anders sieht es ein Bericht von evangelischer Seite. Verfaßt worden ist er von dem Landeshauptmann des Herzogs Friedrich Ulrich von Braunschweig-Wolfenbüttel, desselben Herzogs, der sich beim Kaiser so bitter über die Untaten der Armee Tillys beschwert und inzwischen den Befehl erteilt hat, das Land gegen die anrückenden kaiserlichen Truppen zu verteidigen; es ist also eine gegnerische Schilderung. Am 27. September berichtet der Landeshauptmann, Herr von der Hagen, dem Herzog über seinen Versuch, den »Zigeuner-Vortrab« der Armee Wallensteins aufzuhalten, und skizziert den Zustand der kaiserlichen Truppen so: »Die neuen Werbungen zu Roß sind auf der Offizier vorgeschossenen Gelder vorgenommen und haben bis dato noch keinen Pfennig von Ihro Kaiserlichen Majestät erhalten. Die Reiterei ist mit keinen Waffen versehen, ist übel beritten, haben größtenteils leichte und schlechte Pferde. Im ganzen sind die Neugeworbenen malcontente. Um Blankenburg herum lassen sich viel Zigeuner bei unterschiedlichen Partien zu zehn und fünfzehn Mann sehen, über die Maßen wohl bewehrt, mit zwei langen Röhren ein jeder und die Weiber zu Pferd und ein Paar Pistolen im Sattel, sie ziehen durch ungebahnte Wege, halten sich in Gehölzen und Vorbüschen, kundschaften nach allen Dingen fleißig, also daß zu besorgen, sie in des Wallensteins Bestallung auf Verräterei, Raub, Mord und Brand ausgeschickt sein mögen.«
Wallenstein soll einen Zigeuner-Vortrab zum Plündern und Morden vorausgeschickt, ihn womöglich eigens dazu angeworben haben? Hier ist wieder einmal die Wiege einer Legende, die sich gut entwickelt und rüstig die

Jahrhunderte überstanden hat. Diese Zigeuner sind nichts anderes als die leichten schnellen Reiter des Obristen Isolani, meistens Kroaten und Ungarn. Isolani selbst stammt aus Görz, und in Kleidung, Verwegenheit, fremdländischem Gebaren ist er das Muster all seiner Kavalleristen. Viele tragen schwarze Schnauzbärte in ihren braunen Gesichtern, Federn auf den pelzverbrämten Mützen, das Rot herrscht im Futter und in ihren Augen vor. Nichts dergleichen haben die norddeutschen Bauern und Herren bis dahin gesehen, und so ordnen sie die flinken Pferde, die halborientalisch aufgeputzten Reiter innerhalb ihres Erfahrungshorizonts zu dem, was sie kennen: die kroatischen Arkebusiere Wallensteins können also nur »Zigeuner« sein.

Seit er in Ungarn die leichten Reiter zum erstenmal kennengelernt hat, ihre Wendigkeit, Vielseitigkeit, Geschwindigkeit, legt Wallenstein immer stärkeres Gewicht auf diese Regimenter. Vor allem schätzt er an den Arkebusieren das, was Bethlen vor Göding ohne Erfolg von seinen Türken verlangt hat; die Arkebusiere kämpfen zu Roß, sie fechten aber auch zu Fuß. Ihre Bewaffnung ist ganz darauf abgestimmt.

Die Bezeichnung Kroaten ergibt sich damals nicht aus einer Volkszugehörigkeit, sondern bezieht sich ursprünglich auf eine bestimmte Waffengattung. Verwechslungen kommen um so häufiger vor, als auch die Übergänge von den Arkebusieren zu den Dragonern und von den Dragonern zur leichten Reiterei ununterbrochen fließen. Prinzipiell sind Arkebusiere mit der Hakenbüchse bewaffnet, anfangs schützt sie noch ein Helm und Brustküraß. Dragoner sind nichts anderes als berittene Musketiere, vom Schutz ist nur die Sturmhaube geblieben, ihre Waffen sind die Muskete mit dem Luntenschloß und der leichte Degen. Zwei Radschloßpistolen und Krummsäbel, oft auch eine Pike, manchmal die Hellebarde – das ist schließlich die Bewaffnung der leichten Reiterei; bei Isolani wird es Brauch, daß jeder fünfte seiner Reiter eine Pike führt.

Wallenstein hat mit den wüsten Gesellen Isolanis immer seine besonderen Schwierigkeiten, aber der Feldherr findet keinen besseren Führer der leichten Reiterei. Isolani ist ein Meister des Kleinkriegs, der Erkundungsritte, keiner ist so zuverlässig in der Vorhut, so tollkühn in Handstreichen. Trotzdem läßt ihm Wallenstein nicht pauschal alle Übergriffe seiner Kroaten durchgehen, er weiß vom ersten Tag an, woran er bei dem Hitzkopf ist, schon aus Eger hat er dem Hofkriegsratspräsidenten wegen der ungezügelten Reiter geschrieben: »Sobald der Isolani wirdt kummen, so werde ich ein Examen anstellen und ein Demonstration tun.«

So überrascht es nicht, daß es über den Marsch der Wallensteinschen Armee

durchs Reich auch Berichte gibt, nach denen es an der Disziplin der Truppen nichts zu kritisieren gibt. Ein Augenzeuge, der das kaiserliche Heer aus direkter Nähe beobachtet, stellt fest: »Es geschah in größter Stille, ohne jede Gewalt. Die Strenge des Herzogs von Friedland bewirkte doch einige Ordnung. Auch andere teilten die Verwunderung, daß so etwas noch möglich sei.«
Diese Notiz wird durch den Rapport ergänzt, den der Statthalter des Herzogs Georg von Braunschweig-Celle an den regierenden Herzog Christian, den Bruder Georgs, schickt; Herzog Georg ist kommandierender General der Armee des Niedersächsischen Kreises, beide Brüder sind auf die Seite des Kaisers übergeschwenkt, mit dem Erfolg, daß Wallenstein ihnen unbedingte Schonung des Landes und der Bevölkerung garantiert. Am 3. Oktober schreibt der Statthalter, Marquard von Hodenberg, seinem Herzog: Wallenstein halte die noch sehr disziplinierte Armee durch strenge Manneszucht in ziemlicher Ordnung. Er habe Befehl gegeben, alle dem Herzoge von Celle gehörenden Orte zu verschonen. Dessenungeachtet wären die Ämter Salzderhalden und Rotenkirchen rein ausgeplündert worden. Als sich der Statthalter darüber bei Wallenstein beschwert, habe dieser fünfzehn Soldaten, die als Freibeuter ertappt worden waren, auf der Hube aufhängen und den Bauern einen Teil des geraubten Viehes wieder zurückgeben lassen. Dem Herzoge von Friedland sei es wirklich Ernst, das Cellesche Haus gänzlich für den Kaiser zu gewinnen. Von Ahlfehld sei Wallenstein auf Halberstadt marschiert; er wolle mit Tilly durchaus nichts zu schaffen haben.
Wallenstein praktiziert Disziplin am einfachen Soldaten genauso wie an seinen höchsten Offizieren. Die Truppen des Oberstleutnants Eichzell verüben »unverantwortliche Insolenzien und fügen dem Lande große Molestien zu«; Wallenstein befiehlt, Eichzell zu verhaften und bis zu seinem Prozeß in Eisen zu schlagen: »Er muß es mit seinem Kopf büßen. Wir wollen keinem, er sei wer da wolle, Exorbitanzien passieren lassen.« Einer der gleichgültigsten und unfähigsten Obristen ist Rudolf Colloredo, Wallenstein hat deshalb wiederholt Zusammenstöße mit ihm. Als Colloredo zum Generalwachtmeister ernannt werden soll, lehnt Wallenstein den Vorschlag ab und droht mit seinem Rücktritt, denn »die Armada wäre mit ihm versehen worden wie ein Dorf mit einem unsinnigen Pfaffen«. Sein Regiment sei in einem solchen Zustand, daß es ihm mehr Kummer und Mühe mache als die ganze übrige Armee zusammen.
Wallenstein ist erst wenige Monate Befehlshaber der kaiserlichen Armee, da steht er schon im Ruf einer barbarischen Rücksichtslosigkeit. Am 17. Dezember berichtet der venezianische Gesandte Padavin an die Signoria, daß man im Wiener Hofkriegsrat über Tumulte gesprochen habe, »die sich im Heere

Wallensteins wegen seines harten Auftretens und wegen der außerordentlichen Strenge entwickeln, mit der er die hohen und niederen Offiziere und die Soldaten behandelt; manche Personen läßt er die Todesstrafe leiden, ohne ihnen die Ablegung der Beichte zu gestatten«.

Wenn der Statthalter des Herzogs von Braunschweig-Celle seinen Bericht damit endet, daß Wallenstein mit Tilly nichts zu tun haben wolle, so stimmt das und stimmt dem ersten Anschein nach doch auch nicht. Die beiden Feldherrn treffen am 13. Oktober in der Nähe Lauensteins, südlich Hannover, in Hemmendorf zusammen. Schon die Zusammenführung beider Heere ist ein erster militärischer Erfolg, die protestantische Armee muß von diesem Moment an alle weiteren Pläne eines Vormarsches aufgeben. Wallenstein schreibt deshalb auch am 16. Oktober an Harrach: »Gegen den Feind wird hier wenig zu richten sein, denn er bleibt in seinem Posto.«
Die beiden Heerführer einigen sich schnell, Tilly soll sich mit seinen Regimentern an der rechten Flanke der feindlichen Stellungen halten und Wallenstein an der linken, nicht zu nah und nicht zu weit voneinander entfernt; einerseits sollen sich die Armeen im Notfall gegenseitig unterstützen können, andererseits soll durch die beiden Heere ein zangenartiger Angriff auf das dänische Zentrum möglich bleiben. Die Aussichten auf einen großen Zusammenstoß sind aber gering. Man steht schon tief im Herbst, es geht jetzt um die weit dringlichere Frage der Winterquartiere. Nicht nur die Jahreszeit, auch die Verhandlungen mit den niedersächsischen Kreisständen, die noch immer laufen, verhindern alle größeren kriegerischen Operationen in diesem Jahr.
Wallenstein hat von Anfang an vor, die Winterquartiere in den Stiften Magdeburg und Halberstadt zu nehmen. Bei ihren Gesprächen kommen die beiden Feldherrn zu einer äußerlich glatten Übereinkunft, Wallenstein schickt sofort nach dem Akkord den Grafen Schlick mit 10 000 Mann vorab ins Quartier nach Halberstadt.
Die Frage dieser Winterquartiere hängt eng mit der Bedeutung der Norddeutschen Stifte überhaupt zusammen: ein Problem, dessen Dringlichkeit damals von keinem anderen Problem übertroffen wird. Die Norddeutschen Stifte waren für den dänischen König der direkte Anlaß gewesen, um ins Reich einzumarschieren. Die wichtigsten Städte, um die es dabei geht, sind Bremen, Halberstadt, Hildesheim, Magdeburg, Osnabrück und Verden, zentriert um die Angelpunkte der beiden Bistümer Osnabrück und Halberstadt. Beide sind säkularisiert, die Situation ist hier deshalb so prekär, weil der Administrator von Halberstadt, der tolle Christian, sich offen gegen den

Kaiser erklärt und Ferdinand ihn geächtet hat. Auch Osnabrück ist neu zu besetzen, hier stehen sich protestantische und katholische Interessen und Einflüsse gleichmäßig stark gegenüber. Der letzte Administrator, Herzog Philipp Sigismund von Braunschweig-Wolfenbüttel, stirbt am 22. März 1623. Mit seiner Hilfe hat der dänische König schon 1619 ein Kanonikat für seinen Sohn Friedrich errungen; der dänische Prinz war schon Koadjutor in den Bistümern Verden und Bremen. Als Philipp Sigismund stirbt, wird Friedrich problemlos Administrator in Verden. Anders in Osnabrück. Hier gelingt es den Katholiken, unter Druck Kardinal Eitel Friedrich von Hohenzollern als Bischof einzusetzen.

Für die Katholiken verbindet sich die Nachfolgefrage mit einer Revision des Stiftsstatus, denn seit der Reformation sind die Stifte säkularisiert, ohne daß aber deshalb die katholische Kirche ihre Ansprüche aufgegeben hätte. Auch das kaiserliche Interesse ist wach. Ferdinand II. hat seinen zweiten Sohn Erzherzog Leopold Wilhelm zum Kirchendienst bestimmt, seine Ansprüche auf eins der Bistümer, Halberstadt oder Osnabrück, sind schon lange angemeldet. Es sind also nicht nur rein religiös-katholische Interessen, die der Kaiser mit dem militärischen Unternehmen in Norddeutschland verficht, sondern auch hauspolitische. Die Besetzung Halberstadts ist jetzt deshalb doppelt drängend geworden, weil Christian von Braunschweig-Wolfenbüttel inzwischen von seinen Ansprüchen zurückgetreten ist. Daß die kaiserliche Armee Winterquartiere in den Halberstädter und Magdeburger Stiften beziehen sollte, das hatte auch der kaiserliche Beichtvater Lamormaini vorher mit dem Feldherrn besprochen.

Mit dieser Frage der Norddeutschen Stifte ist schließlich nichts weniger verkoppelt als die Gefahr – von Wien aus gesehen: die Hoffnung – einer Rekatholisierung des ganzen Reiches. Am Rhein ist der Katholizismus fest verankert, die drei Brillant-Erzbistümer Mainz, Trier und Köln regulieren sicher seinen Lauf, die eben neu erworbene Rheinpfalz schließt sich südlich an und schlägt die Glaubensbrücke hinüber zum Bistum Würzburg. Auch im südlichen Westfalen, dem Stift Münster, steht es gut, hier hat die Anlehnung an die spanischen Niederlande ihre besondere Bedeutung. Aber alles, was sich von diesen Gebieten aus nach Osten erstreckt, ist protestantisch. Die beiden Ausnahmen, das mainzische Eichsfeld und das Bistum Hildesheim sind vollständig von protestantischen Gebieten umschlossen.

Nun sind aber die Norddeutschen Stifte zwar säkularisiert, sie sollen aber nach dem Vorbehalt der Geistlichen der katholischen Kirche erhalten bleiben – das ist im Augsburger Religionsfrieden festgelegt. So kommt es zu der merkwürdigen Erscheinung der protestantischen Administratoren. Sie ver-

walten diese Bistümer, allerdings weniger durch Kanzeltätigkeit, als durch einen Dienst mit Sporen und im Küraß. Reichsrechtlich bleibt die Stellung der Stifte umstritten. Die katholische Kirche hat nicht darauf verzichtet, trotzdem sehen die evangelischen Landesherren hier die schönste Gelegenheit, einfach und schlicht ihre Gebiete zu vergrößern, die Mitglieder ihrer Familien standesgemäß mit Pfründen zu versorgen und dazu noch etwas für den wahren Glauben Luthers zu tun.
Die Norddeutschen Stifte geben nicht nur dem Eingreifen des dänischen Königs einen konkreten Bezugspunkt, sondern auch der Reaktion Habsburgs, dem Vormarsch Tillys. Als die niedersächsischen Fürsten den Sohn des dänischen Königs zum Administratur von Halberstadt ernennen wollen, bekommt Tilly den Befehl zum Aufbruch. Sicher, zeitlich folgt das alles nicht Schlag auf Schlag, aber es hängt innerlich ohne Schlupf zusammen. Christian nimmt den Krieg für die »teutsche Libertät«, die Unabhängigkeit der Fürsten gegenüber dem Kaiser genauso auf wie für die protestantische Sache; diese protestantische Sache ist aber auch eine Sache der deutschen Bistümer seines Sohnes. Wenn Tilly jetzt dem dänischen König entgegenzieht, dann kann Christian ohne mathematische Schwierigkeiten ausrechnen, daß er den Weg nach Halberstadt nur dann hinter sich bringt, wenn er ihn nicht nur mit guten katholischen Leichen pflastert, sondern auch mit sehr vielen.

Vom Herbst 1625 ab ist dieser Weg für Christian durch die Armee Wallensteins versperrt. Wallenstein einigt sich mit Tilly über die Winterquartiere schneller, als er wohl selbst erwartet hat. Denn es ist heikel, dieses Verhältnis zwischen den beiden Feldherrn. Tilly entstammt dem Brabanter Uradel, der Kölner Jesuitenschüler ist ein Vierteljahrhundert älter als der kaiserliche General, vor zwei Jahren hat ihn der Kaiser zum Reichsgrafen ernannt, eine solide Ehrung dieses alten, krummbeinigen Pulverkopfs, der seine ersten Kriegserfahrungen schon unter dem unheimlich-genialen Alessandro Farnese sammelt, er ist bei der Belagerung und dem Sturm Antwerpens 1585 dabei, im Türkenkrieg avanciert er und jetzt, 1625, ist Tilly neben Spinola der erfolgreichste, der berühmteste Militär des Festlands.
Auf Wallenstein wirkt das alles nicht besonders. Selbstbewußt steht er in der niedrigen Bürgermeisterstube von Hemmendorf dem kleinen zierlichen Mann gegenüber, der meistens die spanische Kapitänsuniform trägt, der Brabanter nimmt den Hut ab, seine kurzgeschorenen Haare sind schneeweiß, eine breite helle Schärpe spannt sich von der Schulter schräg zum Gurt, dort stecken die kostbaren Pistolen und ein reich ausgelegter Dolch.

Wallenstein überragt ihn bald um Kopflänge, er ist gemessen, höflich, er hat sein eigenes Schwergewicht, seine eigenen Vorstellungen von dem, was er kann, was er soll, was er will. Jetzt will er die Magdeburger und Halberstädter Quartiere. Die Wünsche Tillys könnten ihn dabei nur stören, wenn er sie erfüllt. Aber es kommt deswegen zu keinen Differenzen. Tilly bleibt in den Gebieten um Hildesheim und Braunschweig, Wallenstein hält sich an Halberstadt und Magdeburg.
Wallenstein hat ihn schnell überzeugt; es geht nicht darum, wem die fettesten Gebiete zustehen, sondern rein militärische Gründe legen diese Aufteilung der Quartiere nahe. Auch Tilly, »der gute Alte«, wie ihn Wallenstein bald nennt, kennt die Überlegungen in Wien, aus der neuen Armee zur Not von heut auf morgen große Truppenmassen abzuziehen und gegen Bethlen Gabor zu schicken, der mit seinem neuen Kriegszug nicht lange auf sich warten lassen wird. Von dem Gespräch mit Tilly über die Quartiere schreibt Wallenstein nur den Satz nach Wien: »Ich hab gesagt, im Fall der Bethlen was anfängt, ich müßte den Kaiser sukkurrieren.« Daß Wallenstein deshalb die östlichen Landstriche besetzt, entspricht der militärischen Vernunft. Um so besser, wenn sie zugleich den ökonomischen Wünschen gerecht wird.
Daß diese Notwendigkeit – Pfründe hin, Pfründe her – überhaupt besteht, das entspricht allerdings keineswegs militärischer Vernunft. Wallenstein dringt seit Wochen in Wien darauf, wegen der Siebenbürger Bedrohung neue Truppen anzuwerben und eine Front im Südosten aufzubauen.
Vor der Fixierung der Instruktion und der Ausstellung des Generalspatents hat sich Wallenstein vom Kaiser zusichern lassen, daß die Armee ausschließlich seinem Oberbefehl untersteht und alle Regimenter bei ihm verbleiben, daß also auch Ferdinand »kein Kriegsvolk von mir fordern wolle«. Außerdem erstreckt sich Wallensteins Kommandogewalt nach dem Text des Generalpatents nur auf diejenigen Truppen, die laut kaiserlichem Befehl ins Reich ziehen. Die Regimenter in den kaiserlichen Erblanden fallen nicht unter Wallensteins Befehlsgewalt.
Daran hält sich der Herzog, hartnäckig und buchstabengenau, er hat sich das nicht um einer Eigenbrötelei willen zusichern lassen, er ist »General über den ins Reich geschickten Sukkurs«. Auch das klingt mit, wenn er jetzt die Hofburg warnt und mahnt. Ende August 1625 schreibt er Collalto, er werde aus Prag informiert, daß Bethlen zum Krieg rüste; ob das stimme, und wenn ja, wer das Kommando in Ungarn erhalte? Drei Wochen später protestiert er scharf beim Präsidenten des Hofkriegsrats: Harrach hätte ihm geschrieben, daß man Truppen von seiner Armee abziehen wolle, sobald sich Bethlen in Bewegung setze. Er bitte, das zu verhindern.

In Wien geschieht nichts, man bleibt bei dem alten, naiven Plan, Wallensteins Heer auf beiden Kriegsschauplätzen einzusetzen. Mitte Oktober wiederholt er bei Harrach den Rat, den er schon Collalto gegeben hat: »Im Fall, daß man gegen den Bethlen Kriegsvolk von nöten hat, so bitt ich, man wirb's, denn von hinnen ist nicht müglich, was zu schicken, wollen wir nicht, daß uns der Feind bis nach Böhmen nachfolgt.« Wenig später ein einziger Satz, in dem er scharf die politische Seite des Abzugsplans beim Namen nennt: »Bitt, mein Herr wolle denjenigen ihre Vorhaben interrumpieren, die mich aus dem Reich haben wollen.«

Das sind Vorboten späterer Sorgen, sie können im ganzen nicht das Hochgefühl des Herzogs mindern, das sich erhalten hat, seit er genau vor einem Monat aus Eger nach Wien schrieb: »Uns kommen so viel gute Nachrichten auf einmal, daß ich darüber erschrick, besorgend, daß das Gute haufenweis herauskommt, auf daß nicht auch nachher das Böse haufenweis sich gegen uns wendet.« Am 19. Oktober beginnt der Einmarsch der kaiserlichen Armee in die ausgehandelten Gebiete. Alle größeren Städte der beiden Bistümer werden schnell und planmäßig besetzt. Wallenstein beendet die ganze Aktion damit, daß er Aldringen nach Magdeburg schickt und die Stadt auffordert, auch künftig dem Kaiser gehorsam zu sein – der Versuch einer friedlichen Verständigung, der von den Magdeburgern sofort akzeptiert wird. Wien glaubt allerdings ganz illusorisch, die Reichsstädte seien jetzt ohne weiteres bereit, sich der katholisch-kaiserlichen Sache anzuschließen. Wallenstein schätzt die Gedankengänge der Verantwortlichen in den Bistümern richtig ab, nüchtern, weit skeptischer als Wien, sein Resümee aus Halberstadt lautet: »Die Domherren erzeigen sich sehr gut, aber ich halte ihnen mehr Schutz, als wenn es meine eigentumblichen Güter wären. Sie sehen wohl, daß es nicht anders sein kann, das weiß ich gar wohl, daß sie mich lieber haben, als jemand andern.« Aldringens Fazit freilich sieht anders aus; als er neben Wallenstein in Halberstadt einreitet, vorbei an den protzenden Fachwerkhäusern der Bürger, aus denen aufdringlich der Reichtum dieser blühenden Hansestadt spricht, über den großen Domplatz mit der Bischofsburg, wird er ganz aufgeregt und schreibt an Collalto: »Das wäre ein Leckerbissen für den Sohn Seiner Majestät! Oder die Pastete könnte am Ende geteilt werden.«

Unterdessen laufen die Verhandlungen mit den niedersächsischen Kreisständen weiter, schleppend, keine der beiden Seiten setzt größeren Druck dahinter. Wallenstein versichert zwar in der ersten Euphorie: »Ihrer Majestät Armada stehet in allem über die Maßen sehr wohl da, zur Verzweiflung all derjenigen, so es nicht gern sehen; drumb wird man können die conditionis pacis desto höher spannen.« Aber damit meint er nicht, die Gespräche müßten überstürzt, die Bedingungen lediglich diktiert werden. Die strategische Position des kaiserlichen Heeres ist gut, die Winterquartiere sind so, wie man es nicht besser hätte erwarten können, wie aber die tatsächliche Schlagkraft der Armee beschaffen ist, das steht noch dahin. Das Heer hat seine Feuertaufe noch nicht hinter sich. Die Kommandeure müssen die Quartierzeit nützen.

Auch die andere Seite hat nichts gegen größere Fristen. Nachdem sie nun einmal vor der neuen Tatsache »Wallenstein« steht, versucht sie mit aller Kraft und allen Geldern, ihre Truppen zu verstärken. Die niedersächsischen Kreisstände sind von der fiktiven Situation ausgegangen, daß sich Christian IV. von seinem schweren Sturz nicht mehr erholt. Seit der Dänenkönig aber wieder rüstig die Führung des Heeres in den Händen hält, sind die Niedersachsen steifnackig und tapfer. Ja sie stoßen sich nicht einmal mehr an diesem Heerführer Wallenstein, der zwar energisch bei den Braunschweiger Verhandlungen dafür sorgt, daß seinen Delegierten – als den Vertretern des Kaisers – von den ligistischen Abgesandten nicht die »Prärogatur« genommen wird, der aber als Kriegsmann im Vergleich zu Mansfeld, Christian und dem tollen Halberstädter ein leeres Blatt ist. Die erste Schlacht wird für ihn nichts anderes bedeuten als einen Ruf aufs Spiel zu setzen, den er noch gar nicht hat. Die Kreisstände fordern jetzt in Braunschweig als Bedingung ihrer Abrüstung nicht nur den Abzug Tillys und Wallensteins, sondern einen vollen Ersatz des angerichteten Schadens, dazu auch noch eine Besitzgarantie für die neuen Inhaber der geistlichen Güter, die seit dem Jahr 1555 mit Beschlag belegt sind.

Diese Forderungen sind ungefähr das genaue Gegenteil von dem, was die kaiserlich-katholische Seite verlangt. Die Niedersachsen fühlen sich zu diesem Zeitpunkt sehr stark, denn sie können nicht daran zweifeln, daß Wien diesen Forderungen niemals nachgeben wird, nachgeben kann, wenn es nicht das Gesicht verlieren und damit alle seine Pläne im Reich aufgeben will. Die Niedersachsen fühlen sich um so stärker, als der dänische König am 19. Dezember 1625 endlich ein solide scheinendes Kriegsbündnis mit England und den Niederlanden abschließt.

Dieser Allianzvertrag, der auf dem Haager Konvent zustande kommt, ist das erste wirklich handfeste Ergebnis monate-, ja vielmehr jahrelanger Gespräche und politischer Interessegruppierungen. Das Bündnis bestimmt den dänischen König zum Kommando über eine Armee von 30 000 Mann zu Fuß und 8000 Reitern. England zahlt für diese Heeresmassen monatlich

30 000 Pfund und Holland 50 000 Gulden. Außerdem verpflichten sich beide Mächte, zur Unterstützung des Krieges eine eigene Flotte auszurüsten. Frankreich und einige andere Staaten – Schweden, Venedig, Savoyen – sollen dazu bewegt werden, dem Schutz- und Trutzbündnis beizutreten.
Jetzt steht Christian IV. anders da als im Frühsommer, während seines Aufbruchs. Die große europäische Koalition, die im Frühjahr durch die innerfranzösischen Schwierigkeiten nicht wirksam werden kann, scheint jetzt sichere Flügel zu bekommen. Vor allem kann sich Christian bald auf ein solide gerüstetes, solide bezahltes Heer stützen. Mit Frankreich ist zwar noch immer nicht aktiv zu rechnen, bestenfalls werden sich die Hoffnungen auf Subsidien erfüllen, auch das wäre schon mehr als genug.
Wie so viele andere Verträge dieser Zeit wird auch dieser Allianzvertrag langsam, stückchenweise, in Gelegenheitsschüben realisiert. Sobald die vereinbarten Gelder zur Hand sind, kann man mit der Neuwerbung von Truppen beginnen. Überdies steht man in der kalten Jahreszeit, diese Monate gehören zu den friedlich-freundlichsten Wintermonaten des ganzen Krieges, es ist der Winter eines allgemeinen Verhandlungsvergnügens. Der Dänenkönig – gut bestückt mit dem Allianzvertrag in der Tasche – und die Niedersachsen verhandeln in Braunschweig, beide Seiten haben im Moment nichts Besseres zu tun, es kommt zu dem üblichen Effekt, daß die wechselseitigen Reden immer länger und die Forderungen immer höher geschraubt werden.
Der Gipfel wird am 24. Januar 1626 erreicht, die Niedersachsen stellen ein Ultimatum, sie verlangen, daß der Kaiser seine Truppen zurückzieht und entläßt, erst dann würden sie dasselbe tun. Die Aussicht auf einen vernünftigen Kompromiß war von Anfang an nicht ansehnlich, deshalb ist es logisch, wenn auch spät genug, daß der dänische König am 8. März die Verhandlungen abbricht, nach vier vollen Gesprächsmonaten.

Während der Verhandlungen in Braunschweig vom November 1625 bis zum März 1626 herrscht in den norddeutschen Stellungen und Quartieren im wesentlichen Waffenruhe. Trotzdem haben die Truppen noch anderes zu tun als Bier zu trinken, zu würfeln, Hähnchen zu braten. Beide Seiten versuchen, ihre Regimenter in günstige Gefechtsstellungen zu bringen und durch Besetzung strategisch wichtiger Punkte sich für das kommende Frühjahr in solchen Positionen einzurichten, daß der Ablauf der weiteren Kriegspläne nicht dem Zufall in die Finger kommt. Die Winterquartiere sind deshalb keine Stillhalte-Quartiere, es herrscht ein ständiges Umgruppieren, es kommt dabei auch wiederholt zu kleineren Gefechten.

In den ersten Dezembertagen 1625 erhält Wallenstein die Meldung, Ernst von Mansfeld, der eben von Hamburg her mit seinen Truppen anrückt, wolle nach Böhmen und Schlesien marschieren. Daß Mansfeld tatsächlich über kurz oder lang diese Absicht hat, daran zweifelt Wallenstein nicht. Allerdings sind die Wintermonate dafür ungeeignet, Wallenstein hält die Nachricht für eine »erdichtete finta«, bemüht sich aber trotzdem noch im Dezember vorsorglich bei den Kurfürsten von Sachsen und Brandenburg um eine Durchzugsgenehmigung. Von Sachsen erhält er sie relativ leicht, von Brandenburg etwas schwerer. Dort liegen die Sympathien auf dänisch-protestantischer Seite. Kurfürst Georg Wilhelm bekennt sich zwar nicht offen zum Krieg, betont allerdings vor dem Dänenkönig, daß er den Tarnmantel der Neutralität dazu benützen wird, die gemeinsamen Freunde zu unterstützen; er werde dem Dänenkönig und Mansfeld gestatten, sich mit einem Teil ihrer Truppen auf seinem Gebiet aufzuhalten, sie könnten mit angemessenem Proviant und ausreichender Fourage rechnen. Wallenstein kennt die entgegenkommende Stimmung in Brandenburg.
Im Dezember 1625 treffen die ersten verbindlichen Nachrichten von den Plänen Bethlen Gabors ein. Der Fürst hat sich zu einem neuen Krieg gegen Österreich verpflichtet, die Situation eines bevorstehenden Zweifrontenkrieges zeichnet sich ab. Bethlens Entschluß stärkt auch die Aussichten des Versuchs, das ligistische und das kaiserliche Heer voneinander zu trennen, diesen Plan Christians und Mansfelds dürfen Tilly und Wallenstein als sicheres Faktum werten.
Wallenstein entschließt sich zu zwei Dingen. Erstens will er sich eine umfassend solide Stellung an der Mittelelbe sichern. Zweitens forciert er die Werbungen, und zwar so sehr, daß er »auf künftigen Frühling mit etlich und fünfzig Tausend ins Feld zu ziehen verhofft«, wie er dem Marschall Spinola schreibt. Er dringt aber auch in Wien ununterbrochen darauf, endlich ein neues Heer – sei es auch noch so klein – aufzustellen, das selbständig im mährisch-ungarischen Raum operieren kann.
Wien ist wegen seiner aussichtslosen Finanzlage nur mit größter Hartnäckigkeit zu neuen Werbungen zu bewegen. Das andere Projekt, die Sicherung einer festen Stellung an der Mittelelbe, fällt in Wallensteins eigene Regie. Am 3. Januar rücken Collalto und Aldringen mit einigen Regimentern zu Fuß und zu Pferd in Anhalt ein. Collalto ist bis zum November 1625 Präsident des Hofkriegsrats in Wien gewesen, Wallenstein hat den Kaiser gebeten, ihn zum Feldmarschall des Heeres zu bestallen und zu seiner Unterstützung ins Hauptquartier zu schicken; er ist zugleich Kommandeur eines Regiments. Die Truppen besetzen Dessau und die Elbbrücken bei Roßlau. Aldringen

beginnt sofort, nach Dessau und in Richtung Zerbst im Norden starke Befestigungsanlagen aufzubauen, er hat im Palisadieren, Schanzenbau, Sappieren gute Erfahrungen.
Die Landesfürsten von Anhalt sind zwar überrascht, sie protestieren aber nicht, sie waren nicht unvorbereitet, sie haben Wallenstein schon in der zweiten Dezemberhälfte versichert, daß sie für Verpflegung sorgen würden – so teilt Wallenstein dem Kaiser aus einer Erklärung Christians des Älteren von Anhalt mit. Anders der Kurfürst von Sachsen, er gibt sich empfindlich, protestiert in seiner Eigenschaft als Militärkommandant des Obersächsischen Kreises. Wallenstein spielt die Angelegenheit nicht hoch, in seiner Antwort geht er auf die eigentlichen Beschwerdepunkte nicht ein, er rechtfertigt sich nur damit, daß er dem Feind habe zuvorkommen müssen.
Um diese Zeit bringt Wien etwas Bewegung in das Problem neuer Truppenwerbungen, wenn auch nicht so, wie es Wallenstein verlangt hat. Seine eigene Armee ist ursprünglich auf 24 000 Mann festgelegt worden. Als er mit Tilly zusammentrifft, ist sie schon auf 30 000 angewachsen. Wallenstein treibt die Werbungen ununterbrochen weiter, zwar nicht in direktem Auftrag des Kaisers und mit Genehmigung des Hofkriegsrats, aber auch nicht ausdrücklich entgegen einer besonderen Order.
Werbungen lassen sich auch damals nicht auf eigene Faust durchführen. Wenn Wallenstein Werber ausschickt, müssen sie Werbepatente besitzen. Zur Ausstellung der Patente ist Wallenstein nicht ermächtigt, sie müssen vom Kaiser ausgegeben werden. Der Herzog hat eine gemessene Zahl vom Kaiser erhalten, als der Ausmarsch seiner Armee ins Reich beginnt. Sie ermächtigen ihn zu Werbungen innerhalb aller Grenzen des Deutschen Reiches.
Gleichzeitig wird aber nicht nur in kaiserlichem Auftrag geworben, sondern auch für die protestantische Sache. Der Kaiser als Oberherr des Deutschen Reiches erläßt deshalb zu Beginn des Jahres 1626 ein scharfes Verbot »solcher im Heiligen Reich in Schwung gehenden verdächtigen Werbungen«, dispensiert aber Wallenstein ausdrücklich von diesem allgemeinen Verbot: »Damit hierdurch nit etwa auch Deiner Liebden Werbungen behindert werden, haben Wir in Erwägung, daß die früheren Patente etwas alt an dato sind, 60 neue exemplaria, 30 auf Fußvolk und 30 auf Reiterei gerichtet, deren Sich Deine Liebden nach Erheischung der Notdurft gebrauchen möge, übersenden wollen.«
Wallenstein macht auch von diesen Patenten lückenlosen Gebrauch. Anders sieht es mit den Werbungen aus, zu denen Wallenstein den Kaiser in eigener Regie drängt. Er verbindet diese Mahnungen fast ausnahmslos mit der Beteuerung, daß er selbst seine Armee in voller Stärke zur Verfügung haben

müsse. Am 6. Januar schreibt er nach Wien: »Man verlasse sich nicht darauf, wenn man nicht wirbt, daß ich ein einzigs Volk kann von hinnen nach Schlesien schicken. In summa, die dem Kaiser raten, daß er nicht werben soll, begehren sein Ruin.«

In Wien geschieht nichts Greifbares. Wallenstein hat allerdings noch weit größere Sorgen wegen der Ausrüstung des eigenen Heeres. Wien schweigt zu all seinen Bitten um Proviant, Munition, Rüstungen, Kriegsmaterial, und ebenso wird die Bezahlung der Truppen vollständig dem Feldherrn überlassen.

Die gelegentlichen Soldrückstände hatten schon im Oktober bei den protestantischen Gegnern die Hoffnung geweckt, daß die kaiserlichen Söldner in Scharen überlaufen würden, sobald aus der Ferne nur einige holländische Gulden blinkten. Für Wallensteins viele Klagen steht ein einziger Brief an Harrach. »Die böhmische Kammer hat den Schiffmann nicht gezahlt, der das Getreid hat herunter geführt; er hat das Getreid zu Dresden arrestiert, also daß es sehr darauf geregnet hat und das Getreid ausgewachsen ist, also daß mans nicht wird gebrauchen können. Umb Gottes willen mache man doch einmal an jemandem eine Demonstration, denn sonst ist's nicht möglich, daß ein Galant homo ohne Verlust seiner Ehren auf solche Weis dienen kann. Ich berichte den Herrn, daß von des Kaisers Getreid noch kein einzigs Körnle herkommen ist, das hat sollen das erste sein, und das ist verdorben. Wird man mir keine Munition herschicken, so hab ich gar auf ein kurze Zeit zu schießen, wird man aber kein Geld schicken, so ziehe ich nicht allein ins Feld nicht, sondern ist sich zu besorgen, daß die Soldatesca ein anders partito wird vor die Hand nehmen.«

Kein Wunder, daß sich Wallenstein schon im Februar 1626 zum erstenmal dazu entschließt, »wenn diese Kampagne wird vorüber sein, daß ich mich begehre, zu retirieren; will man mich aber eher entlassen, so wird mir desto größere Gnad geschehen, denn wir stellen unsere Sachen also an, daß wenig Frucht zu hoffen ist, derowegen wollte ich gern präparatoria allgemach dazu machen«.

Wallenstein hat immer die Hauptkonstellation der beiden feindlichen Armeen vor Augen. Neben dem ligistischen Heer will und muß er die Selbständigkeit und autonome Operationskraft des kaiserlichen Heeres erhalten. Deshalb haben sich auch beide Feldherrn – bis auf eine gegenseitige Unterstützung in Notfällen – zu selbständiger Kriegführung entschlossen, also nicht zuletzt deshalb, weil auch Christian von Dänemark und Mansfeld nicht zusammen, sondern getrennt operieren. Damit fallen den vier Armeen eigene Operationsgebiete zu. Wenn Wallenstein sich gegen jeden Versuch Wiens,

Truppen aus seinem Heer abzuziehen und gegen Bethlen zu schicken, schon im Ansatz wehrt, so bewegt ihn nicht nur der berechtigte Wunsch des Heerführers dazu, die numerische Stärke der Armee so hoch wie möglich zu halten, sondern auch die Überlegung, daß diese Armee aus einer Handvoll alter, kriegserfahrener Regimenter besteht, um die sich einigermaßen locker die neuen, unerprobten Regimenter gliedern. Sollte der Hofkriegsrat ernsthaft Truppen verlangen, müßte Wallenstein zweifellos die besten Regimenter abkommandieren und nicht die neuen, mit denen er ohne Unterstützung der Kerntruppen auch nicht viel mehr anfangen kann als Wien.
Die Werbepatente, die ihm der Kaiser zu Beginn des Jahres schickt, ermächtigen Wallenstein allerdings nur dazu, die schon bestehenden Regimenter mit Söldnern auszubauen. Ende Februar wird aber für Wallenstein auch das erste neue Obristenpatent ausgefertigt, im März folgen neun weitere, ein paar Wochen später wird genehmigt, daß einige Obristen Wallensteins ihre Regimenter verdoppeln dürfen. Hält man sich an die Normalstärken der Regimenter, so kann Wallenstein auf Grund dieser Patente sein Heer um rund 20 000 Mann zu Fuß und 10 000 zu Pferd vergrößern, also verdoppeln. Der Entschluß des Kaisers dazu motiviert sich leicht, auch wenn er nicht ausdrücklich so begründet wird. Der Sache nach bedeuten die neuen Patente nichts anderes, als daß die Hofburg endgültig auf die Neuaufstellung eines Heeres im Südosten verzichtet und Wallenstein zumutet, mit der vergrößerten Armee sowohl den Krieg im Reich zu führen, als auch im Not- und Zweifelsfall mit Bethlen Gabor fertig zu werden.

Mit dem Abbruch der Braunschweiger Verhandlungen kommt Bewegung in die Heere an der Mittelelbe und Weser. Als erster bricht Mansfeld auf, in einigem Abstand von ihm die Truppen des Generals Fuchss, der in dänischen Diensten steht und als Feuerwehr dienen soll, falls Mansfeld in Bedrängnis kommt. Hans Philipp Fuchss von Bimbach hat früher als Oberst und Feldzeugmeister in Böhmen im kaiserlichen Dienst gestanden, wechselte dann die Lager und wurde am 17. Juni 1625 vom dänischen König zum General der Infanterie ernannt.
Der Zug geht ohne Schwierigkeiten in das Gebiet des Kurfürsten von Brandenburg hinüber, in die Altmark, so wie es auf kaiserlicher Seite erwartet worden ist. Am 3. März erreicht Mansfeld das Gebiet um Sandau, oberhalb von Stendal und Tangermünde. Fuchss hat in einem schnellen Vortrab Mansfeld überholt und ist schon in Tangermünde. Der Dänenkönig selbst schlägt am 5. März in Wolfenbüttel sein Hauptquartier auf.
Wallenstein hat dabei kein gutes Gefühl. Er sieht sich vor einer ähnlichen

Umklammerung wie der Dänenkönig im Herbst durch das kaiserliche und ligistische Heer. Ja er rechnet mit einem solchen Erfolg der gegnerischen Operationen, daß er seiner Frau dringend rät, sie solle sich umgehend nach Wien in Sicherheit bringen.

Wenig später verständigen die Kundschafter den Feldherrn von der Absicht Mansfelds, den Elbübergang bei der Dessauer Brücke zu erzwingen. Wallenstein bezweifelt das zunächst. Er glaubt noch immer, daß der Graf direkt nach Schlesien ziehen und nicht den riskanten Versuch unternehmen wird, das Elbtor zu gewinnen, um den Kaiserlichen die Verbindungsader nach Böhmen abzuklemmen. Collalto hat zwar recht, wenn er Aldringen an die alte Universalregel erinnert: »Wer Herr der schiffbaren Flüsse ist, ist auch Herr des Landes« und wenn er die Dessauer Brücke als »Schlüssel des Spiels« bezeichnet, aber ein Zug Mansfelds nach Schlesien hätte nicht nur die Gefahr Bethlen akut werden lassen, sondern auch die Kaiserlichen dazu provoziert, nachzufolgen und damit Christian IV. freie Hand gegen Tilly gelassen oder dazu, sich selbst an die Fersen Wallensteins zu heften.

Der Herzog von Friedland hat seit längerem sein Hauptquartier in Aschersleben, zwischen Halberstadt und Köthen, 40 Kilometer südlich von Magdeburg. Anfang April konzentriert Mansfeld plötzlich alle Truppen und zieht zusammen mit General Fuchss elbaufwärts. Am 2. April besetzt er Burg rechts der Elbe, vier Tage später erobert General Fuchss zusammen mit Mansfeld auf der linken Elbseite Rogätz und vertreibt die Kaiserlichen aus dem befestigten Schloß. Wallenstein erhält diese Nachrichten, als er auf einen Hilferuf Tillys hin nach Goslar mit etwas mehr als 14 000 Mann unterwegs ist. In Schladen wird er verständigt, daß die protestantischen Truppen Goslar in einem fluchtartigen Rückzug inzwischen wieder geräumt haben, als ihnen Wallensteins Anmarsch gemeldet wird. Ebenfalls in Schladen erfährt er die Eroberung von Rogätz.

Er macht auf der Stelle kehrt, zieht in Eilmärschen nach Neuhaldensleben. General Fuchss hat sich inzwischen wieder von Mansfeld getrennt, er lagert bei Wolmirstedt oberhalb Magdeburgs. Wallenstein erreicht das Städtchen am 10. April, der Tag neigt sich schon, Wallenstein greift trotz der Dämmerung sofort an, schnell und wuchtig, der massierte Angriff mit schweren Reitern gehört zu Wallensteins Spezialitäten. Die dänischen Truppen werden im Sturm überrannt, General Fuchss kann nur mit größter Not durch einen engen Paß entfliehen, Wallensteins leichte Kavallerie verfolgt die flüchtenden Dänen noch in der Nacht bis weit über Rogätz hinaus. Fuchss zieht sich weiter nach Tangermünde zurück. Als ein neues Reitergefecht für Wallensteins Truppen ebenfalls siegreich endet, räumt der General auch Tangermünde.

Er rechnet jetzt mit seiner völligen Vernichtung, er schickt die Hälfte seiner übriggebliebenen Truppen nach Stendal und flieht mit dem Rest über die Elbe. Mitte April trifft Wallenstein wieder in Aschersleben ein. Er hat innerhalb von zwei Wochen erreicht, daß Mansfeld seine nächsten Operationen ohne Unterstützung durch die dänischen Truppen des Generals Fuchss durchführen muß.

Wie wichtig dieser Erfolg für die Kaiserlichen ist, zeigt sich bald. Mansfeld hat mit Streifkommandos am 1. und 6. April Vorversuche an den Brückenwerken bei Dessau gemacht, mit ersten Angriffen die Stärke geprüft. Wenige Tage später, am 11. April, zieht er mit seiner Hauptmacht vor dem Brückenkopf auf und beginnt den Beschuß mit schweren Geschützen. Zwei Tage später wird er von der Katastrophe verständigt, die über General Fuchss gekommen ist. Er bricht die Belagerung ab, einer der typischen Fehler Mansfelds, denn die Schlappe des Generals ist nicht mehr zu ändern, und als er das Kampfgebiet erreicht, stößt er in einen leeren Raum, denn Wallenstein hat inzwischen längst seine alten Stellungen wieder besetzt.

Trotz dieser Versuche an den Dessauer Schanzen glaubt Wallenstein noch immer nicht, daß Mansfeld so kurzsichtig sein und versuchen wird, den Übergang zu erzwingen, sondern jenseits der Elbe bleibt und von hier nach Schlesien zieht. Er weiß allerdings nicht, daß sich Mansfeld nicht nur aus einer Art Trotz an Dessau festbeißt, sondern daß König Christian die Eroberung der Brücke zur Bedingung dafür gemacht hat, daß er seinerseits dem böhmisch-schlesischen Projekt zustimmt. Der Zug Mansfelds dorthin würde den dänischen König in einer Isolierung zurücklassen, die Christian nur riskieren will, wenn ihm Mansfeld vorher als eine Art Faustpfand den Elbübergang geöffnet und Wallenstein eine Niederlage beigebracht hat.

Am 21. April steht Aldringen auf der Plattform seines Brückenturms und sieht plötzlich Fähnlein auf Fähnlein, Kornett auf Kornett der Mansfelder Truppen heranrücken. Mansfeld zieht mit seiner ganzen Truppenmacht vor den Brückenkopf, seine dreißig Kanonen beginnen aus allen Rohren zu feuern. Noch am gleichen Tag sprengen die Eilboten Aldringens in Wallensteins Hauptquartier in Aschersleben ein, siebzig Kilometer westlich von den Schanzen. Wallenstein liest die Depesche Aldringens: »Cito, cito, citissime, cito!«

Sofort schickt er seinen Feldzeugmeister, den Grafen Schlick mit einigen Regimentern zur Dessauer Brücke und bereitet in höchster Geschwindigkeit den Abmarsch seiner Hauptmacht vor. Als erste erreichen die beiden Regimenter Wallenstein und Tiefenbach die Schanzen, sie werden von den Oberstleutnanten St. Julian und Johann Wangler geführt.

Am 23. April steigert Mansfeld den Beschuß, Aldringen und Schlick lassen gefährdete Stellungen noch verstärken, tags darauf trifft Wallenstein mit den übrigen Truppen ein, es sind 21 000 Mann zu Fuß und sechs Kavallerieregimenter. Die Pointe dieser Verstärkung ist, daß Mansfeld und seine Offiziere nichts davon bemerken, Aldringen hat die Brücke vollständig mit Zweigen, Zelttüchern und dichtem Laub abgeschirmt; unter dieser Tarnkappe ziehen die Truppen auf die andere Seite hinüber.
Am 25. April, noch in der Dämmerung, beginnen Mansfelds Kanonen mit stärkstem Beschuß. Eine Stunde später greifen die Sturmtruppen an. In immer erneuerten Wellen rennen sie sich an den Schanzen fest, werden zurückgeworfen, greifen wieder an, drei Stunden lang. Um zehn Uhr hält Wallenstein den Moment für den Gegenangriff reif. Er gibt den Trompetern das Zeichen, an der Spitze bricht Oberst Pechmann mit seinen Dragonern vor, dahinter die Kavallerie Daniel Hebrons, gefolgt von der Hauptmacht, vier Regimentern zu Fuß, die Wallenstein selbst führt. Die Truppen verkeilen sich sofort zu einem Kampf Mann gegen Mann, Wallenstein ist ununterbrochen in den vordersten Reihen. Auf dem Höhepunkt der Schlacht gibt der Herzog den beiden Regimentern in dem Waldstück an der rechten Flanke den Befehl zum Angriff, gleichzeitig wirft sich das letzte Regiment zu Fuß unter Johann von Nassau über die Brücke in den Kampf.
Mansfelds Infanterie wird eingekesselt und niedergemacht, nur ein Teil wird gefangengenommen. Drei Obristen Mansfelds fallen, ein vierter kapituliert mit den Resten seines Regiments, unter denjenigen, die sich ergeben, sind besonders viel Engländer, Schotten und Iren, sie treten später zum Teil in Wallensteins Dienste. Von den Fußtruppen kann sich nur eine kleine Zahl zur Kavallerie hinüberschlagen, viele ertrinken bei der Flucht in der Elbe.
Verhältnismäßig intakt geblieben ist die Reiterei Mansfelds. Wallenstein spielt gegen sie den letzten Trumpf aus, vier weitere Regimenter, die er bisher als Reserve zurückgehalten hat, im wesentlichen Arkebusiere und Kürassiere, allen voran das Regiment Isolani. Gegen diesen Sturm hat die Kavallerie Mansfelds nichts zu setzen, sie wird in Einzelgruppen zersprengt und davongetrieben, flüchtet kopflos hinüber nach Brandenburg. Mansfeld verliert dabei fast das Leben, Wallensteins Reiter verfolgen die fliehenden Truppen bis über Zerbst hinaus, 35 Kilometer nordöstlich von Dessau an der Saale.
Zerbst hatte sich, als Mansfeld heranrückte, sofort auf seine Seite gestellt, die kaiserliche Besatzung war ohne Pardon niedergemacht worden. Wallenstein gibt jetzt die Stadt zur Plünderung frei. Alle feindlichen Garnisonen bis weit über Magdeburg hinaus werden von Mansfeld geräumt und sofort

von den Truppen Wallensteins besetzt, Loburg, Möckern, Burg. Der Graf beendet seine Flucht erst in Brandenburg. Wallenstein hat ihm 36 Fahnen abgenommen, zwei Standarten, dazu vier Mörser und zehn Feldstücke. An Infanterie bleibt Mansfeld aus der Schlacht bei Dessau nur ein Bruchteil übrig, an Kavallerie etwas mehr, aber dieser Rest soll, wie Aldringen berichtet, nicht einmal bei Mansfeld ausgehalten haben, sondern zu General Fuchss übergewechselt sein. Genauere Nachrichten gibt es nicht, allerdings ist es leicht übertrieben, wenn Aldringen nach diesem Tag stolz behauptet: »Das Heer des Mansfelders ist in Rauch aufgegangen.«

So tragisch die verlorene Schlacht bei Dessau für den dänischen König ist, so entscheidend wichtig ist sie für den Feldherrnruhm Wallensteins. Daß der Herzog bis zu diesem 25. April 1626 eine große Armee auf schnellstem Weg aufgestellt und einigermaßen ausgerüstet hat, zählt in der gewöhnlichen Meinung, wie sie auch in den obersten Ministerkreisen Wiens herrscht, noch nicht viel. Es zählt auch nicht viel, daß er mit dieser Armee tief im Reich dem Kaiser eine militärische Position geschaffen hat, die weit über das hinausgeht, was die katholische Liga mit ihren Truppen bisher erreicht hat. Und genauso zählt es nicht viel mehr, daß Wallenstein diese Position nicht nur gehalten, sondern durch überlegte Truppenbewegungen, durch Gewichtsverlagerungen, durch neue Werbungen gefestigt, verstärkt und erheblich ausgedehnt hat. Das alles kann man, wenn man mehr als kritisch ist, organisatorischer Begabung, finanzieller Routine, kaufmännischem Talent und taktischen Fähigkeiten zuschreiben, man muß es nicht als ausgesprochene Feldherrnleistung werten, wie man sie seit den Zeiten der säbelschwingenden Kondottiere gewohnt und bis zur ausschließlichen Schätzung des spektakulären Blutvergießens gewöhnt war.

Mit Dessau hat Wallenstein diesen Beweis endlich erbracht, in einer respektlosen Version waren es Hiebe auf den ersten Blick, mit denen sich Mansfeld abfinden muß. Wenn man ein Mittel aus den verschiedenen Unterlagen und Zahlen filtert, so hat der Graf fünf Regimenter zu Fuß und mehr als drei Kavallerieregimenter bei Dessau vor die Schanzen geführt. Er verliert die Schlacht sehr blutig, büßt mindestens ein Drittel seiner Soldaten ein, die Zahl dürfte bei über 6000 Toten liegen. Entscheidend aber für die Gesamtbeurteilung sind die unvergleichlich geringeren Verluste Wallensteins: an die 100 Tote und etwa 250 Verwundete.

Auf den Sieg reagiert der Kaiser zunächst – wie üblich – phlegmatisch. Padavin, der venezianische Gesandte in Wien, berichtet: »Als am ersten Mai der Kaiser in die Messe gehen wollte, traf in Laxenburg der Kapitän

Leoni Gropello, Generalquartiermeister bei Wallenstein, mit der Nachricht von einer gewaltigen Niederlage ein, die man dem Mansfeld zugefügt hatte. Der Kaiser erblickte ihn und frug ihn, welche Neuigkeiten er bringe. Gropello antwortete: ›Bessere als das letzte Mal.‹ Einige Tage vorher hatte er nämlich um Geld gebeten, ohne daß ihm etwas gegeben werden konnte. Als der Kaiser sich erkundigte, was das für Neuigkeiten seien, antwortete der Kapitän: ›Die Niederlage Mansfelds.‹ Der Kaiser, ohne eine Bewegung zu zeigen, wollte die Einzelheiten nicht weiter wissen, sondern sagte: ›Ihr werdet mir nach der Messe weiter berichten, vorläufig bringt die Neuigkeit zur Kaiserin.‹ Dann ging er in die Kirche.«

Später schickte er huldvolle Briefe an Wallenstein und diejenigen, die sich durch besondere Tapferkeit ausgezeichnet hatten. Er bat auch darum, daß ihm eine Zeichnung mit allen Details der Schlacht angefertigt würde. Der Eindruck in Wien war außerordentlich, als der große Heerwagen, hochbeladen mit den eroberten feindlichen Fahnen, durch die Tore in die Stadt zur Hofburg rollte. In den österreichischen Ländern ging es spontaner zu als in der kaiserlichen Miene. Dem Prager Abt von Strahow, Kaspar von Questenberg, wurde die Nachricht vom Sieg bei Dessau während des Gottesdienstes am Altar zugeflüstert. Zur größten Verblüffung der Gläubigen stimmte er mitten in der Messe ein stimmgewaltiges »Te Deum laudamus« an; sofort danach schrieb er an Aldringen: »Mein Herz lauft grad fast von Freuden über.«

Kritiker haben Wallenstein vorgeworfen, er hätte seinen Sieg nicht so ausgenützt, wie es sich gehört hätte. »Gehört« – das heißt, er hätte Mansfeld unentwegt weiter verfolgen und seine restlichen Truppen niedermachen sollen. Wallenstein kennt die Wiener, deshalb schreibt er selbst am 7. Mai: »Ich zweifle nicht, daß es allerlei Diskurs von Weibern, Pfaffen und sonstigen etlichen welschen Kujonen bei Hofe wird abgeben, daß man die erlangte Viktori gegen den Mansfelder nicht verfolgt, des Landes sich nicht bemächtigt oder sonst andere progressi tut, die nach erlangter Viktori sein können.« An solche »Kritik« hat sich Wallenstein gewöhnen müssen, keine seiner Schlachten, die nicht beanstandet worden wäre, von den Zeitgenossen genauso wie von den Nachfahren – so als wollte man sich nicht damit abfinden, daß Wallenstein keine einzige Schlacht verloren hat und ihn die Militärs seiner Zeit für unbesiegbar hielten.

Die damalige Kriegführung war so, daß ein Treffen mit der Niederlage und der Flucht eines der Gegner beendet war. Alle Schlachten des Dreißigjährigen Krieges waren bis dahin ausnahmslos nach diesem Brauch geschlagen worden. Es bedeutete schon viel, daß Wallensteins Kavallerie die Mansfelder

bis Zerbst vor sich hertrieb und verfolgte, daß die Städte im Magdeburger Raum unmittelbar danach von den Kaiserlichen eingenommen wurden. Bewegungskrieg und -strategie setzt andere Truppenkörper voraus, andere Schwergewichte bei den Waffengattungen. Erst in späteren Jahren nahm die Beweglichkeit der Heere durch den Ausbau der leichten Kavallerie zu. Infanterie und Artillerie blieben bis zum Ende des Krieges im wesentlichen so schwerfällig, wie sie es schon 1618 waren. Gustav Adolfs Neuerung bestand lediglich in der lockeren, elastischen Kampfordnung der Truppen, ihrer Auflösung in kleinere Einheiten und der eingespielten Verbindung von Fernkampfwaffen – vor allem Kartätschen – und den Waffen des Nahkampfs, also der Taktik der verbundenen Waffenführung. Aber das, was man »Ausnützen« des Sieges nennt, hat auch der Schwedenkönig nicht gekannt. Das eklatanteste Beispiel dafür ist die Schlacht von Breitenfeld. Gustav Adolf läßt die Offiziere Tillys, dessen Heer nach dem Treffen im Kern vernichtet und ohne Führung ist, ohne weiteres die versprengten Regimentsteile sammeln und mit ihnen abziehen.
Wallenstein sieht alle taktischen Erfolge der Militärs als Fehlschläge an, wenn sie auf Kosten politischer Vorteile zustande kommen. Mansfeld mit dem kaiserlichen Heer nach Brandenburg zu verfolgen – das würde heißen, den Krieg ohne zwingenden Druck in ein neutrales Land zu tragen, dessen Fürst neutral bleiben will, und sei es nur dem Schein nach, das hätte eine unabsehbare Kriegsausweitung bedeutet, das hätte schon jetzt Gustav Adolf gefährlich provoziert, das hätte die mühsame Neutralität Sachsens einer Belastungsprobe ausgesetzt, für die der ganze Einsatz zu gering war. Denn ob Mansfeld noch weitere 2000 Mann verlor oder nicht verlor: Solange der Graf zu Neuwerbungen entschlossen war, konnte ihn niemand daran hindern, und es spielt keine Rolle, ob er sein Heer in Brandenburg regenerierte oder in den Generalstaaten.

Für Mansfeld bedeutet Dessau die letzte Katastrophe seines Lebens. An ihr trägt er besonders schwer. Von Christian IV. ist er jetzt abgeschnitten, er zieht sich tief nach Brandenburg zurück, nach Nordosten, von dort aus schickt er alle Offiziere, die er noch zur Verfügung hat und die ihm geeignet erscheinen, zu neuen Werbungen aus. Er kann erst wieder aktiv werden, wenn er die Verluste durch Neurekrutierungen ersetzt hat. Um den Dänenkönig kümmert er sich nicht viel, er wartet jetzt dringend auf Nachrichten von Bethlen Gabor.
Über seine letzten Pläne und Ziele ist niemand orientiert. Es sieht so aus, als verrennt er sich halsstarrig gerade wegen der verlorenen Schlacht um so

härter in seinen alten Plan, den Zug durch Schlesien zu Bethlen. Er muß sich jetzt wohl oder übel mit der Route längs der Oder abfinden. Seine Werbungen schließt er allerdings erst im Juli ab, das Heer, mit dem er am 11. Juli zur schlesischen Grenze aufbricht, ist weit über 10 000 Mann stark. Einige Tausend hat der dänische König unter Herzog Johann Ernst von Weimar zur Unterstützung geschickt. Damit beginnt das verwegene Projekt, an dem schon Christian von Halberstadt gescheitert ist; der junge Administrator hat nicht einmal den Beginn miterlebt, er ist nach einer kurzen Krankheit am 16. Juni 1626 gestorben.

Der Empfang durch die schlesische Bevölkerung ist besser, als Mansfeld auf Grund seines Rufs erwartet hat. Die protestantischen Sympathien überwiegen die Angst vor den befürchteten Plünderungen. Mansfeld bekommt dadurch Gelegenheit, den Zustand der Regimenter noch zu verbessern, er dringt mit dem Heer ohne Verluste und größere Auseinandersetzungen bis nach Mähren vor. Ernsthaften Widerstand findet er keinen, Schlesien ist praktisch ohne Truppen, es ist völlig wehrlos. Wallenstein hätte sich seine monatelangen Mahnungen an die Wiener Adresse sparen können. Der Kaiser hat zu allem Überfluß nach der Dessauer Schlacht schlesische Truppenteile abdanken lassen. Der Kommentar Wallensteins: »Wenn ein paar Fliegen umgebracht sind, stellt man in Wien die Rüstungen ein.«

Wallenstein hat sich bis jetzt noch nicht entschlossen, Mansfeld zu folgen. Als er von seinem Aufbruch verständigt wird, schickt er ihm ein starkes Reiterkontingent unter Oberst Pechmann nach, er ist der Meinung, seine Anwesenheit in nächster Nachbarschaft Tillys und des dänischen Heers sei vorerst noch wichtiger. Erst Anfang August, drei Wochen nach dem Aufbruch Mansfelds, beginnt Wallenstein mit der Verfolgung. Tilly bittet ihn dringend, einige seiner Regimenter bei ihm zurückzulassen. Wallenstein weigert sich erst, dann aber, bei einem persönlichen Zusammentreffen kurz vor dem Aufbruch der Armee, läßt Wallenstein dem Liga-General 12 000 Mann zu Fuß und 5000 Reiter zurück, mehr als Tilly verlangt, weit mehr als er erwartet hat. Wallenstein selbst führt nur 14 000 Mann, als er am 8. August in Zerbst den Abmarsch befiehlt.

Hätte sich Wallenstein sofort auf die Fersen Mansfelds setzen sollen? Hätte er den Zug nach Schlesien verhindern können, verhindern müssen? Ist der Feldherr Wallenstein ein Zögerer, ein »podagrischer Stratege«, wie ihn ein großer Historiker bezeichnet und wie es so mancher nachgeplaudert hat? Wallenstein hat ein dickes Bündel gewichtiger Argumente gegen den schlesisch-ungarischen Zug seines Heeres.

Das Mansfeld-Bethlensche Vereinigungsprojekt ist fast so alt wie die Mahnungen Wallensteins, sich in Ungarn rechtzeitig durch Rüstungen und eigene Heereskontingente zu sichern. Geschehen ist seitdem nichts. Weder in Ungarn noch in Mähren, noch in Schlesien. Der Kaiser hat mehr als genug Zeit gehabt, um Schlesien militärisch so abzusichern, daß Mansfeld gar nicht erst den Versuch eines Durchzugs unternommen hätte. Wenn überhaupt Fehler gemacht worden sind, dann war dies der erste und der größte Fehler.

Wallenstein kann sich außerdem darauf berufen, daß ihn der Kaiser ausdrücklich nur für den Zug ins Reich bevollmächtigt und instruiert hat. Sein Zorn über die militärischen Vorstellungen Wiens erreicht den Höhepunkt, als er Ende Juli 1626 ein kaiserliches Handschreiben mit dem Ansinnen erhält, nicht nach Schlesien zu ziehen, sondern Mansfeld zu schlagen, bevor er ins Land dringt, damit die Schlesier die Kontribution erlegen können. Wallenstein bekommt einen Tobsuchtsanfall, denn Mansfeld ist schon mehr als zwei Wochen in Schlesien: »Nun sehe man der Kammer wohl konsiderierte Ordinanz: der Feind ist in Schlesien, das Land hält mehr mit ihm als mit dem Kaiser, und ich sollte außerhalb des Landes bleiben. Auch wird sich der Feind gleich, so wie sie's aufs Papier setzen, schlagen lassen und ich mit der Armee gleich hin und her marschieren können, als wenn sie ein Paar Roß vor den Wagen spannen lassen, zum Hof fahren und von dannen wieder nach Haus. Ich sehete lieber, daß Ihrer Majestät Länder möchten dessen enthebt werden, denn ich habe sowohl als die andern nichts anderes als nur meiner Güter Ruin zu erwarten, aber dieweils nicht anderst sein kann, will ich lieber runierte, als verlorene Güter haben.«

Die Sorgen wegen der Kontributionen findet Wallenstein besonders kindisch. Seine Überlegungen, die ihn jetzt, da Mansfeld in Schlesien einbricht, beschäftigen, kreisen um vier politisch-militärische Zentralpunkte, hier muß »Ihre Majestät dies Jahr testa machen«: in den mittleren Gebieten des Reichs, in Schlesien, in Ungarn und in Oberösterreich. Noch immer setzt Wallenstein voraus, daß der Hofkriegsrat sofort eine genügende Zahl von Regimentern nach Schlesien beordert, Pechmanns Reiter sollen sie dabei unterstützen.

Wie der Verteidigungszustand in Ungarn ist, weiß Wallenstein nicht, jedenfalls bietet er dem Kaiser die Unterstützung von 23 Reiterkornetten unter dem Obristen d'Avandagno an und 6000 Mann zu Fuß, zwei Regimenter, die der Herzog von Sachsen-Lauenburg führt; sie sollen, sobald sie in Ungarn sind, dem Kommando von Marradas unterstellt werden: »Bitt derowegen, man brauche den Don Balthasar dahin zu kommandieren, denn gewiß das Volk, so ich schicke, wird sich von keinem anderen kommandieren lassen, und obschon ich den Don Balthasar sehr ungern dahie entraten werde,

so muß ich auf Ihrer Majestät Dienst und des gemeinen Wesens Wohlfahrt gedenken und einen solchen dahin schicken, auf daß wir in allen Fürfallenheiten einander die Hand bieten können. Gleich wie ein Instrument, wenn die Saiten nicht wohl gestimmt sind, kann keinen guten Klang geben, also auch, wenn die ministri, insonderheit in einer so wichtigen Materie, einander nicht die Hand bieten, so kann nichts Gutes geschafft werden.«
Zum dritten Punkt äußert sich Wallenstein nur knapp, es ist ein Problem, das sich der Kaiser selbst aufgeladen hat. Ferdinand und der Bayernfürst haben in Oberösterreich die Schraube der Rekatholisierung derart stramm angezogen, daß die Bauern aus Verzweiflung noch einmal die offene Rebellion versuchen. Maximilian, der das Land immer noch im Pfandbesitz hat, sieht im Mai 1626 die Lage als so sicher an, daß er die Besatzung um zwei Drittel verringert, er läßt nur etwas mehr als 200 Mann zu Fuß im Land. Völlig überraschend rotten sich am 17. Mai die Bauern im Donaugebiet zusammen, in wenigen Tagen sind es Tausende, die Hilfstruppen des bayerischen Statthalters, der von Linz heranzieht, werden in die Flucht getrieben, die Hälfte von ihnen wird erschlagen. Nach sechs Wochen ist ganz Oberösterreich mit allen Städten – außer Linz und Enns – in der Hand der aufständischen Bauern.
Eine derartige Revolte verliert in einem großen Krieg den lokalen Charakter. Wie gefährlich der Glaubensdruck ist, darauf macht Wallenstein wiederholt aufmerksam, er warnt, er fordert Nachsicht und Vernunft: »Bitt auch, man höre auf in Böhmen so erschrecklich wegen der Luthrischen zu prozedieren. Man möchte auch bei meniglich den Kredit verlieren, das sind jesuitische oder des schlimmen Leckers Martinitz Inventionen. Wenns übel zugeht: Jesuiter finden ein anderes Kollegium, der Kaiser aber kein andres Land.« Das schreibt er noch vor dem oberösterreichischen Aufstand. Am 20. Juni, als sich die innerösterreichischen Wirren schon auf die militärische Lage auswirken, macht er seiner Wut in einem Brief an Taxis Luft: »Wir sind nicht willens, die Impertinenzen der Jesuiten brachio saeculari zu verteidigen, weil ihre Exorbitanzen unerträglich sind. Im übrigen sollet ihr auf alles gut Achtung geben und euch von den Jesuiten nicht bei der Nase führen lassen, da ihr wisset, was für feine Händel dieselben eben im Lande ob der Enns angerichtet haben. Überhaupt geht es überall allso zu, wo die Jesuiter sich einwurzeln.«

Zu den größten Eigenschaften des Feldherrn Wallenstein gehört eine Fähigkeit, die bei den zeitgenössischen Soldatenführern kaum zu finden ist: die Gabe, abwarten zu können, den Überblick zu behalten. Gerade sein Gewehr-

bei-Fuß-Stehen in den Monaten von der Dessauer Schlacht bis zu seinem Aufbruch nach Schlesien weist ihn als überlegenen Staatsmann aus. Wenn Mansfeld auf brandenburgischem Gebiet sein Heer neu formiert, dann hat Kurfürst Georg Wilhelm mit dem Rechtfertigungsproblem gegenüber dem Kaiser noch bemühter fertig zu werden, als schon bisher. Brandenburg hatte sich 1623 geweigert, die bayerische Kur anzuerkennen; der Kurfürst hatte geduldet, daß Mansfeld vor dem Zug zur Dessauer Brücke seine Truppen in der Altmark, also auf brandenburgischem Gebiet, versammelte, er sträubte sich auch nicht, als dänische Truppen unter Herzog Johann Ernst von Weimar und General Fuchss dort Quartier nahmen.
Daß Georg Wilhelm vor allem die Anwesenheit Mansfelds, des Vogelfreien, akzeptiert, verschafft dem Kaiser politische Pluspunkte, die bald genug ins Spiel kommen. In der Tat treffen in Wien kurze Zeit später die ersten Nachrichten von brandenburgischen Annäherungsversuchen ein, die nichts weiter als Zeugnisse eines peinlichen Eiertanzes sind; Brandenburg bemüht sich zunächst, mit Sachsen wieder Kontakt zu bekommen, und zwar ist Georg Wilhelm jetzt bereit, seine Meinung über den bayerischen Kurhut zu revidieren. Daß Wallenstein die Niederlage Mansfelds an der Elbbrücke auf sich beruhen läßt und ihn nur bis zu den Grenzen der Altmark verfolgt, daß er mit keinem einzigen Soldatenstiefel brandenburgisches Gebiet berührt, ist der Entschluß eines Staatsmannes.
Der Kurfürst von Brandenburg ist schon vor der Dessauer Schlacht dem Kaiser gegenüber in einer schlechten Position. Nach der Schlacht kann Wallenstein kategorisch fordern, Wien möge noch einmal sofort dem Kurfürsten den Wunsch nach dem Abzug Mansfelds vortragen. Da er aber weiß, was von Georg Wilhelm zu erwarten ist, schreibt er dem Kurfürsten einen energischen Brief, der mit der liebevollen Wendung endet: »Wie uns nun Euer Liebden gegen die Römische Majestät tragende getreue Affektion bekannt ist, und Sie auch den Wohlstand in dem Römischen Reich zu befördern begehren: also wollen wir in keinen Zweifel setzen, da der Mansfelder sich wiederum recolligieren möchte, Euer Liebden werden ihm in Dero Ländern solches nicht gestatten, dieweil Euer Liebden gar wohl bekannt ist, daß man den Feind, wo er ist, suchen muß, dardurch Euer Liebden den Sedem belli in Dero Land ziehen täten. Was nun für Unheil dardurch Dero Land und Leuten geschehen müßte, können Sie selbst hochverständig erachten.«
Der Kurfürst beeilt sich jetzt zu allen Treueversicherungen, die ihm notwendig erscheinen. Wallenstein nimmt sie als das hin, was sie wirklich sind, macht aber das Wechselspiel des Traktierens mit; der Erfolg stellt sich bald ein. Wallenstein berichtet am 3. Juni nach Wien: »Der Kurfürst hat

itzt seinen Gesandten bei mir gehabt, er zeigt große Konfidenz, begehrt Versicherung von mir, wenn der Feind aus seinen Plätzen abziehen wird, daß ich sie nicht okkupier. Ich bewillig's, aber er soll ihn nur bald abziehen machen, denn sobald die foragi reif werden, so will ich den Feind suchen, wo ich ihn finden kann. Heut hab ich mir mit dem Gesandten einen Rausch gesoffen.«

Wallenstein kann dieses äußerlich gute Einvernehmen nur recht sein. Brandenburg-Preußen hat, gerade wegen der Schwäche und Unsicherheit des Kurfürsten, eine Hebelstellung in diesem Krieg. Wallenstein ist einer der wenigen deutschen Fürsten, die niemals das Faktum Gustav Adolf vergessen, zumindest nicht seit dessen abenteuerlichem Inkognitoritt durch das Reich 1619, von dem er die Markgräfin Marie Eleonore von Brandenburg-Preußen – die Schwester des Kurfürsten – als seine Frau mit nach Schweden brachte; und er vergißt auch in diesem Frühjahr nicht, daß eine andere Schwester Georg Wilhelms, die Markgräfin Katharina, von Bethlen Gabor geheiratet wurde.

Wallenstein kennt den Druck, den Gustav Adolf auf seinen calvinistischen Schwager ausübt, er denkt schon zu einer Zeit an die schwedische Intervention, da andere das als Hirngespinst verlachen. Gerade diese Sorge, die er ein Jahr später in den prophetischen Satz kleidet: »In den Schweden werden wir einen schlimmeren Feind finden als in den Türken«, läßt ihn an den Dessauer Schanzen stehen und scheinbar untätig, tatsächlich aber innerlich zum Springen gespannt, die Mansfeldsche Militär-Rekonvaleszenz beobachten.

Genauso recht ist aber Wallenstein auch das gute Verhältnis zu Johann Georg von Sachsen. Der Kurfürst hat sich, wie Pechmann nach seiner Rückkehr aus Dresden Wallenstein berichtet, bei der Nachricht vom Dessauer Sieg »höchlich darüber erfreut«, und der Herzog irrt sich nicht, wenn er die Stellung Johann Georgs in der momentanen Phase des Krieges mit der Bemerkung umreißt, »daß der Kurfürst von Sachsen mit uns halten wird, solange es uns wohl geht«.

Es geht der kaiserlichen Armee wohl. Wallenstein wird von dem Zug Mansfelds nicht überrascht. Seit Abbruch der Braunschweiger Gespräche geht es um nichts anderes. Allerdings muß die Frage offenbleiben, ob Wallenstein von vornherein damit gerechnet hat, daß er Mansfeld auch in Ungarn aufsuchen muß, und ob er das als selbstverständlich ansieht oder sich gegen bessere Einsicht dazu entschließt, genötigt vom Kaiser und vom Hofkriegsrat.

Die Tatsache selbst steht schon vor dem Feldzug fest. Der Kaiser unterstellt im Juli 1626 Wallenstein alle Truppen Habsburgs, gleichgültig, in welchen Ländern sie sich befinden, von Flandern bis in die Karpaten. Ferdinand II. ernennt den Herzog von Friedland Ende Juli zum Obristen-Feldhauptmann. Wallenstein ist damit der oberste und ausschließliche Kommandeur aller kaiserlichen Truppen.

Hätte Wallenstein den Abzug Mansfelds aus militärischen Gründen verhindern sollen? Der Herzog hat in allen feindlichen Quartieren und Zentren seine Kundschafter sitzen, er ist genau darüber informiert, wann Mansfeld aufbricht. Er hätte ihm zuvorkommen können, die Genehmigung, durch sächsisches Gebiet nach Schlesien zu ziehen, war vorhanden. Geht man freilich vom Ergebnis aus, dann ist das Abwarten Wallensteins identisch mit dem Todesurteil für Mansfeld. Der Graf entfernt sich auf seinem Zug durch Schlesien und Mähren von allen Nachschubmöglichkeiten und Verbindungswegen, er bricht die Brücken in die Niederlande, nach Dänemark, nach England ab, er legt sich damit selbst die Schlinge um den Hals.

Gerade dadurch, daß Wallenstein dem Gegner scheinbar die Initiative überläßt, behält er sie de facto für sich. Mansfeld soll ruhig versuchen, sich in Ungarn mit Bethlen zu vereinigen, Wallenstein kann sie dort beide auf einmal schlagen, die Vernichtung Mansfelds und die Verteidigung Habsburgs im Südosten wären ein und dieselbe Sache, die Entscheidung, wann er angreift, kann der kaiserliche Feldherr frei fällen. Und während Mansfeld sich von allen Stützbasen entfernt, haben Wallensteins Regimenter, die er unter dem Befehl des Herzogs Georg von Lüneburg und Aldringens in den Quartieren im Reich zurückläßt, nicht nur die Aufgabe, Tilly zu stärken gegenüber dem Dänenkönig, sondern auch die Kontributionen weiter zu erheben.

Als hätte Mansfeld – der »proskribierte Ächter«, wie er gewöhnlich in kaiserlichen Schreiben tituliert wird – plötzlich begriffen, daß sein letzter Fehler auch sein größter ist, unterbricht er mitten in Mähren den Marsch. Er hat den abenteuerlichen, fast abenteuerlich vernünftigen Einfall, nicht mehr dem Fürsten von Siebenbürgen entgegenzuziehen. Er will die Richtung ändern, nach Westen schwenken, durch Böhmen und dann quer durch Süddeutschland in das Elsaß. Es sieht aus, als möchte er verzweifelt ein Steuer herumreißen.

Man kann dieses Projekt mit allen möglichen Spekulationen befrachten, viel Sinn bekommt man nicht hinein, es sei denn allegorischen. Strebt Mansfeld noch einmal in das Gebiet, mit dem sich vor ein paar Jahren seine stärksten Hoffnungen auf ein selbständiges, eigenes Fürstentum verknüpft haben? Will er die letzte Ausweichmöglichkeit nicht vorbeilassen, die er gegenüber Wallenstein hat? Mansfeld stößt auf schroffe Ablehnung, Herzog Johann Ernst von Weimar will den Vorschlag Mansfelds kaum besprechen. Mansfeld ruft einen Kriegsrat zusammen, die rangnächsten Offiziere äußern sich ebenfalls negativ. Mansfeld gibt nach. Das Heer steht östlich von Olmütz, bei Leipnik; es ist über den Jablunkapaß nach Mähren vorgedrungen. Mansfeld gibt den Befehl, an der Betschwa entlang weiter nach Süden zu marschieren.

Pechmanns Reiter sind ihm schon seit vielen Tagen ununterbrochen auf den Fersen, in der letzten Zeit steigern sich ihre Attacken. Vor Leipnik überfällt Pechmann den Zug an einer ungeschützten Stelle, Mansfeld verliert mehr als einhundert Mann. In Prerau trifft der Graf Anfang September ein – praktisch zur gleichen Zeit wie Wallenstein. Der Graf ist drei Wochen vor dem Herzog aufgebrochen, Wallenstein dagegen braucht für diese Route von Zerbst bis nach Mittelmähren rund einen Monat. Sein Marschtempo ist wesentlich schneller als Mansfelds, sein Heer erheblich größer, also auch weit schwerfälliger. Man hat schon damals Wallenstein vorgeworfen, er hätte sich reichlich Zeit gelassen bei der Verfolgung. Sein Heer bringt in dreißig Tagen mehr als 800 Kilometer hinter sich, er schreibt von unterwegs an Harrach: »Ich versichere ihn, daß keine Armee nie so stark marschiert hat als diese.«

Für die damalige Zeit ist Wallensteins Marschgeschwindigkeit tatsächlich einmalig gewesen. Im Dreißigjährigen Krieg gilt als Regel für den Marsch ein Tagesdurchschnitt von 15 bis 20 Kilometern; jeder dritte Tag ist ein Ruhetag. Danach hätte der Herzog nur 20 Tage als reine Marschzeit gehabt und wäre auf eine Tagesleistung von 40 Kilometern gekommen. Sowohl Mansfeld als auch Wallenstein vollbringen bei diesem abenteuerlichen Zug erstaunliche Leistungen an Schnelligkeit – auf Kosten ihrer Soldaten, des Zustands ihrer Armee.

Dabei hält Wallenstein unverändert auf strengste Disziplin, auch und gerade in Schlesien, dessen Bevölkerung Mansfelds Zug mehr als zuvorkommend unterstützt hat. Wallenstein ist empört über den erbärmlichen Verteidigungszustand der Garnisonen, er bittet Harrach noch einmal, zu veranlassen, daß wenigstens das allgemeine Landesaufgebot Schlesiens bestellt wird: »Mein Herr glaubt nicht, wie ganz und gar in keiner Verfassung sie dahie sind und wie übel intentioniert das Land ist.« In Bunzlau werden auf Befehl Wallensteins sechs Soldaten – drei Deutsche, drei Kroaten – wegen Plünderung und Kirchenschändung gehenkt. Die Strenge nützt nicht viel. Einen Tag, nachdem Wallenstein mit dem Gros die Stadt verlassen hat, zieht das Regiment Merode durch Bunzlau; die Wallonen des Obristen hausen so schlimm, wie es schlimmer nicht geht, die Soldaten sind demoralisiert bis zur Selbstvernichtung, die meisten schleppen die Pest mit sich – hier wird der Keim gelegt zu der traurigen Berühmtheit des »Ordens der Merodebrüder«, von dem Grimmelshausen erzählt und der Identifizierung des persönlich korrekten Obristen Johann Merode mit dem alten Landsknechtswort »maraud«.

Mansfeld ist kaum in Prerau, da taucht Wallenstein in Olmütz auf. Seine Position ist so, daß dem Grafen jetzt gar nichts anderes mehr als der Weg nach Ungarn übrigzubleiben scheint. Die Heerstraße über Olmütz nach Böhmen ist ihm jetzt versperrt. Mansfeld macht noch einmal einen Versuch, so sieht es jedenfalls aus, er weicht nicht nach Südosten zu den Weißen Karpaten, sondern bleibt an der Betschwa und March und zieht nach Kremsier. Auch hier macht Wallenstein einen Strich durch die Rechnung, in einem Gewaltmarsch bringt er binnen einem Tag mit seiner Vorhut die Strecke von Olmütz nach Kremsier hinter sich, er verriegelt damit das letzte Tor nach Böhmen, er zwingt Mansfeld nach Süden, in die oberungarische Tiefebene. Mansfeld gibt Kremsier sofort wieder auf; ein Tag länger, und das Gros der Kaiserlichen würde eintreffen und ihn stellen.

Er schlägt die Richtung über Ungarisch-Brod zu den Weißen Karpaten ein, seine Truppen passieren das Gebirge auf einem versteckten Pfad, am 8. September überquert Mansfeld bei Trentschin die Waag; damit ist er in Sicherheit. Einer »Konjunktion« mit Bethlen steht jetzt nichts mehr im Weg.

Wallenstein zieht lakonisch das Fazit: »Ich muß mich nun gefaßt machen, mit dem Bethlen und Mansfelder zugleich zu raufen.«

XV
Blitzkrieg unter kaiserlichen Fahnen (1627)

Seit Wochen muß die Armee Wallensteins mit einem Soldrückstand fertig werden, für den Wien verantwortlich ist. Es sind nicht mehr als 100 000 Taler. Die Hofburg hat Wallenstein dieses Geld zugesichert, aber sie zahlt nicht. Die Forderung gehört zu den Verpflichtungen, die Kaiser und Hofkriegsrat übernommen haben, Wallenstein pocht darauf: »Vor allen Sachen aber bitt ich wegen der 100 000 Reichstaler, denn hab ich die nicht, so sei man versichert, daß dies Kriegsvolk nicht allein, wenn's darzu kommt, nicht fechten wird, sondern daß sie gewiß meutern werden und vielleicht viel böse Buben – was ärger ist – möchten zum Feind fallen, denn es ist eine Sach, die gar zu gebräuchlich ist worden zu unsern Zeiten.« Die einzige Reaktion Wiens ist die Empfehlung, die Summe einfach von den Hansestädten zu erheben, wobei es Wallenstein überlassen bleibt, diesen Schreibtischrat in die Praxis umzusetzen.
Was er freilich in und mit Wien nicht machen kann, das führt er in seinem Herzogtum durch. Während des Gewaltmarsches durch Schlesien schreibt er Taxis nach Jitschin, er soll alle rückständigen Zahlungen schonungslos eintreiben, von jedem, auch von seinen eigenen Verwandten: »Laßt mich und euch nicht mehr bei der Nase führen. Meine Vettern, seht, wie ihr sie nach Jitschin bekommt, welche ihr solange arrestiert, bis sie zahlen. Und solches braucht mit allen, wollt ihr anders die Verantwortung nicht auf euch nehmen – schenkt's keinem nicht!«

Genauso schlecht steht es mit dem Proviant. Als Wien unabsehbar lange mit den Getreidelieferungen auf sich warten läßt, bestellt Wallenstein 31 000 Sack Gerste und Weizen bei Taxis aus Friedland. Sobald die ersten 16 000 Sack bei ihm eingetroffen sind, gibt Wallenstein seinem Landeshauptmann neue Aufträge: »Die folgenden Angelegenheiten bitte ich euch incontinenti auszuführen: Zum ersten gebt das Geld meinem Vetter wegen der Kroaten, es wird etwa 24 000 Gulden betreffen. Zum andern die 17 000 Strich Korn, seht, daß Herr Michna sie bald empfängt, auf daß sie noch diesen Monat dahier sein können. Zum dritten reist auf Prag und zahlt dem Hans de Witte 2000 Zentner Pulver. Übergebt sie dem Herrn Michna, auf daß sie auch incontinenti auf dem Wasser hierher geschickt werden; ebenso alle Lunten, die ihr habt, und laßt ihrer bis auf 3000 Zentner machen. Laßt auch zehntausend Paar Schuhe machen für die Kriegsknechte, auf daß ich sie nachher auf die Regimenter kann austeilen. Laßt sie in meinen Städten und Märkten machen und zahlt sie bar aus, was sie wert sind. Die Schuhe, daß allezeit ein jedes Paar fleißig zusammengebunden wird, auf daß man wisse, welche zusammengehören. Laßt auch derweilen Leder präparieren,

denn ich werde lassen auch ein paar tausend Stiefel fertig machen. Laßt auch Tuch fertig haben; vielleicht wird man auch Kleider bedürfen.«
Wallenstein kann aber nicht für alles sorgen, er kann den Krieg nicht als Privatmann führen, wie er schon vor der Übernahme des Generalats versichert hat. Für den Zug des Heeres durch Schlesien sind von Wien keine Vorkehrungen getroffen worden, auch in Mähren ist nichts bereitgestellt, die Vorratshäuser und Depots sind leer, die Kavallerie hat keine Fourage. Von unterwegs verlangt er dringend in Wien, daß wenigstens in Ungarn für die Armee Vorräte bereitgestellt werden, der Palatin soll dafür sorgen, »sonst müßte ich wieder zurückziehen«. Falls auch in Ungarn kein Proviant vorhanden ist, »so ist die Armee in acht Tagen konsumiert«.
Sein erschöpftes, dezimiertes Heer trifft in Ungarn ein, es findet »kein Laibel Brot«. Am 6. September schreibt er wütend: »Ich hab das Meinige getan, mehr kann ich nicht tun, sondern bitt mein Herrn ganz dienstlich, er woll Ihrer Majestät sagen, daß es mir unmöglich ist, eine allgemeine Meuterei zu verhüten, ich hab zeitlich und oft genug deswegen avisiert, bitt derowegen nochmals um Remedierung.«
Wallenstein gibt selbst an, daß in Ungarn nur noch 8000 Mann zu Fuß einsatzfähig sind. Abgesehen von den Reitern, hat er unterwegs mehr als 3000 Mann eingebüßt durch Krankheit, Erschöpfung, Hunger. Ein Gutteil muß er als Schutz in den wichtigsten Städten Mährens zurücklassen. Auch das wäre nicht nötig gewesen. Wallenstein hat den Statthalter Dietrichstein schon vor Monaten darauf aufmerksam gemacht, daß sich ein Land nur durch starke Garnisonen und Befestigungen vor Plünderungen schützen kann; wenn der Kaiser keine Truppen schicke, müßte das Landesaufgebot in die Bresche springen. Nichts davon ist geschehen. Als durch ein Versehen die Besatzungen dreier Städte abziehen, beschwert sich Dietrichstein entsetzt in Wien. Wallenstein kann es sich nicht verkneifen, nach Wien zu schreiben: »Der Kardinal von Dietrichstein, er tue mir nicht vor Furcht in die Hosen, denn ich hab das Präsidium alsbald wieder nach Mähren, nach Hradisch und die anderen Orte geschickt.«

Der Herzog gibt dem Heer einige Tage Ruhe, er muß vor allem für geregelte Verpflegung sorgen. Bethlen ist erst im Anrücken, am 13. September nimmt er aus Debreczen Kontakt mit Mansfeld und dem Herzog von Weimar auf, die im Neutragebirge sein Eintreffen in Oberungarn abwarten. Bethlens Heer ist nicht stark, er kommandiert 12 000 Reiter; gleichzeitig ziehen aber dieselbe Anzahl Türken von Ofen nach Norden.
Bethlen ist diesmal auf türkische Hilfe besonders angewiesen, er hat zwar den

Zuzug Mansfelds erwartet und begrüßt, nicht aber für den Preis, daß Mansfeld auch die kaiserlichen Regimenter hinter sich herzieht und ins Feld bringt. Da wäre es ihm weit lieber gewesen, wenn Mansfeld überhaupt nicht gekommen wäre. Bethlen überquert die Theiß und stößt zwischen den Bergen bei Miskolcz nach Westen vor, Murteza Pascha erreicht inzwischen die Festung Neograd, schließt sie ein und beginnt mit der Belagerung.
Wallenstein setzt mit seinem Heer am 18. September über die Waag und marschiert nach Neutra. Von dort will er mit seiner Kavallerie und 2000 berittenen Musketieren nach Neograd und die Belagerung durchbrechen. Am 6. September hat Wallenstein noch damit gerechnet, »mit dem Bethlen und Mansfelder zugleich zu raufen«. Jetzt sieht er die Chance, Bethlen Gabor noch vor seiner Vereinigung mit Mansfeld zu schlagen. Als er jedoch mit seiner Armee vor Neograd erscheint, sind die Türken schon abgezogen; die erste Meldung vom Anmarsch des kaiserlichen Heeres hat ihnen genügt.
Wallenstein folgt den Türken, die sofort zum Gros des Bethlenschen Heeres zurückgestoßen sind. Am 30. September treffen beide Armeen an der Eipel nördlich von Neograd aufeinander. Bethlen will allerdings den Krieg nicht so konsequent führen, wie er sich jetzt zu entwickeln scheint. Kaum stehen die Heere einander gegenüber, bietet der Fürst dem ungarischen Palatin Esterházy, der mit einer kleinen Truppenzahl bei Wallensteins Heer ist, dringend Waffenstillstandsverhandlungen an, um »das fernere Vergießen christlichen Blutes zu verhüten«. Wallenstein weigert sich; darauf bittet Bethlen zumindest für die Dauer der Nacht um Waffenruhe; Esterházy unterstützt das Gesuch, Wallenstein willigt schließlich ein.
Die ganze Nacht hindurch können die kaiserlichen Wachen die Lagerfeuer der Siebenbürger und Türken beobachten. Im Morgengrauen müssen sie feststellen, daß sie zum Narren gehalten worden sind. Murteza Paschas und Bethlens Reiter sind ohne Aufenthalt die Nacht hindurch nach Osten zurückgeritten bis Széchény, sie sind auf keine folgenschwere Schlacht aus, sie lassen, um diesem Risiko zu entgehen, sogar einen Teil der Bagage und des Proviants zurück.
Wallenstein verzichtet darauf, ihnen nachzusetzen, tiefer nach Ungarn vorzustoßen. Er würde sie mit seinen Fußtruppen ohnedies nicht einholen, außerdem ist die Verpflegungslage zu ungesichert, und schließlich ist er auch fest davon überzeugt, daß sich Bethlen Gabor auf gar keine Schlacht einlassen wird, ob hier oder hundert Meilen weiter östlich. Bethlen hat noch niemals eine offene Feldschlacht geschlagen, er riskiert sie auch bis ans Ende seiner ganzen Laufbahn nicht, seine leichte Reiterei verlangt eine andere Art der Kampfführung.

Wallenstein befiehlt den Rückmarsch nach Neutra und von dort nach Tyrnau. Der ungarische Feldzug tritt damit in sein Endstadium, denn Bethlen, die Türken, Mansfeld, aber auch Wallenstein begnügen sich mit Truppenverschiebungen, mit Besetzung und Räumung befestigter Orte, vor allem aber damit, ihre Truppen und ihre Pferde vor dem Verhungern zu retten. Am 10. Oktober bittet Bethlen den Kaiser, mit den Friedensgesprächen zu beginnen.

Die Regimenter Wallensteins haben schon auf dem Rückmarsch nach Neuhäusel kein Brot mehr gehabt, ihre einzige Nahrung sind jetzt unreife Feldfrüchte, es kommt zu ruhrähnlichen Epidemien, dazu bricht wieder die ungarische Krankheit aus. In Bethlens Heer steht es nicht besser. Der Fürst bietet dem Palatin und Wallenstein am 13. Oktober noch einmal einen Waffenstillstand an. Wallenstein befürwortet jetzt in Wien das Angebot, er hat in den letzten beiden Wochen durch Krankheiten und Hunger ein Viertel der Armee eingebüßt; zu dieser Jahreszeit läßt sich mit dem geschwächten Heer ohnedies nichts mehr unternehmen. Seit ihrer Ankunft im ungarischen Raum sind Wallensteins Truppen auf die Hälfte zusammengeschmolzen, nur ein Bruchteil davon ist in Kämpfen gefallen.

Das aber sind nicht die wesentlichsten Gründe. Wallenstein sieht nach wie vor jeden ungarischen Feldzug als sinnloses Abenteuer an, solange die Macht des Kaisers im Reich nicht gesichert und fest verankert ist. Im Reich mußte sie ihre Basis und ihr Zentrum haben. Erst dann war an eine politische Neuordnung des Ostens zu denken. Um dieser Sicherung willen mußte mit Bethlen Frieden geschlossen werden; zu welchen Bedingungen, das war zweitrangig.

Auch für Mansfeld und den Herzog von Weimar ist damit das ungarische Abenteuer zu Ende. Bethlen drängt den Grafen, sein Heer in Ungarn bei ihm zurückzulassen und sich zum Mittelmeer durchzuschlagen. Mansfeld entschließt sich, seine Truppen gegen eine Abfindung in den Dienst Bethlens überzuführen: ein Projekt, das noch einmal die wochenlangen Auseinandersetzungen mit Johann Ernst aufflammen läßt, denn der Herzog betrachtet diesen Handel als Fahnenflucht.

Mansfeld, erschöpft, ausgemergelt, krank, will versuchen, nach Venedig zu kommen und dort bis zum Frühling ein neues Heer zusammenzubringen, mit dem er von der dalmatinischen Küste aus den Krieg gegen Habsburg wiederaufnehmen kann. Am 5. November bricht er von Gran auf, zusammen mit sechzig Offizieren und Soldaten. Mansfeld ist erst 46 Jahre alt, das bedeutet auch für die damalige Zeit noch nicht viel. Allerdings ist er in der letzten Zeit von Asthma und Herzattacken geschwächt worden, er ist über

die Jahre hinaus verfallen. Mansfeld kann sich nicht mehr allein im Sattel halten, er fährt in einem Wagen, seine kleine, verkrümmte Gestalt ist jetzt noch kleiner.
Der Zug kommt in die Nähe Sarajewos. In Rakovica, einem kleinen Dorf, wird haltgemacht. Mansfeld verträgt die Fahrt nicht mehr, er ist am Ende, und der bis jetzt rücksichtsloseste Feind der katholischen Majestät läßt einen katholischen Priester auftreiben, er will vor seinem Tod wieder zum alten Glauben zurück, er beichtet, der Priester erteilt ihm Absolution. Auch Mansfeld, so scheint es, bleibt die mit den Jahren zunehmende Erleuchtung – eine der unangenehmsten Altersbeschwerden – nicht erspart.
Seinen Abschied inszeniert er als ein Schauspiel, bei dem nur er und die Nachwelt Zuschauer sind. Er läßt sich am Abend in sein prächtigstes Gewand kleiden, darüber wird der Küraß angelegt, zwei Soldaten seiner Leibwache müssen ihn unter den Achseln halten. Sie haben sein Schwert vor ihn in die Diele der Bauernstube gespießt, er umklammert den Griff, Mansfeld will nicht liegend aus dieser Welt, und so stirbt er, gewaffnet, stehend, in der Nacht zum 30. November 1626.

Johann Ernst von Weimar bittet den Fürsten von Siebenbürgen, bei den Friedensverhandlungen wenigstens die Garantie herauszuschlagen, daß er seine Truppen ungehindert zum dänischen König zurückbringen kann. Am 20. Dezember wird der Friede von Preßburg geschlossen, im wesentlichen auf der Basis des erneuerten Nikolsburger Friedens, allerdings mit einigen Abänderungen zuungunsten Bethlens, sie schmerzen ihn empfindlich; von allen Friedensschlüssen, die Bethlen unterzeichnet hat, ist dieser Vertrag der schlechteste. Den Soldaten des Herzogs von Weimar wird gestattet, in kleinen Gruppen durch Mähren und Schlesien ins Reich zurückzuziehen. Der Herzog selbst kann sie allerdings nicht mehr führen, auch ihm haben die Strapazen dieses seltsamen Feldzugs stärker zugesetzt, als es seine Konstitution verträgt. Zwei Wochen lang kämpft er mit der ungarischen Krankheit, dann stirbt er, am 14. Dezember 1626, 33 Jahre alt.
Wallenstein bricht einen Tag zuvor mit den Resten seiner abgewirtschafteten Armee nach Mähren auf, in die Winterquartiere. Sein Abschied ist böse: »Diese Armee denk man nicht, daß sie noch einmal nach Ungarn wird zu bringen sein, denn dies Schelmenland ist nicht wert, daß so viel ehrliche Leut malamente dahie aus Not haben sterben müssen.« Selbst dieser Aufbruch ist zu spät angesetzt, denn innerhalb der nächsten beiden Wochen erfrieren ihm noch 200 Mann, erst dann hat das Heer endlich die festen Unterkünfte bezogen. Wallenstein hält den Preis, den die Armee gezahlt hat, für

weit höher, aber auch für weit sinnloser, als wenn diese Verluste in einer Schlacht eingetreten wären. Der ungarische Krieg ist ohne große Treffen beendet worden, für die nächste Zeit besteht keine Gefahr, daß Bethlen wieder zu den Waffen greift.

Allerdings, unter den bisherigen Voraussetzungen ist Wallenstein nicht mehr bereit, den Oberbefehl über das Heer beizubehalten. Auf dem Weg durch Schlesien, aus Sagan, schreibt er schon am 18. August seinem Schwiegervater, als er noch einmal wegen des rückständigen Soldes mahnt: »Ich versicher meinem Herrn, daß ich nicht weiß, was ich anfangen soll, in Summa ich sehe, daß kein Unterschied ist zwischen denen, so wohl oder übel dienen. Gott behüte mich, daß ich in solchem Labyrinth weiter kontinuieren sollte.« Als ihn sein Vetter Maximilian Waldstein im ungarischen Feldlager besucht, kehrt er nach Wien mit der Nachricht zurück, daß »der Fürst von Friedland resolutissimus, sobald die Armee die Winterquartiere bezogen habe, ohne weiteres endgültig seine Feldherrnstelle niederzulegen, sich nach Prag zu begeben und von diesem Entschlusse auf keinen Fall abzubringen sein werde«.

In Wien befinden sich genügend Leute, die jeden seiner Schritte mißbilligen, gleich was er unternimmt. Besonders schlimm steht es damit, seit Collalto wieder dem Hofkriegsrat präsidiert. Wallensteins gute Freundschaft mit ihm ist wegen einer Lappalie zu Bruch gegangen. Zu Beginn des Jahres hatte die Herzogin Anna Sophie von Braunschweig den Feldherrn um den Geleitbrief für einen Warenzug gebeten. Wallenstein fertigte das Permit sofort aus, unterwegs wurde der Transport jedoch von einem Oberstleutnant des Regiments Collalto überfallen und beraubt. Als Wallenstein davon erfuhr, befahl er, alle Sachen ohne Ausnahme auf der Stelle zurückzugeben, er würde den Oberstleutnant sonst um einen Kopf kürzer machen lassen. Collalto fühlte sich in seinen Kompetenzen verletzt: Wallenstein hätte sich zuerst an ihn wenden müssen, schließlich sei er der Chef des Regiments. Wallenstein beharrte auf seinem Befehl, das geraubte Gut ging zurück, der Oberstleutnant wurde abgelöst.

Collalto ließ sich zunächst nichts anmerken; er trauerte nur dem Raubgut nach, es handelte sich vor allem um zwanzig Fässer Wein. Einen Monat später teilte er plötzlich Wallenstein aus Halle mit, daß er sich von der Armee trenne und wieder nach Wien gehe. Collalto hatte den Kaiser am 31. Januar um seine Entlassung gebeten und reiste ab, ohne eine Antwort Ferdinands abzuwarten.

Wallenstein war wie vor den Kopf geschlagen, er fühlte sich genauso brüskiert wie der Kaiser und reagierte so, wie nur ein enttäuschter Freund reagieren kann: »Ich hab mich jederzeit beflissen, Ihrer Majestät aufrecht und ehrlich zu dienen und mit meinen guten Freunden die Freundschaft ehrbar und aufrichtig zu manutenieren, aber hätte mich eher alles andere in der Welt versehen, als daß sich der Graf Collalto sollte in einer Sach, in welcher ich ihm vermeint hab, Satisfaktion zu geben, disgustieren. Denn ich nehme Gott zum Zeugen, daß mir in meine Gedanken nie gekommen ist, ihn im wenigsten zu offendieren, und ein jeder, so es hören wird, was für Ursach er genommen hat, wird sagen, daß das keine Ursach ist; wie auch der Herr General Tilly und alle also sagen. Hat nun der Graf, wie er sagt, können einen Monat damit umgehen und mir die besten Worte geben, so behüte mich Gott, ferner mit dem zu traktieren, welcher so dissimulato ist und nach langer Zeit also praecipitoso ausbricht. Denn wenn ich vermeinte, daß er mein bester und vertraulichster Freund, so wäre er mein ärgster Feind, daher ich denn nicht mehr mit ihm zusammenstimmen kann. Der Graf, wenn er nach Hof wird kommen, wird allerlei Intrigi mir machen wollen, dieweil er Kriegsrats-Präsident ist. Aber merk ich's, so werde ich auch gleich meine Lizenz begehren, denn er muß nicht denken, daß ich mich durch ihn werde strapazieren lassen. Ich kann's meinem Herrn mit Gott bezeugen, daß der Graf sich ohne Ursach disgustiert hat, denn ich habe nie einen Menschen mit größerer Courtoisie traktiert als ihn – aber es ist ihm um die zwanzig Faß Wein zu tun gewesen, mir aber um die Parola, hätt ich nicht wollen selbst despektiert werden.«

Die Versöhnung kommt nur äußerlich zustande, Marradas übernimmt Collaltos Marschallposten bei der Armee. Der Graf rückt bald wieder in die Präsidentenstelle des Kriegsrats ein, Wallenstein dringt ausdrücklich bei Harrach darauf, daß Collalto gebührend befördert werde, damit ihm der Stachel der Nebenbuhlerschaft und des verletzten Ehrgeizes wenigstens relativ genommen wird. Trotzdem bleibt Wallensteins Mißtrauen immer wach, so bieder sich Collalto auch gibt, zumal der Feldherr auch weiß, wie lebhaft und intim der Briefwechsel zwischen Aldringen und Collalto die ganze Zeit über ist und bleibt.

Wallenstein gewinnt niemals ein ausgeglichenes Verhältnis zu der teils bewundernden, teils feindlichen Stimmung am Wiener Hof; er versucht trotz seiner Empfindlichkeit das Gerede nicht allzu schwer zu nehmen, spricht von dem obligaten »Mäulerwetzen«, das »einem jeden geschieht, der eine Armada kommandiert«. Während des ungarischen Krieges aber wird ihm klar, daß es gar nicht auf die »Vielschwätzer« in Wien ankommt, sondern daß die bisherige Art der Zusammenarbeit mit dem Hofkriegsrat und dem Kaiser keine ausreichende Basis für eine zweckmäßige Heeresführung bildet. Des-

halb bleibt er dabei, er bekräftigt seinen Entschluß, das Kommando niederzulegen.
Karl von Harrach versucht ihn zu beschwichtigen. Wallenstein setzt ihm noch einmal seine Gründe auseinander, er schreibt ihm am 5. November aus dem Feldlager: »Hab auch meines Herrn treuherzige Abmachung, daß ich das Generalat aus vielen Ursachen nicht renunzieren sollte, vernommen. Kann aber meinem Herrn in der Wahrheit sagen, daß mein propositum zu mutieren nicht möglich ist, denn täte ich, was man bei Hof will, so hab ich dem Kaiser den exercitum und die Länder verloren. Täte ich aber, was ich vermeine, daß ragon ist, so müßte ich mich verlieren. Daß aber nach meinem Abzug meine Feind Campo haben werden, mir zu schaden – solches werde ich müssen Gott befehlen. Um den Kaiser und das Haus von Österreich hab ich viel ein anderes verdient, will aber meine merita nicht exaggerieren. Dies tröste ich mich allein, daß kein Mensch in der Welt anders sagen kann, als daß ich jederzeit treulich, ehrbar und nützlich dem Kaiser gedient hab, und wenn ich Gott genauso gedient hätte, so wäre ich gewiß der vornehmste Heilige im Himmel. Kann ich Ihrer Majestät mit meinem Gutachten dienen, wie dies Werk sollte geführt werden, so will ich solches so treulich und ehrbar tun, als wenn ich selbst diesem Werk assistierte, aber diesen Carico kann ich je nicht behalten.«
Harrach bittet ihn, das letzte Wort bis zu einer mündlichen Unterredung aufzuschieben, Krankheit des alten Herrn verschiebt den Termin, die Zusammenkunft findet endlich am 25. und 26. November 1626 in Bruck an der Leitha statt, auf dem Harrachschen Familiengut, vierzig Kilometer südöstlich von Wien. Wallenstein entfernt sich für diese Tage vom Heer. Harrach wird von dem Fürsten Eggenberg nach Bruck begleitet.

Die Spannungen zwischen Wallenstein und Maximilian von Bayern sind schon zu spüren gewesen, als der kaiserliche Feldherr zum erstenmal den Fuß auf den Boden des Deutschen Reiches setzt. Die Versuche Maximilians, Wallenstein dem Oberbefehl Tillys zu unterstellen, hat der Generalissimus im Keim erdrückt, er hat den kaiserlichen Gesandten auch bei den Braunschweiger Verhandlungen den Vortritt gesichert. Den schärfsten Stoß versucht der Bayernfürst im Frühjahr 1626, als er einen seiner Räte nach Wien schickt und den Kaiser an sein Versprechen auf dem Ligatag 1623 erinnert, in einem »Notfall dem Cathollischen Bund mit 8000 Mann beyzuspringen«. Ein solcher Notfall läge jetzt vor, Christian von Dänemark sei »mit gannzer seiner Armada aufgeprochen und sey den Tilly anzegreiffen vorhabens«. Um diese enorme Gefahr abzuwenden, möge der Kaiser aus dem Heer Wallen-

steins je zwei Regimenter zu Fuß und zu Pferd, insgesamt also die fraglichen 8000 Mann, zu Tilly abkommandieren; es handelt sich um Wallensteins beste Regimenter, Maximilian führt sie namentlich auf.
Eine offizielle Antwort des Kaisers liegt nicht vor. Die Geheimen Räte Ferdinands erinnern allerdings München ausdrücklich daran, daß sich der Kaiser 1623 ausbedungen hätte, zu einer derartigen Hilfe nicht verpflichtet zu sein, wenn in seinen Erblanden Krieg herrsche oder er selbst eine eigene Armee unter Waffen habe. Beides ist der Fall. Die Hofburg informiert Wallenstein von Maximilians Forderung nicht einmal andeutungsweise, freilich wird der Herzog von seinen Agenten bald genug verständigt. Mitte Mai schreibt er an Harrach: »Ich höre, daß der Bayer des Tiefenbach, Wittenhorst und Collalto, wie auch des Herzogs von Sachsen-Lauenburg Regimenter begehrt hat. Ist kein Narr nicht drumb, aber ich wäre eine Bestia, wenn ich drein verwilligen täte. Nicht einen Augenblick wollte ich bleiben, denn ich bin gewohnt, dem Haus von Österreich zu dienen und nicht von der bayerischen Servitut mich strapazieren zu lassen.«
Der Zustand von Tillys Regimentern ist unter dem Durchschnitt. Ohne die Truppen, die ihm Wallenstein vor seinem Abmarsch nach Schlesien hinterließ, wäre er dem Dänenkönig gegenüber in einer schlechten Situation. Wallensteins Kontingente geben ihm wieder Handlungsfreiheit, sie sind den Regimentern Tillys an Kampfstärke und Schlagkraft weit überlegen. Der Ligageneral nützt das mit all seinem hohen Können aus. Die Schlacht von Lutter am Barenberge in Braunschweig am 27. August 1626, bei der Christian IV. eine seiner schlimmsten Niederlagen durch Tilly hinnehmen muß, wird von Wallensteins Kürassier-Regiment Desfours eingeleitet, der Hauptangriff der Dänen bricht sich an den beiden friedländischen Infanterie-Regimentern Colloredo und Cerboni, und der Ausgang der Schlacht wird im kritischen Moment ebenfalls durch die Desfours'schen Kürassiere zugunsten Tillys entschieden; insgesamt sind sechs Wallensteinsche Regimenter bei Lutter beteiligt. Der Dänenkönig verliert 8000 Mann und die ganze Artillerie im Feld, dazu geraten 2000 in Gefangenschaft.
Die Gespräche in Bruck finden also zu einem Zeitpunkt statt, an dem die Kriegssituation für Habsburg und die Liga so günstig ist wie schon seit Jahren nicht mehr. Im Reich haben sich die vereinigten Truppen glorios gegen Mansfeld und den Dänenkönig behauptet, aus den Wirren des südöstlichen Kriegsschauplatzes ist der Kaiser ebenfalls als Sieger hervorgegangen, ohne großen Waffenruhm, gewiß, aber Mansfelds Heer ist zersprengt, sein Führer tot, und Bethlen Gabor ist endgültig in sein Siebenbürger Fürstentum zurückgewichen.

Das Spiel der Gegner Wallensteins in Wien scheint jetzt besonders leicht zu sein, außerdem bleibt Wallenstein zu Beginn der Brucker Konferenz fest bei seinem Rücktrittsangebot. Seine letzten Vorschläge für die Winterquartiere der Truppen in Mähren und im südlichen Schlesien, vor allem der Südflanke entlang der böhmischen Grenze, sind in Wien nicht genehmigt worden, auch das hat seinen Entschluß gefestigt, unwiderruflich das Kommando niederzulegen.

Harrach versucht nochmals, Wallenstein umzustimmen. Der Rücktritt ist für Wallenstein zweifellos leichter als die Annahme seiner Demission in Wien. So günstig die Lage im Moment für Habsburg auch ist, so steht und fällt trotzdem immer noch – oder inzwischen – alles mit der Person des Herzogs von Friedland. Auch die Militärs in Wien können sich davon überzeugen, in welchem Zustand die Truppen sind, die in Ungarn Bethlen und den Türken die Stirn geboten haben, und sie können jetzt auch selbst beurteilen, welches Maß an Schuld und Versäumnis zu ihren Lasten geht. Vor allem aber liegen in den Wiener Kriegsämtern die genauen Unterlagen und Abrechnungen über all das, was Wallenstein aus seinem Privatvermögen und aus seinem Herzogtum zur Ausrüstung, Verpflegung, Besoldung der Armee beigesteuert hat. Wenn Wallenstein jetzt den Oberbefehl niederlegt, bricht das ganze kaiserliche Heer zusammen, es gibt auch keinen Mann in ganz Europa, der an die Stelle des friedländischen Herzogs treten könnte, weder den Fähigkeiten nach noch mit derselben ökonomischen Basis. Das weiß sogar Collalto, der Wallenstein das Feldherrnamt besonders hitzig neidet. Dazu kommt, daß die Kriegslage zwar günstig ist, daß aber Christian von Dänemark trotz der verlorenen Schlacht bei Lutter nicht entfernt daran denkt, schon aufzugeben, und daß man im Südosten Bethlen auch künftig nicht mehr trauen darf als bisher.

Karl von Harrach kommt nach Bruck mit allen Vollmachten des Kaisers, die nötig sind, um Wallenstein zum Bleiben zu bewegen. Mit Recht setzt man in Wien voraus, daß Wallenstein nur dann nicht demissioniert, wenn man ihm bestimmte Bedingungen erfüllt. Außer Harrach und Eggenberg sind in Bruck noch Harrachs ältester Sohn Ernst Adalbert – der Kardinal-Erzbischof von Prag – anwesend und dessen Beichtvater, der Kapuzinerpater Valeriano Magni.

Ein offizielles Aktenstück von der Brucker Konferenz gibt es nicht. Der mutmaßliche Inhalt der Gespräche ist in einem ausführlichen Bericht, italienisch abgefaßt, niedergelegt worden, und zwar anonym und ausdrücklich nur für Maximilian von Bayern bestimmt. Dieser Bericht ist nicht authen-

tisch, er ist aber auch nicht einfach falsch, das zeigen die folgenden Ereignisse und die neuen Vollmachten, die Wallenstein in Bruck erhält. Der Bericht teilt allerdings ausschließlich dasjenige aus den Brucker Gesprächen mit, was Wallenstein in der Sicht des Bayernfürsten und der Liga zu ihrem vornehmsten und größten Widersacher werden lassen muß.
Der Ausgangspunkt ist zunächst, daß Wallenstein den Feldherrnstab zurückgeben will. Die Abgesandten des Kaisers nehmen das schweigend hin. Wallenstein behält sich lediglich den Termin seines endgültigen Abschieds noch etwas vor, er will erst die Armee in die Winterquartiere führen; das sei er seinen Soldaten schuldig. Man ist damit einverstanden. Daran schließt Wallenstein eine ausführliche Rechtfertigung seiner bisherigen Kriegführung, und er bringt seine Argumente mit derjenigen Freizügigkeit des Ausdrucks, derjenigen Hemmungslosigkeit vor, die nun einmal zu seiner Gesprächsführung gehören, wenn er in großer Erregung ist.
Seine Rechtfertigung liefert aber auch schon die Begründung für den Entschluß des Kaisers, Wallensteins Entlassungsgesuch nicht nur nicht anzunehmen, sondern auch alle seine Forderungen, die er in Bruck als Bedingung für sein Bleiben auf den Tisch legt, zu akzeptieren. Selbst wenn man unterstellt, daß Wien überhaupt nicht in der Lage ist, alle Schulden, die für die Kriegsauslagen Wallensteins und seiner Offiziere inzwischen angelaufen sind, zu bezahlen, so ist die Geldfrage doch nicht entscheidend. Entscheidend ist vielmehr, ob der Kaiser das Politikum, in das sich Wallensteins Heer inzwischen unwiderruflich verwandelt hat, ob er diesen wirksamsten Trumpf gegenüber der Liga und Bayern aus der Hand geben will. Und eben das will der Kaiser nicht.
Deshalb schließt er sich mit den Stimmen seiner engsten und vertrautesten Ratgeber den Grundsätzen an, die Wallenstein für die weitere Kriegsführung aufstellt, Grundsätzen, die sich ihm ausschließlich aus den politischen Verhältnissen des Deutschen Reiches ergeben und die den Kaiser geradezu zwangsläufig zum tatsächlichen Herrn der Kurfürsten und Fürsten machen müssen, etwas, was bisher noch nie ein deutscher Kaiser effektiv erreicht hat.
Der Herzog entwickelt seine Gedanken über die künftige Führung des Krieges ausführlich und in aller Geschlossenheit, es ist ein großes politisch-strategisches Konzept, dessen Dimensionen die gewohnten Vorstellungen seiner Gesprächspartner vollständig über den Haufen werfen und das vor allem deshalb so beeindruckt, weil der Feldherr »mit seltener Klugheit seine Siege nicht vom Zufall abhängig machen wollte«, wie der Bericht feststellt. Wallenstein geht erstens von der Stärke, der Zahl und der Aktivität der Feinde aus, die gegen den Kaiser im Feld stehen, und zweitens von der finanziellen

Zwangslage des Hauses Habsburg und seiner Länder. Die Zahl der Gegner sei so groß, daß fast alle europäischen Fürsten zu ihnen gehörten, und diejenigen, die keine Feinde des Kaisers seien, wären selbst mit Kriegen beschäftigt; es handle sich durchaus nicht etwa um Freunde, sondern vor allem um Neutrale aus Verlegenheit, was sich besonders deutlich an einem Mann wie Gustav Adolf zeige, der vorerst durch Polen die Hände noch nicht frei habe. Was Wallenstein von der Bundesgenossenschaft Maximilians von Bayern denkt, behält er allerdings auch nicht für sich.

Nach wie vor sei der Kaiser zu arm, um aus eigenen Mitteln ein Heer zu bezahlen und zu unterhalten, seine Erblande seien so erschöpft, daß sie nicht einmal eine Einquartierung des ganzen Heeres über einen längeren Zeitraum hinweg allein tragen könnten. Deshalb müsse der Kaiser, so soll Wallenstein nach dem Bericht wörtlich betont haben – und das ist die Generalbedingung, die von der Hofburg akzeptiert werden muß, wenn Wallenstein den Oberbefehl beibehalten soll –, »seine Königreiche und Länder dadurch schützen, daß er den Krieg von ihnen fernhält, das Reich zu einem gerechten und vernünftigen Frieden zwingen und endlich ebenso dasselbe dahin bringen, daß es die Heere Ihrer Majestät so lange besoldet, bis der eine oder der andere Teil die Waffen niederlegt«.

Dieses Ziel könne nur so erreicht werden, daß der Kriegsschauplatz mitten ins Deutsche Reich verlegt werde, und zwar durch ein so mächtiges und starkes Heer, »daß es der Schrecken von ganz Europa wäre. Dieses Heer ist«, so heißt es wörtlich in dem Bericht, angeblich als direkte Rede Wallensteins, »da es nicht die Bestimmung hat, etwas in Besitz zu nehmen, um es Ihrer Majestät zuzueignen, unter keinen Umständen einer voraussichtlichen Gefahr auszusetzen, entweder geschlagen oder in Belagerungen oder ähnlichen militärischen Unternehmungen aufgerieben zu werden, den Fall höherer Gewalt ausgenommen«. Kein Wort fällt also von katholischen Kriegszielen, der Ausbreitung des wahren Glaubens zusammen mit der Eroberung protestantischer Gebiete unter dem Vorwand der Restitution von Kirchengütern. Darum geht es Wallenstein in diesem Krieg nicht.

Die kaiserliche Armee, so entwickelt der Herzog weiter, müsse lange genug im Reich bleiben, »damit dasselbe, durch die Last eines so gewaltigen Heeres erdrückt, sich entschließe, einen ehrenhaften Frieden zu begehren und die Soldaten zu bezahlen, auf daß sie von Ihrer Majestät entlassen werden«. Die gleiche Überlegung hat schon eineinhalb Jahre früher Karl von Harrach angestellt, als er sich während der Verhandlungen über Wallensteins Armeeangebot im Juni 1625 Gedanken darüber macht, was sich aus dem Kontributionsdruck über kurz oder lang als eine Konsequenz ergeben könn-

te: »Wenn Ihre Majestät stark armiert, so werden sie conditiones machen, ihr Kriegsvolk alles im Reich zu contentieren zwingen und dadurch den Frieden befördern.« Als direkte Folge einer großen Heeresbelastung also Kriegsmüdigkeit, sprich Friedensbedürfnis wegen Zahlungsunwilligkeit.
Zusätzlich müsse der Kaiser aber peinlich alles vermeiden, was neue Feindschaften und Eifersucht hervorrufen könnte, vor allem müsse er unbedingt auf Landeroberungen im Reich verzichten, denn in einem solchen Fall würde er sich sämtliche Möglichkeiten verbauen, für sein Heer noch weitere Soldaten zu bekommen. Um diesem Verdacht von vornherein die Spitze abzubrechen, seien auch seine, Wallensteins und damit des Kaisers, Armeeobristen fast ganz – »quasi tutti« – aus lutherischen Ketzern zusammengesetzt. Denn Wallenstein befürchtet, daß alle mühsam errungenen politischen Vorteile durch religiösen Zelotismus aufs Spiel gesetzt werden, er drängt darauf, aus Gründen der Staatsräson sich wenigstens ganz allgemein zum Toleranzprinzip zu bekennen.
Wenn der Kaiser, so soll Wallenstein abschließend ausgeführt haben, sich an die Reichskonstitutionen halte, sei er vollständig berechtigt, »die feindlichen Länder seinem Heere als Beute zu überlassen und demselben auch den restlichen Teil von Deutschland zu Quartieren anzuweisen, was so viel wert sei, daß es beinahe dem Solde gleichkomme, den man ihm sonst zahlen müßte. Und wenn der Herr General Wallenstein im verflossenen Jahre auf diese Weise mehr als 70 000 Mann besolden und den Sieg davontragen konnte, indem er beinahe ganz Deutschland der Macht der kaiserlichen Waffen unterworfen habe, glaubt er mit noch größerer Leichtigkeit jetzt sein Heer ergänzen und mehrere Jahre erhalten zu können, bis entweder die Feinde um einen vernünftigen Frieden bitten oder, gänzlich aufgerieben, außerstande sind, die Waffen gegen ihren Herrn zu erheben«. Sobald das Reich auf diese Weise wieder geeint und die Erblande gekräftigt seien, habe der Kaiser – argumentiert Wallenstein weiter – endlich auch freie Hand und volle Macht, um sich im zweiten, weit wichtigeren Akt des Krieges gegen seine außerdeutschen Feinde jenseits des Reichs zu werfen. Wallenstein denkt dabei vor allem an einen »Angriffs- und Verteidigungskrieg gegen den Siebenbürger und den Türken«, eine Überlegung, die ihn schon vor dem Abschluß des Waffenstillstands mit Bethlen beschäftigt hat: »Es wäre gut, mit dem Bethlen zu praktizieren und eine Liga wider den Türken zu machen.«

Dieser anonyme italienische Bericht von der Brucker Konferenz hat Maximilian und die katholischen Fürsten der Liga zum Schäumen gebracht. Verfasser war der Beichtvater Ernst Adalbert von Harrachs, der Kapuziner

Magni, der in Bruck als schweigender Teilnehmer und schreibender Sekretär fungierte. Valeriano Magni stand schon seit Jahren im Geheimdienst Maximilians, er wurde wiederholt für politische Missionen auch im Ausland verwendet. Wallenstein hatte damals keinen Grund, ihm zu mißtrauen.
Der Bericht des »langen Mönchs«, wie der Kapuziner wegen seiner Größe genannt wurde, wirkte auf die Katholiken des Reichs wie ein rotes Tuch. Nach dem Wortlaut wurde hier dem Kaiser von Wallenstein empfohlen, nicht nur die protestantischen Länder des Reiches zu belasten, sondern auch »den restlichen Teil von Deutschland«, also die Gebiete der ligistischen Fürsten, wenigstens zur Quartierpflicht heranzuziehen. Auf einem Ausschußtag der Liga, der eigens wegen dieses Brucker Konferenzberichtes am 21. Februar 1627 in Würzburg abgehalten wurde, entwarfen die Anwesenden eine leidenschaftliche Protestnote an den Kaiser.
Ferdinand ließ sich allerdings dadurch nicht von den Vereinbarungen mit Wallenstein abbringen. Er begriff die Empörung der Liga nicht, denn Wallenstein hatte auch von den österreichischen Erblanden laufende Kontributionen in außerordentlicher Höhe verlangt und war vom Kaiser dazu ermächtigt worden, sie rigoros einzutreiben, eine Tatsache, die in dem Konferenzbericht vollständig unterschlagen wurde. Deshalb mußte es auch so aussehen – und das wollte der Kapuzinerpater offensichtlich erreichen –, als ob Wallenstein nichts anderes beabsichtige, als den Krieg ausschließlich zugunsten des Kaisers und völlig zu Lasten des Reiches, vor allem auch zu Lasten der katholischen Länder zu führen; denn wenn sie auch nicht kontribuieren sollten, so wurde doch nach dem Friedländischen Konzept der Krieg einzig um der Stärkung der kaiserlichen Zentralgewalt willen geführt.
Seit diesem Bericht von der Brucker Konferenz datiert der verdeckte, rücksichtslose und schließlich offene Kampf der katholischen Kurfürsten und aller mit ihnen verbündeten und befreundeten Herrscher gegen den Feldherrn des Kaisers. Ihr erklärtes Ziel war seine Absetzung und Entlassung, ein Ziel, das erst nach dreieinhalb Jahren, 1630, verwirklicht worden ist, als Wallenstein inzwischen das erreicht hatte, was nicht nur vom Kaiser, sondern auch von den katholischen Fürsten selbst mit allen Kräften seit dem Beginn des Krieges angestrebt worden war: Vertreibung aller Gegner des Kaisers und der Liga vom Boden des Reiches.

Wallenstein ist in Bruck nicht nur fordernd aufgetreten. Er steht noch immer unter dem Druck langer Feldzugsstrapazen, er gibt sich nicht mit Floskeln und Illusionen ab, er ist entschlossen, schroff, er tritt den kaiserlichen Vertretern ohne die geringste Bereitschaft zur Konzession entgegen.

Wenn sich Harrach und Eggenberg beugen und wenn damit auch der Kaiser nachgibt, dann muß das nicht unbedingt heißen, daß sich die Gedankengänge des Kaisers in den gleichen Bahnen bewegen wie diejenigen seines Feldherrn. Bei Harrach und Eggenberg ist das weit eher der Fall, beide sind vor allem Politiker, sie denken zunächst in staatsmännischen Kategorien und erst dann in religiösen. Ferdinand stimmt nur deshalb ohne weiteres zu, weil man dem Ziel des politischen Konzepts des Herzogs nur einen anderen Namen geben mußte, um daraus ein Ziel Ferdinands zu machen; außerdem steckt der Kaiser in einer Zwangslage. Grotesk freilich wäre es, Wallenstein seine Entschlossenheit und Rücksichtslosigkeit in Bruck »vorzuwerfen«.

Der Herzog und General erhält bei der Konferenz nicht nur eine erhebliche Vergrößerung der kaiserlichen Armee weit über die Zahl von 70 000 Mann hinaus bewilligt. Er wird vor allem auch dazu ermächtigt, künftig die Bestallungs- und Werbepatente der Regimentsobristen selbst auszustellen, zu unterschreiben und zu vergeben. Das war bis dahin ausschließlich dem Kaiser vorbehalten. Wenn Ferdinand dieses Recht jetzt an Wallenstein abtritt, handelt es sich um keine Formalität, sondern um einen erheblichen Machtzuwachs des Feldherrn.

Einige der mündlichen Absprachen von Bruck legt der Kaiser erst eineinhalb Jahre später, im April 1628, in einem neuen Bestallungspatent für Wallenstein fest; allerdings übt Wallenstein die betreffenden Rechte mit Billigung des Kaisers schon das ganze Jahr 1627 hindurch aus. Vor allem geht es um die Ernennung der höchsten Armeeoffiziere. Der Kaiser – und nicht Wallenstein – besetzt zwar auch in Zukunft wie bisher die Generalsposten und -kommandos, das behält sich Ferdinand II. noch vor, aber er ist damit einverstanden, sie ausschließlich entsprechend den Vorschlägen zu besetzen, die Wallenstein ihm macht. Es gibt in der Geschichte Habsburgs, der Geschichte des deutschen Kaisertums kein vergleichbares Beispiel für eine so weitgehende Übertragung von Rechten und Machtvollkommenheiten auf einen Heerführer. Der Kaiser akzeptiert hier praktisch die Autonomie seiner Armee, er respektiert ihr eigenes Schwergewicht und akzeptiert ihren Charakter als den eines Politikums.

Gleichzeitig billigt Ferdinand sämtliche Vorschläge des Herzogs über Art und Umfang der Kontributionen. Die größten Schwierigkeiten macht ihm dabei die böhmische Kammer, Wallenstein aber gibt um keinen Groschen nach. Am 7. Januar 1627 schreibt er seinem Schwiegervater: Die Herren Slavata und Martinitz glauben wohl, mir dadurch Verdruß zu machen, sie hätten sich das sparen können, »denn durch dies leidet der Kaiser und nicht ich«.

Wallenstein lehnt es auch ab, die Rechnungen über die Hofkammer in Wien begleichen zu lassen, er kennt die Stolperdrähte des Behördenwegs: »Behüte mich Gott, daß eine einzige Kammer sollte die Disposition davon haben.« Das Prager Rentamt muß vielmehr die Kontributionen direkt an die Heeresverwaltung weitergeben, von hier aus, durch die Proviant- und Kriegszahlmeister, werden die Rechnungen beglichen, die Hofkammer ist nur befugt, die Abrechnungen regelmäßig zu überprüfen. Das hat Wallenstein in Bruck verlangt, es wird ihm zugestanden, der Feldhauptmann erhält damit Verfügungsgewalt über die bedeutendste kaiserliche Einnahmequelle. Das zerbricht endgültig den rein militärischen Rahmen, der bis dahin jedem kaiserlichen Heerführer gestellt war. Und doch entspringt es nur folgerichtig der Perspektive Wallensteins von Krieg, Politik und Heeresführung und ihrem inneren Zusammenhang.

Zu einem Präzedenzfall dieses Winters und der ganzen weiteren Heeresführung wird die Einquartierung kaiserlicher Truppen in den beiden Herzogtümern Schweidnitz und Jauer in Niederschlesien, unterhalb von Liegnitz. Sie gehören dem Sohn des Kaisers, Ferdinand III., dem König von Ungarn, der im Vorgriff auf die böhmische Königswürde die beiden Herrschaften vom Kaiser als Apanage der Krone Böhmens zu Lehen erhalten hat. Ferdinand III. will die Quartierkosten nicht tragen und verlangt den vollständigen Abzug der Soldaten. Jetzt wird Wallenstein noch einmal grundsätzlich, er kennt keine Ausnahmen, es geht hier um ein Sachprinzip, das sich durch keine Personalisierung aufheben läßt. Es wirkt fast peinlich, daß der Diener des Kaisers seinen Herrn darauf aufmerksam machen muß, was der Herrscher sich selbst schuldig ist: »Es kommt mir nicht anders vor, als wenn man mit Fleiß darzu tun wollte, daß eine Meuterei geschehe. Der König muß gedenken, daß er soll Monarch der Welt werden und nicht für sein Patrimonium allein Schweidnitz und Jauer haben. Ich betrachte allein Ihrer Majestät Dienst, denn dero Glück und Ruin konsistiert in guter oder böser Affektion der Armee. Drumb bitt ich, man remedier, denn wir spendieren Gut und Blut nicht wegen unser, sondern wegen des Kaisers und des Königs.«

Auch diese Differenz ist eine Korrektur des anonymen Brucker Berichts. Valeriano Magni skizziert Wallensteins Begründung der künftigen Kriegführung ausschließlich so, als hätte die kaiserliche Armee eine rein defensive Aufgabe im Reich, als sollte sie bloß einen Bedrückungseffekt haben, als hätte sie durch Repressalien zu entnerven, die Kriegslust durch Drangsal zu ersticken, durch ihre bloße Anwesenheit gleichsam den Frieden zu erquälen.

Gerade das steht in einem brennend scharfen Widerspruch zu allen Plänen Wallensteins, die er bis dahin entwickelt hat, vor allem aber stimmt es überhaupt nicht zusammen mit der tatsächlichen Kriegsführung Wallensteins in den folgenden Jahren. Deshalb hat der Feldherr entweder das Brucker Konzept in der Kapuziner-Version nicht entwickelt, oder er hat sich nicht an das Konzept gehalten. Die zweite Vermutung ist schwach fundiert, sie paßt nicht zu dem strategischen Vorblick Wallensteins, wie wir ihn kennen.
Wallensteins Kriegsführung hat bis zum Lübecker Frieden 1629 einen betont offensiven Charakter. Sie war nur dort verhalten und abwartend, wo es sich aus der Witterung oder aus taktischen Notwendigkeiten von selbst ergab. Die Brucker Kapuziner-Version hat damit auch eine Ungereimtheit mitverschuldet, die bis in die jüngste Zeit umhergeistern konnte, die Vorstellung nämlich, daß Wallenstein ein Feldherr war, der aus Prinzip keine Schlachten riskieren wollte, weil ihm entweder das Heer zu kostspielig erschien, oder weil er die Kriegsführung ganz anders auffaßte – so wie es der Brucker Bericht vorspiegelt –, oder weil er »eigentlich« gar kein Feldherr war; das geht hin bis zu den hochdifferenzierten psychologisch-charakterologischen Auslegungen, mit denen sich auch das begründen läßt, was gar nicht existiert. Je fantasievoller solche Deutungen sind, um so weniger Wert legen sie auf das, was effektiv auf dem Kriegsschauplatz geschehen ist. Die Alternative ist hier allerdings nicht die verführerisch einfache Rechtfertigung durch die Fakten; angeseilt an diesem stabilen Strick bezwingen auch diejenigen alle Gipfel der Geschichte, die gar nicht klettern können. Die raffinierteren Gletscherspalten und Verführungen der Historie verlieren dabei zwangsläufig ihre Reize.
Ranke hat einmal behauptet: Der Herzog von Friedland war ein podagrischer Stratege. Als Gegenstück wird im gleichen Atemzug Gustav Adolf genannt und dessen »rüstige Beweglichkeit« gepriesen. Von solchen Urteilen lebt viel militärisches Laienlatein. Gerade die Schlacht bei Lützen 1632 hat gezeigt, wie wenig festgefahren in den alten Anschauungsgeleisen Wallenstein etwa im Vergleich zu Tilly war, und daß es sich bei dem Schwedenkönig und dem friedländischen Herzog auf dem Schlachtfeld in Taktik und Strategie um völlig ebenbürtige Gegner handelte. Ja, in der Kunst des kampflosen Hinausmanövrierens war Wallenstein der unerreichte Meister der ganzen Epoche. Und diese Epoche, in der es für einen Fürsten nichts Kostspieligeres gab als Soldaten, sah in der Kunst des kampflosen Siegs die Krönung aller strategischen Fähigkeiten. Was schließlich die gerühmte Schnelligkeit des Schwedenkönigs betrifft, so war Gustav Adolf genauso behutsam und klug wie Wallenstein. Nach seiner Landung auf dem Boden des Reichs ließ er volle

fünfzehn Monate verstreichen, bevor er das Risiko einer großen Schlacht einging, und das, obwohl sein einziger ernstlicher Gegner, Wallenstein, entlassen und das kaiserliche Heer ein ausgefranstes Abziehbild seiner selbst geworden war.

Als Wallenstein im Herbst 1625 in die Winterquartiere von Magdeburg und Halberstadt einrückt, besteht zunächst der Plan, im Frühjahr an der rechten Seite der Elbe nach Holstein vorzudringen. Sobald sich Mansfelds Projekt des Zuges nach Böhmen und Schlesien als sicher abzeichnet, rät Wallenstein dem Kaiser, durch ein selbständiges Heer die Erblande und Ungarn zu schützen. Eine autonome Kriegführung an der Südostfront ist die Voraussetzung dafür, daß Wallenstein seinen ersten Plan mit dem alten Ziel verwirklichen kann, nicht nur die Front gegen Christian von Dänemark in Mitteldeutschland zu halten, sondern bis zum Jahresende den König nach Holstein zurückzuschlagen und ihn dort, in seinem eigenen Land, zum Frieden zu zwingen. Der Kaiser aber überläßt auch die Südostfront Wallenstein, der Herzog muß sich deshalb entschließen, Mansfeld nach Schlesien zu folgen.

Noch bevor Wallenstein im Sommer 1626 aufbricht, entwirft er einen neuen Plan: Nach der Besiegung Mansfelds und Bethlen Gabors will er mit seiner Armee schleunigst ins Reich zurück, dort das Heer teilen; mit der einen Hälfte soll Tilly samt seinen Truppen den Dänenkönig endgültig niederzwingen, mit den anderen Regimentern will Wallenstein an der Seite der Polen gegen Gustav Adolf kämpfen. Daraus ist nichts geworden, jedenfalls präsentieren die Jahre 1627, 1628 und 1629 einen Wallenstein, wie er offensiver gar nicht gedacht werden kann. Von einer Armee, die nilpferdgleich durch ihr eigenes Gewicht Siege gewissermaßen erdrücken soll, ist nichts zu sehen, nur von Regimentern, deren Angriffslust weder von ihren Kommandeuren noch vom Generalissimus selbst angespornt zu werden braucht, und vor allem von Kavallerieeinheiten, deren Führer von da ab den ganzen Dreißigjährigen Krieg hindurch geradezu Idole an Verwegenheit, Mut und Draufgängertum werden, man braucht nur an die Namen Isolani, Pechmann, Hans Georg von Arnim, Sparr, Schaffgotsch oder Schlick zu erinnern.

Auch in der strategischen Akzentuierung wirkte sich die einseitige Darstellung des Brucker Berichts auf Maximilian von Bayern und die Fürsten der Liga besonders verheerend aus. Hier hatten sie schwarz auf weiß als vermeintlich wörtliche Aussage Wallensteins, daß die Aufgabe der kaiserlichen Riesenarmee nicht im Angriff bestehen sollte, sondern in der Defensive. Auf ein solches Beweisstück hatten sie nur gewartet, um ihren Vorwürfen beim

Kaiser frisches Blut zu geben. Das gleiche galt für Wallensteins angebliche Bevorzugung nicht nur der Protestanten, sondern auch der ganzen evangelischen Sache, wie es der Bericht zwischen den Zeilen anklingen läßt – und gegen die protestantische Sache kämpften doch seit 1618 Kaiser und Liga mit aller Anstrengung. Die Ereignisse hätten Wallensteins Feinde und Kritiker eines Besseren belehren können, zumal in puncto Kriegführung. Das war nicht der Fall, einfach aus dem altvertrauten Grund, daß nichts so schlecht geeignet ist, Vorurteile, Abneigungen oder falsche Anschauungen zu berichtigen wie Tatsachen.

Christian von Dänemark erholt sich von seiner Niederlage gegen Tilly bei Lutter am Barenberge verblüffend schnell, vor allem moralisch. Weit langsamer geht es mit der Erholung seiner Armee voran. Er sammelt die Resttruppen bei Wolfenbüttel, zieht sich über die Elbe zurück und quartiert die Regimenter in Holstein und dem benachbarten Mecklenburg ein. Tilly gibt sich damit zufrieden, Braunschweig und das Herzogtum Lüneburg zu besetzen und die Winterquartiere zu beziehen.

Für den dänischen König kommt jetzt alles darauf an, so schnell wie möglich neue Truppen zu werben. Christian hat noch das Plus der Entlastung durch die oberösterreichischen Bauernaufstände und die Verlagerung des Krieges in den Südosten. Er hofft, bis zum Frühjahr 1627 wieder 40 000 Mann unter die Fahnen zu bekommen. Heikel war nur die Geldfrage, wie immer. Gerade für die Heerführer des Dreißigjährigen Krieges, die geschlagen am Boden liegen, ist nichts so wichtig wie die talmudische Weisheit, daß Geld den Menschen auf die Füße stellt. Und Heere auf die Beine bringt.

England hat sich im Haager Allianzvertrag vom Dezember 1625 zu regelmäßigen Zahlungen verpflichtet. Aber es zahlt nicht. Mit den Zusagen Frankreichs steht es genauso schlecht. Grund ist nicht Gleichgültigkeit, sondern die neuen Spannungen zwischen England und Frankreich, die sich zum offenen Bruch steigern, als Karl I. am 28. April 1627 jeden Verkehr mit Frankreich untersagt. Für die Hugenotten ist das der richtige Moment, um wieder aggressiv zu werden. Richelieu wird von da ab durch den Kampf gegen die Seefestung La Rochelle in Atem gehalten, volle 14 Monate lang. Erst 1629 kann er sich wieder mit seinem Hauptproblem Habsburg beschäftigen.

Spätestens im Januar 1627 begreift Christian, daß er im wesentlichen mit seinen eigenen Mitteln rechnen muß. Bethlen Gabor unterstützt ihn nur moralisch, sein Beitritt zum Haager Abkommen bedeutet aber die Neuauflage der traditionellen Bedrohung aus dem ungarischen Raum. Im April schickt England schließlich doch einige schottische Truppenkontingente, kurze Zeit später treffen auch 4000 Franzosen ein. Damit ist die Gesamtstärke der dänischen Armee auf knapp 30 000 angewachsen. Beide, Christian und Wallenstein, brauchen reichlich Zeit, um ihre Rüstungen zu vollenden. Wallenstein hat der Hofburg in den letzten Dezembertagen 1626 erklären müssen, es seien mindest fünf Monate nötig, um die Reste seines Heeres »wiederum zu remittieren und zu kleiden«.

In Jitschin bleibt er nur wenige Tage, dann zieht er mit seiner Frau nach Prag. Sie nehmen ihr Kind mit, Herzogin Isabella hat Ende Mai oder Anfang Juni – das genaue Datum ist unbekannt – ein Töchterchen zur Welt gebracht, Maria Elisabeth. Wallenstein kommt am 14. Januar in Prag an. In der gleichen Nacht bricht in seinem Palast ein Feuer aus, eine harmlose Sache, niemand wird gefährdet. Allerdings ist dieses Feuer erwünschtes Wasser auf die Mühlen aller Leute, die schon damals jeden Schritt Wallensteins mit ihrem Geraune begleiten. Bis zum Frühjahr betreibt Wallenstein von Prag aus die Reorganisierung und Vergrößerung des Heeres.

Viel Energie verbraucht er allerdings auch im Kampf gegen die Fernwirkungen des Brucker Berichts. Die Ligisten, allen voran Maximilian, haben sich noch nie so verantwortlich für die »teutsche Libertät« gefühlt wie in diesen Wochen, verantwortlich also für genau dasselbe, zu dessen Erhaltung Christian von Dänemark gegen Kaiser und Liga ins Feld gerückt ist. Maximilian und der neue Erzbischof von Mainz, Georg Friedrich von Greiffenklau, verfassen eine massive Beschwerdeschrift an den Kaiser. Am 6. Februar 1627 schicken alle vier katholischen Kurfürsten eine neue Eingabe an den Kaiser. Sie bezeichnen die neuen, starken Werbungen Wallensteins im Reich als eine »öffentliche Hostilität«. Das ist heftig, denn diese »Feindseligkeit« ist schließlich vom Kaiser selbst veranlaßt worden.

Jetzt entbrennt ein offener Kampf der Ligisten gegen Wallenstein, und damit auch gegen den Kaiser, denn die Angriffe richten sich gegen den kaiserlichen Feldherrn, der in seiner Person und mit seinem Heer die kaiserliche Autorität und Macht in einer Weise repräsentiert, die alle Schranken beiseite wirft, mit denen die oberste Gewalt bis dahin kurzgehalten worden war. Maximilian macht sich in seiner Furcht vor dieser Entwicklung ganz den sorgenvollen Satz zum Programm, Wallenstein beabsichtige »autoritatem Caesaris et statum Monarchicum in Deutschland zu stabilieren und auf das wenigste den Kurfürsten des Reiches ihre Präeminenz und Gewalt zu restringieren«.

Ab März sind die Gesandten der Liga in Wien tätig, laufen Klagen aus allen Teilen der Monarchie und des Reiches über angebliche und wirkliche Vergehen der kaiserlichen Truppen ein, beschweren sich die Stände über den Quartier- und Kontributionsdruck. Wallenstein schickt beschwichtigende,

empörte, rechtfertigende Briefe nach Wien. Schon 1626 hat er prinzipiell festgestellt, was er ein Jahr später nur wiederholen kann: »Will man mich in Kaisers Dienst mit Gusto erhalten, man lasse mich machen nach dem, was ich in meinem Gewissen befindt, daß dem Kaiser zu Nutz ist. Wir haben schon genug wegen des Bayern Ungelegenheit ausgestanden, ist nicht ragione di stato, daß man ihn mächtiger auf Kaisers Unkosten macht.«
Auf die ragione di stato, die Staatsräson, beruft sich Wallenstein wiederholt, nicht immer mit dem gleichen Erfolg. Die hartnäckigsten Schwierigkeiten macht ihm in Mähren sein alter Widersacher Dietrichstein. Er versucht, die Verpflegungssätze der einquartierten Soldaten zu reduzieren; Wallenstein legt ein rüdes Veto ein: »Man denke nur nicht, daß ich mich werde unterstehen, mit einem Kriegsvolk, das malcontent ist, fortzuziehen. Dazu wird mich gewiß die ganze Welt nicht überreden, denn ich weiß gar wohl, was draus erfolgen wird. Drumb will ich kein Narr sein, daß ich die Verantwortung für das übernehmen soll, was ein verhurts Pfaffle verderbt hat.«
In Wien möchte man vor dem Feldzugsbeginn noch einmal mit Wallenstein konferieren. Er hat keine große Lust dazu: »Durch das Disputieren bei Hof man erhält nichts anders, als daß man macht das Kriegsvolk desperieren und die Länder ruinieren.« Schließlich läßt er doch die Pferde satteln und trifft am 20. April 1627 in Wien ein. Am nächsten Tag kann das üble Gerede einen besonderen Triumph feiern, der Anlaß ist tragisch, die Pointe ironisch. So wie im Februar in seinem Prager Palais, so bricht am 21. April in Wien ein Feuer aus, dicht beim Harrachschen Palast, in dem Wallenstein wohnt. Diesmal ist die Wirkung verheerend, vierzehn Menschen kommen in den Flammen um, der Bischofspalast brennt bis zu den Grundmauern ab, zwei Klöster und 148 Wohnhäuser der Innenstadt werden eingeäschert.
Der Gesandte Kurbrandenburgs, Siegmund von Götz, schreibt nach Berlin: »Des Herzogs von Friedland Ankunft hat uns Sturm, Feuer und Schrecken mitgebracht und haben es andere observiert, daß nun zum andern Mal, wenn gedachter Fürst anhero kommen, sich ein solch Unglück zugetragen habe. Was ist anderes daraus zu schließen, als daß er viele andere und zuletzt sich selbst konsumieren und verderben werde?« Allerdings ist nicht die Ankunft Wallensteins schuld an dem Feuer, sondern eine frommkirchliche Aktion. Am 20. April beschlagnahmt eine Reformkommission bei früheren Protestanten und Universitätsangehörigen eine Masse ketzerischer Bücher. Tags darauf wird die Beute im Bischofshof verbrannt, ein heftiger Sturm treibt die Flammen auf die Dächer, und jetzt nimmt das Unheil seinen pyrotechnischen Lauf.
Tatsächlich bewirkt Wallensteins Ankunft etwas ganz anderes. Der venezia-

nische Gesandte Padavin schreibt verblüfft seinen Oberen: »Bevor Wallenstein bei Hofe anlangte, hat jedermann auf ihn geschimpft. Heute läßt niemand mehr seine Stimme ertönen.« Padavin zieht damit schon eine Zwischenbilanz von Wallensteins Aufenthalt. Der Feldherr weiß, wie es mit dem Gerede steht, inzwischen hat er sich daran gewöhnt, entweder fürchtet man ihn, entweder haßt man ihn, der Rest ist schwer zu definieren. Bis zum 23. Mai bleibt er in Wien.

Er konferiert mit den Ministern des Kaisers, mit fremden Gesandten und Delegierten, mit ligistischen Vertretern. Die Beschwerden wegen der Truppenübergriffe erledigt er schnell, er betont noch einmal, daß schärfste Disziplin das Grundgebot seiner Armee ist: »Gott und alle Heiligen wissen, wie sehr solche Verbrechen meiner Armada den von mir ausgefertigten Befehlen und Ordinanzen entgegen sind. Ich will die vorgefallenen Insolenzien bei den geringeren Offizieren mit dem Leben, bei den höchsten aber mit Nehmung ihrer Befehle abstrafen.«

Mit diesen Sorgen hat sich jeder Heerführer herumzuschlagen – auch Tilly. Haben die Ligisten nicht auch mit dem Wehgeschrei über die Taten der Tillyschen Soldateska zu tun, kann es dieser »Heilige im Harnisch« verhindern, daß seine Truppen innerhalb weniger Wochen dreihundert Dörfer in Braunschweig niederbrennen, ohne Kriegsnot? Allerdings weiß der Feldherr genausogut, daß für die Liga, für Maximilian – inzwischen sein erklärter Todfeind – diese traurigen Vorgänge nur freudig begrüßte Vorwände sind. Es geht nicht um die Übergriffe des kaiserlichen Heeres, es geht um dieses Heer selbst.

Die ligistischen Gesandten hören sich Wallensteins Versicherungen und Argumente an, sie warten nur darauf, um endlich ihr Ceterum censeo vorzutragen: Wallenstein soll die Rüstungen einstellen. Der Herzog hat sein eigenes Ceterum censeo: Er ist vom Kaiser zu diesen Rüstungen ermächtigt worden. Wenn die bayerische Durchlaucht – so läßt er durchklingen – andere Vorstellungen über den Krieg und die strategische Situation habe, so sei das verständlich. Aber wie soll Maximilian den Kaiser daran hindern können, seinerseits andere Vorstellungen zu haben als er? Wallenstein verliert die Geduld, bricht grollend aus: »Vermeinen die Herren Gesandten, der Kaiser wäre gar eine Statue?« Eine Bildsäule, ein lebloses Standbild; muß Wallenstein daran erinnern, daß nur tote Herrscher zu Bronzedenkmälern avancieren? Vermeinen die Herren Gesandten, der Kaiser solle sich schon jetzt in den passenden Posen üben?

Nein, das vermeinen die Herren nicht, aber es wäre ihnen und der Liga am liebsten. Sie weisen »dergleichen Verdacht« von sich. Vielleicht haben sie wirklich tapfer entgegnet, daß doch »Ihre Majestät dem Reiche, sowohl als das Reich dem Kaiser gelobt und geschworen hätten« – eine allgemeine Bemerkung, aber nicht ohne Verfälschung, so daß selbst der kaiserliche Beichtvater die Gesandten rügt, sie würden »gegen den Kaiser nicht den schuldigen Respekt an den Tag legen«.

Wallenstein verläßt Wien an einem prachtvollen Maitag. Er reitet mit seinem Gefolge nach Prag, dort macht er sich fertig für den Aufbruch zur Armee und den großen Feldzug. Knapp eine Woche nach seiner Rückkehr bricht er nach Schlesien auf. Man schreibt den 2. Juni 1627. An der Spitze des Zuges 18 Rüstwagen, mit roten Lederplanen abgedeckt, sechsspännig. Dahinter ein Dutzend Kaleschen mit je vier Pferden, gefolgt vom Reisewagen des Herzogs und seiner Sänfte, links und rechts livrierte Pagen und Soldaten seiner Leibwache, Wallenstein selbst im Koller aus Elchleder und einem weiten, scharlachroten Mantel. Neben ihm seine Gemahlin. Beschlossen wird der Zug von einer langen Reihe Munitionswagen und den Geschützen.
Die Route führt über Jitschin, hier trennt sich Wallenstein von seiner Familie. Dann geht es zügig genau nach Osten, über Nachod, an den Südausläufern des Heuscheuer Gebirges entlang, durch die Grafschaft Glatz in Niederschlesien. Am Abend des 10. Juni erreicht Wallenstein das Hauptquartier der Armee in Neiße.
Der Herzog kommandiert insgesamt mehr als 100 000 Mann. Allerdings wird nur ein Teil davon im Heerlager von Neiße zusammengezogen, die Regimenter strömen jetzt aus Böhmen und Mähren herein, aus Franken, vom Rhein und aus Schwaben. Acht Tage später blasen die Trompeten. Wallenstein führt etwa 40 000 Mann, eher mehr als weniger. Daß der Marsch durch Schlesien kein reiner Spaziergang wird, dafür haben die dänischen Truppen seit mehr als einem dreiviertel Jahr gesorgt.
Joachim von Mitzlaff, der dänische Generalkommissar, hat hier insgesamt 14 000 Mann gutausgerüsteter Truppen, darunter fünf Regimenter Kavallerie. Sie liegen größtenteils in befestigten Städten und Plätzen, sie sind hervorragend verschanzt. Mitzlaff ist kein Neuling, er hat die schwersten Kriegskrankheiten schon hinter sich, die Pest, die malattia ungherese, er wird auch Wallenstein überstehen. Zusammen mit seinen Kommandeuren, guten Männern: Obrist Wolf Heinrich von Baudissin, Markgraf Christian Wilhelm von Brandenburg – der Administrator von Halberstadt –, Graf Matthias Thurn und Johann von Bubna, dazu noch ein protestantischer Vetter Wallensteins, Hans Christoph von Waldstein, und schließlich Heinrich Holk, ein blutjunger Reiterobrist.

Wallenstein will zunächst Schlesien vollständig erobern und befreien, dann soll sich das kaiserliche Heer mit den Regimentern Tillys im Reich vereinigen. Wallenstein hat sich in Wien energisch ausbedungen, den Hauptstoß der Armee ins Reich erst durchzuführen, wenn die Bauern ihre Ernte eingebracht haben. Die böhmischen Statthalter drängen ihn dazu, so bald wie möglich aufzubrechen, damit ihre Quartierlasten geringer werden; die Bauern im Reich kümmern sie nicht. Wallenstein antwortet: »Die Kerls bedenken nicht die futura, sondern nur die praesentia und wissen doch, wenn der Kaiser perikliert, daß sie verloren sind. Es ist nicht Zeit zu kampieren, ehe das Getreid geschnitten ist. Täte ich anders und ziehet mit allem Kriegsvolk auf, so wäre die Armee in einem Monat ganz destruiert.«

Der schlesische Feldzug kann schon vor dem Schnitt beginnen, hier halten sich die Operationsbasen in begrenzten Gebieten. Wallenstein wendet sich in einer mächtigen, raschen Bewegung nach Südosten, zieht durch Neustadt vor die starken Mauern von Leobschütz in Oberschlesien. Der Herzog hat nicht ohne Grund in den letzten Monaten den Geschützpark maximal vergrößert. Die halben Kartaunen, die schweren »Singerinnen« beginnen noch am Abend mit dem Beschuß. Die Stadt wehrt sich hartnäckig, aber schon nach 24 Stunden muß die Garnison kapitulieren. Wallenstein erhebt eine Geldbuße von 14 000 Talern Schadenersatz, er verteilt das Geld unter die Sturmtruppen. Das Gros der Besatzung tritt in kaiserliche Dienste, der Rest wird entwaffnet und entlassen.

Dasselbe, in größerem Stil, wiederholt sich vor Jägerndorf. Die Verteidiger ziehen nach einer Woche erbitterter Kämpfe die weiße Fahne auf, am 2. Juli. Während die Reiter Pechmanns die Umgebung von versprengten Truppenteilen säubern und die kleineren Orte erobern, zieht Wallenstein vor die stärkste Festung des Gebiets, die Zitadelle Cosel an der Oder, gegenüber der Klodnitz-Mündung. Experten in Wien rechnen mit einer Belagerung von vier Wochen, die Festung ist zusätzlich von Mooren und Teichen geschützt. Wallenstein findet einen Weg durch das Morastgelände, er führt die Truppen selbst beim Sturm auf die Schanzen und Erdwälle, die dänische Kavallerie unternimmt einen Ausfall, Wallensteins Infanterie treibt die Reiter an sich vorbei, »wie man die Hirsche am Jäger vorüberjagt«, in blutigen Kämpfen werden die Dänen von der Festung abgeschnitten. Sie versuchen, sich über die Bergpässe in den Südosten durchzuschlagen.

»Närrisch, so zu retirieren«, sagt Wallenstein, »sie sind verloren wie des Judas Seele.« Wallenstein hat sämtliche Pässe durch starke Besatzungen sperren lassen. Die Dänen, geführt von General Mitzlaff, machen kehrt, Wallenstein hetzt ihnen Pechmann und Merode auf die Fersen, die Jagd führt über

Glogau, Crossen bis Landsberg an der Warthe. Am 2. August gelingt es den Dänen, in einer Stärke von mehr als zweieinhalbtausend Reitern die Warthe zu überqueren. Aber in der Nacht zum 3. August werden sie von den Kaiserlichen gestellt, unter einem vollen Mond am wolkenlosen Himmel. Pechmann hat Wallenstein gelobt, keinen einzigen Dänen zu seinem König zu lassen. Das Gefecht ist erbarmungslos, den Kaiserlichen glückt die Umzingelung, sie hauen alles nieder, was ihnen vor die Säbel kommt. Mitzlaff erkennt gleich zu Beginn im hellen Mondlicht den kaiserlichen Obristen, er schickt zwei Offiziere zu ihm, sie imitieren vor Pechmann eine Flucht, der Oberst setzt ihnen nach, ein dänischer Reiterhaufen fällt ihn von der Seite an, schneidet ihn von seinem Stab ab. Pechmann wird völlig in Stücke geschlagen; zerhackt, längst schon tot, säbeln ihm die Dänen noch den Kopf ab. Am Sieg der Kaiserlichen ändert das nichts, nur Mitzlaff und Baudissin entkommen. Am Morgen finden die Wallensteinschen Reiter von Pechmann lediglich ein paar Stücke seiner Rüstung.

Cosel fällt schon nach vier Tagen – statt nach vier Wochen. Dann folgt Teschen, dann Troppau. Hier dauert die Belagerung zwei Wochen, die Besatzung des Obristen Marquard Rantzau besteht aus dreizehn Kompanien zu Fuß und drei Reiterkornetten. Am meisten macht den Belagerern die Artillerie zu schaffen, Wallensteins Lagerzelt wird von einer Fünfunddreißigpfünderkugel zerfetzt. Nach der Kapitulation am 29. Juli notiert Wallenstein: »Heut hat sich Troppau auch ergeben, gleich mit den Konditionen wie Kosel. In ein paar Tagen marschiere ich nach Deutschland.«

Vorher läßt er jemand andern marschieren, in den Kerker, seinen protestantischen Vetter Hans Christoph von Waldstein: er hat Troppau mit verteidigt. Der Vetter gehört zu den wenigen, die Wallenstein vom freien Abzug ausschließt. Sein Befehl ist barbarisch, er läßt an den höhnischen Zuruf des mährischen Obristen denken, der seine böhmischen Vettern im Heere Thurns mit Prügeln und Ruten traktieren wollte. Der kaiserliche General läßt diesen Vetter jetzt in Eisen schlagen, schickt ihn nach Groß-Skal in den Kerker. Taxis gelingt es erst im Dezember, eine Hafterleichterung durchzusetzen; die Ketten werden abgenommen, der Häftling bekommt ein anständiges Zimmer.

Vor dem Aufbruch ins Reich schickt Wallenstein die Trophäen nach Wien: fünfundsechzig Fahnen und Standarten zu Händen des Kaisers, darunter auch die Hausflagge Christians von Dänemark, die im Besitz von Mitzlaff war. Der Jubel in Wien schlägt Wellen wie noch nie in den letzten Jahren; es scheint unglaublich zu sein, daß Wallenstein ganz Schlesien in wenigen Wochen von einem derart gut verschanzten, befestigten Feind befreit hat. Collalto schreibt fast exaltiert an Aldringen: »Dänemark wird jetzt die letzte

Ölung bekommen, obgleich ihre Königlichen Würden dieses Sakrament nicht schätzt.«

Am 7. August bricht Wallenstein aus Schlesien auf. Er führt das Gros des Fußvolks, es sind 14 000 bis 15 000 Mann. Etwa dieselbe Zahl läßt er als Besatzung in Mähren und Schlesien zurück. In einer zweiten Heeressäule zieht Feldmarschall Graf Schlick mit der Kavallerie über Breslau und Liegnitz nach Crossen. Zwei Tage später wird Wallenstein von den Schweidnitzer Ständen mit einem Begrüßungszug eingeholt, sie empfangen den kaiserlichen Feldherrn »als einen Viktorier« feierlich in ihren Mauern.

Parallel zur Marschrichtung Schlicks zieht Wallenstein auf der alten Heeresstraße durch Goldberg nach Sagan. Beiden Armeeteilen weit voraus ist aber schon das berittene Detachement des Obristen Arnim in Aktion. Seit Juli 1626 steht Hans Georg von Arnim in kaiserlichen Diensten, er ist eingefleischter Protestant, hat unter schwedischen, polnischen und Mansfelder Fahnen gekämpft und bewirbt sich schließlich bei Wallenstein.

Arnim passiert am 13. August von der Uckermark aus die Grenze nach Mecklenburg–Güstrow, in raschen Märschen dringt er nach Neubrandenburg und Malchin vor. In Mecklenburg hat sich der Markgraf Georg Friedrich von Baden-Durlach mit seinen dänischen Regimentern festgesetzt, ein vertrauter Gegner, Tilly hat ihn 1622 bei Wimpfen vernichtend geschlagen. Der Markgraf ist nicht mehr der Jüngste, er ist zäh, er hat in Frankreich Truppen für Christian zusammengetrommelt, er hat inkognito die schlesischen Besatzungen moralisch aufgerüstet, er gibt nicht so schnell nach.

Die beiden Herzöge von Mecklenburg, Johann Albrecht und Adolf Friedrich, sind bisher das gewesen, was die Schweizer mit unsicheren Kantonisten bezeichnen. Johann Albrecht von Mecklenburg-Güstrow sympathisiert mit dem Calvinismus und dem dänischen König; beide Fürsten unterstützen schließlich Christian offen, mit Waffen. Johann Albrecht sieht zu spät, zwischen welchen Mühlsteinen er sitzt, am 11. August 1627 schreibt er entsetzt und devot dem Kaiser, er werde jetzt und »allezeit wie ein redlicher deutscher Fürst in der Treue gegen ihn verharren«. Ferdinand erhält dieses Bekenntnis erst, als schon das ganze Herzogtum von kaiserlichen Truppen erobert ist.

Aus Goldberg schickt Wallenstein den Glückwunsch an Arnim: »Ich erfreu mich mit dem Herrn, daß er mit seiner Handvoll Kriegsvolk mehr effektuiert als andere, die fünfmal so viel haben. Daraus sein Valor zu sehen ist. Ich marschiere stark gegen den Niedersächsischen Kreis.« Wallenstein ist nicht nur als Militär mit dem mecklenburgischen Handstreich zufrieden. Niemals vergißt er Gustav Adolf. Von jetzt ab haben sich alle schwedischen Wünsche an der kaiserlichen Präsenz in Mecklenburg zu orientieren.

In Sagan bleibt der Herzog nur zwei Tage, er betrachtet die Stadt aber mit den aufmerksamen Blicken des neuen Besitzers. Im Mai hat er dem Kaiser in Wien seine Rechnungen präsentiert. Allein die Summen, die Wallenstein seinen Obristen für die Werbungen ihrer Regimenter privat vorstreckt, belaufen sich auf weit über 600 000 Gulden. Wie sehr der Kaiser sich in Geldfragen auf Wallenstein, und das heißt jetzt mehr denn je auf Wallensteins Finanzmann angewiesen sieht, zeigt sich blitzlichtscharf am 10. Mai 1627. An diesem Tag nimmt der Kaiser in der böhmischen Hofkanzlei in Wien Hans de Witte in den erblichen Ritterstand des Königreiches Böhmen auf; Wallenstein ist bei dieser Szene dabei. Ferdinand II. überreicht das Kaiserliche Adelsdekret, de Witte ist von diesem Tag an der »Ritter von Lilienthal«. Drei Jahre vorher war ihm schon der persönliche Adel verliehen worden.
Der Kaiser zahlt seine Schulden wie üblich; er zahlt zu einem Bruchteil, und er zahlt mit Land, mit dem Fürstentum Sagan. Am 18. Mai 1627 erhält die schlesische Kammer in Breslau den Auftrag, das Fürstentum — es gehört seit 1549 als Lehen zur Krone Habsburg — genau zu schätzen. Die Breslauer sind wirklich genau, sie errechnen in Bausch und Bogen einen Betrag von 150 850 Gulden und einem Heller, so berichten sie dem Kaiser am 3. Juli. Wallenstein erhält das Gebiet zu diesem Preis mit den beiden Städten Sagan und Glogau und der Herrschaft Priebus westlich von Sagan als erbeigenes Besitztum mit Vorbehalt der Biergefälle, Zölle und der allgemeinen Kontribution. Es ist ein Vorschuß und Abschlag auf die Gesamtliquidation.

Land ist billig zu haben damals. Weit billiger als anderes. Fragt man sich, worauf der Reichtum Wallensteins beruht, dann kommt man immer wieder auf sein Herzogtum Friedland zurück, diesen Musterstaat, aus dem er inzwischen wahrhaft königliche Einkünfte bezieht. So verlangt er einmal von seinem Landeshauptmann die Lieferung von 70 000 Sack Getreide für die Armee. Taxis erfüllt die Forderung; er kann sie also auch erfüllen, das klingt banal. Wallenstein schickt dem Kaiser die Rechnung dafür; der Sack kostet zum damaligen Marktpreis nicht ganz 7,7 Gulden, macht summa summarum 537 072 Gulden, 79 Kreuzer und 2 Heller. Dem Geldwert nach ergäbe das ein Gebiet viermal so groß wie das Fürstentum Sagan. Vom Friedländischen Herzogtum aus gesehen liegt Sagan übrigens nicht schlecht, genau im Norden, nur durch die Gebiete um Goldberg und Liegnitz getrennt.

Mitte August 1627 hat Wallenstein keine Zeit für private Inspektionen. Er »marschiert stark« nach Nordwesten, so hat er Arnim geschrieben. Am

21. August erreicht er Cottbus, er ist auf kurbrandenburgischem Boden. Georg Wilhelm ist die Tuchfühlung mit kaiserlichen Soldaten inzwischen nicht mehr neu, Arnim hat in Wallensteins Auftrag und mit mißmutig gewährtem kurfürstlichem Einverständnis die Pässe und Übergänge in der Mark und dem Odergebiet schon im Juni besetzt. Von Cottbus aus erreicht das Heer schnell die Elbe. Einen letzten Aufenthalt gibt es vor der Grenzfestung Dömitz auf mecklenburgischem Gebiet. Schlick hat dem Kommandanten, Hauptmann Gerhard Oberberg, zwei Tage Bedenkzeit gegeben. Wallenstein trifft am 28. August ein. Auf offener Straße, direkt unter den Kanonen der Festung, gibt er seinen Offizieren ein rauschendes Bankett. Ein Geschützmeister der Besatzung fleht den Kommandanten um die Erlaubnis an, die Festtafel ins Visier zu nehmen, ein einziger Schuß würde genügen, dann sei es aus mit diesem frechen Hochsommerfest. Der Hauptmann winkt ab, er starrt hinunter, am nächsten Tag übergibt er die Festung und tritt unter die Fahnen Wallensteins.

In der Nacht des 31. August erreicht der Feldherr das Hauptquartier Tillys in Lauenburg an der Elbe. Die Begegnung zwischen ihnen am 1. September ist feierlich und würdevoll, Wallenstein wird vom General der Liga nach einem zeitgenössischen Bericht »mit großem Pomp und Frohlocken angenommen und empfangen«. Die Feldherrn entwerfen den Feldzugsplan, als hätte es niemals Spannungen zwischen ihnen, zwischen dem Kaiser und der Liga gegeben. Schon tags darauf gehn ihre Friedensbedingungen an Christian von Dänemark ab.

Diese »Conditiones sine media pacis« vom 2. September, ein detailliertes Zwölfpunkteprogramm, sind hart, wie Aldringen an Collalto schreibt. Sie sind so hart, daß niemand mit einer Annahme rechnet. Die Ablehnung des Königs ist knapp, Wallenstein und Tilly haben sie erwartet.

Am 4. September läßt Feldmarschall Schlick die Trompeten blasen, 68 Reiterkompanien fallen in Trab, ihr Ziel ist Schloß Trittau in Holstein, es wird von schottischen Truppen verteidigt. Die Infanterie, die noch am gleichen Tag nachziehen soll, wird, wie Schlick sagt, »die Herren zu Trittau pfeifen lehren«. Die Hauptmacht bricht erst am 6. September von Lauenburg auf, Trittau hat inzwischen schon kapituliert. Das Zusammenspiel beider Armeen ist untadelig, »die beiden Generale arbeiten wie ein Mann«, berichtet Aldringen nach Wien.

Im Westen kommandiert der alte Graf Thurn die dänischen Regimenter; schon am 7. September kommt es zu einem ersten Gefecht, Thurn zieht sich nach Elmshorn zurück, Pinneberg schützt er durch eine starke Besatzung. Hamburg hat von den vereinigten Armeen nichts zu befürchten, das einzige

Blut fließt, als bewaffnete Bürger – verstört, in Panik – versehentlich aufeinander losgehen.
Am 10. September beginnen Wallenstein und Tilly mit der Beschießung Pinnebergs. Drei Tage später ergibt sich die Besatzung, der empfindlichste Verlust ist aber bei den Siegern zu verzeichnen, denn Tilly wird am zweiten Tag auf einem Inspektionsritt vor den Wällen von einer Musketenkugel das linke Knie aufgerissen, er stürzt vom Pferd, Aldringens Vermutung bestätigt sich: »Der gute Alte ist außer Gefahr, Gott sei gelobt. Das Schlimmste ist, befürchte ich, daß er an diesem Feldzug nicht mehr mitwirken kann.« Tilly muß zurückgebracht werden, in Wallensteins Sänfte bringt man ihn nach Lauenburg, von dort aus muß er zusehen, wie Wallenstein den Feldzug allein weiterführt.
Das muß auch Maximilian in München tun. Die Meldung von Tillys Verwundung und der Übernahme des Gesamtkommandos durch Wallenstein ist für den Bayernfürsten eine echte Hiobsbotschaft. Denn an dem ganzen Feldzug, der jetzt überhaupt erst beginnt, beteiligen sich nur noch drei ligistische Regimenter. Allerdings setzt Wallenstein durch, daß die ligistische Artillerie bei ihm bleibt. Maximilian zieht nur die Spötter auf sich, wenn er sauer verlangt, daß wenigstens die eroberten Fahnen und Geschütze paritätisch geteilt werden sollen. Der Wunsch wird ihm von Wallenstein verständnisvoll erfüllt. Ihn interessieren andere Trophäen.
Der Herzog entschließt sich, die Armee zu teilen. Im Osten Holsteins kommandiert Markgraf Georg Friedrich. Die Truppen Arnims sind zu schwach, ohne Verstärkung können sie nicht angreifen und den Gegner vernichten – und auf Vernichtung hat es Wallenstein abgesehen. Er schickt je sieben Regimenter zu Roß und zu Fuß unter Schlick hinüber zu Arnim, sie erobern Oldesloe und Segeberg, sie treffen am 21. September auf die Hauptmacht der Dänen unter dem Kommando des Durlacher Markgrafen und des jungen Herzog Bernhard von Weimar. Am 23. September kommt es zu schweren Gefechten, am nächsten Tag zieht Schlick bei Großenbrode–Heiligenstadt mit aller Truppenmacht zur Schlacht auf, es kommt aber gar nicht zum Kampf bis ums Letzte. Die Dänen haben nur die Kaiserlichen auf den Höhen über sich, das graue Meer hinter sich, sie kapitulieren, die meisten Offiziere flüchten auf die Schiffe, der Durlacher Markgraf muß sich verbissen einen Fluchtweg durch die eigenen Truppen bahnen. 2000 Reiter bringt er mit sich nach Flensburg, mehr bleibt ihm nicht von seinem Heer, das als des Dänenkönigs »Krone und Herz, worauf er sich am meisten verlassen«, gegolten hat. Von den Gefangenen treten 27 Fähnlein zu Fuß und 15 Reiterkornetts in Wallensteins Dienste.

Wallenstein schickt von Pinneberg 4000 Mann hinüber nach Bremen, um die Weser gegen einen eventuellen Handstreich des Grafen Ernst von Nassau zu sichern. Mit der Hauptmacht setzt er dem Grafen Thurn nach, er jagt ihn durchs westliche Holstein hinauf bis nach Rendsburg, dorthin hat sich auch der dänische König zurückgezogen; nacheinander fallen Elmshorn, Steinburg, Haseldorf, Kellinghusen, Itzehoe. Von Rendsburg ergeht an die Bevölkerung der Befehl, eine Art Volkssturm aufzustellen: alle Männer zwischen 16 und 55 müssen unter die Waffen. Zu spät, zu spät auch der verzweifelte Versuch der Dänen, durch Öffnung der Deiche den Siegessturm der Wallensteinarmee zu stoppen. Der Herbstregen unterstützt sie dabei – alles ist umsonst.

Bei Itzehoe gibt es einen Aufenthalt, Schloß Breitenburg wird verbissen von der schottischen Besatzung unter Major Dunbar verteidigt. Der Kommandant lehnt jede Kapitulation ab, er will lieber sterben. Ein Außenwerk nach dem anderen muß erstürmt werden, am 28. September kann Aldringen melden, daß auch das Schloß endlich erobert ist. Alle Männer fallen, nur Frauen, Kinder und drei Bauern bleiben übrig. Am 2. Oktober stoppt Wallensteins Heeressäule vor der Grenzfestung Rendsburg westlich von Kiel.

Der Kommandant bittet um eine Frist von zwölf Tagen. Falls der dänische König – Christian ist schon in Sicherheit auf der Insel Fünen – bis dahin keine Hilfe schickt, will Rendsburg ohne einen Schuß die Tore öffnen. Soviel Zeit hat Wallenstein. Denn der Vormarsch geht unterdessen unvermindert weiter, Schlick dringt unaufhaltsam in Schleswig vor, am 5. Oktober erreicht er Flensburg, zwei Tage später zügeln seine Reiter die Pferde in Hadersleben vor der Grenze nach Jütland. Die Dänen haben die Stadt vor dem Abzug verwüstet, Kolding geht es genauso – verbrannte Erde im 17. Jahrhundert.

Christian kann keine Hilfe schicken, selbst wenn er noch irgendwo einen Soldaten hätte. Er ist von Fünen nach Seeland hinüber, dort rotten sich die Bauern gegen ihn zusammen, seine Begleitung kann ihn gerade noch retten, als Fischer verkleidet flüchten sie weiter. Rendsburg ergibt sich nach Vereinbarung und Programm Mitte des Monats. Am 18. Oktober stößt Schlick zwischen Hobro und Ålborg auf die letzten dänischen Truppen, er kann sie einkreisen, sie versuchen keine Gegenwehr, strecken die Waffen, ganze 3000 Mann. Schlick nimmt nur die beiden höchsten Offiziere gefangen, die Soldaten läßt Schlick entwaffnen, sie dürfen zu Fuß nach Hause. Drei seiner Regimenter verlegt er in diesem Nordzipfel des dänischen Festlands in die Winterquartiere. Mitte November genehmigt ihm Wallenstein die Rückkehr ins Reich.

Tillys Knie ist noch nicht verheilt, da kann Wallenstein dem Kaiser das siegreiche Ende der Kampagne melden. Übrig sind nur noch Krempe und Glückstadt, die Verteidiger haben die Festungen zum Land hin durch Öffnen der Deiche abgesichert, Wallenstein kann sich diesen Rest für das kommende Jahr aufheben. Auch Stade bleibt den Winter über in dänischem Besitz.

Sechs Wochen hat alles gedauert, die Armee Christians ist zerschlagen, sie ist gefangen, übers Meer entflohen. Niemand hat sich diese Schnelligkeit überhaupt vorstellen können, dieses zupackende Tempo, diese entschlossene Energie, mit der Wallenstein auf Sieg und Vernichtung dringt. Der Hofkammerpräsident in Wien, Abt Antonius von Kremsmünster, schreibt kopfschüttelnd an Aldringen: »Der Herren Kriegsprogreß ist, sonderlich in so kurzer Zeit, so groß, daß jedermänniglich darüber stutzt und sagt: Quid est hoc? Er ist fürwahr über aller Menschen Gedanken und Verhoffen und wird hoffentlich ihrer Kaiserlichen Majestät, unserem allergnädigsten Herrn, wie auch allen ihren Königreichen und Landen, ja dem ganzen Römischen Reich den so lang desiderierten, reputierlichen und beständigen Frieden bringen. Finis coronat opus.«

XVI
Finis coronat opus: Der Lübecker Friede (1628–1629)

Der Friede soll das ganze Werk krönen, so meint Abt Antonius. Wallenstein drückt es anders aus, aber auch er meint den Frieden. Er fordert ihn schon zu einer Zeit, da die Kämpfe noch längst nicht beendet sind. In Itzehoe, während die Kanonen vor dem Schloß Breitenburg donnern, schreibt Wallenstein seinem Freund Gerhard von Questenberg – der einzige Hofkriegsrat, den Wallenstein schätzt –, daß der Kaiser jetzt mit Dänemark Frieden schließen soll, »denn solche Gelegenheit, im Reich Friedt zu machen, wird sich nicht bald präsentieren wie itzunder. In diesen morastigen Ländern Krieg zu führen ohne Geld halte ich für unmöglich. Der Herr weiß, was ich mit ihm in dieser Materie weitläufig diskuriert habe.«

Questenberg weiß. Er kennt Wallensteins politisches Programm. Auch der Kaiser kennt es. Aber Wallenstein ist skeptisch, der Kaiser ist sein Herr, aber der Kaiser ist nicht sein eigener Herr. Schon am 8. Oktober schreibt Wallenstein an Trauttmansdorff, er hoffe, »Ihrer Majestät solche Mittel an die Hand zu geben, daß der Frieden im Reich stabilitiert und die Armee mit contento voneinander wird können gebracht werden. Man muß aber keine Zeit verlieren, denn unsere Feinde werden sich stärken und wir werden weichen müssen aus Mangel des Unterhalts«.

Wallenstein kämpft für seinen Frieden genauso entschlossen und energisch, wie er um den Sieg gekämpft hat. Nicht, als wollte er wie später die modernen Generale die Waffen selbst bei einem Raubkrieg nur für den Frieden heben. Aber Wallenstein hat einen ausgeprägten Sinn für den richtigen Moment, für die Reifephasen politischer Entwicklungen, für die rechte Situation, er besitzt den Rundblick des Staatsmannes.

Wallenstein glaubt nicht, daß es im nächsten Frühjahr nur noch darauf ankommt, Christian IV. einfach die Friedensbedingungen zu diktieren. Aber er bleibt dabei: »Man mache Frieden mit ihm, einen gerechten und konstruktiven Frieden!« Warum? Wer wird vermuten, Wallenstein hätte eine allgemeine Friedenssehnsucht gehabt? Krieg, Friede, Drohung, Waffenstillstand sind damals pure Elemente des politischen Kalküls. Wallenstein will den Frieden im Reich wegen des skizzierten Schlußstücks des Brucker Konzepts.

Vor Itzehoe informiert ihn Questenberg von den neuen Gesprächen mit der Türkei. Die Hofburg hatte schon früher Wallenstein um sein Gutachten gebeten. Wallenstein rät dringend, mit den Türken nicht vorschnell zu paktieren, denn »die Türken werden sehen, daß unsere Sachen in besseren terminis stehen als vor einem Jahr, dahero sie dann auch ihre prahlerischen Drohungen einschränken werden«. Wallenstein rät, mit dem Serail nur einen Waffenstillstand abzuschließen, dafür aber schleunigst mit Dänemark, das heißt: im Reich zum Frieden zu kommen und dann sofort »das Kriegsvolk gegen den Türken zu wenden«.

Von jetzt ab kommt er immer wieder auf diesen Plan zurück, geduldig, gelassen, beschwörend, er trägt ihn bei jeder Gelegenheit vor, er steht hinter allen militärischen Maßnahmen, die er durchführt oder überhaupt bedenkt. Er bespricht das Projekt mit dem Kaiser, immer wieder, er spricht mit dem Papst, beratschlagt mit Caraffa, gewinnt dafür Collalto, Tilly, Pappenheim. Wallenstein rechnet damit, daß bei einem Feldzug gegen Konstantinopel das Reich eine stattliche Kontribution beisteuern wird. Was ahnt er hier? 1683 besteht das vereinigte Heer, das in der großen Schlacht am Kahlenberge Wien vor den Türken rettet, zu fast zwei Dritteln aus Reichstruppen, der Rest sind Habsburgs Regimenter.

Wallenstein bedrängt den Kaiser, er soll sich schnellstens mit Dänemark arrangieren: »Man schmiede das Eisen, weil's warm ist und mache jetzt Frieden. Unsere Sachen werden nicht in solchen guten terminis auf die Dauer bleiben können, dagegen aber haben sich die des dänischen Königs noch nie in so argen befunden.«

Das türkische Unternehmen ist keine isolierte Sache Habsburgs. Es betrifft alle christlichen Staaten Europas, ohne Unterschied der beiden Konfessionen, die sich jetzt bis aufs Messer bekriegen, es betrifft Polen genauso wie die Generalstaaten, den Papst genauso wie England. Mit der Türkei wird nicht nur der mächtigste weltliche Gegner des Kontinents fixiert, wird kein bloßer Staat in die Schranken gefordert, sondern wird der Erbfeind christlichen Namens, der Islam, bekämpft. Wenn Religionskrieg – sind solche Fronten überhaupt noch sinnvoll? fragt Wallenstein –, dann nicht als Selbstzerfleischung, nicht als Kampf der Großen Hure Babylon, wie Luther die Mutterkirche Rom beschimpfte, um den »germanischen Tumult« niederzuknüppeln, wie es ein päpstlicher Legat sah.

Der Türkenplan Wallensteins greift den habsburgischen Universalismus, die Vorstellung des Weltkaisertums aus dem 16. Jahrhundert auf, ohne alle Kreuzzugsambitionen freilich. Er nimmt aber auch die Konstellationen Habsburger Politik und Habsburger Not der kommenden Jahrzehnte vorweg, er bezieht sich auf die Fronten des Großen Türkenkriegs im ausgehenden 17. Jahrhundert. Schon Jakob I. von England warnt zu Beginn des Krieges im Reich: »Sieger und Besiegte werden am Ende nur eine Beute der Muhammedaner!«

Durch den orientalischen Feldzug will Wallenstein aber nicht nur die christliche, nicht nur die kaiserliche Autorität befestigen. Es kommt ihm nicht darauf an, daß Habsburg erst dann »den Erdball unter den Füßen hat«, wenn das türkische Genick unter dem kaiserlichen Absatz liegt. Mit den christlichen Vorzeichen ist schon Karl V. bei seiner Türkenkampagne in Algier gescheitert; die Generale fragen ihn, wer das Kommando erhält, der Kaiser reckt ihnen sein Kruzifix entgegen: »Der da, und ich bin sein Fähnrich.« Nein, Wallensteins Offensive in den Südostraum soll nicht die mittelalterliche Kreuzzugsidee in die Neuzeit auswalzen.

In seinem orientalischen Projekt konzentriert sich vielmehr die überlegene Einsicht, daß die Schwergewichte österreichischer Politik, und das heißt damals: deutscher Reichspolitik, im Südostraum liegen und daß der einzige wirkliche Gegner des Kontinents, Frankreich nämlich, nicht in der Picardie und nicht in Bourgogne zu schlagen ist, sondern vor Temesvar, Niš und Sofia, an der Maritza und dem Bosporus. Und so wird denn auch bald genug der Sultan, als die Türken gegen Habsburgs Grenzen stürmen, als Ludwigs XIV. »großer Kettenhund in Konstantinopel« bezeichnet.

Nicht nur die folgenden Türkenkriege, auch das 19. Jahrhundert hat Wallenstein bestätigt. Die erste Blickrichtung Habsburger Politik visiert hinüber zum Serail. Bismarck, unter der Siegesfahne des Nationalismus, dieses erfolgreichsten Irrtums der neuzeitlichen Geschichte, drückt es negativ aus, wenn er vor Habsburg die Tür zum Heidehaus der deutschen Einheit zusperrt und den Donauraum als natürliches Feld und Interessengebiet österreichischer Politik und Staatskunst bezeichnet.

In Wallensteins Südostplänen gewinnt ein Zauberbild reale Umrisse, das schon fünfzehn Jahre früher Collalto im Auftrag des Kaisers Matthias dem Papst zu skizzieren versucht hat. Collalto soll Paul V. zu Subsidien für einen Türkenkrieg überreden. In der Audienz macht Collalto den Heiligen Vater darauf aufmerksam, daß die Türken zur Zeit versuchen, Siebenbürgen gänzlich zu verschlucken. Der Kaiser sei deshalb zu Rüstungen gezwungen. Entweder bringe er aus eigener, das heißt aus katholischer Kraft, ein Heer auf die Beine, oder er müsse seine protestantischen Fürsten um Hilfe bitten. In diesem Fall wären allerdings die Ketzer Herren in seiner Armee. Würde jedoch Seine Heiligkeit und würden die anderen christkatholischen Fürsten dem Kaiser helfen, dann wäre nicht nur die Bekämpfung der Türken einfacher, sondern das Heer könnte sich auch gegen die Feinde im Reich mit »ganz wunderbaren Wirkungen« wenden. Der Moment dafür sei besonders glücklich, denn die Übergriffe der Türken seien ein glänzender Vorwand, nach beiden Seiten zu rüsten, ohne die Ketzer mißtrauisch zu machen.

Der Papst war absolut der gleichen Meinung wie der Kaiser, er war mit der

Situationsanalyse Collaltos genauso einverstanden wie mit den dargestellten Zielen. Nur sein Geld, das benötigte er für sich.

Dieses Heer, so wie es Collalto projektiert, hat Wallenstein jetzt auf den Beinen. Er hat auch die Zustimmung des Papstes – ohne päpstliches Geld; er hat die Zustimmung des Kaisers – ohne Geld aus Habsburgs Kassen. Im September 1627 antwortet er auf die Klagen über die ständige Vergrößerung der Armee, wehrt sie energisch als eine Belästigung ab, die allmählich langweilig werde, und entwickelt dem Kaiser ausführlich die Grundlinien der künftig notwendigen Politik. Der Kaiser antwortet in einem langen Schreiben höchst wohlwollend, die Türkenfrage stellt er aber wegen des soeben bestätigten Friedens mit Konstantinopel zurück.

Wallenstein greift das Thema erst wieder im persönlichen Gespräch mit dem Kaiser auf, mit Erfolg, schon im Januar 1628 versichert er Arnim, daß nach dem Friedensschluß mit Dänemark »der Kaiser und die ministri gern die Waffen gegen den Türken wenden wollten«. Schon am 20. März kann er entschieden und voller Genugtuung an seinen Stellvertreter im Reich schreiben: »Aus des Herrn Schreiben vernehm ich, was er mir wegen des Friedens im Reich und des Reichskrieges wider den Türken schreiben tut. Nun versichere ich, daß ich mir dies Werk so hoch angelegen sein lasse, als einige Sach in der Welt, und obzwar nicht alle bei Hof solches gern sehen, so hab ich doch mit Gottes Hilfe die Schwierigkeiten überwunden und Ihro Majestät und alle Ministros dahin gebracht, daß sie sich meinen Vorschlag nicht allein gefallen lassen, sondern auch mit allen Kräften sekundieren.«

Wallenstein weiß, welche Schwierigkeiten sich dem Frieden mit Dänemark noch entgegenstellen werden, aber er glaubt, daß er diese diplomatischen Hindernisse nehmen kann, denn der Kaiser hat ihm Vollmacht für die Gespräche mit Christian gegeben. Der Friede mit ihm ist die wichtigste Bedingung: »Auf den Schweden muß man Achtung geben, denn auf sein Trauen und Glauben muß man kein Fundament machen, und wenn wir uns nach dem Orient gewendet haben, wird er nachher uns im Reich beschmutzen.«

Während die Friedenstraktate mit Dänemark vorbereitet werden, bricht er Ende 1628 vor seinem Feldmarschall in den Stoßseufzer aus: »Ich überschicke dem Herrn auch, was des Kaisers orator der Pforte avisieren tut. Gott gebe, daß wir dahier Friedt machen und dem Türken auf den Hals ziehen.«

In den nächsten Monaten sieht es aus, als hätte das Projekt das Stadium des Projektierens allmählich hinter sich. Auch Collalto rechnet im Frühjahr 1629 damit, daß nach einer Befriedung Italiens der Feldzug gegen die Türkei eröffnet werden kann. Ebenso Pappenheim. Dieser glanzvolle Reiterführer, der Wallenstein ohne Vorbehalte, geradezu überschwenglich bewundert und verehrt, brennt auf den türkischen Feldzug. Im Februar 1629 hört er in Wien »mit hunderttausend Freuden, daß der Fried mit dem Türken hinke, ja gleichsam schon allerdings zerbrochen sei«. Sollte das zutreffen, dann sieht Pappenheim darin eine ganz besonders »gnädige Providenz und Schickung Gottes, auf daß Ihre Kaiserliche Majestät, nachdem Sie nunmehr ganz Deutschland unter Ihren Gehorsam gebracht, wider den Erbfeind zu wenden justum titulum haben können«.

Zwei Monate später trifft Wallenstein mit Tilly zusammen, er entwickelt ihm seine Vorstellungen, Tilly stimmt ihm sofort zu, Wallenstein berichtet dem Präsidenten des Hofkriegsrats: »Jetzt hab ich lang mit dem Grafen von Tilly vom ungarischen Krieg diskuriert und bin zuletzt auf unser Propositum, wider den Türken zu kriegen, gekommen. Er hat gleich mit Händen und Füßen drein geplatzt und sagt, das wäre eine leichte und nützliche Impresa. Ich hab ihm gesagt, wie wir vorm Jahr vermeint haben, die Disposition zu machen, er approbiert's. Noch heuer könnten wir einen Anfang in Mazedonien und Albanien machen.«

Ein rascher, gründlicher Friede im ganzen Reich wird für Wallenstein um des türkischen Feldzugs willen geradezu eine Zwangsvorstellung.

Mit Tilly ist sich Wallenstein darüber einig, daß es dabei überhaupt keine militärischen Schwierigkeiten gibt: »Denn wie wir miteinander alles konferiert, haben wir nichts Schwereres in derselben Impresa gefunden, als justam causam belli.« Zieht die Armee endlich gegen die Türkei ins Feld, »wollen wir mit Gottes Hilfe gewiß unserm Kaiser die Konstantinopolitanische Kron in drei Jahren auf den Kopf setzen«.

Ein großes Wort. Aber in diesen Monaten sieht es ganz danach aus, als müßte sich der kaiserliche Adler bei seinem Flug über Europa an steilere Höhen, fernere Grenzen, größere Worte gewöhnen. Ferdinand kann sich auf den Spuren des Weltenkaisers Karl V. sehen. Und Wallenstein ist der Feldherr Habsburgs, für den es bis dato noch nichts Unmögliches gegeben hat. In dieser Phase des ganzen Krieges muß jeder Erfolg das Ziel von sich aus weiter stecken. Habsburgs Macht hat ihre Basis jetzt im Reich gefunden, dieses Fundament aber ist kein Ruhepunkt, die Autorität Habsburgs läßt sich nur sichern, wenn die große Wunde an der ungarischen Flanke ausgeheilt wird. Wallensteins Blick richtet sich deshalb von den Grenzen Jütlands aus zwangsläufig dahin. Die türkischen Pläne des Herzogs sind durchaus nicht nur als fantastisches Korrelat zu den Grenzen der faktischen Möglichkeiten einzuschätzen, denn der weltpolitische Horizont hängt nicht von den Kilometern zwischen Skagerrak und Goldenem Horn ab.

Der Wallenstein des Türkenplans treibt sachliche Reichspolitik. Niemals ist

Habsburg so sehr identisch mit dem Reich wie damals, kurz vor dem Friedensschluß mit Dänemark, kurz vor der Durchführung des Restitutionsedikts. Wallenstein sieht es klar. Der Osten Habsburgs, der Osten des Heiligen Römischen Reiches, ist nicht die ungarische Eiterbeule, sondern die ungeheure Türkengrenze, die sich als riesenhafter Hieb vom Dnjepr quer durch den Balkan bis zur Adria zieht. Befriedung dieser Grenze heißt ihrer Herausforderung zu antworten. Für Wallenstein gehört sie zu der besonderen Sorte unsichtbar drängender Realitäten, von denen es mehr gibt, als die Idealisten glauben und die Realisten ahnen. Habsburgische Reichspolitik hat sich nicht durch religiöse Pressionen im Metzelstil der Bilderstürmer zu bewähren, sondern in Sichtweite der roten Janitscharenfahnen mit den drei goldenen Halbmonden.

Der Kaiser hat mehr Sinn für den Schimmer, der dieses Konzept überglänzt, als für seine machtpolitische Wirklichkeit. Für ihn ist nur das real daran, was katholische Politik bedeutet. Und dieser Anteil ist gering im Vergleich zu dem, was Ferdinand, im Nachtrab zu den Wallensteinschen Waffen, mit Hilfe seiner katholischen Fürsten im Deutschen Reich scheinbar mühelos verwirklichen kann. Ferdinand ist der konservative Herrscher schlechthin. Gerade daß er nicht, wie Tilly, mit beiden Füßen in das Projekt springt, mit beiden Händen zufaßt, beweist, wie wenig es sich bei der Türkenpolitik Wallensteins um eine Neuauflage der überholten Universalpolitik Karls V. handelt.

Wallensteins Antwort auf die Südostprovokation der Pforte ergibt sich schlüssig aus den Voraussetzungen und Zielen seiner Reichspolitik. Wallenstein will Einheit im Reich, er will eine geeinte Christenheit, er will ein Reich in festgefügten, sicheren Grenzen. Die offene Grenze im Südosten ist das ständige Menetekel, an ihr zeigt sich seit Jahrzehnten die Ohnmacht Habsburgs und des Reiches. Von jetzt ab soll sich dort ihre Macht bewähren. Der Feldherr des Kaisers ist zugleich der einzige Staatsmann, den Ferdinand jemals gehabt hat. Denn Wallenstein weiß, daß der Kampf um die Führung Europas sich nicht im Zentrum entscheidet, nicht zwischen den Gegnern Frankreich und Habsburg, sondern an Österreichs gefährdetster Stelle ausgetragen wird. Die Kraft eines Staates bemißt sich nach der Schwäche seines locus minoris resistentiae. Das gilt es auszuheilen. Europa muß dann sehen, was sich noch dem Sog des habsburgisch-deutschen Großreichs entziehen kann.

Wallenstein geht es dabei nicht um Expansion, sondern um Sicherheit. Ausgleich und Ordnung stehen Pate bei Wallensteins großräumiger Politik. Das meiste dieses bedeutendsten staatsmännischen Entwurfs des Krieges bleibt Plan. Um kleinere Wünsche schneller zu befriedigen, dürfen Zwist und Unordnung die Frucht der nächsten Jahre aus der Taufe heben. Spätere Epochen werden ihre eigene Antwort auf die Türkenfrage geben müssen, und das in einer Situation, in der von einer »leichten Impresa« keine Rede mehr ist.

Der Siegeszug Wallensteins bis hinauf nach Jütland, die schnelle Eroberung des ganzen norddeutschen Raums ist ein militärischer Erfolg mit einem überragend politischen Charakter. Die glänzende Außenhaut des staunenerregenden Triumphs blendet allerdings so stark, daß Europa nicht sieht, wie sehr sich das Zerwürfnis der Partner, des Kaisers und der Liga, durch diesen Sieg steigert. Die bayerisch-ligistische und die kaiserliche Politik schlagen 1627 gerade wegen der gemeinsamen militärischen Erfolge Bahnen ein, die schroff auseinanderlaufen.

Kein einziger Streitpunkt läßt sich ohne weiteres erledigen. Er läßt sich nicht einmal ohne weiteres diskutieren. Schon die Vorwürfe gegen Wallenstein, die auf dem Ausschußtag der Liga im Februar 1627 anläßlich des Brucker Berichts so laut dem Kaiser vorgetragen werden, sind zwar in der Form entschieden und nachdrücklich, aber keiner der fäusteschwingenden Ligisten beantwortet ebenso entschieden die Frage, was denn der Kaiser eigentlich tun soll. Die Klagen über die Exzesse kaiserlicher Truppen können die Wiener Hofräte mit leichter Hand durch eine Gegenrechnung über die Exzesse der ligistischen Truppen übertrumpfen.

Der Gegensatz zwischen ligistischer und kaiserlicher Politik verzichtet bald auf das Feigenblatt dieser Vorwürfe. Er wird durch die Assistenz der entmachteten protestantischen Kurfürsten und Herren doppelt gefährlich. Greifbar, sichtbar ist er in dem Kampf zwischen Maximilian und Wallenstein, der jetzt sein öffentliches Stadium erreicht. Der Bayernherrscher darf mit der Hilfe aller deutscher Fürsten von Breisach bis Königsberg rechnen, wenn er versucht, diesen böhmischen Baum zu fällen, dessen Schatten jetzt auf jedem Territorium des Reiches liegt.

Die Fehde zwischen Maximilian und Wallenstein ist weit mehr als ein persönlicher Kampf, der privatem Ehrgeiz, privater Machtlust, privater Eifersucht entspringt. Aber Ehrgeiz, Machtlust, Eifersucht geben ihm die rote Farbe. Seit dem frisierten Brucker Bericht wird Maximilian den Alptraum einer unaufhaltsamen Stärkung des Kaisers nicht mehr los, einer Machtvergrößerung mit der klaren Richtung auf absolute Gewalt in Deutschland. Auf dem Weg dorthin muß Etappe für Etappe ein Stück reichsständischer Autonomie nach dem andern verlöschen. Das wird und muß auf Kosten des bayerischen Übergewichts gehen. Maximilian bekommt ein nervöses Lidzukken, wenn er sich erinnert, wie der kaiserliche Feldherr mit dem General seiner Liga schon umgesprungen ist: »Von General Tilly hab ich in nichts, keine einzige Assistenz, denn er tyrannisiert mich, wie sein Prinzipal Maximilian unsern Herrn, den Kaiser tyrannisiert.« Niemals aber wird der Bayernfürst die höhnische Bemerkung des friedländischen Herzogs vergessen: »Der Herr Tilly ist der bayerischen Commissari Sklave. Wegen der Geduld, die er mit denen Hundsföttern muß haben, wird er bei Gott coronam martyri erlangen.«

Maximilian nimmt jedes Wort Wallensteins für bare Münze. Vor allem, wenn es seinen Haß stärkt. Und nicht nur die Worte tun das, auch die Ereignisse. Der Feldherr ist der einzige Fürst in diesem Europa, dessen Macht und Einfluß seit Jahren wie ein reißender Strom wächst. Wenn Maximilian am Jahresende 1627 die Karte des Heiligen Römischen Reiches studiert, dann sieht er fast bis auf den Quadratkilometer genau diejenigen seiner Befürchtungen verwirklicht, die ihn nicht erst seit dem Brucker Bericht quälen.

Andererseits zeigt das gleiche Jahr, daß kaiserliche Politik in der Religionsfrage noch weit rücksichtsloser ist als ligistische Politik. Katholische Restauration ist Schlachtruf und Stoßgebet Ferdinands. Und hier hat der Kaiser keinen größeren Gegner als Wallenstein. Für den Herzog steht dabei nicht das religiöse Moment und das religiöse Problem im Mittelpunkt, sondern er entsetzt sich vor den politischen Konsequenzen der Rekatholisierung, besonders den außenpolitischen. Wird die Rekatholisierung offiziell, dann wird der Krieg zum europäischen Religionskrieg.

Das ist er bis jetzt noch nicht, der Kaiser hat Wallenstein ausdrücklich mit der Instruktion ins Reich geschickt, den Gegnern bei ihrem Kampf den Vorwand, den »Prätext der Religion zu nehmen«. Wallenstein befürchtet das direkte Eingreifen Gustav Adolfs, wenn Dänemark nur das Schwert aus der Hand genommen wird, damit die Jesuiten in Norddeutschland ihre unblutigen Schwerter zur Hand nehmen können.

Dieses Risiko ist um so größer, als Gustav Adolf noch ein Bündel anderer Motive hat. In Bruck hat Wallenstein über diese Gefahr gesprochen, die schon seit Jahren aus Schweden droht. Der Konferenzbericht hat auch das unterschlagen. Ebenso drängen die Erfolge des Königs im polnischen Raum Wallenstein dazu, auf einer Vergrößerung des kaiserlichen Heeres bis zur Mobilisierung der äußersten Mittel zu bestehen, weit mehr Regimenter aufzustellen, als bei vorsichtiger Abschätzung der Stärke Christians von Dänemark nötig sind.

Während der Erfolge Gustav Adolfs in Polen 1625 und 1626 haben nur zwei das ganze Ausmaß der schwedischen Gefahr begriffen, Wallenstein und die Spanier. Wallenstein rechnet schon für den Sommer 1626 mit einem Angriff Schwedens gegen die Küste Pommerns, und zwar von Land aus – die schwedischen Truppen stehen westlich von Danzig praktisch in Sichtweite der Grenze Pommerns, aber auch von See aus. »Lassen wir den König von Polen im Stich«, so schreibt er damals, »dann haben wir hinterher am Schweden einen ärgeren Feind als am Türken.« Eine seiner ersten Maßnahmen 1627 ist die Abkommandierung des Regiments Holstein nach Polen.

Die Aufmerksamkeit der Spanier ist anders motiviert. Madrid versucht seit langem, sich in die Nord- und Ostsee vorzutasten. Mit wenig Erfolg. Wenn Schweden jetzt in der Ostsee ein derartiges Übergewicht bekommt, wie es sich durch die Kriegserfolge Gustav Adolfs schon abzeichnet, dann ist dem maritimen Großprojekt Spaniens endgültig die Basis zerschlagen. Der Escorial beginnt deshalb im Herbst 1626 mit Wallenstein und mit Polen zu verhandeln. Die Spanier können sich zwar durchaus nicht mit allen politischen und militärischen Vorstellungen Wallensteins befreunden, sie wissen aber auch, daß nur der Herzog von Friedland den Kaiser an die Küsten Norddeutschlands führen kann.

Um die Zeit der Brucker Konferenz klopft deshalb der spanische Gesandte in Wien, der Marquis von Aytona, wegen der gemeinsamen Seemachtspläne bei Wallenstein an. Er bezieht sich auf den Brief, den die Infantin Isabella schon am 9. September 1626 an Wallenstein geschrieben hat. Es geht um die Besetzung der wichtigsten Hafenplätze in Pommern durch kaiserliche Truppen. Wallenstein ist damit grundsätzlich einverstanden, zwar nicht mit der Detailfrage Pommern, aber mit der weitgreifenden und weiträumigen Konzeption, einem Plan mit geradezu ungeheuerlichen Perspektiven, wenn man bedenkt, daß Habsburg hier zum ersten und damit aber auch schon zum letzten Mal in der Geschichte so dicht, wie es sich Wien nur in den exzessivsten Träumen wünschen kann, vor der reellen Möglichkeit einer fundierten Seemachtstellung befindet.

Habsburgs maritime Pläne haben ihre Vorgeschichte. Wallenstein weiß sich hier vollständig einig mit dem Chefberater des Kaisers, dem Fürsten Eggenberg. Am 26. April 1625 stellt Graf Georg Ludwig von Schwarzenberg, kaiserlicher Obersthofmarschall, beim Kaiser den Antrag, zwei Hafenplätze in Ostfriesland und die Inseln vor der Elbmündung besetzen zu lassen, um das Handelsmonopol der Holländer zu brechen und dem Reich eine eigene Verbindung nach Indien zu ermöglichen. Das Gutachten Eggenbergs vom 23. Mai 1625 unterstützt nachdrücklich den Schwarzenberg-Plan, der Fürst hält das Projekt für Habsburg und das Reich »rühmlich, nützlich, ja notwen-

dig und, wie ich cum pia submissione dafür halte, von Gott eingegeben«. Eggenberg beginnt bei der Vorstellung zu schwärmen:
»Rühmlich: Wüßte ich nicht, was Euer Majestät Rühmlicheres sein könnte, als wenn unter Ferdinand II. der kaiserliche Stander auf dem Meere sich sehen läßt – so zuvor aus der Menschen Memori, ja fast aus der Bücher Gedächtnis gekommen. Nützlich: Wo ist der Nutz, wo sind die Reichtümer anders, als wo die Navigation ist? Notwendig: Wie kann das Haus Österreich seinen Feinden, Mißgünstigen, welche es fast ganz in den Notfall gebracht, leichter widerstehen als durch die Macht auf dem Meer, welche allein mächtig und kräftig ist, die Korrespondenz des Hauses zu erhalten, die weit entlegenen und disuniierten Potentias derselben zu uniieren und allen anderen Potentaten Leges zu geben?«
1625 fehlen alle Voraussetzungen für eine Realisierung. Wallenstein hat mit Eggenberg über eine mögliche Ostseepolitik Habsburgs ausführlich gesprochen, in Rendsburg kommt Schwarzenberg zu ihm, beide verstehen sich auf den ersten Blick, Schwarzenberg ist von dem Herzog fasziniert, er schreibt nach der Audienz an seinen Freund Khevenhüller, damals österreichischer Gesandter in Madrid: »Man vertraue sich Ihrer Fürstlichen Gnaden von Friedland, dessen Eifer größer ist, Ihrer Majestät Hoheit, Nutzen und Aufnehmen zu fördern, als Ihr Euch Herren tut einbilden.«
Wallenstein sieht alle Konsequenzen voraus, die sich aus der habsburgischen Präsenz an den Küsten beider Nordmeere ergeben. Wenn Habsburg Hoheitsrechte in der Ostsee wünscht, muß es mit Schweden zusammenstoßen. Wallenstein ist daran nicht interessiert, aber er muß die schwedische Frage erledigt haben, bevor er das türkische Projekt weitertreiben kann. Deshalb entwickelt er einen Plan, der im Ansatz so großartig und in den Details so durchdacht ist, daß ein englischer Historiker des letzten Jahrhunderts dazu verführt wurde, ihn dem Rang nach Napoleons Kontinentalsperre zur Seite zu stellen.
Wallenstein will in den Besitz sämtlicher Ost- und Nordseehäfen kommen. Er will die Häfen befestigen, relativ freien Zugang hätte er zu Pommern und Mecklenburg. Hier beginnt er schon, kaum daß er im Land ist; er schreibt an Arnim: »Der Herr sehe auf alle Mittel und Wege, wie er es dazu wird bringen können, daß Rostock und Wismar Garnisonen annehmen.« Wallenstein läßt keinen Küstenplatz aus. Aber er hat keine Schiffe, er hat keine Zeit, um den Neubau abzuwarten. Lübeck verspricht ihm achtzehn Orlogschiffe, der König von Polen vierundzwanzig. Wallenstein rechnet damit, »daß auf den Sommer wir sehr stark zu Wasser sein werden«.
Dazu muß er aber an der Küste sehr stark sein. Und da sieht es gut aus: zehn Regimenter Wallensteins sind im November 1627 in Pommern einmar-

schiert, die Inseln Poel und Rügen sind besetzt. Balken bekommt das Wasser der See aber erst durch eine Abstimmung mit den Hansestädten. Die großen Zeiten der Hanse sind zwar längst vorbei, aber ihre Schiffe sind noch da. Sie müßten nur den kaiserlichen Stander tragen. Wallenstein hofft auf die kaufmännische Vernunft: Mit einer Kriegsflotte könnte er Schweden in der Ostsee einschließen und Holland davon ausschließen. Die Hanse soll dafür auf Kosten der Niederländer das Monopol im spanischen Handel zwischen dem Reich und Südamerika erhalten. Spanien ist damit einverstanden, Wallenstein trägt schon im November 1627 dem General Spinola seinen Plan vor, mit einer habsburgisch-spanischen Flotte die dänischen Inseln anzugreifen und zu besetzen.

Alles hängt davon ab, ob die Hanse zustimmt, ob sie Schiffe stellt. Die Verhandlungen führt Schwarzenberg, leider, denn er führt sie so, daß mehr hansisches Porzellan zerschlagen wird, als vorhanden ist. Wallenstein erklärt, mahnt, beschwört, daß man mit den Hansestädten »Moderation und Glimpf gebrauchen muß« und sie auf keinen Fall »durch Schärfe in Desperation bringen« darf. Schwarzenberg ist aber nicht der »diskrete Kavalier«, für den ihn Wallenstein anfangs hält. Der Feldherr empört sich bald über »die Wäsch, die der Graf von Schwarzenberg angericht hat«. Schwarzenberg treibt durch seine »närrischen Vorschläge, Ridenzen und Chimären« die Hansestädte fast bis zur öffentlichen Rebellion: »Drumb bitt ich, man removiere ihn von dannen.«

Schwarzenberg wird abberufen, die Seestädte aber sind jetzt so empfindlich wie noch nie, von einer freiwilligen Übergabe ihrer Schiffe ist vorerst keine Rede mehr, die besten Chancen im Kampf um das Dominium Maris Baltici sind zerstört. Wallenstein versucht zwar in den nächsten Monaten alles, um eine eigene kaiserliche Seerüstung durchzubringen, aber Ende 1628 hat er erst fünf kampffähige Schiffe und Mitte 1629 etwas mehr als zwanzig; der Großteil stammt vom polnischen König.

Der Friedensschluß mit Dänemark nimmt dem Schwedenkönig ein wenig das Gefühl der Bedrohung. Wallenstein bringt es bis zu diesem Zeitpunkt auch fertig, die Beziehung zu den Hansestädten außerordentlich zu verbessern, er verhandelt mit ihnen behutsam, geduldig, großzügig. Der Herzog läßt es nicht bei Worten, am eindrucksvollsten ist für die deutschen Kaufleute, daß er ihre Freiheit absolut respektiert, daß er schon vor dem Friedensschluß auch ihren Handel mit Dänemark und Schweden ausdrücklich schützt.

Wallenstein setzt diese Handelspolitik auch gegen die spanischen und die Wiener Vorstellungen durch, er vertritt sie sogar mit Gewalt. Er betrachtet die

Hansestädte nicht mehr wie anfangs als bloße Gehilfen und Werkzeuge, sie verwandeln sich für ihn binnen weniger Monate zu den wichtigsten Stützen kaiserlicher Macht an der Nord- und Ostsee, und notabene seiner eigenen Macht in Mecklenburg, in Norddeutschland. Das ist so weit gegangen, daß er in der ersten Hälfte des Jahres 1630 schließlich die Seehandelsprinzipien und die ganze Position hanseatischer Politik akzeptiert und damit kurz davor steht, mit ihnen endlich einen Akkord für die kaiserliche Seeposition zu finden.

Was den Ligisten auf dem Würzburger Treffen im Februar 1627 nicht gelungen ist, versuchen die Kurfürsten auf einer neuen Versammlung im Herbst 1627 noch einmal durchzusetzen. Die Vorwürfe gegen das kaiserliche Heer und seinen Führer werden immer stärker vom Verlangen der Reichsstände überwuchert, endlich wieder ihren alten Einfluß auf den Krieg und die Politik im Reich zu gewinnen.

Am 18. Oktober 1627 wird der Kurfürstentag in Mühlhausen eröffnet. Man darf die Wahl des Orts durchaus symbolisch sehen: Die alte Reichsstadt in Thüringen – Ort eines Königshofes, einer kaiserlichen Burg – war einmal nahezu ein Zentrum des Reichsgedankens. Sämtliche Kurfürsten des Reiches wollen in diesen Oktobertagen in Mühlhausen feststellen, was ihnen für das Interesse und die Rechte des Reichs am vordringlichsten erscheint.

Besonders wichtig ist die Anwesenheit Johann Georgs von Sachsen. Der Kurfürst hat dafür zwei wichtige Gründe: Er will lautstark in die Klagen über die Einquartierung kaiserlicher Truppen einstimmen und er will unbedingt an den Friedensverhandlungen mit Dänemark teilnehmen, die vor der Tür stehen.

Ungünstig für ihn, daß ein anderer nicht vor der Tür steht, sondern dicht neben ihm an der Spitze des Kurfürstenkollegiums, der Erzbischof von Mainz und Reichserzkanzler Greiffenklau. Ihn verbindet eine solide, durch die Jahre bewährte, unzertrennliche Feindschaft mit Friedrich von der Pfalz, für ihn sehnen sich die protestantischen Gebiete im Reich seit Jahren nur danach, endlich rekatholisiert zu werden, und dazu gehören auch etliche sächsische Territorien. Außerdem, und das bedeutet für die Versammlung eine säuerliche Ehre, sind die Wiener Hofräte klug genug gewesen, dem Kaiser zu raten, einen eigenen Gesandten nach Mühlhausen zu schicken, den Reichsvizekanzler und Vizepräsidenten des Wiener Hofrats, Stralendorf – kein Freund Wallensteins, aber absolut kaisertreu. Persönlich sind außerdem nur die Kurfürsten von Mainz und Sachsen erschienen; Bayerns Vertreter ist sogar ohne Instruktion anwesend.

Der Kurfürstentag soll beim Kaiser eine Reduzierung der Wallensteinschen

Armee erzwingen. Die Aussichten dafür sind schlecht. Bayern ist plötzlich sanft und flügelmatt, es sekundiert den Angriffen auf Wallenstein und den Kaiser mit unverbindlicher Routine. Nicht, weil Wallensteins Regimenter mitten in ihrem norddeutschen Siegessturm sind, sondern weil Maximilian und Ferdinand soeben das letzte Kapitel des Fortsetzungsromans besprechen, der mit der geheimen Übertragung der pfälzischen Kur begonnen hat. Eine Hand wäscht die andere; der Effekt ist um so größer, je schmutziger die Hände sind.

1623 ist dem Bayernfürsten die pfälzische Kur zwar einigermaßen rechtskräftig übertragen, aber er ist damit nur persönlich belehnt worden. Außerdem sind die pfälzischen Gebiete, die er besetzt hält, noch nicht offiziell in bayerisch-kurfürstliches Eigentum verwandelt. Der Kaiser ist zwar schon längst dazu bereit, die Oberpfalz Maximilian zu überlassen, der Vetter müßte sich nur endlich aus Oberösterreich zurückziehen und alle weiteren Schuldforderungen Habsburg gegenüber streichen. Maximilian genügt die Oberpfalz allerdings nicht. Der Kaiser – wie immer nachgiebig, charmant, bequem – ist schließlich dazu bereit, Maximilian die Rheinpfalz zu überschreiben.

Als letzten Trumpf repräsentiert der Bayernfürst dem Kaiser ein Versprechen, das er schon 1623 in Regensburg dem Kaiser abgerungen hat, nämlich die »geheime Assekuration« über »die Kontinuation der Kur« in seinem, dem bayerischen Haus. Das liegt schon vier Jahre zurück, und ausgerechnet einen Monat bevor die Versammlung in Mühlhausen beginnt, fällt Maximilian diese Geheimzusage des Kaisers von 1623 wieder ein. Ein doppelter Zufall, daß er Ferdinand soeben erst versprochen hat, sich in Mühlhausen gegen die unwilligen Kurfürsten für die kaiserliche Autorität stark zu machen. Als sich der Kaiser bedankt, erinnert ihn Maximilian an die erbliche Kur. Vorbildlich wird das Doppelzungenspiel Maximilians aber erst in Mühlhausen: Er läßt seine Gesandten in das allgemeine Klagelied mit einstimmen; Bayern unterschreibt auch die große Beschwerdeschrift, gleichzeitig aber schickt er einen Sondergesandten in die Hofburg, der das bayerische Verhalten in Mühlhausen kommentiert und koloriert.

Sofort nach dem Kurfürstentag beginnen die Verhandlungen über die Pfalz, das heißt über den geeigneten Modus, das Versprechen des Kaisers einzulösen. Am 22. Februar 1628 schließt Trauttmansdorff mit Maximilian in München einen Vertrag. Der Kurfürst verzichtet endgültig auf den Pfandbesitz Oberösterreichs und erhält dafür die Oberpfalz und alle rechtsrheinischen Gebiete der Unterpfalz. Der Kaiser stellt eine Lehensurkunde über die Kurwürde aus, in der das Erbrecht der gesamten Wilhelminischen Linie der Wittelsbacher festgestellt wird.

Maximilian ist damit am Ziel seiner Wünsche, oder vielmehr: fast am Ziel seiner vorläufigen Wünsche. »Fast« deshalb, weil der Kaiser die erbliche Übertragung der Kur gegenüber den protestantischen Fürsten noch geheimhalten will. Als ihn der Bayernfürst im Juni 1628 darum bittet, seinen Entschluß den Kurfürsten von Sachsen und Brandenburg mitzuteilen, lehnt der Kaiser ab. Es dauert noch Jahre, bis in Deutschland bekannt wird, daß Maximilian auch das erreicht hat, was 1623 in Regensburg durch den entschlossenen Widerspruch der Protestanten vorerst verhindert worden ist.
In der Münchner Residenz schildert ein riesiges Freskogemälde, wie Maximilian im Jahre 1628 die erbliche Kur in einem repräsentativ pompösen Akt feierlich übertragen wird. Von diesem Bild stimmt nur das Jahr 1628, denn die Kur ist nicht feierlich, sondern schriftlich übertragen worden, und auch nicht repräsentativ pompös, sondern stückchenweise, in kleisterartig zähen Verhandlungen.

Die Mühlhausener Beschwerdeschrift verlangt auch eine Änderung der Armeeführung, eine Umgestaltung des ganzen kaiserlichen Heeres. Dieser Passus der Schrift zeigt die Frostgrade, auf die sich das Verhältnis zwischen Kaiser und Reichsständen inzwischen abgekühlt hat.
Der Kaiser erhält das Dokument in Prag. Seit dem 10. Oktober bereitet er dort alles vor, um seinen Sohn und Nachfolger auch zum böhmischen König krönen zu lassen – ungefähr im gleichen Augenblick, als ihn die Beschwerden seiner Fürsten erreichen. Die Krönung Ferdinands III. zum böhmischen König bedeutet für den Kaiser einen der glanzvollsten Höhepunkte seines Lebens. Ein paar Wochen später, am 19. Dezember, trifft Wallenstein in Brandeis an der Elbe nahe von Prag ein, wo der Kaiser hofhält.
Ferdinand und Wallenstein sind zwei Tage zusammen. Der Feldherr hätte sich keinen besseren Empfang bestellen können, als ihn der Kaiser beschert. Über die erste Begegnung schreibt der päpstliche Nuntius Caraffa: »Der Kaiser hat den Herzog zum freien Reichsfürsten ernannt und ihm hiebei ein reichsunmittelbares Gebiet versprochen. Einige meinen, daß dies Mecklenburg sein werde und daß damit alle seine Forderungen an Ihre Majestät beglichen würden. Bei der ersten geheimen Audienz, die der Kaiser dem Herzog gewährte, um ihn von jener Gnade zu informieren, forderte Ihre Majestät ihn auf, sein Haupt zu bedecken, was jedoch Seine Exzellenz zu tun sich weigerte, bis die Majestät es dreimal sagte. Als nun am selben Morgen der Herzog in publico den Majestäten, nachdem sie die Hände gewaschen hatten, um sich zu Tisch zu begeben, das Handtuch gereicht hatte – ein Vorrecht freier Fürsten –, gaben sie ihm bei Tisch den Vorsitz vor den

freien Reichsfürsten, und der Kaiser befahl ihm noch einmal, sich zu bedecken, was er tat und dadurch den Neid der Höflinge genauso entfesselte wie ihr halblautes Murren.«

Noch mehr. Der Kaiser spricht mit seinem Feldherrn darüber, ob er nicht Christian absetzen und Wallenstein zum dänischen König machen soll. Wallenstein lehnt ab, sein Wirklichkeitssinn warnt ihn, »denn ich sehe, daß solche Länder schwer zu halten sind«. Was heißt im politischen Raum »Sinn für die Realität« anderes als: Sinn für das, was zu erreichen und zu halten ist? Kurz nach der Unterredung schreibt er an Arnim: »Man hätte mir's bei Hofe wohl vergönnt, und Ihro Majestät selbst, aber ich hab mich gar schön bedankt, denn ich könnte mich nicht darmit manutenieren. Will unterdessen mit dem andern (Mecklenburg) fürlieb nehmen, denn dies ist sicherer.«

Zur größten Erbitterung von Wallensteins Gegnern sind sich kaum jemals zuvor Kaiser und General in ihren politischen Ansichten so einig wie Ende 1627 und Anfang 1628. Nichts beeindruckt schwache Charaktere stärker als spektakulärer Erfolg. Welches Gewicht könnten deshalb die kurfürstlichen Klagen in einem solchen Moment haben, in dem sich der Kaiser in der Schlußphase eines zehnjährigen Kampfes sieht, der Habsburg und ihn bis dicht an den Krater der Vernichtung getrieben hat? Er wird diesen blutigen, erbitterten Krieg mit einer unvorstellbaren Machterweiterung und allen wünschenswerten Triumphen beenden. Der Kaiser begrüßt in Brandeis den Feldherrn, der ihm alle seine Hoffnungen, Wünsche, Pläne ohne Abbruch und Einschränkung erfüllt und realisiert hat, der Kaiser ehrt seinen General, seinen jüngsten Reichsfürsten.

Ferdinand beantwortet die Mühlhausener Vorwürfe frostig, knapp. Gewiß, er wird für bessere Disziplin sorgen. Kaiser und General sind da völlig gleicher Meinung. Bei den Klagen der Kurfürsten wird zweierlei vermischt: Einerseits hausen Wallensteinsche Truppen in verschiedenen Landstrichen wirklich in schlimmster Weise, andererseits ist Wallenstein den Kurfürsten in einem Maß verhaßt, das sich kaum noch steigern läßt. Was liegt da für sie näher als es so darzustellen, daß nichts anderes nötig ist, als den Feldhauptmann zu entfernen, damit endlich Ruhe, Ordnung und allgemeines Wangenstreicheln einziehen?

Wien und der Kaiser haben keinen Sinn für dieses Junktim, es ist allzu durchsichtig. Noch bevor Wallenstein zum Kaiser nach Prag und Brandeis reist, verfaßt er von Jitschin aus, am 16. Dezember, ein Gutachten, das den sächsischen Beschwerden erwidert. Wallenstein kann sich beim Kaiser auf eine ganze Kette von drakonischen Urteilen und Strafen berufen, von Exeku-

tionen, die sogar bei den Katholiken Frösteln verursachen. Da sind Entlassungen, Haftbefehle, Kerkerstrafen bei höchsten Offizieren, da werden Regimentskommandeure in Eisen gelegt, da befiehlt Wallenstein die Verhaftung eines seiner tapfersten Reiterobristen, Daniel Hebrons, wegen Gelderpressungen, da stößt er einen Rittmeister aus der Armee, weil ein Kornett seiner Kompanie Bauern eine Schafherde und neun Kühe raubt.
Am schlimmsten steht es mit dem Reiterregiment des jungen Obristen und Freiherrn Adam Wilhelm von Schellard, Herrn zu Gürzenich. Der Baron stammt aus einem der ältesten, berühmtesten Adelsgeschlechter am Niederrhein, er zählt zu Wallensteins eigenen Lehnsleuten. Wallenstein mahnt, droht dem Obristen wiederholt, die Exzesse seiner Leute abzustellen. Ohne Erfolg. Schließlich läßt er ihn verhaften, in Ketten muß er der Armee nach Holstein folgen. Im Feldlager vor Rendsburg verurteilt ihn das Kriegsgericht zum Tod durchs Rad. Wallenstein begnadigt ihn zur Enthauptung, erst dann wird der Leichnam des Barons aufs Rad geflochten. Zwei volle Jahre später schreibt Pappenheim dem Feldherrn, der Bischof von Osnabrück hätte ihm soeben von selbst spontan versichert, »es sei durch die Gürzenichsche Demonstration mehr als genügend Satisfaktion geschehen und aller Kur- und Fürsten Gemüter dadurch beruhigt und befriedigt worden«.
Der Feldherr vergißt aber auch nicht, den Kaiser noch einmal an den Brief vom September zu erinnern, den er ihm wegen der Übergriffe seiner Soldaten aus dem Feld geschrieben hat: »Ich bezeug mit Gott, daß mich das so hoch bedrückt, als wenn sie auf meinen Gütern die Unordnung täten. Ich glaub wohl, daß man sich lamentieren muß, denn ein unbezahltes Volk legt nichts zu; doch die Enormitäten sollen und werden abgestellt.« Der Kaiser versteht die Andeutung, die Soldrückstände Wiens klettern schon in astronomische Bezirke – aber Wallenstein schlägt auch die andere Seite der Bilanz auf. »Hätten Eure Majestät solche Macht nicht: auf die Stunde, wenn Gott nicht miracula tun würde, wären Sie ihrer Königreiche und Länder beraubt, denn alle die umliegenden Potentaten seind wider Euer Kaiserliche Majestät kolligiert gewest und die Reichsfürsten haben mit ihnen konspiriert.«

Bei den Gesprächen in Brandeis wird das alles nur en passant berührt. Die Achse aller Überlegungen ist das militärisch-politische Konzept für die folgenden Monate, ja die nächsten Jahre. Es steht in einem unerschütterlichen Widerspruch zu den Forderungen der Mühlhausener Denkschrift, es ist eine Herausforderung aller Fürsten. Statt die Armee zu reduzieren, zuckt der Kaiser die Achseln, er braucht sie dringender denn je, der Kaiser ermächtigt Wallenstein zu neuen Werbungen mit dem Ziel, die Heeresstärke über

150 000 Mann zu bringen. In großen Zügen sieht das Konzept so aus: Mit Christian wird Frieden geschlossen. Wien stellt die Bedingungen, sie sind hart. Verzicht auf das Amt eines Kreisobristen in Niedersachsen, Verzicht seiner Söhne auf die Bistümer Bremen, Verden und Schwerin, Aufgabe aller Ansprüche auf weitere Reichsstifte, Rücktritt von seinem Anteil an Holstein zugunsten des Kaisers, Ersatz aller Kriegskosten und Schäden, Reduzierung des Sundzolls, den Christian empfindlich erhöht hatte.

Die kaiserliche Regierung sieht diese Bedingungen als feststehende Artikel des Friedensvertrages an. Falls Christian sie nicht akzeptiert und den Krieg vorzieht, will der Herzog im kommenden Jahr den König auf seinen Inseln aufsuchen und »ihm den Rest geben«. Ein leichtes Wort, aber Wallenstein will nicht mehr viel Zeit und Kraft in die dänische Sache investieren. Er skizziert dem Kaiser noch einmal seine Feldzugspläne gegen Konstantinopel und die Vertreibung der Osmanen vom Balkan.

Gegen Jahresende kommt es bei den Parteien am Wiener Hof noch einmal zu einem Pro und Contra wegen Wallenstein. Der Kaiser bittet seine Räte um Gutachten, ob er Wallenstein die Herzogtümer Mecklenburg verleihen soll. Das ist charakteristisch für ihn, denn in Brandeis hat er Wallenstein die Gebiete schon zugesagt. Zwei Stellungnahmen liegen vor, die eine strikt ablehnend, die andere unbedingt zustimmend. Ferdinand entscheidet sich, Wallenstein die Herzogtümer zu verleihen; noch hat er die Armee nötig, also ist auch der Herzog von Friedland nötig. Ohne Heeresmacht kann der Kaiser nicht seinen Herzenswunsch verwirklichen, daß die katholische Religion zu ihrer früheren Blüte »abgemach wachsen möchte«.

Es ging um die Norddeutschen Stifte. Sie standen vor und mit dem dänischen Frieden zur Debatte. Einen Tag, bevor der Kaiser und Wallenstein in Brandeis zusammentrafen, hatte Ferdinand dem höchsten bayerischen Minister, dem Hofratspräsidenten Baron von Preysing versichert, er werde »die geheimen Memorialia erwägen und ratschlagen lassen«. Es sei ganz in seinem Sinn, daß man sich jetzt um das bonum ecclesiae bekümmern müsse, wie sein Herr Maximilian empfehle.

Es war ganz und gar nicht im Sinne Wallensteins. Er hatte sich schon vom Kaiser verabschiedet, da wurde er von den Münchner–Wiener Plänen informiert, und sofort, noch auf dem Weg nach Jitschin, schrieb er an Collalto, er werde bald noch einmal mit dem Kaiser in Prag sprechen, und dann »wollen wir reparieren, was zu Brandeis durch die bayerische Art ist verderbt worden«.

Wallenstein lehnt nicht nur um des religiösen Friedens willen alles gewaltsame Rekatholisieren ab. Er sieht die ungeheure Gefahr, die der kaiserlichen

Stellung im Reich droht. Die Vorstellung eines absoluten Sieges des Katholizismus ist ihm ein Hirngespinst, schon allein deshalb, weil die Frage von Reformation und Gegenreformation seit vielen Jahrzehnten kein innerdeutsches Problem, kein »germanischer Tumult« mehr ist. Für Ferdinand würde außerdem eine Stärkung der katholischen Kurfürsten – sie ist zwangsläufig damit verbunden – auch eine Kräftigung ihrer Stellung als Landesobrigkeit bedeuten und sie mehr denn je davon abhalten, den letzten und größten Wunsch Ferdinands zu erfüllen, nämlich die Erblichkeit des Kaiserthrons anzuerkennen und Ferdinand III. bereits jetzt zu erwählen.

Rekatholisierung, Erblichkeitsfrage und kaiserliche Reichsautorität sind für die Kurfürsten ein und dasselbe. Für Wallenstein ebenfalls. Alles, was er dazu sagt, wird peinlich genau registriert, und ebenso alles, was er angeblich dazu gesagt hat, was ihm in den Mund gelegt wird. Nichts wird vergessen. Selbst wenn Wallenstein überhaupt nichts davon geäußert hätte – es klingt alles so, daß es von ihm stammen könnte.

Maximilian schickt seine Agenten aus. Der Kapuziner Alexander von Ales verfaßt im Auftrag des Bayernfürsten anhand der Informationen Valeriano Magnis aus Prag zwei Berichte über die Pläne des kaiserlichen Feldherrn; Magni selbst wird nicht beim Namen genannt, beide Relationen bleiben streng anonym. Wallenstein wird hier des Hochverrats beschuldigt, er strebe in Deutschland nach diktatorischer Gewalt. Er will im geeigneten Moment selbst den Kaiserthron besteigen und soll sogar vorhaben, »zur passenden Stunde den Tod des Kaisers zu beschleunigen«. Danach will er für sein Geschlecht die Kaiserkrone erblich machen, die Fürstenverfassung umstürzen und die absolute Monarchie einführen. Um das zu verhindern, empfehlen die Kapuzinerrelationen den Kurfürsten, wie ein Mann beim Kaiser auf die Absetzung Wallensteins zu dringen, dieser Forderung mit ihrer schlagkräftigen ligistischen Armee Nachdruck zu geben und sich dabei auch der Unterstützung Spaniens und der Infantin in Brüssel zu versichern.

Die Kurfürsten halten sich an diesen Rat. Im Frühjahr 1628 steigt Maximilian frisch und gestärkt in die Arena. Wallenstein steht zwar unangreifbar, unverletzlich da, als Fahne und Schwert des Kaisers im Reich. Er ist am 1. Februar mit Mecklenburg belehnt worden, zwei Wochen darauf ernennt ihn der Kaiser zum »General des Ozeanischen und Baltischen Meeres«, einen Tag darauf wird er zum Herzog von Friedland und Sagan erhoben. Aber Maximilian muß jetzt keine Rücksicht mehr auf die Gunst oder Mißgunst Ferdinands nehmen: Die pfälzische Territorialfrage ist ausgeräumt, die erbliche Kur ist ihm gesichert – der geheime Charakter spielt dabei nur eine dekorative Rolle.

Ferdinand kommt schnell zwischen die Steine. Habsburg braucht das eigene Heer, die Armee Wallensteins. Ferdinand braucht genauso das Einvernehmen mit der Liga. Im Sommer bricht der Kampf offen aus. Die katholischen Kurfürsten fassen auf einer Konferenz in Bingen am 29. Juni ihre Vorwürfe noch einmal konzentriert zusammen und verlangen vom Kaiser, »dem Herzoge von Friedland das Schwert, mit dem er allein des Reiches getreue Stände verfolge, aus der Hand zu nehmen, ihn von der Armee abzuschaffen und diese zu vermindern«.

Wallenstein verfolgt unterdessen allein des Reiches getreue Feinde. Der dänische Reichsrat bittet zwar am 6. Februar förmlich um Einleitung von Friedensverhandlungen, aber König Christian scharrt zähneknirschend noch einmal neue Truppen zusammen, er setzt von seinen Schiffen aus den Krieg gegen die norddeutschen Küsten fort, er konzentriert sich auf Blitzüberfälle, es gelingt ihm sogar, von See aus die Insel Fehmarn wiederzuerobern.
Das kaiserliche Heer ist eine Landarmee. Noch ist es Wallenstein nicht möglich, einen Seekrieg zu führen. Er muß sich auf die Eroberung der Landfestungen beschränken. Und da gibt es dieses Problem Stralsund.
Wallenstein hat die Hansestadt mit Glacéhandschuhen angefaßt, er hat vorsichtig mit ihren Räten verhandelt, aber er besteht darauf, daß auch Stralsund die kaiserliche Gegenwart zur Kenntnis nimmt. Auf die Form kommt es ihm dabei nicht an. Die Bürger freilich sind stolz, sie sind dickschädlig. Hier scheint sich etwas aufs Prinzip zuzuspitzen. Die Winterquartiere sind schon bezogen, da erhält Wallenstein während der Abreise aus Prag nach seiner Residenz Jitschin eine Nachricht, die ihn sofort an Feldmarschall Arnim schreiben läßt: »Die von Stralsund, vernimb ich, daß sie sich anfangen zu fortifizieren. Solches muß man ihnen von Stund an einstellen und sie mit forti schließen, auf daß sie sich des Feindes Assistenz nicht prävalieren können.«
Arnim beginnt Verhandlungen mit der Stadt, Wallenstein verlangt nur, was er von allen wichtigen Städten der Küste fordert, wohlwollende Neutralität. Die Stralsunder sollen als sichtbares Zeichen dafür eine kaiserliche Besatzung aufnehmen. Das ist den Stralsundern zuviel. Arnim wird deutlicher, er zieht Truppen zusammen.
Die Lage Stralsunds könnte zur Abwehr eines Landangriffs nicht besser konstruiert sein: ein großes Dreieck, die eine Seite vom Meer geschützt, die beiden anderen durch Sumpf und Morast gedeckt, durch »ersoffenes Land«, kein Boden also für Fußtruppen, noch weniger für Artillerie. Stralsund muß bei einer Belagerung nur die schmalen Übergänge auf den Dämmen ver-

teidigen. Arnim besetzt das Inselchen Dänholm im Südosten des Hafens. Das reizt die Bürger zu offenen Feindseligkeiten. Arnim behält kaltes Blut, die Stralsunder zahlen eine harmlose Kontribution, aber in der Besatzungsfrage bleiben sie hart.

Jetzt bietet ihnen Arnim einen Kompromiß, die Besatzung soll auf ihren Herzog Bogislaw von Pommern, den Landesherrn, vereidigt werden; damit wäre der Besatzung der kaiserliche Stachel gezogen. Wallenstein schlägt noch etwas Besseres vor: Die Besatzung soll aus herzoglich-pommerschen Soldaten bestehen, nur die Offiziere sollten gut kaiserlich sein. Die Verhandlungen ziehen sich tief ins Frühjahr. Aber schon im Februar haben in Stralsund die Falken die Oberhand über die Tauben gewonnen, die Truppen Arnims werden gezwungen, den Dänholm zu räumen, unter allen Formen der Kapitulation.

Wallenstein wird ungeduldig, er beschuldigt die Stralsunder, sie würden den Frieden behindern, und er könne ihretwegen »den Krieg gegen den Türken nicht transferieren«. Einem Stralsunder Gesandten erklärt er Anfang Mai, er habe 15 Regimenter nach Stralsund geschickt, er werde selbst vor den Mauern auftauchen und nicht eher abziehen, als bis die Stadt eine kaiserliche Besatzung aufgenommen habe. Er werde der Stadt abgewöhnen zu rebellieren.

So berichtet der Gesandte. Stralsund versucht jetzt, sich durch 80 000 Taler von der Blockade und Belagerung freizukaufen, Wallenstein sagt nein. Es ist ihm nicht ums Geld zu tun, sondern um die Besatzung. Inzwischen bombardiert Arnim die Stadt. Er will in Stralsund sein, bevor Wallenstein eintrifft. Die stärksten Angriffe versucht er in der zweiten Maihälfte. Am 7. Juli 1628 kommt Wallenstein vor den Mauern Stralsunds an. Seit seinem Aufbruch aus Böhmen tritt eine Stralsunder Gesandtschaft nach der anderen in sein Zelt, mit Treueversicherungen gegen die »Römisch Kaiserliche Majestät«. Schon gut, sagt der Herzog, aber wie ist es mit der Garnison?

Die Stralsunder haben Angst vor der Belagerung, genügend Angst, um sich bei den Dänen und Schweden Hilfe zu holen. Dänische Reiter unter Oberst Heinrich Holk kommen zur Verstärkung, Anfang Juli sind es insgesamt 1000 Dänen. Gleichzeitig schließt die Stadt mit Gustav Adolf einen Allianzvertrag auf zwanzig Jahre, schon am nächsten Tag verläßt das erste schwedische Hilfskorps das Schiff.

Der Rest spielt sich so ab, wie es jedermann aus den Schulbüchern kennt, die in so vielem reine Märchenbücher sind: Wallenstein berennt die Mauern, er rennt sich fast den Schädel ein, beißt sich die Zähne aus. Dazu die niedlichen Legenden: Als er von den Stralsundern Geld will, sollen sie gesagt haben: »Dat hebbe wi nich!« Auf sein Verlangen nach Aufnahme einer Besatzung: »Dat do wi nich!« Auf die Schimpfnamen, die er ihnen gibt: »Dat sin wi nich!« Dann kommt unweigerlich Wallensteins Schwur – erst sehr viel später wird er in einer Flugschrift erdichtet: »Stralsund muß herunter, und wenn es mit Ketten an den Himmel gefesselt wäre.« Stralsund geht nicht herunter, Wallenstein bricht die Belagerung ab. Hier »ist das Glück der kaiserlichen Waffen rückgängig geworden«, urteilt Ranke und weist den tapferen Bürgermeistern Stralsunds einen Ehrenplatz in der allgemeinen Geschichte zu.

So, wie es jeder aus den Schulbüchern kennt, hat sich der Rest aber nicht abgespielt. Der Beschuß der Mauern und Schanzen ist zeitweise äußerst heftig, am schlimmsten Tag will einer der Verteidiger 1564 Schuß gezählt haben – wie er das gemacht hat, erzählt er nicht –, der ernsthafteste Sturmversuch wird bei der Ankunft Wallensteins unternommen, auf das Frankentor. Die Außenverschanzungen werden erobert, die Verteidiger weichen schon von den inneren zurück. Dann sind plötzlich die Stürmer genauso müde wie die Verteidiger, sie gehen in ihre Ausgangsstellungen zurück.

Wallenstein legt es gar nicht in vollem Ernst auf eine Erstürmung der Stadt an. Militärisch registriert er beiläufig, daß Tilly ihm für die Belagerung Verstärkungen zugesichert hat; Maximilian von Bayern verbietet aber seinem General, Wallenstein zu unterstützen. Im übrigen verhandelt Wallenstein mit den Räten vom ersten Tag seiner Ankunft, er kommt ihnen so weit wie nur möglich entgegen. Während dieser zweieinhalb Wochen »verbissener Belagerung« spielen die Kinder in den Gassen Stralsunds, die Größeren besuchen regelmäßig die Kirchen und Schulen, Stralsund hat fast seinen gewöhnlichen Alltag. Am 14. Juli erklärt sich der Rat bereit, Wallensteins Bedingungen anzunehmen; ein paar Tage vorher hat er sie lachend aufmerksam gemacht: »Fronte capillata est post haec occasio calva« – sie verstehen, packen die Gelegenheit beim Schopf, sie unterschreiben die Kapitulation. Aber die Bürgerschaft überstimmt die Räte, Stralsund will die feierlichen Vereinbarungen mit den beiden Wasserkönigen nicht brechen.

Wallenstein überlegt. Wenn er bei Stralsund ernst macht, sich mit der Armee festlegt, haben Dänen und Schweden die einmalige Chance, ungehindert jeden beliebigen Hafen in Pommern, Mecklenburg, Schleswig oder Holstein anzugreifen, zu erobern, in seinem Rücken aufzutauchen. Dänen und Schweden sind die Herren der Ostsee. Wallenstein würde sich vor Stralsund auf ein amphibisches Abenteuer einlassen, ohne amphibisch gerüstet zu sein.

Er hat das kaum zu Ende gedacht, da treffen seine ersten Befürchtungen schon ein. König Christian kreuzt am 20. Juli mit dem Gros seiner Flotte vor Rügen auf, es sind weit über 100 Schiffe, er hat 8000 Mann an Bord. Sie segeln zum Strelasund, legen bei Rügen an. Wallenstein handelt sofort, denn auch Gustav Adolf schickt Bataillon nach Bataillon auf die Schiffe, 2000 Schweden machen sich für Stralsund kampfbereit. In dem Moment bittet Herzog Bogislaw von Pommern Wallenstein um eine Unterredung; er versichert dem kaiserlichen Feldherrn, daß Stralsund auch in Zukunft kaiserlich loyal bleiben wird. Darauf hebt Wallenstein die Belagerung auf, verwandelt sie für ein paar Tage in eine Blockade und zieht mit dem Großteil des Heeres in seine mecklenburgische Residenz Güstrow. Arnim sichert inzwischen die Befestigungen von Rügen und verlegt dann seine Truppen nach Greifswald.

Daß sich die Stralsunder bis zum Widerstand über den Tod hinaus entschlossen haben, daß sie ihren berühmten Eid vom 12. April 1628 allzu wörtlich nehmen, bis ans Ende der Augsburgischen Konfession treu zu bleiben und bis zum letzten Blutstropfen zu kämpfen, ist ein Legendenelement, dem die Räte und Bürger schon damals etwas widerwillig aufsitzen. Wallenstein hat ihnen bei seiner Ehre zugesichert, daß er keine ihrer Freiheiten antasten wird, und die Stralsunder wissen um diese Zeit genausogut wie jeder im Reich: Der kaiserliche Feldherr läßt »sich um die Religion nicht brennen«. Die Stralsunder aber stürzen sich mit dem schwedischen Allianzvertrag in eine Abhängigkeit, die sie stärker als jede Garnison Wallensteins fesselt. Auch sie wissen in diesem Juli 1628, wie verzweifelt wenig sich Gustav Adolf um die Interessen einer Hansestadt kümmert, denn Seemacht hat er selbst, er braucht die Hanse nicht dazu.

Der schimmernd heldische Glanz über dem standhaften Stralsund ist durch die Zeitfolge der sichtbaren Ereignisse entstanden. Am 20. Juli kreuzt der Dänenkönig auf, drei Tage später zieht Wallenstein ab. Tatsächlich aber ist es so, daß Wallenstein durch keinen Widerstand, durch keine aussichtslose Situation, durch keine militärische Niederlage gezwungen worden ist, die Belagerung aufzuheben. Seine Verhandlungen mit dem Rat der Stadt sind entschieden und zielsicher auf ein gütliches Arrangement aus. Stralsund hat nicht allein von sich aus die Allianz mit Schweden geschlossen, Gustav Adolf hat noch weit mehr Druck dahintergesetzt.

Dieses Abkommen war geheim. Die Stralsunder verhandeln nach seiner Unterzeichnung eifrig mit dem kaiserlichen Feldherrn weiter, das Ergebnis ist aktenkundig: die Verpflichtung Herzog Bogislaws, im Namen Stralsunds die Erfüllung aller Bedingungen Wallensteins zu garantieren, also Demolierung aller neuen Befestigungen, schriftliche Abbitte, feierliches Devotionsgelöbnis gegen Kaiser und Reich, Abzug aller ausländischen und Entlassung der eigenen Truppen binnen Monatsfrist. Am gleichen Tag garantiert Stralsund auch die Zahlung einer Kontribution.

Der Vergleich ist für Stralsund genauso günstig wie für Wallenstein. Er ist genauso günstig wie derjenige, den der Feldherr durch eine blutige Eroberung hätte gewinnen können. Wäre dieser Vergleich für die Stralsunder überhaupt nötig gewesen, wenn sie in Christian einen rettenden Engel begrüßt hätten?

Sosehr Stralsund unter Arnim und vor der Ankunft Wallensteins beschossen worden ist, kaum trifft der Feldherr ein, steht neben dem Eroberer der abwägende Politiker und ebenso der sorgfältig rechnende Wirtschaftsmann. Vor Stralsund lernt er zum erstenmal direkt die Seeschiffahrt kennen, er lernt rasch und gründlich – mit dem Ergebnis, daß er alles gewalttätig militärische Prozedieren gegen die Hansestädte für immer streicht. Die Historiker haben es meist allzu einfach so dargestellt, als wäre für die Hanse die Auseinandersetzung um Stralsund ein Testfall gewesen: Siegt Wallenstein, dann ist er stärker als die beiden nordischen Könige. Bleibt Stralsund unbesetzt, dann neigt sich ihre Gunst den Schweden und Dänen zu. So einfach ist die Geschichte nicht, selbst vor Stralsund nicht. Denn erst seit dem Abzug Wallensteins am 25. Juli 1628 datiert das fundierte Gespräch zwischen ihm und den Hansestädten, denn die Kaufleute sind jetzt davon überzeugt, daß es dem Herzog wirklich nicht auf Diktat und Zerstörung ankommt, sondern auf Übereinkunft und Verhandeln, und das heißt für sie und ihn: Handel. Mecklenburg und die kaiserliche Armee sind von 1628 ab die besten Handelspartner der Seestädte, vor allem aber seit 1629, als sich Wallenstein seinen Frieden erzwingt. Und sie haben sich nicht darum gekümmert, daß Christian IV. diese Handelsbeziehungen als unvereinbar mit der Neutralität der Städte erklärt.

Habsburgs, das heißt Wallensteins Ostseepolitik bricht nicht mit Stralsund zusammen, sondern beginnt erst mit dem kalten Entschluß Wallensteins, Stralsund nicht um eines korporalgemäßen Ehrenstandpunkts willen niederzubrechen. Diese Politik erreicht paradoxerweise ihren Höhepunkt in dem Augenblick, da sich Wallenstein endgültig dafür entscheidet, vorerst keine selbständige Flotte aufzustellen. Sie fällt erst mit seiner Entlassung 1630 zusammen, und Wallenstein hat sie bis zu diesem Moment schon auf so gute Grundlagen gestellt, daß das Scheitern seiner Ostseepolitik überhaupt nichts mehr innerlich Zwingendes erhält, sondern zu Lasten eines äußeren Zufalls geht, eben aufs Konto seiner Entlassung.

Die Zeitspanne, in der Wallenstein an den Küsten der Ostsee stand, bedeutete für die Seestädte eine Blüte wirtschaftlicher Möglichkeiten, sie übertrafen alle anderen Möglichkeiten, die damals sonst noch in der Ostsee bestanden. »Niemals hat ein Adler schwimmen können«, so sollen die Hansestädte höhnisch nach Wallensteins Abzug von Stralsund gerufen haben. Tatsächlich war es genau umgekehrt, aber den Glauben an die Mär der Weltgeschichte kann man sich nur jungfräulich erhalten, wenn man die eine Hälfte ignoriert und bei der anderen Hälfte das Logische vom Faktologischen trennt. Das letztemal in ihrer ganzen Geschichte sind die Hansestädte gut geschwommen, als sie unter den schützenden Fittichen des kaiserlichen Doppeladlers schwammen.

Für die militärische Vorvernunft sieht es wie eine Schlappe aus: Wallenstein versucht die Eroberung Stralsunds, sie mißglückt ihm, er gibt auf. Ist das auch damals so empfunden worden? Nicht von den Fachleuten. Pappenheim überschlägt sich geradezu in Lobreden auf Wallensteins Entschluß. Schon am 1. Juli schreibt er: »Wenn er Stralsund einnimmt, was gewinnt er? Wenn er aber nur ein wenig länger davor liegt, als die gemeine opinion leidet, was verliert er? Eine solche Seestadt ist nicht wert, eines so mächtigen Glücks ganzen Expeditionslauf zu stecken. Inzwischen gewinnt der Feind die Zeit zum Rat und zur Gegenrüstung.« Pappenheim hält es für ein Unding, eine ganze Armee länger als nötig an einem solchen Punkt festzulegen.
Als er die Nachricht von Wallensteins Abzug erhält, triumphiert er Trauttmansdorff gegenüber: »Ich halte solchen Entschluß für einen der ansehnlichsten, so von diesem General zu erwarten ist, indem er nämlich Ihrer Kaiserlichen Majestät Dienst und Nutzen seiner eigenen Reputation vorgezogen hat.« Deshalb Pappenheims Fazit: Im Urteil jedes vernünftigen Menschen hat Wallenstein durch den Abzug seine Reputation um ein Vielfaches gesteigert. Hier stimmen der große Reiterführer und der Feldherr schon zusammen, Wallenstein drückt es ein Jahr später geradezu als sein staatsmännisches Prinzip aus: »In summa: man muß mehr das publicum und Ihrer Majestät Dienst als etwan künftigs privatum commodum in acht nehmen.«
Es hat nur ein paar Wochen gedauert, um jedem zu zeigen, wie vollkommen richtig Wallenstein auch militärisch gehandelt hat, als er sich die Hände für die Hauptaufgabe freimacht. König Christian versucht, in Rügen zu landen. Er wird abgeschlagen. Mehr Glück hat er bei Usedom, er setzt von dort aus Truppen auf das Festland über, die Dänen erobern Wolgast. Wallenstein hetzt sofort mit den besten Regimentern nach Greifswald, nimmt dort die schlagkräftigsten Truppen Arnims auf. An Collalto schreibt er: »Der

König hält sich noch ganz in den Inseln, daher denn ich ihm noch nicht kann zukommen. Er sauft sich aber alle Tage voll; verhoffe zu Gott, daß er einmal im Rausch etwas wagen wird. Kriecht er heraus aus den wasserigen Örtern, so ist er gewiß unser.«

Wolgast ist so ein wasseriger Ort, mitten in Morast und Sümpfen. Und Christian kommt nicht heraus. Er hat sich mit allen seinen Truppen in den Sümpfen vor Wolgast verschanzt. Wallenstein greift am 2. September die Stellungen trotzdem an, er watet mit seinen Truppen knietief durch den Schlamm, die Kavallerie entdeckt eine Furt, sie durchbricht die Verschanzungen, wird zurückgeworfen, zersprengt in einem neuen Sturmangriff alle Fußtruppen und die dänische Reiterei.

Ein großer Teil kann sich in die Stadt retten, Wallenstein aber ist nicht aufzuhalten, er greift mit seinen Regimentern derart wild an, daß sich die Dänen auch hinter den dicksten Mauern nicht sicher fühlen, Wallenstein erobert Wolgast noch am selben Nachmittag. Christian gibt in der Nacht den Versuch auf, sich in dem Festungsschloß zu halten, obwohl er alle Brükken abgebrannt hat. Er flieht in der Dunkelheit auf die Schiffe. Am Morgen kapituliert auch das Schloß, die Toten werden nicht gezählt, Wallenstein macht 1100 Gefangene. Von diesem Tag an gibt sich Christian endgültig geschlagen, er verzichtet auf jede militärische Aktion und kehrt nach Kopenhagen zurück.

Der Sieg bei Wolgast zeigt der Welt, wie unerschütterlich der kaiserliche Doppelalder von Wallenstein in Norddeutschland hochgehalten wird. Unmittelbar danach besetzt er auch die anderen Küstenplätze an der Pommerschen Bucht, dann wendet er sich wieder nach Westen. Hier geht es um die letzten Festungen. Stade links der Elbe ist im April von Tilly eingenommen worden, am 27. Oktober erobert Wallenstein die Festung Krempe südlich von Itzehoe. Einzig Glückstadt zwischen Itzehoe und Elmshorn an der Elbe ist nicht anzugreifen, zum Land hin haben Verteidiger das Vorfeld überflutet, zur See hin ist der Hafen offen.

Wallenstein sieht jetzt den Augenblick gekommen, um schleunigst Frieden zu machen. Nach dem Triumph von Wolgast schickt er den Grafen Trčka mit der Siegesbotschaft nach Wien. Noch mehr als der Kaiser ist vielleicht Maximilian von Bayern beeindruckt, um so mehr, als er Stralsund nur zu gern als Beweis dafür ansieht, daß Wallenstein nicht alles gelingt, wie er es plant – oder Maximilian erwartet. Der Bayernfürst schickt dem Feldherrn ein Gratulationsschreiben, er hofft, daß es Wallenstein durch den Sieg bei Wolgast gelingen würde, »bessere conditiones pacis herauszubringen«. Maximilian beteuert, es werde »die größte und denkwürdigste Aktion sein, mit der Eure Liebden Ihre heroischen Taten krönen und zieren werden, wenn Sie einen reputierlichen Frieden erwerben tun«.

Allerdings hat Maximilian ganz andere Vorstellungen als Wallenstein von dem, was sich aus dieser »größten und denkwürdigsten Aktion« ergeben soll. Die ersten Vorgespräche zwischen kaiserlich-ligistischen und dänischen Kommissaren beginnen am 24. Januar. Wallenstein will einen Friedensschluß nach seinen Vorstellungen; er muß diese Vorstellungen gegen die soliden Raubgelüste des Kaisers durchsetzen, der auf Landgewinn aus ist, er muß ihn gegen Maximilian und die Ligisten durchsetzen, weil Maximilian entgegen seinen öffentlichen Versicherungen gar nichts daran gelegen ist, den Kaiser so rasch von seinem norddeutschen Engagement entlastet zu sehen –, Wallenstein muß ihn auch gegen die Schweden durchsetzen, die nach Kräften versuchen, Christian weiter bei der Fahnenstange zu halten, und ebenso schließlich gegen Richelieu, der seine ersten diplomatischen Fäden zu Gustav Adolf hinüberspinnt.

Wallenstein bringt es fertig, von den Lübecker Verhandlungen nicht nur die schwedischen Abgesandten fernzuhalten, er schließt auch nach kurzer Zeit die ligistischen Kommissare aus. Der Lübecker Friede, der am 22. Mai 1629 geschlossen wird, ist vollständig und allein Wallensteins Friede.

Von den kaiserlichen Bedingungen, über die Ende 1627 in Brandeis gesprochen worden ist, bleibt kaum etwas übrig. Auch wenn es der Kaiser nicht einsehen will, so bleibt Wallenstein unerschütterlich bei seiner Überzeugung, daß Ferdinand II. den Frieden jetzt unbedingt braucht, und zwar nicht nur wegen der inneren Beruhigung des Reiches. Es gibt für Wallenstein keinen Zweifel daran, daß er sich nicht nur bald direkt mit Gustav Adolf auseinandersetzen muß, sondern auch mit Frankreich und ebenso mit Maximilian und der Liga. Jetzt, da der Bayernfürst vom Kaiser nichts mehr zu erwarten hat, erinnert er sich an die alte, voluminöse Eifersucht zwischen den Häusern Wittelsbach und Habsburg, erinnert er sich an die alten Verbindungen mit Frankreich, zumal ihn Richelieus Sondergesandte ebenso eifrig daran erinnern.

Der Lübecker Friede ist der maßvollste Vertrag des Dreißigjährigen Krieges, er ist die einzige staatsmännische Leistung, zu der es diese Epoche bringt; die Behandlung La Rochelles durch Richelieu ist ein Sonderfall und wirkt sich zwar nachhaltig, aber nur indirekt aus. Wirklich groß am Lübecker Frieden ist nicht die Milde der Vereinbarungen, sondern daß sie gerade zu diesem Zeitpunkt, im Frühjahr 1629, zustande kommen, in einem Augenblick, da sich Schweden und Frankreich mit aller Gewalt, List und Verführungskunst darum bemühen, die Kriegsmüdigkeit des dänischen Königs zu vertreiben. Wallenstein hat das Programm in einen Satz zusammengepreßt: »Ohne Restituierung Jütlands, Schleswigs und Holsteins wird gewiß kein Friede geschehen. Ist dies restituiert, so verhoffe ich gänzlich, daß der König nicht allein einen Frieden wird machen, sondern sich ganz und gar mit Eurer Majestät und Dero hochlöblichstem Hause konföderieren.«

Diese Hoffnung Wallensteins erfüllt sich, Christian unterschreibt, sich nie mehr in die deutschen Reichsangelegenheiten zu mischen, er gibt alle Ansprüche auf die Norddeutschen Stifte auf, dafür aber verliert er keinen Quadratmeter dänischen Boden, er muß auch keinen Gulden Kriegsentschädigung zahlen. Von jetzt ab wird Christian unerschütterlicher Parteigänger der kaiserlichen Sache, zuerst vermittelnd und ausgleichend, von 1643 ab wieder in offenem Kampf an der Seite Habsburgs gegen Schweden und die Generalstaaten.

Das größte Lob für Wallensteins diplomatische Leistung ist der Wutausbruch Richelieus, als der dänische König den Frieden unterschreibt: »Dieser elende Fürst hat alle seine Verbündeten verraten und sich ungerupft aus dem Krieg herausgeschlängelt.« Wie richtig es von Wallenstein war, nicht das Rupfen, sondern das Herausschlängeln zu unterstützen, bestätigen die nächsten Ereignisse.

XVII
Die Fürsten und ihr Sündenbock – Wallensteins Entlassung (1630)

Nach dem Lübecker Frieden sieht es aus, als ließe sich die Macht Wallensteins durch nichts mehr steigern. Schon im März 1628 hat der Feldherr vom spanischen König als Großmeister des Ordens das Goldene Vlies erhalten, den höchsten europäischen Orden. Nach Ratifizierung des dänischen Friedens ächtet der Kaiser die beiden Herzöge von Mecklenburg und verweist sie samt ihren Nachkommen auf ewig des Landes. Er belehnt Wallenstein mit dem Herzogtum und schließt damit auch dieses Kapitel ab, das er mit der Überschreibung des Gebiets im Januar 1628 begonnen hat. Wallenstein erhält das Land gegen vier Prozent aus allen Einkünften. Der Kaiser erklärt feierlich Wallenstein und seine Erben zu Vasallen des Reichs. Am 20. Juni 1629, vier Wochen nach Abschluß des Lübecker Friedens, erläßt Wallenstein sein erstes Edikt als Herzog von Mecklenburg.

Die Ächtung der beiden Fürsten, die Übertragung Mecklenburgs ist unrechtmäßig. Sie ist genauso unrechtmäßig wie die Ächtung Friedrichs von der Pfalz, wie die Übernahme seines Kurhuts durch Maximilian. Daß sich Wallenstein mit Gewalt der beiden Herzogtümer bemächtigt, ist eine Anmaßung, ein frecher Übergriff; immerhin kommt er dabei nur Christian von Dänemark zuvor, der die gleiche Frechheit schon lange plante. Ob der Reichstag den Schritt des Kaisers sanktionieren wird, steht allerdings bei der Zukunft.
Für diese Zukunft braucht Wallenstein Mecklenburg vor allem aus rein strategischen Gründen. Man kann Wallenstein Länder- und Geldgier vorwerfen, soviel man will oder soviel seine Mitfürsten wollen. Der Besitz von Mecklenburg befriedigt jedenfalls erst ganz zuletzt seine Bedürfnisse nach Land, er befriedigt vor allem und zuerst Habsburgs maritime Bedürfnisse. Ohne Mecklenburg gäbe es keine habsburgische Ostseepolitik. Mit Wallenstein als Herzog dieses Gebiets besitzt der Kaiser in Norddeutschland eine Küstenstrecke, die sich über mehr als 150 Kilometer hinzieht und so bedeutende Häfen wie Rostock und Wismar einschließt. Deshalb ist auch der Titel »General des Ozeanischen und Baltischen Meeres«, den der Kaiser seinem Feldherrn verleiht, nicht als Stillung dekorativer Eitelkeiten gedacht, er wird auch nicht deshalb sinnlos oder gar lächerlich, weil der neue Admiral kein Schiff besitzt, sondern gerade dieser Titel macht den Anspruch Habsburgs als Seemacht des Nordens sichtbar und verkündet ihn. Die Seemächte finden die Ernennung eines solchen Admirals alles andere als eine kiellose Ehre, Schweden wird aufs höchste gespannt, und der Lübecker Verständigungsfriede ist nicht zuletzt auch deshalb ein so verblüffendes Stück Staatskunst, weil es Wallenstein trotz dieser neuen seepolitischen Ambitionen Habsburgs gelingt, Chri-

stian IV. als den bedeutenderen Meereskönig – er ist Herr des Öresunds, in seiner Hand sind Skagerrak und Kattegatt – an seiner Seite und aus der französisch-schwedischen Allianz herauszuhalten.
Wallenstein setzt aber nicht allein auf die Partnerschaft Dänemarks. Er ist viel zu unsentimental, als daß er große Pläne von der Beständigkeit bestimmter politischer Konstellationen abhängig machen würde. Noch bevor die Friedensgespräche mit Christian begonnen haben, entwickelt er die Details eines Projekts, das als Idee genauso fantastisch ist wie als nüchterne Schlußfolgerung aus der maritimen Situation Habsburgs im Norden. Das Reich hätte zweieinhalb Jahrhunderte früher, als es ihm die Geschichte erlaubte, eine wirkliche Machtstellung zur See errungen.
Wallenstein will den Zwangsweg des Sunds ausschalten, er will die beiden Nordmeere durch einen schiffbaren Kanal verbinden. Der Weg hält sich an die bestehenden Reichsgrenzen, umgeht also die holsteinischen Gebiete Christians. Was erst im Nord-Ostsee-Kanal Ende des 19. Jahrhunderts zwischen der Kieler Förde und Brunsbüttelkoog Realität gewinnt und zu einer der größten Weltseeverkehrsstraßen wird, sollte nach dem Entwurf Wallensteins von Wismar aus durch die Seenplatte von Schwerin und dann über die Elde zur Elbe unterhalb Hamburgs führen. Durch den Kanal wäre Hamburg schon damals auch zum größten deutschen Ostseehafen geworden. Wallenstein hat für den Bau bereits die Zusage des italienischen Architekten Alessandro Borri, die Kosten werden von ihm sehr niedrig geschätzt, nicht mehr als 500 000 Taler. Wallenstein beginnt auch tatsächlich mit den ersten Erdarbeiten; die Reste davon sind heute noch zu sehen.

Schon 1626 hatte Gustav Adolf seinem Reichskanzler Oxenstierna geschrieben: »Die Dinge sind so weit gekommen, daß alle Kriege, die in Europa geführt werden, miteinander vermischt und zu einem einzigen geworden sind.« Tatsächlich war das aber erst nach der Kapitulation von La Rochelle der Fall und mit dem Erlaß des Restitutionsedikts. Als Wallenstein sein erstes Schriftstück als Herzog von Mecklenburg unterzeichnete, war er schon tief in einen Kampf verwickelt, in dem es auf der vorderen Bühne um seine Stellung ging und der ihn auch alle seine neuen Gebiete kosten konnte. Aber dieser Kampf wurde schon nicht mehr so wie früher nur von seinen alten Feinden im Reich und am Wiener Hof geführt, sondern er wurde kräftig unterstützt und geschürt von Frankreich und dem Vertreter Gottes auf Erden, Papst Urban VIII., einem ebenso entschiedenen wie eisenfreudigen Führer der Kirche und scharfen Gegner aller Habsburgischen Macht in Europa.
Bei den Friedensgesprächen mit Dänemark hatte Wallenstein einen Fern-

blick bewiesen, mit dem sich bestenfalls Richelieus Staatskunst vergleichen ließ, als er die Hugenotten militärisch und politisch vernichtete, ihnen aber unbedingte Religionsfreiheit garantierte. Allerdings begriff der Kaiser nicht, welche ungeheuren Möglichkeiten ihm der Friede mit Dänemark brachte. Er verstand nicht, daß ihn niemand in seiner Macht hätte schmälern können, wenn er diese Macht nicht sinnlos ausübte, wenn er die Religionsfragen im Reich ebenso einsichtig behandelt hätte wie Wallenstein die Territorial- und Entschädigungsfrage mit König Christian. An keinem deutschen Kaiser läßt sich so melancholisch studieren, daß die Schwäche des Gegners oft die einzige Voraussetzung der eigenen Größe ist.
Schon im Herbst 1628 stürzte sich Ferdinand II. auf sein Herzensprojekt. Er gab am 13. September den Befehl, die Bestimmungen über die Rückführung der Stifte und des früheren Kirchenbesitzes auszuarbeiten. Am 6. März 1629 unterzeichnete er das folgenschwerste, unglückseligste Dokument seines Lebens, das Restitutionsedikt. In diesem Dokument, das der Gewalt im Inneren auf Jahre hinaus neue Nahrung gab — in einem Augenblick, da erfolgreich über die Beilegung der militärischen Gewaltmaßnahmen verhandelt wurde —, in diesem Dokument wurden aufgrund des Reservatum ecclesiasticum, des geistlichen Vorbehalts des Augsburger Religionsfriedens von 1555, alle Klöster und geistlichen Stiftungen, die einem Reichsfürsten unterworfen, also nicht reichsunmittelbar und bis zur Passauer Konvention von 1552 katholisch waren, wieder den Katholiken zugesprochen. Die protestantischen Fürsten hatten diese geistlichen Güter wieder herauszugeben. Dasselbe sollte mit den reichsunmittelbaren Stiften der Fall sein, welche die Protestanten seit dem Augsburger Religionsfrieden eingezogen hatten. Außerdem sollte nur den Bekennern der Confessio Augustana die freie Ausübung ihres Religionsglaubens zugestanden werden, alle übrigen Konfessionen, also insbesondere die Calvinisten und Reformierten, wurden verboten.

Die Besitzveränderungen waren ungeheuerlich: Die beiden Erzbistümer Bremen und Magdeburg, zwölf Bistümer in Norddeutschland und weit über 500 Abteien, Kollegiatstifte, Klöster und Kirchen sollten restituiert werden. Wenn es gelang, war der Protestantismus bis auf einzelne versprengte Territorien vernichtet. Über Hunderttausende von Menschen wurde die gewaltsame Katholisierung verhängt.
Das Restitutionsedikt sollte in Deutschland dasselbe durchsetzen, was die Gegenreformation in Böhmen nach der Schlacht am Weißen Berg praktiziert

und der Kaiser durch die jüngste »Verneuerte Landesordnung« von 1627 vollendet und was Ferdinand in seinen erzherzoglichen Gebieten als junger Fürst erzwungen hatte. Der Kaiser zerriß mit dem Restitutionsedikt achtzig Jahre Reichsgeschichte – er versuchte es zumindest, und das Ergebnis war Unglück, Jammer und Elend, wie immer, wenn Religion und irdischer Staat aufeinanderprallen, denn dem einen ist das Unbedingte zugemessen, dem andern aber nur das Bedingte.

Die deutschen Protestanten gerieten mehr und mehr in eine panische Verzweiflung. Sie schworen einen Widerstand bis zum Letzten, es wäre besser, Germanien erneut in die alte Waldwildnis zu verwandeln und alles zu zerstören, als das Evangelium aufzugeben. Zur Einhaltung eines solchen Schwurs war außer jedem einzelnen nur Sachsen in der Lage, ebenso Brandenburg. Die Zeit sollte aber lehren, daß mit dem Edikt die Entwicklung der nächsten Jahre vorgezeichnet wurde –, um so mehr, als Wallenstein bald keine Gelegenheit mehr hatte, im Reich seine ausgleichende, vorsichtige Politik zu treiben.

Es genügt nicht, nur zu erwähnen, daß Wallenstein von Anfang an leidenschaftlich gegen die Beratungen, die Verabschiedung und Unterzeichnung des Edikts protestiert und auch dadurch den Haß der katholischen Kurfürsten gegen sich ununterbrochen geschürt hat. Es genügt nicht, die abfälligen und unglücklichen Bemerkungen Wallensteins nach Unterzeichnung des Dokuments zu zitieren. Für den oberflächlichen Blick konnte es aussehen, als ob der Sieg des Katholizismus zugleich ein Sieg des österreichischen Kaisertums sei. Aber was den Bemühungen der Gegner Habsburgs und den protestantischen Ständen bis dahin immer noch nicht richtig gelungen war, nämlich eine geschlossene und eine entschlossene Front gegen Ferdinand und die Liga zu errichten, das ist den Schöpfern des Restitutionsedikts geglückt. Das Dekret vom 6. März 1629 war ein politischer Geniestreich der Feinde Ferdinands; er war deshalb so genial, weil ihn der Kaiser selbst zustande gebracht hatte und Richelieus Hand durchaus nicht bei dem Entwurf beteiligt war, wie schon damals viele vermutet haben; das Restitutionsedikt löste deshalb hellen Jubel bei allen aus, die in Habsburg und dem Reich ihre Todfeinde sahen.

Wallenstein sah, daß sich jetzt der Krieg unweigerlich in einen Religionskrieg von größtem Ausmaß verändern mußte. Deshalb war das Edikt auch die größte politische und persönliche Niederlage Wallensteins; er gab das selbst zu. Hatte ihn der Kaiser samt seinem Heer mit dem ausdrücklichen Auftrag ins Reich geschickt, seinen Feinden »den praetextum der Religion zu benehmen«, so entlarvte sich Ferdinand jetzt mit dem Edikt als wort-

brüchig. Hier wurde doch Artikel für Artikel dokumentiert, wie richtig die protestantischen Fürsten und Städte geurteilt hatten, wenn sie im angeblichen Kampf des Kaisers für seine Rechte im Reich nichts anderes am Werk sahen als die Ambitionen eines unerbittlichen Papismus.
Und nicht nur der Kaiser stand wortbrüchig da, sondern auch sein Feldherr, der das gleiche ebenfalls vom ersten Tag an versichert hatte, daß er nämlich nicht wegen der Religion Krieg führe. Er war nicht nur wortbrüchig, er war auch ein Heuchler. Bis dahin hatte er sich bei den Katholiken verhaßt gemacht, als er immer wieder für die Gleichberechtigung der Protestanten kämpfte, als er sein Heer nach dem Grundsatz absoluter religiöser Toleranz aufbaute. Jetzt aber wandten sich die Protestanten angeekelt ab, denn die Siege des kaiserlichen Feldherrn waren Voraussetzung und Basis des Restitutionsedikts, das kaiserliche Heer mußte jetzt zum Instrument gewalttätiger Intoleranz werden, denn das Edikt ließ sich nur mit Hilfe von Piken und Musketen verwirklichen –, da war es gleich, ob sie von katholischen oder protestantischen Händen getragen wurden.
Rettung der Seelen, einige Christenheit, wahrer Glaube, Jungfrau Maria – solche und ähnliche Formeln entpuppten sich jetzt, 1629, als Würgegriffe eines militanten Katholizismus, denen sogar der Papst seinen Segen verweigerte. Selbst Urban VIII. lehnte das Restitutionsedikt ab. Er bestritt – was ohnedies jeder wußte – den rein religiösen Charakter der Maßnahme, da die geistlichen Güter gar nicht an ihre früheren Besitzer kamen und vor allem Kaiser samt Liga die Stifte erst einmal zur Entschädigung für ihre Kriegskosten benutzten. Später steigerte sich der Papst sogar zu dem Urteil, das siegreiche Vordringen des Schwedenkönigs im Reich sei die gerechte Strafe Gottes dafür, daß durch das Restitutionsedikt die wahren Besitzer um ihr Eigentum gebracht worden waren.

Schon wenige Wochen nach Unterzeichnung des Dekrets rät Wallenstein von jedem neuen kriegerischen Projekt ab, »dieweil die Feinde sich mehren, an Reputation zunehmen, die Unsrigen aber von uns abfallen«. Er stellt resigniert fest, daß die protestantische Bevölkerung wegen der Restitution »in der größten Desperation« ist. »Wir haben«, schreibt er, »nichts Gewisseres als einen Generalaufstand zu erwarten.« Das Edikt hat den endgültigen Anstoß zum Eingreifen Gustav Adolfs im Reich gegeben. Zur gleichen Zeit wird der Krieg über die religiöse Verschärfung hinaus auch unwiderruflich zum großen europäischen Krieg, der schnell alle religiösen Frontbildungen ad acta legt, denn das katholische Frankreich fordert das katholische Habsburg in die Schranken – mit päpstlicher Billigung und Wittelsbachersympathien.

Man muß die Stellung zum Restitutionsedikt nicht zu einem Prüfstein machen, ob man ein guter oder ein schlechter Katholik ist. Werden Einblick und politischer Weitblick von religiösem Fanatismus und territorialer Habsucht überdeckt, dann kann sich der narkotische Feingehalt der Resignation bis zur Apathie verstärken. Bei Wallenstein ist das der Fall gewesen. Deshalb hat er nicht einmal den Abschluß des Lübecker Friedens als reinen Triumph empfinden können. Der Kapuziner Magni registriert 1629 mit aufmerksamer Gleichgültigkeit, in letzter Zeit sei »der Bart des Friedländers ganz weiß geworden«.

Wallenstein hat sich vom Alptraum des Restitutionsedikts nie mehr freimachen können. Wallenstein war sicher kein religiöser Indifferentist, nur war er zu klug, um nicht zu wissen, daß sich über den Menschen der Himmel mit Gott befindet, mit den Engeln und dem Heiligen Geist, mit den Bahnen der Sterne, mit dem ewigen Leben und dem ewigen Nichts – und daß diese Dinge noch unter vielen anderen Pseudonymen bekannt sind. Die Stärke oder Laxheit von Wallensteins religiösem Bekenntnis spielt hier keine Rolle. Wichtig dagegen ist, daß er das Nebeneinander beider Religionen im Reich als eine Tatsache angesehen hat, die durch keine Gewaltmaßnahme mehr beseitigt werden konnte.

Was der kaiserliche Generalfeldhauptmann von dem Edikt hielt, das erfuhren die katholischen Kurfürsten, das erfuhr Maximilian schnell genug. Wallenstein machte sich über die Feindschaft der Ligisten keine falschen Vorstellungen. Als Hauptgrund sah er dafür an, daß er die kaiserliche Gewalt im Reich wie noch nie zuvor gestärkt hatte. Am 12. Oktober 1629 stellte er fest: »Daß ich im Reiche verhaßt bin, das geschieht aus der Ursache, daß ich dem Kaiser gar zu wohl gedient hab' wider ihrer vieler Willen.« Zwei Tage später notierte er noch einmal: »Wen wir ansehen, der ist unser Feind. Von Hof aus hab' ich in nichts eine Assistenz. Alle Kurfürsten und Fürsten, ja jedermann muß ich mir wegen des Kaisers zu Feinden machen.«

Tilly hatte unbedingt zugesagt, mit seinen Truppen für die Durchführung des Edikts zu sorgen. Wallenstein weigerte sich, eine solche Zusage zu geben. Im Gegenteil, er versuchte die Durchführung mit allen möglichen Mitteln zu hintertreiben. Das Edikt ließ sich nur so durchführen, daß die Güter von Militär etappenweise und nach und nach besetzt wurden; bis Ende 1630 war noch nicht einmal die Hälfte der betroffenen Bistümer und Klöster eingezogen. Der Gegenreformation in seinen böhmischen Gebieten einen Riegel vorzuschieben, war für ihn von Anfang an ein Kinderspiel gewesen. Im Sommer 1629 blockierte er mit seinen Truppen Magdeburg und stimmte schnell einem Vergleich zu, der von den Hansestädten angeregt worden war.

Was er bei dieser Gelegenheit erklärte, war fast schon offener Widerstand gegen kaiserliche Befehle: »Wir vernehmen, die Hansestädte befürchten, man wolle das kaiserliche Edikt wegen der katholischen Reformation exequieren. Des sind Wir aber durchaus nicht gemeint. Das Edikt kann nicht Bestand haben und Wir versprechen den Hansestädten, daß ihnen nicht das geringste deswegen zugemutet werden soll, denn man kann den Religionsfrieden nicht also über den Haufen stoßen. Die Gewissen dependieren allein von Gott, gegen den auch ein jeder seine Religion zu verantworten hat.«

Nach Erlaß des Edikts konzentrieren sich die Fürsten der Liga fast ausschließlich auf das Projekt der Reduzierung der kaiserlichen Armee und die Entlassung Wallensteins. Am 15. Oktober 1629 schicken die vier katholischen Kurfürsten noch einmal eine Beschwerdeschrift nach Wien, in der die Ächtung der Herzöge von Mecklenburg als eine vorschnelle, unkluge Maßnahme bezeichnet wird, die der Kaiser wieder rückgängig machen soll. Auch hier wieder die Verfilzung von sachlichen Konsequenzen mit den privat-persönlichen Motiven: Es gibt kaum einen unter den reichsunmittelbaren Fürsten, der ohne weiteres damit einverstanden ist, daß der Kaiser von sich aus Wallenstein zum Herzog von Mecklenburg erhebt. Zweifellos ist die Vertreibung der rechtmäßigen Fürsten von Mecklenburg ein schwerer Eingriff in die Reichsinstitutionen, aber es handelt sich mehr um eine Erschütterung des Daches. In den Grundfesten bebt das Reich und damit auch die gesamte Herrschaft der Habsburger nicht wegen der Mecklenburger Affäre, sondern wegen des Restitutionsedikts und seiner brüsken Durchführung.
An dem Klagelied über die Belastung durch das kaiserliche Heer beteiligen sich diesmal auch die protestantischen Fürsten, allen voran Brandenburg und Sachsen. Maximilian erhöht den Eindruck der Beschwerdeschrift noch durch einen eigenen Gesandten, den er als Interpreten und Leistungsverstärker nach Wien schickt. Nachdem der bayerische Bote dem Kaiser in brennenden Farben alle Risiken und Gefahren geschildert hat, in die er durch sein Heer im Reich allmählich und scheinbar unausweichlich kommt, bricht Ferdinand in Tränen aus: Nichts sei ihm so teuer als die Freundschaft und das Einvernehmen mit seinem alten Gefährten, dem Bayernfürsten. Aber was soll er tun? Wie soll er die Armee reduzieren, wenn er nicht einmal das Geld hat, um den rückständigen Sold zu bezahlen?
Ferdinand entschließt sich Ende 1629, einen Kurfürstentag einzuberufen, auf dem alle Streitfragen behandelt werden sollen. Ferdinand will dort auch die Wahl seines Sohnes zum kaiserlichen Nachfolger durchsetzen. Das war das letzte Ziel seines Lebens; das vorletzte hatte er schon erreicht, den Erlaß

des Restitutionsedikts. Je weniger Ziele es wurden, um die es sich für den Kaiser zu kämpfen lohnte, um so blinder wurde er für alles, was wirklich wichtig war.
Wallenstein muß sich seit fünf Jahren auf zwei Kampfplätzen behaupten, auf den Schlachtfeldern im Reich und in den Vorzimmern und Kabinetten von Fürstenhöfen, die durch ganz Europa verstreut sind. Am unerträglichsten ist ihm der Kaiserhof. Bei Collalto, der auch nicht zu seinen reinen Freunden zählt, macht er sich im Oktober 1629 in einem erbitterten Brief Luft, weil Lamormaini ein vertrauliches Gutachten Wallensteins gerade denjenigen zugespielt hat, für die es nicht bestimmt ist: »Dieser Tage bin ich in der größten Intrige von der Welt gewesen. Wollte Gott, daß man bald den Frieden in Italien machen täte und Ihre Majestät die Armada abdankt, dann müßte ich mich mit den Leuten nicht mehr im Geheimen abgeben, denn ich bin dessen schon gar überdrüssig.« Und im April 1630, aus demselben Anlaß, dem Mantuanischen Krieg: »Zu Hof glaubt man, was man gern hätte. Man denkt an Abdankungen und nicht an Rekruten. Ich hab mehr Kriegs mit etlichen ministris als mit allen den Feinden.«

Wie sich die Aktionsparteien am Wiener Hof im einzelnen zusammensetzen, erfährt Wallenstein nicht immer zur rechten Zeit. Einer der wichtigsten Männer, obwohl in keiner Regierungsfunktion, ist der Beichtvater Lamormaini. In den ersten Jahren zählt er zu den Freunden Wallensteins, später verwandelt er sich in einen Todfeind, vor allem wegen Wallensteins Ablehnung jeder dogmatisch-katholischen Politik. Mit wechselnder Entschiedenheit gehören zur Gruppe der Wallensteingegner im Kollegium der Geheimen Räte Dietrichstein, Slavata, der spätere Feldmarschall Wolfgang von Mansfeld, Khevenhüller, der Reichsvizekanzler Stralendorf und der Obersthofmeister Graf Meggau. Zu seinen Freunden und Anhängern dagegen Harrach, Eggenberg, Abt Antonius von Kremsmünster, Collalto, Baron von Breuner, Questenberg und Verda Baron von Werdenberg. Vermittelnd, oft freundschaftlich, oft ablehnend verhalten sich Trauttmansdorff, der böhmische Oberstkanzler Lobkowitz, der Präsident des Reichshofrats Graf von Fürstenberg und der böhmisch-schlesische Vizekanzler Otto von Nostitz.
Dazu kommt eine ganze Reihe einflußreicher Männer im Hofkriegsrat, in der Verwaltung der Erblande, unter den verschiedenen ausländischen Gesandten, in seiner eigenen Umgebung, den höchsten Offizieren der Armee: Colloredo, der Nuntius Carlo Caraffa, die bayerischen Gesandten, Marradas, Aldringen, Caretto di Grana, der spanische Gesandte Aytona, Martinitz, die ligistischen Fürsten des Reichs, an ihrer Spitze Maximilian und schließlich

auch und vor allem der Thronfolger, Ferdinand III., mit seinem militärischen Ehrgeiz.
Intrigen, Gehässigkeiten, Niedertracht und Verleumdung gehören von jeher zur Atmosphäre der diplomatischen Welt. Um Wallenstein allerdings konzentrierte sich ein besonders undurchdringliches Gespinst von Heimtücke, Bosheit und tödlichem Haß, ein Gewebe, für das er teils aus objektiven, teils aus Temperamentsgründen selbst viel Verantwortung hatte. Dazu kam die innere Unsicherheit des Kaisers.
Neid und persönliche Kränkungen sind neben der sachlichen Gegnerschaft die stärksten Triebfedern der Feinde Wallensteins. Über die Grundlinien seiner Politik und seiner Pläne ist jeder informiert, da gibt es kein Geheimnis. Mit einer unerschütterlichen Selbstbeherrschung verschweigt er allerdings die Wege, wie er seine Politik und seine Pläne realisieren will. Aber mit einer rücksichtslosen, ja kindischen Hemmungslosigkeit beschimpft er alle, die sich ihm in den Weg stellen. Nicht immer, in letzter Zeit seltener, aber das bleibt eine crux. Wallenstein ist ein gewaltiger Feldherr, ein großer Staatsmann, ein bewunderungswürdiger Diplomat, ein Meister der politischen Praxis, und gleichzeitig zahlt er seinem Temperament jeden Tribut an unnützer Feindschaft, den man überhaupt aus Unbeherrschtheit und Nachlässigkeit zahlen kann. Denn jedes seiner Worte – Wutanfall hin, Raserei her – macht seinen Weg nach Wien, zu den feinhörigen Herren.
Am stärksten legt er sich mit dem Gremium des Hofkriegsrats an. Er kennt diese Leute, er hat selbst einmal dazu gehört. Sie interessieren sich für den Krieg, aber sie verstehen nichts davon; das ist für Wallenstein einer der Gründe, warum sie sich dafür interessieren. Bei ihm ist es genau umgekehrt: Der gewaltige Schlachtenfürst, der den Krieg wie kein anderer kennt, interessiert sich am meisten für den Frieden. Nichts Widersinnigeres als ein Soldat, der dauernd vom Frieden spricht. Nun, Wallenstein hat nichts prinzipiell gegen Hofkriegsräte, aber er hat etwas gegen Leute, die gerade gescheit genug sind, um gegen ihn Intrigen einzufädeln.
Anders ist es mit Leuten wie Slavata, dieser Vetter ist grundgescheit. Slavata ist wirklich hochintelligent, sonst aber ist er nichts. Das einzige, was im Leben dieses Mannes Mitgefühl erweckt, ist der Eifer, mit dem er versucht, die Lücken seines Talents durch Defekte seines Charakters zu überdecken. Slavatas Feindschaft hat ausschließlich private Gründe. Andere Gründe haben die Jesuiten, in denen Wallenstein die Hauptverantwortlichen für das törichte Restitutionsedikt sieht. Hier handelt es sich um eine sachliche Differenz. Der Kaiser beugt sich unbedingt den Schwert- und Federführern der Gegenreformation, sein Beichtvater ist Repräsentant der Gesellschaft Jesu. Ferdinand

begreift nicht, daß dieses Vertrauen der Ruin habsburgischer Reichspolitik ist. Man wird den Trägern der Gegenreformation Konsequenz und Größe zubilligen müssen, man wird akzeptieren, daß sie eine untrügliche Sicherheit bei der Abstimmung von Zielen und Mitteln haben; unter ihren festgelegten Gesichtswinkeln haben sich das Summum bonum und die Summa injuria in idealer Spiegelung gedeckt.
Lamormaini ist ab 1628 ein unbedingter Gegner Wallensteins, er schadet ihm, er bekämpft ihn mit all den unerschöpflichen Mitteln, die einem Gewissensrat zur Hand sind, er macht aus seinem Haß kein Hehl, nicht einmal vor Wallenstein. Lamormainis Feindschaft ist in vielem persönlich motiviert, er handelt aus Überzeugung, er agiert aber niemals in einem direkten Auftrag der Societas Jesu.
Der gefährlichste Gegner Wallensteins ist freilich Maximilian von Bayern. Man wird nicht alles, was den Herzog von Friedland zum Stolpern und dann zum Fallen bringt, aufs bayerische Konto buchen können. Richtig aber ist, daß Maximilian kein anderes Ziel kennt als den Sturz Wallensteins, daß er alles, was er mobilisieren kann, für diese Aufgabe einsetzt. Daß der Kaiser kein politisches, sondern nur ein religiöses Konzept besitzt, das weiß der Bayernfürst seit Jahrzehnten. Kaiserliche Politik im Reich wird erst seit Wallenstein, erst durch Wallenstein getrieben. Maximilians knickrige Verbitterung und Habgier erlauben ihm kaum jemals ausgeglichene Momente. Wenn sein Gesicht dann doch einmal heiter und gelöst wirkt, kann seine Umgebung sicher sein, daß er im Augenblick darüber nachdenkt, was er mit Wallenstein anstellen würde, wenn er die Macht dazu hätte.
Im politischen Feld ist die erste Bedingung dafür, dem Gegner die eigene Macht zu nehmen. Reichen die privaten Kräfte nicht aus, muß man sich um Partner kümmern. Für Maximilian ist das um so leichter, als jetzt Frankreich wieder auf die Bühne des europäischen Kriegstheaters drängt. Damit erhält der Kampf von Wallenstein, der Kampf um Wallenstein seine letzten Fixpunkte, denn jenseits aller Aufbaugefechte und Intrigen treten sich die beiden gewichtigsten Persönlichkeiten des ganzen Krieges gegenüber, Wallenstein und Richelieu, nicht offen zwar, aber doch Auge in Auge. In der verborgenen Auseinandersetzung zwischen beiden reflektiert sich das sichtbare Ringen zwischen Habsburg und Frankreich um die Herrschaft in Europa, das Aufeinanderprallen zweier Ansprüche, die zu gegensätzlich sind, als daß ein Kompromiß auch nur angenähert möglich wäre.

Dieser Gegensatz zeigt sich besonders klar in der seltsamen Ähnlichkeit der Situationen und Absichten, in der Verwandtschaft, aber auch im Unterschied der beiden Persönlichkeiten. Wallenstein ist entschlossen, mit dem religiösen Zwist im Reich aufzuräumen, er will um der außenpolitischen Aktionsfreiheit willen im Innern einen vollständigen Ausgleich der Konfessionen. Die Forschung hat in dem hektischen Pro und Contra, mit dem sie die mehr oder minder starken Eigennützigkeiten Wallensteins durchforstet hat, bis heute übersehen, daß es gar nicht um seine ebenso heftig unterstellte als auch faktische Habsucht und seinen Ehrgeiz geht, sondern um das Gewicht seiner sachlichen Pläne, die immer – tatsächlich *immer* mit seiner persönlichen Machterweiterung verbunden sind. Sie hat übersehen, daß die Generalklausel, die im Westfälischen Frieden 1648 ein für allemal mit den Religionsstreitigkeiten aufgeräumt hat, schon von Wallenstein verlangt und vorgeschlagen worden ist, nämlich die schlichte Rechtsgleichheit der Konfessionen, sowohl in der Bekenntnispraxis als auch territorial. Mit dem Blick nach München stellt er einmal prophetisch fest, es werde sich noch zeigen, daß diejenigen, die aus Rücksicht auf das Wohl des Ganzen dem Hause Österreich dienen, zugleich auch bessere Katholiken seien als diejenigen, die entgegengesetzt handeln.

Dieselbe Situation, dasselbe Verhalten bei Richelieu: Er muß mit der Hugenottenbedrohung im Innern fertig werden. Ein Religionsprinzip, verbunden mit politischen Ansprüchen, wird Element politischer Zersetzung. Deshalb trennen beide, Wallenstein und Richelieu, das Religiöse vom Politischen. Richelieu zerbricht entschlossen und grausam die politische Macht der Hugenotten, ihre religiösen Forderungen dagegen toleriert er. Bis heute hat die Geschichtsschreibung in ermüdender Einstimmigkeit Stralsund und La Rochelle miteinander in Parallele gebracht. Ganz zu Unrecht. Denn der Triumph Richelieus bei La Rochelle ist dem Triumph Wallensteins beim Lübecker Frieden zu vergleichen.

Wallenstein will die Macht des Kaisers im Reich gegenüber den Kurfürsten stärken. Inwieweit er bereit ist, um dieses Zieles willen die Reichskonstitutionen zu verletzen, ist ein Problem für sich. Hinter den Klagen der Ligisten über den Druck des kaiserlichen Heeres steht jedenfalls die krasse Angst vor dem angeblichen und deshalb bei Wallenstein vorausgesetzten Plan, die bestehende Verfassung des Reiches umzustürzen. Von Wallenstein gibt es keine einzige Äußerung dazu. Er war viel zu klug, um sich gerade zu solchen Behauptungen hinreißen zu lassen.

Wallensteins Kampf gegen die kurfürstliche Macht ist kein Kampf zwischen privaten Gegnern, auch wenn es sich dem Auge so zeigt, sondern ein Kampf Wallensteins für die kaiserliche Gewalt, die er mit der Reichsgewalt identifiziert. Was steht denn hier gegeneinander, wenn man es auf den Grundriß reduziert? Mit der vorgezeigten Plakette der »deutschen Libertäten« – auch Gustav Adolf trägt sie auf seinem Koller – werden die schwersten Petarden vor alle Tore der Festung Habsburg gerollt, dem stärksten Bollwerk, das ein deutscher Kaiser, geschützt durch die spanischen Vorwerke, jemals errichtet hat. Denn Ferdinand II. ist im Unterschied zu Karl V. durch und durch ein Kaiser des Deutschen Reichs.

Dieses sachliche Ziel der kaiserlichen Reichsgewalt hat Wallenstein schon bald mit entschiedenen Bemerkungen umkränzt, so wenn er im Frühjahr 1626 bemerkt: »Wir haben schon genug wegen des Bayern Ungelegenheiten ausgestanden. Ist nicht ragione de statu, daß man ihn mächtiger auf Kaisers Unkosten macht.« Es ist aber auch durch drastische Aussprüche geätzt worden, die man Wallenstein in den Mund gelegt und eifrig kolportiert hat, um die Fürsten aufzureizen: »Es wird nicht eher Ruhe sein im Reich, bis man einem von ihnen den Kopf zwischen die Füße legt.« »Man muß die Kurfürsten Mores lehren. Sie müssen von dem Kaiser, der Kaiser nit von ihnen abhangen. Ich hoff, dem Hause Österreich dabei einen guten Dienst zu tun.« »Man muß ihnen die Gasthütel abziehn im Reich.«

Nicht anders Richelieu, der neben dem Kampf gegen die Hugenotten im Inneren keinen härteren Gegner hat als den Adel des Landes; der sich nicht scheut, das durchzuführen, was Wallenstein – vielleicht – ausgesprochen hat: Adlige als Hochverräter hinzurichten, angefangen von dem jungen Graf von Chalais, Henry von Talleyrand, bis zum Herzog von Montmorency, dem Marschall von Frankreich, dem Ersten und Höchsten im französischen Hochadel. Sicherlich, Gesetze und Verhältnisse sind hier wie dort verschieden, das Faktum freilich und die Intention bleiben gleich.

In beiden Fällen sollte sich auch der gleiche Effekt ergeben: eine Steigerung der kaiserlichen, in Frankreich der königlichen Gewalt, eine Erhöhung der Autorität der Krone. In beiden Fällen schließlich waren die Träger dieser Politik, Wallenstein wie Richelieu, nicht etwa die Sprecher ihrer Herren, sie hatten auch nicht freie Hand in der Staats- oder Kriegsführung, sondern sie mußten ihre Vorstellungen durch Argument, Überredung, Diplomatie, Nachdruck, Sukzeß oder List gegen ihre Souveräne durchsetzen. Als Staatsmann ist Richelieu dem Herzog von Friedland überlegen, als Feldherr, Organisator und Wirtschaftsführer bleibt wiederum Wallenstein in dieser Epoche unerreicht und von säkularem Format.

Auch bei dem Kampf um seine Politik, um seine persönliche Position hat Wallenstein im Unterschied zu Richelieu mit der außerordentlichen Schwierigkeit fertig zu werden, daß er nicht wie sein französischer Gegenspieler direkt bei seinem Herrn am kaiserlichen Hof tätig ist und niemals sofort seinen

Gegnern gegenübertreten kann, sondern Hunderte von Kilometern entfernt, und damit den ersten Aktionen der Verleumdung, Nachrede und des Minenlegens immer schutzlos ausgesetzt. Nichts ist charakteristischer für diese Schwierigkeit als das naive Eingeständnis Padavins – einem seiner übelsten Gegner – im Frühjahr 1627, als Wallenstein persönlich in Wien erscheint: »Bevor er bei Hofe anlangte, hat jedermann auf ihn geschimpft. Heute läßt niemand mehr seine Stimme ertönen.«

Der Kurfürstentag findet im Sommer 1630 statt. Am 19. Juni trifft der Kaiser mit seiner Familie in Regensburg ein. Wallenstein hat ihm die Reise durch ein Darlehen von 60 000 Talern ermöglicht. Was in Regensburg besprochen werden soll, ist für niemanden ein Geheimnis. Wallenstein weiß, welchem Druck Ferdinand ausgesetzt ist, er weiß auch, daß sich der Kaiser jetzt im Reich für allmächtig, den Protestantismus für niedergeschmettert und den Krieg für siegreich beendet hält. Wer soll ihm jetzt noch entgegentreten?
Wallenstein ahnt freilich, wie sehr sich der Kaiser über die Bedingungen seiner Macht hinwegtäuscht, also über die Bedeutung seiner Armee und seines Feldherrn. In Regensburg erfüllt nur ein einziger Gedanke Kopf und Herz des Kaisers: die Wahl seines Sohnes durch die versammelten Kurfürsten. Dafür wird er alles opfern. Auch Wallenstein. Um so mehr, als der Herrscher niemals die ganze Konzeption seines Feldherrn begriffen hat.
Die Wiener Diplomaten und der Kaiser sind durchaus von den Wünschen und Absichten der Fürsten informiert. Der erste Verhandlungspunkt wird die Absetzung des kaiserlichen Feldherrn sein. Schon am 23. März hat sich der Kaiser vertraulich bei Tilly erkundigt, ob er eventuell das Oberkommando des kaiserlichen Heeres mit übernehmen würde.
Die Wiener Hofräte erkennen erst in Regensburg, wie geschickt und gefährlich die Koppelung der drei Fragen des Armeebefehls, der Heeresfinanzierung und der Wahl Ferdinands III. ist, sie erkennen auch erst dort das ganze Ausmaß der Defensivposition, in die der Kaiser gerät. Sie hätten es schon früher erkennen können, denn die Kurfürsten haben hier eine ideale Kombination: Der ganze Verlauf des Kurfürstentages ist entsprechend dieser Dreierkombination vorherbestimmt und läuft auch so ab.
Die Erwartungen der kaiserlichen Berater und Ferdinands II. sind vollständig auf den Kammerton der tatsächlichen, momentanen Macht des Kaisers gestimmt, sie berücksichtigen aber nicht die Voraussetzungen, die Stabilität und die Gefährdungen dieser Macht. Wien hat wirklich einige Zeit die Illusion gehabt, es könnte in Regensburg dem Reich die Kosten für das Heer aufbürden und die Kurfürsten würden damit einverstanden sein. Die spani-

schen Diplomaten glaubten sogar, in Regensburg würde man als Konsequenz aus der militärischen Lage im Reich das ligistische Heer auflösen und es dem Kaiser allein überlassen, eine Armee zu unterhalten.
Die Fürsten sehen einen anderen Verlauf voraus. Sie behalten recht. Seit Jahresbeginn treten sie unter der Führung Maximilians so geschlossen auf wie noch nie. Denn Frankreich ist mit von der Partie. Es bedient sich des so oft bewährten Treibmittels seiner Außenpolitik, der alten Rivalität zwischen Wittelsbach und Habsburg. Auch hier greifen Richelieu und sein Schatten, der Kapuzinerpater Joseph – die berüchtigte Graue Eminenz – auf das zurück, von dem schon Heinrich IV. profitiert hat. Im Mai 1629 tauchen französische Gesandte bei Maximilian in seiner frühlingsgestimmten Hauptstadt auf. Sie werden herzlich empfangen. Besonders aufmerksam hört ihnen der Bayernfürst auch deshalb zu, weil diese unermüdlichen Reisenden im politischen Dienst Gottes zugleich päpstliche Grüße und politische Frühjahrsbotschaften ankündigen; Rom schickt seine eigenen Gesandten umgehend hinterdrein.
Richelieu und Urban VIII. finden sich zusammen in ihrer Abneigung gegen eine habsburgisch-spanische Hegemonie in Europa. Um dieser Abneigung Profil zu geben, sind sie auch zu Koalitionen mit geschworenen Feinden des katholischen Glaubens bereit, wie Richelieu mit Gustav Adolf, oder schrecken nicht davor zurück, Bayern und die Liga von Habsburg zu isolieren. Der Papst geht noch weiter, er läßt seine Sprecher in München die behutsame Frage stellen, ob denn die Thronfolge unbedingt auf Habsburg festgelegt sein muß, auch das Haus Wittelsbach könne doch Rechte auf die Krone anmelden, mit guten Gründen und noch besseren Aussichten. So geheim und leise dieser Vorschlag gemacht wird, Maximilian hätte ihn auch verstanden, wenn er völlig taub gewesen wäre. Richelieu gibt sich nicht so zart. Sein Sondergesandter Charnacé bindet dem Kurfürsten von Brandenburg den Bären auf, daß Maximilian sich schon zur Thronkandidatur entschlossen habe und im Fall seiner Wahl das Restitutionsedikt annullieren und den Religionsfrieden sichern werde.
Im Herbst 1629 kann Maximilian den Entwurf eines Defensivpaktes mit Frankreich studieren, den ihm Richelieu zugeschickt hat. Diese Versuchungen sind nicht neu, Verrat am Kaiser ist es auch noch nicht, Maximilian muß aber in dieser Herbststimmung etwas davon geahnt haben, wie es ist, wenn die Feigenblätter fallen. Maximilian hat es mit dem Pakt nicht eilig, der Entwurf allein genügt schon. Richelieu bietet der Liga eine Unterstützung von 50 000 Mann an. Das macht Maximilian so stark, als hätte er sie schon zur Hand.
Anfang Juli 1630, als die Verhandlungen beginnen, sind in Regensburg

Diplomaten fast aller wichtigen europäischen Staaten versammelt. Später hat man dramatisierend gesagt – nicht ohne Grund –, daß Regensburg im Juli 1630 Schauplatz der größten diplomatischen Schlacht des Jahrhunderts gewesen sei.

Die Hauptperson des ganzen Kampfes ist nicht dabei. Wallenstein hat seine Gicht den Karlsbader Ärzten anvertraut, sie und die berühmten Quellen waren erfolgreich, jetzt zieht er mit seinem prachtvollen Hofstaat – 46 Wagen, weit über tausend Pferde, Octavio Piccolomini führt die 600 Mann starke Leibwache – durchs Fichtelgebirge hinein nach Bayern, läßt Regensburg in topographischer Verächtlichkeit links liegen, ebenso München, reitet weiter in Richtung Schwaben und schlägt in Memmingen seine Zelte auf. Diese Verlegung seines militärischen Hauptquartiers nach Schwaben hatte er schon 1629 angekündigt. Von Memmingen aus beginnt er die Verhandlungen mit dem Herzog von Lothringen wegen eines Anschlusses an die Sache des Kaisers. In Memmingen wartet er auch ab, wie sich die Dinge in Regensburg entwickeln. Er ist zu stolz, zu kalt, um selbst ein Wort zu dem zu sagen, was der koalierte Haß gegen ihn vorzubringen hat.

Sie bringen nichts anderes vor – in den Dialekten der landesfürstlichen Gebiete –, als was die Kapuzinerrelationen angehäuft haben. Maximilian führt das Wort, stoßend, asthmatisch, er beschwert sich beim Kaiser so energisch wie noch nie, er denkt, während er alle Klagen mit dem Selbstbewußtsein des Anklägers vorträgt, an Richelieu und die Geschwindigkeit, mit der sich ein Defensivpakt unterzeichnen läßt – falls der Kaiser sich den Forderungen der Kurfürsten nicht beugt.

Maximilian spitzt sofort alles auf die Hauptfrage zu, den Wechsel des Armeebefehls. Erst wenn dieser Punkt erledigt ist, soll die Verteilung der Kriegskosten beraten werden und erst zum Schluß die Nachfolgefrage. Die Kurfürsten verlangen die umgehende Entlassung Wallensteins, auf ihn häufen sie alle Greuel des ganzen Krieges, er allein wird für jede Untat verantwortlich gemacht.

Der Kaiser zögert lange. Allmählich begreift er, daß die Kurfürsten ihn erpressen: erst Wallenstein, dann die Kriegskosten, dann die Nachfolge. Auch die Graue Eminenz Richelieus macht den Kaiser dezent freundlich darauf aufmerksam, daß es sich doch um dieser Lappalie willen nicht lohne, alle Kurfürsten zu vergrämen und den Friedenswillen Frankreichs zu strapazieren. Nur der Gesandte Brandenburgs bleibt neutral, er schließt sich erst am Ende der Mehrheit des Kurfürstenkollegiums an.

Eggenberg widerspricht bis zum Schluß, er durchschaut am deutlichsten die

Absichten Bayerns, der Kurfürsten, Frankreichs. Er widerspricht, aber er kämpft nicht. Auch der spanische Gesandte bemerkt, welchen Dienst die deutschen Fürsten dem fuchsgescheiten Pater Joseph leisten. Das scheint Madrid ein Beweis dafür zu sein, wie richtig es war, daß Philipp IV. bis dahin durch keinen einzigen Bericht seiner Gesandten in Wien sich hat gegen Wallenstein einnehmen lassen, gleichgültig, was ihm zugetragen wurde; mit der Politik, die der Feldherr treibt, ist der Escorial einverstanden.
Am 13. August 1630 versammeln sich die Kurfürsten in dem düsteren Reichstagssaal, der durch keine Sommersonne zu erhellen ist. Der Kaiser gibt dem Kollegium die Entlassung Wallensteins bekannt.
Die anderen Beratungspunkte werden nach Programm erledigt: drastische Reduzierung des kaiserlichen Heeres bis etwa zur gleichen Stärke oder, besser, Schwäche wie die ligistischen Truppen, Kontrolle der Armeeführung und der kaiserlichen Außenpolitik durch die Reichsstände. Um das Fiasko des Kaisers abzuschließen, weigern sich die Kurfürsten, die Nachfolge Ferdinands III. zu bestätigen; diese Ablehnung steht für sie seit Monaten genauso unerschütterlich fest wie ihre Forderung, Wallenstein zu entlassen.

Die Reisekutsche des Paters Joseph rollt schon längst mit seinem zufriedenen Insassen auf den sommerlich ausgedörrten Straßen Süddeutschlands in Richtung Paris, da begreift der Kaiser. Er soll diesen Erkenntnisblitz so formuliert haben: »Père Joseph hat die deutschen Kurhüte in seiner Kapuze davongetragen.« Eine solche Formulierung steht dem schweren Gesicht des Kaisers nicht an, der Sache nach ist sie richtig.
Wer soll die Nachricht dem Generalissimus bringen? Questenberg und Baron von Werdenberg, die besten Freunde Wallensteins neben Eggenberg, treten den peinlichen Weg an. Wallenstein empfängt sie in seinem prächtigen Zelt, in der undurchdringlichen Haltung eines Herrschers, der die Dinge von einer anderen Warte überblickt als der gewöhnliche Sterbliche. Wallenstein, wenn er allein und konzentriert den Sternenhimmel mustert, fühlt sich durchaus nicht in der Minderheit.
Er läßt die Freunde gar nicht erst zu Wort kommen, erspart ihnen die Beschämung, zeigt nur in bewundernswerter Selbstbeherrschung auf ein Blatt mit Berechnungen: »Ihr Herren, aus den Astris könnt ihr es selbst sehen, daß des Kurfürsten von Bayern Spiritus des Kaisers seinen dominiert, daher kann ich dem Kaiser keine Schuld geben. Wehe aber tut es mir, daß sich Ihre Majestät meiner so wenig angenommen. Ich will aber Gehorsam leisten.«
Wallenstein schenkt dem Hof-Vizekanzler sein kostbarstes napolitanisches

Reitpferd, Questenberg erhält zwei komplette Postzüge, bespannt mit je sechs Hengsten aus Wallensteins mecklenburgischem Mustergestüt. Damit reisen die Hiobsboten stumm nach Regensburg zurück.

Als die Kurfürsten mitten im Ablesen ihrer Klageschriften wider Wallenstein und die kaiserliche Armee sind, landet Gustav Adolf mit seinem Heer bei Peenemünde, erobert Usedom und Wollin und ist Mitte Juli mit seinen Truppen in Stettin. Der Kaiser erhält die Nachricht, während er über dem »Soll – soll ich nicht« von Wallensteins Entlassung brütet. Immer noch ist er im Besitz seiner Macht, mehr aber noch im Wahn seiner Macht. Der Kaiser sagt in schönster österreichischer Nonchalance: »Da ham mer halt ä Feindl mehr.«

Wem dieser Kommentar nicht gesichert genug erscheint, kann sich an ein Ersatzdokument halten. Am gleichen Tag, dem 13. August, an dem der Kaiser die Entlassung des Feldherrn bekanntgibt, schreiben die Kurfürsten in ihrer Kollegialpracht und -naivität an Gustav Adolf, sie sähen nicht die geringste Veranlassung zu seinem »feindtätlichen Vorgehen wider das Reich«.

XVIII
Gustav Adolf ante portas
(1630)

Wallenstein hat das alles seit Jahren kommen sehen, was Gustav Adolf zur Landung bewegt. Er ist zwar zu klug, um nicht an Zufälle zu glauben, aber auch nicht so töricht, im Vexierspiel von Logik und Geschick die offenkundigen Irrwege für Königspfade zu halten. Im Frühjahr 1629 hat er Arnim mit 10 000 Mann dem polnischen König zu Hilfe geschickt. Sie haben dem Schwedenkönig das Leben schwer gemacht, Arnim liefert ihm bei Stuhm eine Schlacht, in der Gustav Adolf das ganze Treffen, zehn Kanonen und beinahe das Leben verliert. »Niemals war ich in einem heißeren Bad«, gesteht er am Abend.

Richelieu schickt seinen Sondergesandten, den Baron de Charnacé, zum König, um ihm klarzumachen, daß andere Bäder bekömmlicher sind. Gustav Adolf findet den Kampf gegen seinen Vetter Sigismund um die Rechtmäßigkeit seiner Thronfolge allmählich lästig. Auch der polnische König braucht eine Atempause. Charnacé, preußische Vertreter und der englische Gesandte Roe vermitteln den Waffenstillstand, er wird am 16. September unterzeichnet, er gilt sechs Jahre.

Gustav Adolf ist nicht kriegsmüde, er sehnt sich nur deshalb nach Stockholm, um seine deutschen Pläne vorwärtszutreiben. Charnacé hat für den König bei dem Waffenstillstand alles ausgehandelt, was er vom Osten her dazu braucht, die Häfen Pillau und Elbing an der Frischen Nehrung östlich von Danzig. Der Landzugang zum Reich ist dadurch gesichert. Charnacé kennt den Schwedenkönig schon seit Jahren, er hat ihn gründlich studiert, ist beeindruckt von der außerordentlichen Größe seines Mutes, seines Charmes, seines militärischen Genies und dem Loch in der Kasse Gustav Adolfs. Nach dem polnischen Waffenstillstand begleitet er den König nach Stockholm, er bleibt dort den ganzen Winter über.

Wallenstein braucht keine Geheimberichte, um zu wissen, daß Charnacé nicht wegen des gesunden Frostklimas in der schwedischen Hauptstadt überwintert. Schon im September – noch weiß er nichts von dem polnischen Abschluß – schreibt der Feldherr an Collalto: »Der Fried oder Waffenstillstand zwischen Polen und Schweden ist richtig. Der Schwed, auf Ersuchen etlicher Stände des Reichs, wendet sich hereinwärts.« Drei Wochen später betont er nachdrücklich: »Daß sich Frankreich nicht hereinwenden solle mit aller seiner Macht, das glaub der Herr Bruder nicht. Es wird den größten Sforzo hereinwenden, dieweil nicht alle Katholischen ihm zuwider sind. Und der Schwed wird sich nach dem Reich wenden. Daß Schweden ohne Assistenz von Frankreich und den Venedigern nichts tun kann, das sage ich auch. Die Assistenz werden sie ihm gewiß geben.«

Nicht nur Frankreich gibt dem Schwedenkönig Assistenz. Charnacé stellt ihm sogar in Aussicht, daß sich wahrscheinlich auch die Liga neutral verhalten werde, wenn er Reichsboden betrete. Am wichtigsten ist allerdings im Moment die Subsidienziffer des Vertragskonzepts. 300 000 Reichstaler pro Jahr will Frankreich zahlen, wenn Gustav Adolf in Deutschland landet.

Welches Motiv hat Schweden? Während Wallensteins Unterhändler mit den Dänen im Winter 1628/29 den Frieden besprechen, lädt Christian seinen schwedischen Rivalen und Nachbarn zu einem Treffen an der gemeinsamen Grenze ein. Am 20. Februar 1629 begrüßen sie sich im Pfarrhaus von Ulfsbäck in Schonen. Christian kommt, um seine Position bei den Verhandlungen optisch zu verbessern, die ihn aus dem Krieg bringen sollen. Gustav Adolf dagegen will Christian aufs neue in den Krieg hineinbringen. Ungleiche Wünsche, die sich durch das schlechte Essen und den gefrorenen Wein, den Gustav Adolf der verwöhnten Gurgel des Dänenkönigs zumutet, auch nicht näherkommen.

Schließlich erfährt Christian, daß Gustav Adolf sich jetzt auf das allmählich vorbereitet, worin ihm der Dänenkönig vor fünf Jahren zuvorgekommen ist: Schwertführer des Protestantismus im Reich zu werden. Da kann er sich nicht mehr halten und schlägt auf den Tisch: »Was haben Euer Liebden in Deutschland zu tun? Was hat der Kaiser gegen Euer Liebden verbrochen?«

Darauf hat Gustav Adolf nur gewartet, eine Flut von Anklagen schleudert er dem stummen Christian an den Kopf, von dort sollen sie weiter nach Wien. Gustav Adolf erregt sich nur über die religiösen Untaten, er endet mit dem Gelöbnis: »Und dessen können Euer Liebden versichert sein, wer uns so etwas antut, mag es Kaiser oder König, Fürst oder Republik sein«, der König flucht, haut gleichfalls auf den Tisch, »mit dem nehme ich mich bei den Ohren, daß die Haare fliegen.«

Hat Gustav Adolf also nur religiöse Motive, als er sich zu seinem »königlich schwedischen in Teutschland geführten Krieg« rüstet? Ja und nein, sowohl als auch. Der Weg zur ewigen Seligkeit wird von mächtigen Staaten zu allen Zeiten leichter begangen als von schwachen. Gustav Adolf kann seine eigenen Fahnen um so besser gegen die papistischen flattern lassen, je weniger er bei seinen europäischen Gönnern und Freunden von Religion spricht. Den Holländern versichert er schon 1627: »Mein ganzes Kriegswesen bezweckt nichts anderes als den Vorteil und die Erleichterung all derer, die ein gemeinsames Interesse gegen das Haus Österreich und Spanien verbindet.«

Dieses Interesse lebt im damaligen Europa nicht vom Blut religiöser Motive. Im Mai 1630 verabschiedet sich Gustav Adolf vom schwedischen Reichstag mit seiner berühmten letzten Rede, die das Glanzstück eines hinreißenden Kanzelredners auf dem königlichen Thron ist. Das Manifest dagegen, das er nach seiner Landung im Reich ausgibt, enthält nichts mehr von Glauben und Gott, sondern sprüht von Anklagen gegen den Kaiser, der gegen ihn Truppen nach Polen geschickt hat, und gegen Wallenstein, der den schwedischen Ostseehandel unterbinden wolle, im übrigen gehe es nur darum, die alten Rechte und Freiheiten wiederherzustellen.

Herzog Bogislaw von Pommern, den er mit dem sanften Argument seiner Kanonen zu einem freiwilligen Bündnis zwingt, versichert er sogar, er sei absolut nicht als Feind von Kaiser und Reich gekommen, sondern nur, um das Reich »in antiqua forma, libertate et tranquillitate zu konservieren und den Religion- und Profanfrieden wider die grassierende turbatures pacis publicae zu schützen«. Außerdem wolle er sein eigenes Land verteidigen. Die stumme Frage, wer denn sein Land jenseits des Meeres angegriffen habe, beantwortet er dialektisch überzeugend: Er führe Krieg in einer »offensiven Defensive«.

1644, zwölf Jahre nach dem Tod des Königs, bedient sich Oxenstierna einer kühleren Diktion, zumal es jetzt in Europa ohnedies nichts mehr zu verschleiern gibt, sondern nur noch aufs Überleben ankommt: »Pommern und die Seeküste sind für die Krone Schwedens gleichsam eine Bastion, und in ihr besteht unsere Sicherheit gegenüber dem Kaiser. Sie waren die vornehmste Ursache, die Seine Majestät in die Waffen brachte.« Und so bestätigt der Westfälische Friede den Schweden den Besitz Vorpommerns, des mecklenburgischen Hafens Wismar und der Bistümer Bremen und Verden.

Am längsten verschleppen sich die Verhandlungen mit Charnacé. Die Franzosen sind durchaus nicht zurückhaltend, aber Oxenstierna kann sein Mißtrauen gegen den Boten Richelieus als einer »starken Jesuitenkreatur« nicht so schnell überwinden, denn diese Allianz ist und bleibt etwas genant. Auch der König fürchtet, sich mit der Annahme der Subsidien dem »nutrum et arbitrium« Frankreichs allzu sehr zu beugen. Gustav Adolf wünscht auch eine offene Beteiligung an dem Kampf, Richelieu dagegen beharrt auf dem »verdeckten Krieg«.

Charnacé kann den König erst beruhigen, als die schwedischen Kassen wirklich fast leer sind. Am 23. Januar 1631 wird in Bärwalde der Subsidienvertrag unterzeichnet. Gustav Adolf hält sich völlig frei vom Schlepptau französischer Politik, Richelieu garantiert ihm pro Jahr 400 000 Reichstaler, Gustav Adolf garantiert der Liga Neutralität, solange niemand ihrer Fürsten sich mit den Waffen gegen ihn wehrt. Das Reich soll entsprechend dem Stand von 1618 restituiert werden. Daß es dem König mit diesem letzten Punkt voller Ernst ist, glaubt nicht einmal Friedrich von der Pfalz.

Als Wallenstein inmitten seines Hofstaats von Memmingen nach Böhmen zurückreitet, denkt er auch an das andere Eisen, das Richelieu gegen Habsburg im Feuer hat – das er noch weniger als das schwedische im Feuer hätte, wenn die Hofburg dem Rat Wallensteins gefolgt wäre.
Der Norden Italiens steht fast ganz unter dem Schild Spaniens und Habsburgs. Frei halten sich lediglich die Republik Venedig und die Herzogtümer Savoyen und Mantua. Savoyen schwankt hin und her, zur Zeit ist es mit Spanien liiert. In Mantua sieht es bedenklicher aus. 1627 stirbt der letzte Gonzaga-Fürst, Vincenz II., ein Bruder der Kaiserin Eleonore und damit der Schwager Ferdinands II. Der Kaiser ist Lehnsherr des Gebiets. Der französische Herzog Karl von Nevers – der nächste Verwandte des verstorbenen Vincenz – erhebt berechtigte Erbansprüche, er besetzt Mantua, dafür rücken Spanien und Savoyen in Montferrat ein.
Jetzt meldet sich Richelieu. Seine Truppen erobern im März 1629 die savoyischen Festungen Susa und Casale. Savoyen wird von Frankreich zu einem Bund mit Venedig und Nevers gegen Habsburg genötigt. Der Kaiser hat sich letzten Endes nur deshalb gegen Nevers gestellt, weil Spanien ihn zur Parteinahme drängt und Herzog Karl durch Frankreich unterstützt wird. Ob Spanien mit Spinola genügend stark ist, um dem Druck Frankreichs standzuhalten, will der Kaiser nicht abwarten. Ferdinand läßt sich von seinen dynastischen Empfindlichkeiten bestimmen, ebenso allerdings von der Hoffnung, durch Truppenverlagerung und dadurch Reduzierung seiner Armee in Deutschland die Reichsfürsten von ihren Klagen über den Druck Wallensteins abzubringen.
Der Herzog von Friedland hält dieses Engagement in Italien für eine Torheit. Zumal Papst Urban Richelieu geradezu aufgefordert hat, in Mantua einzugreifen. Wallenstein befürchtet eine Verzettelung der Kräfte durch diesen neuen Kriegsschauplatz. Als sich nichts mehr an dem Wiener Entschluß ändern läßt, drängt Wallenstein darauf, daß Collalto zum Führer der Truppen und Generalleutnant ernannt wird. Graf Matthias Gallas wird Generalwachtmeister, auch Aldringen ist bei dem Heer, insgesamt marschieren 26 000 Mann kaiserlicher Soldaten nach Italien. Wallenstein hat sich jetzt mit Mantua abgefunden, der Lübecker Friede ist inzwischen unterzeichnet, die Armee im Norden entlastet.
Schon Monate später sieht Wallenstein seine ersten Bedenken bestätigt: In Mantua ist kein Ende abzusehen, im Norden aber wird die schwedische Gefahr zum täglichen Sorgenbrot, Wallenstein drängt den Kaiser zum Frieden.
Ferdinand und seine Räte sehen es anders, Wallenstein aber muß nach

seiner Absetzung diese Bedrückungen ganz der Hofburg überlassen, selbst kann er nichts weiter tun als seinen eigenen Gedanken nachhängen. Seinem Schwiegervater hat er nach dem ungarischen Feldzug 1627 geschrieben, er habe keinen anderen Wunsch, als zu Hause in Friedland zu bleiben. Jetzt ist er aus dem ganzen Winkelgewirr, den Netzen und Fallstricken der Politik heraus, er hat getan, was in seiner Macht stand.

Ist es wirklich so, daß außer der freundlich-verächtlichen Gleichgültigkeit, mit der Wallenstein die kaiserlichen Boten empfängt, keine andere Empfindung in ihm ist als das Gefühl der Erleichterung? Ruhig und völlig gelassen schreibt er eine Woche später an Collalto: »Aus der Beilage wird der Herr Bruder sehen, was man zu Regensburg beschlossen hat, welches mir vom Grund meiner Seele lieb ist, dieweil ich dadurch aus einem großen Labyrinth kommen werde.« Und dann spricht er mit Collalto wie eh und je die militärische Lage durch, er hält es momentan doch nicht für zweckmäßig, in Italien vorschnell Frieden zu machen, er überlegt, wie die Truppen eingesetzt werden sollen, kündigt Artillerieverstärkung an – ganz so, als sei er immer noch Oberbefehlshaber der kaiserlichen Armee.

Der Kaiser, die Räte Ferdinands, Maximilian, die Gegner Wallensteins haben bei der Vorstellung, wie der Feldherr die Mitteilung von seiner Entlassung aufnehmen wird, einiges Unbehagen zu überwinden gehabt. Sie kennen die Wutanfälle Wallensteins, die um so gefährlicher sind, je stärker er sich im Recht fühlt. Ob nun Wallenstein mit diesem Ergebnis der Regensburger Beratungen gerechnet hat oder nicht, ob es echte oder gespielte Selbstbeherrschung war, ja ob er sich überhaupt vor den kaiserlichen Boten beherrschen mußte: Sind die Empfindungen, die Wallenstein nach seiner Absetzung bewegt haben, so eindeutig zu bestimmen, daß man sie für sein Verhalten in den nächsten Monaten als Vehikel einer klaren Interpretation verwenden kann?

Die Individualpsychologie gibt einen einfachen Katalog solcher Empfindungen. Für jeden, der den Herzog kennt, und für alle, die ihn nicht kennen, ist er sprichwörtlich stolz, hochfahrend, aufbrausend, jähzornig. Da Wut und Würde sich gewöhnlich ausschließen, der Feldherr aber seine Entlassung mit außerordentlicher Würde trägt, verlegt der psychologische Interpret Wallensteins Wut in die folgende Zeit. Sicherlich empfindet Wallenstein auch den Affront in seiner Absetzung, noch weit sicherer aber ist es, daß alle, die auf seine Absetzung gedrängt hatten, sich an der Vorstellung weiden, Wallenstein würde nur den Affront spüren, quälend und tief. Die Historiker sind kaum zu zählen, die den Feldherrn seit dem August 1630 nur noch auf Rache warten, sinnen, brüten, lauern lassen – Rache will er nehmen an

den deutschen Fürsten, an Maximilian, am Kaiser, an Gott und der Welt. Was soll denn sonst ein Mann vorhaben, der – in seinen Augen ohne sachlichen Grund und wider alle politisch-militärische Vernunft – von einer solchen Gipfelposition plötzlich abstürzt?
Also ein enttäuschter, verbitterter, gekränkter, verletzter, rachsüchtiger Wallenstein. Wirklich? Welche Nachrichten besitzen wir von seinen Reaktionen, wenn man die Erwartungen seiner Zeitgenossen und späterer Historikerpsychologen streicht? Wallensteins Kommentar ist genau, er gibt ihm – fast ironisch – ein astrologisches Kostüm: Der Stern des Bayernfürsten dominiert den Stern des Kaisers. Das trifft ins Schwarze der Situation. Ebenso ist das Bedauern echt, daß der Kaiser seinen Feldherrn ohne ein Wort der Verteidigung hat schmähen, beschimpfen, zum Sündenbock machen lassen und ihn dann in die Wüste schickt.
Wallenstein gibt dem Kaiser ausdrücklich keine Schuld. Er beschuldigt niemanden, er verlegt alles in die Konstellation, in die objektiven Verhältnisse. Haltung also? Schon allein das Wort indiziert einen Widerspruch zwischen Äußerem und Innerem, wobei unterstellt wird, daß Wallenstein insgeheim anders denkt, als er es laut ausdrückt. Die Kapuzinerrelationen, diese Mustermischungen aus höchster Intelligenz und tiefster Gemeinheit, drücken es ja deutlich genug aus und geben jedem, der sich selbst keinen Reim machen kann, den Reim in die Hand. Das Naturell Wallensteins wird so dargestellt: Der Feldherr »gehört zu den schlauesten und verschlagensten Menschen«, die der Berichterstatter jemals kennengelernt hat, »es grenzt ans Unglaubliche. Außer Gott dringt niemand auf den Grund seines Herzens. Er läßt alle im dunkeln darüber, wie man an ihn herantreten könnte. Nichts ist ihm unerträglicher, als sich einem fremden Willen unterzuordnen oder von anderen abzuhängen. Tritt man seiner beanspruchten Unabhängigkeit nur ein wenig zu nahe, so wird er unglaublich empfindlich. Der Herzog von Friedland ist ungeheuer jähzornig. Deshalb drängt ihn schon seine Natur zu Gewalttätigkeit«.
Hier wird im Umriß eines Psychogramms ein Fahrplan für die Zukunft entwickelt. Ganze Historikergenerationen haben sich im Pro und Contra daran gehalten, mehr im Pro als im Contra – und mit genausowenig Recht daran gehalten wie an das Gängelband von Keplers erstem Horoskop.
Alles, was Wallenstein später zu seiner Entlassung gesagt haben soll, wird von Freunden oder Feinden berichtet, und immer wird es erwähnt, um damit etwas zu stützen. Wenn der böhmische Exulant Kinsky – ein Vertrauter Wallensteins in seinen letzten Jahren – den Haß auf Maximilian als »die stärkste Leidenschaft« des Feldherrn bezeichnet, dann unterstellt er,

daß Wallenstein auch seine Entschlüsse ausschließlich von dieser Abneigung bestimmen lassen wird; er unterstellt es für böhmische und sächsische Ohren. Selbst Arnim, den Wallenstein so sehr schätzt und mit dem er bald als Vertreter Sachsens langwierige Verhandlungen führt, berichtet – nicht zweckfrei –, Wallenstein hätte ihm versichert, er werde »alles dahin dirigieren, daß der Kaiser mit seinem ganzen Haus soll schmerzlich sehen und empfinden, daß er einen Kavalier affrontiert habe«. Daß sich aber in keiner einzigen Zeile Wallensteins von seiner Entlassung bis zu seiner Ermordung auch nur der Schatten einer solchen Andeutung findet – Wallenstein hat in dieser Zeit Hunderte von Briefen geschrieben –, das kann man nur dann als unerheblich bezeichnen, wenn man mit den Kapuzinerrelationen besessen an die diabolische Verschlagenheit Wallensteins glaubt.

Der Kaiser entschließt sich in Regensburg, sein Heer um zwei Drittel zu verringern. Das hat durchaus nicht nur militärische Folgen, es hat auch seine materiellen Seiten. Ferdinand befreit sich mit einem Schlag von seinen drückendsten Zahlungsverpflichtungen. Auch das hat der Kaiser mit berücksichtigt bei seinem Entschluß, den Feldherrn zu verabschieden. Die Forschung hat bis in die jüngste Zeit dieses Motiv meist pietätvoll ausgeklammert. Ferdinand ist mit Unsummen an Wallenstein verschuldet. Das Kontributionssystem Wallensteins funktioniert nur mit einer laufenden Kreditierung, es müssen also ununterbrochen flüssige Gelder herbeigeschafft werden. Die Kredite gehen dann über die später einfließenden Kontributionen wieder zurück.
Das ist das Grundschema der Zusammenarbeit zwischen Wallenstein und Hans de Witte. Der Feldherr hat sich für korrekte, terminfeste Bezahlung seiner Armee verbürgt, er hat immer Wort gehalten. Er hat Wort halten können, weil de Witte ihm die Gelder besorgt. Wenn Wallenstein unentwegt um die pünktliche Bezahlung der Kontributionen kämpft, wenn er sie in den Gebieten, wo er kommandiert, steinhart und rücksichtslos eintreibt, dann nicht zuletzt deshalb, weil er sich dem Bankier gegenüber verpflichtet hat, die Fälligkeit einzuhalten. Er weiß, daß präzise Erfüllung der Zahlungspflicht für de Witte die Basis seiner Reputation in der europäischen Finanzwelt ist, der Leistungsfähigkeit und Zuverlässigkeit seines Bankhauses.
Als Wallenstein abgesetzt wird, ist bei de Witte eine Schuldsumme von rund 600 000 Gulden angelaufen, fast durchweg offene Kontributionen aus Böhmen, Schlesien, Magdeburg, Halberstadt und Mecklenburg. Der Kaiser denkt nicht im Traum daran, für diese Summe aufzukommen. Er kann es gar nicht, er bemüht sich aber auch nicht darum. Hans de Witte muß diese Gelder kurzfristig zurückzahlen. Bis zu diesem Tag hat sich Wallenstein noch

niemals bei de Witte einen Schuldverzug geleistet. Der Feldherr ist Garant dafür, daß die Kredite, die auf den Namen des Kaisers gegeben werden, auch wieder pünktlich zurücklaufen, er hat sich dafür verbürgt, ebenfalls im Namen des Kaisers.

Mit der Entlassung des Feldherrn fällt diese Garantie und Pflicht direkt dem Kaiser zu, Wallenstein hat keine Möglichkeit mehr, die Kontributionen einzutreiben; er dürfte es auch nicht. Nur der Kaiser ist jetzt dazu in der Lage.

Der Kaiser kümmert sich um nichts. Damit ist Hans de Witte von heute auf morgen bankrott. Die Frankfurter Herbstmesse steht vor der Tür, auf ihr muß er große Wechselsummen begleichen. Er schreibt einen letzten Brief an den Kaiser, ein beschämendes Dokument der Anklage, ohne daß de Witte eine einzige Anklage erhebt. Er schildert nur das System der bisherigen Kriegskreditierung, die im Auftrag des Kaisers und Wallensteins »dem gemeinen Wesen zum besten geschehen« sei. Jetzt stehe er vor seinen Gläubigern und Handelsfreunden als Betrüger da: »Ich aber bin ganz unschuldig, aus lauter Treuherzigkeit, in dieses Unglück geraten.« Hans de Witte nennt sich am Schluß des Briefes einen »betrübten und ganz bekümmerten Mann«. Am 11. September 1630, vier Wochen nach Wallensteins Entlassung, begeht er Selbstmord, er stürzt sich in den Brunnen seines Hauses und ertrinkt.

Der Bankrott de Wittes reflektiert finanziell, was die Entlassung Wallensteins für die Moral der kaiserlichen Armee bedeutet. Kaum wird die Absetzung bekannt, lösen sich die ersten Regimenter von selbst auf. Die Offiziere lassen die Mannschaften nach Hause gehn, sie gehen selbst haufenweise in ihre Heimatgebiete zurück. Ungezählte quittieren ohne ein Wort den Dienst, weil sie unter keinem anderen Befehlshaber kämpfen wollen. Der Kaiser hat von seinem politischen Selbstmord im Reich offenbar noch immer nicht genug, er läßt jetzt alles auf den militärischen Selbstmord zutreiben. Wochenlang bleibt die Armee ohne Oberkommando, Gustav Adolf nistet sich in aller Ruhe auf dem Boden des deutschen Reiches ein. Schließlich erhält Tilly am 8. November, fast ein Vierteljahr nach Wallensteins Entlassung, das Kommando über beide Heere. Sie sollen 60 000 Mann stark sein. Tilly erinnert sich an sein früheres Urteil, daß kein Feldherr mehr als 40 000 kommandieren könne. Tilly ist jetzt 71, trotzdem ist es nicht nur seine Schuld, daß im Handumdrehn diese 60 000 von allein auf 40 000 zusammenschrumpfen. Von dem in ganz Europa bestaunten, glänzenden kaiserlichen Heer Wallensteins bleibt nach wenigen Monaten unter dem Kommando Tillys nur ein armseliger Haufen übrig. Wer von den Soldaten nicht dem eigenen Verfall zusehen will, läuft zu den Schweden über.

Wallenstein residiert in Jitschin und Prag. Die Gleichgültigkeit, mit der er seinen Dienst quittiert, ist nicht nur gespielt. Erschreckend allerdings ist die stumpfe Gleichgültigkeit, mit der er auf die Nachricht von Hans de Wittes Selbstmord reagiert. Beide hatten sich schon vorher voneinander getrennt. Nach der Entlassung des Herzogs lehnte es der Bankier ab, die vertraglich zugesicherten Monatsbeträge weiterzuzahlen. Wallenstein quittierte das mit einem »Ehrenvergessener Schelm«, er sah hier nur den schnellen Gesinnungswechsel auch bei de Witte, wie bei so vielen anderen in diesem Sommer 1630; er glaubte nicht, daß de Witte tatsächlich nicht zahlen konnte. Freilich, verblüffend blieb es, daß der Bankier gerade diese Summen als erste strich. Wenn Wallenstein die Drehungen der Wetterhähne entsprechend kommentierte, dann sollten die abfälligen Epitheta den Sachverhalt durchaus nicht in die Ecke drängen.

Ein wirklicher Zornausbruch ist aber nicht bekannt. Wallenstein nimmt die Entwicklung äußerlich ruhig hin. Für seinen politischen Scharfblick ist es eine feststehende Tatsache, daß ihn der Kaiser bald wieder brauchen wird. Zu dieser Einsicht gehört nicht viel, das stärkste Wissen ist nicht immer von der Art Kassandras. Das militärische Selbstbewußtsein sagt dem Feldherrn: In Europa gibt es keinen Mann außer mir, der sich mit Gustav Adolf messen, der ihm Paroli bieten kann.

Seit ungezählten Monaten hat er jetzt zum erstenmal wirklich Zeit für seine Familie, hat Muße, kann sich ohne Ablenkung um sein Herzogtum kümmern. Privat hat er in den letzten Jahren mit vielem fertig werden müssen. Am 22. November 1627 wurde ihm ein Sohn geboren, die Geburt fällt mit dem Abschluß des norddeutschen Siegeslaufs zusammen. Wallenstein kehrt in Triumphstimmung nach Böhmen zurück. Die Ärzte verschweigen ihm, daß es ein Siebenmonatskind ist. Der Jitschiner Arzt, am Ende seiner Kunst, bittet nach drei Wochen einen Prager Kollegen um Hilfe.

Das Kindchen ist wohlgeformt, die Kopfquetschung, die während der Geburt entstand, ist ausgeheilt, allerdings steigern sich die Krämpfe, die Fraisen, wie der Volksmund sagt. Es handelt sich um einen schweren Fall von Spasmophilie. Auch der Prager Spezialist kann dem kleinen Albrecht Karl nur vorübergehend helfen, der Appetit bleibt schlecht, er magert unaufhaltsam ab, am 13. Januar 1628 stirbt er. Jetzt erst gestehen die Ärzte dem Vater, daß Herzogin Isabella durch eine neue Schwangerschaft aufs höchste gefährdet wäre und die Hoffnung auf lebensfähige Kinder außerdem schwach ist. Ein halbes Jahr später setzt Wallenstein seinen Vetter Maximilian zum Erben ein, zwei Monate, nachdem Karl von Harrach im Prager Palais seines Schwiegersohns gestorben ist. Harrach ist erst 58, mit ihm verliert Wallenstein einen seiner besten Freunde, er verliert seine stärkste Stütze beim Kaiser.

Vom Mai 1628 datiert noch ein anderes Ereignis, das in Wallensteins Privatleben eine Rolle spielt. Seit dem Tod des Kaisers Matthias ist Kepler als Hofastronom im Dienst Ferdinands II. Mit der Bezahlung steht es aber umgekehrt proportional zum wachsenden Ruhm Keplers. Für Ferdinand ist Sparsamkeit in diesem Fall um so leichter, als Kepler unbedingt auf seinem protestantischen Glauben beharrt. Die Hofkammer schuldet ihm bis jetzt 11 817 Gulden. Kepler kommt nach Prag, er bittet Wallenstein um Hilfe, der Astronom ist praktisch am Bettelstab, seine Nebenverdienste sind zwar groß, seine Familie ist allerdings noch größer.
Wallenstein bietet ihm ein Haus in seiner Residenzstadt Sagan und ein Jahresgehalt von 1000 Gulden, doppelt soviel wie das Gehalt, zu dem sich Ferdinand verpflichtet hatte; außerdem zahlt Wallenstein korrekt. Die Absetzung des Feldherrn drängt Kepler dazu, noch einmal direkt beim Kaiser anzuklopfen. Er fährt im Herbst nach Regensburg, bricht gleich nach seiner Ankunft aus Schwäche und Erschöpfung zusammen und stirbt am 15. November. Damit kann der Kaiser auch dieses Debet aus seiner Schuldliste streichen.

Der entlassene Feldherr in Jitschin: Kuriert er nur seinen strapazierten Körper, züchtet er in den Gewächshäusern exotische Blumen, freut er sich an seinem Mustergestüt in Smrkowitz – das Gespräch bei allen Pferdenarren Europas –, treibt er die Maurer beim Häuserbau in seinen Städten und die Architekten bei seinen Schlössern an, sitzt er in der Loggia seines Prager Palais und hört den plätschernden Springbrunnen zu?
Das Bild dieses »glücklichen« Wallenstein ist genauso falsch wie das Porträt des Rache brütenden Herzogs. Wallenstein hat kein einziges Wort gegen Ferdinand gesagt, nicht 1630, nicht in den folgenden Jahren bis zu seinem Tod. Der Kaiser ist für ihn keine Privatperson. So töricht, kurzsichtig, ja verantwortungslos die Entlassung Wallensteins war, Ferdinand hat darauf gedrungen, daß sie »mit Glimpf und nicht mit Verletzung der Ehre« geschieht. Teils ist es unglaublich, teils lächerlich, teils makaber: der Kaiser trennt sich von seiner mächtigsten Stütze, ohne sich von ihr zu trennen, er desavouiert ihn öffentlich und bittet ihn privat, sich nicht desavouiert zu fühlen, er entzieht ihm sein Vertrauen und versichert ihn seiner Gunst.
Wallenstein unterscheidet sorgfältig zwischen der Persönlichkeit des Monarchen und der monarchischen Stellung. Ferdinand ist unzuverlässig, schwach, hilflos seinen Räten überlassen. Wallenstein kennt ihn zu gut, als daß er von ihm etwas erwartet hätte, das nicht zu erwarten war. Soweit folgt er seinem Verstand; aber da ist auch der Stolz des Herzogs, sein pathologisches Ehrgefühl, sein Hochmut. Der Wallenstein nach seiner Entlassung – das zeigt

an einem Extremfall, wie sehr die großen Gedanken eines Menschen seinen starken Gefühlen widersprechen können.

In Regensburg hat der Kaiser gehofft, daß die Kurfürsten ihm die Verabschiedung des Verhaßten mit der Wahl Ferdinands III. honorieren. Ein Trugschluß, und deshalb respektiert der Kaiser seinen General-Feldhauptmann nicht nur aus schlechtem Gewissen auch weiterhin so wie bisher, sondern aus sachlichen Bedürfnissen. Er bittet ihn dringend, ihn weiter mit seinem Rat zu unterstützen, holt bei Bestallungen vorher Wallensteins Meinung ein, verlangt seine Gutachten bei Feldzugsplänen Tillys, ersucht ihn immer wieder um Stellungnahme. Die Kurfürsten erwirken, daß der Kaiser sich offiziell von Wallenstein trennt; eine innere Entfremdung herbeizuführen, gelingt ihnen nicht. Wallenstein bedauert die Schwäche des Kaisers, aber sie überrascht ihn nicht, sie ist nichts Neues für ihn. Ja, er kommt sogar zu der unbefangen realistischen Feststellung, daß sich der Kaiser den Kurfürsten gegenüber tatsächlich in einer üblen Lage befunden habe.

Tilly hat kaum das Oberkommando übernommen, da beginnt es dem Kaiser und seinen Räten schon zu dämmern. Sein Vetter Max berichtet ihm am 11. Januar 1631 aus Wien: »Fürst Eggenberg teilt mir mit, daß Ihre Kaiserliche Majestät und alle Räte schon erkennen, was sie an Euch verloren haben.«

Auch andere erkennen das, selbst Tilly, der Wallenstein zur gleichen Zeit geradezu hilflos gesteht, daß »es mit der kaiserlichen Soldateska armselig hergehe«. Im Januar 1631 schreibt Tilly nach Wien, daß er noch nie in seinem Leben eine solche Armee gesehen habe, »der alle notwendigen Requisita vom Größten bis zum Geringsten auf einmal totaliter abgehen, sintemal keine Artilleriepferde, kein einziger Offizier, kein Geschütz so zu gebrauchen, kein Pulver, keine Kugeln, Hacken und Schaufeln, kein Geld noch Proviant vorhanden ist, so daß ich gegen den Feind nichts Fruchtbarliches tentieren kann, sondern muß alle occasiones wider meinen Willen vergebens hingehen lassen«.

Der Kaiser bittet schließlich Wallenstein dringend wiederholt um seinen Besuch in Wien. Wallenstein lehnt ab, sehr verbindlich, er sagt, sein Zustand erlaube ihm die Reise nicht. Aber der briefliche Kontakt bleibt weiter eng, er steigert sich, Wallenstein muß in immer kürzeren Abständen seinen Rat geben.

Guter Rat ist um diese Zeit wirklich teuer. Gustav Adolf war zunächst mit 13 000 im Reich gelandet. Bis zum Jahresende hatte der König seine Armee auf 40 000 gebracht. Der Kaiser und die Liga sahen ohne ernsthaften Widerstand zu, wie Gustav Adolf Pommern und die ersten Teile von Mecklenburg okkupierte. Noch waren die deutschen Fürsten in Regensburg in ihrem eigenen Gespinst verfangen, sie hätten damals – vor die Wahl gestellt – lieber gegen Wallenstein und die kaiserliche Armee gekämpft als gegen den schwedischen König. Während Gustav Adolf Schritt für Schritt seine Basis sichert und die üblichen Anfangsschwierigkeiten überwindet, verringern Kaiser und Liga ihr Heer radikal, ohne Rücksicht auf die Kriegslage, lassen es verrotten.

Der Kaiser hätte um so leichteres Spiel gehabt, als die protestantischen Fürsten trotz ihrer Erbitterung wegen des Restitutionsedikts durchaus kein Tedeum bei der Landung Gustav Adolfs anstimmen. So weltfremd sind sie nicht, als daß sie übersehen hätten, wie wunderbar die religiösen Befreiungsabsichten des Königs durch seine Zollpolitik in Preußen seit 1627 gestärkt werden; diese Zollpolitik in dem kleinen Gebiet bringt 30 Prozent aller schwedischen Staatseinnahmen in die Kassen. Die Reichsfürsten haben auch ein gutes Gedächtnis. Im vorangehenden Jahrhundert empörten sie sich um der »teutschen Libertät« willen gegen die »viehische spanische Servitut«, die ihnen Kaiser Karl V. auferlegte. Jeder im Reich haßt die Spanier, und selbst Fürst Eggenberg in Wien zählt nicht zu ihren Freunden. Was aber sollen die deutschen Reichsstände davon haben, wenn sie jetzt, 1630, vom spanischen Dominat zur schwedischen Servitut wechseln?

Im Moment jedenfalls hat in ganz Europa niemand eine stärkere Sehnsucht danach, der »deutschen Libertät« aufzuhelfen als Gustav Adolf; niemand wünschte sich das Eingreifen des Schwedenkönigs im Reich leidenschaftlicher als der Schwedenkönig selbst. Er war darin so unbekümmert, daß er kaum bemerkte, wie allein er mit diesem Wunsch war – sieht man von Richelieu, den Venezianern, dem Papst oder den Holländern ab. Nur diese verstockten Reichsfürsten, sie wollten einfach nicht begreifen, was Gustav Adolf mit dem Reich zu tun haben könnte. Sie waren so verbockt, daß sie insgeheim seine Landung für ein plumpes Seeräuberstück hielten – ob mit oder ohne Bibel und Königskrone.

Von seinem Schwager Georg Wilhelm erwartete der Schwedenkönig nichts anderes als brandenburgisch wohltemperierte Abneigung, zumal Wallenstein seit Jahren mit allen erdenklichen Mitteln Sachsen und Brandenburg umworben hatte, seiner eigenen Skepsis zum Trotz, und Georg Wilhelm außerdem vom Restitutionsedikt praktisch nicht betroffen wurde. Brandenburg sträubte sich nicht etwa nur aus Furcht vor der kaiserlichen Vergeltung gegen eine Allianz mit Gustav Adolf. Georg Wilhelm kannte die frischen, blonden Eroberungsgelüste seines unbeschwerten Schwagers, die sich so angenehm unter der reinen Glaubensflagge pflegen ließen.

So wie er denken die protestantischen Reichsstände in ganz Deutschland, kein einziger ist unter ihnen, der zu Gustav Adolf emporblickt »wie die Schiffer zum Nordstern«; das erscheint nur Richelieu so, weil der Schwedenkönig für seine Politik so etwas wie ein Stern der Erlösung ist. Welche merkwürdige Doppelrolle er spielt, sieht Gustav Adolf nicht. Offenbar dankt er auch das seiner allgemein bekannten Kurzsichtigkeit, die ihn bei Schlachten keine Gefahr scheuen läßt, weil er sie immer zu spät erkennt. Wie, Georg Wilhelm will neutral bleiben? Unsinn: »Solch Ding ist doch nichts anderes als lauter Quisquiliae, die der Wind aufhebt und wegweht. Was ist doch das für ein Ding: Neutralität? Ich verstehe es nicht.«
Dann fährt der Schwedenkönig den Kurfürsten an: »Weiß denn Seine Liebden noch nicht, daß des Kaisers und der Seinigen Absicht diese sei, nicht eher aufzuhören, als bis die evangelische Religion im Reiche ganz ausgerottet ist? Um Gottes willen, Sie bedenke sich und fasse einmal mascula consilia, Sie sehe, wie wunderbarlich Gott diesen frommen Herrn hier, dem Herzog von Pommern – welcher auch so unschuldiger Weise, indem er gar nichts verwirket, sondern nur sein Bierchen in Ruhe getrunken, so jämmerlich um das Seine gebracht worden ist – fato quodam necessario errettet hat. Seine Liebden muß Freund oder Feind sein. Wenn ich an die Grenze komme, so muß Sie sich kalt oder warm erklären. Hier streiten Gott und der Teufel. Will Seine Liebden es mit Gott halten, wohl, so trete Sie zu mir. Will Sie es aber lieber mit dem Teufel halten, so muß Sie fürwahr mit mir fechten. Tertium non dabitur, des seid gewiß.«
Aber Georg Wilhelm sieht das Schicksal Herzog Bogislaws ganz anders. In dem Bündnis, das Gustav Adolf erzwingt, bestimmt ein Paragraph, daß Pommern nach dem Tod des Herzogs so lange unter schwedischer Zwangsverwaltung bleibt, bis sein Erbe aus eigenen Mitteln dem schwedischen König alle Kriegskosten ersetzt hat. Damit ist Pommern den Schweden auf immer ausgeliefert, denn ein einzelner Fürst ist zu dieser Rückerstattung nicht in der Lage, außerdem ist Herzog Bogislaw kinderlos, und entsprechend einem alten Abkommen soll in einem derartigen Fall Pommern in den Besitz des brandenburgischen Kurfürsten übergeben. Mit dem schwedisch-pommerschen Allianzvertrag wird Georg Wilhelm also weit mehr zugemutet, als was der Kaiser und sein Feldherr Wallenstein bis dahin von ihm verlangt haben.
Der »Sprung des Löwen von Mitternacht« ins Reich ist ein Sprung in Zeitlupe. Nach seiner Landung fordert er die Mecklenburger auf, ihre vertriebenen Herzöge wieder einzusetzen, sich gegen das kaiserliche Joch zu empören und »alle diejenigen, welche Kommando, Namen und Titel des von Wallenstein führen, als Widrige, Feinde und Räuber Gottes, der evangelischen Kir-

chen und des Vaterlandes Verfolger gefangenzunehmen oder zu erschlagen«. Die Mecklenburger staunen. Von einem Joch haben sie nichts gemerkt, die Räuber und Blutsauger Wallensteins haben ihnen Steuererleichterungen gebracht, der neue Herzog hat ihre Religion absolut respektiert, er hat ihre Gesetze verbessert, ihren Handel befördert und die Wirtschaft gehoben; keiner sehnt sich nach den früheren Herrschern zurück. Gustav Adolf spürt, woher der Wind in Mecklenburg bläst. Er zieht sich schnell wieder zurück und bezeichnet, etwas verlegen, seine Proklamation als eine »bloße Demonstration«. Er braucht mehr Truppen, um den verstockten Protestanten des Reichs zu zeigen, daß er als ihr Befreier kommt.

Der König wirft andere Köder aus. Am 9. November schickt er aus Stralsund eine Art Kondolenzschreiben an Wallenstein wegen seiner Entlassung. Gustav Adolf empört sich in dem Brief, daß Wallensteins »so treuliche Dienste, ansehnliche Victorien, seine Aufsetzung Guts und Bluts für den Kaiser so schlecht belohnt und ihm dafür mit lauter Undank vergolten werde, welches einem solchen tapfern Helden zu tragen unmöglich falle; wo er ihm Gutes und Liebes erweisen könne, würde er dazu allezeit willig sein«. Wallenstein nimmt den Brief ohne Reaktionen hin, er verzieht nicht einmal sein Gesicht bei der Anspielung, daß solcher »Undank unmöglich« zu tragen sei; er verbittet sich jede vorgespielte oder auch echte Teilnahme.

Entsetzt teilt ihm der biedere Tilly mit, er hätte von einem Angebot des englischen und schwedischen Königs gehört, Wallenstein möge ein Heer gegen den Kaiser aufstellen und mit ihnen zusammen auf Wien marschieren; der Herzog schüttelt bloß den Kopf: Das Verbreiten solcher »gar zu alberner Possen« sei schon immer Weltbrauch gewesen. Vom Kaiser fühle er sich nicht brüskiert. An Questenberg schreibt er in der gleichen Sache: »Ich bin vom Kaiser im wenigsten nicht offendiert. Unser Herr behüte mich auch, daß mir in Gedanken etwa solches kommen sollte. Ich erinnere, daß von andern Orten solches herrühret und man's dem Herrn Tilly zugeschickt hat, denn ›piensa il ladron que todos son de su condicion‹.«

Der erste größere Erfolg Gustav Adolfs ist die Eroberung der Festung Greifenhagen 20 Kilometer südlich von Stettin, am 3. Januar 1631. Kurze Zeit später fällt auch die Festung Gartz auf der anderen Oderseite; der Weg nach Süden ist offen. Tilly hat in seinem neuen Amt als Obergeneral beider Heere bisher nicht viel anderes getan als abgewartet, ob Maximilian mit Schweden ein Neutralitätsabkommen zustande bringt; die Franzosen arbeiten als Vermittler. Neutralität wird nicht erreicht, aber Frankreich bringt es immerhin fertig, mit Bayern und der Liga ein Defensivabkommen zu schließen,

unter dem geheimen Vorbehalt, daß die deutschen Vertragspartner sich in dem Kampf zwischen Ferdinand und Gustav Adolf neutral verhalten.
Inwieweit diese Verhandlungen wirklich bremsende Konsequenzen für Tilly haben, ist schwer zu beurteilen. Es bleibt aber bei dem Faktum, daß der alte General die kaiserlichen Regimenter in Ostdeutschland zunächst ihrem schwedischen Schicksal überläßt. Schließlich gibt er ihren drängenden Klagen so weit nach, daß er am 12. Januar von Halberstadt nach Osten aufbricht, um die Truppen des Grafen Schaumburg zu verstärken, die im Raum um Frankfurt an der Oder liegen.
Im anhebenden Frühjahr wendet sich Gustav Adolf noch einmal nach Mecklenburg, um sich eine Festung nach der andern vorzunehmen. Tilly folgt ihm, kommt vor Neubrandenburg, der schwedische Kommandant lehnt die Übergabe ab, Tilly stürmt mit 15 000 Mann, die Festung kapituliert am 19. März, Tilly läßt die Besatzung ohne Ausnahme niedermachen, es sind 3000 Mann.
Das vergessen die Schweden nie. Tilly dreht nach Magdeburg ab. Er will jetzt endlich das widerstrebende Bistum für den Sohn des Kaisers erobern. Als Gustav Adolf von dem Neubrandenburger Gemetzel erfährt, schwenkt er nach Frankfurt an der Oder zurück. Am 13. April beginnt er den Sturm, die Stadt ergibt sich rasch den wutschäumenden Schweden, Gustav Adolf läßt jetzt ebenfalls alle Soldaten abschlachten und die Stadt plündern, »in Vergeltung für ihre frühere Barbarei und Grausamkeit zu Neubrandenburg«. Von dieser Antwort wird das katholische Deutschland zutiefst erschüttert, es beginnt zu ahnen, was ihm noch bevorsteht; das gilt sogar für den Kaiser. Questenberg schreibt an Wallenstein: »Seit die Nachricht von Frankfurt eingetroffen ist, hat Seine Majestät keine Nacht Ihren rechten Schlaf gehabt. Sie sind perplex.« Questenberg kann sich die Bemerkung nicht verkneifen: »Aber wie wir uns gebettet haben, so liegen wir.«
Der Schwedenkönig hat den Abzug Tillys im Osten entschlossen ausgenützt. Tilly macht sich jetzt ebenso entschlossen daran, vor Magdeburg die Eroberung Frankfurts auszugleichen. Seine Truppen berennen die stark befestigte Stadt schon seit Dezember 1630. Präziser gesagt, sind nur die Reiter Pappenheims so angriffslustig, daß man von einem »Berennen« sprechen kann. Die Fußtruppen schlendern mehr als daß sie rennen; was unter Wallenstein vorzüglich organisiert war, geht unter Tilly rasch zu Bruch. Die Verpflegung der Soldaten ist kümmerlich, ihre Ausrüstung nicht viel besser. Tilly versucht mit dem heruntergekommenen Heer sein Möglichstes. Entscheidend für die Kaiserlichen ist die Hilfe der gewiegten Händler Hamburgs. Schiff auf Schiff schwimmt die Elbe aufwärts, beladen mit protestantischen Kugeln für

die katholischen Geschütze und Musketen – den Proviant für die Belagerer nicht zu vergessen. Der Hansestadt Hamburg ist die Eroberung der Hansestadt Magdeburg eine Handelsmesse und ein Geschäft wert. Anfang Mai ist die Stadt durch den Beschuß und die ununterbrochenen Angriffe so zermürbt, daß sie ohne Gustav Adolf nicht mehr zu retten ist.

Warum der König zögert, hat viele Gründe, aber alle zusammen reichen nicht aus, um sein langes Warten zu erklären. Als Tilly und Pappenheim erfahren, daß sich Gustav Adolf schließlich doch zur Befreiung Magdeburgs – »unseres Herrgotts Kanzlei«, wie die Protestanten sagen – auf den Weg machen will, setzen sie alles auf eine Karte. Vom 17. Mai an lassen ihre Angriffe nicht mehr nach, am 20. Mai dringen die Truppen an zwei Breschen in die Stadt. Damit ist der Kampf zu Ende.

Es beginnt das übliche Morden und Plündern. Gegen Mittag bricht an zwanzig Stellen gleichzeitig Feuer aus. Die Stadt brennt vollständig ab, nur der Dom bleibt stehen, ein paar Kirchen, etwa fünfzig Häuser, nach drei Tagen ist eine der blühendsten und reichsten Städte Deutschlands nur noch ein still vor sich hinschwelender Haufen verkohlter Balken. Tilly stoppt erst nach 48 Stunden das Plündern, gewährt den überlebenden Bewohnern Gnade, beendet das Metzeln, das trotz des Brandes weitergegangen ist. Dann läßt er im Dom zur Feier des Sieges ein Tedeum anstimmen.

Daß Tilly die Plünderung mit dem Wort gerechtfertigt hat: »Der Soldat muß für seine Gefahr und Arbeit etwas haben«, ist einleuchtend; Plünderungen eroberter Städte konnten vom Feldherrn nach dem Kriegsbrauch erlaubt werden. Unwahrscheinlicher scheint allerdings Tillys Antwort zu sein, die er im Magdeburger Dom gegeben haben soll, als er um Gnade für die Unschuldigen angefleht wurde, die sich dorthin geflüchtet hatten: »Dann waren die Weiber und Kinder, die ich getötet und verbrannt gesehen, also schuldig, und den Unschuldigen gelang es, hierher zu fliehen? Das ist ja ein Wunder!«

Die Zahl der Soldaten, die bei dem Brand umkommen, ist nicht bekannt. Von den 30 000 Bewohnern sterben 25 000, Tag für Tag werden die Leichen in Wagen zum Fluß gekarrt und in die Elbe geworfen, 14 Tage lang. Wer den Brand gelegt hat, wird man niemals erfahren. Tilly und Pappenheim waren es nicht, der Verteidiger, Dietrich von Falkenberg, war es wahrscheinlich auch nicht. Vermutlich sind es die Einwohner selbst gewesen. Das hat Tilly nicht davor bewahrt, daß sich der Brand als fürchterlichstes Ereignis des ganzen Krieges auf immer mit seinem Namen verbunden hat.

Militärisch war der Sieg durch den Brand völlig sinnlos geworden, die Soldaten konnten weder verpflegt noch einquartiert werden. Moralisch war er eine schwere Niederlage der katholischen Sache, denn Magdeburg wurde das schauerlichste Fackelopfer auf dem Altar des Restitutionsedikts. Aber es wäre übertrieben, für die damalige Situation moralische Niederlagen noch allzu hoch zu veranschlagen und etwa als Konsequenz eine erhöhte Kampfbereitschaft der Protestanten feststellen zu wollen. Offensichtlich begannen sich Leidensfähigkeit und Apathie schon aufeinander einzuspielen; dazu paßt, daß der Papst die Vernichtung Magdeburgs als »ein ewiges Wahrzeichen der göttlichen Milde« begrüßte.

14 Tage später zwingt Gustav Adolf den Kurfürsten von Brandenburg, Farbe zu bekennen, seine – die schwedische Farbe. Mit einem Argument von großer Durchschlagskraft: Er läßt seine Kanonen vor dem kurfürstlichen Palais in Berlin auffahren. Der Vertrag, den Georg Wilhelm unterschreiben muß, öffnet für die Dauer des Krieges den Schweden alle Hilfsquellen Brandenburgs. Zur gleichen Zeit beginnen die vertriebenen Herzöge von Mecklenburg mit eigenen, angeworbenen Truppen ihr Land wiederzuerobern, sie ziehen mit Gustav Adolf zusammen feierlich in ihre alten Residenzen ein.
Im Spätsommer 1631 bricht auch die Neutralitätspolitik Sachsens zusammen, das wiegt besonders schwer. Der Kurfürst entschließt sich zur Allianz mit Schweden. Es geschieht nicht aus eigenem Antrieb, er wird vom Kaiser vor das Entweder-Oder gestellt, das Wallenstein so lange verhindert hat, dem Johann Georg sogar trotz des Restitutionsedikts ausgewichen ist. Auch der Kurfürst sieht den Schwedenkönig samt seinem Protestantismus als einen Fremden auf deutschem Reichsboden an. Andererseits ist der Kaiser nicht mehr mit der strikten Neutralität zufrieden, vor allem mit Sachsens bewaffneter Neutralität. Entweder soll der Kurfürst abrüsten oder sich offen dem Kaiser anschließen. Tilly, dessen Armee ausgehungert auf den Tag wartet, an dem sie endlich über die Fleischtöpfe und Kornspeicher Sachsens herfallen kann, erhält den Befehl, für die Entwaffnung zu sorgen, falls sich der Kurfürst nicht entscheiden will. Er will es zwar nicht, jetzt aber muß er.
Am 3. September stellt Tilly sein Ultimatum. Am 5. marschiert er in Sachsen ein, am 11. schließt der Kurfürst mit Schweden das Bündnis. Mitte September vereinigen sich die sächsischen und schwedischen Regimenter bei Düben 40 Kilometer nördlich von Leipzig; es sind zusammen mehr als 40 000 Mann. Am 15. September zieht Tilly in Leipzig ein, er hat alle verfügbaren Regimenter bei sich, es sind 21 000 zu Fuß und 11 000 Reiter.
Beide Heere stoßen zwei Tage später zusammen, bei Breitenfeld nordwestlich vor den Toren der Stadt, es kommt zu dem großen Treffen, dem Gustav Adolf bis jetzt ausgewichen ist. Die Ausgangsposition Tillys ist günstig. Pappen-

heim hat allerdings keine Geduld, er läßt sich zu einem vorschnellen Angriff hinreißen, Tilly brüllt entsetzt: »Dieser Kerl wird mich um meine Ehre und Reputation bringen und den Kaiser um sein Land und Volk!« Er läßt ihn heraushauen, macht aber selbst den Fehler, das vereinigte Feindheer durch keinen Schuß zu stören, als es sich in Schlachtordnung postiert.

Pappenheim greift nochmals am linken Flügel an, wird abgewiesen und dabei schwer verwundet. Tilly rückt unterdessen im Zentrum vor, stößt geschickt in die Verbindungslinie beider Heere und richtet sich dann gegen die ungeübten sächsischen Schlachthaufen. Ihr Widerstand bricht rasch zusammen, in Scharen werden sie davongetrieben, auch die sächsische Reiterei flieht, allen voran Kurfürst Johann Georg, der erst nach 24 Kilometern schnaufend anhält, als sein Pferd nicht mehr kann. Ganz verlieren seine Soldaten den Kopf allerdings nicht, sie sind so geistesgegenwärtig, auf ihrer Flucht die schwedischen Troßwagen zu überfallen und auszuplündern.

Die Niederlage der Sachsen bringt Gustav Adolf den Sieg. Tilly steht mit seinen vier großen Kampfhaufen jetzt in der Ausgangsposition der sächsischen Regimenter. Er hat schon einen Eilboten nach Wien geschickt, der dem Kaiser den glanzvollen Sieg melden soll. Bevor aber Tilly die schwerbeweglichen Truppenkarrees nach links gegen die Schweden schwenken kann, stößt Gustav Adolf in die ungeschützte Flanke der Kaiserlichen. Der General versucht die Truppen umzugruppieren, es gelingt nicht. Gustav Adolf zersprengt mit seinen kleineren schnellen Einheiten, unterstützt durch kombiniertes Kartätschen-Kreuzfeuer, die ganze Ordnung des kaiserlichen Heeres. Am Abend ist das Gros der Armee Tillys in völliger Auflösung, intakt sind nur noch vier Regimenter. Tilly wird mehrmals verwundet, in der Dämmerung zieht sich die geschlagene Armee nach Leipzig und Halle zurück. Die Niederlage ist katastrophal, nicht einmal Tillys verzweifeltes Schluchzen, Gott und alle Heiligen im Himmel möchten ihm doch den Tod auf dem Schlachtfeld gewähren, wird erhört. Fast 11 000 Mann sind gefallen, verwundet, gefangen, bei den Sachsen sind es 3000, bei Gustav Adolf 1500.

Mit Breitenfeld bricht die kaiserliche Macht in Deutschland zusammen, Gustav Adolf hat sich die Bahn in den Süden und Westen des Reiches freigelegt, der Krieg beginnt jetzt seine Zelte auf katholisch-ligistischem Gebiet aufzuschlagen. Die kaiserliche Armee schrumpft zu einem Restheer zusammen, das nicht ernstzunehmen ist.

Ferdinand erhält die Nachricht von Breitenfeld, als er abends von der Jagd zurückkehrt, Slavata teilt ihm das Unglück mit. Der Kaiser ist erschüttert, er tröstet sich durch eifriges Gebet. Hell entsetzt ist Maximilian von Bayern.

Wegen seines Defensiv- und Neutralitätsvertrages mit Frankreich war er empört über Tillys Vorgehen gegen Sachsen. Tilly ist aber nicht nur Ligistenführer, er ist seit der Übernahme des Gesamtkommandos auch kaiserlicher Generalissimus. Nach Breitenfeld besteht jedenfalls keine Basis mehr für Ausgleichsgespräche zwischen Protestanten und Katholiken, denn jetzt ist der schwedische Gast im Reich auch der Wirt geworden, ohne den keine konfessionelle Rechnung zu machen ist.
Der Kaiser gibt in dieser Lage sogar den Kampf um die Revision des Oñatevertrags von 1617 auf. Seit acht Jahren bemüht er sich um eine Annullierung der Elsaßabtretung; ebensolange bemüht sich der spanische König um eine schriftliche Erneuerung der Abmachungen. Philipp IV. schickt im September 1631 den Marquis de Cadereita nochmals mit einer entsprechenden Instruktion nach Wien. Viel Hoffnungen macht er sich nicht, er wäre auch mit einem Finanzausgleich zufrieden. Der Marquis kommt in Wien an, der Kaiser – verstört von dem Breitenfelder Fiasko – bittet Philipp IV. flehentlich um Hilfe, er bestätigt deshalb ohne Widerspruch den Geheimvertrag des Jahres 1617, Wort für Wort.
Allzu leicht kann man behaupten, daß bei Gustav Adolf nach der Schlacht vom 17. September 1631 die protestantische Sache in den verschwommenen Hintergrund getreten ist und statt dessen der füllige Ehrgeiz in den Vordergrund. Andererseits ist der König jetzt überhaupt nicht mehr auf Verhandlungen angewiesen, er kann seine Bedingungen diktieren, er kann es um so leichter, je mehr katholische Gebiete des Reiches von ihm erobert sind. Die militärische Ohnmacht des Kaisers und der Liga lädt ihn unwiderstehlich dazu ein. Je eifriger er dieser Einladung folgt, um so müheloser realisiert er sein wichtigstes Territorialziel, den Erwerb und Besitz der »Ostseekante«. Das zu motivieren, dazu war bis jetzt selbst die protestantische Bibelauslegung nicht imstande gewesen.
Gustav Adolf entschließt sich für den Vormarsch in den Westen und Süden Deutschlands. Sein nächstes Ziel ist das Hochstift Würzburg, seit eineinhalb Jahrhunderten berühmt durch seinen Reichtum und seit 1627 berühmt durch die Reichhaltigkeit seiner Hexenprozesse. Die Stadt ergibt sich am 10. Oktober ohne Widerstand, die Festung fällt nach einer Woche Belagerung. Die Beute übertrifft alles, was den Schweden bisher in die Hände gefallen ist, denn die Marienfeste gilt als völlig sicher, deshalb waren die Kostbarkeiten auch aus weit entfernten Orten hierher gebracht worden.
Nach der Eroberung Würzburgs beginnt Gustav Adolf, der Basis der militärischen Eroberung eine dynastische Haube überzuziehen. Er gründet ein »Herzogtum Franken«, verlangt die Erbhuldigung und beginnt das Spiel der Re-

stitution nach seinen Regeln: Er verteilt die katholischen Güter und Herrschaften an schwedische Offiziere und deutsche Adlige, die sich in seinem Heer Meriten erworben haben.
Tilly bringt unterdessen seine Truppen wieder auf 18 000 Mann, er steht in Hessen. Verstärkt werden sie durch 12 000 Soldaten des Herzogs Karl von Lothringen, der sich jetzt ohne Rücksicht auf Frankreich auf die Seite des Kaisers stellt – eine späte Frucht der Verhandlungen Wallensteins mit Herzog Karl. Tilly will einen Entsatz Würzburgs versuchen, Gustav Adolf marschiert ihm mit 6000 Mann entgegen, überfällt die katholischen Truppen in der Nacht und dezimiert sie so gründlich, daß Tilly von diesem Moment an nie mehr versucht, von sich aus schwedische Truppen anzugreifen, wenn Gustav Adolf sie kommandiert.
Mitte November zieht Gustav Adolf nach Frankfurt, sein Winterziel ist Mainz. Der Kurfürst gibt seine Stadt genauso schnell auf, wie es der Bischof von Würzburg getan hat. Die Besatzung überreicht dem Schwedenkönig am 23. Dezember ihre Kapitulation als Weihnachtsgeschenk.

Unter den Zuschauern dieser schwedischen Kriegsreise war niemand so nervös wie Maximilian von Bayern. Der Allianzvertrag mit Frankreich hätte Richelieu dazu verpflichtet, den Bayernfürsten auch gegen Gustav Adolf zu unterstützen. Maximilian bat dringend um Truppen. Paris aber hatte keine und beschwerte sich deshalb bei Maximilian, daß doch die Liga gar nicht defensiv geblieben sei, sondern zuerst die Schweden angegriffen habe; folglich wäre ein Neutralitätsabkommen direkt zwischen dem schwedischen König und dem bayerischen Kurfürsten zweckmäßiger, zweckmäßiger vom Endziel her: nämlich die Macht Habsburgs zu zerschlagen.
Das wiederum war nicht das Ziel Maximilians, oder jedenfalls wollte er ihm eine weniger grobe Form geben, als sie Gustav Adolf und Richelieu anstrebten. Maximilian versuchte Richelieu klarzumachen, daß sich die Absichten Gustav Adolf überhaupt nicht mit jenen Frankreichs deckten. Deshalb sei jetzt nichts so wichtig wie ein rascher Friede; Frankreich sollte ihn zustande bringen.
Was die französischen und schwedischen Intentionen anging, war Richelieu derselben Meinung. Aber ein so schneller Friede hätte den Kaiser noch nicht wesentlich geschwächt und Habsburg reduziert. Richelieu kannte momentan nur das Nahziel, die Liga endgültig vom Kaiser zu trennen. Maximilian dagegen wäre wohl mit jeder Vermittlung einverstanden gewesen – soweit sie nur nicht eine solche Trennung von Ferdinand zur Folge hatte.
So stemmte er sich resigniert resolut gegen einen Neutralitätsvertrag mit

Schweden, der es Gustav Adolf ermöglicht hätte, ungehindert von ligistischen Truppen gegen den Kaiser zu ziehen. Als er allerdings Ende Dezember 1631 mit Tilly in Donauwörth zusammentraf, hatte Maximilian Mühe, seine Fassung zu behalten. Er konnte an dem »Heiligen im Harnisch« weder etwas von Heiligkeit noch vom Harnisch entdecken, höchstens, daß ihn die ununterbrochenen Tränen, mit denen Tilly versuchte, seinen stockenden Bericht über die militärische Lage flüssig zu halten, selbst in Harnisch brachten. Bei dem alten General – so drückt es ein Gesprächszeuge aus – war »der vorige Vigor nicht mehr vorhanden, er ist ganz perplex, in consiliis ganz irresolut, weiß nicht daraus zu helfen, kommt von einem proposito aufs andere, konkludiert nichts«. Tilly beteuerte, er sei völlig unfähig, die jetzigen Schwierigkeiten zu überwinden, und wisse nicht, wie er etwas fertigbringen solle, zu dem alle Mittel fehlten.

Tilly stand unter einem Schock. Aber er hatte sachlich recht. Die ganze Lage war ein Schock. Als er mit Maximilian konferierte, bestand sein Heer aus 6000 Mann. 10 000 hatte Ferdinand eben erst zur Verteidigung Böhmens abgezogen; zwar kam noch Herzog Karl mit seinen Truppen, aber Gustav Adolf kommandierte im Reich ein Heer von 80 000, er wollte es während des Winters noch vergrößern, auf weit über 100 000. Von Wien war nur zu erfahren, daß man in dieser Lage wieder zum bewährtesten Mittel gegriffen hatte: zu zahlreichen Bußprozessionen und Gebeten zum lieben Gott, seinen Zorn – die Schwedengefahr – von den Gläubigen zu wenden. Auch Maximilian schien nichts anderes übrigzubleiben als Gott allein zu fürchten und sonst das eigene militärische Nichts in einer Welt, die binnen eineinhalb Jahren offenbar ihren Lauf um die schwedische Sonne eingerichtet hatte.

Auch Richelieu war nicht sehr glücklich über die schwedischen Eroberungen. Er hatte auch keine reine Freude an dem prompten Entschluß Maximilians, nach dem Gespräch mit Tilly um Neutralität für sich und die Liga zu bitten und den Kaiser allein zu lassen. Neutralität allerdings wollte der Schwedenkönig bestenfalls Maximilian zugestehen, auf keinen Fall den ligistischen Fürsten. Gustav Adolf war es nicht zu verdenken, daß er sich im Winter 1631 schon als Kaiser von Deutschland fühlte. Wer konnte ihm militärisch noch Widerstand leisten? Alle Vorschläge der französischen Diplomaten lehnte er ab. Gustav Adolf mußte den Rhein haben, wenn er in Deutschland bestimmen wollte; der Rhein – das hieß: die Fürstbistümer Köln, Trier, Mainz, dazu die Rheinpfalz. Frankreich wollte den Rhein ebenfalls. Als der französische Gesandte schließlich eine Aufteilung des Reiches nach Interessensphären vorschlug, bekam Gustav Adolf einen Wutanfall: »Ich bin als protector, nicht als proditor Deutschlands gekommen!«

Frankreich konnte gegen die militärischen Daumenschrauben Gustav Adolfs genausowenig machen wie Maximilian. Allerdings war der Rückzieher Richelieus so stark – er riet Bayern, widerspruchslos allen schwedischen Bedingungen zuzustimmen –, Maximilian empfand ihn als so unerträglich, daß er sich noch einmal korrigierte und wieder ins kaiserliche Lager übertrat. Er versicherte dem Kaiser, er würde jetzt ein für allemal auf seiner Seite weiterkämpfen, wenn Ferdinand mit größter Energie neue Rüstungen betreibe und wieder eine Armee auf die Beine bringe.

Wallenstein ist der einzige, den die Entwicklung der letzten eineinhalb Jahre nicht überrascht. Mecklenburg ist als erstes von seinen Gebieten betroffen. Wallenstein verteidigte das Land nicht, aber er gab es auch nicht einfach auf. Sein mecklenburgischer Statthalter, Oberst Wengiersky, hatte von ihm den Befehl bekommen, das Herzogtum zu halten, so gut und so lange es ging. Wallenstein verfügte schließlich über keine offiziellen Truppen. Bis zur endgültigen Eroberung durch die Schweden sollte Wengiersky auch dafür sorgen, daß Wallenstein Monat für Monat die 20 000 Reichstaler bekam, die das Land seinem Herrn zu entrichten hatte.

Der Hauptteil dieses Einkommens stammte aus den großen Getreideernten des Herzogtums. Hauptabnehmer waren eine Zeitlang Tilly und das kaiserliche Heer. Wallenstein war erst eine Handvoll Wochen abgesetzt, da lieferte er – es war am 24. September 1630 – Getreide gegen eine Summe von 42 000 Taler. Wallenstein konnte mehr liefern, als Tilly zu bezahlen in der Lage war. Als auf kaiserlicher Seite das Bargeld versiegte, zog es der Herzog vor, mit zahlungskräftigeren Partnern Geschäfte zu machen. Die Schiffe fuhren, bis zum Rand mit Getreide beladen, elbabwärts nach Hamburg.

Der Verlust Mecklenburgs ist nicht aufzuhalten, Wallenstein nimmt das ruhig hin. Die Gebiete sind für ihn jetzt nichts weiter als strategische Größen, deren Verlust die kaiserliche Politik weit härter trifft als seine Person. Allerdings sieht er diese Trennung noch immer als höchst künstlich an. Sein Statthalter räumt keinen einzigen Ort freiwillig. Die letzte Besatzung Wallensteins kapituliert im Februar 1632. Mecklenburg wird also erst eineinhalb Jahre nach der schwedischen Invasion erobert. Ein bemerkenswerter Widerstand, wenn man sieht, wie schnell solche Festungen wie Würzburg oder Mainz die weiße Fahne hissen.

Die Lage in Böhmen wirkt sich für Wallenstein besonders bitter aus. Nach Breitenfeld bekommt das sächsische Heer von Gustav Adolf den Befehl, in Böhmen einzumarschieren. Es wird von Feldmarschall Arnim geführt; der frühere Vertraute und Stellvertreter Wallensteins hat nach dem polnischen

Feldzug den kaiserlichen Dienst verlassen und akzeptiert nach einigen Verhandlungs- und Wartemonaten das Angebot des sächsischen Kurfürsten, das Heereskommando zu übernehmen.
Im November 1631 passiert Arnim die böhmische Grenze, seine Regimenter sparen sorgfältig das Gebiet des Herzogs aus. Arnim schärft den Soldaten ein, daß jeder an den Galgen kommt, der auch nur einem einzigen friedländischen Huhn den Hals umdreht. Wallenstein ist in Prag. Die Bürger bitten ihn verzweifelt um Rat. Er empfiehlt ihnen ohne Ironie etwas ganz Originelles: sie sollten sich tapfer gegen Marschall Arnim verteidigen – falls sie es könnten. Stadtkommandant ist Marradas, auch er wendet sich an Wallenstein. Der Herzog antwortet ihm kurz, er wisse doch, daß er keinerlei Befehlsgewalt habe.
Am 10. November verläßt er das Prager Palais, er geht zuerst nach Pardubitz, dann nach Znaim, dorthin hat er schon seine Familie vorausgeschickt. Nach einer harmlosen Schießerei rücken die Sachsen in Prag ein. Arnim läßt vor dem Wallenstein-Palais eine Ehrenwache aufziehen. Dann schwimmt die Beute tonnenweise die Moldau hinab, die Elbe hinunter nach Sachsen, Prag scheint unerschöpflich an Kostbarkeiten zu sein.
Die Protestanten, an ihrer Spitze der alte Thurn, sind kaum in der Goldenen Stadt, da gedenken sie ihrer Märtyrer. Sie holen die Köpfe der hingerichteten Rebellen von den Brückentürmen, in einer feierlichen Prozession werden sie in die Teynkirche am Altstädter Ring eingeholt. Von diesem Tag an sind sie verschwunden. Zehn Jahre lang waren sie allzu sichtbar; jetzt sind sie unsichtbar. Später haben die Beteiligten nicht einmal auf der Folter das Geheimnis verraten, was man mit den gebleichten Schädeln gemacht hat, wo sie versteckt oder begraben worden sind.

Die Entlassung hat den allmächtigen Feldherrn Wallenstein von einer Stunde zur anderen aller realen militärischen und politischen Mittel beraubt. Aber er ist noch nicht alt genug, nicht müde genug, um sich selbst, seine Erfolge, seine bisherige Zeit schon aus der Perspektive der Verklärung zu sehen. Er verhält sich so, als befände er sich nur vorübergehend außer Dienst, durch einen merkwürdigen, etwas komisch-unverständlichen Zufall. Genauso verhalten sich ihm gegenüber fast alle Fürsten, Minister, Könige, Diplomaten, die ihn kennen, bis hin zum Kaiser. Ferdinand spricht Wallenstein in seinen Briefen mit allen Titeln und Ehren an, ganz wie früher. Es läßt sich nicht bestreiten: der abgesetzte Feldherr bleibt ein regierender Fürst. Von Jitschin aus geht eine Unzahl von Briefen in alle Richtungen des Kompaß, in Jitschin treffen ebenso viele Briefe aus allen Himmelsgegenden ein, kom-

men Boten an, bitten Gesandte, Würdenträger, Offiziere, Räte um Audienz – werden Geheimkuriere empfangen.
Wallenstein ist ohne Macht, benimmt sich wie eine Macht und wird behandelt wie eine Macht, höflich, respektvoll, devot – so, als will die diplomatische Welt von diesem törichten Entschluß des Kaisers gar nicht erst Notiz nehmen. Wallenstein tut alles, um das zu fördern. Gleichzeitig beginnt er ein Verbindungsnetz anzuflechten, dessen Anlage und Verknotung viel komplizierter ist, als es dem Gewicht der Sache entspricht, um die es dabei, 1631, geht.
Worum geht es? Wallenstein korrespondiert nicht nur mit Freunden und Verbündeten des Kaisers, sondern er hat ebenso guten Kontakt zur Gegenseite, zu den Schweden, Sachsen, Protestanten und zu den böhmischen Emigranten und Exulanten, die seit elf Jahren auf ihre Stunde lauern. Die erste Aktion ist Wallensteins Versuch, Dänemark von seiner neutral wohlwollenden Haltung für den Kaiser abzubringen und aktiv für Habsburg zu gewinnen. Der Briefwechsel zwischen Wallenstein und Christian spielt sich völlig geheim ab, Wallenstein informiert nur den Kaiser und Eggenberg. Herrscher und Minister billigen die Initiative Wallensteins, sie unterstützen sie ohne Einschränkung, ohne Auflage.
Christian soll Gustav Adolf vor allem zu See bekriegen, für seine Hilfe würde er mecklenburgische Gebiete erhalten, Wallenstein wäre mit einem Finanzausgleich einverstanden. Christian sollte auch die Stifte Bremen und Verden erhalten; mit den mecklenburgischen Plätzen zusammen würden sie ein vorzügliches territoriales Gegengewicht bilden, Christian müßte die Gebiete schnell erhalten, »ehe und bevor Ihre königliche Majestät von Schweden einen fremden Fuß dahin setzen sollte, welche Sie wiederum da herauszubringen vielleicht etwas beschwerlich fallen könnte«. Gegen die Überlassung mecklenburgischen Bodens hat der Kaiser nichts, mit den Stiften sieht es anders aus, Bremen war schon für seinen Sohn Leopold bestimmt. Die Vorbehalte Ferdinands, die Ereignisse im Reich beenden diese Verhandlungen ohne Ergebnis.
Die Geheimgespräche mit Christian stehen ganz im Dienst des Kaisers. Der Kontakt mit den Königen von England und Polen geht nicht von Wallenstein aus, er ist außerdem politisch harmlos. Anders sieht es mit den Beziehungen des Herzogs zu Gustav Adolf und den Sachsen aus. Bleibt man beim starren Schema, so ist Wallenstein zunächst habsburgischer Fürst. Für einen solchen Mann sind derartige Gespräche zumindest ungewöhnlich. Geradezu verdächtig aber sind die Verbindungen zu den vertriebenen böhmischen Herren in Sachsen.

Wieso verdächtig? Lediglich vom Gesichtswinkel Wiens aus betrachtet, nicht aber von der Stellung Wallensteins aus. Der Herzog ist nicht nur habsburgischer Fürst, er ist seit der Belehnung mit Mecklenburg auch freier Reichsfürst mit erheblichen Rechten, zu denen nicht zuletzt die gleiche Freiheit gehört, die Maximilian beansprucht, wenn er mit Frankreich über Allianzen gegen den Kaiser spricht – zu denen die gleiche Freiheit gehört, die Johann Georg für sich beansprucht, wenn er geflüchteten, geächteten, verurteilten Böhmen und Protestanten in Sachsen Schutz gewährt.
Sowohl Gustav Adolf als auch die Exilböhmen treten von sich aus und zuerst an Wallenstein heran. Wallenstein hat immer größten Wert auf ein weitverzweigtes Kundschafter- und Agentennetz gelegt, es gibt keinen Grund für ihn, dieses Vorfühlen der Gegenseite von Anfang an ins Leere laufen zu lassen. In einer Zeit, in der die Geheimdiplomatie ihre seltsamsten und interessantesten Blüten treibt und weithin auch nur als riskant-interessantes Spiel erscheint, in der Hunderte von Kapuzinern und Jesuiten in ganz Europa in politischen Missionen umherwandern, in der die Generale aller Länder den Waffendienst leichter wechseln als der Wind seine Richtung und jedermann das selbstverständlich findet, weil es selbstverständlich ist – in einer solchen Zeit sind Wallensteins Gespräche mit Schweden überhaupt nichts Ungewöhnliches und mit Sachsen sogar sehr natürlich.
Noch natürlicher ist es, daß sich der Herzog derjenigen Mittelsmänner bedient, die zu ihm geschickt werden. Er hört sich an, was sie zu sagen haben. Er selber schweigt. Er kann gerade dort schweigen, wo andere nur darauf warten, zu reden. Oder er macht eine Andeutung. Und schon geht der halbe Satz flüchtig leicht in den Aggregatzustand des Geheimnisvollen über, das Nichtgesprochene verwandelt sich ins mysteriös Unausgesprochene, eine verspielte Möglichkeit wird schon zur stummen, verräterischen Wahrheit.

Bei allen wesentlichen Dingen aber schweigt Wallenstein mit einer derartigen Konsequenz, daß man ihm sogar auch das zum Vorwurf ausgemünzt hat. Aus der Hand dieses Mannes, der in seinem Leben Tausende von Briefen geschrieben hat, gibt es keine einzige Zeile, aus der sich dasjenige beweisen oder auch nur erschließen läßt, was man ihm nach seinem Tod als sein Verbrechen schon im Jahr 1631 vorgeworfen hat, nämlich Hochverrat. Es gibt nur die Aussagen der Mittelsmänner, genauer: die Aussage des wichtigsten Kontaktmannes zu den Böhmen und Schweden, nämlich des Emigranten Jaroslav Sezyma Rašín aus Riesenburg.
Rašín gehörte zum böhmischen Kleinadel, religiöse Gründe trieben ihn 1628 ins Exil, er war ein langjähriger, enger Vertrauter des Grafen Thurn, er war

ebensogut bekannt mit dem Grafen Wilhelm Kinsky, der in Dresden auf eine Änderung in Böhmen wartete, dem aber im Frühjahr 1628 vom Kaiser alle konfiszierten Güter wieder überlassen wurden, dazu noch der beschlagnahmte Besitz seiner Brüder, die 1618 eine führende Rolle beim Aufstand gespielt hatten, ja, den der Kaiser auch noch in den Grafenstand erhob. Schließlich stand er auch in engsten Beziehungen zu der böhmischen Magnatenfamilie Trčka von der Lipa; Kinsky war mit des Grafen Adam Erdmann Trčkas Schwester Elisabeth' verheiratet. Trčka selbst ist ein Schwager Wallensteins, 1627 hat er Maximiliane geheiratet, die jüngste Tochter Karl von Harrachs.

Rašín nahm im Ausland bald schwedische Dienste an, wie so viele der böhmischen Emigranten. 1635 wurde er von offiziellen Stellen Wiens dazu gedrängt, einen schriftlichen Bericht über seine Vermittlung zwischen Wallenstein und den Schweden, Sachsen und Böhmen zu geben; der Kaiser würde ihm unbedingte Straffreiheit zusichern, er dürfe nach Böhmen zurückkehren und es würden ihm alle Forderungen, die er als Entschädigung für sein Exil seit 1628 erhebe, bewilligt, vor allem die Rückgabe seines konfiszierten Besitzes.

Rašín lieferte, was man von ihm verlangte. Diese heiß umstrittene, erbittert diskutierte, umkämpfte, verdammte, geschätzte Rašín-Relation ist das einzige ernstzunehmende Dokument über die Verbindungen Wallensteins im Jahre 1631. Bis in unsere Zeit hinein ist die Rašín-Relation als ein Dokument von höchster Authentizität angesehen worden. Bis in unsere Zeit hinein haben ebenso viele den ganzen Bericht als Lügengewebe mit spitzen Fingern angefaßt und nicht ohne Berechtigung gesagt, Rašín habe doch wegen seines Ziels, nämlich Rückkehr, Begnadigung und Belohnung gar nicht die Wahrheit schreiben können, selbst wenn er gewollt hätte; er wäre den Umständen nach, um seiner selbst willen, von vornherein zu einer tendenziösen Verzeichnung des Sachverhalts genötigt gewesen, seine Aussagen über den Inhalt der Gespräche mit Wallenstein und seine verschiedenen Botschaften seien in den Hauptpunkten frei erfunden, die ganze Relation sei eine Denunziation. Rašín wußte, was der Kaiser von seinem Bericht erwartete, was der Kaiser brauchte. Und schließlich wurde seine Relation auch noch vor der Veröffentlichung von Wallensteins Ur- und Todfeind Slavata überarbeitet. Slavata ließ Rašín nach der Lektüre des ersten Entwurfs »einige Dinge in dieser Materie vortragen und sozusagen in Erinnerung bringen, wodurch sein Bericht um so vollkommener werden wird«, wie Slavata treuherzig notierte.

Aus dem Bericht läßt sich eine Fülle sachlicher und zutreffender Mitteilungen destillieren. Andererseits sind sogar den erklärten Gegnern Wallensteins die vielen Verdrehungen, objektiven Unwahrheiten und Irrtümer aufgefallen. Die jüngere Geschichtsforschung hat schließlich den Grad der Glaubwürdigkeit dieser Schrift zu einem der Gravitationspunkte des ganzen Wallenstein-Problems gemacht.

Worin soll das doppelte Spiel Wallensteins 1631 bestehen, was ist das hochverräterische Moment in seinen Beziehungen? Die angeblichen Konspirationspläne Wallensteins sind durchweg apokryph. Schlüssige Beweise für sie gibt es nicht. Genauer: Beweise haben sich nicht gefunden, finden sich bis heute nicht. Man muß sie deduzieren. Aus welchen Voraussetzungen?

Aus zweifelhaften jedenfalls. Da sich kein wirklich hochverräterisches Moment entdecken läßt, ist das große Fragezeichen, das trotzdem über diesen Sommer 1631 gesetzt werden muß, für alle eine Fundgrube der Motive geworden, die eine Rechtfertigung seiner Ermordung geben wollten, nachdem man ihn ohne Rechtfertigung ermordet hatte.

Arnim war kein Freund der Schweden, so schnell er auch die Fahnen wechselte. 1629 brachte er Gustav Adolf auf der Stuhmer Heide in Ostpreußen eine dieser Niederlagen bei, die in der heldenverehrenden Historiographie um so hartnäckiger übergangen werden, je schwerer sie sind. Vorher hatte Arnim zwölf Jahre lang unter Gustav Adolf gedient, am Ende dieser Zeit war sein ganzer militärischer Respekt vor dem König ausgesiebt. Dem Kurfürsten von Sachsen erklärte Arnim nach seinem Ausscheiden aus Wallensteins Heer rundheraus, er habe keine Lust, hinter dem Schweden herzulaufen und seine Prahlereien hinunterzuschlucken, um am Ende womöglich auch noch mit Wallenstein auseinanderzugeraten.

Arnim besuchte im Dezember 1630 Wallenstein in Jitschin. Nach seiner Rückkehr betrieb er seine Bewerbung in und Werbung um Sachsen weiter, ganz den Bemühungen Wallensteins parallel, der noch immer darauf hoffte, Johann Georg von dem Anschluß an Schweden zurückhalten zu können. Noch im Januar 1631 spricht Arnim in einem Brief an Wallenstein von den kaiserlichen Regimentern als »unseren Truppen« und von den Schweden als dem »Feind«. Seine Freundschaft mit Wallenstein ändert sich nicht, als er schließlich am 1. Juli 1631 als Feldmarschall in sächsische Dienste tritt. Wien kennt diese Beziehungen. Im Herbst 1631, kurz bevor Johann Georg von Sachsen aus seiner Neutralität gedrängt wird, erkundigt sich der Kaiser bei Wallenstein, »ob er noch mit dem von Arnim in Korrespondenz stehe«? Dann bittet er ihn um Vermittlung beim sächsischen Kurfürsten, um ihn – fünf nach zwölf – doch noch von den Schweden zurückzuhalten.

Die ersten direkten Kontakte Wallensteins mit den böhmischen Emigranten, den geschworenen Todfeinden des Kaisers, datieren seit Ende Februar 1631. Wallensteins Schwager, sein früherer Obrist Graf Trčka, gehörte zu einer Familie, die nicht bereit war, sich mit der böhmischen Geschichte seit 1618 abzufinden. Auch Trčka selbst war zuerst Böhme und erst dann Diener des Hauses Habsburg. Die Landung Gustav Adolfs ließ für alle Exilböhmen und Tausende von Daheimgebliebenen den Silberstreifen am Horizont aufglänzen. Ihre eigenen alten Pläne mit Böhmen bekamen wieder Tiefenschärfe, ihre Projekte erhielten Grundsteine. Trčka hatte sich innerlich bereits den Emigranten angeschlossen.

Am 16. Februar 1631 fand auf den Gütern Trčkas in Schloß Opočno östlich von Königgrätz eine Taufe statt. Wallenstein kam zu dem Fest, ebenso erschien Sezyma Rašín. Trčka hatte bis dahin mit Wallenstein noch kein Wort über die Pläne der Exilböhmen gesprochen, auch in Opočno wurden sie mit keiner Silbe berührt. Wallenstein lernte durch Trčka den Taufgast Rašín kennen. Dabei wurde über die böhmischen Offiziere im schwedischen Heer gesprochen. Rašín wurde in geheimer Mission zu Graf Thurn geschickt, der jetzt ebenfalls bei den Schweden diente. Welchen Auftrag Rašín erhielt, ist unbekannt. Rašín gibt selbst zu, daß er mit Wallenstein nur Privates gesprochen habe. Demnach sah Wallenstein damals Sezyma Rašín nur als irgendeinen Agenten an, der eventuell einmal nützlich werden könnte.

Rašín tritt seine erste Reise ins schwedische Lager nach dem 17. Mai 1631 an. Zu dieser Zeit steht Gustav Adolf noch in Spandau. Der Kaiser und die Stimmung in Wien sind jetzt wieder so wohlwollend und sanft, daß die bevorstehende Wiederberufung Wallensteins schon in den Wiener Straßen diskutiert wird. Wallenstein ist darüber genau im Bild. Im April schreibt ihm Questenberg: »Wie unser Sach in ein armselig statu befinden tut, ist Euer Fürstlichen Gnaden leider bewußt und habens lange vorher prophezeit. Jetzt heißt's: Hilf! Hilf! und non est qui exaudiat. Das Wasser kommt uns in das Maul. Nunmehr erkennen wir unser Unrecht. Ich glaub es reut uns, daß wir uns haben so verleiten lassen. Man sieht nun, ob Euer Fürstliche Gnaden recht hatten mit den übermäßigen Werbungen, und wohin wir es mit unserer Sparsamkeit in so kurzer Zeit gebracht haben. Jetzt kann ich zu etlichen, bei denen es zuvor nicht angegangen wäre, mit offenem Munde reden; sie geben mir in allem recht. Daher die Meinung, ich sollte Sie behandeln, um das Werk wieder in die Hand zu nehmen.«

Im Mai lädt der Kaiser Wallenstein dringend nach Wien ein. Der Herzog lehnt ab. Er weiß, wie hoch sein Kurs steht. Rašín trifft bei Thurn in einem Augenblick ein, da Magdeburgs Asche über die Elbe weht. Er referiert die

Pläne der Exilböhmen, er berichtet vor allem so, als wären das zugleich Pläne Wallensteins. Thurn bringt ihn zu Gustav Adolf, auch der König hört sich Rašín an und schickt ihn dann mit seiner Antwort nach Böhmen zurück. Rašín gibt selbst zu, daß Wallenstein von diesen Gesprächen überhaupt erst am 18. Juni 1631 informiert worden ist.

Gustav Adolf und Wallenstein werden beide gleichzeitig irregeführt, der König glaubt, Wallensteins Boten zu hören, der Herzog glaubt, durch Rašíns Mund den Schwedenkönig selbst zu vernehmen. Andererseits hatte Rašín überhaupt keine Ahnung von dem lebhaften Briefwechsel und Gedankenaustausch zwischen Arnim und Wallenstein, der zur gleichen Zeit stattfand; Arnim ist nicht nur Freund, er ist der Sprecher Sachsens.

Wenn man alles fortläßt, was an der Rašín-Relation und den ergänzenden Berichten auch nur entfernt zweifelhaft ist, bleibt als Kern das Projekt einer Armee übrig, die Wallenstein führen soll, mit Thurn als Generalleutnant. 10 000 bis 12 000 Mann sollen aus schwedischen Diensten entlassen werden, 15 000 soll Wallenstein selbst werben. Keine Andeutung, wie, wann, gegen wen diese Armee eingesetzt werden soll. Fest steht allerdings, daß Thurn, Trčka und Rašín nur das Ziel haben, mit diesem Heer ganz Böhmen aus dem Staatsverband Habsburgs herauszubrechen. Möglicherweise haben sie schon damals Wallenstein die böhmische Krone angeboten oder den neu erfundenen, obskuren Posten eines Vizekönigs. Ob es schon im Sommer 1631 war oder erst später: Wallenstein, so berichtet Rašín selbst von dieser späteren Szene, gibt nur die brüsk fortwischende Antwort: »Was die Kron, das wär ein groß Schelmenstück!«

Kann Gustav Adolf tatsächlich mit einem solchen Heer auch nur in Gedanken gespielt haben? Ist es überhaupt vorstellbar, daß er um so einer Sache willen bis zu 12 000 Mann aus schwedischen Diensten entläßt? Im März hatte er etwa 20 000 Kampftruppen, dieselbe Zahl lag in den Garnisonen Pommerns und mußte dort bleiben. Konnte Gustav Adolf zwei Drittel seiner aktiven Regimenter mir nichts dir nichts entbehren? Es ist unmöglich, im einzelnen zu klären, worauf die Verhandlungen Wallensteins mit Gustav Adolf im Jahre 1631 überhaupt hinauslaufen sollten. Aber wenn überhaupt ein Sinn in Wallensteins Gesprächen mit der anderen Seite liegen kann, dann beim schwedischen Partner niemals mit der Intention einer gemeinsamen Verbindung. Wer in diesen Kontakten partout mehr sehen will als Sondierungsgespräche, zerstückelt willkürlich Wallensteins geradlinige Schwedenpolitik.

Seine ablehnende Haltung gegenüber Schweden hat sich bis zu seinem Tod nicht geändert, gleichgültig, wie die Gesprächsphasen im einzelnen waren. Schwedens Präsenz an der Ostseeküste – mit Hilfe und im Solde Frankreichs –, das ist und bleibt für Wallenstein die elementarste Bedrohung der Pax Germanica. Oxenstiernas spätere Empörung über die angebliche Unzuverlässigkeit Wallensteins entspringt nur seinem verständlichen Ärger darüber, daß er zuviel erwartet und Falsches erhofft, sich also politisch verspekuliert hat.

Fast alles, was um diese Gespräche 1631 gerankt worden ist, bleibt nackte Fantasie, willkürliches Gewürz zur Aufbesserung eines Gerichts, in dem nicht viel Gehalt steckt. Man kann mit sinnvollen, korrekten Mitteln unmöglich beweisen, daß Wallenstein und Gustav Adolf im Sommer 1631 einen Angriffspakt gegen Ferdinand besprochen haben. Wer es trotzdem versucht, muß zwangsläufig mit inkorrekten Mitteln arbeiten.

Die Rašín-Relation bleibt ein hoffnungsloses Stückwerk, da es nur einen Mann gegeben hat, der sie hätte beurteilen, der sie hätte korrigieren können, nämlich Wallenstein selbst. Das war nicht möglich. Nur deshalb tönte Rašíns Bericht so laut, nur deshalb ist den Historikern so selten der Gedanke gekommen, daß Wallenstein seinerseits Rašín gar nicht in erster Linie als Boten benützt haben könnte, sondern – ohne daß Rašín es bemerkte – als Spion in eigenen Diensten. Rašín deutet das selbst einmal an, als er von einem Besuch erzählt: »Der Herzog fragte mich über alles aus und wie stark der König von Schweden sei. Ich gab ihm alle gewünschten Auskünfte und er hörte mir bereitwillig zu.«

Bereitwillig zuhören können, das war die Stärke Wallensteins. Aber auch das hatte Grenzen. Im Gefolge Arnims ritt Graf Thurn im November durch die Straßen Prags. Seine prahlerischen Reden waren so, daß Wallenstein sie nicht mit anhören konnte, es ging wieder einmal um den böhmischen Aufstand. Auch Feldmarschall Arnim wollte von dieser Rebellionsrhetorik nichts hören.

Arnim und Wallenstein hatten schon vor dem sächsischen Einmarsch eine neue Unterredung vereinbart, Wallenstein besorgt Arnim einen kaiserlichen Paßbrief, das Gespräch findet am 29. November in Kaunitz auf einem Gut des Grafen Trčka statt. Thema: »Wie der Fried und die Einigkeit im Reich hinwieder aufgerichtet werden möchte. Denn zuletzt«, so schreibt Wallenstein Ende Dezember an Arnim, »wenn die meisten Lande werden in Asche liegen, wird man Fried machen müssen, wie uns denn diese in die 14 Jahr kontinuierten Kriegesexempel genug vor Augen stellen.«

Zur gleichen Zeit aber hat sich Wallenstein schon entschlossen, endlich den drängenden, geradezu flehenden Bitten des Kaisers nachzugeben. Er will binnen drei Monaten ein Heer von 100 000 auf die Beine bringen.

Für den Frieden? Für den Krieg gegen den schwedischen Eindringling?

XIX
Ein Kaiser bittet – Zweites Generalat (1631–1632)

Wallenstein war genügend stolz und empfindlich, um das persönliche Moment der ungeheuerlichen Demütigung voll zu spüren, das in der Entlassung lag. Der Ausdruck »Schande« war schon in Regensburg 1630 aus der Umgebung Ferdinands II. zu hören. Rachegefühle konnten sich nur an zwei Personen fixieren, am Kaiser oder an Maximilian. Es gibt keine einzige ungebührliche Äußerung Wallensteins über Ferdinand II., deren Authentizität bewiesen ist. Sollte er beabsichtigt haben, sich an seinem Herrn zu rächen, dann kann diese Absicht jedenfalls durch nichts belegt werden.

Anders ist es mit Maximilian von Bayern. Wallensteins Bemerkungen über ihn sind schon früher gelegentlich von weißem Haß durchglüht. Die Entlassung hat Wallensteins Abneigung gegen den Wittelsbacher zweifellos auf einen Höhepunkt getrieben. Aber man schlittert rettungslos in die Perspektive der kleinen Karos, wenn man von 1630 ab alles, was Wallenstein noch unternimmt, unter den Marken Haß, Demütigung, Rache laufen läßt.

Wallenstein hat selbst dann keine Gefühlspolitik getrieben, als seinen Gefühlen stärker als jemals in seinem ganzen Leben zugesetzt wurde. Er war schon alt genug, um zu wissen, daß die Schwere aller Demütigungen in einem beschämenden Mißverhältnis steht zu der Leichtigkeit, mit der man sie überlebt. Auch sein Temperament muß man berücksichtigen; bei Wallenstein ist die Lösung seiner eigenen inneren Verwicklungen auf keinen Fall in den Worten, Formulierungen, Sätzen zu finden, die er verwendet, nicht in der Richtung seiner Sprache. Zwischen Wallensteins Intentionen und ihrem verbalen Ausdruck hat nie ein Junktim bestanden.

Geschichte ist ein schwankendes Gebilde, die relativ größte Sicherheit ist bei den unumstößlichen Fakten. Wer den Wallenstein der letzten Lebensjahre verstehen will, muß sich an gesicherte Tatsachen halten, nur an sie – an sonst nichts. Die Forschung hat gigantische Mühen auf sich genommen, um gerade das aus Wallensteins letzter Zeit zu klären, was unklar ist. Der Erfolg ist deprimierend, denn die Quintessenz des ganzen Aufwands ist die Erkenntnis, daß wir von Wallenstein immer nur das mit Sicherheit wissen werden, was sich durch unbestreitbare Dokumente stützen läßt. Jedes Wort, das darüber hinausfließt, ist überflüssig.

Seit dem Spätherbst 1631 bemüht sich die Hofburg ganz offiziell um den entlassenen Feldherrn. Questenberg, der 1630 den Marschallstab von Wallenstein abgeholt hat, muß auch die ersten Schritte machen, um ihn zurückzugeben. Anfang Oktober schreibt er dem Herzog: »Post factum errorem agnoscimus. Jetzt bekennen wir unsere imprudentiam, daß es uns schwer fällt zu behaupten, mit den Schweden und Sachsen zugleich Krieg zu führen, weil die eingebildeten miraculi und Wunderzeichen nit folgen. Wir wollten gern zurück auf unsere vorige Stell und sehen und wissen nit quomodo?«

Sie wissen es sehr wohl, sie wissen nur nicht, wie sie es Wallenstein erklären sollen, daß er nun noch kein Saulus, sondern wiederum Paulus sei. Die Beamten des Kaisers sind dabei stärker als jemals zuvor in die alten Lager der Freunde und Gegner des Feldherrn gespalten. Die Klangfarbe freilich hat sich geändert. Questenberg amüsiert sich über seine früheren »Konferenzkameraden« in Regensburg: »Mancher, der dort bravo gewesen, ist jetzt kleinlaut.« Deshalb sieht auch ein Großteil der Feinde in Wallenstein den einzigen Mann, der die letzte Katastrophe verhindern, der die Schweden wieder vertreiben, der Habsburg neu aufrichten kann.

Diese Konstellation ist besonders gefährlich, die ganze Ausgangslage für die Rückberufung ist so ungünstig wie nur möglich: Trotz des Wohlwollens, das Ferdinand seinem Generalissimus seit Regensburg fast Woche für Woche bezeugt, bleibt die Wiederberufung Wallensteins für den Kaiser eine peinliche Demütigung – sie ist implizite das Eingeständnis seines Irrtums, und dieses Eingeständnis wird durch die Not erzwungen, der Kaiser macht es nicht freiwillig.

Für die Gegner Wallensteins ist die Wiederberufung des Feldherrn eine blanke Schmach, sie ist auch für jeden einzelnen der eifersüchtigen kaiserlichen Generale eine persönliche Disqualifizierung, denn keiner von ihnen, kein Mensch im ganzen Reich ist in der Lage, den Kaiser, die Monarchie, Maximilian, die Liga vor dem sicheren Ende zu retten. Keiner außer Wallenstein.

Sogar jetzt verlangt der Kaiser Gutachten von seinen Räten. Das ablehnende Votum faßt die meisten Gerüchte zusammen, die über Wallenstein seit Regensburg kursieren: Er würde sich für den Affront rächen, denn er habe sich nur zum Schein beim Abschied gehorsam gezeigt. Jedermann wisse, »wie er sich mit Leib und Seel dem höllischen Rachen ergeben, wenn er Ihro Majestät ferner dienen wolle. Was für ein Glück sollte zu hoffen sein, wenn demjenigen die höchste Macht überantwortet würde, der sich dem Teufel ergeben hat«. Dieses theologische Argument wurde in dem Gegenvotum theologisch übertrumpft: Sollte der Herzog von Friedland wirklich geschworen haben, sich dem Teufel zu ergeben, falls er wieder in den Dienst des Kaisers trete, »so würden ja die geistlichen Herren so viel Gewalt haben, um hier eine Absolution erteilen zu können«.

Das erste Angebot des Kaisers lehnt Wallenstein ab. Auch einen zweiten Versuch beantwortet Wallenstein mit Nein. Ferdinand läßt nicht locker, er geht so weit, den Herzog zu bitten, er fleht Wallenstein an, wieder sein

Oberster Feldhauptmann zu werden. Bis tief in den Dezember 1631 wird Wallenstein mit Angeboten, Gesuchen, Vorschlägen zugesetzt.

Wallenstein gibt erst nach, als ihn Eggenberg persönlich überredet. Aber nur drei Monate will er als »Generalcapo« tätig sein, unentgeltlich, nicht als Führer des Heeres, sondern als sein Organisator. Er will sie aber nicht bezahlen, er will auch nach diesem Termin nicht das Oberkommando übernehmen.

Der Kaiser informiert Maximilian von Wallensteins Zusage. Von da ab mahnt der Bayernfürst die Hofburg in immer kürzeren Abständen, treibt zur Eile an. Diesmal kann das kaiserliche Heer nicht schnell genug aufgestellt werden, nicht groß genug sein, nicht schlagkräftig genug. Maximilian versucht inzwischen, die Armee Tillys auf 14 000 anzuheben. Ein Gesandter, den er mit den liebenswürdigsten Worten zu Wallenstein schickt, kommt mit der Nachricht zurück, daß die kaiserliche Armee bis Mitte April die 100 000er Grenze überschritten haben wird.

Maximilian versucht, die Verhandlungen mit Gustav Adolf bis zu diesem Zeitpunkt hinauszuziehen, zu verschleppen: eine Fehlspekulation. Schon Mitte Januar schickt Gustav Adolf seinen Feldmarschall Horn mainaufwärts ins Bistum Bamberg. Horn besetzt am 10. Februar die Stadt und plündert sie aus. Tilly riskiert mit seinen zusammengeklaubten 18 000 Mann einen Gegenstoß, diesmal ist er glücklicher, am 9. März wird Bamberg zurückerobert, Tillys Kavallerie verfolgt die Schweden so energisch, daß Horns Rückzug zur Flucht wird. Tilly kann seinen ersten größeren Sieg über die Schweden verbuchen. Es ist auch sein letzter.

Kaum erfährt Gustav Adolf davon, bricht er von Frankfurt auf und zieht in Eilmärschen Tilly entgegen. Der General weicht nach Süden zur Donau hin aus; alleine fühlt er sich viel zu schwach, um Gustav Adolf und seinen 40 000 standzuhalten. Er kann nur versuchen, die Schweden an der Überquerung zur Donau zu hindern. Gustav Adolf nimmt den Weg über Nürnberg, zieht ohne Kampf, als Halbgott umjubelt, in die Noris ein und erobert ohne weiteres am 27. März das schwach besetzte Donauwörth.

Tilly muß jetzt eine lange Verteidigungslinie in dem Bogen Lech und Donau aufbauen, sie reicht fast bis hinunter nach Augsburg. Die Schweden entdecken gleich zwei Furten, täuschen Tilly durch einen Scheinangriff bei Augsburg, setzen im Norden in Scharen über. Es ist der 6. April. Nach einem sechsstündigen Kampf ist die Schlacht am Lech entschieden. Kurfürst Maximilian befiehlt den Rückzug. Tilly wird schon zu Beginn Knie und Schenkel des rechten Beins von einer Kettenkugel zerschmettert. Das geschlagene Heer der Liga weicht in der Nacht nach Ingolstadt zurück. In einer Sänfte wird

Tilly in die Festung getragen. Gustav Adolf, versiert in der Gestik der Edelleute, schickt ihm einen Wundarzt. Aber dem »alten Korporal«, wie der Schwedenkönig den Ligistengeneral nur abfällig nennt, kann niemand mehr helfen. Knapp zwei Wochen nach der Schlacht stirbt er.

Zeitgenossen haben von ihm gesagt, er hätte unter dem Soldatenzelt gelebt wie der Ordensmann in seiner Zelle. Aber es sind ebenfalls Zeitgenossen, die in einem satirischen Druck brennende Städte als Fackeln seinen Leichenzug begleiten lassen.

Maximilian igelt sich in der Festung Ingolstadt ein, seine Familie schickt er nach Salzburg. Er beschwört Wallenstein, er drängt, und er täuscht sich nicht, wenn er vom Schwedenkönig sagt: »Es stinkt ihm das Maul nach der Donau und Österreich.« Gustav Adolf besetzt erst Augsburg, dann rückt er gegen Ingolstadt. Maximilian flüchtet sofort nach Regensburg. Mit seiner Besatzung von 7000 Mann ist Ingolstadt für die Schweden uneinnehmbar. Gustav Adolf zieht deshalb nach Süden, über Landshut nach München. Es ist kein Kriegszug, sondern ein entspannender Plünderungsmarsch, die Schweden sind so gründlich, daß sie sogar die junge Saat als Pferdefutter mitnehmen. Das ist nicht Übermut, das hat Methode, denn Gustav Adolf ist entschlossen, sich »die Donau hinunter zu arbeiten ... und also ganz Bayern unter uns zu bringen oder zum wenigsten zu verderben«. Am 17. Mai zieht Gustav Adolf, dekorativ begleitet von Friedrich von der Pfalz, in München ein. Von Wien trennen ihn keine Truppen mehr, sondern nur einige hundert Kilometer. So scheint es.

Wie oft hat man nicht den angeblichen Rachegefühlen Wallensteins die satten Empfindungen grenzenloser Schadenfreude als adäquat zur Seite gestellt, mit denen der Herzog von Jitschin und Prag aus der Eroberung Deutschlands durch Gustav Adolf zugesehen haben soll. Aber jede Niederlage Tillys, jede Quadratmeile, die von Schweden besetzt wurde, erinnerte zugleich an die gewaltigen Verluste, die Wallenstein persönlich zu registrieren hatte.

Auch der Einmarsch der Sachsen in Böhmen war ihm nicht ganz so gleichgültig, wie man es nach seinen Äußerungen annehmen müßte. Es sei denn, man setzt bei Wallenstein ein geradezu übernatürliches Maß an Sicherheit voraus, mit der er die Ereignisse beurteilte, die – vielleicht – in den nächsten Monaten eintreten mochten, eine Hypertrophie des Selbstbewußtseins und der Einschätzung seiner Fähigkeiten.

Wallenstein hat sein Herzogtum Friedland geliebt, sein Prager Palais war ihm das, was dem Preußenkönig Friedrich sein Sanssouci, was Napoleon sein Malmaison war. Er ist nicht kühlen Blutes abgereist. Was er aber, vor allem in den ersten Monaten des Jahres 1632, tatsächlich an Ironie und Schadenfreude empfunden haben mochte, ist auch einer objektiven Genugtuung entsprungen, vor allem als dem Schwedenkönig von den Münchner Bürgermeistern kniend die Schlüssel der Stadttore überreicht und 300 000 Taler versprochen wurden. Dann ritt Gustav Adolf langsam vor die Münchner Residenz, überzeugte sich, ob sie wirklich das achte Weltwunder war, wie Zeitgenossen meinten, und bedauerte schließlich, daß er sie nicht auf Walzen nach Stockholm transportieren konnte. Der König fand allerdings mehr als genug transportable Schätze unter Maximilians Sammlungen.

Also naivelementare Reaktion in Wallensteins ironischer Befriedigung angesichts des flüchtigen, hilflosen Bayernfürsten? Aber nichts davon tritt als Losung aus den Räumen des Sentiments in die Sphäre des politisch-militärischen Konzepts. Wallenstein bleibt bis zum letzten Tag die hochfahrend überlegene, innerlich unbeirrbare Persönlichkeit, die er immer war. Hier ist Schillers Bild von dem zaudernden, unentschlossenen, zögernden Herzog von Friedland, der schon zu Lebzeiten stärker schwankte als sein späteres Charakterbild in der Geschichte, grundfalsch.

Unverkennbar hat Wallenstein hart damit zu tun gehabt, um mit seiner Entlassung fertig zu werden. Ob es ihm restlos geglückt ist oder nicht – es bleibt genauso unverkennbar, daß er dieser Verabschiedung nicht soviel Gewicht beimißt, um deswegen auch seine Konzeption von der Notwendigkeit und einer bestimmten Form des Religions- und damit Reichsfriedens als unwiderruflich gescheitert anzusehen. In der Laufburschenperspektive der Geschichtsschreibung wird Wallenstein immer nur ein charakterlich hohlbrüstiger Kondottiere bleiben. Dann aber muß auch alles, was Wallenstein vor seiner Entlassung angestrebt hat, als Spiegelfechterei und Täuschung bezeichnet werden, und es bliebe nur noch zu klären, aus welchen Gründen er damals auf Täuschung hätte aus sein sollen.

Das gilt vor allem für seine Überzeugung, daß für Habsburg und für das Reich nichts wichtiger sei als ein rascher Friede; er mußte erstes und oberstes Ziel bleiben. Diese Grundrichtung seines Handelns als Heerführer und Politiker hat Wallenstein schon bei den ersten Verhandlungen mit Wien 1625 präzisiert, sie schlägt sich in der Instruktion nieder, die der Kaiser seinem Generalissimus für den Marsch ins Reich mitgibt. Wallenstein erinnert selbst immer wieder daran, auch und gerade nach großen Erfolgen, wie 1626 nach Dessau, als er an Collalto schreibt: »Ich vernimb, daß etliche Geistliche den

Frieden hindern. Sie tun übel dran und verstehen dies Werk nicht. Werden den Kaiser und die Religion ins äußerste Verderben setzen.«
Der schnelle Reichsfriede ist notwendig, und er ist gleichbedeutend mit der Herrschaft des Kaisers im Reich, weil nur der Kaiser in der Lage war, über den Fürsten und den beiden Religionen zu stehen – an dieser Überzeugung Wallensteins hat sich auch nach seiner Absetzung nichts geändert. Geändert aber hat sich Wallensteins Auffassung von der Rolle, die Ferdinand und Habsburg dabei zukommt. Nicht, daß der Kaiser seinen Feldherrn entlassen hatte, war für Wallenstein Grund, um sein Konzept zu überprüfen, sondern die Motive waren es, aus denen ihn der Kaiser verabschiedet hatte. Der Kaiser war vor den Fürsten des Reiches zurückgeschreckt, er hatte gezeigt, daß er seine Macht nicht begriff – und selbst wenn er von ihr gewußt hätte: er war unfähig, diese Macht auszuüben. Der Kaiser hatte, wie Wallenstein nach seiner Entlassung wörtlich gesagt haben soll, »mehr auf der Pfaffen Geschwätz als auf die Konservation seiner kaiserlichen Reputation« geachtet, und das ist nicht etwa nur private Reputation gewesen. Als Kaiser war Ferdinand keine Privatperson, kaiserliche Reputation ist in diesem Fall identisch mit Reputation des Kaisers gegenüber den Fürsten, Reputation des Kaisers im Deutschen Reich.
Diese Überlegungen Wallensteins sind es gewesen, die ihn so lange davon abgehalten haben, den Bitten Ferdinands im Jahre 1631 nachzugeben und wieder ein Heer aufzustellen. Wallenstein hat sich also nicht etwa nur deshalb hartnäckig gezeigt, um seine eigene Bedeutung zu unterstreichen, um sich so teuer wie nur möglich zu verkaufen oder um ganz einfach die Demütigung seiner Gegner auszukosten, den Zug Wiens und Münchens an der Leine zu genießen; man kann eine endlose Kette solcher persönlicher Verdrängungsbegründungen auffädeln, frei nach Geschmack. Natürlich hat er auch das auf der Zunge zergehen lassen, warum nicht, seine Temperamentslage war ganz danach, um aus dieser Situation noch den letzten Honigtropfen an selbstgefälligem Vergnügen zu ziehen. Wer will, kann sich auch ganz mit einer solchen Erklärung zufriedengeben, jeder hat den Aspekt von der Geschichte, den er braucht. Sachlich ist es jedenfalls gar nicht so sehr um die militärische Notlage gegangen.

Wallensteins Zögern bei der Übernahme des zweiten Generalats entspringt auch der Klarheit, mit der er die ungünstige Situation dieser Neuberufung durchschaut. Wien braucht ihn als Nothelfer, München braucht ihn bloß als Mohren, Maximilian ist momentan nichts weiter als eine traurige Tatsache in Todesangst. Sicher weiß Wallenstein, daß niemand außer ihm das Blatt

wenden kann, aber der angeblich von Ehrgeiz Zerfetzte drängt sich mit keiner Geste auf, mit keinem Wort. Der Bischof von Wien, Abt Antonius, macht nicht ohne Grund auf das große Maß an Selbstüberwindung aufmerksam, das Wallenstein bei Wiederantritt des Generalats aufgebracht hat. Diese Selbstüberwindung ist persönlich, sie ist ebenso sachbezogen.
Wallenstein erklärt sich zunächst nur zur Heeresorganisation bereit. Wer das Heer ins Feld führen soll, darüber wird erst im April 1632 entschieden. Es steht durchaus nicht von vornherein fest, daß dafür nur Wallenstein in Frage kommt. Er überläßt es dem Kaiser, die Wahl zu fällen, dem Kaiser steht die Verantwortung dafür zu. Gibt es wirklich niemanden außer Wallenstein? Da ist doch des Herzogs schärfster Mitbewerber, einer seiner besten Gegner, der Sohn des Kaisers, Ferdinand III., da sind die Generale Piccolomini, Gallas, Colloredo, Aldringen, Schaffgotsch, Isolani, Schlick, Marradas, Ilow. Daß diese Namen einer wie der andere durchaus Alternativen zu Wallenstein sind, zeigt sich ein paar Jahre später. Freilich, und daran ist eben 1631 nicht vorbeizukommen: Alternativen sind sie erst, als Wallenstein tot ist. Solange er lebt, wiegen sie alle zusammen den einen Mann nicht auf.
Dem Kaiser steht die Wahl auch dann noch frei, als ihm Wallenstein die Bedingungen mitteilt, von denen er eine Übernahme des Kommandos abhängig macht. Der Herzog verlangt unbeschränkte militärische Vollmachten; nur er, Wallenstein, hat über Art und Ort der ganzen Kriegführung zu bestimmen, über die Stärke des Heeres, den besonderen Einsatz jedes Regiments; er verlangt ausdrücklich, daß es neben ihm keinen anderen unabhängigen Heerführer im Reich gibt und daß sich nicht einmal der Kaiser selbst in militärische Fragen mischt. Der Kaiser hat weder ihm noch einem einzigen Offizier in Wallensteins Heer Befehle zu geben, das heißt: Kaiserliche Befehle an Offiziere Wallensteins gelten nur, wenn ihnen der Herzog zustimmt. Ohne seine ausdrückliche Genehmigung darf niemand einer Anordnung des Kaisers folgen.

Wallenstein verlangt auch ein Maximum an politischen Vollmachten, freie Hand für Friedensverhandlungen mit den Reichsfürsten, vor allem mit Sachsen. Er besteht darauf, nach eigenem Ermessen die Kontributionen im Reich und in Böhmen festzusetzen, er fordert angemessene Garantien für alle persönlichen Ausgaben und Aufwendungen. Und schließlich verlangt er auch verbindliche Zusicherungen vom Kaiser, daß er ins Feld ziehen, daß er Krieg führen kann, ohne sich auch noch zusätzlich jede Woche um das Intrigenspiel und seine Gegner am Wiener Hof kümmern zu müssen. Dieser Wunsch Wallensteins war keine illusionistische Marotte. Er dachte besonders an Lamormaini. Alles in allem: Wallenstein verlangt von seinem Herrscher und Herrn unbedingtes Vertrauen.

Niemand zwingt den Kaiser, diesen Bedingungen zuzustimmen. Er hat die Wahl, er kann beides miteinander vergleichen: die militärisch-politische Lage und die Forderungen des Feldherrn. Ferdinand II. stimmt Wallenstein zu. So kommt es zu der berühmten Göllersdorfer Kapitulation. Am 13. April 1632 treffen Wallenstein und Eggenberg in Göllersdorf bei Oberhollabrunn, zwischen Znaim und Wien zusammen.

Der erste Minister des Kaisers kommt nicht mit großen Hoffnungen zu dieser Konferenz. Schon im Dezember 1631, als Wallenstein von Eggenberg dazu überredet wurde, dem Kaiser eine neue Armee aufzustellen, hat der Herzog von Friedland ausdrücklich betont, er würde diesen Wunsch nicht um des Kaisers willen erfüllen, sondern aus Freundschaft zu Eggenberg. Ebenso energisch hat er darauf aufmerksam gemacht, wie ernst es ihm mit seiner Versicherung sei, den Oberbefehl nur drei Monate beizubehalten.

Eggenberg kennt den Herzog seit vielen Jahren. Und er kennt ihn auch gut genug, um zu wissen, wie fest Wallenstein zu seinen Entschlüssen steht; seinen Sinn zu ändern, hat immer zu den härtesten Arbeiten des Fürsten gehört. Eggenberg versucht diesmal, rechtzeitig vorzubauen, im Februar schreibt er ihm: »Sollte Euer Liebden Ihren Rücktritt nach diesen drei Monaten unwiderruflich beschlossen haben, so würde mich solches auf den Tod kränken, da ich für diesen Fall unsern Untergang klar vor Augen sehe.«

Immerhin kann der Fürst die Tatsache, daß Wallenstein überhaupt zu dieser Unterredung kommt, als günstiges Vorzeichen ansehen. Der Feldherr hat in den letzten Wochen alle Sonderboten des Kaisers ohne weiteres mit seinem »Nein« nach Wien zurückgeschickt, den Beichtvater der Königin von Ungarn, Pater Quiroga, den Präsidenten Bruneau und auch seinen besonderen Freund, den Bischof von Wien und Hofkammerpräsidenten Abt Anton von Kremsmünster. Eggenberg schätzt jedenfalls die Vertracktheit der ganzen Lage richtig ein.

Da war zunächst Bayern mit seinem Herrscher, der so gut und so flink in mehreren Zungen sprechen konnte. Als sein Neutralitätsappetit ihm lediglich eine politische Magenverstimmung eingebracht hatte, begann Maximilian den Kaiser mit einer staunenswerten Energie dazu zu drängen, Wallensteins Rüstungen zu forcieren. Aber noch Anfang 1632 widersetzt er sich der Absicht Ferdinands, Wallenstein endgültig den Oberbefehl zu übertragen. Wallenstein reagiert darauf mit der kühlen Bemerkung, daß es nicht auf seine Person ankomme – ebensowenig aber käme es auf die Person des bayerischen Kurfürsten an.

Das traf selten so präzise zu wie in diesem Moment. Bayern hatte eben erst eine neue Hoffnungsphase hinter sich, mit Schweden doch noch ein Arrangement zu erreichen. Richelieu und Gustav Adolf waren fest dazu entschlossen, Ferdinand als Kaiser abzusetzen; Maximilian wußte von dieser Vereinbarung, auch die katholischen Fürsten, die ganze Liga wußte davon. Gleichwohl stimmten sie alle im Januar 1632 einem Neutralitätsabkommen mit Schweden zu und setzten damit ihre Unterschrift implizite auch unter das erklärte Kriegsziel ihres Vertragspartners und Frankreichs, »mit ihrer Macht den Kaiser und Spanien ganz zu vertilgen«.

Nun gut, weder traute Maximilian dem Schwedenkönig, noch hatte Gustav Adolf irgendwelche Gründe, sich auf Bayerns Aufrichtigkeit zu verlassen. Maximilian verhandelte mit Schweden und befahl gleichzeitig Tilly, alle Regimenter schleunigst durch Neuerwerbungen zu ergänzen: 100 000 Taler würden dafür bereitstehen. Gustav Adolf reagierte prompt, er begann den Vormarsch am Rhein und im Bistum Bamberg. Das war nicht Willkür, auch wenn man sich nicht dem scharfen Kommentar des Papstes anschließt, den er auf die Nachricht von dem Vormarsch gab: »Das ist ein sehr kluger und notwendiger Entschluß, denn denken, daß der König von Schweden mit Sicherheit Fortschritte machen könne, ohne zuerst den verräterischen Herzog von Bayern zu überwältigen, ist Torheit. Wird derjenige wohl aufrichtig parteilos bleiben, der seine Blutsverwandten gemeuchelt hat? Er wird es nie sein.«

Jetzt, in Panik, schickt Maximilian sofort seinen Obersthofkanzler Donnersberg nach Wien, um bei Ferdinand die jüngsten bayerischen Neutralitätsgelüste ins rechte, also kaisertreue Licht zu rücken. Dort läßt der Kurfürst durch seinen Kanzler auch versichern, wie sehr er alle seine »Verirrungen« in Sachen Wallenstein bedaure, dem Herzog sei Unrecht geschehen, die Schuld daran falle aber nicht ihm, Maximilian, zu, sondern dem Kurfürsten von Mainz.

Die wichtigsten Erkenntnisse sind oft kein Ergebnis der Einsicht, sondern entspringen äußeren Bedrängnissen. So peinvoll freilich die Situation Maximilians war, sein ökonomischer Sinn überwältigte ihn selbst jetzt, zusammen mit der Wittelsbacher Eifersucht: Er verlangte allen Ernstes vom Kaiser wieder die Pfandüberschreibung des österreichischen Erzherzogtums ob der Enns, da ihm die Schweden doch schon so viel abgenommen hätten, die Pfalzgrafschaften bald ganz verloren sein würden und vermutlich noch mehr bayerische Gebiete daran glauben müßten.

Wallenstein legte das nicht nur als Habgier aus. Deutlich sah er hinter diesem Antrag den Versuch Maximilians, selbst jetzt, da dem Kaiser genauso wie den deutschen Fürsten das Wasser bis zum Hals stand, die Möglichkeiten Ferdinands zu bestutzen. Eine Abtretung des Erzherzogtums hätte dem Kaiser die Möglichkeit genommen, in einem seiner wichtigsten Länder Werbungen durchzuführen, ein Stück seiner letzten Macht wäre in bayerische Hände übergegangen. Wallenstein mochte diesen durchaus nicht unklugen Versuch Maximilians genauso wie die Beamten des Kaisers als gemessen unverschämt fortgewischt haben – nicht zuletzt an diesem Osterdienstag in Göllersdorf, da er und Eggenberg den europäischen Krieg nicht nur als einen Krieg betrachteten, bei dem es bloß um Maximilian von Bayern ging.

Zunächst freilich ging es Eggenberg um Wallenstein. Der Herzog war zweifellos im Recht, wenn er auf das ungeheure Ausmaß der Koalition aufmerksam machte, die sich seit seiner ersten Entlassung durch die lawinengleichen Fehler der kaiserlichen Politik zusammengefunden hatte. Jetzt stand fast ganz Europa gegen Habsburg, von Holland über England bis Schweden, von Frankreich hinunter nach Italien, den Papst eingeschlossen, dazu kamen die protestantischen Fürsten des Reichs, und gefährlicher schließlich als alle Feinde waren – wie Wallenstein hohnvoll bemerkte – die sogenannten Freunde des Hauses Habsburg.

Wie stand es in diesem Frühjahr 1632 um den Herrscher dieses Hauses? Hatte er sich nicht noch viel verächtlicher benommen, als es nötig gewesen wäre? Wallenstein kannte die Stationen. An keiner Tür war Ferdinand vorbeigegangen, ohne anzuklopfen, bei den Partnern genauso wie bei den Feinden, im Vatikan, in Frankreich. Aber für den Kaiser war kein Bittgesuch beschämender als dasjenige, das er jetzt an Wallenstein richtete.

Jedem war die Empfindlichkeit des Herzogs bekannt, mit der er auf Respekt vor Rang und Stellung hielt, ob es nun ihn betraf oder irgendeinen andern Fürsten, gleichgültig in welchem Lager er stand. Bis aufs Blut ließ er einmal einen Soldaten auspeitschen, der den bayerischen Kurfürsten geschmäht hatte. Der Kaiser als Bittsteller bei ihm, das war eine Unehrbietigkeit Ferdinands sich selbst gegenüber – nicht seiner Person, wohl aber dem Kaisertum gegenüber. Der Kaiser wäre sogar persönlich zu ihm, dem Herzog von Friedland gekommen, wenn es Wallenstein verlangt hätte. Und das wäre nicht schlimmer gewesen als das Memorial, mit dem der Herrscher seinen ersten Minister nach Göllersdorf schickt, diesen Brief, in dem er förmlich Abbitte leistet: Er, Wallenstein, habe durch Schuld des Kaisers »gelitten und ist zu großem Schaden gekommen«, der Kaiser bittet geradezu um Verzeihung; er werde nie darauf vergessen, allen Verlust und alle Unbill zu ersetzen versuchen – jetzt aber ersuche er den Herzog von Friedland, »gnädigst in der gegenwärtigen Not uns nit lassen«. Niemand hätte dem Kaiser eine größere Schmach antun können, als Ferdinand es jetzt selbst tat.

War Eggenberg ein Abgesandter des Gesalbten und Gekrönten? In diesen

Besuch der Erniedrigung sah sich Wallenstein nun selbst hineingezogen – und auch deshalb seine Hartnäckigkeit, seine Schroffheit, seine Unzugänglichkeit: Auch der Geringste von Ehre müßte sich das nicht bieten lassen, dieses Fortschicken und Herbeiholen je nach dem Stand der Dinge, von denen jeder Schüler wußte, daß sie sich ununterbrochen änderten. Selbst einen Hund behandelte man nicht so, sondern bedachte den Zweck, nahm Rücksicht auf seine Dienstleistung. Jetzt, da niemand dem Kaiser half, war Wallenstein gut genug, um zu helfen, und nur deshalb war der Kaiser auch bereit, fast pauschal jede Forderung zu erfüllen. Wallenstein machte sich über die Gründe dieser Bereitschaft nichts vor, er hatte Zeit genug gehabt, um mitanzusehen, wo die kaiserlichen Gesandten überall antichambrierten und mit vollen Ohren und leeren Händen wieder fortgingen.

Jetzt, jetzt verlangte der Kaiser nach ihm, brauchte ihn, als ginge es um die Rettung seiner Seele, jetzt! Damals aber, als Wallenstein alles für ihn erreicht hatte, wovon jemals ein deutscher Kaiser hätte träumen können, da war er plötzlich nicht mehr nötig gewesen, und binnen wenigen Monaten hatte Ferdinand ein Werk zerstört, das ihm von seinem Feldherrn durch Jahre hindurch aufgebaut worden war, mit Klugheit, Energie, unerschöpflichem Willen aufgebaut, mit dem Schwert, gegen Feinde und Freunde und einen halben Kontinent.

Jetzt lag das alles in Scherben. Wallenstein sollte nur gut genug sein, um sie aufzulesen, die Reste zu kitten, zu retten, was von Dummheit, Schwäche, Kurzsicht übriggeblieben war? Gab es bloß dieses Aufräumen für ihn und sonst nichts? Konnte das kein anderer weit besser tun? Jedenfalls war es nicht seinem Naturell gemäß, an Dinge noch einmal Hand anzulegen, die ihm andere ohne Not zerschlagen hatten.

Eggenberg kannte alle diese Einwände, er kannte sie, noch bevor sie der Herzog in Göllersdorf noch einmal zusammenballte und sein rasender Stolz, seine Verbitterung, seine wütende Enttäuschung herausbrachen – bevor er sich endgültig bereit erklärte, das Kommando über die kaiserliche Armee noch einmal zu übernehmen. Der Kaiser genehmigt alle Forderungen Wallensteins, er hat Eggenberg von vornherein dazu bevollmächtigt, allen Wünschen des Herzogs zuzustimmen. Er bietet ihm aus freien Stücken das schlesische Fürstentum Groß-Glogau oder die Lausitz – oder auch beide Gebiete zusammen als Pfandbesitz an.

Sämtliche Forderungen Wallensteins werden akzeptiert, von den Gebieten nimmt er nur Glogau an, auf die Lausitz verzichtet er, vermutlich mit Rücksicht auf Sachsen. Das Fürstentum Groß-Glogau ist überwiegend protestan-

tisch, in einer seiner ersten Verfügungen ordnet Wallenstein an, in der Stadt eine lutherische Kirche zu errichten.
Eine Originalurkunde über die Göllersdorfer Vereinbarungen ist nicht vorhanden. Daß ein Dokument gerade von dieser Besprechung fehlt, ist höchst merkwürdig. Die Urkunde ist zweifellos nach Wallensteins Ermordung insgeheim kassiert und vernichtet worden. Woraufhin sie angelegt war, das ergibt sich aber eindeutig aus dem Memorial, das der Kaiser am 12. April 1632 für Eggenberg ausgestellt hat.
Wallenstein ist auf Grund der Göllersdorfer Vereinbarungen bis zu seiner Ermordung als unbeschränkter Diktator aufgetreten, als Heerführer und Staatsmann, der frei und unabhängig über Krieg und Frieden befindet. Er war es nicht de iure, doch er war es de facto, deshalb kann auch Nuntius Rocci recht konsterniert nach Rom berichten, Wallenstein werde aufgrund der Göllersdorfer Zusagen »an Rechten wie an Waffenmacht gleichsam größer sein als der Kaiser«. Der Kaiser hat ihn aber auch freiwillig zum Diktator gemacht, man kann das Wort für Wort in der Instruktion für Eggenberg nachlesen. Ferdinand verzichtet von sich aus vollständig darauf, auch nur den Schein aufrecht zu erhalten, als würde hier der Landesherr einen seiner Untertanen in Dienst nehmen oder ihm Pflichten auferlegen: Wallenstein möge sich »alles, was er Unseres Dienstes zu sein befinden, angelegen sein lassen, da Wir ihm alles anheimgestellt haben und darum trauen«.

Wallenstein hat detaillierte Bedingungen gestellt, sie sind vom Kaiser akzeptiert worden, das ergibt sich aus der Praxis der folgenden Monate. Es gibt auch nach dem Göllersdorfer Treffen keine strittigen Punkte mehr. Und alles, was mit diesem folgenschweren Entschluß zusammenhängt, soll nur mündlich zwischen Eggenberg und Wallenstein festgelegt worden sein? Das ist völlig unwahrscheinlich nach den Erfahrungen, die Wallenstein bis zu seiner ersten Entlassung gemacht hat. Noch Ranke bestreitet, daß die Vereinbarungen zwischen dem Feldherrn und dem Kaiser schriftlich fixiert worden sind; zu Unrecht. In einem Brief vom 22. Mai 1632 schreibt Feldmarschall Arnim an Kurfürst Johann Georg, Wallenstein habe ihm versichert, »daß Er Plenipotenz den Frieden zu traktieren und zu schließen in Händen habe, hat mir auch solches zu lesen gegeben«. Eine schriftliche Vollmacht also über einen der Punkte der Göllersdorfer Kapitulation, die wir im einzelnen nur aus verschiedenen, einander widersprechenden Abschriften kennen. Es handelt sich jedenfalls um einen Vertrag, dessen Wortlaut sich nicht kontrollieren läßt, und es ist gleichzeitig diejenige Vereinbarung zwischen einem deutschen Kaiser und seinem Heerführer, die weiter gereicht hat als jemals andere, entsprechende Vereinbarungen.

Wallenstein führt das Kommando bis zum letzten Tag nach diesen Vereinbarungen, er kümmert sich niemals um Anordnungen, die ihm von Wien gegeben werden, wenn sie nicht ohnedies seinen Plänen entsprechen. Aus seiner Umgebung ist kolportiert worden, er hätte bei solchen Anweisungen nur gesagt: »In Wien haben sie, scheint's, lange Weile. Vertreibe sich doch der Kaiser die Zeit mit Jagd und Musik, bekümmere er sich nicht um Kriegssachen. Soldaten brauchen keinen Rat von Hofleuten.« Das ist das verzerrte Spiegelwort eines richtigen Zustands.

In den Vereinbarungen der Göllersdorfer Kapitulation lag ein unübersehbares Moment der Vernichtung. Die Situation des Kaisers war so, daß er praktisch zu jedem Zugeständnis bereit war, wenn es nur zu seiner Rettung beitrug. Ferdinand handelte in Panik. Wallenstein wußte, wie es sein würde, wenn er Schrecken und Furcht gebannt hätte: Der Kaiser würde die Erinnerung an den katastrophalen Zustand Habsburgs aus seiner Erinnerung radieren. Er hatte genügend Gewissensräte, die ihm bescheinigen konnten, was er sich schon bei der Übernahme der böhmischen Krone von den Prager Jesuiten hatte bestätigen lassen, daß nämlich Entscheidungen unter Not und Zwang unverbindlich seien; sie würden ihm jede Absolution erteilen, wenn er um anderer Rücksichten willen gegen sein eigenes Wort verstieß.

Was drängte Wallenstein zu diesen Forderungen, die ihn zum Imperatore dell' Imperatore machten, wie man später sagte? Sie waren unerhört, jetzt fehle nur noch, so kommentierte man, daß ihn der Teufel auf die Zinne des Tempels führt. Wallenstein mußte diese unbeschränkten Vollmachten haben, er mußte Gustav Adolf ebenbürtig entgegentreten, frei und souverän, also nicht als geführtes, abhängiges Werkzeug. Der König war Feldherr, Staatsmann, er war Schweden in eigener Person. Wallenstein mußte dasselbe sein, Feldherr, Staatsmann und das Reich in eigener Person. Das forderte er. Feindseliger Respekt zwang Richelieu zu dem Wort, er sei unfähig, bei der Göllersdorfer Kapitulation zu entscheiden, was in ihr überwiege, die Überheblichkeit oder die Notwendigkeit.

Wallenstein hält es in seinem grellen Hochmut, in seinem Stolz nicht einmal für nötig, seine Kriegführung dem Kaiser zu erläutern, zu begründen, vor ihm zu rechtfertigen. Er überläßt es den Ereignissen, Wien zu beweisen, ob seine Entschlüsse zweckmäßig sind oder nicht. Das ist deshalb so bemerkenswert, weil Wallensteins Heeresführung vom ersten Tag an mit vollendeter Präzision beginnt und durchgehalten wird und weil sie trotzdem von seinen

Wiener Gegnern unentwegt kritisiert wird und ganz wie früher das Spiel der Verleumdung und Intrigen in den kaiserlichen Vorzimmern die Szene füllt.

Wallenstein ist zu arrogant, um sich da nochmals einzumischen, er hat aber auch Wichtigeres zu tun. Wenn man geduldig diesen außerordentlichen Komposthaufen von Lügen, Gerüchten, Anschuldigungen, falschen Berichten, Denunziationen, Entstellungen durch und durch wühlt, kommt man zu dem nicht besonders originellen Ergebnis, daß es Wallenstein damals – ganz wie früher – niemandem hat recht machen können. Im Dezember 1633 kontert Eggenberg bayerische Vorwürfe mit der resignierten Bemerkung, Wallenstein »mangle es an der Patienz sehr viel, indem er niemand hören und zu Rat ziehen möge, sondern allein seinem Kopf folge«. Fast wörtlich dasselbe schreibt schon am 23. September 1626 der Nuntius Caraffa nach Rom, daß der Herzog von Friedland »jedermann verachte, von niemandem Rat annehme, den kaiserlichen Befehlen nicht folge und alles nach seinem Kopf tue«. Streicht man das Vorzimmergeschwätz, dann bleibt der eigene Kopf, nach dem sich Wallenstein richtet. Bei einem erwachsenen Menschen drückt kein Tadel ein größeres Lob aus; nur die Genialsten haben es gewagt, aufs eigene Urteil zu bauen – die Dümmsten haben es allerdings ebenfalls riskiert.

Wallensteins Kummer war lediglich, daß er seinen Kopf nicht genügend durchsetzen konnte. Im April 1630 muß er Collalto dringend darum bitten, wenigstens für ein paar Tage nach Wien zu gehen, »um die Sachen daselbst in Ordnung zu bringen, denn einer zieht her, der andere hin unterdessen. Wenn sich unsere Feinde alle movieren werden, so wird ein jeder seine jetzigen Gutachten aufs beste bemänteln wollen«. Nicht zuletzt deshalb läßt er sich das zweite Generalat geradezu aufhalsen; und er akzeptiert das Oberkommando erst, als er das Gefühl hat, alles für seine Eigenständigkeit getan zu haben. Denn der Kaiser hat seine eigenen Vorstellungen, der Sohn des Kaisers hat sie, die spanischen Diplomaten in Wien haben sie, die Hofräte haben sie, der Beichtvater Lamormaini hat sie, und vor allem hat Kurfürst Maximilian sein Land Bayern nicht mehr. Hochmut hin und Arroganz her – Wallenstein kann gar nichts Besseres tun, als sich nicht um Wien und den Kaiser zu kümmern und es dem Kriegsverlauf zu überlassen, die Überlegenheit seiner Heeresführung zu verdeutlichen. Das hat der Kriegsverlauf denn auch ohne Zweifel bis ins Jahr 1633 hinein gezeigt. Sogar die verdrossensten Gegner unter den Historikern geben zu, daß Wallenstein den ingeniösen, hellen Blick des souveränen Feldherrn besessen hat.

Etwas Magisches liegt in dem Schauspiel dieses Winters Anfang 1632. Wallenstein läßt kaum die Werbetrommel rühren, da setzen sich tausend und

aber tausend Soldatenfüße in Bewegung, da kommen die Offiziere in hellen Scharen, über 300 bewerben sich auf der Stelle, da drängt sich mehr, viel mehr um die Tische der Werber, als Wallenstein brauchen kann. Es kommen die merkwürdigsten Angebote, selbst der Bischof von Würzburg, der vor den Schweden mehr davongeflogen war als -gelaufen, will dem Wallensteinschen Heer ein Regiment aufstellen, es kommen sogar komplette Einheiten zu den Musterplätzen marschiert, tadellos eingekleidet, vollständig und einwandfrei bewaffnet. Sie wollen nicht einfach als Soldaten dienen, sondern sie wollen als Soldaten unter dem Herzog von Friedland dienen, sie zucken nicht mit der Wimper bei dem Gedanken an seine schreckerregende Disziplin und Härte, sie wollen nur wieder in Wallensteins Feldlager sein. »Wallensteins Lager«, das ist schon jetzt, keine eineinhalb Jahre nach seiner Entlassung, ein Mythos der Soldaten aller Länder.
Von überallher kommen sie, aus allen Staaten, in einer seltsamen Mischung: Da steht Johann von Götz, Oberstleutnant bei Mansfeld, neben Heinrich Holk, der Stralsund gegen Wallenstein verteidigt hat, der Böhme Trčka neben dem Brandenburger Ilow, der Herzog Franz Albrecht von Sachsen-Lauenburg — er war schon 1621 Kommandeur unter Wallenstein — neben dem ebenso verwegenen wie zuchtlosen Haudegen Isolani. Altberühmte Namen neben Namen, die erst noch berühmt werden: Feldmarschall Tiefenbach, Aldringen, Gallas, der ebenso wie Pappenheim von der Liga herüberwechselte, Philipp Graf von Mansfeld, Goltz, Sparr, Scherffenberg, Beck, Paradies, Berthold von Waldstein, Gonzaga, Mohr von Waldt, Carretto di Grana, Losy, Wangler, Baldiron, Julius Heinrich von Sachsen-Lauenburg, Walter Butler, der ein Dragonerregiment mitbrachte, Marradas und schließlich Octavio Piccolomini, der junge, gewaltige und gewaltig feiste Draufgänger aus Siena. Eine Figur, die eigens für diesen Krieg hätte erfunden sein können. Aus seiner Familie stammte der erste Humanistenpapst Italiens, Pius II., Piccolomini selbst aber war dem Kloster entlaufen, in der Frömmigkeit war er ebenso schwach wie im katholischen Bekenntnis stark, er soff, raubte, betrog, übte Gewalt, war aufsässig, falsch, verschlagen, intelligent. Wallenstein hatte ihm Mal für Mal schwere Strafen angedroht; Piccolomini vergaß kein Wort davon, aus seinen Reitern wurde bald eine Mustertruppe, im Kampf war sie genauso besessen wie der Kommandeur, dieser dicke Sienese, der keine Angst und keine Ehre kennt, nur Aufstieg, Reichtum, Erfolg.

Die Rüstung der Armee ist kaum weniger wichtig, als die Soldaten wichtig

sind. Wallenstein befiehlt dem Zeughaus in Wien, sofort 300 Zentner Pulver zu kaufen, mehr Geld hat es dafür nicht. Questenberg soll deshalb umgehend für die dreißigfache Menge sorgen, 9000 Zentner, Marradas hat sie »ohne Verlust einer Minute« abzuholen, Wallenstein bestellt außerdem Pulver in Schlesien, Mähren, Polen, der Schweiz, Österreich; in Böhmen werden große Depots angelegt, seine eigenen Pulvermühlen im Herzogtum Friedland laufen Tag und Nacht. Rüstungen kommen aus Italien; Florenz und Cremona liefern Kürasse, Wallenstein läßt sie auf eigene Rechnung durch die Steiermark heranschaffen. Kürasse kommen auch aus den spanischen Niederlanden, Wallenstein hat von der Infantin die Erlaubnis zu Waffenkäufen in ihrem Gebiet. Nürnberg liefert Pistolen und Karabiner, Lunten kommen aus der Schweiz. Das alles aber reicht nicht, Wallenstein läßt deshalb in Jitschin ein ganzes Viertel für die Plattner und ihre Harnischwerkstätten anlegen. Aus Schlesien erhält die Armee Woche für Woche 800 Gewehre, die Zahl reicht bei weitem nicht, Wallenstein plant deshalb in Jitschin eine eigene Fabrik zur Herstellung von Musketen.
Am 16. April 1632 fährt Eggenberg nach Wien zurück, einen Tag später gibt Wallenstein seinen Offizieren und dem Heer die Aufbruchsordres. Er zieht hinüber nach Südböhmen, über Tabor – das alte Hussitenlager zwischen Budweis und Prag – nach Pilsen. Den Listen nach zählt seine Armee 108 000 Mann. Am 11. Mai ist er für den Aufbruch nach Prag bereit. Einen Tag vorher meint er noch, er würde zur Donau vorrücken, »um Gustav Adolf alle Lust auf Passau und Österreich vergehen zu lassen«.
Auf Wallensteins Kriegskarte führt der Weg zur Donau zuerst über Prag. Zunächst findet eine neue Besprechung zwischen Wallenstein und Arnim statt. Wallenstein schickt einen Herold samt Trompeter zu den Sachsen, die dem Feldmarschall sehr förmlich die Einladung bringen. Am 17. Mai – Gustav Adolf zieht soeben in München ein – treffen sie in Laun zusammen, erörtern die Lage und die Möglichkeiten eines Friedens – zur größten Wut des schwedischen Sondergesandten Graf Solms und des Grafen Thurn, zur Erbitterung auch des sächsischen Kommandanten in Prag, Oberst Hofkirchen. Dann stoßen Wallensteins Truppen ungefähr parallel zur Beraun über Rakonitz und Břewnov nach Prag vor. Noch einmal konferieren Wallenstein und Arnim in Rakonitz, am 22. Mai. Drei Tage später flattern die friedländischen Regimentsfahnen über den Weißen Berg hinunter auf die Goldene Stadt. Arnim hat die Hauptmacht der Sachsen schon bis zur Grenze zurückgenommen, Prag wird nach kurzem Beschuß und Sturm der Regimenter Berthold von Waldstein und Trčka über den Laurenziberg am nächsten Tag erobert.

Wallenstein führt den Krieg 1632 in drei Geleisen, gegen die Sachsen, gegen Gustav Adolf und daneben auf diplomatischem Feld durch ununterbrochene Gespräche besonders mit Sachsen, teils über Arnim, teils durch andere Gesprächskanäle mit dem Kurfürsten Johann Georg. Wallenstein hat das Ziel, den Frieden abzuschließen auf der Basis einer gründlichen, vorbehaltlosen Versöhnung zwischen Sachsen und Brandenburg auf der einen Seite und dem Kaiser auf der anderen; das Restitutionsedikt soll so zurückgenommen werden, wie es der Kaiser unterschrieben hat.

Noch keinen Monat ist Wallenstein im Besitz des Oberkommandos, da wird seine Kriegsführung schon wieder kritisiert: Er hat Maximilian keine Hilfe gebracht, hat Gustav Adolf ohne weiteres in München einziehen lassen; dieselbe Kritik auch später in den Kontroversen der Historiker, als hätte Wallenstein geradewegs im Stil der Corrida den Schweden entgegenstürmen sollen. Daß er das Fernziel nie vom Nächstliegenden einfärben läßt, eben das ist das Geniale seiner Feldherrnkunst. Denn er bringt die Schweden binnen Monaten aus Süddeutschland heraus, mit einem Minimum an eigenen Verlusten. Was schon im Dreißigjährigen Krieg als Gipfel der Strategie gilt – den Gegner ohne einen Schuß aus allen seinen Vorteilen zu manövrieren –, dem gibt Wallenstein seine Vollendung, weil er die strategische Gesamtsituation nicht von der politischen Lage isoliert. Von 1632 bis zu den Schlesischen Kriegen des 18. Jahrhunderts datiert eine eigene Epoche der Kriegsführung.

Während Gustav Adolf durch die Tore Münchens reitet, sagt er zu einem der bayerischen Hofräte: »Ich weiß wohl, Sein Herr verläßt sich auf die militärische Unterstützung des Kaisers und erwartet sie. Aber ich will wohl Mittel finden, daß sie ihm nichts nützen soll. Ich werde Bayern bis auf den Grund verwüsten und in Asche legen, so daß sich die kaiserliche Soldateska darin selbst aufzehrt.« Wäre Johann Georg von Sachsen in seinen Entschlüssen frei, Wallenstein hätte im Sommer 1632 mit ihm und Brandenburg den Frieden zustande gebracht. Der Kurfürst ist denkbar friedenswillig, er ist noch niemals kriegswillig gewesen. Aber er wagt es nicht, sich offen gegen Gustav Adolf zu erklären, deshalb bricht er die Verhandlungen zunächst ab; Wallenstein macht die ähnliche Erfahrung wie Gustav Adolf, den die Unsicherheit Johann Georgs zu der Bemerkung hinreißt, dieser »Bierjörge« sei leider kein Moritz von Sachsen.

Gustav Adolf vermutet, daß sich Wallensteins Heer aus Böhmen nach Sachsen ergießen wird; mißmutig entschließt er sich, aus München und Süddeutschland abzuziehen und Johann Georg zu unterstützen. Wallenstein setzt sich aber nicht auf Arnims Fersen. Er zieht nach Westen, er und Maximilian wollen ihre Truppen in der Oberpfalz vereinigen. Bevor Gustav Adolf diesen

Schachzug überhaupt begreift, ist er schon vollendet. Von Weiden und aus Eger strömen die Regimenter im Fichtelgebirge zusammen. Wallenstein und Maximilian begrüßen sich am 1. Juli 1632. Erst jetzt ahnt Gustav Adolf die ganze Gefahr, er verläßt Süddeutschland in einem Tempo, die der Sprungkraft des »Löwen aus Mitternacht« alle Ehre macht.

Über Augsburg marschiert er nach Schwabach, und hier muß er zähneknirschend den zweiten Rückschlag registrieren: Er hat die Verbindung Maximilians mit Wallenstein nicht verhindern können, es ist ihm aber auch unmöglich, sich selbst mit den Sachsen zu vereinigen. Wallenstein diktiert ihm das Gesetz des Handelns. Gustav Adolf schließt sich in Nürnberg ein, die Stadt ist eine der sichersten Festungen des Reichs, hier will der König warten, bis Verstärkungen vom Rhein und Main eintreffen. Gustav Adolf läßt als zusätzlichen Schutz in größter Eile noch einen Außenring von Befestigungswerken und Schanzen anlegen.

Wallenstein hat es nicht ganz so eilig. Er räumt erst einmal die ganze Oberpfalz von den schwedischen Besatzungstruppen, vor allem die Kroaten Isolanis sind wie vor Jahren wieder in bester Form und lassen die Schweden nicht zu Atem kommen. Ein schwedischer Bericht der Zeit notiert, Wallenstein sei einem »donnernden Jupiter gleich unter den Flammen der armen protestantischen Dörfer« dahergezogen – das ist nicht wörtlich zu nehmen, denn die Oberpfalz ist jetzt lange genug bayerischer Besitz, und Maximilian hat schnell dafür gesorgt, daß die irrgläubigen Untertanen des Pfalzgrafen Friedrich wieder zu den »Gnadenschätzen der reinen katholischen Religion« zurückfinden.

Außerdem läuft der »donnernde Jupiter« untertourig, Wallenstein hat mehr Zeit als Gustav Adolf, er marschiert über Amberg nach Neumarkt, hier wird ein schwedisches Regiment vernichtet, das Gustav Adolf ausgeschickt hat. Bei Altdorf wird Wallenstein an die Universität erinnert; Kroaten nehmen eine Gruppe Männer gefangen, die in Nürnberg Gustav Adolf sehen wollten und jetzt auf dem Rückweg sind. Sie können sich freikaufen, bis auf einen, den amtierenden Prorektor Noeßler, einen Mediziner. Wallenstein schenkt ihm eine goldene Halskette und steckt ihn als Feldscher in seine Armee – ein rüder, aber unverkennbarer Respekt vor den Qualitäten Altdorfer Wissenschaft, den der Herzog von Friedland hier bezeugt.

Gustav Adolf hat sich in dem Gebiet zwischen Nürnberg und Fürth festgesetzt, zwischen den Mauern beider Städte baut er seine Schanzen mit Unterstützung der Bevölkerung Tag für Tag stärker aus. Wallenstein trifft mit seinem Heer am 16. Juli ein. Er mustert das schwedische Lager, die Mauern, die Redouten, dann wählt er für seine eigenen Truppen das Gebiet südwestlich von Fürth, an der Rednitz entlang bei Zirndorf und der Alten Veste. Das Gelände ist hier leicht erhöht, Gustav Adolf hat seine Erdwälle vor Nürnberg umsonst aufgetürmt, Wallenstein liegt quer zwischen dem König und seinen westlichen Eroberungen. Wallensteins Armee ist kaum eingetroffen, da schickt ihm der König den Herold ins Zelt, schlägt einen Waffenstillstand vor. »Keinen Augenblick«, fertigt ihn Wallenstein ab.

Was sich in den nächsten sechs Wochen bei Nürnberg-Fürth abspielt, ist das erste klassische Muster eines modernen Stellungskrieges, ist ein Kabinettstück selbstbewußter Heeresführung, bei der sich Wallenstein durch nichts beirren läßt. Sein Heer ist den Schweden zahlenmäßig zunächst leicht überlegen. Maximilian will Gustav Adolf nach den Landsknechtsregeln dieser militärischen Haufenarithmetik sofort angreifen. Wallenstein lehnt brüsk ab, es geht hier nicht um Arithmetik, sondern um Strategie: »Ich werde den König eine neue Art der Kriegsführung lehren.«

Ein Angriff auf Nürnberg ist genau das, was sich Gustav Adolf erhofft, seine 300 Kanonen auf den Erdwällen – eine bis dahin noch nie erreichte Zahl – warten nur darauf. Wallenstein läßt sich nicht reizen, binnen drei Tagen schlägt er ein gewaltiges Lager von fast sieben Kilometern entlang der Rednitz auf, eine verschanzte Anlage, wie man sie bis dahin auf deutscher Erde noch nicht gesehen hat – so urteilt ein Beobachter. Das System ist völlig neu, es ist keine zusammenhängende Linie von Feldwerken, sondern eine Kette einzelner, gestaffelter Feldschanzen und Bastionen, deren tote, nicht besetzte Winkel lückenlos von den Geschützen zu bestreichen sind. Die Hauptstellung ist im Norden, bei den Ruinen der Alten Veste. Im Troß Wallensteins ertönt ein neues Lied:

»Wir haben dem Kaiser 'ne Schanze gebaut
und haben dem Schweden den Paß verhaut.«

Einem Gesandten des polnischen Oberbefehlshabers schreibt Wallenstein: »Wir halten dahier den Schweden mit der leichten Reiterei in der Enge, also, daß derselbe bereits großen Mangel an Fourage, wie auch sonsten an Proviant leidet; verhoffen, daß denselben die Nezessität zu allerlei, was er sonst nicht zu tun gemeinet, stringieren werde.«

Was Wallenstein hier »verhofft«, ist als Musterfall der Ermattungsstrategie in die Kriegsgeschichte eingegangen. Wallenstein hört sich kalt, ohne Wimpernzucken die immer heftigeren Klagen Maximilians an, er schweigt zu dem Triumphgeschrei auf schwedischer Seite: »Es ist Hoffnung, daß Wallenstein durch Gott bald ganz mit Verwirrung geschlagen werde.« Der Herzog beschränkt sich auf die üblichen Geplänkel, seine Reiter haben als wichtigste Aufgabe die Lebensmittelzufuhr nach Nürnberg abzuriegeln. Die Stadt hat

zwar große Vorratslager, aber für den wochenlangen Unterhalt einer ganzen Armee sind sie viel zu klein. Zuerst beginnen die schwedischen Pferde zu verhungern, es ist Hochsommer, die Kadaver können nicht schnell genug vergraben werden, Seuchen beginnen ihr Sensenwerk.
Das bloße Aushungern ist allerdings Gustav Adolf gegenüber kein Verfahren, das auch nur die geringsten Erfolgschancen hätte. Wallenstein muß vom ersten Tag an damit rechnen, daß der König alles an Verstärkung heranzieht, was er zur Verfügung hat. Damit rechnet er auch, er kann gar nicht verhindern, daß Gustav Adolf wieder Verbindung mit Oxenstierna, mit General Banér und seinen anderen Regimentsführern bekommt.
Ohne Reaktion, gefühllos, unbeweglich sieht Wallenstein zu, wie vom Rhein Landgraf Wilhelm und der schwedische Kanzler herbeieilen, aus Schwaben Marschall Banér, aus Thüringen Herzog Wilhelm von Weimar und aus Bayern Herzog Bernhard. Am Ende dieser sechs Wochen Stellungskrieg hat Gustav Adolf sein Heer fast verdreifacht, er verfügt beinahe über 57 000 Mann, er hat jetzt doppelt so viel wie Wallenstein, und er sagt sich – entsprechend seinen bisherigen Erfahrungen mit gutem Recht –, daß sein Gegner nicht ganz normal sein kann, wenn er eine solche Truppenkonzentration derart gleichgültig hinnimmt.
Darauf läuft die Rechnung Wallensteins hinaus, auf die Fehleinschätzung Gustav Adolfs, der nicht nur genauso arithmetisch rechnet wie Maximilian, sondern sich auch auf seine Feldherrnkunst und auf sein heiteres Kriegertum verläßt. Allerdings bleibt Gustav Adolf gar keine andere Wahl. Denn je mehr Truppen seine Armee verstärken, um so weniger kann er sie verpflegen, um so schwieriger wird die Lage für ihn. Entweder zieht er ab, oder er läßt sein Heer verkommen, oder er greift Wallenstein an. Der Herzog von Friedland schreibt dem Schwedenkönig diese drei Möglichkeiten vor. Mehr als eineinhalb Monate hat Gustav Adolf Wallenstein dazu animiert, ihn anzugreifen. Jetzt wird er selbst von seinem Gegner dazu gezwungen.
Am 1. September beginnt Gustav Adolf mit dem Angriff. Vier Tage lang dauert der verbissene Kampf, vom 3. September an konzentriert sich der König auf die Erstürmung der Hauptstellung Wallensteins auf der Alten Veste, die zuerst von Aldringen verteidigt wird und dann von Wallenstein selbst. Die Schweden erobern Stellungen, werden durch Gegenangriffe wieder hinausgedrängt, stürmen zurück, müssen die Schanzen erneut aufgeben. Manche Regimenter werden achtmal vorgeworfen, sie werden in Reihen hingemäht. Wallenstein sitzt auf dem großen dunkelbraunen Pferd, das ihm der Kaiser vor vier Jahren in Brandeis geschenkt hat, er hält bewegungslos inmitten seiner Offiziere im Lager, das leuchtende Rot seines Generals-

mantels ist weithin zu sehen. Er hat allen Befehlshabern kategorisch verboten, auch nur einen einzigen Ausfall ohne seinen Befehl zu wagen, die Schweden bei der Abwehr über die Semilune vor den Schanzen ins freie Feld zu verfolgen – sie würden es mit ihrem Kopf büßen. Nichts Lebendes durfte aus dem Lager, nur Geschosse.

Noch nie haben die Schweden so kämpfen müssen, sie stürmen gegen Schanzen, Faschinen, Palisaden, Erdwälle, Steine, sie legen Leitern an, sie schlagen Breschen – nichts hilft, sie haben als Gegner nur das Musketen- und Gewehrfeuer. Ihre Wut ist genauso ohnmächtig wie der Zorn der prachtvollen Kürassierregimenter des Kaisers, die drinnen im Lager dichtgedrängt auf den Angriffsbefehl Wallensteins warten. Hier hat der Herzog von Friedland alle gegen sich, die Schweden, die Bayern, sein eigenes Heer, kaum fünf, sechs Generale, die ihm auch dann noch vertrauen, wenn sie nichts begreifen. So wie sie jetzt die verächtliche Arroganz Wallensteins nicht begreifen, mit der er an seinem Befehl festhält, keinen einzigen Reiter ins Feld hinauszulassen.

Die Schlacht steigert sich zu Siedegraden, mit der Ruhe im Lager ist es vorbei, die Breschen in den Schanzen häufen sich, beide Heerführer sind überall dort, wo die heftigsten Kämpfe toben, Wallenstein wird das Pferd unter dem Leib weggeschossen, ebenso geht es Herzog Bernhard. Dem schwedischen König reißt ein Schuß den Stiefelabsatz fort, Marschall Banér wird schwer verwundet. Am 4. September setzt Gustav Adolf alle verfügbaren Geschütze ein, noch in keiner Schlacht vorher wurden soviel Kanonen abgefeuert. Schließlich erobert Bernhard von Weimar eine Höhe, den Burgstall, von hier aus kann Wallensteins Lager auf der Veste direkt beschossen werden. Als Wallenstein davon erfährt, bricht er aus: »Und käme Gott selbst, die Alte Veste nimmt er mir nicht!«

Er hat recht behalten. In einem letzten Sturmangriff fegt Wallenstein mit seinen Kürassieren gegen die Höhe und treibt Herzog Bernhard aus der Redoute. Gustav Adolf gibt in der Nacht den Kampf auf, bei der Verfolgung durch Wallensteins Reiter wird der schwedische Feldzeugmeister Torstenson gefangengenommen. Der König soll mindestens 7000 Mann verloren haben, dreimal so viel wie Wallenstein. In der Regennacht vom 4. auf den 5. September verschanzen sich die schwedischen Truppen in einem Lager nördlich von Fürth, Gustav Adolf schläft in seiner Kutsche. Es ist kein guter Schlaf, wie soll er diese blutige Niederlage begreifen, da es doch zu gar keiner »richtigen« Schlacht gekommen ist, wie er, wie die Welt sie bis dahin gekannt hat, als Anlaß für Sieg oder Niederlage. Den Nürnbergern bekennt der

König in seiner blauäugigen Ungeschminktheit, daß Wallenstein unerschütterlich sei.

Am nächsten Tag schreibt der Herzog an Ferdinand II.: »Der König hat sich bei dieser Impresa gewaltig die Hörner abgestoßen. Nun wird er nicht mehr als unüberwindlich gelten können und wird bei seinen eigenen Leuten an Achtung verlieren.« Das ist die Quintessenz aus der Abwehrschlacht an der Alten Veste. In Europa freilich wird das Ergebnis dieses ersten Treffens zwischen den beiden großen Gegnern anders eingeschätzt, maßgebend dafür sind nicht einmal die hohen schwedische Verluste. Ein Nimbus wiegt schwerer als der differenzierte Sachverhalt. So kommt es zu dem Schluß: Weil Gustav Adolf nicht siegt, verliert er die Schlacht. Vorbei ist es mit allem Reden von dem schwedischen Invictissimus. Der König hat selbst nicht viel anders gedacht. Schließlich handelt es sich hier nur um einen geltenden Grundsatz der damaligen Strategie, wie ihn Graf Johann von Nassau formuliert hatte: »Man muß nicht leichtlich ohne großen Vorteil mit dem Feinde schlagen, denn nicht geschlagen werden, ist auch eine große Victoria.«
Seit dem Mißerfolg an der Alten Veste ist Gustav Adolf nicht mehr davon überzeugt, daß sein Endsieg gegen den Kaiser beschlossene Sache ist. Wenige Monate erst führt dieser Friedländer die Papistenregimenter, und schon hat sich alles merkwürdig lautlos zum Schlechten verändert. Der König war sich keines Fehlers bewußt, aber nun hatte er, vor den wachen Augen des französischen Gesandten, seine Friedensbedingungen gewaltig reduzieren müssen. Sein funkelnagelneues Herzogtum Franken sollte für Wallenstein die Entschädigung für Mecklenburg sein, Gustav Adolf selbst wäre jetzt bereit, sich mit Pommern, den baltischen Häfen und einer passablen Geldentschädigung zu bescheiden. Ja noch mehr, der Herzog von Friedland schlägt das aus, und der König ist scharfäugig genug, um zu sehen, wie die französischen Delegierten sich wieder beflissen um die deutschen Fürsten zu kümmern beginnen. Einem französischen Diplomaten sagt der König schon vor Beginn der Schlacht an der Alten Veste: »Mein Verlangen ist auf Kampf gerichtet. Aber ich besitze schnelle Pferde für den Fall, daß ich den kürzeren ziehen sollte.«
Wenig später bietet der König Wallenstein an, er solle mit Oxenstierna oder mit ihm persönliche Friedensgespräche beginnen. Wallenstein antwortet höflich, desinteressiert: dafür sei der Kaiser zuständig, er habe Wien von dem Angebot informiert. Der Kaiser schickt erst am 31. Oktober eine längere Schrift mit seinen Bedingungen an Wallenstein; 1632 sind alle Gespräche mit Gustav Adolf belanglos.

Zwei Wochen bleiben die Gegner noch in ihren Lagern, dann bricht Gustav Adolf in westlicher Richtung nach Neustadt an der Aisch und Windsheim auf, am 18. September. Wallenstein verhält noch immer ruhig bei Zirndorf. Wiederum ist Maximilian entsetzt, er steigert sich zu neuen Vorwürfen, die Hofräte in Wien stimmen bald ein, auch Gustav Adolf versteht es zunächst nicht: Warum sieht Wallenstein unbeweglich zu, wie er sich ins Donaugebiet und nach Schwaben entfernt? Und Maximilian drängt und drängt: Wallenstein soll den Schweden nachziehen, soll Bayern vor einer zweiten Verwüstung retten.
Der Herzog von Friedland sieht ihn mit nachsichtiger Ironie an. Die dunklen, intensiven Augen des Generalissimus erinnern den Kurfürsten ohne jedes weitere Wort an das Memorial, mit dem er seinen Kämmerer und Geheimen Hofrat Kurz von Senftenau zehn Monate früher nach Wien geschickt hat – und auch Kurz, der neben seinem Herrn steht, denkt daran: Die Truppen des Herzogs von Friedland sollen nicht auf bayerischem Gebiet stationiert werden. Der Kurfürst denkt an sein Land, über das sich die schwedische Flut von neuem ergießt, und er glaubt aus dem hageren, steingrauen Gesicht des Herzogs den stummen Hohn zu lesen: »Ich tu Euer Liebden nit verhalten, daß Euer Liebden Landen von Truppen Ihrer Kaiserlichen Majestät durchaus verschont bleiben – wie Euer Liebden es gewünscht.«
Man darf den mutmaßlichen Hohn ignorieren. Auch das, was jetzt, wiederum, nach Untätigkeit aussieht, gehört zu den überragenden strategischen Leistungen des kaiserlichen Feldherrn. Es ist ein meisterhaftes Abschätzen der Gesamtlage, daß Wallenstein die Schweden ruhig abmarschieren läßt, daß er ihnen nicht folgt, daß er Gustav Adolf dem Anschein nach wieder Süddeutschland überläßt und den Weg in die österreichischen Erblande, ohne ihm einen einzigen Reiter nachzuschicken. Wenn Maximilian ihm ins Bayerische folgen will, bitte sehr; Wallenstein gibt ihm sogar den Grafen Aldringen und seine Regimenter als Verstärkung mit; der Herzog ist immer zuvorkommend, sei es auch boshaft.
Er selbst aber dreht plötzlich scharf nach Norden, er zieht in Eilmärschen nach Sachsen. Dadurch lockert sich augenblicklich die bedrängte Lage der Kaiserlichen in Schlesien, die unter dem Druck Arnims ächzen. Dadurch wird aber auch Bayern frei, denn Wallenstein weiß, daß Gustav Adolf ihm folgen wird, weil er ihm folgen muß. Oder muß er etwa nicht? Was hätte den König ansonsten »in Person« dazu bewegen können, nach Sachsen zu kommen, wie Oxenstierna in seinen Berichten hervorhebt? Welche Scheinlogik sollte in dem Hinweis auf die Zwangslage des Königs stecken, wenn eingewandt wird, daß Gustav Adolf schließ-

lich einen Bündnisvertrag mit Kur-Sachsen hatte, der ihn dazu nötigt, Johann Georg in wirklicher Not und Gefahr zu helfen. Nicht zuletzt hier lag das Moment der Nötigung, das Wallenstein dem König gegenüber ausspielt — wenn schon die militärische Logik nicht dafür sprechen soll.

Wallenstein weiß, daß Gustav Adolf ihm folgen wird. Und das tritt auch ein. Der Schwedenkönig begreift: Entweder besiegt Wallenstein die Sachsen, dann schließt Johann Georg sofort Frieden, oder er schließt ohne Kampf mit Wallenstein Frieden. In beiden Fällen wäre Gustav Adolf von der Küste abgeschnitten und hoffnungslos verloren. Ein zweites Mal demonstriert Wallenstein dem König wie bei einem Sandkastenspiel, worauf es ankommt, wenn man die Initiative behalten will, wie der überlegene Feldherr durch Intelligenz und rasche Aktion dem Gegner das Gesetz vorschreibt. Als Taktiker war Gustav Adolf unerreicht, als Stratege zählt er zu einer ablaufenden Ära. Den Unterschied der Epochen, aber auch unbeabsichtigt den Kontrast zwischen diesen beiden Heerführern beschreibt der Herzog von Rohan 1636 in seinem berühmten Werk »Le parfait capitaine«: »Früher führte man alle Kriege durch Schlachten. Heute kriegt man mehr wie der Fuchs, als wie ein Löwe.«

Der Löwe aus Mitternacht kümmert sich also zunächst nicht darum, daß Wallenstein in hohem Tempo nach Sachsen zieht. Der Herzog befiehlt Pappenheim und seinen Reitern, die sich in Nordwestdeutschland erfolgreich mit den Schweden herumschlagen, sofort zu ihm zu stoßen. Wallenstein erobert am 1. November nach schweren Kämpfen Leipzig und die Pleissenburg, wenig später kapitulieren auch Weissenfels, Merseburg und Halle.

Jetzt erst sieht Gustav Adolf das ganze Ausmaß seines Fehlers. Von allem, was der Herzog unternehmen kann, erwartet Gustav Adolf den Marsch nach Sachsen am wenigsten. Es war die gefährlichste Diversion unter allen Möglichkeiten, die zur Wahl standen. Gustav Adolf hatte vermutet, die kaiserlichen Truppen seien in keiner besseren Verfassung als seine eigenen – was prinzipiell richtig war, und deshalb würden sich im Zweifelsfall die Sachsen allein gegen sie wehren können – was prinzipiell falsch war. Außerdem kann sich der Schwedenkönig nicht von Bayern trennen, er will auch Schwaben bis zum Bodensee hin erobern und unterwerfen.

Nach der Meldung von Wallensteins Siegeszug dreht er sofort um, die Schweden marschieren in schärfstem Tempo nach Norden. »Sie sind wie auf Flügeln gekommen«, schreibt Wallenstein. Das Ziel des Königs ist Erfurt, dort will er seine Truppen sammeln.

Wallenstein überlegt schon die Details der Winterquartiere in Sachsen. Sobald er vom Anmarsch des schwedischen Königs erfährt, zieht er ihm bis Weissenfels entgegen, um Gustav Adolf zu einer Schlacht zu verlocken. Der König aber versucht eine Retourkutsche, er verschanzt sich in Naumburg und hofft, Wallenstein würde ihn angreifen und denselben Fehler begehen, der die Schweden bei Zirndorf soviel Blut gekostet hat.

Der Herzog merkt, was Gustav Adolf will. Er zieht nach Lützen bei Leipzig und schlägt dort sein Hauptquartier auf. Pappenheim, soeben eingetroffen, wird noch einmal ausgeschickt, um die Moritzburg bei Halle zu erobern. Daß Wallenstein nicht mehr mit einer offenen Schlacht gerechnet haben soll und ebensowenig an ein Ausmanövrieren, sondern bereits an die Winterquartiere dachte, ist reine Phantasmagorie. Der schwedische König überquert unterdessen bei Naumburg die Saale und steht Mitte November bei Pegau an der Elster südlich von Leipzig.

Ohne großes Zögern beginnt er am 15. November den Kampf vorzubereiten. Er will die momentane Schwächung der Kaiserlichen ausnützen, angeblich hat er schon Gott dafür gedankt, daß ihm Wallenstein jetzt in die Hand gegeben sei – eine apokryphe Formel für den Entschluß des Königs, sich für die Zirndorfer Demütigung blutig zu rächen.

Wallenstein sieht augenblicklich, daß Gustav Adolf jetzt auf die Entscheidungsschlacht aus ist, er jagt Pappenheim den Befehl nach, sofort umzukehren: »Der Feind marschiert hereinwärts, der Herr lasse alles stehn und liegen und incaminiere sich herzu mit allem Volk und Stücken, auf daß er morgen früh bei Uns sich befinden kann.«

Wallenstein ist entschlossen, wie sein Feldmarschall Holk von Lützen notiert, »vor dem König keinen Fußbreit weichen zu wollen, sondern eher zu krepieren«. Er nützt jede Minute der Nacht zum 16. November, läßt Verschanzungen aufwerfen, inspiziert bei Fackelschein eine Stellung nach der andern.

Der 16. November beginnt mit Nebel, er hebt sich erst am späten Vormittag. Die erste Salve wird um 11 Uhr abgefeuert. Dann ertönt das rasselnde wallonische Trommeln, die kaiserlichen Regimenter setzen sich in Bewegung, die schwerste, die verbissenste Schlacht des Dreißigjährigen Krieges beginnt. Feldmarschall Holk kommandiert den linken Flügel, Wallenstein zunächst den rechten. Er reitet praktisch ungeschützt, kämpft nur im Lederkoller, der Küraß ist ihm zu lästig, er hat schon genug mit den ununterbrochenen Gichtschmerzen in den Füßen zu tun; die Steigbügel müssen mit Seide umwickelt sein, sonst kann er nicht zu Roß sitzen, manchmal läßt er sich von einer Stellung zur anderen tragen.

Auch Gustav Adolf verzichtet auf den Harnisch wegen einer alten Verletzung, er sitzt auf seinem riesigen weißen Leibroß. Der König hat in letzter Zeit erheblich an Gewicht zugenommen, so daß nur mit größten Schwierigkeiten Pferde aufzutreiben sind, mit denen er nicht nur reiten, sondern auch traben und galoppieren kann. Dem großen schottischen Theologen John Durie erschien die schwedische »Majestät wie ein Engel Gottes«; unter zwei Zentnern tat's dieser massige Bote des Herrn nicht.

Kaiserliche und Schweden rücken gleichzeitig gegeneinander vor, über Wallensteins schweren Phalangen die mächtigen kaiserlichen Fahnen, ihnen entgegen die kleineren Schlachthaufen der westgotischen, finnischen, uppländischen, livländischen Regimenter und Brigaden. Unter dem ununterbrochenen Geschützfeuer von beiden Seiten entbrennt der Kampf »mit einer solchen furia, daß niemand je solches gesehen« – das schreibt Wallenstein am nächsten Tag.

Entlang der querlaufenden Straße nach Leipzig verbeißen sich die Zentren beider Heere zu einem fürchterlichen Nahkampf, der über drei Stunden dauert. Isolanis Reiter stürmen gegen die finnischen Fußtruppen, rennen sich fest, können sie nicht werfen. Die Schweden erobern sieben Kanonen Wallensteins, die auf der Straße in Stellung sind, ein Gegenangriff entreißt sie ihnen wieder. Rechts brennt das Dorf Lützen ab, über dem flachen Feld mischen sich Nebel, Pulverdampf, Brandschwaden. Gustav Adolf greift inmitten einer wahren Kavallerielawine den linken Flügel der Kaiserlichen an, er zersprengt die Kroaten und Kürassiere der vorderen Linie, ihr ungeordneter Rückzug schlägt in Flucht um, der ganze linke Flügel kommt ins Wanken.

Auf der rechten Seite ist es umgekehrt. Auch hier greifen zwar die Reiter Herzog Bernhards von Weimar an, noch bevor sie aber mit den Kaiserlichen zusammenstoßen, trifft sie eine fürchterliche Flankenattacke der Kürassiere Piccolominis. Bernhard muß zurück. Wallenstein ist inzwischen zum Zentrum gewechselt, er drängt hier langsam voran, »zwei ganze Stunden focht er gegen die Infanterie mit vier Regimentern zu Pferde und war ganz umringt vom Feind«. Zeitweilig verliert er alle seine Begleiter, kämpft allein, eine Kugel reißt ihm den Sporen vom Stiefel, Geschosse bleiben in den Falten seines Waffenrocks stecken, er scheint es auf einen neuen Beweis seiner legendären Unverwundbarkeit angelegt zu haben.

Auf dem linken Flügel trifft jetzt Pappenheim mit 3000 Reitern ein, gerade rechtzeitig, um hier einen Zusammenbruch zu verhindern, er ordnet die fliehenden Fähnlein, setzt zu einer wilden Attacke an und erobert wieder die Ausgangsstellungen. Pappenheim wird allerdings schon in der ersten

Phase des Angriffs durch eine Falkonettkugel tödlich verwundet, er stürzt vom Pferd, wird von einem Trompeter vom Schlachtfeld getragen. Er muß noch erleben, daß diese Verwundung seine berühmten Reiter völlig verstört, sie drehen in Scharen um. Pappenheim ist entsetzt, schlägt die Hände zusammen und stöhnt »diese Wort mit Augen voller Tränen: ›Ach, Ihr Brüder, daß Gott erbarm! Ist keiner mehr, der für den Kaiser treulich fechten will?‹« Den Rest erlebt er nicht mehr, sterbend wird Pappenheim auf einem Wagen nach Leipzig gebracht.

Der Rückzug Bernhards alarmiert den schwedischen König, er wechselt hinüber zum Lützener Flügel, gerät in ein wildes Getümmel, ein Schuß trifft seinen linken Oberarm, zerschmettert den Knochen, so daß er »durch die Kleider herausstack«, eine andere Kugel durchbohrt den Hals seines Pferdes, der Schimmel geht durch, Gustav Adolf kann ihn mit der Rechten allein nicht zügeln. Eine Nebelschwade verschluckt ihn, er kommt in die Nähe der schwarz gepanzerten Kürassiere Piccolominis, ein Schuß durchbohrt seinen Rücken, er fällt auf die Erde. Auch sein Kopf wird von einer Pistolenkugel getroffen, man erkennt den König nicht, er wird von den Reitern zusammengehauen, nackt ausgezogen, völlig ausgeplündert. Pappenheim erfährt noch den Tod Gustav Adolfs, er lächelt: »So hinterbringe man dem Herzog von Friedland, daß ich ohne Hoffnung zum Leben darniederliege, aber fröhlich dahinscheide, da ich weiß, daß dieser unversöhnliche Feind meines Glaubens an einem Tag mit mir gefallen ist.«

Piccolomini schwenkt jetzt hinüber zum schwedischen Zentrum, zusammen mit den Pikenieren der Regimenter Berthold von Waldstein und Johann Philipp Breuner werden die Brigaden Gustav Adolfs, das blaue und das gelbe Leibregiment zurückgedrängt. Von einer Schlacht ist jetzt keine Rede mehr, nur noch von einem blinden Gemetzel, einem unerbittlichen atavistischen Schlagen und Stechen und Würgen, auf beiden Seiten kämpft alles, was eine Waffe führen kann, von Dienern und Kutschern bis zu den Feldmarschällen, Beamten, Köchen, Herzögen, und so werden sie auch getötet in diesem Novembermorden, sterben wie Räuber oder Helden, zu Tausenden, allen voran das Gros der Offiziere, Generalmajore, Grafen, Kammerherrn bis hin zum Fürstabt von Fulda im Friedländischen Heer.

Die schwedische Reiterei auf dem rechten Flügel hat sich ungehindert sammeln können, die Soldaten sind verzweifelt wegen des Todes ihres Königs, wütend, tollkühn. Bernhard von Weimar führt sie zusammen mit dem Fußvolk zu dem wuchtigsten Ansturm des ganzen Tages, das Regiment Sparr unter Oberstleutnant Hofkirchen ergreift die Flucht, auch Wallensteins Befehle halten sie nicht, er wirft sich in die Scharen der Fliehenden, umsonst, die Panik ist größer als die Angst vor Wallensteins Wut. Die Kürassiere Trčkas und Holks Reiter müssen sich allein dem Anprall stellen. Die Schweden Bernhards schlagen wie die Wogen über ihnen zusammen, scheinen die Kaiserlichen zu ersticken, es wird ein stundenlanges, fürchterliches Ringen, »ein Treffen nach dem andern, mit der größten Resolution von der Welt« – so Wallenstein –, in der einfallenden Dämmerung werden die kaiserlichen Munitionswagen in Brand geschossen und fliegen mit schauerlichen Explosionen in die Luft.

Bernhard von Weimar glaubt, die Kaiserlichen endgültig geworfen zu haben, sein Angriff hat sich erschöpft, aber die Reste der Regimenter Wallensteins stehen noch immer, unerschütterlich, beide Gegner behaupten dieses Feld voller Leichen, blutglitschiger Erde, ungezählter Pferdekadaver. Die Schweden müssen zusehen, wie neue Verstärkungen an die Flanken der friedländischen Schlachtreihen geführt werden, aufrecht und herausfordernd ragen die kaiserlichen Fahnen nach oben.

Es kommt zu einer Kampfpause, die Heere sind völlig ermattet. Nach einer halben Stunde beginnt die Schlacht von neuem, mit wechselnden Vorstößen und Rückschlägen auf beiden Seiten, es ist »ein solcher Ernst bis in die Nacht hinein beiderseits im Fechten gewesen, daß man nichts denn Donnern und Hageln aus Stücken und Musketen gehört, und ist dieses letztere noch härter denn das erste gewesen«. Die Kämpfe verlöschen erst eine Stunde nach Einbruch der Dunkelheit, allmählich, fast von selbst. Einen Sieg gibt es nicht, beide Armeen sind mutlos, erschöpft, zerrüttet. In der Nacht führt Wallenstein seine Soldaten nach Leipzig. Zwanzig Geschütze muß er zurücklassen, alle Pferde der Bespannung sind erschossen. Die Kaiserlichen verlieren fünf Fahnen, die Schweden 60.

Nicht der unentschiedene Ausgang, nicht das erbitterte Ringen, der schonungslose Einsatz machen die Bedeutung von Lützen aus; das Ende Gustav Adolfs bestimmt den Stellenwert dieser Schlacht. Der Soldatentod umreißt aber auch Wesentliches der ganzen Rolle Gustav Adolfs. Von Lützen ab gilt der Schwedenkönig immer auch als Held aller offenen Möglichkeiten der Zukunft, sein Bild hängt weit mehr von dem ab, was er nicht mehr verwirklichen konnte, als von dem, was er in seinem Leben tatsächlich gewesen war.

Der Kaiser und Wien haben Lützen als Sieg Wallensteins eingeschätzt, nicht nur aus Gründen einer beschönigenden Optik, das zeigen die vielen Gratulationsschreiben an den Generalissimus. Die geistlichen Berater Ferdinands sahen die Schlacht auch noch aus einer anderen Perspektive; der Tod Gustav Adolfs sei nicht so sehr durch Kugeln und Säbelhiebe verursacht worden, sondern der Frömmigkeit des Kaisers zu danken, offensichtlich einer treffsicheren, durchschlagenden Frömmigkeit. Um das dogmatische Kolorit etwas aufzulockern, ließ Papst Urban für Gustav Adolf eine stille Messe lesen. Der Heilige Vater hatte jeden Sieg des Schwedenkönigs laut gefeiert, er hatte ihn mit Alexander dem Großen verglichen, er nahm jetzt auch die Wut der Spanier hin, die sich bitter beklagten, daß der Papst den großen Sieg des Kaisers bei Lützen nicht wie üblich mit einem Tedeum bejubelte und die Kanonen abfeuern ließ.

Über den Ausgang der Schlacht hat Wallenstein seine eigene Meinung gehabt, er weiß, was von diesem Remis zu halten ist. Drei Wochen nach der Schlacht gibt er General Gallas den Befehl, diejenigen, welche bei Lützen »ehrvergessen sich benommen«, zu verhaften und nach Prag zu bringen, »denn«, so begründet der Feldherr seine Order, »der schlechte Ausgang des Treffens seie mehr ihnen, als den Soldaten beizumessen; hätten jene Stand gehalten, so würden auch diese ihre Pflicht getan haben«. Ein anderer Berichterstatter formuliert es so, daß der Ausgang der Schlacht durch »Gottes unwandelbaren Willen und der Reiterei Blödigkeit« verursacht worden sei.

Es sind fast durchweg Offiziere, die Verhaftungen kommen nicht überraschend. Wallenstein hatte dem Oberstleutnant Hofkirchen in der Schlacht mehrfach befohlen, wieder vorzugehen. Hofkirchen entgegnete, er solle selbst gehen und das schwedische Blutbad näher ausprobieren, von ihm selbst könne das nicht mehr verlangt werden, er habe sich schon zu sehr erhitzt. Wallenstein reagierte in dem gleichen Tonfall: Hofkirchen möge nur nach Haus zurückkehren, er werde ihm dort ein noch heißeres Blutbad bereiten.

Nach seinem geltenden Reiterrecht hätte Wallenstein die Fahnenflüchtigen schon auf dem Schlachtfeld ohne weiteres niedermachen lassen können. Der Herzog läßt sie in Prag vor ein Kriegsgericht stellen, sie werden zum Tod verurteilt, die Hinrichtung findet am 14. Februar 1633 auf dem Altstädter Ring statt. Es sind zwölf Offiziere und fünf Reiter, und es ist immer noch der gleiche Henker Mydlář, der schon die böhmischen Rebellen hingerichtet hat; die Namen von 40 Offizieren, die desertiert sind, und sich dem Gericht nicht gestellt haben, werden von ihm an den Galgen geschlagen. Den Verurteilten wird nicht einmal die Möglichkeit gegeben, den Kaiser um Gnade zu bitten.

Diese rücksichtslose Justiz, die als Prager Blutgericht des Jahres 1633 in die Literatur eingegangen ist, hat damals Entsetzen ausgelöst. Eine zeitgenössische Flugschrift sah »den Sitz der Gerechtigkeit in eine Fleischbank verwandelt«. In Wallensteins Heer löst das Urteil allerdings nicht ganz so großes Aufsehen aus. Der Armee ist die rigoros vernichtende Korrektheit des Truppenführers Wallenstein bekannt, am Disziplinarrecht läßt er keinen Buchstaben streichen. Für Fahnenflucht bestimmen die Kriegsartikel aller Heere den Tod. Hunderte waren deshalb schon in Europa gehenkt oder enthauptet worden. Neu aber war bei Wallenstein, daß eine ganze Reihe Offiziere, teils aus bestem Adel, dieses Schicksal mit den einfachen Knechten teilte.

Und als wollte der Herzog seine Macht noch doppelt unterstreichen, belohnte er diejenigen Soldaten und Regimenter, die sich bei Lützen hervorgetan hatten, in einer Art, wie es nicht einmal vom Kaiser bekannt war. Piccolomini erhielt 10 000 Taler, Holk durfte unter vier böhmischen Gütern eins auswählen, sie umfaßten je 18 Dörfer, acht einfache Reiter erhielten jeder 500 Gulden und eine Goldkette im Wert von 2000 Dukaten. Eine solche Liste von Belohnungen hatte es bis dahin noch niemals gegeben, der Herzog verteilte Gnadenketten und Geschenke in einem Gesamtwert von 85 000 Gulden. Wallenstein schien unbeschränkter Herr über Leben und Tod zu sein, über Blut und Besitz.

XX
Interessen, Intrigen, Meuchelmord (1633–1634)

Nach Lützen gibt es für Wallenstein nur einen Gedanken: die Armee auf dem schnellsten Weg wieder hochzubringen. Deshalb entschließt er sich, die Winterquartiere nicht im Feindgebiet, in Sachsen, zu beziehen, sondern in Böhmen; der Zustand des Heeres zwingt ihn dazu. Wien und der Kaiser empfinden das allerdings als eine schreiende Zumutung. Wallenstein begründet seinen Befehl, dann kümmert er sich nicht mehr um das Gejammer. Er füllt im Winter die Lücken der Armee durch neue Werbungen wieder auf. Er zieht aber auch seine Konsequenzen aus den Erfahrungen von Lützen, vermehrt die leichten Kavallerieeinheiten, auf die er schon immer größten Wert gelegt hat, ganz erheblich. Er befreit die schweren Reiter von den Büchsen und rüstet sie durchweg mit Panzern aus, ohne Rücksicht auf die hohen Kosten. Er verbietet das Caracolieren der Reiter, das Abfeuern der Pistolen im Angriff mit folgendem Abschwenken, weil es massive Attacken verhindert. Er vervollkommnet das Verpflegungssystem durch ein geschlossenes Netz von Proviantlagern, jedes Regiment erhält außerdem Handmühlen, um selbst das Getreide mahlen zu können. Große Vorräte an Zwieback machen überdies die Armee doppelt unabhängig von den Zufälligkeiten der Frischbrotbelieferung.

Wallenstein ist um diese Zeit entschieden an einem Verhandlungsfrieden interessiert, aber nicht um jeden Preis, vor allem nicht, wenn er von den Schweden bestimmt wird. Als er von den Gesprächen erfährt, die Gallas über Wallensteins Reitergeneral Schaffgotsch mit dem Herzog von Liegnitz auf schwedischer Seite angebahnt hat, schreibt er dem Grafen trocken abwehrend am 19. Januar 1633: »Dergleichen Unterhandlungen sind uns höchlich präjudizierlich. Gutwillig tun diese Leute nichts, unterliegen sie, so bedienen sie sich der Unterhandlungen zu ihrer Entschuldigung; jederzeit ist der Verlust auf unserer Seite. Unser Heer wird diese Sache mit den Waffen, nicht durch Unterhandlungen zum Abschluß bringen. Ich glaub wohl, daß die Schweden Fried verlangen, denn sie wollen nach Haus und habens Ursach. Die beiden Kurfürsten von Sachsen und Brandenburg sehen selbst, in welchem Labyrinth sie stecken. Vorm Jahr haben sie den Frieden nicht umarmen wollen, drum zeigt ihnen jetzt die Gelegenheit das kahle Haupt.«

Die Friedensgespräche, die der Kaiser durch dänische Vermittlung und über den Schwiegersohn Johann Georgs, den Landgrafen von Hessen-Darmstadt, führt, beschäftigen Wallenstein nicht. Welche Bedingungen der Kaiser stellt, ist nicht neu, er wird auf dieser Linie niemals vorankommen. Wallenstein hat mit Sachsen seine eigenen Konferenzen, er nützt dabei selbstverständlich das ganze militärische und diplomatische Übergewicht aus, das durch den Tod Gustav Adolfs zu seinen Gunsten entstanden ist. Der äußerlich gefühllose, unsentimentale Wallenstein gibt den verachtungsvollen Kommentar: »Es können doch zwei Hähne auf einem Mist sich nicht vertragen.«

Er paßt gut, dieser Soldatenaphorismus; authentisch ist er nicht. Weit einleuchtender scheint es, daß Wallenstein den Tod des Königs als einen privaten Verlust ansehen muß. Gustav Adolf stand ihm, als Persönlichkeit, überhaupt nicht im Weg. Sein Tod hat für Wallenstein im Grunde nur bedenkliche Seiten. Der Ausfall des großen Gegners reduziert die Exklusivrolle des kaiserlichen Feldherrn. Niemand außer Wallenstein war in der Lage gewesen, Gustav Adolf Halt zu gebieten. Jetzt, da der Schwedenkönig gefallen ist, zwingt nichts mehr dazu, den Herzog von Friedland als ultima ratio zu bemühen. Maximilian sieht sich dem Tag schon wieder nahe, da ihn Gott nicht mehr mit dieser friedländischen Hilfe demütigt. Den feindlichen Heerführern fühlt sich die zweite Garnitur durchaus gewachsen.

Politisch ist die Lage verwickelter, hier zeigt sich auch, daß Wallenstein mehr ist als nur eine militärische Gegenfigur des schwedischen Königs. Frankreich kann nach Lützen wieder beweglich agieren, ist entlastet. Auch die protestantischen Reichsfürsten fühlen sich aus einer Umklammerung befreit, sie haben diesen schwedischen Retter ihrer »Libertät« nur seufzend bewundert und stumm sein Auftrumpfen hingenommen, daß er mit allen eroberten Gebieten nach Siegerrecht verfahren und bald bekanntgeben werde, welche Länder der schwedischen Krone auf ewige Zeiten einverleibt würden. Gut, daß dieser Sieger fort ist, jetzt gibt es für Verhandlungen wieder ein breites, offenes Feld, die Möglichkeiten haben sich vergrößert, die Kombinationen vervielfacht. Nach einem Gespräch mit Wallenstein berichtet Questenberg dem Kaiser aus Prag, am 20. Dezember 1632: »Der General meldt, er wolle diesen Winter über den Krieg durch Praktiken, den Sommer con le forze führen; verhofft, daß er diesen Winter allerhand Dissensiones unter dem Feind erwecken werde, maßen er des von Arnim Trompeters stündlich gewärtig und ihnen mit gleicher Münze bezahlen wird. Sed hoc in secreto servandum.«

Wenn Habsburg sich weise verhalten könnte, dann wären die Chancen für eine Übereinkunft tatsächlich so günstig wie noch nie seit 1630. Zweifellos ist der schwedische Reichskanzler Oxenstierna eine bedeutende Gestalt, selbstbewußt versucht er, politischer Testamentsvollstrecker Gustav Adolfs zu werden; trotzdem ist die Gefahr eines protestantischen Reiches schwedischer Nation ein für allemal vorbei. Andererseits hätte das Remis von Lützen auch der Hofburg in militärischer Zeichensprache die politische Tatsache verdeutlichen können, daß die kaiserlichen Waffen niemals einen Diktatfrieden erzwingen würden. Der Krieg war schon weit jenseits der Grenzen, die von der Qualität der Waffen gezogen werden.

Dazu kommt die offene Kulissenwand der diplomatischen Szene. Frankreich hat den Schritt von den Subsidien zum Schlachtfeld noch immer nicht gemacht, England bleibt in seiner traditionellen Reserve. Der Moment für Friedensgespräche ist geradezu von üppiger Reife, allerdings unter der Voraussetzung von Zurückhaltung und Nachsicht auf beiden Seiten, den heiklen Bedingungen also, ohne die ein Verständigungsfriede bloße Chimäre bleibt.
Wenn es überhaupt eine durchgehende Linie in Wallensteins Projekten 1633 gibt, dann ist es der Versuch, einen solchen Frieden zu erreichen, auf welchen Wegen immer: feinen, gekrümmten, verwickelten, direkten, insgesamt aber immer schwer zu überschauenden, denn Wallenstein ist versiert genug, um sich nicht mit den einschichtigen Grundregeln der Diplomatie zufriedenzugeben. Er findet sich mühelos zurecht in den lavierenden Wechselbewegungen von Ausgleich und Angriff, Versöhnung und Säbel, so mühelos, daß ihm die andern nicht folgen können. Um so weniger, als sich alles in Wallensteins Reaktionen ablesbar widerzuspiegeln scheint.
Anders ist Wallenstein im Jahr 1633 nicht zu erklären. Die Kategorien des Doppelspiels, des Verrats, der Empörung sind Versatzstücke einer getrübten Sicht. Wallenstein erscheint das Spiel der Schlachten, Gefechte, Siege gegenüber dem, was wirklich auf dem Spiel steht, als belanglos. Im Herbst 1633 – noch umgibt ihn der Glanz des blitzschnellen, jähen Triumphs von Steinau, der ganz Schlesien wieder unter die Herrschaft des Kaisers bringt –, im Herbst 1633 sagt er zu Trauttmansdorff das seltsam aktionsferne, fast abstrakt distanzierte Wort, »daß er, wenn nicht Friedt werde, alles verloren sehe. Wenn der Kaiser auch zehn Siege würde erhalten, sei doch nichts gewonnen«.

Das Frühjahr bringt eine Wiederauflage der militärischen Vorhaben, wie sie Gustav Adolf vor wenigen Monaten projektiert hatte. Der Krieg bedient sich zweier Schauplätze. Arnim fällt zusammen mit schwedischen Regimentern in Schlesien ein, Herzog Bernhard von Weimar zieht mit dem Gros der Regimenter Gustav Adolfs wieder nach Süddeutschland. Im Mai 1633 bricht Wallenstein mit einem Teil der Armee – es sind rund 25 000 Mann – nach Schlesien auf. Die Truppen sind gut gerüstet, für 28 schwere Geschütze mußten die Kirchen Prags ihre Glocken hergeben. Der Prunk des Auszugs ist kaum zu steigern: 14 sechsspännige Kutschen, zehn Trompeter mit goldenen und silbernen Instrumenten, 40 Kavaliere im Gefolge, die Lakaien, Trabanten, Pagen sind vollständig neu gekleidet, in rot-blaue Livreen, die Gepäckwagen durch Planen aus rotem Preußischleder geschützt. Khevenhüller, der den Pomp Wallensteins schon immer mit schrägen Augen registriert hat, meint, der Herzog von Friedland sei »mit einer solchen Pracht und Bereitschaft von Prag ausgezogen, daß der römische Kaiser es nicht stattlicher und ansehnlicher hätte haben können«.

In Schlesien wartet sein Feldmarschall Gallas etwa mit der gleichen Truppenzahl auf ihn. Die Regimenter haben ihren Sold für drei Monate im voraus erhalten. Wallenstein ist ausgeruht, das Alter spürt er nicht, wohl aber die Konzentration der Krankheit, zur Gicht kommen die ersten Anzeichen von Krebs, aber das alles behindert nur seinen Körper, in Anfällen und Perioden – sein Verstand, seine Klarheit, sein rücksichtsloser Wille sind unbeschwert. Er ist Herr seiner selbst, Herr der Kriegslage, aber auch Herr im politischen Feld.

Zum dänischen Gesandten, dem Grafen Wartensleben, äußert er: »Ich habe noch niemals größere Vorbereitungen zum Kriege gemacht, aber doch niemals größere Begierde gehabt, Frieden zu erreichen.« Dänemark muß er das kaum versichern, denn Christian IV. bittet ihn nach Lützen, Anfang Dezember 1632, er möge »den Kaiser zum Frieden disponieren helfen«, denn er, Christian, wisse, daß Wallenstein »jederzeit gewöhnt sei, zu Fried und Eintracht zu inklinieren«.

Allerdings, und das legt die Entwicklungslinien durchs Jahr 1633: Wallenstein hat nicht nur andere Friedensvorstellungen als der Kaiser, sondern im Frühjahr beginnt er sich auch mit der Überlegung vertraut zu machen, daß Ferdinand nicht ohne weiteres seinem Friedenskonzept zustimmen wird, vor allem nicht ohne Druck. Ein Ausgleich scheint kaum möglich zu sein. Der Herzog ist auch theoretisch unnachgiebig genug, um freien Kopfes die Situation zu durchdenken, ob und auf welchen Wegen er seine Pläne auch unter diesen Voraussetzungen durchbringen kann.

Das ist der Rubikon des Jahres 1633, der Rubikon Wallensteins. An ihm entscheidet sich, ob der Herzog sein oberstes Ziel erreicht oder als Rebell endet. In der Profangeschichte wird jeder Gedanke von der simplen Wirklichkeit auf seinen Gehalt geprüft; das ist das hoffnungslos Vulgäre, das entwürdigend Großartige der Historie. Sie verklärt oder verwirft auch das Sublimste anhand des ordinären Erfolgsmaßes. Die Empörung gegen die elementare Kraft des geschichtlich Siegreichen läßt sich am leichtesten dadurch entschärfen, daß man die Gewalt des Stiefels mit der Weihe einer höheren Notwendigkeit versieht. Dieser konservative Zynismus, der Gott immer an die Seite der stärkeren Bataillone plaziert, ist allerdings nur der romantische Tribut an das eigene Unvermögen, sich für oder gegen eine geschichtliche Entwicklung zu entscheiden. Und wenn wir auch nicht die Richter der Geschichte, nicht ihre Beckmesser sind – so sind wir noch weniger ihre Butler und ihre Kläranstalt.

Wallenstein überquert am 19. Mai 1633 bei Nachod die Grenze nach Schlesien. Er zieht über Glatz nach Münsterberg. Hier vereinigt er seine Truppen mit den Regimentern von Gallas. Die sächsische Armee konzentriert sich unter der Führung Arnims westlich von Münsterberg bei Frankenstein. Die vereinigte Streitmacht Wallensteins ist doppelt so stark. Am 31. Mai liegen sich beide Heere gegenüber, bereit zum Schlagen. Zu einem Treffen kommt es nicht. Arnim bittet Wallenstein, er solle ihm den Grafen Trčka zu einer vertraulichen Besprechung schicken. Trčka, inzwischen Feldmarschalleutnant, hat das uneingeschränkte Vertrauen Wallensteins. Es kommt zu der gewünschten Besprechung, der Inhalt bleibt geheim, auch der Ort, an dem sie stattgefunden hat, ist unbekannt.

Wallensteins Truppen rücken langsam nach Nordwesten vor, am 4. Juni wird das Städtchen Nimptsch westlich von Reichenbach genommen und niedergebrannt. Die sächsische Armee weicht nach Norden zurück, am 6. Juni stellt sich Arnim an der Ostseite des Berges Zobten bei Langenöls zur Schlacht. Das Geschützfeuer hat schon begonnen, da reitet Trčka noch einmal zu Arnim hinüber. Eine Waffenruhe wird vereinbart, der sächsische Marschall macht einen Gegenbesuch im kaiserlichen Hauptquartier in Heidersdorf, dort unterzeichnen Wallenstein und Arnim am nächsten Tag einen Waffenstillstand. Er gilt genau zehn Tage, wird dann auf zwei Wochen verlängert und später – unterbrochen von kleineren Offensivbewegungen und wiederholten Verhandlungen – fortgesetzt bis zu einer neuen Vereinbarung über die Waffenruhe am 22. August in Schweidnitz, die erst Anfang Oktober endgültig endet.

In den Heidersdorfer Gesprächen setzt Wallenstein den ersten und entscheidenden Akzent seines Friedenskonzepts. Von ihm selber haben wir kein Wort, keine Zeile darüber. Arnim hat den Kurfürsten von Sachsen und Brandenburg über den Inhalt der Gespräche berichtet. Sind diese Berichte korrekt, geben sie Wallensteins Vorstellungen zuverlässig wieder? Arnim kann sich zu diesem Zeitpunkt noch durchaus einer Meinung mit Wallenstein halten. Andererseits ist es ebenso sicher, daß Arnim schon damals ein sehr genau umrissenes, eigenes politisches Programm besitzt, das sich nur in den Grundlinien mit Wallensteins Plänen deckt.

Der strenge Lutheraner Arnim versucht vom ersten Tag, seit er in sächsischen Diensten ist, Sachsen und Brandenburg als Führer der deutschen Protestanten in fester, entschiedener Neutralität aus dem Kampf zwischen Gustav Adolf und den katholischen Fürsten herauszuhalten. Er macht dabei einen klaren Unterschied zwischen der Liga unter bayerischer Führung und dem Kaiser, oder besser: dem traditionellen Kaisertum. Auch nach dem erzwungenen

Bündnis Sachsens mit Gustav Adolf hält Arnim an diesem Programm fest. Er profiliert es noch dadurch, daß er eine Aussöhnung des Kaisers mit den deutschen Protestanten anstrebt, um dann in einer gemeinsamen Anstrengung – auch hier unter Führung Sachsens – sowohl die Schweden als auch die Franzosen aus dem Reich zu verdrängen.
Dem Prinzip stimmt Wallenstein zu. Er beurteilt aber die Kräfte und tatsächlichen Möglichkeiten anders als Arnim, er unterschätzt vor allem nicht die Schweden: eine Neigung, die bei Arnim seit dem Tod Gustav Adolfs fast euphorische Formen annimmt – mit dem üblichen Gegenschlag von Hochstimmungen: Als Arnim feststellt, daß er Wallenstein nicht vollständig für seine Pläne gewinnen kann, entrüstet er sich über den »unzuverlässigen« Herzog von Friedland und tut bei Oxenstierna so, als hätte er immer nur die absolute Bündnistreue mit Schweden verfochten.
Arnim kämpft lange um die Zustimmung Wallensteins. Um dem Kurfürsten Johann Georg seine eigenen Pläne schmackhaft zu machen und ihnen durch die – angebliche – Unterstützung Wallensteins größeres Gewicht zu geben, berichtet er von seinen Konferenzen mit Wallenstein nur das, was seine eigenen Entwürfe deckt. Dabei ist es gleichgültig, ob er bewußt fälscht oder ob er bloß nicht alles sagt. Seinen Beinamen »lutherischer Kapuziner« kommentiert Richelieu mit der Feststellung, daß Rom an Arnim sicherlich den feinsten aller Jesuiten verloren hat. Wallenstein wiederum war in seinen Mitteln auch nicht skrupulöser als Arnim und Richelieu zusammengenommen, er war genauso verschlagen, auf sein Ziel konzentriert und im dauernden Positionswechsel seiner eigenen Vorstellungen absolut sicher.
Von den Heidersdorfer Gesprächen notiert Arnim über Wallenstein: Kaiserliche und sächsische Armeen stellen alle Feindseligkeiten ein, und zwar so endgültig, daß »sie allerseits die Waffen conjunctis viribus, ohne Respekt einiger Personen wider dieselben, so sich unterfangen würden, den statum Imperii noch weiter zu turbieren und die Freiheit der Religion zu hemmen, gebrauchen wollten«. Arnim knüpft daran eine Schlußfolgerung, die man ebenfalls als Meinung Wallensteins angesehen hat, obwohl Arnim ausdrücklich zugibt, daß es sich um seine eigene Auslegung handelt: Wallensteins Entschluß, alle zu bekämpfen, welche die Freiheit der Religion hemmen, »deute ich denn also, daß es alles im Heiligen Römischen Reich zum vorigen Stande, wie es vor diesem unglückseligen Krieg Anno 1618 gewesen, gebracht, ein jeder bei Ehren, Würden privilegium, Immunitäten und Libertät, bevorab bei vorigen löblichen Verfassungen unveränderlich sollte gehalten werden«.
Wallenstein weiß, daß der Rechtszustand des Jahres 1618 die größte Zumu-

tung für den Kaiser bedeutet. Eine derart grundsätzliche Rückversetzung des ganzen Reichs in pristinum statum schließt die pfälzische Restitution ein und revidiert den Gesamtzustand Böhmens und Mährens. Sie würde alles rückgängig machen, was Bayern bis dahin erobert hat, sie würde aber auch alles annullieren, was sich für Wallenstein mit seinem Herzogtum Friedland verbindet.

Trotzdem ist 1618 als Normaljahr kein unüberwindlicher Differenzpunkt. Im Sommer 1633 macht sich Ferdinand mit diesem Gedanken vertraut, auch die Spanier machen keine Einwendungen gegen den Status quo von 1618; um diese Zeit wird Wallenstein vom Kaiser erneut zu Verhandlungen mit Sachsen und Brandenburg bevollmächtigt. Der päpstliche Nuntius Rocci beschwert sich aufgeregt wegen dieses ominösen Datums bei Eggenberg. Der Minister antwortet ihm kalt: »Auch der Kaiser hat seine Theologen, durch die er unterrichtet wird, daß es ihm sehr wohl freisteht, mit den Andersgläubigen Verträge zu schließen, da sonst das volle Verderben der katholischen Kirche im Reich vorauszusehen ist.«

Weit angenehmer für Wien wäre freilich als frühestes Datum das Jahr 1624. Es gibt aber auch noch die Möglichkeit, verschiedene Normaljahre mit unterschiedlichen Geltungsbereichen auszuhandeln: 1618 für das Reich im allgemeinen, 1622 oder 1624 für Habsburg als Konzession an die eigene Religionsordnung. Das heißt aber: keine Rücksicht auf die böhmischen Emigranten. Es entspräche nur dem Realismus und Selbstbewußtsein Wallensteins, daß er nicht an 1618 festhält, sondern die mögliche Grenze bei 1622 zieht; dieses Datum nennt er selbst in einem Bericht nach Wien. Es bedeutet gleichzeitig, daß er niemals ernsthaft, sondern immer nur unverbindlich-ironisch mit den böhmischen Emigranten verhandelt – zumal er sie auch 1633 noch genauso verächtlich findet wie 1618. Außerdem ist eine Restitution der Pfalz nicht einmal an 1618 gebunden, und schließlich wäre dieses Datum für die Katholiken weit schwerer zu akzeptieren als 1624 oder 1622 für die Protestanten.

So wie mit dem Arnimschen Bericht von Heidersdorf an Johann Georg, so steht es ausnahmslos mit allen anderen Nachrichten von den verwickelten Verhandlungen, die Wallenstein vom Juni bis Oktober 1633 mit Oxenstierna, dem schwedischen Residenten Nicolai in Dresden, den Exilböhmen, Frankreich – vor allem mit dem französischen Gesandten Marquis de Feuqières – und Brandenburg geführt hat. Dazu kursierten plötzlich auch zwei Geheimberichte von den Heidersdorfer Verhandlungen, natürlich anonym; der kürzere wurde Maximilian von Bayern zugespielt. Wallenstein soll hier ganz von feindlichen Plänen gegen den Kurfürsten erfüllt sein; der längere Bericht ging nach Wien und enthielt all die unsubstantiierten Anklagen, die sich seitdem mit dem Wallenstein des letzten Jahres verbinden: der Feldherr als König von Böhmen, das Markgrafentum Mähren ihm gehörig, Vertreibung aller Jesuiten aus dem Reich, Restitution aller konfiszierten Güter, Ausgleich für Schweden – und falls der Kaiser nicht zustimmte, würde Wallenstein mit der kaiserlichen und protestantischen Armee gemeinsam vor Wien ziehen.

Am engsten berührten sich die tatsächlichen Friedensvorstellungen des Kaisers und seines Feldherrn in den Gesprächen mit Sachsen. Ferdinand II. war schon in der Göllersdorfer Kapitulation vom Restitutionsedikt abgerückt. In seinen eigenen Verhandlungen mit Johann Georg ging der Kaiser so weit, die Aufhebung des Edikts zu garantieren, beide Konfessionen sollten gleichberechtigt sein, beim Reichskammergericht sollte Parität der Beisitzer herrschen und schließlich sollten die Erben Friedrichs von der Pfalz einen Teil ihrer Gebiete zurückerhalten.

Mehr Entgegenkommen, größere Zugeständnisse hätten sich Sachsen und Brandenburg nicht wünschen können, wenn es der Einsicht nach gegangen wäre; diese Feststellung ist der typische Fall eines irrealen Konditionals: Mit solchen Zugeständnissen hatten die Protestanten jetzt nicht mehr genug, sie verlangten von Wien, es solle die Entwicklung unbedingt bis 1618 zurückschrauben, der Kaiser möge auch in Böhmen und seinen Erblanden die Wiederherstellung des Protestantismus gestatten. Ferdinand sagte: »Nein«, er sagte es höflich, er trumpfte nicht auf. Wien wollte weiterverhandeln, aber der Kaiser hielt entschieden daran fest, daß das Cujus regio ihm genauso zustand wie den Kurfürsten und Fürsten des Reiches.

Ob nun Wallenstein bei seinen Gesprächen mit Sachsen größeres Entgegenkommen zeigte oder nicht: In der Arnimschen Darstellung kommt es nicht so sehr auf den Inhalt der Vereinbarungen an als vielmehr auf die Entschiedenheit, mit der diese Vereinbarungen realisiert werden sollten. Sie klingt mehr als deutlich durch in der Feststellung des sächsischen Marschalls, daß nach Beendigung der Feindseligkeiten »ohne Respekt einiger Personen« gegen diejenigen vorgegangen werden soll, die sich gegen den Frieden stemmen. Wer diese Personen sein können, das sagt nicht einmal Arnim; in ihrer bewußten Unschärfe kann diese Wendung theoretisch auf jeden gemünzt sein, der dann überhaupt in der Lage ist, den Frieden zu stören, von Frankreich bis zu Bayern, von Schweden bis zu Wien und Spanien. Sie kann aber genausogut nur ein allgemeiner Ausdruck für die Entschlossenheit sein, mit der Wallenstein den Frieden erzwingen will – immer mit dem Vorbehalt, daß man niemals wissen wird, ob er sich Arnim gegenüber tatsächlich so ausgedrückt hat.

Am ehesten wäre an Schweden zu denken, es ist derjenige Gegner, der sich im Reich am stärksten und erfolgreichsten engagiert hat. Das würde sich außerdem mit den Intentionen Arnims am überzeugendsten decken. Schweden ist es auch, an dem die Unterhandlungen, die in Heidersdorf eingeleitet werden, schließlich hängenbleiben. Der böhmische Emigrant Johann von Bubna, Generalwachtmeister in schwedischen Diensten, berichtet Oxenstierna von den Vorschlägen Wallensteins.

Auch hier wieder dasselbe gesprenkelte Mittlerverhältnis wie im Falle Sachsens: Bubna hat zunächst böhmische Interessen im Auge. Durch nichts läßt es sich beweisen, ob das, was er dem schwedischen Reichskanzler vorträgt, tatsächlich die Meinung Wallensteins ist oder nicht vielmehr die Auffassung der böhmischen Emigranten, die Wallenstein in den Mund gelegt wird. Die Natur dieser Dinge bringt es mit sich, daß die Gesprächspartner wegen der Eigeninteressen ihrer Mittelspersonen nicht nur dauernd irregeführt und regelrecht geprellt werden, sondern auch ihre Reputation und Zuverlässigkeit einbüßen; das gilt besonders für Wallenstein, der mit mehreren Seiten zugleich verhandelt.

Ein erster Kontakt mit Oxenstierna nach Lützen datiert vom Januar 1633. Wallenstein schickt dem schwedischen Reichskanzler durch Arnim einen Brief. Der Inhalt ist unbekannt, wahrscheinlich ist es dabei nur um Einzelheiten eines Gefangenenaustauschs gegangen: Wallensteins Schwager, Otto Friedrich Graf von Harrach, wurde gegen Marschall Torstenson ausgewechselt. Von seinen Friedensplänen mit Schweden informiert der Herzog aber ausdrücklich den spanischen König, und das heißt implizite: auch den Kaiser.

Was schlägt er nun angeblich durch Bubna den Schweden vor? Bubna unterbreitet schlicht und einfach ein Angebot, über das Arnim nur Vermutungen geäußert hat und welches das heißersehnte Ziel aller böhmischen Emigranten ist: Friedensschluß auf der unbedingten, ungeschmälerten Grundlage des Status quo von 1618. Oxenstierna findet das verblüffend, er ist mit Recht voller Zweifel, daß der Kaiser einen derartigen Frieden, der im Grunde nur den böhmischen Emigranten alles zurückbringt, was sie verlangen, akzeptieren wird; eben erst hat doch Ferdinand wegen einer so knochigen Auslegung dieses Datums die Verhandlungen mit Sachsen abgebrochen.

Um den Kaiser gehe es nicht, versucht Bubna dem Reichskanzler zu erklären, es gehe um Wallenstein. Der Feldherr wolle für den Frieden auf dieser Basis eintreten, mit allen Kräften, die er zur Verfügung hat, also besonders den militärischen Kräften. Bubna deutet es folglich nicht nur an, er behauptet es in strahlend öder Einschichtigkeit: Wallenstein ist angeblich bereit, seine Vorstellungen mit Hilfe der Armee durchzusetzen, auch gegen den Kaiser durchzusetzen.

Hier ist es also, das, was sich für immer mit dem Namen Wallenstein verbinden wird: Abfall, Hochverrat, Meuterei, Rebellion. Es wird immer ein Geheimnis bleiben, ob Wallenstein wirklich den Emigranten Bubna beauftragt hat, Oxenstierna ein solches Angebot zu machen. Sollten die Schweden nicht darüber informiert gewesen sein, was Wallenstein mit Arnim besprochen hat? Sollte es Oxenstierna für unmöglich gehalten haben, zumindest theoretisch ebenfalls zu denjenigen gezählt zu werden, die den Frieden im Reich stören und gegen den sich die vereinigten Armeen wenden könnten?
Es genügt, daß Bubna das angebliche Hochverrats-Projekt Wallensteins vorträgt, es genügt, daß Oxenstierna seine Meinung so dazu äußert, als hätte ihm Wallenstein selbst gegenüber gesessen: Oxenstierna ist bereit, Wallensteins Vorschläge zu übernehmen und auf dieser Basis mit ihm zusammenzuarbeiten; allerdings müsse der Feldherr damit einverstanden sein, daß Schweden als »Satisfaktion« ausreichende Gebietsabtretungen im Reich erhalte. Wallenstein selbst solle die Krone Böhmens bekommen.
Die Krone Böhmens hat Wallenstein schon einmal abgelehnt, klar und grob. Bubna hätte den schwedischen Reichskanzler davon informieren können. Er hat es nicht getan. Nur deshalb gibt sich Oxenstierna der Illusion hin, Wallenstein sei bereit, die Wenzelskrone als Kompensation für Mecklenburg anzusehen.
Als Wallenstein die Antwort Oxenstiernas erhält, bricht er ohne Begründung, in barscher Unverbindlichkeit die Gespräche mit Oxenstierna ab. Warum – wir wissen es nicht. Man hat alle möglichen Motive und Modelle durchgespielt, ist aber nicht auf das nächstliegende gekommen, weil man Wallensteins Charakter für viel zu kompliziert hielt, als daß man einfache Reaktionen bei ihm vermutet hätte. Die natürlichste Möglichkeit besteht schließlich darin, daß Wallenstein Bubna mit anderen Vorschlägen zu Oxenstierna geschickt hat, als sie Oxenstierna vorgetragen worden sind, und die Antwort des Reichskanzlers nicht auf das eingegangen ist, was Wallenstein interessierte. Die Schweden und Böhmen werfen dem Feldherrn wegen dieses Gesprächsabbruchs Zweideutigkeit vor und waren ihm gegenüber von diesem Moment ab extrem mißtrauisch. Dasselbe Mißtrauen aber kann man bei Wallenstein voraussetzen; nichts ist verständlicher, als daß er kein Bedürfnis hat, mit Partnern weiterzuverhandeln, die ihm zweideutig erscheinen. Arnim, Oxenstierna, Thurn, die Franzosen bezichtigen Wallenstein des Betrugs. Und er

selbst schreibt zu dem gleichen Thema an Trauttmansdorff: »Ich kann mir's nicht imaginieren, daß Gottes Gerechtigkeit diese Falschheit soll ungestraft lassen. Dieser Betrug ist wohl nicht der erste, so mir von ihnen geschehen, aber er soll gewiß der letzte sein.«

Am wenigsten Hand und Fuß hat alles das, was wir von den angeblichen Verhandlungen des Herzogs mit den böhmischen Emigranten wissen. Die Rašín-Relation ist und bleibt dubios. Aber selbst dieses Dokument zeigt unmißverständlich, daß die Exulanten, je spöttischer der milde Hohn Wallensteins ihnen gegenüber war, sich um so heftiger an die Versprechungen und Pläne des Grafen Trčka hielten; je weniger Wallenstein ihre Hoffnungen stärkte, um so eifriger machte Trčka diese Hoffnungen zur Wirklichkeit hin transparent. Sogar Feldmarschall Ilow – alles andere als ein Verehrer des Kaisers – mußte mehr als einmal die erwartungsvolle Begeisterung Trčkas dämpfen. Ilow hatte seine Erfahrungen mit Wallensteins Arroganz; vor Jahren war er vom Herzog wegen seiner Ungeschlachtheit mächtig geduckt worden, und deshalb bemerkte er jetzt besser als jeder andere, daß Wallenstein die böhmischen Unterhändler, bei aller konventionellen Höflichkeit, als das behandelte, wofür er sie noch immer hielt: rebellische Lotterbuben. Und bei den anderen Gesandten schien es so, als wäre nur das Adjektiv rebellisch zu streichen.

Indizienbeweise sind für den Historiker nur dann einigermaßen zuverlässig, wenn die Indizien untereinander übereinstimmen. Im Falle Wallensteins ist keine Rede davon. Bei allen seinen Verhandlungen im Sommer 1633 schließt er in sein Konzept von dem künftigen Zustand des Reiches auch die unbedingte Entfernung aller auswärtigen Mächte mit ein; er nennt sie einmal frisch pauschal »die fremden Kujone«. Erste Voraussetzung ist ihm die Trennung Sachsens und Brandenburgs von Schweden. Umwege führten auch damals oft schneller zum Ziel als der Gang durch die Tür, mit der man ins Haus fällt: Wallenstein will für das Trennungsziel den Schweden gegenüber sogar Konzessionen machen – aber nur so lange, bis die Trennung erreicht ist.

Aus demselben Grund unterstützt Wallenstein im Sommer 1633 zeitweilig die Bemühungen Spaniens gegen Frankreich, trotz seiner festgefressenen Abneigung gegen Madrid; die Spanier wollen die Unterpfalz gewinnen, Wallenstein dagegen hält an den berechtigten Ansprüchen der Erben des Pfalzgrafen fest. Eine Unterstützung Spaniens in diesem Moment bedeutet nichts anderes als eine Schwächung Frankreichs. Wenn Frankreich durch Spanien ungehindert seinen Druck auf Schweden verstärkt, muß sich Oxenstierna

zwangsläufig um eine enge Bindung der Sachsen an Schweden kümmern; und gerade das will Wallenstein vermeiden.
Andererseits, und auch das hat Wallenstein mit dazu veranlaßt, die Gespräche mit Oxenstierna kommentarlos zu vereisen, andererseits soll Schweden nur so viel an Satisfaktion zugestanden bekommen, daß Wallensteins Ziel – Abzug aller fremden Mächte – nicht blockiert wird. In welcher präzisen Form das möglich ist und geschehen soll, darüber läßt sich in der damaligen Situation nichts Sicheres festlegen. Die politischen Konstellationen und wechselseitigen Interessenverknotungen sind so verworren, wie kaum jemals vorher. Frankreich gibt das Kronbeispiel dafür: Die Hugenotten hat es zu Boden geschmettert, im Reich tritt es aber als Retter der deutschen Protestanten auf; während der Papst zu Gott fleht, er möge den schwedischen Waffen Siege gewähren, tut der katholische Kirchenfürst Richelieu schon wieder alles, um die Siege der Schweden zu neutralisieren; einerseits versucht Frankreich mit allen diplomatischen Mitteln, den Einfluß Schwedens im Reich zurückzudämmen, andererseits unterstützt es ebenso kräftig den Heilbronner Bund, den Oxenstierna im Frühjahr mit den evangelischen Fürsten der vier oberdeutschen Kreise – wohlgemerkt ohne Sachsen und Brandenburg! – gegen Habsburg und die katholischen Fürsten geschlossen hat.
Daß Dresden und Berlin fernbleiben, ist ausschließlich Wallensteins Appeasement-Diplomatie zu verdanken. Deshalb also seine dauernd wechselnden Versuche 1633, mit allen Parteien gleichzeitig zu verhandeln und im geeigneten Moment die Partner so gegeneinander auszuspielen, daß sein Konzept die maximalsten Erfolgsaussichten erhält. Mit Sicherheit aber ist es ihm nicht um die Inszenierung eines psychologischen Ratespiels gegangen, um die Nachwelt zu verärgern oder zu erheitern.
Am wenigsten mysteriös sind die Verhandlungen Wallensteins mit Frankreich. Von allen Gesprächspartnern hatte Richelieu das stärkste Interesse an einer Wendung Wallensteins gegen den Kaiser; die Motive wären ihm völlig gleichgültig gewesen. Graf Kinsky, der Unterhändler, war einer Meinung mit Trčka und den böhmischen Exulanten: Kein Wunder also, daß Richelieu seinen Sondergesandten Feuquières ermächtigte, Wallenstein der vollen Unterstützung Frankreichs und seines Königs beim Erwerb der Wenzelskrone zu versichern, mit Waffen und mit Geld; und der Kardinal stellte noch weit mehr in Aussicht. Was dagegen Wallenstein durch Kinsky vorschlagen ließ, ja ob es überhaupt etwas Konkretes war – auch darüber wird es immer bei bloßen Spekulationen bleiben müssen. Vor allem aber läßt sich nicht bestreiten: Wallenstein handelte 1633 tatsächlich nur so, daß Frankreich durch die Gespräche hingehalten und in seiner Aktivität gebremst wurde. Feuquières

kann sich anstrengen, so viel er will: Wallenstein bestätigt ihm nicht, was Kinsky den Franzosen vorgetragen hat.

Wenn Wallenstein lediglich Staatsmann gewesen wäre, leitender Politiker eines regierenden Hauses, dann hätte eine hinhaltende, verbindlich-unverbindliche Verhandlungsführung zu den üblichen diplomatischen Handwerkspraktiken gehört. Wallenstein aber war als Armeeführer Soldat. Er ist zwar mit außerordentlichen diplomatischen Vollmachten ausgestattet gewesen, der Kaiser aber hatte sie ihm mit dem selbstverständlichen Vorbehalt oder der undiskutierten Voraussetzung gegeben, daß Wallenstein immer als Repräsentant der Hofburg auftrat, als kaiserlicher Interessenvertreter und Gesprächsführer. Diese Loyalitätsbedingung hat Wallenstein jedenfalls so verstanden, daß er seine Vorstellungen und Angebote als identisch mit denjenigen des Kaisers ansah, ohne peinlich penibel danach zu fragen, ob es wirklich so war.

Die Schwierigkeit dabei ist allerdings, daß Wallenstein gleichzeitig auch freier Reichsfürst ist, für den eine derartige Loyalität nicht gilt, genausowenig wie etwa für den Kurfürsten von Sachsen, der gegen seinen obersten Herrn, den Kaiser, Krieg führt, ohne deshalb Hochverräter zu sein. Jede mögliche Zweideutigkeit von Wallensteins Verhandlungen 1633 ist also zunächst ein Merkmal seiner Doppelfunktion als kaiserlicher Armeeführer und freier Reichsfürst. Wallenstein hat es übrigens abgelehnt, im April 1632 bei Übernahme des zweiten Generalats dem Kaiser einen Eid abzulegen; ob das auch der Überlegung entsprungen ist, sich dadurch noch stärkere Handlungs- und Verhandlungsfreiheit vorzubehalten – und zwar um seiner eigenen inneren Rechtfertigung willen –, das wird Spekulation bleiben müssen. Der Kaiser hatte Wallenstein mit umfassenden Vollmachten ausgestattet, er hatte sie einer Person gewährt, nicht einer Fiktion. Es ist fruchtlos, immer wieder ex eventu den Versuch zu machen, zwischen erlaubtem und unerlaubtem, befugtem und unbefugtem, kaisertreuem und illoyalem Verhalten des Herzogs zu sondern. Sogar der Kaiser wußte, daß er diese Machtvollkommenheit nicht einem Schemen gegeben hatte, sondern einer Persönlichkeit aus Fleisch und Blut und Gehirn, kaltem Blut wohlgemerkt und sehr selbständigem Gehirn.

Die Verhandlungen, die Wallenstein im August und September mit Sachsen führt, kommen über den toten Punkt nicht hinweg: an der Verbindung mit Schweden, die Arnim nicht so einfach abreißen will und abreißen kann. Arnim legt sich in diesen Wochen nicht mehr und nicht weniger fest als Wallenstein. Seine Reserve ergibt sich konstant, unverändert aus seiner eigenen Friedenskonzeption. Arnim bildet sich dabei immer schärfer als Vertreter und Wortführer der »dritten Partei« des Reiches aus, einer Partei, in der sich der kursächsische Partikularismus voll saturiert fühlen konnte. Die wirkliche Macht des Kaisers sollte wie früher ganz auf seine Erblande beschränkt bleiben – das wich erheblich von Wallensteins Vorstellungen ab.

In Wien wird unterdessen eifrig geschürt. Trotz seiner Freunde unter den kaiserlichen Beratern verdünnt sich das Vertrauen zu Wallenstein mit jeder Woche, der Kaiser versteht vor allem nicht, warum sein Generalissimus am Verhandlungstisch sitzt, statt Sieg auf Sieg nach Wien zu melden. An der Juliwende 1633 erhält Ferdinand II. eine anonyme Schrift in die Hände gespielt, in der die Kriegslage analysiert und zur Abberufung Wallensteins geraten wird. Verfasser dieses »Wohlgemeinten Bedenkens« war der bayerische Vizekanzler und Gesandte in Wien, Bartholomäus Richel, sein militärischer Berater der Hofkriegsratspräsident Schlick, Wallensteins früherer Feldmarschall 1627; Schlick empfahl für den neuen Oberbefehl den Thronfolger und sich selbst.

Zur gleichen Zeit erhält Ferdinand II. den ausführlicheren Anonymbericht von den Heidersdorfer Gesprächen. Jetzt empfiehlt man dem Kaiser, sich durch einen seiner Räte direkt bei Wallenstein zu informieren. Am 12. August 1633 reist Graf Schlick aus Wien ins Feldlager Schweidnitz ab. Die offene Instruktion lautet, Wallenstein zu aktiver Kriegsführung aufzufordern, vor allem aber soll der Herzog den Grafen Schlick informieren, »wie weit es etwa mit den Traktaten, die zwischen ihm und Arnim stattgefunden, gediehen sei, und wie weit man sich dabei zu verlassen haben möchte«. Dazu erhält Schlick eine Geheiminstruktion: Er soll sich für den Fall, daß der Kaiser einen Wechsel im Oberbefehl vornimmt, der Treue aller wichtigen und hohen Offiziere versichern, vor allem Gallas' und Piccolominis.

Der Erfolg der Schlick'schen Mission war glänzend, nämlich ein Mißerfolg durch und durch, was die offene Instruktion betrifft – und was den Geheimauftrag angeht, so wurde vor allem Piccolomini als Spion und Denunziant gewonnen. Wallenstein kannte den Neid und die Ambitionen Schlicks, seit der Graf nach der Schlacht am Weißen Berg von der böhmischen flink auf die kaiserliche Seite gewechselt war. Der Herzog empfängt ihn mehr als ungnädig, er verbittet sich ein für allemal jeden Versuch, in seine Vollmachten einzugreifen, er bleibt dabei, daß nur er, der Herzog von Friedland, entscheidet, wo und wie Krieg geführt wird. Hat ihn nicht der Kaiser deutlich genug zu jedem Waffenstillstand ermächtigt, den Wallenstein für richtig hält?

Schlick kann die Bemerkung nicht unterdrücken, daß er – wenn er an Wallensteins Stelle wäre – das feindliche Heer auf der anderen Seite in ein paar Stunden vernichtet haben würde. Wallenstein betrachtet ihn lange, wohlwollend und verächtlich: Warum soll gerade Schlick sich von den andern unterscheiden? Nur er selbst, der Herzog, hat die ganze Sinnlosigkeit jeder militärischen Aktion in diesem Jahr 1633 begriffen – Wallenstein scheint selbst fasziniert zu sein von dieser Einsicht, zu der nur er den Schlüssel hat, und man könnte ohne weiteres glauben, daß er das Unverständnis, mit dem ihn seine Umgebung und Wien beäugt, erheblich genießt. Hohn ist oft nur eine Waffe von Zynikern, die es gar nicht sein wollen. Nie ist Wallenstein einsamer gewesen als in diesem Jahr, ein Einsamer der zeitgenössischen Ohnmacht. Ohne daß sich etwas in seinem ausgemergelten Gesicht rührt, sagt er langsam zu dem Präsidenten des Hofkriegsrats: »Die Sachsen in ein paar Stunden vernichten – solch Rat hätt ich wohl von einem Hofkaplan erwartet, denn von Ihm.«

Noch einmal akzeptiert jetzt Wallenstein, daß auch Schweden wieder in die Gespräche gezogen wird, er glaubt im September 1633, der Kaiser wäre schließlich doch das stärkste Hindernis für den Friedensschluß. Die Gegenseite erwägt diesmal sogar die Möglichkeit eines Marsches Wallensteins auf Wien. Oxenstierna verlangt aber diesmal, daß Wallenstein erst vollzogene Tatsachen schafft, bevor Schweden seine Zusagen erfüllt – eine Bedingung, auf die man nur eingeht, wenn man von vornherein auf seine Trümpfe verzichten will. Das hat Wallenstein nicht vor, er bricht deshalb ein zweitesmal die Gespräche mit Oxenstierna ab und kurze Zeit später auch die Verhandlungen mit Sachsen – vor allem weil sich Arnim weigert, Wallenstein das Oberkommando einer vereinigten kaiserlich-sächsisch-brandenburgischen Armee gegen Schweden zu überlassen. Immerhin verbleibt der Herzog von Friedland mit dem Kurfürsten in Dresden so, daß die Erörterungen über den Frieden – sei er freiwillig akzeptiert, sei er erzwungen – jederzeit wieder fortgesetzt werden können. Das Endergebnis ist allen Beteiligten klar: Wallenstein legt sich nach keiner Seite fest, er legt sich nach keiner Seite bloß, nicht den Sachsen, Franzosen, Schweden gegenüber.
Auch dieser Verhandlungsstop erhärtet Wallensteins Ruf der Unzuverlässigkeit – als wäre der Herzog nur dann »zuverlässig«, wenn er sich den Bedingungen seiner Gesprächspartner beugt. Diese Unsicherheit Wallenstein gegenüber steigert sich noch dadurch, daß er sofort nach Ablauf des Waffenstillstands blitzschnell, mit einer explosiven Energie wieder Feldherr ist und nur Feldherr. Er gibt einigen Regimentern die Order, über die Lausitz nach Sachsen zu marschieren, durch Agenten läßt er bei den Sachsen das Gerücht verbreiten, es wäre ein außerordentlich starkes Truppenkontingent, auch Piccolomini sei dabei.

Arnim reagiert so, wie es Wallenstein erwartet. Er zieht mit seinen und den brandenburgischen Truppen aus Schlesien ab, um Sachsen zu decken. Thurn, der als General seit 1619 nichts dazugelernt hat, bleibt mit seinen Schweden in Schlesien zurück und wartet an der Oder, daß Wallenstein mit seinem Gros der Arnimschen Armee folgt und ihm selbst dadurch den Weg nach Böhmen frei macht. Wallenstein schickt aber nur ein kleines Korps leichter Reiter den Sachsen nach, Thurn will schon zum ersten Triumphgeschrei ansetzen, da wirft sich Wallenstein zurück an die Oder, in einem überwältigend jähen Ansturm, er kesselt das ganze schwedische Korps bei Steinau ein, er verlangt am 12. Oktober 1633 binnen einer Stunde die völlige Kapitulation.
Die Schwedenfahnen gehen zu Boden, 50 Stück, fast 6000 Mann treten zu den Kaiserlichen über, alle Offiziere, an ihrer Spitze Thurn, werden gefangen. Schlesien ist wieder für Habsburg offen, Wallenstein fällt in die Lausitz ein, erobert Görlitz und Bautzen, befreit den größten Teil Schlesiens vom Feind, schickt seine Reiter hoch in den Norden, Frankfurt an der Oder wird besetzt, Landsberg an der Warthe kapituliert, die Kavallerie dringt bis Berlin vor, ganz Hinterpommern wird erobert.
Wenn Wallenstein seit dem Frühjahr in Schlesien Schlacht auf Schlacht geschlagen hätte: mehr wäre gar nicht zu erreichen gewesen als ihm mit dieser blitzgleichen Überrumpelung gelang. Zwölf große Feldstücke hatte Thurn in den Mauern Steinaus gehabt, Pulver und Proviant für Monate. In keiner Festung Europas gab es eine so starke Besatzung. Magdeburg hatte sich mit seinen 2000 Mann viele Monate lang gehalten. Ingolstadt mit 7000 Mann wurde von Gustav Adolf einfach liegengelassen, weil eine Belagerung aussichtslos war. Wenn Thurn die Nerven behalten hätte, dann wären die Kaiserlichen bei einer Belagerung zu Tausenden vor Steinau gefallen. Wallenstein konnte es gar nicht darauf anlegen, sich dort festzubeißen, und einen Abzug ohne Eroberung hätte er schon gar nicht riskieren können.
Warum Thurn so rasch kapitulierte, ist unerfindlich. Wallenstein drohte ihm lediglich, das genügte. Und dann unterschrieb der Graf auch noch die Kapitulationsbefehle an die Kommandeure der fünf schlesischen Hauptfestungen Glogau, Sagan, Liegnitz, Breslau und Frankfurt an der Oder. Es war der leichteste Sieg, den Wallenstein je errungen hatte, und es war sein intelligentester. Eine Schrift der Zeit rühmt ihn, er sei »ein kluger, verschmitzter, hochvernünftiger, kriegserfahrener, heroischer, tapferer und sinnreicher Held, der auch ohne Macht, nur durch List und stratagematische Griffe der Feinde Macht könnte brechen, wie er das in der Tat meisterhaft erwiesen und dargetan«. Der Schreiber wird dabei an Steinau gedacht haben, an dieses Glanzstück – mit so schwerwiegenden Folgen.

Der Jubel in Wien schlägt noch einmal über den Kirchturmspitzen zusammen. Ein paar Wochen vorher war von spanischer Seite schon erwogen worden, Wallenstein unter Umständen ermorden zu lassen. Jetzt aber notiert Khevenhüller von dem Wiener Freudentaumel in seinen Annalen, »daß alle trüben Wolken der Suspicion abgetrieben und Friedland wieder die Sonne der Gerechtigkeit« sei. An ihren Strahlen freut man sich allerdings nicht lange, das jäh gefestigte Vertrauen zu dem siegreichen Feldherrn wird ebenso plötzlich schwer belastet. Auf Thurns Kopf steht seit 13 Jahren eine Belohnung. 1621 wäre er als erster in den Sack des Henkers gekollert. Wallenstein aber liefert ihn nicht an Wien aus, er läßt ihn frei. In diesem Entschluß des Herzogs steckt ein solides Stück Faktenironie, denn der Feldherr rettet hier denselben Mann vor dem Richtschwert, der ihn 1619 in den schrillsten Tönen als »hoffärtige Bestie« beschimpft und verflucht hat.
Als der Feldherr wegen dieser Freilassung von Wien gemahnt wird, schreibt er gutgelaunt zurück: »Was hätte ich denn mit diesem Rasenden machen sollen? Wollte der Himmel, die Feinde hätten lauter Generale wie dieser ist. An der Spitze der schwedischen Armee wird er uns weit bessere Dienste tun als im Gefängnis.« Das ist keineswegs reine Bosheit. Ähnlich denkt nämlich auch Oxenstierna. Als Thurn wieder bei ihm ist und langatmig seine Kapitulation erklärt und entschuldigt, meint der Reichskanzler seufzend: »Mir ist der unglückliche Ausgang leid, aber noch mehr, daß ich Euch schwedisches Volk anvertraut habe.«
Wallenstein hat seine Gründe für die Entlassung Thurns, er schenkt ihm aber sicher nicht deshalb die Freiheit, weil er sich vor irgendwelchen Beschuldigungen oder Anklagen des Grafen sichern will. Aus seinen Gesprächen mit Thurn hat er vor Wien gar kein Hehl gemacht, die Hofburg ist informiert, und Eggenberg bezieht sich auf diese Kontakte, als er in einem Brief vom 20. Juni 1633 an Wallenstein die Hoffnung äußert, des Feldherrn »hochvernünftige Diskretion werde alles bald in einen erfreulichen Stand setzen«.

Wallenstein versucht jetzt noch einmal Friedensgespräche mit den beiden Kurfürsten, aber sein Entwurf – es ist die erste Fassung, die direkt aus seiner Hand stammt – wird wieder abgelehnt. Wallenstein hält an der Bedingung des Oberbefehls der Truppen gegen Schweden fest. Die Kurfürsten ihrerseits halten an Schweden fest. Das Konzept Wallensteins enthält nicht die geringste Zielrichtung gegen Wien.

Dort, wo Wallenstein das Schwert selbst führt, diktiert er auch. Es ist nur eine ohnmächtige Feststellung des blamierten Arnim, als sich Wallensteins Heer wiederum Dresden nähert und alles darauf hinauszulaufen scheint, daß der Feldherr jetzt seine Friedensbedingungen mit Kanonendonner noch einmal vorträgt: »Die härteste Nuß hat er noch zu beißen. Gott gebe, daß er dran beiße, daß ihm die Kinnbacken drüber zerspringen.«

Arnim meint die Lage in Süddeutschland. Allerdings wertet Wallenstein die Entwicklung anders; die härteste Nuß, die ihm 1633 unter die Zähne kommt, stammt aus spanischen Gefilden. In Madrid kennt man die Reserven, die Wallenstein gegenüber Spanien hat. Trotzdem ließ sich Philipp IV. niemals von seiner Hochschätzung des Herzogs abbringen, nicht einmal durch die Berichte seiner verschiedenen Gesandten, die an Gehässigkeit den bayerischen kaum nachstanden. Der spanische König vergaß nie die Proportionen, er wußte zu trennen zwischen übler Nachrede und faktischer Bedeutung, und Wallenstein schien ihm derjenige zu sein, der dem Haus Habsburg bisher die größten Dienste geleistet hatte.

Der Escorial will 1633 die Verbindung zwischen Mailand und den spanischen Niederlanden nicht ohne weiteres von den Schweden und Franzosen abschneiden lassen. Der Kardinal-Infant Ferdinand soll deshalb mit einem stattlichen Heer von Mailand durch Graubünden und dann am Rhein entlang in die Niederlande ziehen, in Begleitung des Herzogs von Feria, des damaligen spanischen Gouverneurs von Mailand.

Wallenstein wird nach seiner Meinung gefragt. Er stimmt sofort bereitwillig zu, er will den Durchzug sogar von Aldringen, der die kaiserlichen Truppen in Süddeutschland kommandiert, begleiten lassen. Kaum hat Wallenstein seine Erklärung abgegeben, da erweitert Madrid den Plan: Der spanische König will ein selbständiges Heer unter Feria im Elsaß und im Reich aufstellen, Feria soll den Schutz des Elsaß, Schwabens, Burgunds, Frankens, Bayerns und Kölns übernehmen. Für einen derart weitgespannten Auftrag sind allerdings die spanischen Truppen zu schwach. Wallenstein soll deshalb Aldringen und sämtliche kaiserlichen Regimenter im Süden dem Befehl Ferias unterstellen.

Wallenstein bekommt einen Wutanfall. Dann erklärt er dem Kaiser die Gründe für seine prinzipielle und unbedingte Ablehnung. Sein Veto hätte sich als erstes auf die Göllersdorfer Kapitulation stützen können, in der ihm der Kaiser ausdrücklich den unbeschränkten Oberbefehl über alle Truppen im Reich übertragen hat und ebenso die Direktion der Kriegsführung. Wallenstein fürchtet aber mit Recht die Empörung aller katholischen und protestantischen Fürsten des Reichs. Seit Jahrzehnten sind die Spanier von allen fremden Mächten am meisten verhaßt, das Projekt würde zu Lasten des Kaisers gehen, weil er durch seine Genehmigung in deutschen Augen der »viehischen spanischen Servitut« Vorschub leistet. Ferner würde Frankreich aus dem »verdeckten Krieg« herausgedrängt, würde sich offen mit den Waffen einmischen, und dadurch wären die Friedensaussichten vollständig verschüttet.

Der Kaiser stimmt Wallensteins Gutachten vollständig zu. Außerdem ist der Kaiser hier nicht unempfindlicher als Wallenstein, er spürt gut genug die Zumutung, daß der spanische König, ohne ihn überhaupt zu fragen, den Herzog von Feria schon zu seinem General in Deutschland ernannt hat.

Seit dieser Antwort Wallensteins datiert der tödliche Haß der Spanier gegen ihn. Teils aus verletztem Stolz, vor allem aber, weil sich hier der mächtigste Feldherr der Zeit offen gegen das Hauptprinzip ihrer ganzen Reichspolitik wendet: die Basis in Mitteleuropa auszubauen und um dieses Ziels willen einen direkten Zusammenstoß Habsburgs und Frankreichs zu provozieren. In Wien wird der spanische Gesandte Oñate der verschlagenste, bösartigste Feind Wallensteins, er beginnt den Kampf gegen ihn zu systematisieren.

Die zweite Nuß ist die bedrohliche Form, die der Krieg in Süddeutschland inzwischen angenommen hat, eine Nuß freilich, die zwischen den nicht sehr kräftigen Zähnen Maximilians steckt. Was der Bayernfürst im Feld allein nicht fertigbringt, versucht er durch Bundesgenossen auszugleichen. Der Konflikt zwischen dem Escorial und Wallenstein kommt wie bestellt. Was früher Frankreich war, wird jetzt Spanien, und in dieser Koalition kann Maximilian auch auf die unbedingte Unterstützung aller Jesuiten rechnen, die in der Hofburg sind und das kaiserliche Ohr erreichen.

Für Maximilians Ziele wirkt es sich äußerst günstig aus, daß die Schweden im süddeutschen Raum ganz andere Erfolge haben als ihre Partner in Sachsen und Schlesien. Sie belagern konsequent die Festung Breisach und sperren damit den wichtigsten Rheinübergang des ganzen Gebiets. Der Kaiser entschließt sich deshalb doch, entgegen seiner ersten Stellungnahme, entgegen seiner ausdrücklichen Garantie von Göllersdorf, dem Herzog von Feria den Zutritt zum Elsaß zu genehmigen. Damit wird eindeutig gegen die Rechte des Feldherrn verstoßen. Wallenstein beherrscht sich, er stimmt im August der kaiserlichen Genehmigung zu.

Der militärische Fehler dieses Entscheids geht völlig zu Lasten Maximilians; Wallenstein registriert das mit schneidendem Hohn. Aldringen hat zu den Truppen Ferias stoßen müssen, Breisach wird zwar entsetzt, dafür kann sich jetzt Bernhard von Weimar ungehindert seine Operationsgebiete aussuchen. Wallenstein hat nichts anderes vor, als die Sache im Norden endlich zu bereinigen. Vielleicht ist er wirklich davon überzeugt, daß die Gegner hier nur auf seinen Abzug warten, um in Böhmen einzufallen, vielleicht nimmt er diese Sorge nur als Vorwand, um seine Truppen hier zu halten und Bayern vorerst sich selbst, also Maximilian, zu überlassen. Den Bittgesuchen des Kurfürsten kann er genügend militärische Gründe entgegenstellen, an Gallas schreibt er: »Ich will meinen Kopf zu Pfande setzen, daß der von Weimar nach Eger gehen wird«, auch dem Kaiser gegenüber beteuert er noch am 14. November 1633, daß nichts auf der Welt den Anschein erwecke, Herzog Bernhard würde Regensburg bedrohen, wie jedermann besorge. Das war zur gleichen Stunde, da Bernhard in Regensburg einmarschiert, nachdem er es zehn Tage belagert hat.

Ob Wallenstein den Fall der Stadt erwartet, nicht erwartet oder verschuldet: Die Eroberung gerade Regensburgs wird in Wien und von Maximilian als größtes Unglück des Jahres 1633 angesehen und schadet Wallenstein stärker als jedes andere Ereignis. Hier bestätigt sich doch so handgreiflich wie nur möglich, was alle kritischen Augen schon das ganze Jahr befürchten: Wallenstein ist ein Feldherr, der mit seinen diktatorischen Generalsvollmachten nichts anderes anzufangen weiß, als die Lust am Zögern zu genießen. So sind auch weite Strecken der Geschichtsschreibung eingefärbt worden.

Wallenstein hält nach Lützen die militärischen Gewaltmittel für die schlechtesten aller Mittel. Was er 1633 versucht, ist nichts anderes, als den Beweis dafür anzutreten. In diesem Jahr steht zum letzten Mal während des ganzen Dreißigjährigen Krieges die politische Vernunft gegen die militärische Logik. 1633 paßt beides noch einigermaßen zusammen, nach Wallensteins Ermordung fallen sie bis zum Westfälischen Frieden endgültig auseinander. Das Geheimnis der historischen Welt liegt zweifellos im Sichtbaren, aber die Dinge zeigen nur in sehr wenigen Fällen ihre tatsächliche Logik; meistens hält man das zufällige Zusammenpassen der Ereignisse für die rational-kausale Struktur des Ganzen.

Nicht nötig, sich 1633 über Wallensteins Empfindungen gegenüber Maximilian hinwegzutäuschen. Um so besser für Wallenstein, wenn sich die Kriegslage von allein und nicht ohne Verschulden Maximilians so entwickelt, daß Wallenstein den objektiven Verhältnissen eine subjektive Genugtuung abgewinnen kann. Wenn ihn jetzt der Bayernfürst von neuem um Hilfe anfleht, dann muß sich Wallenstein zwangsläufig nicht nur an Maximilians Beitrag zu seiner ersten Entlassung erinnern, sondern ebenso daran, daß der Bayernfürst 1628 Tilly verboten hatte, Wallenstein vor Stralsund zu unterstützen, daß er es abgelehnt hatte, mit seinen Truppen Wallenstein nach Sachsen zu folgen, wodurch die kaiserliche Position bei Lützen verdorben worden war.

Maximilian wendet sich aber nicht nur an Wallenstein, er spricht wieder mit dem Kaiser. Mit den katholischen Kurfürsten hinter sich verlangt er ein zweites Mal die Entfernung Wallensteins. Wieder spielt er mit dem Gedanken, von Habsburg abzufallen. Herzog Bernhard nützt seine Stellung in Regensburg zu ausgedehnten Plünderungszügen. Wallenstein täuscht sich nicht über den Eindruck, den die Eroberung Regensburgs in Wien macht. Als er davon erfährt, versichert er sofort dem Kaiser, er sei »schon in völligem Zug mit starken Tagreisen hinaufwärts gegen den Herzog Bernhard von Weimar, um dessen Vorbruch zu begegnen, begriffen; und können dabei Eure Majestät sich ungezweifelt versichert halten, daß sie in dero Landen einiger feindlichen Irruption nicht zu besorgen«.

Sein Marschtempo ist tatsächlich groß, binnen zehn Tagen legt er mit seiner Armee den Weg von Leitmeritz über Rakonitz, Pilsen nach Furth im Wald bis Cham nordöstlich von Regensburg zurück. Dort bricht er den Marsch ab, er führt die Armee in die Winterquartiere nach Böhmen und Mähren; ein Teil bleibt unter Gallas in Schlesien, ein anderes Kontingent schickt er zur Überwinterung und Verstärkung des Regiments Suys nach Oberösterreich.

Wallensteins Entschluß hat viele Gründe, die militärischen billigt sogar Herzog Bernhard mit Bedauern als ganz richtig: Der Böhmerwald ist schon tief verschneit, scharfer Frost hat begonnen, die Belagerung einer Stadt wie Regensburg ist militärisches Hasard, im Winter aber blanker Unsinn; die Kavallerie läßt sich in der kalten Jahreszeit überhaupt nicht im Feld halten. Wallenstein berichtet dem Kaiser am 3. Dezember, daß er seinen Zug abbricht und nach Böhmen zurückgeht, nicht zuletzt deshalb, um das Land vor einem Einmarsch Arnims zu schützen.

Jetzt hat die Feindpartei am Wiener Hof absolut Oberwasser. Daß die Erblande ein zweites Mal die Last der Winterquartiere tragen sollen, ist zu viel. Der Kaiser vergißt alles, worum er Wallenstein in Göllersdorf angefleht, was er ihm feierlich zugesichert hat. Er setzt sich über die Vollmachten hinweg, er befiehlt dem Feldherrn, augenblicklich umzudrehen und Herzog Bernhard zu attackieren, er befiehlt dem Obristen Suys, die Regimenter, die Wallenstein nach Oberösterreich geschickt hat, sofort an den Inn zu verlegen. Am 14. Dezember überbringen Trauttmansdorff und Questenberg dem Feldherrn die kaiserlichen Weisungen nach Pilsen.

Kaum ist Wallenstein informiert, fertigt er sofort zwei strikte Gegenbefehle an Oberst Suys aus. Suys hält sich an Wallensteins Order, nicht an den Wunsch des Kaisers. In Pilsen bestellt Wallenstein umgehend einen Kriegsrat aller Generale und Regimentskommandeure. Er legt ihnen die kaiserlichen Befehle vor. Die Offiziere lehnen einstimmig die Anordnungen ab. Ihr Gutachten für den Kaiser stellt fest, daß eine Aufhebung der Winterquartiere

die Soldaten »krepieren oder desperieren« lassen würde. Wegen der Stimmung in der Armee empfehlen sie sogar die absolute Geheimhaltung der kaiserlichen Weisungen, um nicht eine allgemeine Meuterei heraufzubeschwören.
Der Kaiser beugt sich, aber von jetzt ab ist er entschlossen, sich von Wallenstein zu befreien. Die Argumente bezieht er von Wallensteins Feinden. Welcher »Verschwörung« sich der Feldherr bis zum 20. Februar 1634 schuldig gemacht haben soll, ist bis heute rätselhaft geblieben, wenn man sich den Sinn für den Unterschied zwischen Behauptung und Beweis nicht vernebeln läßt. Wohl aber existiert in Wien eine Verschwörung mit dem unbedingten Ziel, Wallenstein um jeden Preis fortzuschaffen, wobei der Preis seines Ansehens natürlich am leichtesten zu entrichten gewesen ist. Der offene Kampf entzündet sich nicht an verschiedenen politischen Prinzipien, er spielt sich als persönlicher Machtkampf ab und geht vom Kaiser aus, nicht von Wallenstein. Dazu kommt die planmäßige Unterhöhlung der Position Wallensteins durch Offiziere seiner nächsten Umgebung, vor allem durch Octavio Piccolomini.

Von allen Militärs schätzt ihn Wallenstein am meisten, er hat sogar eine ausgesprochene Zuneigung zu ihm, nicht zuletzt deshalb, weil Piccolominis Nativität mit seiner eigenen übereinstimmt. Der junge General der Kavallerie, der – so tapfer er auch war – seinen Aufstieg ausschließlich Wallenstein verdankt, ist so ehrgeizig, daß ihm alle Beförderungen immer noch nicht schnell genug gehen. Piccolomini arbeitet Anfang Oktober 1633 im Auftrag der Wiener Partei ein militärisches Gutachten aus und schickt es dem Kaiser zu, anonym, versteht sich. Es wird später als »Bamberger Schrift« bekannt und dient in dem Kesseltreiben der Gegner Wallensteins als Krondokument für die militärische Unfähigkeit des Feldherrn. In dem Schriftstück wird Wallensteins Kriegsführung seit dem Frühjahr einer hämischen, entstellenden Kritik unterzogen, seine Friedensverhandlungen werden so dargestellt, als seien sie lediglich von Verratsabsichten bestimmt gewesen, Wallenstein suche ununterbrochen nur seine persönlichen Vorteile und bemühe sich, das Haus Habsburg immer ausschließlicher von seiner persönlichen Macht abhängig zu machen.
Diese Schrift wird zum Hauptbeweis von Wallensteins Schuld, man läßt sie als sicheres Zeugnis für seine Hochverratsabsichten gelten. Piccolomini wird im Spätherbst zum Kopf der ausführenden Aktionspartei gegen Wallenstein. Ein Feind des Herzogs ist in diesem Winter eo ipso ein ergebener Gefolgsmann des Kaisers. Sicherlich bestimmt also die äußere Treue zum Kaiser und

zur Kirche Piccolominis Verhalten, er befindet sich aber auch in der besonders glücklichen Lage, daß alles, was er unternimmt, auch seinen privaten Wünschen verblüffend entgegenkommt: Von allen Feinden Wallensteins war Piccolomini am heftigsten von der Gier nach Reichtümern und Ländereien getrieben.

Seiner Verschlagenheit ist alles recht. Im Sommer 1633 kursierte bei den Protestanten ein Gerücht, daß Wallensteins Friedensverhandlungen nur eine Finte seien, um Arnim, Thurn und Prinz Ulrich von Dänemark, den Sohn Christians IV. und regierenden Herzog von Holstein, gefangenzunehmen und zu ermorden. Wallenstein hatte zu dieser Zeit die besten Beziehungen zum dänischen König, man sprach sogar davon, daß Prinz Ulrich die Tochter des Herzogs heiraten würde. Bei einer Zusammenkunft Arnims mit Wallenstein im Juli, an der auch der dänische Prinz teilnahm, wurde an Piccolominis Tafel vom Gastgeber vorgeschlagen, am nächsten Tag ein Scheingefecht zu arrangieren; während des Mahls leistete sich Piccolomini grobe Beleidigungen des dänischen Gastes. Bei dem Kriegsspiel tags darauf erschoß ein Jäger Piccolominis den Prinzen aus einem Hinterhalt. Der Mörder verschwand, der Fall konnte nicht geklärt werden. In Wallensteins nächster Umgebung wußte man, was von diesem »unglücklichen Zufall« zu halten war, die Protestanten im Reich dagegen sahen ihr Gerücht bestätigt. Gleichgültig, welche Motive Piccolomini zu seinem Haß gegen Wallenstein getrieben haben – seine Methoden hinterlassen den übelsten Geschmack auf der Zunge.

Merkwürdig kombinierte Beweggründe hat auch Feldmarschall Gallas. Bei ihm ist die Gegnerschaft deshalb so bemerkenswert, weil Wallenstein von Anfang an und durch das ganze Jahre 1633 sämtliche Pläne und Vorhaben mit ihm besprochen hatte, Gallas von allen Gesprächspartnern wußte und trotzdem niemals den geringsten Anlaß sah, Wallenstein etwas vorzuwerfen, auch nicht in der Heeresführung. Dabei ist Gallas der intelligenteste und ruhigste unter Wallensteins höchsten Offizieren. Noch Anfang Dezember 1633 ergreift er in Briefen an Piccolomini erregt und entschieden die Partei Wallensteins und empört sich über die intrigierenden Besserwisser am Wiener Hof und in den Kanzleien. Kaum versucht jedoch die Gegenpartei in Wien die ersten Kontakte bei ihm, ist er sofort bereit, bei der Beseitigung Wallensteins mitzumachen.

Besonders leicht ist Aldringen für die Aktion zu gewinnen, mit ihm war schon immer zu rechnen gewesen. Ob Wallenstein falsch gehandelt hat oder richtig: falsch ist es gewesen, einen Mann wie Aldringen an höchster Kommandostelle im Heer zu lassen. Genauso schnell erklärt sich Colloredo gegen den Feldherrn. Schon vor acht Jahren hatte Wallenstein mit seinem Rücktritt gedroht, falls der Kaiser Colloredo zum Generalwachtmeister bestallte, mit Colloredo wäre die Armee »versehen wie ein Dorf mit einem unsinnigen Pfaffen«, er wäre der schlampigste Mensch, den Wallenstein zeit seines Lebens gesehen habe.

Auch bei Don Balthasar Marradas gibt es überhaupt keine Schwierigkeiten, und ein Mann wie der Feldzeugmeister Carretto di Grana jauchzt geradezu auf, als ihm bekannt wird, was sich gegen den Generalissimus zusammenzieht. Wallenstein hatte schon im Oktober 1625 an Harrach geschrieben: »Der Marchese di Grana erzeigt sich sehr malcontent, daß ich ihn zu keinem Regiment will befördern. Sein Maul wird nicht feiern. Ich schwöre, daß ich lieber wollte ins Spital gehen, als ihn bei mir haben.« Carretto setzte sich später trotzdem durch, er bekam ein Regiment. Daß ihn Wallenstein richtig eingeschätzt hatte, zeigte sich sofort. Seine Habsucht riß ihn zu übelsten Gelderpressungen hin, Wallenstein reagierte prompt: Er reduzierte die Kompanien Carrettos empfindlich und drohte, das ganze Regiment zu kassieren und den Marchese davonzujagen, falls noch ein einziger Übergriff vorkommen sollte. Carretto ist auch von Leuten, die alles andere als Freunde Wallensteins waren, als Mensch von »teuflischer Bosheit« und »gemeinster aller kaiserlichen Obersten« bezeichnet worden.

Schon allein diese sechs Offiziere belegen ausreichend die Tatsache, daß sich Wallenstein keineswegs auf seine Armee so verlassen kann, wie er denkt. Wallenstein rechnet fest mit der persönlichen Treue seiner Kommandeure und damit des ganzen Heeres. Die Überzeugung, daß sich die Armee dem Feldherrn so bedingungslos zugehörig fühlt, wie der Feldherr die Armee als seine Armee ansieht, ist ein Trugschluß.

Nach dem Zusammenstoß mit dem Kaiser trifft Wallenstein noch einmal Mitte Dezember mit Trauttmansdorff in Pilsen zusammen. Der Feldherr skizziert dem Minister ein letztes Mal die Lage aus seiner Sicht, er bittet ihn, dem Kaiser direkt zu berichten. Wallenstein erklärt und begründet erneut seine Ablehnung aller spanischen Unternehmungen im Reich. Den Vorschlag Wiens, die Armeeführung mit Ferdinand III. zu teilen, verwirft er, aber er wiederholt das Angebot, das er schon vor zwei Wochen unterbreitet hat: den Oberbefehl freiwillig niederzulegen und völlig auszuscheiden. Der Selbstmord beginnt in der Regel damit, sich über seine Vorzeichen hinwegzutäuschen. Diesen Fehler begeht Wallenstein nicht. Heftig beklagt er sich bei Trauttmansdorff und dem Kaiser, »daß seltsame, gefährliche Diskurse wider ihn bei Hof vorgingen« und er sogar erfahren habe, daß man ihn vergiften wolle. Eindringlich warnt er den Kaiser noch einmal davor, dem Drängen Spaniens nachzugeben und sich in fruchtlose, »ewige Kriege und Intrigen einstecken«

zu lassen: »Man muß Fried machen, sonst wird alles unsererseits verloren sein.«
Das ist eins der letzten persönlichen Worte Wallensteins an den Kaiser. Am Wiener Hof kursieren inzwischen Voten, Memoranden, Pamphlete gegen Wallenstein, sie erscheinen anonym, die gefährlichsten stammen aus den Federn Slavatas, des bayerischen Gesandten Richel, des kaiserlichen Hofpredigers Johannes Weingartner S. J.; auch der Hofkriegsrats-Präsident Schlick beteiligt sich unermüdlich an dieser eindrucksvollen Brandschriften-Schlacht.
Ende Dezember ist der Kaiser so weit, er entschließt sich, Wallenstein die Leitung der Armee und des Krieges aus der Hand zu nehmen, anders freilich als in Regensburg. Er wagt es nicht, Wallenstein einfach abzuberufen, der Feldherr soll gewaltsam abgesetzt werden. Der Kaiser befiehlt, mit allen praktischen Vorbereitungen dafür zu beginnen, vor allem müssen die wichtigsten Offiziere Wallensteins gewonnen werden.
Zur gleichen Zeit, in der zweiten Dezemberhälfte, entschließt sich auch Wallenstein, seine Verhandlungen mit Sachsen, Brandenburg, Schweden und Frankreich auf einen Nenner zu bringen, sich »mit ihnen zu verakkordieren« und notfalls gegen den Kaiser durchzusetzen. Wenn überhaupt ein innerlich dramatischer Schlußeffekt zu finden ist, dann in dieser letzten Absicht Wallensteins, seinen Frieden für das Reich auf der Grundlage eines absolut gerechten, religiös-politischen Gleichgewichts auch gegen den Kaiser zu erzwingen.
Am 26. Dezember schreibt Trčka dem Grafen Kinsky nach Dresden, der Herzog sei jetzt »resolviert, die Maske ganz abzulegen und mit Gottes Hilfe dem Werk mit Grund einen Anfang zu machen«. Ein Paß für Kinsky ist schon beantragt. Am 5. Januar bittet Trčka seinen Schwager, er solle sofort nach Pilsen kommen, er möge auch Arnim dazu überreden: »Der Generalissimus ist gewillt, einen Vertrag abzuschließen, nicht nur mit den beiden Kurfürsten von Sachsen und Brandenburg, sondern auch mit Schweden und Frankreich.« Kinsky kommt nach Pilsen, ohne Arnim. Wallenstein meldet die Ankunft Kinskys offiziell nach Wien.
Wallenstein täuscht sich nicht über die Absichten des Kaisers; allerdings ahnt er nicht, wie radikal sie sind. Immerhin weiß er, daß es auf Biegen und Brechen gehen wird. Er handelt jetzt sowohl aus Überzeugung, als auch unter Zwang. Deshalb sind von diesem Moment an alle seine Aktionen, Pläne, Angebote, Hilfsgesuche völlig gleichgültig für die Bedeutung und den Rang seines politischen Wollens.
Der angebliche Verrat, um dessentwillen der Kaiser seinen Feldherrn ächtet, tritt als Möglichkeit und aus Notwehr erst nach der Ächtung in Wallensteins

Aktionsfeld. Das ist die schroffe Gegenposition zu allen Deutungen des Herzogs als eines rachsüchtigen Revanchisten.
Wie oft hat man nicht in den unproportioniert großen Fußstapfen der Schillerschen Dichtungshistoriographie das Wort von dem entschlußlosen, zaudernden Friedländer wiederholt. Im ausgehenden Jahr 1633 weiß Wallenstein, was Wien gegen ihn plant. In diesem Augenblick schlagen die Spanier noch einmal vor, der Herzog möge ihnen 6000 Reiter überlassen, die den Kardinalinfanten Don Fernando in die Niederlande begleiten sollen. Der Beichtvater Maria Annas, der Gemahlin Ferdinands III., trifft am 5. Januar 1634 im Auftrag des spanischen Königs bei Wallenstein in Pilsen ein. Pater Diego de Quiroga bewundert den Herzog schon seit Jahren, der Kapuziner steht geduldig die heftigsten Kämpfe gegen seine Landsleute, die spanischen Diplomaten in Wien, durch; sie schimpfen ihn jetzt einen Königsverräter, den Wallenstein bestochen habe.
Quiroga soll sich auch über die allgemeineren Vorstellungen und Pläne Wallensteins orientieren, denn Madrid ist selbst jetzt noch daran gelegen, das Zerwürfnis zwischen der Hofburg und dem Feldherrn ohne Eklat beizulegen. Der Pater trifft in Pilsen einen schwerkranken Mann. Ein Bericht aus zweiter Hand behauptet, der Feldherr hätte zu Quiroga gesagt, »er würde gern seinem gequälten Leben ein Ende bereiten, wenn er nicht die ewigen Höllenstrafen als Folge dieses Schrittes fürchten müßte«.
Zwei Tage lang konferiert der Kapuziner mit Wallenstein. Der Herzog ist so offen, wie man es einem Freund gegenüber nur sein kann – peinlich offen. Er lädt noch einmal alles ab, was sich an Vorwürfen gegen Wien angesammelt, was er selbst zur Rechtfertigung vorzubringen hat. Jeder, der vom Kriegsgeschäft etwas verstand, konnte über den Befehl des Kaisers, im Winter Regensburg zu erobern, nur lachen. »Wenn dieses ein Schülerjung begehrt, wäre er wert, daß man ihn mit Ruten streicht«, schäumt der Herzog. Auch der Winterzug von sechs Kavallerieregimentern in die Niederlande ist militärischer Unfug, so berechtigt der Wunsch Spaniens sein mag, den Infanten bald in Brüssel zu sehen.
Er wisse, erklärt Wallenstein, was man ihm vorwerfe, das alles sei ihm nicht neu. Er kenne diese Beschuldigungen und Zuträgereien, seit er die kaiserliche Armee überhaupt führe, er hätte nach Göllersdorf umsonst gehofft, davon endlich befreit zu sein. Jetzt wäre er aller Verdächtigungen, Intrigen, Lügen überdrüssig. Regensburg sei seine Schuld? Nein, falsch sei es höchstens gewesen, daß er nicht überhaupt im Norden geblieben sei.
Ob Wallenstein bei diesen Andeutungen geblieben ist oder nicht: sie enthalten etwas Richtiges. Er lagerte zwar in Böhmen, aber die kaiserliche Armee

war auch dicht genug vor den Türen Bayerns, um Maximilian die Überlegungen zu erschweren, ob er sich mit den anderen katholischen Fürsten erneut auf die Seite Frankreichs schlagen sollte.

Quiroga schildert ihm die Stimmung des Kaisers. Ferdinand habe Vollmacht und Gewalt nicht des Herzogs Person überlassen, sondern seiner Diskretion. Wallenstein ist von dieser Kasuistik nicht einmal verblüfft; in den letzten Monaten hatte der Kaiser ihm wiederholt demonstriert, was er von seinen Göllersdorfer Zusagen hielt. Wenn die Befehlsgewalt mit dem Vertrauen des Kaisers gekoppelt wurde, was hatte sie dann überhaupt für einen Wert, da dieser Kaiser nicht einmal sich selbst vertraute?

Quirogas Mission schlägt fehl. Wallenstein vertröstet ihn, das heißt: Er lehnt ab. Das ist ein Entschluß von steinerner Konsequenz. Der Herzog müßte nur ein Wort der Zustimmung sagen, die ausgestreckte Hand der Spanier mit dem Finger berühren, und seine Position beim Kaiser wäre wiederhergestellt.

Davon keine Rede. Wallenstein widersetzt sich dem spanischen Projekt, er beharrt auf der klaren, festgelegten Linie seiner Reichspolitik; merkwürdiger Entschluß eines Mannes, der selbst jetzt, da die Hunde schon an den Riemen zerren, nur an die Befriedigung seines persönlichen Ehrgeizes und Rachedursts gedacht haben soll. Ein Ja zum spanischen Vorschlag hätte Wallenstein gerettet. Ein Ja wäre ihm, dem mutmaßlichen Verräter, als Verrat an sich selbst erschienen.

Wallensteins diplomatischer Schlußversuch mit Sachsen scheitert restlos. Am 10. und 11. Januar diktiert er dem sächsischen Obersten von Schlieff seinen letzten Friedensentwurf in die Feder. Noch einmal betont Wallenstein, für die Ordnung im Reich seien ausschließlich die deutschen Fürsten verantwortlich, keine einzige fremde Macht habe mitzureden, deshalb müßten Frankreich und Spanien aus den Rheingebieten entfernt werden. Spanien wünsche ein »Dominat« im Reich zu errichten und die deutsche Freiheit abzuwürgen: »Das will ich nicht zugeben, solange ich lebe.« Die Schweden seien zwar elementar am Besitz etlicher Ostseehäfen interessiert, es würden sich aber sicher Mittel finden, um sie zufriedenzustellen. Von Trčka bringt Oberst Schlieff noch die Versicherung nach Sachsen mit, daß Wallenstein »keine Beliebung zu einer Allianz mit Schweden trage; denn das Römische Reich würde dadurch in steter Unruhe sein«.

Zur gleichen Zeit ruft der Herzog die Generale und Obristen nach Pilsen. Die Versammlung findet vom 11. bis 13. Januar statt. Wallenstein kündet ihnen seinen Rücktritt an. Die Offiziere sind schockiert, sie sehen das gleiche voraus wie 1630: der Kaiser wird für ihre Geldforderungen nicht aufkommen. Sie verlangen von Wallenstein, daß er allen Schwierigkeiten zum Trotz das Feldherrnamt beibehält. Wallenstein akzeptiert, wünscht allerdings eine schriftliche Erklärung von ihnen, daß sie ebenfalls bei ihm ausharren werden. Die Offiziere verpflichten sich »an Stelle eines körperlichen Eids, bei Ihrer Fürstlichen Gnaden ehrbar und getreu auszuhalten, auf keinerlei Weise von deroselben uns zu separieren, zu trennen, noch trennen zu lassen und alles für dieselbe bis zum letzten aufgesparten Blutstropfen aufzusetzen, wie wir denn auch, im Falle einer oder der andere diesem zuwider handeln und sich absondern wollte, sämtlich und ein jeder den oder dieselben wie treulose, eidsvergessene Leut zu verfolgen und an dessen Hab und Gütern, Leib und Leben uns zu rechnen schuldig und verbunden sein sollen und wollen«.

Dieser berühmte erste Pilsener Revers wird von den 49 höchsten Offizieren Wallensteins unterschrieben, auch von Piccolomini und dem irischen Obristen Walter Butler. Wallenstein rechnet mit der Zustimmung Sachsens und Brandenburgs zu seinen letzten Vorschlägen, er wartet von Tag zu Tag auf die Ankunft Arnims, um dessen Entsendung als Bevollmächtigten Sachsens er den Kurfürsten gebeten hatte. Von Pilsen aus schickt er den Feldmarschallleutnant Scherffenberg zu Aldringen. Bei der Abschiedsaudienz ist Wallenstein vor Schmerzen unfähig zu sprechen, er liegt halb bewußtlos auf dem Lager, fährt plötzlich hoch und ruft: »O Fried! O Fried, Fried! O Fried!« Wenig später verabschiedet er Scherffenberg: »Gott behüte den Herrn!«

Am 24. Januar erläßt der Kaiser das Ächtungsdekret gegen Wallenstein, Ilow und Trčka; als vorläufiger Befehlshaber wird Gallas bestimmt. Das Patent erhält Gallas mit dem Befehl zugestellt, Wallenstein »und die vornehmsten Mitverschworenen, wenn irgend möglich, gefangenzunehmen und nach Wien zu bringen oder als überführte Schuldige zu töten«. Außer Piccolomini und Aldringen wird sonst niemand informiert. Nach Erlaß des Dekrets beauftragt der Kaiser alle Klöster und Kirchen, Andachten für eine »Vorkehrung von größter Wichtigkeit« abzuhalten.

Um Wallenstein zu täuschen, schrieb der Kaiser weiter wie bisher freundliche, vertrauliche Briefe. Inzwischen unternahmen Piccolomini, Gallas und Aldringen verschiedene Versuche, Wallenstein von seinen Truppen zu isolieren und ihn zu verhaften. Ohne Erfolg. Gallas wagte nicht, einfach Pilsen zu verlassen, er hatte Angst, sich verdächtig zu machen. Wallenstein wurde zum ersten Mal mißtrauisch, als Aldringen trotz seiner Befehle nicht nach Pilsen kam. Seinem Stellvertreter Gallas und dem Protegé Piccolomini vertraute der Herzog blindlings. Schließlich schickte er Gallas selbst ab, um Aldringen herbeizubringen. Gallas stellte sofort – am 13. Februar – den Befehl aus, daß die Truppen nur noch von ihm, Aldringen oder Piccolomini Weisungen entgegenzunehmen hätten, nicht mehr von Wallenstein, auch nicht von Trčka, nicht von Ilow.

Erst am 17. Februar bemerkt Wallenstein, was sich um ihn herum abspielt. Oberst Guilo Diodati sammelt in Pilsen in aller Heimlichkeit die Soldaten seines Regiments und zieht ab, er nimmt auch 400 Zugpferde mit, ebenso plötzlich verschwindet ohne ein Wort der spanische Gesandtschaftsrat Don Navarro aus dem Hauptquartier Wallensteins. Der Zahlmeister Gesser flüchtet mit der Kriegskasse, selbst die Leibwache, Oberst Torrent mit den Gardisten, rückt ab, und auch vom Regiment Trčka, das als besonders zuverlässig gegolten hat, verschwinden die Soldaten scharenweise. Erst jetzt fallen auch die Würfel für Wallenstein, erst in diesem Moment nimmt er offen den Kampf auf, aber nicht so sehr gegen den Kaiser als vielmehr den Kampf um sein Leben.

Er schickt einen Boten zu Arnim mit der Bitte, etliche tausend Reiter an der böhmischen Grenze zu konzentrieren. Sie sollen ihn im Notfall unterstützen. Die gleiche Bitte richtet er an Herzog Bernhard in Regensburg. Er spürt, daß er seiner Armee nicht sicher ist, er will sich erneut überzeugen, seine Offiziere verpflichten. Er ruft die Kommandeure zusammen, die noch in Pilsen sind. Wallenstein muß schon seit Wochen liegen, seine gichtigen Füße sind aufgebrochen, gehen stellenweise in Brand über, das Fleisch beginnt zu wuchern, muß weggeschnitten werden, kein Tag vergeht ohne ein stundenlanges Schwitzbad, drei Ärzte sind ständig bei ihm. Am 19. Februar versammeln sich die Befehlshaber an seinem Bett, er beteuert, daß er niemals gegen den Kaiser und die Religion gehandelt habe, die Offiziere und die Armee seien von jeder Verpflichtung gegen ihn befreit, sobald sie nur entfernt etwas von einer Handlung gegen den Kaiser bemerkten. Ob sie bereit wären, noch einmal ein Treueversprechen zu unterschreiben?

Am 20. Februar signieren 30 Offiziere den zweiten Pilsener Revers. Die Tinte ist kaum trocken, da erscheint ein neues, öffentliches Ächtungsdekret des Kaisers. Wallenstein wird einer gefährlichen, weitgespannten Konspiration, der meineidigen Treulosigkeit und barbarischer Tyrannei bezichtigt, »dergleichen nicht gehöret noch in scriptis zu lesen ist«. Zwei Tage später beginnt schon die Beschlagnahme der Wallensteinschen Güter, Colloredo besetzt die schlesischen Gebiete des Herzogs, auch in Friedland marschieren Truppen ein, Wallensteins ganzer Besitz wird konfisziert.

Am 21. Februar jagt Ilow einen Eilkurier zu Herzog Bernhard, er soll schleunigst zu dem Grenzpaß bei Eger ziehn. Ein anderer galoppiert nach Nord-

westen, zu den Sachsen: Arnim soll endlich heranrücken. Es geht nicht mehr um Fragen der Reichspolitik, um Krieg oder Frieden, es geht um Wallensteins Kopf. Er verabschiedet seine Obristen, schickt sie zu ihren Regimentern, sie gehen nach Prag, das fest in kaisertreuen Händen ist. Von dem Obristen Beck trennt er sich mit der ruhigen Feststellung: »Nun, ich hab den Frieden in meiner Hand gehabt«, und nach einem Moment: »Gott ist gerecht.«
Die öffentliche Ächtung durch Ferdinand II. läßt die Armee schlagartig von Wallenstein abfallen. Die hohen Belohnungen, die der Kaiser aussetzt, sind nicht das entscheidende Motiv. Neben Ilow und Trčka bleibt auch der Reitergeneral Schaffgotsch dem Feldherrn treu; er wird später verhaftet, gefoltert und ohne irgendein Schuldbekenntnis 1635 hingerichtet. Zu lebenslänglichem Kerker werden Generalwachtmeister Sparr, Feldmarschalleutnant Scherffenberg, Oberst Mohr vom Wald, Oberst Peter Losy und der Stadtkommandant von Pilsen, Oberstleutnant Haimerle verurteilt. Die einzige Meuterei entsteht durch Oberstleutnant Freiberger in Troppau, als Schaffgotsch verhaftet wird.

Am 22. Februar bricht Wallenstein nach Eger auf, bei ihm sind Ilow, Trčka, Kinsky, sie haben ihre Frauen bei sich, zehn Kompanien begleiten den Zug. Wallenstein hat die Nachricht vom Abfall des Heeres in starrer Ruhe entgegengenommen. Die kleine Truppe kommt nur langsam voran, jeder Stoß der Sänfte, in der Wallenstein liegt, bereitet ihm die schlimmsten Schmerzen. Die erste Etappe endet in Mies, knapp 30 Kilometer westlich von Pilsen. Das Schloß gehört zum Besitz Ilows, hier wird das Nachtquartier aufgeschlagen. In Mies stößt der Zug auf das Dragonerregiment Walter Butlers. Wallenstein hatte ihm den Befehl gegeben, hier zu warten und ihn nach Eger zu begleiten. Butler gehorcht. Er ist in einer Zwangslage. Von Gallas hat er schon die Anweisung, keinem Befehl Wallensteins zu gehorchen, andererseits ist er nicht so mutig, sich mit den Streitkräften des Herzogs anzulegen.
Die nächste Station ist das Städtchen Plan mit seinem Schloß, südlich von Marienbad. Hier stößt Walter Leslie zu dem Zug. Wallenstein hatte Johann Gordon, dem Stadtkommandanten von Eger, befohlen, ihm den Obristwachtmeister des Regiments nach Plan entgegenzuschicken. Wallenstein erklärt ihm die Lage, er versucht, Leslie auf seine Seite zu ziehen. Leslie äußert sich nicht. Erst am Spätnachmittag des 24. Februar sind die starken Mauern von Eger zu sehen.
Zum fünften Mal in seiner Laufbahn zieht Wallenstein in diese Grenzfeste ein, aus Eger ist er 1625 ins Reich, in die Szene der großen Geschichte aufgebrochen. Der schottische Oberstleutnant Gordon liegt hier mit einem Infan-

terieregiment Trčkas in Garnison. Wallenstein nimmt Quartier im Stadthaus am unteren Marktplatz, bis jetzt hat Gordon dort seine Wohnung gehabt. Das große, schöne Gebäude hatte der Familie Pachelbel gehört, zwei von ihnen waren Bürgermeister von Eger gewesen, sie exilierten wegen ihres Glaubens. Wallenstein hat schon 1625 und 1630 im Pachelbel-Haus gewohnt. Ilow, Trčka und Kinsky beziehen in Häusern auf dem gleichen Platz Quartier.

In der Nacht zum 25. Februar trifft die Meldung von der Absetzung Wallensteins in Eger ein. Der Herzog hält sie geheim, weder Butler noch Gordon oder Walter Leslie erfahren den Inhalt des Dekrets. Angeblich soll Wallenstein die ganze Nacht mit seinem Astrologen Johann Baptist Zenno verbracht, konferiert, Gestirnspositionen berechnet haben. Eine billige Legende; Wallenstein hatte in diesem Moment die Warnungen stellarischer Natur nicht mehr nötig, es gab wichtigere Dinge, die Briefe, die er in den ersten Stunden nach seiner Ankunft in Eger diktierte, die Pläne, die er skizzierte, die Besprechungen, die er abhielt – das alles zeigt, wie intensiv sein Blick auf das Nächstliegende und nicht zum Himmel gerichtet war. In dieser Situation kam es nicht darauf an, das Schicksal auszudeuten oder überhaupt nur zu verstehen, sondern bloß darauf, damit fertig zu werden, selbst wenn es unverständlich gewesen wäre. Soviel ist sicher: Wallenstein hatte volles Bewußtsein von dieser Phase des Umbruchs, und da waren Schicksal, Vergehen, Sünde nichts weiter als Momente der allgemein-irdischen Unbeständigkeit.

Noch einmal versucht der Herzog, den Schotten Leslie für seine Pläne gegen den Kaiser, die jetzt nichts anderes sind als seine eigenen Rettungspläne, zu gewinnen. Leslie informiert Gordon und Butler. Die drei Offiziere entschließen sich, Wallenstein samt seinen Anhängern in Eger außer Gefecht zu setzen, gefangenzunehmen.

Am nächsten Morgen versammelt der lange Baron Ilow die Stabsoffiziere in seinem Quartier. Erregt schildert ihnen der Marschall, daß der Herzog völlig zu Unrecht die kaiserliche Gnade verloren habe, und verlangt von ihnen einen neuen Treueid. Sicher, auch dieses Gelöbnis entsteht unter Druck, trotzdem ist es charakteristisch, daß Gordon, Butler und Leslie noch einmal feierlich ihre Treue zu Wallenstein beschwören.

Kurz darauf ändern die drei ihren Plan, sie wollen den Herzog und seine Generale umbringen. Es gibt keine bündigen Zeugnisse dafür, daß ihnen die kaiserliche Alternative »lebendig oder tot« bekannt gewesen ist; viele Gründe sprechen dafür und ebenso gute Argumente dagegen. Tatsache bleibt, daß sie eigenmächtig handeln.

Sie entschließen sich zur Tötung, es ist ungefährlicher und bequemer; der

Überraschungsmord kommt ihrer natürlichen Feigheit entgegen. Außerdem rechtfertigen sie durch eine solche Tat ihre angeschlagene Kaisertreue besonders eindrucksvoll, denn schließlich hat Gordon entgegen dem strikten Befehl von Gallas die Festung Eger, den »Schlüssel zu Böhmen«, an Wallenstein ausgeliefert. Ihr Gedankengang ist richtig: Gelingt es Wallenstein, zur Grenze durchzukommen oder sich in Eger mit sächsischen oder schwedischen Truppen zu verbinden, ist ihr eigenes Ende besiegelt, wenn sie nicht auf seiten des entmachteten Feldherrn bleiben wollen. Mit großen Geldgeschenken werden Offiziere und Dragoner für die Morde angeworben, es sind kaum Deutsche dabei, Schotten, Iren, Italiener, Spanier erscheinen zuverlässiger.

Ilow, Trčka, Kinsky und der Sekretär, Rittmeister Neumann, werden für den Abend des 25. Februar 1634 von Gordon zu einem Bankett auf die Kaiserburg geladen. Der neue Treueid auf den Generalissimus soll gefeiert und begossen werden. Am Spätnachmittag hält Wallenstein mit ihnen noch eine lange Konferenz ab. Ilow und Trčka haben einen Armeebefehl entworfen, den Wallenstein erlassen soll. Es ist ein letzter Versuch, diejenigen Kommandeure samt ihren Regimentern nach Eger zu bringen, die noch nicht von Gallas und Piccolomini erreicht worden waren. Es kommt zu einer fürchterlichen Szene, Wallenstein weigert sich, den Text zu unterschreiben, er sei durch und durch erlogen und spiegle dem Heer etwas vor, was den Tatsachen widerspreche. Vor allem macht ihn die Stelle rasend, in der Ilow die Obristen an den Respekt erinnert, zu dem sie der Kaiser ihrem Feldherrn gegenüber verpflichtet hat. Wallenstein schreit in kochender Erregung: »Die Obristen sind nicht dem Kaiser, sondern mir die Pflicht schuldig!« Mit einem Fluch wirft er seinen Kanzleidirektor Wesselius, der ihm den Armeebefehl vorgelesen hat, hinaus.

Abends machen sich die Offiziere auf den Weg zur Kaiserburg. Es ist der letzte Sonnabend des Faschings. Das Bankett verläuft angeregt, vergnügt, alle trinken ausgiebig. Nach einer Stunde ist das Essen vorbei, Konfekt wird als Dessert gereicht. Es ist gegen acht Uhr. Ein Diener kommt herein, flüstert Leslie ins Ohr, daß alle Ausgänge blockiert sind, die Zugbrücke hochgezogen ist. Leslie nickt. Das ist das vereinbarte Zeichen, die Türen schlagen auf, schwerbewaffnete Dragoner Butlers stürzen in den Festsaal: »Wer ist gut kaiserisch?« Gordon, Butler und Leslie springen auf: »Vivat Ferdinandus, vivat Ferdinandus!« Hauptmann Deveroux brüllt von der anderen Seite des Saals: »Und das ganze Haus Österreich.«

Die Gäste sind ohne Waffen, Graf Kinsky wird noch am Tisch sitzend erstochen; ein Dragoner stößt ihm den Degen durch den Hals. Ilow kann mit einem Satz seine Waffe, die er an die Wand gehängt hat, erreichen. Er verteidigt sich wütend und geschickt, verwundet Leslie an der Hand, dann wird er überwältigt, zu Boden geworfen und liegend zu Tode gestochen.

Während des Kampfes stürzt der Tisch um, die Kerzen verlöschen, Fensterscheiben gehn zu Bruch, Gordon und Butler versuchen mit Fackeln den Rest der widerlichen Szene zu erhellen. Trčka, ein junger Riese, kämpft in rasender Wut, durch sein festes Elenkoller dringt kein Hieb, kein Stich, die Mörder halten ihn für »verzaubert und gefroren«, er verwundet zwei Dragoner, zertrümmert den Degen von Deveroux. Dann haut er sich durch bis hinaus zum Portal des Vorhauses, verlangt dort Pardon, »Quartier«. Die Musketiere schlagen ihn mit den Gewehrkolben nieder, der Butlersche Hauptmann Macdaniel hebt Trčkas Koller seitlich hoch und spießt ihm den Degen durch die Brust, mit drei Dolchstichen verstümmeln sie dem Sterbenden das Gesicht. Rittmeister Neumann schleppt sich schwerverwundet in die Herrschaftsküche, wird hier eingeholt und bekommt den Rest.

Kurz darauf beginnt ein fürchterlicher Schneesturm, er rast über die Stadt. Noch einmal findet eine Beratung statt. Man hätte schon die nichtsahnenden, unbewaffneten Gäste in der Burg ohne weiteres verhaften können, noch erheblich leichter wäre es bei dem kranken Wallenstein, der sich nur schwer und langsam bewegen kann. Trotzdem entschließen sich die Offiziere für die Ermordung. Deveroux – er hat sich mit etlichen Glas Wein Mut angetrunken – macht sich mit einer Schar Dragoner auf den Weg zu Wallensteins Unterkunft.

Es ist nach zehn. In das Pfeifen des Windes auf dem dunklen Marktplatz mischt sich das laute Weinen der Frauen Trčkas und Kinskys, die inzwischen von den Morden verständigt worden sind. Deveroux stürmt mit sechs Dragonern die Treppe des Pachelbel-Hauses hinauf, sie brüllen »Rebellen! Rebellen!« Ein Diener, der dem Herzog etwas zu trinken gebracht hat, wird durch einen Hieb am Arm verwundet, ein Page stellt sich den Eindringlingen entgegen, er wird zu Boden gestochen. Die Soldaten sprengen die Tür zu Wallensteins Zimmer.

Der Herzog steht am Fenster, er dreht sich um, macht ein paar Schritte zum Tisch. Deveroux, die Partisane in der Hand, schreit ihn an: »Du schlimmer, meineidiger, alter, rebellischer Schelm!« Er holt aus, Wallenstein, völlig überrascht, reagiert mit dem Wort aller wehrlosen Soldaten: »Ah, Quartier!«, und schon rennt ihm Deveroux die Partisane mitten durch die Brust. Die Spitze tritt zwischen den Schulterblättern heraus. Wallenstein ist sofort tot, er fällt um, sein Blut spritzt an die Wand zwischen den beiden Fenstern des Zimmers.

Ein Dragoner will den Leichnam zum Fenster hinauswerfen. Deveroux wehrt

ab, der Tote wird in einen roten Fußteppich gewickelt, an den Füßen zur Tür und über die Treppe hinuntergeschleift, sein Kopf schlägt polternd auf jede Stufe. Auf der Straße wird er in Leslies Wagen gewuchtet und zum Kastell gebracht. Hier liegen die anderen vier Leichen. Dragoner haben sie ausgeplündert, anschließend sind sie nackt aufs Stroh geworfen worden.
Am nächsten Tag werden alle zur Doppelkapelle der Burg gekarrt. Als Piccolomini wenig später nach Eger hastet, sind die Leichen gefroren. Man wirft sie in einfache Brettersärge, Wallensteins Körper ist zu groß, ein Furier zerschlägt mit einer Keule die Beine des toten Feldherrn. Piccolomini will die Ermordeten nach Prag schaffen und öffentlich ausstellen. Gallas verbietet diese Niedertracht. Am Aschermittwoch verläßt der Leichenzug Eger. Piccolomini treibt zur Eile an, man weiß nicht, ob Herzog Bernhard von Weimar im Anmarsch ist. In Mies hält Gallas den Trupp auf. Neumann wird unter einem Galgen verscharrt, die andern erhalten ein ehrliches Begräbnis im Franziskanerkloster. Zwei Jahre später gestattet der Kaiser Wallensteins Überführung in die Kartause Walditz. Hier wird er an der Seite seiner ersten Frau Lukrezia beigesetzt.
Die letzte Ruhestätte ist die Kapuzinerkapelle in Münchengrätz an der Iser, auf friedländischem Gebiet zwischen Turnau und Jungbunzlau. 1785 wird Wallenstein dorthin überführt. Dreihundert Jahre nach der Mordnacht, 1934, errichtet man ein Grabmal aus schwarzem Marmor.

XXI
Nachruf der Geschichte

Wallensteins Lieblingsvetter, sein Erbe Maximilian von Waldstein, ist einer der ersten, der zu Ehren des Mörders Walter Leslie in Wien ein großes Festbankett gibt. Der spanische Gesandte Oñate preist den Mord als »eine große Gnade, die Gott dem Hause Österreich erwiesen« hat. Carretto di Grana triumphiert genauso, mit gutem Grund: »Gott überhäuft uns mit Gnade und zeigt seine Wunder«; dann stürzt er sich in die Kämpfe um die materiellen Wunder, die der Tote hinterlassen hat. Auch Lamormaini stellt voll Genugtuung fest: »Es gefiel der göttlichen Majestät, die Pläne des Kaisers zu segnen.« Selbst derjenige, der Wallenstein bei den ersten Schritten geholfen hat, sein Schwager Žerotín, stimmt aus dem freiwilligen Exil hämisch zu: »Wie der Baum, so die Früchte, wie das Werk, so der Entgelt, wie der Dienst, so der Lohn.« Seinen eigenen Dienst für Habsburg bilanziert er nach anderen Regeln.
Arnim reagiert weniger hölzern, sein Ekel klingt durch: »Mir will kein Exempel einfallen, daß bei eines christlichen Kaisers Regierung dergleichen jemals geschehen. Die Exekution, so an dem Herzog von Friedland verübt, ist sehr blutig und bei vieler Kaiser Regierung nicht erhöret, insonderheit da sie ihn schon so weit in ihrer Macht und Gewalt gehabt. Ich fürchte sehr, was von der christlichen Kirche gesaget, wird von der jetzigen Regierung zu mutmaßen sein: sanguine coepit, sanguine crevit, sanguine finis erit.« Was Wallensteins Blut betrifft, so wurde es wie eine Reliquie gesammelt, in fernste Orte verschickt; es kam auch nach Wien. Die Flecken an der Wand des Mordzimmers kratzte man erst 1757 ab und übertünchte sie.
Ehrlich beglückt von dem Ende sind der Kaiser und sein Münchner Vetter. Maximilians Freude ist fadenfrei, andächtig jubelnd schreibt er: »Daß der Allmächtige den Meineid und die Bosheit des Friedländers und der ihm anhangenden Rebellen mit ihrem schließlichen Untergang so augenscheinlich gestraft, erfreu ich mich mit Eurer Kaiserlichen Majestät von getreuem Herzen und ist Gott dafür billig Ehr und Lob zu sagen.«
Der Kaiser respondiert im selben Tonfall: Auch er sehe ein unmittelbares Eingreifen der Hand Gottes, ein gerechtes Urteil des Herrn in der »Austilgung der meineidigen Rebellen«. Daß er die Nachricht von den Morden mit dem Seufzer quittiert haben soll: »Ach, mein Wallenstein!«, den Orden vom Goldenen Vlies, der ihm aus Wallensteins Gepäck in Eger zugeschickt wird, versonnen betrachtet und murmelt: »Sie haben ihn schwärzer gemalt, als er war« – das alles stimmt nicht, aber es paßt zu dem Ölbild des edlen Fürsten im Rahmen der erhabenen Historienmalerei und zur mechanisch zitierten Clementia Austriaca. Die 3000 Seelenmessen, die der Kaiser für die Ermordeten lesen läßt, gehören zum System der katholischen Lehrbegriffe und nicht in die Reuesparte des seelischen Haushalts Ferdinands.

Peinlicher ist der Umstand, daß der Kaiser mit der Beseitigung Wallensteins auch die gewaltigsten Zahlungsverpflichtungen seiner Regierungszeit mit einem Schlag erledigt. Der Reichtum des Feldherrn ist so unglaublich, daß nicht einmal um die Kleider der Gemeuchelten gewürfelt werden muß. Nach der niedrigsten Schätzung beläuft sich der Gesamtwert aller beschlagnahmten Länder und des konfiszierten Besitzes bis hin zum Tafelsilber Wallensteins auf 9,3 Millionen Gulden, andere gehen erheblich weiter und taxieren mehr als 30 Millionen. Dazu kommen Besitz und Vermögen der anderen Toten; sie machen etwa ein Drittel der Gesamtsumme aus, Trčkas Güter sind dabei die wertvollsten.

Die Blutnacht von Eger mag so schwerverständlich sein wie nur immer, ihr finanzieller und fiskalischer Sinn liegt klar auf der Hand – die dementsprechend weit aufgehalten wird von den Gallas, Piccolomini, Butler, Gordon, Colloredo, Leslie, Aldringen, Deveroux, Carretto, ja sogar Maximilian von Bayern versucht, etwas aus dem Grundbesitz Wallensteins und dem Privateigentum zu ergattern; besonderen Wert legt er auf Pferde und Maulesel.

Noch bevor der Kaiser weiß, ob sein Befehl ausgeführt ist, überträgt er dem Grafen Zdenko Leo Kolowrat und dem Rat der Böhmischen Kammer Melchior von der Wahl die vorläufige Konfiskation aller Güter; zunächst muß die Beute inventarisiert werden, beide Herren sind Fachleute auf dem Gebiet. Am 14. März wird durch kaiserliches Patent ein endgültiges Konfiskations-Gremium eingesetzt. Es besteht aus sieben Kommissaren, den Vorsitz hat der Oberstlandkämmerer von Böhmen, Graf Martinitz, Märtyrer des Fenstersturzes 1618 und alter Feind Wallensteins.

Eine brausende Jagd nach Auszeichnungen, Beförderungen, goldenen Ehrenketten, Regimentern, Gütern, Bargeld, Adelstiteln, Palästen, Silber setzt am Wiener Hof ein. Zunächst wird jeder Soldat, der direkt an den Morden beteiligt war, mit 500 Talern belohnt. Deveroux als Henker erhält 2000, wird zum Oberstleutnant befördert und bekommt nach vielen Bitten und Gesuchen im Jahre 1636 drei Güter übertragen. Außerdem erhalten alle Soldaten der Festung aus der Schatulle Wallensteins in Eger einen zusätzlichen Monatslohn. Butler hat unmittelbar nach den Ermordungen in einem Brief an Gallas die Verdienste seiner Leute in Eger gerühmt, sich beiläufig entschuldigt, daß es nicht möglich war, Wallenstein zu verhaften, und die erhofften Belohnungen erwähnt: »Haben wir den Effekt gethan weil nicht möglich war, den Friedländer in Prison zu setzen, so hatt ihm der Haubtman Deveroux von meine Tragoner mitt ein Halabarth entleibet und großen valor undt coraja viver erwiesen. Hab auch des Friedländers Diener in die siebzig

in Arrest genommen, auch die Statt allerorten nach Nothdurfft besetzen lassen.
Bitte ich also Euer Excellenc, daß den in Eger anwesenden Soldaten aus der allda vorhandenen Kriegscassa ein Monatssold, so auch den Offizieren undt Soldaten, was ich zu desto besserer Effectuierung der Exekution versprochen, außbezahlen khan.
Allso gelanget an Euer Excellenc mein gehorsambstes ersuchen, weilen Etwas von der römisch Kaiserl. Majest. gelder alhir ist dis geruhen Euer Excellenc zu Verordnen, waß mitt dem Geld zu thun ist; auch weilen, sieben Companien von den Trzkyschen Reutern hier seinn Bitte ich Euer Excellenc mich berichten, ob ich solche Behalten undt ein Regiment vor mich darauff richten darf; auch hatt der Rittmeister Neumann des von Waldtstein Cancelar ein Hauß zu Prag undt vielleicht etwaß von Mobilien darinnen, auf welches der gute Obrist Gordon ein Verlangen hat, derwegen er mich angesprochen Euer Excellenc bei seiner Kaiserl. Maj. herumb seinetwegen zu bitten.«
Gordon und Leslie bekommen ein Regiment, Gordon wird überdies mit den beiden Gütern Skrwan und Smidar und dem goldenen Kämmererschlüssel belohnt. Leslie erhält den Grafentitel und die Güter Neustadt und Slatina und wird Kämmerer. Butler wird ebenfalls in den Grafenstand erhoben, erhält von Ferdinand persönlich die Kämmerer-Schlüssel, wird zusätzlich durch eine Goldkette mit dem Bild des Kaisers geehrt und zum Inhaber des Regiments ernannt, das bisher unter seinem Befehl stand. An Grundbesitz erhält er aus dem Westen von Wallensteins Herzogtum die reiche Herrschaft Hirschberg, die insgesamt 21 Güter umfaßt, das Herzstück der Ländereien mit einem Wert von 225 000 Gulden.

An Gallas kommen aus dem Stammherzogtum Wallensteins die Herrschaften Friedland und Reichenberg sowie das Palais Kinskys in Prag, Ilows gesamtes Silber und einige friedländische Bergwerke. Das ist ihm nicht genug, er verlangt noch aus Trčkas Besitz die Güter Smirschitz und Oposchitz. Der Kaiser lehnt ab. Gallas hat mit den Ländereien ohnedies nicht viel anzufangen gewußt, es paßt zu seinem Beinamen »größter Heerverderber« des Dreißigjährigen Krieges, daß sein friedländisches Gebiet – bis dahin eine wahre Oase – in kurzer Zeit verwüstet und verfallen ist.
Piccolomini erhält aus dem Grundbesitz Trčkas die Herrschaft Nachod. Er ist enttäuscht, zäh kämpft er um einen höheren Lohn, er geht dabei bis zu Drohungen und versuchten Erpressungen. Aldringen wird mit der Kinsky-

schen Herrschaft Teplitz bedacht, Colloredo wird aus Trčkas Gut Opočno befriedigt, Carretto bekommt die friedländischen Herrschaften Weißwasser und Hühnerwasser, allerdings wird sein »Anspruch« erst 1639 anerkannt. Der Marquis kassiert gleich nach den Morden eigenmächtig die Pferde und Wagen General Schaffgotsch's, noch bevor der Kaiser die Beschlagnahme verfügt; er muß sie wieder zurückgeben. Auf die Fürstentümer Sagan und Groß-Glogau legt Ferdinand selbst die Hand, sie fallen an Habsburg zurück.
Es sind Hunderte, die sich bei Ferdinand II. zur Belohnung melden. Noch 1637 erheben 112 Offiziere und Soldaten Forderungen. Die letzten sind die Mitglieder der Konfiskations-Kommission selbst, auch sie finden sich unterbezahlt und bitten den Kaiser, die Summe, die er ihnen ausgesetzt hatte, wegen ihrer besonderen Mühe zu verdoppeln. Die ganze Liquidation dauert mehr als acht Jahre.

Naive Habgier war damals selbstverständlich bei allen – die offizielle Leichenfledderei nach den Egerer Morden wirkt nur auf spätere Empfindungslagen geschmacklos bis zum Komischen. So, wenn Maximilian von Bayern das Leibroß ins Auge sticht, das Wallenstein bei Lützen ritt, das er aber nur will, falls »der Klepper nit schiech und eines guten Schritts ist«.
Dazu gehören die Perspektiven von der anderen Seite. Pfalzgraf Johann Kasimir, der Schwager und Freund Gustav Adolfs, bezeichnet dasjenige, »so Wallenstein bei seinem Leben, sowohl als mit ihm in seinem Tod gespielet, ein fast unerhörtes Exempel oder Tragödie«. Hier ist noch einmal, und sicher nicht das letzte Mal, eins dieser gemütlichen Wallenstein-Klischees. Tragödie? Nicht einmal die Details seiner Ermordung sind tragisch, sondern halten sich innerhalb der Grenzen, die von der menschlichen Schäbigkeit gesteckt werden. Vorbereitet wird der Mord von Männern, die Wallenstein alles zu verdanken haben und denen er blindlings vertraut, und ausgeführt wird er auf einem Weg, der von Meineiden nur so gepflastert ist. Sogar Richelieu, dieses klassische Juwel an Skrupellosigkeit, meint dazu: »Es gibt keinen Ausdruck, der abscheulich genug wäre, eine solche Tat zu charakterisieren, und keine Strafe in diesem Leben, die entsetzlich genug wäre, eine solche Tat zu sühnen.«
Ähnliches gilt für den Kaiser, der denjenigen Mann auf die übelste Weise erledigen läßt, der ihm von allen Beratern, Ministern und Soldaten am erfolgreichsten und aufopferndsten gedient und von dessen faktischer Schuld er sich nicht einmal überzeugt hat. Nach seinem Tod hat man ein ganzes Gebirge von Gründen zusammengetragen, um den Verhaftungs- und Hinrichtungsbefehl zu rechtfertigen. Es hat nicht ausgereicht. Und selbst darüber konnte man nicht hinwegtäuschen, daß Wallenstein gar nicht verhaftet wor-

den war und auch nicht hingerichtet, sondern niedergestochen wie ein Stück Vieh. Der Kaiser fällte einen Schuldspruch ohne Beweise, die Verurteilten wurden nicht informiert, nicht befragt, sie wurden hinterrücks umgebracht.

Aldringen meinte 1634 am Wiener Hof: »Auf Beweise von Wallensteins Schuld zu warten wäre so viel, wie auf Ihrer Majestät Verderben zu warten« – mit dieser Beweisführung läßt sich jede dubiose Sache vorwärtstreiben. Sie entstammt dem praktizierten Machiavellismus. Fast wörtlich dasselbe sagte ein paar Jahre vorher Richelieu zu König Ludwig XIII., »daß man volle Klarheit über ein Komplott nur durch sein Gelingen erhalte, und dann sei es zu spät«.

Wien versuchte wenigstens später, volle Klarheit zu gewinnen: Wallensteins Verschwörung sollte dokumentarisch nachgewiesen werden. Butler versiegelte noch in der Blutnacht alle Akten und Schriftstücke in Wallensteins Kriegskanzlei, Piccolomini schickte anschließend das Material nach Wien. Ein einziges Dokument ist darunter, das den Hochverrat Wallensteins eindeutig beweist: die »Distributio Imperii in occultis literis Fridlandi post eius mortem reperta«, ein detaillierter Plan, wie das Reich unter Wallenstein und seinen Parteigängern nach der Rebellion aufgeteilt werden sollte. Das Schriftstück ist eine stümperhafte Fälschung, das erkennt man auch in Wien sofort. Die Autorschaft Piccolominis erkennt man erst später.

Keine einzige belastende Zeile also. Keine belastende Aussage des gefolterten Schaffgotsch. Die Herzöge Heinrich Julius und Franz Albrecht von Sachsen-Lauenburg, die als Gesandte Wallensteins bei den Friedensgesprächen mit Sachsen und Brandenburg fungierten, wurden verhaftet. Die Anklage reichte nicht einmal zu einem ordentlichen Prozeß, der Kaiser entließ sie Ende 1635 aus der Haft, Herzog Franz Albrecht wurde zum Generalleutnant befördert und erhielt ein schlesisches Armeekorps. Generalwachtmeister Sparr wurde, obwohl er kein Wort von den angeblichen Hochverratsplänen Wallensteins wußte und ihm nichts nachgewiesen werden konnte, zum Tod verurteilt, begnadigt und 1635 nach Polen freigelassen. Ähnlich lagen alle anderen Fälle; die große Verschwörung war gerichtlich nicht zu beweisen.

Alles, was an Beschuldigungen, Anklagen, Vorwürfen nach dem 25. Februar gegen den toten Herzog in Wien aufgestapelt wird, stammt von erklärten Feinden Wallensteins oder von Leuten, denen das Hemd der kaiserlichen Gunst näher stand als der Rock der Wahrheit. Seitdem ist die Frage der tatsächlichen hochverräterischen Schuld des Herzogs von Friedland ein Zankapfel der Geschichtsschreiber geworden und der Historiker zum Rechtsanwalt in einer Gerichtsverhandlung, bei der es keine Richter gibt.

Was in Eger geschah, war ein Meuchelmord, »man mag das Kätzlein putzen oder schmücken wie man will«, sagt in einer Flugschrift 1634 sogar ein Parteigänger des Kaisers. Der Streit, ob der Herrscher dazu berechtigt war oder nicht, ob es damals oder jemals eine Mordbefugnis der Obrigkeit gab, gehört zu den irrlichternden Randfragen im Leben und Sterben des Herzogs von Friedland. Sein Tod enthält so viel dramatische und theatralische Momente, daß sich die Beurteilung seines Handelns, das zu diesem Tod geführt hat, ihrer Suggestion kaum entziehen kann.

Dazu kommt die Bürde der geschichtlichen Wertung. Das persönliche Format des Historikers müßte so sein, daß er demjenigen, dessen Leben, Werk und Wünsche er betrachtet, auch sein persönliches Format nachzusehen vermag. Der Historiker kann nicht zur Seite, aber nicht nur er: Geschichte ist für jeden Menschen ein Skandal, sie provoziert, belästigt, demonstriert – sie bleibt der peinlichste Charaktertest jeder Gegenwart, denn selbst die Indifferenz gegenüber der Vergangenheit geht eine Art Komplizenschaft mit ihr ein.

Die Geschichte hat ihre Brennpunkte dort, wo die Normen eines Zeitalters auf ihre eigene Verneinung prallen. An einem solchen Punkt stand Wallenstein, als Mandatar einer Epoche und als ihre Hieroglyphe. Seine Mitwelt glaubte an die Unbeflecktheit des Faktischen. Wallenstein leistet in seinem Handeln dieser Verehrung gemessenen Tribut – genausoviel wie nötig war, um diesen Wahn durch die Wirklichkeit der Idee ad absurdum zu führen. Auch das ist ein zusätzlicher Grund dafür, warum der Herzog von Friedland so wenig Raum in der üblichen Ordnung der Dinge findet – oder die Ordnung in seinem Raum so eigenmächtig mit den Dingen verfährt. Deshalb auch das Panoptikum der vielen Wallenstein-Deutungen. Ihr Aufwand war freilich nicht umsonst. Selbst das, was sich an Wallenstein so schwer erklären läßt, reflektiert noch als chimärisches Zwischenlicht von der Summe dieser Deutungen auf ihn zurück.

Pfalzgraf Johann Kasimir irrte. Mit »Tragödie« hat das alles wenig zu tun gehabt, wohl aber viel mit der Inferiorität des Menschen, die vor allem in den zeitgenössischen Befangenheiten transparent wird. Sogar ein Mann wie Gallas glaubte fest dem Bericht, daß die Seele Wallensteins aus seinem Körper mit dem Knall einer abgefeuerten Muskete hervorbrach. Der pathetisch flatternde Umhang des Tragischen war für den gutgewachsenen Körper der Geschichte schon immer eine Belästigung. In Wallensteins Tod steckt etwas vom Ende Cäsars: dasselbe Moment bedrängender Sinnleere und quälender Notwendigkeit, an dem sich zeigt, wie schnell Hintergrund und Abgrund ihre Rollen wechseln können.

Vordergrund ist es, wenn Oxenstierna meint, Wallenstein hätte mehr unternommen, als er ausführen konnte. So fallen immer die Kommentare derjenigen aus, die nur den vorkalkulierten Erfolgen Raum geben. Wallenstein hat zeitlebens zu viel versucht. Für seine Vorhaben hätte die doppelte Spanne nicht gereicht. Er wußte das. Die Verbindung zwischen Projekt und verwirklichtem Projekt ist aber keine Sache der isolierten Person und ihrer Fingerfertigkeit.

Er starb mit 51 Jahren, relativ jung. Herzog Alba wurde fünfundsiebzig, Alexander der Große brachte es nur auf fünfunddreißig. Wallenstein war in einem Alter, in dem vor so vielen Akteuren der Weltgeschichte der Vorhang fiel. Solche Zahlen wären allerdings nur wichtig, wenn der Rang eines Lebens sich nach irgendwelchen biblischen Spannen bemessen ließe.

Der Politiker ist ein Routinier der menschlichen Beschränkungen. Der Staatsmann dagegen ist ein Realist verspielter Theorien und verheimlichter Träume. Immer wird er bei der Praxis seiner öffentlichen Geschäfte das am meisten schätzen, was das Gefährlichste und Menschlichste am Menschen ist: die Fähigkeit, außer sich zu sein. Wer sehen will, muß auch Gesichte haben – Visionen also, Imaginationen, Irrungen. Auch dies zählt zu unseren Grundelementen, daß wir uns immer irren und daß wir trotzdem ununterbrochen unserem Innern weiter vertrauen müssen. Alles, was der Herzog von Friedland versucht hat, rührt daran: an Jammer und Glück menschlicher Existenz – daß der Trieb zur Dauer im Kampf liegt mit der Erkenntnis der Unbeständigkeit.

Das eben sprengt die üblichen historischen Kategorien bei Wallenstein und macht aus ihm ein Exempel. Sich im Entwurf versuchen, sich im Entwurf vollenden, mehr kann der Mensch nicht. Kein Glaube ist uns gemäßer als derjenige an unsere Unvollkommenheit; in ihm allein besteht das, was wir an Vollkommenheit haben. Weil er aber so schwer ist, wird die kritische Reserve so leicht mit dem unkritischen Postulat verwechselt, erkennt man so selten in den Irrtümern der Geschichte die Spiegelungen der eigenen Fehler, der persönlichen Schuld.

Das Fragmentarische einer historischen Persönlichkeit wird am stärksten bedroht vom Wechsellicht der Perspektiven, mit denen sich die Nachfahren ihre Vergangenheit verständlich machen und verdüstern, die stummen Mauern der Geschichte beklopfen und atemlos den feinsten Geräuschen ihrer Vorzeit nachspüren. Was ist der größte Vorwurf, den man Wallenstein machen kann? Sein Fehler war, daß es seinen Gegnern gelungen ist, ihn zu ermorden. Deshalb der schrankenlos bittere Geschmack bei seinem Ende, Schiller hat es genial zusammengefaßt: »Wenn endlich Not und Verzweiflung ihn antrieben, das Urteil wirklich zu verdienen, das gegen den Unschuldigen gefällt war, so kann dieses

Urteil selbst nicht zur Rechtfertigung gereichen; so fiel Wallenstein nicht, weil er Rebell war, sondern er rebellierte, weil er fiel. Ein Unglück für den Lebenden, daß er eine siegreiche Partei sich zum Feinde gemacht hatte, — ein Unglück für den Toten, daß ihn dieser Feind überlebte und seine Geschichte schrieb.«

Kann einem Menschen aber Besseres widerfahren als der Zwang zu Entscheidungen und zu den aussichtslosen Kämpfen des Gewissens? Ohne Träume sind die Wahrheiten der Erde widerlich, und deshalb wird immer dem einen für notwendig gelten, was dem anderen unverständlich erscheint. »Ideen sind«, sagte der Kutscher Hegels, »was einem im Kopf herumgeht.« Und Nietzsche meditierte ironisch weiter: »Was gedacht werden kann, muß sicher eine Fiktion sein.«

Wallenstein ein politischer Phantast, ein Träumer? Er ist gebannt vom Konzept, Plan, Entwurf, dem gedanklichen Vorgriff, er ist sowohl auf den Geist angewiesen als auch auf die unerschütterliche Vergänglichkeit. Hinter beides setzt sein schmutziges Ende den Schlußpunkt. Es geht nicht darum, Wallenstein Gerechtigkeit widerfahren zu lassen, falsche Einschätzungen zu revidieren. Erkenntnissuche lohnt immer, aber man muß nicht glauben, die Gestalten der Vergangenheit wären für die Urteile der Nachwelt so dankbar, als handelte es sich um Schönheitsoperationen.

Das Problem Wallenstein ist kein Problem fehlender Dokumente. Es handelt sich nicht um die spekulierende Ausdeutung einer Sphinx, die ihr letztes Wissen mit ins Grab genommen hat. Wir kennen sämtliche Alternativen, zwischen denen Wallenstein hätte wählen können. Man hat sie alle durchgespielt, und es hat sich gezeigt, daß die Fragen, die damit zusammenhängen, deshalb so kompliziert sind, weil sie sich so leicht beantworten lassen. Das Magische an Wallensteins Figur kann man nicht darauf reduzieren, daß wir nichts von seinen eigenen Zielen wissen. Wir wissen genug davon. Die Kunst des Historikers besteht nicht darin, der Vergangenheit nur ihre schlechten Bilder abzuerkennen, sie besteht auch nicht in der Entdeckung und Ausbeutung unbekannter Quellen, sondern sie besteht in etwas weit Einfacherem, nämlich in der Interpretation und Ausbeutung desjenigen Materials, das offen und hell zutage liegt.

Was also macht bei Wallenstein das Faszinosum aus? Es findet sich in dem, was wir von ihm wissen und genauso in dem, was wir nicht von ihm wissen. Die referierbare Geschichte ist so handfest, daß sie Vermutungen, Träume, Projekte und Hirngespinste unterschiedslos miteinander identifiziert. Sie kann sich auf die kräftigsten Elemente des Daseins stützen, die Tatsachen. Sie behalten immer recht. Der historische Zuschauer darf kopfnickend sagen, daß die Wahrheit dieser Fakten immer siegreich ist, denn das Siegreiche bestimmt die Wahrheit der Fakten. Unter diesen Bedingungen ist Wallensteins Ende das gerechte Pendant seiner Schuld, da ihm die Kraft fehlte, sich gegen den Kaiser um des Kaisers willen durchzusetzen.

Was wäre geschehen, wenn er diese Kraft gehabt hätte? Dem Historiker sind solche hypothetischen Fragen nur als Denkspiele erlaubt. Er wird ihrem Reiz um so stärker erliegen, je verführerischer sie sind. Eine Figur wie Wallenstein läßt da kaum etwas zu wünschen übrig. Zunächst jedenfalls wäre all das nicht geschehen, was nach seiner Ermordung geschah. Am tiefgreifendsten waren die Folgen für das kaiserliche Heer. Mit Wallensteins Ermordung zerfiel die Armee als politische Macht, war es aber auch mit dem Ruhm der kaiserlichen Fahnen unwiderruflich vorbei; jetzt zeigte sich, daß für diesen Ruhm die Identität von kaiserlicher und friedländischer Armee die Voraussetzung gewesen war.

Ab 1634 wurde das Heer folgerichtig nur noch »Reichsarmee« genannt, eine blasse Bezeichnung für einen Truppenverband, dessen militärische Kraft sich in einzelne Kontingente zersplitterte. Mit der einheitlichen, geschlossenen Heeresformation war es endgültig vorbei, und es dauerte nicht lang, da wurden die Ausdrücke »Reichsheer«, »Reichsarmee« zu reinen Hohn- und Spottworten. Der Sohn des Kaisers, Ferdinand III., erhielt endlich das Oberkommando, das er so stark begehrt hatte und das er so schwach führte. Während der Schlachten beschränkte er sich in seinem Feldherrnzelt auf Gebete vor dem Bild Marias und überließ es seinem Favoriten Gallas, die kaiserlichen Regimenter von einer Katastrophe in die andere zu führen.

Die schlimmste dieser Katastrophen war der großartige Sieg der vereinigten katholischen Heere bei Nördlingen am 6. September 1634. Nach Lützen befand sich Wallenstein militärisch erheblich im Vorteil, er demonstrierte das im Frühjahr 1633 durch sein regeneriertes Heer. Angenommen, er hätte im Sommer die kombinierte schwedisch-deutschprotestantische Militärmacht so gebrochen, wie Tilly den Krieg verstanden hatte und Ferdinand ihn zu verstehen glaubte. Was wäre die Folge gewesen? Exakt das, was nach seiner Ermordung, nach der so triumphal-siegreichen Schlacht von Nördlingen die Folge war. Und deshalb hatte Wallenstein ein ganzes Jahr alles getan, um eine solche Schlacht, einen solchen Sieg zu verhindern; die Weitsicht des Herzogs brach sich nicht an den Spitzen der eroberten Standarten. Die Schlacht von Nördlingen machte mit der schwedischen Herrschaft in Süd- und Mitteldeutschland Schluß, zersprengte den Heilbronner Bund und zwang die Sachsen zum Prager Frieden – seine Bedingungen waren so, daß Johann Georg in der Ära Wallensteins die Achseln gezuckt hätte.

Diesen Triumph von Nördlingen büßt Habsburg vierzehn Jahre lang, bis zum Ende des ganzen Ringens. Denn nach Nördlingen wird das Reich endgültig und unwiderruflich zum Schlachtfeld, zur Beute aller europäischen Mächte: Für Frankreich endet der »verdeckte Krieg«, Richelieu entschließt sich zum offenen Kampf, seine Heeresstärken gehen weit über die 100 000er Grenze hinaus, und die Schrankenlosigkeit des Raubkrieges, den Schweden betreibt, wird durch die trockenen Formeln seiner Politik der »satisfactio« und »assecuratio« nur unterstrichen.

Mit Wallenstein verschwindet der einzige Staatsmann Habsburgs und des Reiches, der im Dreißigjährigen Krieg etwas zu sagen gehabt hat. Nach ihm gibt es nur noch Soldaten, Generale, und was die zu sagen haben, ist fast zu allen Zeiten dasselbe und meist so unerheblich, daß sie es zu Recht durch andere Geräuschentwicklung, durch Säbelrasseln und Gewehrfeuer übertönen. Im Jahre 1634 treten die Geschützführer an die Stelle der Staatsführer, seit der Mordnacht in Eger zeigt der Dreißigjährige Krieg sein widerliches Wolfsgesicht, entsteht die entsetzliche Welt des »Simplizissimus« und der »Landstörtzerin Courage«, beginnen Grausamkeit, Vernichtung, Qualen, und sie dauern so lange, bis Mitteleuropa nicht mehr atmen, nur noch röcheln kann.

Dann erst kommt es zum Frieden der Erschöpfung. Diesen Moment hat Wallenstein gefürchtet, er hat ihn gehaßt, hat bis zuletzt versucht, ihn zu verhindern. Über den Sitzungssälen in Münster und Osnabrück stand 1648 unsichtbar die beklemmende Prophezeiung des Herzogs: »Wenn die meisten Lande werden in Asche liegen, wird man Fried machen müssen.« Man schloß diesen Frieden in einer Form, die dem Reich als Joch bis zu seinem Zusammenbruch auf dem Nacken lag. Wenn man die Opfer und Leiden bedenkt, so fällt es schwer, die politischen Ergebnisse aufzurechnen. »Gewinne« hatten nur fremde Mächte und Maximilian von Bayern – auch dies wäre von Wallenstein verhindert worden.

Frieden wollten sie alle, diese Könige, Fürsten, Diplomaten, sie wollten Frieden, kaum daß die ersten Schüsse 1618 gefallen waren. Aber für niemanden ist schon dieser Wunsch allein ein Alibi, denn in keinem Krieg der Weltgeschichte bemißt sich die Kraft der Friedenssehnsucht nach den eigenen Vorteilen und dem Willen zum Sieg. Die Pax Germanica war das oberste Ziel Wallensteins. Aber es ging ihm dabei um keinen Frieden der Macht und um keinen der Ohnmacht. Gerade das schreckte ihn am meisten, was er nicht verhindern konnte, was nach ihm Wirklichkeit wurde: daß der Krieg schließlich nur durch einen Frieden der Leere, der völligen Erschöpfung in sich zusammenfallen könnte. So wie das Reich selbst. Dieser Westfälische Friede erfüllte alle Hoffnungen Frankreichs, so sehr, daß ihn noch in unserem Jahrhundert der französische Historiker Jacques Bainville als »das köstlichste Kleinod Frankreichs« rühmen konnte.

Wallenstein hat im Prinzip alles Grauen vorausgesehen, von dem das Reich nach 1634 geschüttelt wurde, und nicht zuletzt war er zutiefst davon durchdrungen, daß der Weg, auf dem Katholiken und Protestanten zu lernen hatten, miteinander zu leben, auf keinen Fall darin bestand, sich erst viele Jahre lang gegenseitig zu töten.

Wenn Wallenstein sich durchgesetzt hätte, dann wäre zweifellos der Grundzug seiner großen Idee realisiert worden, daß die Einheit des Reiches über den Einzelfürsten zu stehen hatte, daß ohne innere Konsolidierung keine äußere Stabilität zu erreichen war. In der jahrhundertealten Fehde um die Hoheitsrechte des Staates hatten die ständischen Gewalten gegenüber dem Kaisertum immer mehr an Boden gewonnen. Wallenstein war der einzige, er war der erste und der letzte, der die kaiserliche Macht über die Reichsfürsten erhob, der einzige, mit dem der Kaiser fähig gewesen wäre, diesen Kampf endgültig zu seinen Gunsten zu entscheiden und eine intakte, kräftige Staatlichkeit des Reiches zu verwirklichen. Der Reichszusammenhang wäre nicht auf dem Altar der deutschen Vielstaatenautonomie geopfert worden. An diesem Reich – von Fürstenindividualität und -eigennutz nicht paralysiert – wäre Richelieus Politik steckengeblieben, Frankreichs Vormachtstellung in Europa hätte nicht begründet werden können. Mit einem Wort: In Wallensteins politischem Konzept wäre dem Deutschen Reich sein langsamer Selbstmord bis 1806 erspart geblieben, und damit alle Nebenfolgen, die dem unglückseligen Gegeneinander Preußen-Deutschlands und Habsburgs entsprangen.

Nicht zuletzt diese angelegten Eventualitäten garantieren dafür, daß Wallenstein in der Wirklichkeit und im Widerstreit die unerschöpflichste Gestalt eines der düstersten Abschnitte unserer Geschichte bleibt, die nicht gerade arm an düsteren Epochen ist. Sein Leben war so effektvoll, daß sein Sterben mystisches Schaudern hervorrief, und sein Tod war effektvoll genug, um seinem ganzen Leben, seinem politischen Wollen falsche Lichter aufzusetzen. Von dem politisch-dramatischen Sprengstoff der letzten vier Jahre wird auch sein früheres Leben vollständig durchlöchert. Dabei ist es gerade umgekehrt. Der Wallenstein bis 1625 ist konsequenter Diener Habsburgs. Der Wallenstein von 1625 bis 1630 ist Verkörperung der kaiserlichen Reichspolitik. Erst das Scheitern dieser Politik häuft das militärische, politische, persönliche Dynamit der nächsten Jahre an.

Wallenstein akzeptiert nicht den Auseinanderfall seiner Politik und derjenigen des Kaisers. Er akzeptiert nicht, daß die Wirklichkeit Habsburgs seine

Pläne desavouiert. Der Mensch hat ein Recht, nicht aufzugeben. Ein Wunsch gewinnt besonderen Rang, wenn seine Realisierung einen Irrtum berichtigt. Wallenstein hat 1633 den Irrtum von 1630 nicht berichtigen können, auch wenn er ihn nicht verschuldet hat. Das ist die Anklage der faktischen Geschichte gegen ihn, aber es ist auch seine Rechtfertigung durch eine weniger faktenhörige Instanz, vor der die Niederlagen der Historie genausoviel zählen wie die erfolgreichen Versehen der Geschichte.

Der Herzog von Friedland war ein klarer Träumer, ein rationaler Geist. In seinen Plänen drückte sich politische Weitsicht von großen Proportionen aus; sie überstiegen alles Normale, weil ihm seine Vernunft sagte, daß das Normale nicht einmal für normale Zeiten genügt. Keiner neben ihm erkannte so scharf wie er die innere Widersprüchlichkeit der Zeit. Und das intellektuelle Pro und Kontra, samt den begleitenden Schatten des Abwartens, ja der Ratlosigkeit – es sind sichere Indizien für die überlegene Klugheit eines Menschen. Wenn an Wallenstein überhaupt etwas rätselhaft und unerklärlich war, dann ist es hier zu finden.

Wenige Tage vor seinem Tod – der Kaiser hatte ihn schon öffentlich geächtet – schäumte einer seiner Feinde: »Dieses mährische Scheusal! Die meisten fürchten, er könne die Gewalt haben, Himmel und Erde zu mischen.« Auch solche Emotionen gehören ein für allemal zum Gedächtnis des toten Herzogs. Heute aber sind wir mehr denn je der Einsicht offen, daß sich in dem, was man dem Mitmenschen zur Last legt, immer auch das allgemeine Verhängnis ausdrückt und ebenso ein Stück privater, ganz persönlicher Unzulänglichkeit. Das freilich ist nicht aufzurechnen.

Es bleibt ein Rest. Ein Rest muß bleiben. Man spürt ihn, wenn man in Prag durch das Portal des Wallensteinpalais geht, durch die majestätisch hohen Räume, wenn man an eins der Fenster tritt und hinab in den verlassenen Garten blickt. An den Wänden die üblichen Adelsgemälde, Wallensteins Tochter Maria Elisabeth, seine Frau Isabella, daneben er selbst, der Herzog von Friedland.

Auch die museale Isoliertheit kann die Beklemmung nicht verdecken. Dazu ist es kaum nötig, daß der Besucher auf den Satz aufmerksam gemacht wird, der auf der Rückseite des Gemäldes, der grauen, brüchigen Leinwand steht. Man weiß nicht, wer ihn geschrieben hat, man weiß nicht, wann es war: »Egrae obiit aegre – Zu Eger starb er bitterlich.« Hier reflektiert sich das Schicksal nicht schlechter als das Symbol, die drei Worte sind Sentenz und Widerschein menschlicher Größe und irdischer Hinfälligkeit.

Kritische Bibliographie

Bei Zitaten aus Originaldokumenten im Text war der Gesichtspunkt der Verständlichkeit maßgebend, nicht die Faksimiletreue; Rechtschreibung und Ausdrücke wurden modernisiert. Wallenstein verzichtete auf jede Interpunktion, er hielt sich an die Kleinschreibung. Die Titelauswahl hält sich in vertretbarer Enge an die Person W.s und klammert andere Akteure oder selbständige Probleme bibliographisch weitgehend aus. Zu den Personen sind allg. zunächst die Darst. in der ADB zu vergleichen. – Lit. wird in knappster Form zitiert. Die Aufeinanderfolge hält sich an den Gang der Darstellung, die Auswahl orientiert sich an den Texterfordernissen. – Auch heute bleiben, gerade der uferlosen Spezialforschung wegen, Archiv- und Quellenstudien die Basis jeder hist. Beschäftigung mit W. Die wichtigsten Archive: in Prag das Staatliche Zentralarchiv (Státní ústřední archiv) und das Archiv des Nationalmuseums (Archiv národního musea); in Wien: Haus-, Hof- u. Staatsarchiv, Kriegs- u. Hofkammerarchiv; in Nürnberg: Staats- und Stadtarchiv; in München: Bay. Hauptstaatsarchiv u. Geh. Staatsarchiv; in Stockholm: Schwed. Reichsarchiv (Svenska Riks-Arkivet) u. Kriegsarchiv, ferner: Friedl. Schloßarchiv, Staatsarchiv Münchengrätz.

Alte Quellen u. Darst. d. Zeit: P. Skála, Historie česká od r. 1602 do r. 1623; Lundorp, Acta publ. 1621 ff.; Abelinus, Theatr. Europ. II–III 1646 (44) z. 1629–34; Burgus, De bello Suecico comm., 1639; Khevenhüller, Ann. Ferd. 1640ff., 1721ff. (vgl. d. K. Peball, Z. Quellenlage d. Ann. Ferd. etc., Wien 1956); Conterfet-Kupfferstich, II. Th., 1722; Pappus, Epitome Rerum Germ. ab a. 1617 ad a. 1643 gest., 1644; Chemnitz, Königl. Schwed. i. Teutschl. gef. Krieg, 1648, 1653ff.; V. Siri, Memorie recondite dall' anno 1601 sino al 1640, Ronco 1677–1679, I–VIII; Pufendorf, Comm. de Reb. Suecis Libri XXVI, 1686; Lünig, Spicilegium seculare II, 1719.

Eine Zusammenstellung der gedr. Quellen nach jüngstem Stand fehlt. Grundlage bleiben unverändert die Veröffentl. von Aretin, Chlumecky, d'Elvert, Dudík, Förster, Gaedeke, Gindely, Günter (Habsburger-Liga), Hallwich, Helbig, Hildebrand, Irmer, Kirchner, die Lettres et négociations du marquis de Feuquières, 3 T. 1753, Murr, Schebek, Straka. Weniger bekannt: J. Hirn, Archival. Beiträge zu »Wallenstein« (MIÖG, 5. Erg.-Bd. 1903); V. Líva, Pramený dějinám třicetileté války (Reg. fond. milit. Arch. Ministerstva Vnitra ČSR v Praze, Díl V 1626ff.), Prag 1953.

1. Kap. Zum W.-Problem: J. H. Krönlein, W. u. seine neuesten hist. Ankläger u. Verteidiger, 1845; O. Lorenz, Zur W.-Literatur (HZ 39, 1878); F. v. Krones, Über d. Stand d. W.frage (Vierteljahresschr. f. d. ges. Wiss. u. Künste I, Bln 1882); Fr. Skowronnek, Quellenkrit. Beitr. z. W.frage, 1882; E. Charvériat, La quest. de W. en 1886 (Revue des quest, hist., XLIII, 1887); A. Gaedeke, Die Ergebn. d. neueren W.forschung (Raumers »Hist. Taschenbuch«, 6. Fol., 8. Jg., Lpz. 1889); J. Krejčí, Über W. im dt. Drama u. Roman (Český čas. historický 1899); P. Schweizer, Die W.-Frage i. d. Gesch. u. i. Roman, Zürich 1899 (apologetisch); V.-L. Tapié, La question W. (Revue d'Histoire Moderne, Bd. X, N. S. IV, Paris 1935); J. Polišenský, Z. Problematik d. Dreißigjähr. Krieges u. d. W.frage, 1958.

Wichtigste biogr. Darst.: Erstmalig im »Heldenbuch« d. N. Bellus (Lundorp) 1629; Gualdo Priorato, Historia della vita d'Alberto Valstain, duca di Fritland, 1643 (geschr. ca. ein Jahrz. früher); St. Hilaire in: Histoires tragiques de notre temps, Rouen

1641 (unselbst.); J. Fr. Sarasin, La conspiration de Valstein (Oeuvres, Rouen 1656); W. A. Czerwenka, Splendor et gloria domus Waldsteinianae sen viri pietate etc., Prag 1673; A. Paullini, Leben Albrecht Wallensteins, Hertzogs von Friedland etc. (Curieuses Bücher-Cabinet etc., Cölln u. Franckfurt a. M. 1711, Dritter Eing. IX, 480–551); L. v. Ranke, Gesch. W.s 1869 (letzte Aufl. 1967, hg. v. H. Diwald); J. Peyster, W., New York 1889; W. Wostry, W. (Die gr. Deutschen, 1, 1935); Fr. Watson, W., London 1938 (harmonisierend); K. Pfister, W. (Prozesse d. Weltgesch. IV), 1948; W. Görlitz, W., 1948; G. Wagner, Wien 1958; Th. Heuß, in: Profile, 1964 (53ff.). – Monogr. Schriften: K. Wetzer, Zur Gesch. W.s (Mitt. d. k. k. Kriegs-Archivs, Jg. 1882); Doba bělohorská a Albrecht z Valdštejna (Sborník osmi statí), Prag 1934; O. Schiff, W. (PrJbb 145, 1934); W.-Gedenkschrift d. Ver. f. Heimatkunde d. Jeschken-Isergaues, 1934; J. Pekař, Valdštejn a česká otázka (Čes. čas. historický 40, Prag 1934); Fr. Wild, W. als Zeitgenosse i. engl. Spiegelung (Anzeiger d. öst. Ak. d. Wiss., 1955); Fr.-H. Schubert, W. u. d. Staat d. 17. Jhdts. (GWU 16, 1965).

2. Kap. Die Waldsteins behielten ihre Namensform bis in unsere Zeit. Das gängige »Wallenstein« für den Herzog von Friedland setzte sich erst seit Schiller durch. Allerdings unterschrieb W. selbst wiederholt Briefe in dieser Form, schon zu Lebzeiten nannte man ihn häufig »den Wallensteiner«, bezeichnete auch seine Soldaten als: die Wallensteiner. Ob W.s Eltern Deutsche oder Tschechen waren, ist eine akademische Frage, die vor allem von der nationalen Gesch.schreibung des 19. Jhdt.s diskutiert wurde. Je nach dem Grad der Abneigung gegen W. oder gegen die Deutschen oder die Tschechen sollte er bald aus einer tschechischen, bald aus einer deutschen Familie abstammen. De facto waren die Eltern W.s genauso wie er selbst Böhmen, also weder Deutsche noch Tschechen. Eine Sonderung unter nationalen Vorzeichen hat geschichtlich erst seit dem 19. Jhdt. einen Sinn. Hält man sich an das dürftige Kriterium der Sprache, dann überwiegt bei W.s Mutter der tschechische Anteil. Noch im Alter von 15 Jahren hat W. nur sehr unvollkommen deutsch gesprochen.

Zu Heřmanitz u. d. Tätigkeit Georg v. Waldsteins als Kaufmann u. Verwalter vgl. Fr. Petera, Heřmanice v kraji Hradeckém (Pam. Arch. III, 1859); C. Leeder, Beitr. z. Gesch. v. Arnau (MVGDB XI 1873). – Cirkler stammte selbst aus Schlesisch-Goldberg, er hatte noch bei Melanchthon studiert und wurde ein namhafter Pädagoge u. Gelehrter; um 1585 war er kurze Zeit Rektor der Goldberger Lateinschule. W. wohnte im Haus eines Neffen Cirklers, bei Johann Cirkler. Sein Brief an Zedlitz – das erste Schreiben, das von ihm erhalten ist – wurde erstmalig von K. F. v. Strantz (Albr. v. W. auf der Schule zu Goldberg etc., in: Ztschr. f. Kunst, Wiss. u. Gesch. d. Krieges, LXXIV, Bln 1848, 192ff.) veröffentlicht. Die Universitätsunterlagen, Akten, Briefe zu W.s Zeit in Altdorf liegen i. d. UB Erlangen bzw. im Germ. Nationalmuseum in Nürnberg; es handelt sich vor allem um drei Schreiben der Nürnb. Bürgermeister u. Räte vom 27. Dez. 1599, 12. Jan. u. 17. Jan. 1600 sowie um das Bittgesuch W.s, von der förmlichen Relegation abzusehen. Schillers oft zitierte Karzerszene ist frei erfunden, der Altdorfer Karzer war schon 1576 eingeweiht worden. Lit.: Böttiger, Ein Beytrag z. Jugendgesch. Albr. v. W. (Bay. Annalen I, Nr. 23, 1833, 175ff., 202ff.); J. Baader, W. als Student a. d. Univ. Altdorf, Nbg 1860; K. Patsch, Albr. v. W.s Studentenjahre, Prag 1888; K. Siegl, W. »auf der Hohen Schul« zu Altdorf (MVGDB, 49, 1911). Die erste Notiz über W.s Studium in Padua findet sich bei Priorato (Historia etc. 4f.). Allerdings fehlt sein Name i. d. Universitätsmatrikeln; dafür gibt es keinen einsichtigen Grund, falls W. in Padua studiert hatte. Ebensogut kann er allerdings nichtimmatrikulierter Hörer gewesen sein. Alle übrigen Spekulationen sind ungeschützt, z. B. gibt es keine Unterlagen dafür, daß W.

den zeitlichen Daten entspr. bei dem Astrologen u. Mathematiker Andreae Argoli studiert haben kann (wie Khevenhüller behauptet); im Jahre 1600 dozierte Galilei – seit acht Jahren – in Padua Mathematik, W. kann ihn also durchaus besucht haben; Murrs Behauptung (Beyträge etc., Nbg 1790, 305) ist folglich, trotz der falschen Daten, nicht aus der Luft gegriffen. S. a. J. Schmidl S. J., Historia Societatis Jesu provinciae Bohemiae, Prag 1759, Fol.; W. A. Czerwenka, De vita rebusque gestis A. W. E. ducis Fridlandiae libri IV, 1685; ausführlich u. materialreich für die ersten Jahrzehnte W.s ist Fr. Dvorský, Albrecht z Valdštejna až na konec roku 1621. Nové listy do knihy třistaleté paměti (Rozpravy české Ak. I, I 3 Prag 1892); die Darst. Dvorskýs hält sich aber auch stark u. unkritisch an gängige Ondits. Ferner: A. Rybička, Něco z mladosti vévody Friedlandského (Lumír II 1860, st. 1025).
Nach einem einzelnen Bericht (Nachricht v. einigen Häusern des Geschl. d. v. Schlieffen oder Schlieben, Kassel 1784) soll W. 1604 schon bei Gran, während eines Sturms auf die Festung Szentendre schwer verwundet und aus dem Wallgraben von dem späteren Oberst Anton v. Schlieff gerettet worden sein. Eine andere Quelle (Khevenh., Conterfet-Kupfferstich fol. 219ff.) berichtet, W. wäre bei den Kämpfen vor Gran aus einer lebensgefährlichen Situation durch Herzog Carl Gonzaga von Nevers gerettet worden. – Den Zug nach Prag beschrieb Hieserle in seinen Erinnerungen (J. M. Hysrle, Paměti svého života, 1614), der betr. Passus ist erstmalig wieder abgedr. worden von J. Jireček, Anthologie z. lit. české, doba střední, 2. ad. vydani (Prag 1869) 315–320, Nr. 80: J. M. Hysrle z Chodův a na Zálezlí: Jízda horami tatranskými a Polskem v pros. let. 1604; s. a. E. Schebek, Aus d. Memoiren d. Frhr. H. M. Hieserle etc. (Presse, Wien 1868, 1. Febr.); –, Wallensteiniana (MVGDB XIII 1875, 252); – Die Lösung d. W.frage, Bln 1881, 532 (ü. d. Ernennung W.s zum Obristen 1606). – Die Empfehlungsschreiben Žerotíns an Molart u. Cauriani sind u. a. v. Fr. Palacký (Jugendgesch. A. v. Waldst., Herzogs v. Friedland, Jhrb. d. böhm. Museums etc. II 1831, 78 ff.) in der Beilage abgedr. Zu Žerotín vgl. P. Ritter v. Chlumecky, Carl von Zierotin u. seine Zeit 1564–1615, Brünn 1862/1879, I–II (enth. a. Mitt. ü. W.s Jugend); Fr. Hrubý, Karl der Ältere von Zierotin, Brünn 1936 (a. zur Korr. Chlumeckys); O. Odložilík, Karel starší ze Žerotína 1564–1636, Prag 1936. – Z. ersten Horoskop Keplers vgl. O. W. v. Struve, Beitr. z. Feststell. d. Verhältnisses von Keppler z. W. (Mém. de l'ac. imp. des sciences de St. Pétersbourg, VII sér., t. II, 4, 1860, 13 ff.; K. G. Helbig, W.s Horoscop v. J. Keppler (1609), in: Der Kaiser Ferd. u. d. Herz. v. Friedl. während des Winters 1633/34, Dresden 1852 (Kap. 20, 60–72); Dvorský, Nové zprávy o. J. Keplerovi (Čas. mus. král. českého, LIII, 1, 1879, 34 ff.); W. Becker, Das Horoskop W.s v. Joh. Kepler, Bln.-Stegl. o. J.; R. Henseling, Umstrittenes Weltbild, 1941, 4. Aufl. (32–48, allg. Darst.). Das erste Horoskop ist wiederholt abgedr., ebenso das rektifizierte vom 21. Jan. 1625. Die Behauptung, W. hätte sein erstes Horoskop erst 1614 zugestellt bekommen, ist unhaltbar. Kepler hätte nach diesen sechs Jahren die Möglichkeit gehabt, die datierten Voraussagen nach der Wirklichkeit zu berichtigen – zumal gleichzeitig versichert wird, Kepler hätte näheres über seinen Analysanden gewußt, da nur so die treffende Charakterbeschreibung zu erklären sei; vor allem gilt das für die Heirat, ebenso für Keplers Prognose für 1611, W. würde mit Kriegsdiensten befaßt werden, was nicht der Fall war. Außerdem stellte Kepler Horoskope um der Honorare willen; weder für W. noch für Kepler konnte ein Horoskop Sinn haben, dessen Erstellung sechs Jahre auf sich warten ließ. – Zur Heirat B. Balbin, Historia collegii S. J. Giczinensis (Hs. Prag; panegyrisch, nur in den Daten hinreichend zuverlässig, Vorlage für Czerwenka u. Schmidl); K. Patsch, Albr. v. W.s erste Heirat, Prag 1889 (mit Vorbehalten); J. Bergl, Die Schicksale d. Reliquien W.s, seiner ersten Gemahlin u. seines Soh-

nes (MVGDB, 72, 1934). – Zur Jugend selbst vgl. n. F. v. Krones, Aus d. Jugendjahren Herrn Wilhelms von Slawata 1572–1604 (Ztschr. f. Kulturgesch. V 1898) u. d. absprechend voreingenommenen Arbeiten von F. Stieve, Zur Gesch. W.s (Abh., Vortr. u. Reden, 1900, 228ff.; bis Ende 1624); –, W.s Übertritt z. Katholizismus (l. c. 208ff.); –, W. bis zur Übernahme d. ersten Generalats (Hist. Vierteljahrsschr. II 1899).

3. Kap. Balbin beruft sich in seinem Bericht über die Einzelheiten der ersten Heirat W.s auf zeitgenössische Aufzeichnungen, er zitiert vor allem die Tagebücher des Olmützer Jesuitenkollegs. Seine Darst. scheint quellenmäßig besser gestützt zu sein als die Angabe Khevenhüllers (Conterfet II 218), der Erzbischof von Prag hätte die Heirat vermittelt und durchgesetzt, ganz zu schweigen von der späteren Vermutung, daß auch Žerotín dabei die Hand im Spiel gehabt habe. Khevenhüller war ein Zeitgenosse W.s, aber diesen Umstand hat er zu keiner genaueren Orientierung ausgenützt. – Zum Erbe und Vermögen des jungen W. vgl. Th. V. Bílek, Dějiny konfiskací v Čechách po r. 1618, Prag 1882 (dt. Auszug [stark gekürzt] Beitr. z. Gesch. W.s, Prag 1886). Ferner: B. Duhr, W. in seinem Verhältnis zu den Jesuiten (HJb XIII 1892; weitgeh. überholt); zu erg. durch G. Hoehne, Das rel. Charakterbild W.s (ZKiG, 4. Folge I, LXIII Bd. 1950/51). Wichtig bis 1619: J. Jireček (Ed.), Paměti nejvyššího kancléře království českého Viléma hraběte Slavaty etc. (Mon. Hist. Boh. I) Díl I–II, Prag 1866/68; F. Never-Landfried, Die katholische Liga, Kallmünz 1968.

4. Kap. Lit. z. Zeitgeschehen: A. Wahl, Compositions- u. Sukzessionsverhandl. unter Matthias 1613–15, Diss. Bonn 1895; W. Meier, Compositions- u. Sukzessionsverhandl. unter Matthias 1615–18, Diss. Bonn 1895/97; O. Gliss, Der Oñatevertrag, Diss. Frankfurt/M. 1930; G. Mecenseffy, Habsburger im 17. Jahrh. Die Beziehungen d. Höfe v. Wien u. Madrid während d. Dreißigjähr. Krieges (AÖG 121/1, 1955); J. Polišenský, Der Krieg und die Gesellschaft in Europa 1618–1648 (Documenta Bohemica Bellum tricennale illustrantia, T. 1) Prag; Wien, Köln, Graz 1971; Der Dreißigjährige Krieg. Beiträge zu seiner Geschichte, Wien 1976; H. U. Rudolf, Der Dreißigjährige Krieg (Wege der Forschung) Darmstadt 1977. – Zum Friauler Krieg ausführlich, aber nicht zuverlässig Fr. v. Hurter, Gesch. Kaiser Ferdinands II. und seiner Eltern, Schaffhausen 1854, 7. Bd., 59. Buch, 77ff.; H. Valentinitsch, Ferdinand II. Die innerösterreichischen Länder und der Gradiskanerkrieg 1615–18 (Johannes Kepler (1571–1971) Gedenkschrift d. Univ. Graz) Graz 1975. Zum Aufenthalt W.s in Graz anläßlich des Marsches nach Friaul vgl. H. v. Zwiedineck-Südenhorst, Hans Ulrich Fürst von Eggenberg, Wien 1880, 83. – W.s »Reiterrecht« stützt sich in den Grundzügen, wie es auch bei jedem anderen Artikelsbrief der Fall war, auf die früheren Bestimmungen, in diesem Fall auf das alte kaiserliche Reiterrecht von 1570, das Maximilian II. anhand des Entwurfs Lazarus v. Schwendi's erlassen hatte. W.s Kriegsartikel, die einen erheblichen Einfluß auf das kaiserliche Heer hatten, sind weit detaillierter und zeigen eine verblüffende Sachkenntnis und praktische Kriegserfahrung. Das »Reiterrecht« ist u.a. abgedr. bei Dvorský, Albr. z. Valdštejna etc., im Anhang 195ff.

5. Kap. Der wichtigste zeitgenöss. Bericht über die Vorgänge in Mähren Ende April – Anfang Mai 1619 ist: »Verlauff in Mehrern«, erstmals gedr. in: Variorum discursum Bohemicorum nervi, Continuatio IX, 1619, 3. In großen Partien findet sich diese Darst. schon i. d. Frankfurter Messrelation vom Herbst d. gleichen Jahres (Relationis historiae semestralis Continuatio . . . 1619, II 26f.). Haupttradent war N. Bellus (Österr. Lorbeerkranz, Ffm 1626, 182ff.), über Kaspar Enss (Fama Austriaca, Köln 1627, 223ff.) wanderte die Schilderung dann ins Theatrum Europ. (1635 I

131) und weiter zu allen folg. Historikern. Vollst. u. ungekürzt ist der »Verlauff in Mehrern« wieder abgedr. worden von Chr. d'Elvert, Beitr. z. Gesch. d. Rebellion, d. Reformation, d. Dreißigj. Krieges u. d. Neugestaltung Mährens im 17. Jhdt. (Schrift. d. hist.-stat. Sektion d. k. k. mähr.-schles. Gesellschaft z. Beförd. d. Akkerbaues, d. Natur- u. Landeskunde XVI) Brünn 1875, 14 ff. Vgl. Böhm. Hss d. Haus-, Hof- u. Staatsarchives, Wien 1873, 46. Zu ergänzen u. korrigieren ist diese Quelle vor allem durch die Darst.: »Über den Eingriff des Herrn Obristen von Wallenstein in die mährische Ständecassa. Zeitung auss Deutschlandt etc. 1619, Nr. 20, Wien, 8. Mai 1619« und »Warhaffte und Gründliche Demonstrationes und Documenta, das Ich Graf Georg von Nachodt mit meiner aufrichtig, redlich und eüfrig, gehorsamst- und unterthenigsten affection etc.« (B. Dudík, Cerroni's Hss-Sammlung, Brünn 1850); ferner »Události Moravské r. 1619 od sjezdu Znojemského (30. dubna) az do 23. dubna 1633 (s. Pešina, Mars Moravicus II, Dudík l. c. 52–59); s. a. Acta Bohemica II (1621), E 3. Heranzuziehen sind ferner die Briefe u. Berichte des Königs, Dietrichsteins und Thurns; sie sind vor allem an folg. Stellen zu finden: Lundorp, Acta publ., Ffm 1688 I 62–63, 221 f.; d'Elvert, Beiträge I (Schriften XVI) 51; –, Beitr. (Schriften XXII) 64–68; –, Beitr. IV 1 ff.; Dudík, Forsch. i. Schweden f. Mährens Gesch., Brünn 1852, Nr. 19, 22, 23 (261 ff., 265 f.). Der Beschwerdebrief d. Böhmen (Thurn, Colonna von Fels u. Hohenlohe) über W. vom 29. Dez. 1618 ist wieder abgedr. in: Allg. Archiv f. d. Gesch.kunde d. Preuss. Staates V 1831, 4, 295. – W.s Verhalten ist – neben den mehr oder weniger zuverläss. Darstellungen Herchenhahns, Försters, K. A. Müllers (Fünf Bücher v. böhm. Kriege, Forsch. auf d. Gebiete d. neueren Gesch., Dresd. u. Lpz. 1838/41, Bd. III), Hurters und Rankes – nach den kontroversen Gesichtspunkten diskutiert worden vor allem von Gindely, Dvorský, Stieve u. Hallwich. Am mißgünstigsten und herabsetzendsten interpretiert Stieve, am beschönigendsten Hallwich. Zu den Verhältnissen vgl. noch Fr. Hrubý, Moravská šlechta r. 1619, její jmění a náboženské vyznání (Časopis Matice Moravské XLVI, 1922); –, Ladislav Velen ze Žerotína (Český čas. hist. XXXV 1929; informiert über d. Situation i. Mähren 1618).

6. Kap. B. Jelinek, Die Böhmen im Kampfe um ihre Selbständigkeit 1618–48. Beitrag zur Genealogie u. Biographie der böhm. Kombattanten d. 30jähr. Krieges, 1616; J. Pekař, Bílá Hora, Prag 1921 (W.s Rolle im böhm. Schicksal in betont negat. Deutung, 121 ff.); M. Loesche, Die böhm. Exulanten in Sachsen (Jb. d. Gesellsch. f. d. Gesch. d. Protest. im ehemaligen Österr., 42–44, 1923); E. Winter, Die tschech. u. slowakische Emigration i. Deutschl. i. 17. u. 18. Jhdt., 1955; E. Stamm, Der erste Feldzug des Gabriel Bethlen etc., Diss. Jena 1894; M. Depner, Das Fürstentum Siebenbürgen im Kampf geg. Habsburg, 1938; A. v. Schelven, D. Generalstab d. polit. Calvinismus in Zentraleuropa zu Beginn d. 30jähr. Krieges (ARG 36, 1939); J. v. Falke, Gesch. d. fürstl. Hauses Liechtenstein, Wien 1868 bis 1882, I–III; K. Stloukal, Karel z Lichtenštejna (Český čas. hist. XVIII, 1912); V. Pešák, Panství rodu Smiřických v r. 1609–1618 (Sborník archivu min. vnitra XIII, Prag 1939).

7. Kap. F. Stieve, Herzog Maximilian I. von Bayern u. d. Kaiserkrone (Deutsche Zeitschr. f. Gesch.-Wiss. 6, 1891); W. Goetz (Hrsg.), Briefe u. Akten z. Gesch. d. Dreißigj. Krieges, N. F.: Die Politik Maximilians I. v. Bayern und seiner Verbündeten 1618–51, 2. Teil (1623/29), 1907–48, I–IV; J. Schnitzer, Zur Politik d. Hl. Stuhles i. d. ersten Hälfte d. Dreißigj. Krieges (Röm. Quartalsschr. f. christl. Altertumskunde u. Kirchengesch. 13, 1899); D. Albrecht, Der Hl. Stuhl u. d. Kurübertragung von 1623 (QFIAB 34, 1954); W. Goetz, Pater Hyazinth (HZ 109, 1912); H. Schläfer, Die bayr.-französ. Beziehungen von 1622 bis 1625, Diss. Mchn 1938.

8. Kap. Am wichtigsten noch immer Bílek, Dějiny konfiskací v Čechách etc.; über

sämtliche Grundstücks-Erwerbungen und -Verkäufe bis zu W.s Tod vgl. 732–832. Gindelys Darstellungen – vor allem in: Waldstein während seines ersten Generalats, Prag 1886, 2 Bde., I 16ff., 403ff. – waren von Anfang an unzutreffend, ebenso wie die Ausführungen F. Stieves (Zur Gesch. W.s, besonders 282ff.). Den Smiřický-Besitz erhielt W. rechtmäßig zugesprochen als nächster Verwandter und Vormund des unzurechnungsfähigen letzten männlichen Erben der Linie, Heinrich Georg v. Smiřický. Bei der Klärung der Rechtslage trat auch Slavata mit Ansprüchen auf; sie wurden abgewiesen. Von der dramatischen Ausschmückung dieser Erbschafts- u. Vormundschaftsangelegenheit bleibt nicht viel übrig, die Gerüchte von W.s skrupellosem Benehmen fallen vor allem Slavata zur Last, denn der Weg vom Nachsehen zur Nachrede bemißt sich nach dem Grad der Enttäuschung: die Smiřický-Ländereien waren reinste Juwelen. Am 11. Nov. 1622 verkaufte W. aus dem Besitz den zusammenhängenden Herrschaftskomplex Schwarz-Kosteletz, Aurzinowes u. Skworetz in der Nähe Prags für 600 000 Schock m. an Liechtenstein, 1624 erwarb der Statthalter noch das Gut Petrowitz. S. dazu a. Dvorský, Albr. z. Valdštejna 145–59; S. Gorge, Zu den ersten Güterkäufen W.s (MVGDB 45, 1907); –, Zur Gesch. d. Smiřickýschen Güter (MVGDB 48, 1909); O. Odložilík, Poslední Smiřičtí (Od pravěku k dnešku. Sborník prácí z dějin československých. K šedesátým narozeninám J. Pekaře (2 Bde., Prag 1930) II 70ff. – Ferner: P. Skála, Hist. Česká od roku 1602 do roku 1623 V 207ff.; K. Oberleitner, Beitr. z. Gesch. d. 30jähr. Krieges mit bes. Berücksichtigung d. österr. Finanz- u. Kriegswesens (Arch. f. Kunde österr. Gesch.quellen 19, 1858) (unveränd. wichtig); J. Newald, Die lange Münze in Österreich (Num.Ztschr., 13, 1881); F. Kaphahn, Der Zusammenbruch d. dt. Kreditwirtschaft im XVII. Jhdt. u. d. 30jähr. Krieg (Dte. Gesch.blätter XIII); J. Hirn, Beitr. z. Gesch. d. Dreißigj. Krieges (AÖG 89, 1901; Gutachten Trauttmansdorffs ü. d. Münzkonsortium an d. Kaiser 1623); A. Salz, Gesch. d. böhm. Industrie i. d. Neuzeit, 1913; O. Oliva, Finanční politika v Čechách po Bílé Hoře do kalady r. 1623 (Český čtenář, XVII 3, Prag 1925); D. Albrecht, Zur Finanzierung d. Dreißigj. Krieges (Zbayr LG 19, 1956); A. Ernstberger, Hans de Witte, Wiesb. 1954.
9. Kap. J. Hirn, Beiträge z. Gesch. d. Dreißigj. Krieges (AÖG 89, 1901, Teil 1); O. Graf Harrach, Rohrau, die Grafschaft u. deren Besitzer, Wien 1906; F. Gräffer, Comtesse Harrach, W.s Gemahlin (Neue Wiener Lokalfresken, Linz 1847); F. Tadra, Beitr. z. Gesch. d. Feldzugs Bethl. Gabors etc. (AÖG 55, 1877).
10. Kap. O. Hunziker, W. als Landesherr, Zürich 1875; A. Ernstberger, W. als Volkswirt im Herzogtum Friedland, Reichenberg 1929; –, W. als Volkswirt (Ackermann aus Böhmen II, 1935); F. Menčík, Albrechta z Valdštejna dopisy k P. Val. Coroniovi, rektoru kolleje Jičínské 1623–5 (Věstník Král. Čes. Sp. Náuk, č. 3, r. 1887, Prag 1888); J. Kalousek, Statky Albr. z. Valdštejna (Pokrok 253, 1871); W. Hecke, W.s Güterbewirtschaftung (Wiener landwirtschaftl. Zeitung, 31, Nr. 23–26, Wien 1881); J. V. Šimák, Některé zprávy o hospodářství panském v knížectví Frýdlandském (Čas. Spol. přátel starož. VI 1898); A. Salz, W. als Merkantilist (MVGDB 47, 1909); Fr. Förster, W. . . als Feldherr u. Landesfürst, 1834 (noch immer aufschlußr.); G. Grundmann, W. als Bauherr (Ostdte. Wiss. Jb. d. Ostdeutschen Kulturrates II, Lpz. 1955); G. Steller, W. als Bauherr (Sagan-Sprottauer Heimatbriefe, 14. Jg., Nr. 7, Detmold 1963). – Allg.: W. Hecke, Das Herzogtum Friedland (Österr. landw. Wochenblatt 1888, Nr. 14, 16, 18); A. Ressel, Gesch. d. Friedländer Bezirkes, Friedland 1902; F. Neméthy, Monographie des Schlosses Friedland etc., Prag 1818; J. Helbig, Beitr. z. Gesch. d. Stadt u. d. Bezirkes Friedland, I–III, Friedland 1892 bis 1894; H. Hallwich, Auf W.s Spuren (Daheim, Jg. 23, Lpz. 1887); J. Schön, Jičín (Jbb. d. böhm. Museums IV, 1830); W. Ernst, Böhm.-Leipa vor u. un-

ter Wallenstein (J.berichte d. Oberrealsch. i. Böhm.-Leipa, Böhm.-Leipa 1863–65); H. Hallwich, Z. Gesch. d. Stadt Böhmisch-Leipa (MVGDB 9, 1871). – Ferner: O. Placht, Lidnatost a společenská skladba českého státu v 16.–18. století, Prag 1957; J. Helbig, Gesch. d. Gegenreform. u. d. gleichzeitigen Kriegsereignisse i. d. Herrschaft Friedland (MVGDB 39, 1901); J. Pohl, Die Exulanten aus der Herrschaft Friedland im Sudetenland, 1939.

11. Kap. F. Tadra, Briefe A.s v. W. an Karl von Harrach 1625–27 (FrA 2 XLI, Wien 1879); F. Menčík, Die Hofrathssitz. i. Jahre 1625 (Věstník Král. Čes. Spol. Náuk, 9, r. 1899, Prag 1900); Fr. v. Hurter, Z. Gesch. W.s, Schaffhausen 1855; H. Hallwich, W.s erste Berufung zum Generalat (Ztschr. f. Allg. Gesch. etc. 1, Stgt. 1884, 122ff. Abdr. d. Instruktion); A. Gindely, W. während seines ersten Generalats etc., I–II, Prag/Lpz. 1886 (verzerrend); M. Ritter, Untersuchungen z. Gesch. W.s (1625–29) (Dte. Zeitschr. f. Gesch.wiss., 4 I, Freiburg 1890; 14ff. W.s erste Berufung; 24ff. Brucker Konferenz; 38ff. Kapuzinerrelationen). Die Instruktion für W. vom 27. Juni 1625 ist auch abgedr. bei Gindely, l. c. II 387, Beilage. Seine Auslegung des Instruktionstextes (l. c. I 55) ist bewußt falsch, unrechtmäßige Verwendung von Kontributionen z. B. ist W. niemals nachgewiesen worden; die bloße Vermutung, er hätte sich vor allem hier bereichert, unterstellt, daß die Existenz der Wiener Hofkammer für Habsburg nur einen dekorativen Sinn gehabt hätte.

12. Kap. W. Erben, Ursprung u. Entwickl. d. dt. Kriegsartikel (Festgabe f. Th. Sikkel; MIÖG 1900); W. Beck, Die ältesten Artikelbriefe für das dte. Fußvolk, 1908; V. Loewe, Die Organisation u. Verwaltung d. Wallensteinschen Heere, Freib./Lpz. 1895; M. Ritter, Das Kontributionssystem W.s (HZ 90, 1903); K. Jacob, W.s Kontributionssystem (VSWG II 1904); M. Ballagi, W.s kroat. Arkebusiere (Ung. Revue, Budapest 1883; d. i. ein Auszug aus B.s Werk: W. horvát karabélyosai 1623–26, Budapest 1882).

13. Kap. Fr. v. Hurter, Gesch. Kaiser Ferdinands II., I–XI, Schaffhausen 1850–64; B. Dudík, Correspond. Kaiser F.s II. u. seiner erlauchten Familie mit P. Martinus Becanus u. P. Wilh. Lamormaini etc. (AÖG, 54, Wien 1876); H. Sturmberger, Kaiser Ferd. II. u. d. Problem d. Absolutismus, Mchn. 1957; J. Franzl, Ferdinand II. Kaiser im Zwiespalt der Zeit, Graz-Wien-Köln 1978; der Bericht Caraffas über Charakter u. Lebensweise des Kaisers ist u.a. abgedr. bei Fr. v. Hurter, Friedensbestrebungen Kaiser Ferd. II., Wien 1860, 212–80; ferner apolog. Lit. bei G. Wagner, W., Wien 1958 (72ff.). – F. Gräffer, Zu W.s Charakteristik, o. O. 1876; R. Fosz, Zur Charakteristik W.s (Aus alten Zeiten und Landen, hg. v. Sievers u. Bruhn, I 1883); K. Siegl, Zur Charakteristik W.s (Dte. Arbeit VII 1907 bis 1908); R. Huch, W., Eine Charakterstudie, Lpz. 1915 (Überwiegend psychol. Konstruktion, überfüllt mit gewichtigen Schlüssen aus Entscheidungen u. Situationen, deren Tatsächlichkeit unbewiesen ist oder die eindeutig nie bestanden haben. W. ist hier eine festgelegte Größe, er ist schematisch immer derselbe, seine Reaktionen in wechselnden Lagen werden gegeneinandergehalten, und so entsteht das Bild einer durch und durch in sich »widersprüchlichen«, zerrissenen Persönlichkeit – ein Bild überdies, dessen Grundzüge schon vorher festgelegt waren. Vor allem fehlt das Element der formenden Entwicklung, das grundlegend für eine Person und ihren Charakter ist, vollständig. Die ganze Skizze ist schief und bedauerlich irreführend).

14. Kap. S. Gorge, Aus den Beziehungen W.s zu Kurfürst Max. v. Baiern (Beil. z. Münchner Allg. Ztg., Nr. 200, 1896); W. Goetz, W. u. Kurfürst Maximilian von Bayern (ZbayrLG 11, 1938); O. Klopp, Die Frage d. Vorranges zwischen Tilly u. W. im Beginne des Dän. Krieges, Ende 1625 (HPolBl. CVII, 1891); J. O. Opel, W. im Stift Halberstadt 1625–26, Halle 1866; –, Der Einzug der Wallensteiner in den

Saalkreis im Jahre 1625 (Neue Mitt. a. d. Gebiete hist.-antiqu. Forschungen, 13. Bd., Halle 1874); –, W. u. die Stadt Halle 1625–27, Halle 1877; G. W. v. Raumer, W.s Auftreten in der Mark Brandenburg 1625–30, Bln. 1843; H. v. Zwiedineck-Südenhorst, W.s Feldzug gegen Mansfeld im Herbst 1626 und d. Brucker Conferenz (MIÖG VI, 1885); J. Krebs, Schlesien in den Jahren 1626 u. 1627 (Ztschr. d. Ver. f. Gesch. u. Altert. Schles., 20, 21, 25, 27, 28, 1886ff.); –, Das Verhalten der Schlesier beim Einfalle Mansfelds u. der Dänen 1626 (ib. 31, 1897); C. Grünhagen, Gesch. Schlesiens, Gotha 1886 (Bd. II, 202–262 über die Zeit W.s); Kopietz, W.s Armee in Schlesien im Jahre 1626 und im Frühjahr 1627 (Ztschr. d. Ver. f. Gesch. u. Altert. Schlesiens 12, 1874); A. Glander, W. in Schlesien (Der Schlesier, Jg. 18, Nr. 33, Recklinghausen 1966); J. Grossmann, Des Grafen Ernst von Mansfeld letzte Pläne u. Thaten, Breslau 1870.
15. Kap. Der italien. Bericht Val. Magnis von Bruck ist u.a. publ. bei Aretin, W., Beil. I; W. Bartel, Zur Kritik d. Berichtes über die Brucker Konferenz (25. Nov. 1626), Diss. Marburg 1890; J. Krebs, Die ersten Winterquartiere der Waldsteiner in Schlesien (Ztschr. d. Ver. f. Gesch. u. Altert. Schlesiens 20, 1886); –, Die Drangsale d. Stadt Schweidnitz im dreißigjährigen Kriege u. speciell im Jahre 1627 (ib., 14, 1878); H. Kruger, W.s Kriegszug durch d. Fürstentum Schweidnitz, Langenbielau 1883; J. O. Opel, Das Kurfürstentum Brandenburg in den ersten Monaten des Jahres 1627 (HZ 51, 1884); C. Raßfeld, Zwei Monate Wallensteinscher Kriegsführung, Sept. bis Okt. 1627, Diss. Halle 1882; Der Dänisch-Niederdeutsche Krieg und der Aufstieg Wallensteins. Quellen zur Geschichte der Kriegsereignisse der Jahre 1625–1630, Prag-Wien-Köln-Graz 1974; E. Freytag, Die Grafschaft Holstein-Pinneberg im Dreißigjährigen Krieg. Ein Briefwechsel des Grafen Jobst Hermanns mit Wallenstein (Schr. Ver. schlesw.-holst. Kirchengesch., R. 2, 26/27) Flensburg 1970/71; A. Heinrich, W. als Herzog von Sagan, Breslau 1896; J. Krebs, Beitr. zu W.s Regententätigkeit im Herzogtum Sagan (Ztschr. d. Ver. f. Gesch. u. Altert. Schlesiens 42, 1908).
16. Kap. C. Wittich, W. u. die Spanier (PrJbb. 22/23, 1868/69); K. Reichardt, Die maritime Politik der Habsburger im 17. Jhdt., 1867; F. Mareš, Die maritime Politik der Habsburger (MIÖG I/II, 1881/82); A. Gindely, Die maritimen Pläne der Habsburger etc. (Denkschr. d. Kais. Ak. d. Wiss., Phil.-Hist. Kl., 39, 1891); D. Schäfer, Der Kampf um die Ostsee im 16. u. 17. Jhdt. (HZ 83, 1899); O. Schmitz, Die maritime Politik der Habsburger in den Jahren 1625–1628, Diss. Bonn 1903; H. Ch. Messow, Die Hansestädte und die habsburgische Ostseepolitik im Dreißigjährigen Kriege (1627/28), 1935; U. Voges, Der Kampf um das Dominium Maris Baltici 1629 bis 1645, Diss. Greifswald 1938; M. Hroch, W.s Beziehungen zu den wendischen Hansestädten (Hansische Studien. Heinr. Sproemberg zum 70. Geburtstag, 1961); H. Branig, Die Besetzung Pommerns durch Wallenstein während des Dreißigjährigen Krieges (Baltische Studien, Vol. 64), Hamburg 1978. – K. Breuer, Der Kurfürstentag zu Mühlhausen (18. Okt. 1627), Diss. Bonn 1904; J. Hirn, Beiträge etc. (AÖG 89, 1901; Abschn. 5); H. Henk, Der Kurfürstentag zu Mühlhausen 1627, Diss. Wien 1951 (Ms). – J. P. Hassel, Die Absetzung der Herzöge von Mecklenburg und die Einsetzung W.s (Hist. Taschenbuch 8, Lpz. 1867); E. Hofer, Die Beziehungen Mecklenburgs zu Kaiser u. Reich 1620–1683, Marburg/L. 1956; O. Lorenz, Briefe W.s meistenteils über Mecklenburg aus der Zeit von 1627 bis 1630 (Jb. d. Ver. f. Meckl. Gesch. u. Altertumskunde 40, 1875); M. Hroch, Valdštejnova politika v severním Německu v letech 1629 do 1630 (Sborník historický V 1957; wichtig auch für die mecklenburgische Wirtschaftspolitik W.s). – Zu den Kapuzinerrelationen vgl. die versch. Darstell. bei Aretin, W.s, Beil. X u. XII (Publ. beider Relationen);

dtsche Übers. bei Schebek, Die Lösung etc. 64 ff. u. 76 ff., dazu 60–114, und M. Ritter, Unters. Gesch. W.s, III, 38 ff. – Über Stralsund gibt es eine selbst. Lit., die jüngste umfassende Bibliographie in: Sveriges krig 1611 bis 1632, III, Tyska kriget intill mitten av januari 1631, Stockholm 1936, 36 ff. – E. Wilmanns, Der Lübecker Friede 1629, Diss. Bonn 1905. – Ferner: H. Hallwich, Hans Georg von Arnim in den Jahren 1627–29 (ASächs. G. VIII, 1870); W. Rogge , W. u. die Stadt Rostock (Jbb. d. Ver. f. meckl. Gesch. u. Altertumskunde 51, 1886); E. Neubauer, W. und die Stadt Magdeburg, 1891.

17. Kap. M. Ritter, Der Ursprung des Restitutionsedikts (HZ 76, 1895); Th. Tupetz, Der Streit um die geistl. Güter und das Restitutionsedikt, Wien 1883 (enthält Verzeichnisse der restit. Kirchengüter); J. Gebauer, Kurbrandenburg und das Restitutionsedikt, 1899; K. Repgen, Die röm. Kurie und der Westfälische Friede, 1962 (I 157–189, zusammenfassende Darst. der Restitutionsedikts-Problematik, samt Bibliogr.). – O. Heyne, der Kurfürstentag zu Regensburg von 1630, 1866; B. Dudík, Waldstein von seiner Enthebung bis zur abermaligen Übernahme des Armee-Oberkommandos etc., Wien 1858; Fr. v. Hurter, W.s vier letzte Lebensjahre, Wien 1862.

18. Kap. Allgemein: G. Barudio, Gustav Adolf – der Große. Eine politische Biographie, Frankfurt 1982; F. Berner, Gustav Adolf. Der Löwe aus Mitternacht, Stuttgart 1982; U. Bracher, Gustav Adolf von Schweden. Eine historische Biographie, Stuttgart 1971; M. Roberts, Gustavus Adolphus and the rise of Sweden, London 1973; A. O. Schwede, Gustav Adolf von Schweden. Ein Lebensbild, Berlin 1979; M. Roberts, Sweden as a great power 1611–1697, London 1968; G. S. Wagener, Gustav Adolf, Kassel 1970. Ferner: M. Toegel (Hg.), Der schwedische Krieg und Wallensteins Ende. Quellen zur Geschichte der Kriegsereignisse der Jahre 1630–1635, Prag-Wien-Köln-Graz 1977; K. Beck, Gustav Adolf im Rhein-Main-Gebiet (Archiv f. Frankfurts Geschichte und Kunst, H. 53), Frankfurt 1973; S. Goetze, Die Politik des schwedischen Reichskanzlers Axel Oxenstierna gegenüber Kaiser und Reich (Beiträge zur Sozial- und Wirtschaftsgeschichte 3) Kiel 1971; P. Suvanto, Die deutsche Politik Oxenstiernas und Wallenstein, Helsinki 1979; D. Schäfer, Die Zusammenkunft Gustav Adolfs m. Christian IV. von Dänemark zu Ulfsbäck 1629 (PrJbb. 105, 1901); C. Wittich, Zur Gesch. W.s (HZ 68/69, 1892/93); A. Ernstberger, W.s Heeressabotage und die Breitenfelder Schlacht (1631) (HZ 142, 1930; die These dieser angeblichen Heeressabotage läßt sich bei Verwertung aller Quellen heute nicht mehr halten); A. Gaedeke, W.s Verhandl. mit den Schweden und Sachsen 1631–34, 1885; E. Hildebrand, W. und seine Verbindung mit den Schweden, 1885; G. Irmer, Die Verhandl. Schwedens und seiner Verbündeten mit W. und dem Kaiser, I–III (Publ. a. d. K. Preuß. Archiven 35, 39, 46, 1888, 1889, 1891); H. Schwarz, W. und Gustav Adolf nach dem Kurfürstentag zu Regensburg (1630), Diss. Hmb. 1937; H. Hallwich, W. und die Sachsen in Böhmen 1631–32 (FDG 21, 1881; auch zur Aufstellung des neuen Heeres 1632); A. Rezek, Dějiny Saského vpádu do Čech a návrat emigrace 1631 bis 1632, Prag 1889; die Rašín-Relation wurde erstmals von Khevenhüller in den Annalen veröffentlicht (XII [1726] 1110), z. Bericht vgl. a. Dvorský, Hist. dokl. 18 bis 39, sowie M. Lenz, Zur Kritik Sezyma Rašíns (HZ 59, 1888); die schärfste Ablehnung der Lenzschen Kritik gab J. Pekař, Dějiny Valdštejnského spiknutí (1630–34). Kritický pokus, Prag 1895; Pekař konzentrierte sich, wie inzwischen üblich, vollständig auf die letzten vier Jahre W.s und trug alles zusammen, was sich zur Erhärtung der These von W.s Rache-, Empörer- und Verratsgelüsten zusammentragen ließ. P. fand erst mit der überarbeiteten 2. Aufl. (Valdštejn 1630–1634, I–II, Prag 1934, dt. 1937) größere Aufmerksamkeit. Die beifälligen Stimmen waren allerdings fast durchweg vom großen Material Pekařs überwältigt und verzichteten deshalb auf ein kritisches und selbständiges Urteil. Die profiliertesten Auseinandersetzungen lieferten E. Schieche, Josef Pekař und die Wallensteinforschung (Ztschr. d. Ver. f. Gesch. Schlesiens, 72, 1938); W. Wostry (Ztschr. f. sudetendeutsche Geschichte III, 1939) u. H. Ritter v. Srbik (MIÖG 51, 1937) und: Wallensteins Ende, 1952 (2. Aufl.); allerdings lassen auch diese Arbeiten große Lücken offen, in denen Pekařs Thesen weiterleben.

19. Kap. A. Gindely, W.s Vertrag mit dem Kaiser (Abh. d. Kgl. böhm. Ges. d. Wiss., VII. F., 3. Bd., Phil.-hist. Cl. 4, 1889); E. Schebek, Die Kapitulation W.s beim Wiederantritt des Generalats etc. (Österr.-Ungar. Revue XI, 1890; Auseinandersetzung mit Gindelys Darst.); H. Kollmann, Některé příspěvky ke smlouvě göllersdorfské, uzavřené v přičině druhého generalátu Valdštýnova (Čes. čas. hist. I, Prag 1895); W. Michael, Wallensteins Vertrag mit dem Kaiser im Jahre 1632 (HZ 88, 1902); M. Ritter, Der Untergang W.s (HZ 97, 1906; I Die Vollmachten und Rechte W.s in seinem 2. Generalat). – K. G. Helbig, W. und Arnim (1632–34), 1850; H. Hallwich, W. und Arnim im Frühjahre 1632 (MVGDB 17, 1879); P. Suvanto, W. und seine Anhänger am Wiener Hof zur Zeit des zweiten Generalats 1631–1634, Helsinki 1963. – F. Vogel, Gustav Adolfs Angriff auf W.s Lager bei Fürth 1632 (Neue Jbb. f. d. class. Alterthum V, 1879); St. Donaubauer, Gustav Adolf und W. vor Nürnberg im Sommer 1632 (Mitt. des Vereins f. Gesch. v. Nürnberg, 1899); H. Mohr/W. Denk, Die Schlacht an der Alten Veste in der Darstellung bisher nicht beachteter Augenzeugen (Fürther Heimatblätter 28), Fürth 1978; G. Droysen, Gedruckte Relationen über die Schlacht bei Lützen 1632, Halle 1903; H. Ritter v. Srbik, Zur Schlacht bei Lützen und zu Gustav Adolfs Tod (MIÖG 40, 1926); J. Seidler, Unters. über die Schlacht bei Lützen 1632, Memmingen 1954 (zusammenfass.); J. Schnitzer, Urbans VIII. Verhalten bei der Nachricht vom Tode des Schwedenkönigs (Festschr. zum Jubiläum des Campo Santo, 1896).

20. Kap. J. Seidler, Das Prager Blutgericht 1633, Memmingen 1951; G. Th. Rudhart, Einige Worte über W.s Schuld, 1850; Fr. Dvorský, Historické doklady k záměrům Albrechta z Valdštýna a jeho spojenců, Prag 1867; H. Hallwich, Zur Gesch. W.s im Jahre 1633 (Arch. Sächs. Gesch. N. F. 3, 1877); F. Konze, Die Stärke, Zusammensetzung und Verteilung der Wallensteinischen Armee während des Jahres 1633, 1906; A. Gaedeke, Zu den Verh. W.s mit den Schweden und Sachsen im Jahre 1633 (N. Arch. Sächs. Gesch. 7, 1886); H.-D. Loebner, Wallensteins Friedensverhandlungen im Jahre 1633 (Jahrb. d. schles. Friedrich-Wilhelms-Universität zu Breslau, Bd. 19), Berlin 1978; E. Schebek, Kinský und Feuquières, 1882; F. Weinitz, Der Zug des Herzogs von Feria nach Deutschland im Jahre 1633, Diss. Heidelberg 1882; Fr. M. Mayer, Aldringen und W., vom Oct. 1633 bis März 1634 (Sitzb. Wien. Ak. XCI, 1878); B. Dudík, Forschungen in Schweden (Beil. D. 429 bis 444: Über W.s Verrat) Brünn 1852; M. Ritter, Der Untergang W.s (HZ 97, 1906; Teil II und III); C. Wittich, W.s Katastrophe (HZ 72/73, 1894); L. v. Wetzer, Waldstein und die Pilsner Reverse (Mitt. d. K. K. Kriegsarchivs, Wien 1884); K. G. Helbig, Der Kaiser Ferdinand und der Herzog von Friedland während des Winters 1633–34, 1852; B. Duhr, Über W.s Ende (Stimmen der Zeit 106/107, 1924); C. Weibull, Wallensteins död (Göteborgs Högskolas Årsskrift XLIV 2, Göteborg 1938; vgl. ergänzend: –, W.s död. Händelser och utvecklingslinjer, Lund 1949). – A. Strubell-Harkort, Albr. v. W. Eine medizinisch-hist. Studie (Sudhoffs Arch. f. Gesch. d. Med. u. Nat.-wiss., 26, 1933); H. V. Klein, Die Krankheit W.s (Sudhoffs Archiv etc., 28, 1935; weitgehend, vor allem im Psychischen, ungesichert spekulativ); am wahrscheinlichsten hätte sich bei W. eine natürliche Todesursache aus den Folgen der schweren, weit vorgeschrittenen Gicht ergeben, wie sie für Arthritiker typisch sind: Nephrosklerose mit folgender Urämie, Arteriosklerose, Herzhypertrophie. Der Jesuitenpater M. Stredonius, der W. persönlich kannte, versichert entschieden, der Herzog hätte selbst gewußt, daß er wegen seines Krebses mit Sicherheit keine zwei Jahre mehr zu leben hätte (W. Schwertfer, Vita R. P. Stredonii SJ., Prag 1673). – M. Urban, W. in Plan (Egerer Zeitung 58, 1904, Nr. 22); –, W.s letztes Quartier in Plan (Erzgebirgs-Zeitung 26, 1905, 76ff., 149ff.); R. Wapler, W.s letzte Tage, 1884; H. Hallwich, W.s Grab (MVGDB 22, 1884).

21. Kap. R. Knott, Ein Beitrag zur Gesch. der Ermordung W.s (MVGDB 39, 1901); H. Jedin, Die Relation O. Piccolominis über W.s Schuld und Ende (Ztschr. f. d. Gesch. Schles. 65, 1931); S. Gorge, Beiträge zur Gesch. d. Konfiskationen nach Albr. v. W. und seiner Anhänger (MVGDB 46, 1907/1908); B. Dudík, Des kaiserlichen Obristen Mohr von Waldt Hochverraths-Proceß (AÖG 25, 1860); H. Hallwich, Heinrich Matthias Thurn als Zeuge im Process W., 1883, Fr. Steuer, Zur Kritik der Flugschriften über W.s Tod (MVGDB 43, 1905; wichtig).

Personenregister

Bildnachweis

CIP-Kurztitelaufnahme der Deutschen Bibliothek

Diwald, Hellmut:
Wallenstein: Biographie / Hellmut Diwald. –
Frankfurt/Main; Berlin: Ullstein, 1987
(Ex Libris Ausgabe)
ISBN 3-550-08538-9

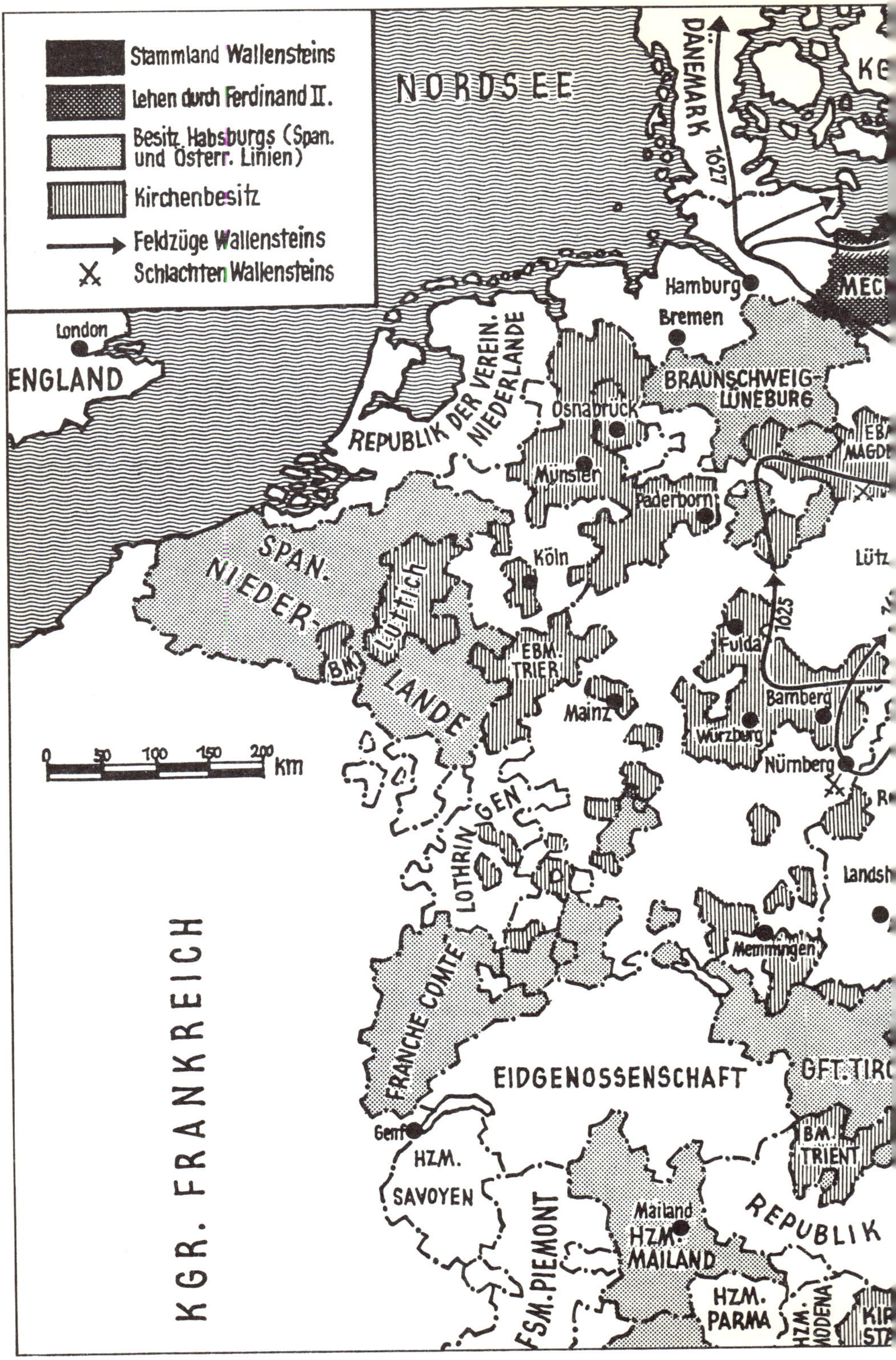

Stammland Wallensteins
Lehen durch Ferdinand II.
Besitz Habsburgs (Span. und Österr. Linien)
Kirchenbesitz
Feldzüge Wallensteins
Schlachten Wallensteins
NORDSEE
DÄNEMARK
1627
Hamburg
Bremen
London
ENGLAND
REPUBLIK DER VEREIN. NIEDERLANDE
BRAUNSCHWEIG-LÜNEBURG
Osnabrück
Münster
Paderborn
Köln
SPAN. NIEDER-LANDE
Lüttich
BM.
EBM. TRIER
Mainz
Fulda
1625
Bamberg
Würzburg
Nürnberg
0 50 100 150 200 km
LOTHRINGEN
Landsh
Memmingen
KGR. FRANKREICH
FRANCHE COMTE
EIDGENOSSENSCHAFT
GFT. TIR
Genf
HZM. SAVOYEN
FSM. PIEMONT
Mailand
HZM. MAILAND
BM. TRIENT
REPUBLIK
HZM. PARMA
HZM. MODENA